ARMAND CORRE

L'ETHNOGRAPHIE CRIMINELLE

D'APRÈS
LES OBSERVATIONS ET LES STATISTIQUES JUDICIAIRES
RECUEILLIES DANS LES COLONIES FRANÇAISES

Elibron Classics
www.elibron.com

Elibron Classics series.

ISBN 1-4212-5633-9 (paperback)
ISBN 1-4212-5632-0 (hardcover)

This Elibron Classics Replica Edition is an unabridged facsimile of the edition published in 1894 by C. Reinwald et Cie,
Paris.

semble le plus général. Par conséquent, pas de compilations de seconde main. Chacun s'est renfermé dans le domaine où sa compétence est incontestable. Chaque traité formera un seul volume, avec gravures quand ce sera nécessaire, et de prix modeste. Jamais la vraie science, la science consciencieuse et de bon aloi ne se sera faite ainsi toute à tous.

Un plan uniforme, fermement maintenu par un comité de rédaction, préside à la distribution des matières, aux proportions de l'œuvre et à l'esprit général de la collection.

CONDITIONS DE LA SOUSCRIPTION

Cette collection paraît par volumes in-12, format anglais, aussi agréable pour la lecture que pour la bibliothèque; chaque volume a de 10 à 15 feuilles, ou de 350 à 500 pages au moins. Les prix varient, suivant la nécessité.

EN VENTE

I. **La Biologie,** par le docteur Charles Letourneau. 4e édition. 1 volume de XII-506 pages avec 113 gravures. — Prix : broché, 4 fr. 50; relié, toile anglaise.............. 5 francs.

II. **La Linguistique,** par Abel Hovelacque. 4e édition. 1 vol. de XVI-450 pages. — Prix : br., 4 fr. 50; relié, toile anglaise. 5 fr.

III. **L'Anthropologie,** par le docteur Paul Topinard, avec préface du professeur Paul Broca. 4e édition. 1 volume de XVI-560 pages avec 52 gravures. — Prix : broché, 5 francs; relié, toile anglaise.......................... 5 fr. 75

IV. **L'Esthétique,** par Eugène Véron, directeur du journal *l'Art*. — Origine des Arts. — Le Goût et le Génie. — Définition de l'Art et de l'Esthétique. — Le Style. — L'Architecture. — La Sculpture. — La Peinture. — La Danse. — La Musique. — La Poésie. — L'Esthétique de Platon. — 3e édition. 1 vol. de XXVIII-496 pages. — Prix : broché, 4 fr. 50; relié... 5 fr.

V. **La Philosophie,** par André Lefèvre. 2e édition. 1 vol. de IV-636 pages. Prix : br., 5 francs; relié, toile anglaise. 5 fr. 75

VI. **La Sociologie** d'après l'Ethnographie, par le docteur Charles Letourneau. 3e édition. 1 vol. de XVI-608 pages. — Prix : broché, 5 francs; relié, toile anglaise....... 5 fr. 75

VII. **La Science économique,** par Yves Guyot. 2e édition. 1 vol. de XXXVIII-552 pages, avec 67 graphiques. — Prix : broché, 5 francs; relié, toile anglaise .... 5 fr. 75

VIII. **Le Préhistorique**, antiquité de l'homme, par G. de Mortillet. 2e édition. 1 vol. de xx-658 pages, avec 64 gravures. — Prix : broché, 5 francs; relié, toile anglaise...... 5 fr. 75

IX. **La Botanique**, par J.-L. de Lanessan. 1 volume de VIII-562 pages, avec 132 gravures. — Prix : broché, 5 francs; relié, toile anglaise........................ 5 fr. 75

X. **La Géographie médicale**, par le docteur A. Bordier. 1 vol. de XXIV-662 pages. — Prix : broché.......... 5 fr.

Le cahier de 21 cartes explicatives se vend séparément en sus du prix du volume.............................. 2 fr.

Les exemplaires reliés en toile anglaise, avec les cartes insérées aux endroits utiles, se vendent............... 7 fr. 50

XI. **La Morale**, par Eugène Véron. 1 vol. de XXXII-484 pages. Prix : broché, 4 fr. 50; relié, toile anglaise......... 5 fr.

XII. **La Politique expérimentale**, par Léon Donnat. 2e édition revue, corrigée et augmentée d'un appendice sur les récentes applications de la méthode expérimentale en France. 1 vol. de XII-588 pages. Prix : broché, 5 fr.; relié... 5 fr. 75

XIII. **Les Problèmes de l'histoire**, par Paul Mougeolle. 1 vol. de XXVI-472 pages. Prix : broché, 5 francs; relié..... 5 fr. 75

XIV. **La Pédagogie**, par C. Issaurat. 1 vol. de XII-500 pages. Prix : broché, 5 francs; relié, toile anglaise...... 5 fr. 75

XV. **L'Agriculture et la Science agronomique**, par Albert Larbalétrier. 1 vol. de XXIV-568 pages. Prix : broché, 5 francs; relié, toile anglaise.................. 5 fr. 75

XVI. **La Physico-Chimie**, son rôle dans les phénomènes naturels astronomiques, géologiques et biologiques, par le docteur Fauvelle. 1 vol. de XXIV-512 pages. Prix : broché, 5 francs; relié, toile anglaise.................. 5 fr. 75

XVII. **La Religion**, par André Lefèvre, professeur à l'École d'anthropologie de Paris. 1 vol. de XLII-586 pages. — Prix : broché, 5 fr.; relié, toile anglaise................ 5 fr. 75

XVIII. **L'Embryologie générale**, par le docteur Louis Roule, professeur à la Faculté des sciences de Toulouse. 1 vol. de XIV-510 pages, avec 121 figures. Prix : broché, 5 francs; relié, toile anglaise.............................. 5 fr. 75

XIX. **L'Ethnographie criminelle** d'après les observations et les statistiques judiciaires recueillies dans les colonies françaises, par le docteur A. Corre. 1 vol. de x-521 pages. Prix : broché, 5 francs; relié, toile anglaise............ 5 fr. 75

PARIS. — TYPOGRAPHIE A. HENNUYER, RUE DARCET, 7.

BIBLIOTHÈQUE

DES

SCIENCES CONTEMPORAINES

XIX

PRINCIPAUX TRAVAUX DE L'AUTEUR :

La Pratique de la chirurgie d'urgence, 1872.

De l'acclimatement dans la race noire africaine (*Revue d'anthropologie*, janvier 1882).

De l'Étiologie et de la Prophylaxie du typhus amaril (*fièvre jaune*) (*Archives de médecine navale*, 1er semestre, 1882).

La Mère et l'Enfant dans les races humaines, 1882.

Traité des fièvres bilieuses et typhiques des pays chauds, 1883.

Manuel d'accouchement et de pathologie puerpérale, 1885.

Résumé de la matière médicale et toxicologique coloniale (en collaboration avec E. Lejeanne), 1887.

Traité des maladies des pays chauds, 1887.

Les Criminels (Bibliothèque des actualités scientifiques), 1889.

Le Crime en pays créoles (Bibliothèque de l'avocat et du magistrat), 1889.

Le Délit et le Suicide à Brest (*Archives d'anthropologie criminelle*, mai et juillet 1890).

Nos créoles, étude politico-sociologique. Savine, 1890.

Aperçu général de la Criminalité militaire en France (Bibliothèque de l'anthropologie criminelle et des sciences pénales, Lyon, 1891).

Crime et Suicide, Étiologie générale (Bibliothèque des actualités scientifiques), 1891.

Les Procédures criminelles en basse Bretagne aux dix-septième et dix-huitième siècles, Quimper, 1893.

Le Meurtre et le Cannibalisme rituels (*Société nouvelle*), 1893.

Comment on fonde une colonie. Civilisateurs et colonisateurs en Afrique (*Société nouvelle*), 1893, 1894.

SOUS PRESSE :

En collaboration avec M. le docteur P. Aubry :

Documents de criminologie rétrospective (*Basse et moyenne Bretagne, dix-septième et dix-huitième siècle*) ; Storck et Masson, Lyon-Paris.

BIBLIOTHÈQUE DES SCIENCES CONTEMPORAINES

L'ETHNOGRAPHIE
CRIMINELLE

D'APRÈS

LES OBSERVATIONS ET LES STATISTIQUES JUDICIAIRES
RECUEILLIES DANS LES COLONIES FRANÇAISES

PAR

LE DR A. CORRE

PARIS
C. REINWALD & Cie, LIBRAIRES-ÉDITEURS
15, RUE DES SAINTS-PÈRES, 15

1894

PRÉFACE

La criminologie scientifique, celle qui s'inspire non des abstractions métaphysiques et des systèmes impondérés imaginés par les légistes, mais des causes réelles de l'attentat dans les collectivités humaines, a jusqu'ici montré deux tendances trop exclusives.

Ou bien, avec l'école de l'anthropologie dite lombrosienne, elle n'a voulu considérer que l'être impulsif, sans tenir compte des actions de l'ambiance sur la genèse des phénomènes anormaux.

Ou, négligeant les conditions intrinsèques, individuelles, elle n'a considéré que les facteurs dérivés du milieu, avec l'école sociologique.

Il importe d'établir une base plus synthétique et de mettre davantage en relief les rapports très intimes qui existent entre les modificateurs mésologiques et et les sujets modifiables, dans l'évolution de l'organisme physique et psychique du réfractaire, de l'insoumis, de l'homme en état d'incapacité sociale ou d'hétérogénie sociale, au sein de l'agglomération.

Pour servir de lien d'union entre les études jusqu'ici sorties de l'une et de l'autre écoles, il m'a semblé intéressant d'écrire un livre, où la double influence des milieux et des individualités spécifiques serait exposée sur le terrain de l'ethnographie. Très ample est l'objet. Il n'a jusqu'ici donné lieu qu'à de rares monographies, dans lesquelles, presque toujours, les particularités ethnologiques ont été sacrifiées à des développements de médecine judiciaire sans grande originalité. (Je mets hors ligne le curieux ouvrage de Chevers sur l'Inde.) Il fallait élargir le cadre et cependant le limiter. J'ai choisi, pour composer la matière de mon livre, un groupe de races très diversifiées, faciles à observer et surtout à comparer avec leur dominateur commun, d'origine européenne, celui de nos populations coloniales. J'ai puisé la plupart de mes documents dans les notes de mon observation personnelle et dans les statistiques judiciaires officielles ou dressées à mon intention par des personnes complaisantes.

Je crois avoir écrit un livre intéressant pour tout le monde, car il renferme beaucoup de faits et de réflexions d'actualités, et utile pour certaines catégories de fonctionnaires appelés à servir dans nos établissements d'outre-mer, les administrateurs, les magistrats, les médecins.

Je le présente donc avec l'espoir qu'il sera bien reçu et pourra devenir le point de départ d'œuvres plus générales, également entreprises sur des données positives.

Dr A. CORRE.

TABLE DES CHAPITRES.

CHAPITRE IV.

L'INDE ET SES ÉTABLISSEMENTS FRANÇAIS.

CHAPITRE V.

L'INDO-CHINE, LE PAYS ET LES RACES.

CHAPITRE VI.

LA BASSE COCHINCHINE ET LE TONKIN.

CHAPITRE VII.

TAHITI ET LA NOUVELLE-CALÉDONIE.

CHAPITRE VIII.

LES COLONIES A POPULATIONS ASSIMILÉES.

ETHNOGRAPHIE CRIMINELLE

(COLONIES FRANÇAISES)

CHAPITRE I.

RACES COLONISANTES ET RACES COLONISÉES.

Comment les colonies se fondent et s'entretiennent. — Sous le prétexte de civilisation supérieure à importer chez des peuples sauvages ou barbares, les Européens ont colonisé par mobiles de cupidité avec les moyens de la force et de la ruse. — Le crime au début de toute colonisation ; la délinquance occulte et objectivée continuée par l'antagonisme des races, des classes et des diverses catégories. — L'imitation réciproque cause de viciation réciproque entre les races en présence. — Étiologie générale du crime-délit dans les milieux coloniaux.

Une nation de haute culture, parvenue à un tel degré de développement qu'elle soit gênée par un trop-plein de population, encombrée par l'excès de sa production industrielle ou réduite à craindre l'insuffisance des matières premières susceptibles d'alimenter celle-ci en des conditions économiques prospères, si elle se condamne à un renfermement dans le cercle de ses limites propres ou de ses relations ordinaires, ou si elle se refuse à une transformation, est menacée de décadence. Chez elle, la pléthore, quand elle se manifeste, n'est que l'avant-coureur d'un rapide épuisement. La transformation, les classes riches la redoutent, car elle ne saurait conduire qu'à un avilissement du capital; comme ces classes sont dirigeantes, elles entraînent les masses vers un objectif plus capable de satisfaire, au moins dans une mesure relative, aux besoins généraux, sans compromettre leurs intérêts et même avec toutes chances de fortifier ces intérêts. L'altruisme est encore loin d'être l'humanitarisme. Une nation, arrivée à l'apogée, ne s'abandonnera point à subir l'extinction fatale à plus ou moins longue échéance, si elle entrevoit son salut dans la ruine ou l'exploitation d'une autre. Il en est des peuples comme des individus. En dépit des belles phrases dont la religion, la philosophie et les vendeurs d'orviétan politique se montrent si prodigues, l'égoïsme demeure la loi suprême de l'existence, et ce qu'on n'a point chez soi, on songe à l'aller chercher chez autrui. Les possesseurs des biens convoités sont-ils les plus faibles? ils disparaissent anéantis, ou sont absorbés, c'est-à-dire ont le choix entre le partage ou l'abandon de leurs terres, l'asservissement de leurs personnes ou la mort. Parfois ils cèdent pour se reconstituer plus tard en corps unifié sous une solidarité de traditions, de sentiments et de vindictes, qui, à leur tour, les rend forts contre l'exploiteur, usé et amoindri. C'est la juste revanche.

Toute l'histoire des conquêtes et des colonisations (qui ne sont qu'une forme de la conquête) est ainsi résumée. Une colonisation, c'est la poussée d'une nation, d'une race hors de ses limites acquises et légitimées par l'usance, quand cette nation, cette race a senti le besoin de s'étendre ou de se créer de nouveaux débouchés économiques. Comme il est très rare que, dans cette poussée, elle rencontre un territoire vide d'habitants[1], qu'elle ait même intérêt à choisir un pareil territoire, où elle pourrait d'emblée manquer de bras suffisants pour l'organisation du travail, il s'ensuit qu'une colonie de *peuplement* n'est possible qu'au prix d'un accaparement sur un peuple. C'est l'occupation par la force brutale ou aidée de la ruse hypocrite et lâche; œuvre immorale, criminelle au point de vue du droit humain. D'autre part, là où la poussée s'accomplit dans le seul but de tirer un rendement immédiat ou prochain des populations indigènes, de fonder la colonie d'*exploitation*, il ne saurait être question d'une œuvre plus honnête. C'est encore le plus fort qui s'apprête à opprimer le plus faible,

1. Le cas s'est présenté à l'île Mascareigne, appelée depuis l'île Bourbon ou de la Réunion; elle était inhabitée lorsque les premiers Français y débarquèrent.

non plus de la même façon, mais d'une manière aussi cynique. On n'écrase point, mais on oblige des malheureux à subir l'assimilation dégradante à la bête de labeur, à travailler sans salaire, sans trêve ni répit; par singulière faveur, à donner la plus grande somme de leurs énergies contre une rémunération dérisoire, et la conservation d'une petite portion de liberté, pour l'être qui s'intitule le colonisateur, le civilisateur et le protecteur, et qui n'est que le parasite[1]. On déploie toutes les ingéniosités de l'astuce avec l'appoint des compagnies ou des maisons commerciales, sans dédaigner pourtant le recours à la pesante main militaire, toujours prête à intervenir comme moyen de prévention ou d'apaisement des récalcitrances !

Entre gens qui s'estiment de civilisations adéquates et surtout de forces adéquates, lorsqu'on ne se tâte point par la guerre avec l'intention de se dérober des provinces, on règle ses intérêts réciproques par le traité de commerce, lui-même le résultat de mutuelles tentatives d'extorsions ou de tromperies, mais au moins diplomatiquement couvertes sous une apparence de loyal débat et tacitement supportées en raison des avantages que chacun espère retirer des moindres fautes de son contractant. Du gros civilisé au petit, du civilisé de

1. Le colonisateur joue bien le rôle de parasite prédateur par rapport aux races des pays colonisés ; il s'impose parce qu'il est le plus fort, vit de la substance des vaincus, prend peu à peu la place de ceux qui l'ont nourri ; alors, il regarde les races soumises comme des parasites gênants pour lui-même, il les supporte avec peine, même réduites à s'entretenir de ses résidus, à la façon des saprophytes (exemple, les Anglais en Australie ; voir Élie Reclus, *Société nouvelle*, avril 1893 ; appliquer à la question coloniale les règles formulées dans la même revue par J. Massart et E. Vandervelde, à propos du parasitime organique et du parasitisme social). Comme les races sont douées d'une résistance très inégale, leurs contacts aboutissent toujours à la réduction des unes au profit des autres. Il est dès aujourd'hui démontré que la civilisation est impuissante à transformer les primitifs et à les élever à elle ; elle les détruit, « tantôt par la violence, tantôt par l'inoculation de ses vices, tantôt par ce qu'on nomme en chimie une *action de présence...* » (Zaborowski, *la Disparité des races humaines; Bulletins de la Société d'anthropologie de Paris*, 5 janvier 1893.)

moyenne taille au barbare et au sauvage, les choses sont très simplifiées, de par la colonisation et le protectorat. (Quel heureux euphémisme en ce dernier terme, quelle géniale étiquette pour faire accepter des hésitants la même domination, dont ils ont pu apercevoir et critiquer les conséquences chez des voisins, mais avec l'autre titre!) Mais au fond, l'étranger sait que, dans le triomphe, il n'a pas de son côté la justice. S'il a de la conscience (sentiment excellent, car il ramène à la réflexion, et par celle-ci à la comparaison des actes que la morale naturelle doit apprécier partout de la même manière, malgré qu'ils soient différemment qualifiés selon les milieux), s'il a la notion saine de son propre intérêt, il reconnaît — son but principal d'ailleurs réalisé — que le dédain de certains principes est détestable et qu'il risque, à le continuer, d'en éprouver le contre-coup à un moment donné. Il est dans la situation du financier agioteur qu'il a vu, chez lui, acquérir la fortune en volant l'épargne des masses, et, largement repu, tonner contre le vol, défendre la propriété et les propriétaires. C'est alors qu'il se targue de louables intentions. L'Européen a cette prétention d'être le seul produit de la création humaine jusqu'ici adapté ou adaptable à la *vraie* civilisation (le Chinois pense exactement une semblable chose de lui-même, mais il ne cherche pas à faire de la propagande en dehors de chez lui; il a déjà trop à lutter pour se défendre contre l'invasion des *barbares* d'Europe), lui seul peut apporter aux autres peuples la radieuse lumière, sous les formes sociale, politico-économique et religieuse. Et il s'efforce d'ennoblir ses captations, en les revêtant du manteau du progrès. Ce progrès, il faut que l'indigène en comprenne l'essence. Pour son initiation, on a recours à un nouveau genre de contrainte, dont le ridicule fréquent n'efface point la vilenie. Les peuples, à la rigueur, acceptent le maître qui les tond avec modération, supportent même le tyran qui les suce jusqu'aux moelles, s'ils jouissent d'une tranquillité relative avec la conservation de leurs vieilles habitudes et de leurs croyances ancestrales. Pressurés sur leur coin de terre, malheureux de corps, ils veulent au moins se reposer dans la quiétude de la famille organisée et des espérances d'un au-delà entrevu, selon les traditions séculairement léguées. Il semblerait qu'il fût sage de leur laisser des joies réduites à si peu, une satisfaction profitable, même à l'œuvre de l'exploitation. Mais le fanatisme des missionnaires et la sottise de ceux qu'on appelle fonctionnaires n'y trouveraient pas leur compte. Les uns s'appliquent à améliorer les habitudes, à les rectifier, à faire rentrer dans la règle selon leur conception ce qui ne saurait s'y plier; les autres, à transformer la foi, à remplacer les croyances par des mythes, parfois tout aussi saugrenus et empreints de fétichisme que les superstitions dont ils se moquent. Missionnaires et fonctionnaires, à côté du soldat et du commerçant, complètent l'œuvre de colonisation; tous aident à multiplier entre les indigènes et les immigrés les occasions de conflits.

Rien de séduisant dans les systèmes. De quelque formule que parte une entreprise coloniale, comme son mobile réel et son but sont invariables, elle ne peut réussir que par la mise en jeu de procédés antisociaux. J'entends l'expression dans le sens de procédés antihumanitaires, tous les peuples relevant des mêmes principes de morale immuable, possédant le droit à l'existence à un égal degré, ayant, vis-à-vis les uns des autres, l'obligation de maintenir entre eux une solidarité qui est leur sauvegarde, aucun ne pouvant porter atteinte à celle-ci sans compromettre un équilibre nécessaire, ébranler les fondements de l'organisation sociale. Plus tard, sans doute, la fusion se fera entre toutes les collectivités; mais, en raison de leur évolution très incomplète, celles-ci n'en sont encore qu'à la période de la vie côte à côte, avec l'indépendance sous le respect de lois intuitives, droit primordial des gens, aussi utile aux forts qu'aux faibles, aux civilisés qu'aux incivilisés. L'esprit de nationalité est donc à ménager en son égoïsme mitigé, qui est déjà un progrès sur l'égoïsme de tribu. Affecter son mépris chez les autres, alors qu'on l'affirme hautement pour soi-même, est d'une iniquité monstrueuse et d'un exemple détestable. C'est la proclamation de l'anti-altruisme, du droit de la force, la plus abominable des manifestations entre les hommes, le point de départ des crimes des peuples comme des crimes des individus.

J'aurais voulu donner quelques développements à ces généralités trop sommaires, retracer à grands traits l'histoire des crimes qui ont valu aux prétendus civilisateurs d'Europe leur domaine colonial; la nécessité de réduire ce volume à des proportions déterminées m'en empêche.

Acceptons le fait accompli, non pas en l'approuvant, mais en le subissant comme la résultante fatale de circonstances prochaines ou éloignées. Là où vivent côte à côte des races différentes, supposons qu'il règne entre elles un équilibre suffisant, une entente relative assez large pour écarter les causes de gros conflits. On a la colonie modèle. Il faut, pour atteindre à ce but, que le colonisateur s'applique a produire l'oubli des procédés de force chez les colonisés, mais tout en les tenant sous la crainte d'un retour possible de ces procédés, s'il était nécessaire. (C'est la condamnation du crime initial, cette obligation de reprendre ses voies, imposée au civilisé, revenu aux principes de justice.) La race maîtresse doit être tolérante ; elle ne saurait chercher, sans danger, à s'assimiler rapidement et à fond les autres races, en exigeant d'elles le sacrifice de leurs habitudes et de leurs croyances. Le prosélytisme maladroit des missionnaires a fait autant de tort à l'action européenne, en divers lieux, que les brutalités arbitraires du militarisme et les vexations imbéciles du fonctionnarisme. Toutes les races n'ont pas les mêmes tendances, et, chez elles, les mœurs sauvages, barbares ou civilisées, sont en grande partie la conséquence d'une organisation physique qu'on ne modifie point avec facilité, si même elle est modifiable. Prétendre forcer l'assimilation en dépit de celle-ci, c'est se donner le change sur l'état du milieu et se ménager de dures surprises. « Dans l'Amérique du Sud, à Haïti, la civilisation n'a fait que changer les apparences de la vie primitive, en substituant à l'immobilité un équilibre qui est presque pire encore »

(Lombroso[1]), parce que l'Indien, le noir, les métis de l'un et de l'autre avec le blanc n'étaient point de capacité à absorber les mêmes ingrédients sociologiques que ce dernier ! Chez les races très intellectuelles, d'autres obstacles se dressent contre l'assimilation. Chez toutes, même les plus supérieures, deux instincts se contrecarrent, ce qu'on a appelé le *misonéisme* ou la haine du nouveau, forme d'une inertie ancestrale indélébile, et le *philonéisme* ou l'amour du nouveau, indice de l'aptitude au progrès. Si l'Européen veut bien réfléchir à quelles misérables proportions se réduit pour lui-même le progrès, au nombre et à l'incohérence des survivances barbares ou sauvages qui marquent dans sa civilisation la puissance de l'inertie, à l'extrême lenteur qu'il a mise à triompher sur quelques points de celle-ci, il sera plus patient et plus indulgent vis-à-vis des races dont il prétend devenir l'initiateur. Les résistances seront d'autant plus grandes que les civilisations seront plus antiques, les formules plus divergentes par rapport à celles de la civilisation d'importation. Chacun se trouve bien dans ses coutumes et veut y demeurer. Par la comparaison avec les habitudes des autres, il les aperçoit adéquates ou même supérieures. Pourquoi poursuivre l'objectif d'une fusion ou d'une transformation impossible, si, dans le domaine de la morale commune, dans la notion générale du bien et du mal, tous les éléments ethniques s'entendent pour conserver entre eux un système de préservation presque uniforme contre le délit et le crime ? Or, c'est là une circonstance très digne de remarque : dans l'ensemble des collectivités humaines, il existe l'idée, sous des formes à peu près identiques, de ce qu'on doit empêcher ou réprimer dans l'intérêt des individus et des groupes. Du nègre barbare à l'Indo-Chinois et à l'Hindou, si différemment civilisés, les mêmes manquements, qui, chez nous, sont l'objet de la réprobation et du châtiment, sont aussi condamnés comme délits ou crimes. Seulement, l'appréciation de leur degré de gravité varie selon les conditions de tempé-

1. *Crime politique*, t. I, p. 7.

rament ou de mœurs, le degré de l'évolution juridique[1]; l'aggravation est souvent poussée jusqu'à des conséquences inouïes, l'atténuation descend parfois jusqu'à l'excuse tacite, quand la victime est l'étranger. (Nous-mêmes demeurons les témoins maintes fois indifférents de méfaits commis contre les indigènes et qui provoqueraient notre indignation s'ils avaient atteint l'un des nôtres.) Nulle part, le vol et l'incendie, l'adultère et le viol, le meurtre avec ou sans préméditation ne sont considérés comme des actes innocents ; partout ils sont punis avec plus ou moins de sévérité. Il est donc relativement facile au colonisateur de laisser aux races soumises l'application de leurs codes et de leurs coutumes, en matière de délit, sans qu'il en résulte d'inconvénient, à la condition de mitiger certaines choses excessives. L'autorité dominante doit pourtant conserver le droit exclusif à la répression des attentats commis sur ceux de sa race, afin de marquer son action dirigeante et de prévenir, dans les conflits entre l'Européen et l'indigène, l'intervention de magistrats enclins à une partialité qui tendrait à l'avilir. Elle est aussi obligée, dans un intérêt supérieur, à se montrer d'office inconciliante, en des cas qui laissent sans trouble les consciences indigènes et qui cependant ne sauraient être tolérés, soit à cause des dangers de leur imitation dans un milieu complexe, soit à cause de leur nature ultra-criminelle, masquée par le fanatisme, l'ignorance ou la répétition d'une habitude monstrueuse dans des couches indégrossies. En pareilles occurrences, il est nécessaire d'apporter beaucoup d'attention et de modération, sous peine de forcer la note et de déterminer un résultat contraire à celui qu'on a cherché.

Dans les applications que nous faisons à l'indigène de nos propres lois pénales, il est équitable de tenir compte des différences que l'éducation et les mœurs impriment aux conditions des actes. Nous l'oublions trop. Un Européen qui brise

1. En somme, partout assez peu avancée. — Voir l'ouvrage du docteur Letourneau, *l'Évolution juridique*.

une porte, enlève un objet de prix, sait fort bien qu'il s'est rendu coupable d'un vol qualifié. Un noir, en Afrique, qui rompt la nuit une méchante palissade pour emmener un bœuf, sait aussi qu'il a commis une action punissable, mais jusqu'à un point dans les mœurs sauvages et légèrement châtiée d'après les coutumes de la tribu ; serait-il juste de lui appliquer l'article de notre Code qui l'enverrait au bagne ? Je me trouvai un jour dans un singulier embarras, à Nossi-Bé, où je remplissais les fonctions intérimaires de juge : j'avais à prononcer sur le cas d'un Malgache, coupable d'un vol de bétail, accompli la nuit, dans un enclos palissadé ; j'estimai la peine spécifiée par notre Code exorbitante, en appréciant la faute selon le niveau de la conscience du milieu, et ne pus me résoudre à prononcer sur l'affaire ; je la renvoyai au commandant supérieur, qui la trancha dans une réunion d'indigènes (palabre), d'après l'opinion des plus anciens. Personne ne s'avisera de trouver condamnable la nudité des noirs, au Sénégal, ni même l'extrême réduction du costume, chez les nègres antilliens, au sortir d'un canot ou de l'usine ; l'agent trop zélé, qui, à Saint-Louis ou à la Pointe-à-Pitre, songerait à cet égard à rédiger un procès-verbal d'outrage public à la pudeur, serait bafoué et renvoyé à d'autres exercices. Mais on ne peut admettre des abandons intimes, très ouvertement affichés, de pernicieux exemples pour des catégories où la retenue sexuelle est à ménager. Toutefois encore, dans ses écarts génésiques, il serait odieux d'assimiler le délinquant africain au délinquant européen, car tous deux n'ont pas eu la même éducation morale. De même, je regarde comme inique l'application rigoureuse aux Arabes des articles de notre Code sur l'attentat à la pudeur et le viol, lorsque, dans la tribu, dans la loi traditionnelle laissée à la race, la femme est déclarée nubile, apte au rapprochement sexuel, à un âge précoce où elle a la plus entière notion de ce qu'on désire d'elle, lorsque surtout la victime a été consentante ou même provocatrice.

Mais, à aucun degré, il n'est admissible qu'une nation civilisée, devenue colonisatrice, tolère à côté d'elle des actes négatifs de toute civilisation, de tout instinct humain progressif. L'Européen n'a pas à respecter le sacrifice rituel et le cannibalisme là où il les rencontre établis. Laisser s'accomplir le premier, sous le prétexte d'une liberté de conscience que réclament tous les cultes, c'est dépasser les bornes de la tolérance, en égalant le plus immonde fanatisme aux manifestations de la religiosité la plus placide. Laisser se perpétuer le second, sous le prétexte d'une habitude inconsciente, en partie dérivée de la nécessité, c'est avouer implicitement qu'on se détache du but mis en vedette sur l'exposé de l'œuvre de relèvement, ou qu'on a été incapable de procurer aux protégés l'aliment normal du corps. Cependant, même en de pareils cas, une autorité sage ne brusquera rien. Dans l'Inde, les Anglais sont arrivés à supprimer les sacrifices humains chez les Khonds, par des moyens indirects, en mettant obstacle au commerce des mériahs[1], puis en ouvrant aux sauvages tribus des débouchés et des rapports nouveaux, peu à peu appelés à transformer leurs idées et leurs mœurs. Dans la Nouvelle-Calédonie, les Français ont arrêté l'anthropophagie en procurant aux Canaques des moyens d'alimentation certains, aussi en provoquant chez eux le sentiment de la répulsion pour un goût abominable.

Ailleurs, les colonisateurs ont eu à combattre l'infanticide. Le meilleur moyen, c'était l'amélioration du sort des familles. Mais on a peut-être eu tort, dans l'espérance de remédier plus vite aux inconvénients de la surcharge, de laisser prendre à l'Œuvre dite de *la Sainte-Enfance* un développement trop grand, qui n'a point manqué d'éveiller les défiances. Les missions, en achetant à des parents indignes ou dénués de toute ressource de pauvres petits êtres, ont contribué à prévenir nombre d'infanticides et de libéricides. Seulement, le prosé-

1. Jeunes filles destinées à servir de victimes.— Élie Reclus, *Mémoires de la Société d'anthropologie de Paris,* 1883. Voir aussi mon mémoire, *le Meurtre et le Cannibalisme rituels*, in *Société nouvelle*, octobre-novembre 1893.

lytisme, virant au fanatisme, a inspiré aux Annamites et aux Chinois des pensées singulières : ils ont jugé les autres d'après eux ; ils ont obéi aux suggestions de mandarins malveillants, sous la croyance que les religieux catholiques achetaient les enfants pour composer des philtres magiques avec leurs foies, et ils ont tué des missionnaires comme magiciens et assassins[1].

Sur l'attentat vulgaire, les races en présence peuvent arriver a des compromis suffisants pour la répression.

Elles ne s'entendent que trop bien, d'autre part, dans la compréhension de leurs vices réciproques, pour aboutir à une sorte de culture immorale commune.

Il n'est pas exact que le rayonnement imitatif, dans les milieux sociaux, marche exclusivement ou toujours d'une manière prépondérante, des couches supérieures aux couches inférieures. Sans doute, l'humble a tendance à s'essayer aux allures des plus importants ; c'est une satisfaction d'amour-propre qui le relève à ses propres yeux. Mais l'imitation tout en bas se cantonne plutôt dans le mauvais que dans le bon, restant en dehors des moyens de l'indégrossi pour ce qui regarde les choses de pur intellect et de véritable perfectionnement. Tout en haut, par curiosité, recherche d'excitations et de jouissances nouvelles, réveil des atavismes, qui ne sont jamais qu'assoupis, même chez les plus sélectés, instincts vicieux naturels, on répète les habitudes des milieux qu'on affecte de mépriser. Qu'on observe ce qui a lieu dans les capitales les plus brillantes. Les crapuleuses débauches sont les plaisirs déclarés du meilleur

1. Les bruits répandus parmi la populace de l'immolation des petits enfants dans les missions, pour fournir à je ne sais quelles opérations occultes, ont été la véritable cause des récents massacres de chrétiens en Chine.

Sur cette question de l'infanticide, l'Européen n'a pas à se targuer d'une supériorité. Le crime est également fréquent dans les races sauvages et dans les races très affinées. Il serait devenu très commun parmi les noirs, aux États-Unis, depuis l'émancipation (W. Hepworth Dixon, in *Tour du Monde,* 1876, t. XXXII, p. 122). J'aurai à revenir sur le sujet.

goût dans le monde de la jeunesse dorée, si justement appelée *décadente* et méritant si bien cette épithète lorsqu'elle affiche des mœurs rétrogrades. Sous la Régence, les roués ne se bornaient pas à se vautrer dans les plus sales orgies ; ils s'étudiaient à copier le peuple des halles jusque dans les manières et le langage. Lorsque de telles habitudes s'étendent dans une société, la valeur de celle-ci est bientôt diminuée. Précisément, le phénomène s'est produit dans nos anciennes colonies à esclaves. Le noir africain ne pouvait remonter jusqu'au blanc; le blanc s'abaissa jusqu'à lui. Le maître partagea ses faveurs entre la femme de sa race et ses négresses, se mêla de la police de ses ateliers, alla même plus d'une fois jusqu'à se faire le bourreau de ses travailleurs, et, dans ses frottements continuels avec le noir, reprit, sous une autre forme, beaucoup de la grossièreté de ses ancêtres, les aventuriers des premiers temps. L'éducation vint encore renforcer cette note. L'enfant blanc, confié à des nourrices de couleur, n'ayant pour compagnons de jeux que des négrillons ou des petits mulâtres, de bonne heure prit des façons et des instincts dont il ne trouvait pas la rectification ultérieure dans sa couche, auprès de parents indifférents ou inconsciemment assouplis à de basses habitudes, auprès de congénères sortis des mêmes épreuves avec le même résultat. Le blanc, à de tels contacts, perdit jusqu'à son langage ; le créole est un idiome où le français s'entremêle à l'africain, où, si le premier domine par les mots, le second imprime sa syntaxe et ses modes de transformation dans les termes. Il n'est pas surprenant qu'à l'émancipation le noir, ayant toute liberté pour copier l'ancien maître, n'ait eu à le reproduire que dans ses brutalités, réadaptées aux intérêts de sa propre race. On assiste alors, sous le mobile de haines irréductibles, à des attentats inouis ; à Saint-Domingue, les deux races, et entre elles leurs métis, rivalisent à qui se surpassera en cruautés, dans une effroyable imitativité de réciprocité.

En Algérie, l'Arabe a pris de nous l'habitude des liqueurs fortes, en dépit des préceptes prohibitifs du Coran, et, en

Cochinchine, l'Annamite a renforcé son goût pour l'eau-de-vie aux exemples de nos soldats. En même temps, l'Européen a emprunté aux Orientaux certaines habitudes sexuelles ; la pédérastie est devenue commune parmi nos troupes algériennes[1] ; elle l'est aussi, bien qu'à un moindre degré, chez les fonctionnaires de toutes grandeurs, dans la région indo-chinoise, où le boy féminisé vit souvent côte à côte avec la maîtresse, tous deux servant indifféremment aux distractions du maître. De ces foyers contaminateurs, elle semblerait s'être étendue à notre armée métropolitaine, d'après certains faits récents des plus déplorables[2]. Le Français a, en outre, appris — phénomène invraisemblable — de nouveaux raffinements dans la corruption à la femme annamite, et, au contact des fumeurs d'opium, il a ajouté cette funeste dépravation de l'ivresse morphinique à celle de l'ivresse alcoolique.

Dans les relations commerciales, il y a échange de procédés imitatifs. Les négociants peu scrupuleux (ils ne sont pas la minorité) laissent pénétrer leurs moyens à leurs confrères indigènes et leur empruntent les leurs. Au Sénégal, le coup des fausses balances et des faux poids est d'usage courant dans nos escales de traite, à l'époque de l'achat des gommes et des arachides. Les Maures et les nègres ont riposté à ces voleries,

1. *Le Scandale de Médéah* (affaire du capitaine B..., brochure du docteur Boyer, Paris, 1892).

2. Affaire de Châlons, *France sociale et politique*, de Hamou, 1891, p. 653. — A quel point le sens moral disparaît dans les contacts coloniaux ! Un officier de marine, qui prit part aux premiers développements de la Cochinchine, et qui depuis arriva à une situation très élevée (il est mort très en vue), avise un jour, à bord d'un transport de condamnés à destination de la Nouvelle-Calédonie, un forçat à la figure débonnaire : « Qu'as-tu donc fait pour être envoyé là-bas ? — Hélas ! je me suis laissé emporter à un mauvais moment de passion ! — Tu as tué ta femme ou ta maîtresse dans un moment de jalousie, un rival peut-être ? — Hélas ! non, j'ai eu des rapports avec un petit garçon. » L'officier de s'exclamer devant tout le monde, en plein pont : « Ah ! le pauvre diable ! le pauvre diable ! s'il avait fallu qu'on nous reprît de pareilles peccadilles, en Cochinchine ! » J'étonnerais fort si je citais le nom du personnage.

en apportant des gommes frelatées et des arachides mélangées de matières terreuses ; dans le Sud, les noirs ont même appris à recueillir le caoutchouc en boules condensées autour de lourds fragments de pierre.

Pour peu que l'indigène se sente appuyé dans ses manifestations autoritaires vis-à-vis de ses compatriotes, il use et abuse avec cynisme des licences qu'on lui tolère ; il a la conviction qu'il joue correctement le fonctionnaire ou l'officier venu de France. Mais combien il reste au-dessous des imitations que nos représentants ont su faire, en Algérie, des chefs et des caïds jadis omnipotents ; en Indo-Chine, des mandarins de toutes tailles ; même à la côte occidentale d'Afrique, des despotes au teint d'ébène! Bien évidemment, c'était au souvenir de modèles indigènes que les chefs de bureaux arabes, les Doineau et quelques autres, se laissaient aller à de si gros excès d'arbitraire et de force ; que, plus récemment, le maire Pouraillon essayait d'appliquer à ses administrés les façons jusqu'alors réservées aux seuls Arabes. A Boké (Rio-Nunez), un lieutenant, chef du poste, trouve à son gré la femme d'un commerçant ; il s'arrange avec la dame, et, pour se débarrasser du mari, prononce gravement le divorce... bien avant que la loi n'eût été promulguée dans la métropole (il n'avait d'ailleurs aucune compétence pour s'ériger en juge sur l'état d'un ménage). En Indo-Chine, qu'un indigène se plaigne de quelque tort auprès d'un fonctionnaire de sa race ; si celui-ci croit pouvoir continuer les traditions du mandarinat d'avant la conquête, sans s'attirer aucun désagrément du côté de nos magistrats, il ne se met point en peine de satisfaire à la justice, mais seulement à son intérêt. J'ai rencontré des résidents qui agissaient exactement de même. Plus d'un, parmi ces messieurs, vivent en grands mandarins, entre leurs boys et leurs congaïs, exigent de ceux qui les approchent les triples génuflexions et les marques d'un respect outré, parlent haut et fort, emploient même de temps à autre le rotin et la cangue, malgré les défenses de l'autorité supérieure. Mais on surprend mieux encore, en de menus faits, l'imitativité rétrograde. Un jour, je revenais de pratiquer des vaccinations, avec quelques enfants qui m'avaient servi de vaccinifères; étonné de voir les parents attendre depuis longtemps, à quelques pas de la résidence, le moment de rentrer chez eux, je les fis interroger, et j'appris que l'administrateur chargé de régler la petite indemnité à laquelle ils avaient droit la leur avait refusée. Je m'empresse d'accourir chez l'administrateur. « Eh! vous êtes bien bon, docteur, de vous occuper de ces gens-là! Qu'ils se débrouillent. C'est ainsi qu'il faut agir avec eux, comme faisaient leurs mandarins! »

Les mœurs militaires surtout acquièrent en certains milieux des perversions très regrettables. Au cours de guerroyements incessants contre des ennemis sans pitié, très cruels, le Français, par représailles d'abord, et puis bientôt par indifférence ou réveil d'instincts ataviques, tolère autour de lui des imitations. Il détourne les yeux lorsque ses auxiliaires indigènes commettent des atrocités sans nom... et quelquefois il regarde froidement. Un officier du corps des vétérinaires me racontait qu'il avait vu, au Sénégal, à la suite d'un combat heureux pour nos armes, nos auxiliaires noirs scier les articulations des blessés du parti ennemi et jouir des épouvantables souffrances de ces malheureux. « Et vous avez laissé faire? — Que voulez-vous? C'est dans leurs habitudes; on aurait pu trouver mon intervention mauvaise. » Je m'éloignai avec autant de stupéfaction que de dégoût. On sait le tapage fait autour d'un article de Loti sur la prise de Hué, où le pittoresque écrivain notait ce détail... saisi sur le vif, de matelots lancés au pas de course, et piquant de leurs baïonnettes les Annamites tombés, irrésistants, sur lesquels ils se frayaient un chemin! L'Indo-Chine a été le théâtre de bien d'autres scènes de barbarie française et asiatique. Le soldat, en de semblables circonstances, se relâche de la discipline, prend des goûts d'aventures, garde l'empreinte de la brutalité acquise. Rentré dans la vie commune, il n'est plus susceptible de réforme. L'ex-fonctionnaire colonial ne saura pas davantage, en revenant dans la métropole, abandonner derrière lui les habitudes de son milieu d'action. Qui oserait refuser une large part d'influence à de pareils éléments, mêlés en plus ou moins grand nombre aux éléments non déplacés de nos campagnes et de nos villes, dans l'efflorescence si caractérisée de crimes et de vices traduite par nos mœurs, depuis près de vingt ans? Il y a tout au moins à relever une coïncidence entre la transformation de celles-ci et l'extension de notre domaine colonial. Quelquefois même les événements se chargent de démontrer, par des faits isolés, la probabilité d'une fâcheuse généralisation chez nous d'habitudes prises au loin et importées avec les retours d'outre-mer. Un exemple : au mois de juillet 1892, la cour d'assises d'Amiens avait à juger un nommé Jourdan, qui, après avoir simulé l'amourachement auprès d'une veuve âgée, dépité de ne pas obtenir d'elle tout l'argent convoité, avait cherché à la tuer afin de la voler. Il lui avait appliqué sur le visage une éponge imbibée d'ammoniaque, serré le cou pour l'étrangler, piétiné le visage et broyé la mâchoire ; puis, il avait fouillé les meubles et enlevé 800 francs. Ce meurtrier cynique et ingénieux était un ancien sous-officier d'infanterie de marine ; il avait fait campagne en Indo-Chine et déserté ; le séjour colonial avait développé chez lui les mauvais instincts, bientôt jusqu'à la criminalité. Aurait-on pu imaginer même l'accusation portée dans la triste affaire Quiquerez-Segonzac, ailleurs qu'en ce milieu africain, témoin séculaire de toutes les âpres ambitions et cupidités des aventuriers d'Europe, aussi de tant de drames horribles où le blanc apparaît plus sauvage encore que le nègre? Je n'ignore pas que, dans le déchaînement de corruptions et de violences auquel nous assistons, grande est la part de notre régime politique et d'une presse tarée. Mais je vais jusqu'à me demander si les emportements qui interviennent aujourd'hui à propos des moindres discussions, les diffamations systématisées contre les adversaires les plus honorables, étalées sans retenue dans les feuilles publiques, les échanges d'injures et de provocations presque toujours aboutissant à des duels ridicules et de pose vaniteuse, ne seraient pas quelque peu d'imitation créole, à une époque où le politicien créole a pris chez nous beaucoup trop d'influence. Je reconnais toutefois que la métropole donne aussi de son côté, à des petits milieux très fermentescibles, d'assez vilaines leçons à répéter. Ce n'est pas seulement aux Antilles que les discussions politiques peuvent se dénouer par l'assassinat. Au mois de septembre 1892, en Corse, dans une période électorale, deux gendarmes étaient fusillés par une bande de *citoyens*, qu'un maire dirigeait en personne[1] !

La quasi-similitude des formes de l'impulsivité humaine qui sont qualifiées crimes dans les collectivités, des plus basses aux plus élevées, sous les modes sociaux les plus rudimentaires comme sous les plus affinés, qu'ils relèvent du principe républicain ou du principe monarchique, qu'ils aient ou non conservé la marque de l'esprit théocratique, prouve combien les peuples sont demeurés loin de l'objectif entrevu par le progrès. C'est moins la preuve d'une dominante supérieure fort nébuleuse, qui régit toutes les morales ou plutôt les confond dans une seule morale intuitive, que celle d'une évolution très peu avancée de la notion juridique.

Si l'on raisonne sans parti pris, dégagé de toute imprégnation éducative, sur la nature des actes appelés crimes ou délits, on s'aperçoit qu'ils se réduisent à des attentats contre la solidarité nécessaire à toutes les espèces d'êtres, pour leur défense et leur préservation vis-à-vis des forces naturelles, physiques et animées du milieu, et contre la liberté des individus, le fondement de cette solidarité et sa préparatrice. Les animaux de même espèce se recherchent entre eux afin de mieux résister aux ennemis communs et de se faciliter mutuellement les moyens de subsister[2]. Les hommes, aussi loin qu'on peut remonter dans l'observation de leurs mœurs, se groupent par familles et par tribus, afin de posséder, avec

1. *Petit Journal* du 28 septembre 1892.

2. Lire là-dessus d'excellentes études de Kropotkine : *l'Appui mutuel chez les sauvages*, *la Lutte pour la vie*, in *Société nouvelle*, 1892.

l'appui réciproque, une puissance relative dans la lutte au sein du milieu. Évidemment les êtres obéissent ainsi à un instinct de même ordre que tous les autres; je veux dire d'essence biologique. Mais la même création qui leur a donné l'aptitude à la sociabilité, avec l'instinct de la solidarité, n'a pu éviter les conflits entre espèces, ni, dans chaque espèce, les conflits entre les individus, parce que l'inégalité est la règle entre les espèces et les individus. Ce vice est jusqu'à un point réparé par la sélection, consécration de la loi fatale du triomphe du plus fort sur le plus faible, et, à son tour, la confirmation de la nécessité de la solidarité, seul moyen pour les faibles de triompher des forts. En ces conditions, rendues évidentes par l'observation de chaque jour, il n'y a point place pour un libre arbitre. Hommes et bêtes se meuvent dans un cycle qui leur est imposé d'après des lois pour eux insurmontables, avec des moyens limités dont ils sont incapables de transformer ou d'élargir les voies. Seulement, comme en des rapports multiples, une certaine liberté de direction est pour l'individu la première garantie de l'existence en face des circonstances imprévues où l'assistance collective ne se produit pas, il en résulte une tendance des forts, isolément ou par groupes, à user et abuser pour eux-mêmes d'aptitudes que l'égoïsme dévie de la droite ligne, c'est-à-dire de la convergence au profit collectif (c'est l'acte lésant la liberté individuelle, dont Hamon a fait la base d'une nouvelle définition du crime[1]). Au fond, cette liberté relative est subordonnée à des influences intrinsèques et extrinsèques qui lui enlèvent tout caractère d'indépendance; elle est plutôt l'apparence du libre arbitre que sa démonstration; elle est comme un réflexe perfectionné dans un automatisme incompris, parce que nous nous refusons à apercevoir le jeu... des ficelles, celui des influences d'où dérivent les instincts, les tempéraments, les habitudes de chaque être (hérédité et innéité, adaptation acquise par réaction plus ou moins consciente et forcée vis-à-vis du milieu, etc.). Il s'ensuivrait donc,

1. *Archives de l'anthropologie criminelle*, 1893, 1er semestre.

en logique absolue, qu'en aucun de ses actes un être n'est responsable vis-à-vis d'autres êtres, tous se comportant d'après des impulsivités issues directement ou indirectement de pressions subies par les individus, élaborées au dehors d'eux, alors même qu'elles semblent émaner d'eux. Sur la terre créée pour tous, l'homme-animal a à se défendre contre l'attaque de ses semblables, à prendre où il la trouve la nourriture nécessaire, à choisir un bon abri pour lui et les siens, et, au moment de l'appétit sexuel, à satisfaire à ce besoin, condition de l'entretien de son espèce. Mais voici que quelques-uns veulent pour eux tout l'abri, tout l'aliment, toute la jouissance sexuelle; il y a réaction naturelle, obligée chez les autres. De race à race, c'est la guerre, identifiée à la chasse contre l'animal dangereux ou convoité pour son utilité; dans la tribu, la nation, l'accaparement du fort prend le nom de droit, la résistance du faible celui de crime, et l'un s'arroge le pouvoir de punir l'autre s'il l'emporte dans la lutte. En ces conditions opposées, il n'y a que des organismes obéissant à des propulseurs spécialisés dans les individualités ou des groupements sélectés d'individualités, mais de genèse en réalité tout extérieure. Au plus fort le succès. Les choses s'arrêtent là chez l'animal, non chez l'homme doué d'une intelligence supérieure et d'aptitudes sociologiques supérieures. Quand les collectivités ont reconnu l'excellence d'une limitation réciproque des entraînements individuels, afin de mieux assurer à tous leurs membres la moindre somme d'efforts pour obtenir la plus grande somme de résistance contre les ennemis du dedans et du dehors, elles ont bénévolement accepté la croyance à une liberté suffisante pour imprimer aux actes aberrants des individus une responsabilité vis-à-vis du milieu social et de ses composants. Alors est née l'idée morale, celle de la justice et du droit. Cette crédivité, je l'accepte comme une nouvelle forme d'expression biologique. Sans elle et ses corollaires indispensables, l'homme serait condamné à l'évolution de l'animal, et tel n'a pas été le but de la création, sans doute, puisqu'elle l'a organisé pour atteindre à des formes sociales particulièrement élevées. L'autorité mal acquise, la propriété accaparée, la privation sexuelle imposée à plusieurs au profit de quelques-uns, restent, au nom de la morale et du droit naturel, des actes réprouvables, attentatoires à la solidarité comme à la liberté des individus; ils comportent la même responsabilité vis-à-vis du milieu, qu'ils soient ou non consacrés par la force. Mais la responsabilité, qui l'appliquera? Les monopoleurs, s'ils sont les plus puissants, sanctionnent leur crime sous l'étiquette d'un droit modifié par eux et pour eux; ce ne sera certainement pas un crime aux autres, d'après le droit primordial, de leur faire rendre gorge. Isolés, ils seront des criminels et traités en parias; en masse, ils deviendront des révolutionnaires et ils auront un sort très différent selon que le triomphe leur attribue à leur tour le pouvoir ou que l'insuccès achève leur écrasement. Ici apparaît bien la conventionnalité du crime. Dans une société organisée, avant que les phases ultimes soient atteintes, il y a des phases intermédiaires à parcourir, où l'on édifie des lois imparfaites, cependant marquées au sceau de l'intérêt du plus grand nombre, et que la collectivité moralement s'estime en droit et en devoir de faire exécuter. Tout couple humain forme une famille dont il importe de sauvegarder l'intégrité; chaque individu est tenu de concourir, d'après ses moyens, à la prospérité commune; mais aussi, comme stimulant à ses efforts particuliers, il est appelé à jouir de l'excédent des produits de son labeur. Tout citoyen a le droit de protéger son existence et celle des siens, de défendre sa propriété légitime; mais, afin de prévenir les excès de l'intervention passionnelle dans le déploiement de la réaction contre les nocifs, la société se substitue à l'individu dans la réparation à obtenir. Combien pourtant l'évolution est peu avancée à cet égard, même sous les titres des codes les plus vantés! La réparation n'en est pas une; c'est une vindicte, dérivée d'un sentiment faux, qui pousse la société, ramenée aux plus basses impulsivités des ancêtres, à édicter des châtiments arbitraires, un talion inutile pour effacer le mal, mais non pas pour la refloraison imitative de ses manifestations. J'admets qu'à chaque stade évolutif, en vertu des conditions de liberté relative que possèdent les individus, des nécessités collectives, on maintienne les personnages détonnants dans une certaine observance des contrats tacitement souscrits par la collectivité. Mais, comme je ne suis pas bien sûr que la liberté relative en soit une en l'absence du libre arbitre, comme je le suis que l'organisation sociale du milieu engendre elle-même par ses défectuosités les sollicitations les plus fréquentes de ce qu'on appelle crime, je réclame l'indulgence pour les criminels. Tarés de par l'hérédité, on ne peut, avec équité, les traiter en conscients, mais seulement en malades; non tarés sous le rapport physique, mais antisocialisés par le défaut éducatif, on ne peut leur infliger stigmate et châtiment sans les faire partager au milieu qui n'a pas su préparer l'adaptation. Chez nombre de prétendus coupables, la cause première du crime remonte d'ailleurs à ce milieu, assez imprévoyant pour avoir entravé, en deçà de leur suffisance, des besoins primordiaux irréductibles. L'utilitarisme reste momentanément le terrain de discussion des choses criminologiques. Poussé jusqu'à la consécration de la défense d'intérêts qui excluent du droit de vivre même une minime fraction de la collectivité, dénient la justice aux uns et la font comme la propriété des autres, il apparaît un monstrueux système; il autorise toutes les révoltes, renferme en lui toutes les causes provocatrices de l'attentat. Plus ou moins mitigé ou développé dans ses doctrines et ses applications, c'est lui qu'on retrouve à la base de tous les codes traditionnels ou écrits; il revêt des caractères particulièrement inouïs, lorsqu'il se dérobe sous les notions fictives d'un spiritualisme intransigeant, tel que les religions l'ont inventé, pour le plus grand profit des exploiteurs de haute envergure. Les récalcitrances sont alors doublées d'un attentat ultra-humain; elles sont punissables en ce monde et dans un au-delà terrorisant; la morale n'est plus celle de la solidarité, mais celle de la soumission à des règles étroites, souvent l'envers des besoins les plus naturels; l'intérêt de la collectivité est celui de quelques privilégiés encastés, qui dominent leurs semblables au nom d'une toute-puissance occulte, d'une divinité de nom quelconque. Le nombre et la qualité des attentats conventionnels s'accroissent des moindres manquements aux autorités de droit divin, aux princes et à leurs représentants, aux prêtres, sous les formules d'abstractions irraisonnables imposées aux masses.

Voilà ce que nous observerons dans tous les milieux sociaux que nous aurons à étudier. Partout le crime-délit est empreint d'une très large conventionnalité, sous des mobiles à peu près identiques. Là où la faute semblera le mieux se dessiner avec ce caractère qu'on appelle de droit commun, il ne faudra jamais oublier que l'expression demeure relative. Le vol ne restera pas compris tel qu'on le délimite après une réforme de la propriété; l'adultère, après celle de la famille; la rébellion, après celle de l'autorité; et les attentats jusqu'à ce jour les mieux définis, le viol, le meurtre, l'assassinat lui-même, seront plus tard mesurés à des tares individuelles ou à des provocations de milieu, qui, sans leur enlever leur note antisociale, contribueront à lat ransformation des systèmes de pénalité. Aussi — et c'est là que je voulais arriver — dans les exposés qui vont suivre, je n'entends point me placer au point de vue dogmatique, traiter de la criminalité d'après l'objectif philosophique dès aujourd'hui entrevu, mais seulement apprécier par comparaison les modes et la fréquence des attentats dans les milieux coloniaux et leurs catégories ethniques, d'après le degré de l'évolution sociale et juridique de ces milieux et de ces catégories. Je présente le tableau de phases transitoires, où j'admets la possibilité et même la nécessité de certaines règles, sous des réserves de transformation ultérieure. Je laisse aux faits, après ce que je viens de dire, le soin d'évoquer par eux-mêmes les critiques.

Je passerai tout d'abord en revue, de façon très générale, les facteurs les plus saillants de l'attentat — de l'attentat le moins conventionnellement délimité, celui de droit commun — dans l'ensemble de nos races coloniales.

Influence de la race et du régime politico-économique. — Le tempérament de la race, son degré et sa forme de culture impriment à ses activités des caractères spéciaux, qu'on retrouve dans les modes de la criminalité. L'Africain nous apparaîtra brutal et naïvement rusant; l'Asiatique, raffiné dans ses violences, cruel et plein d'astuce; l'Européen, cynique, passionnel à froid, souvent très raisonnant au cours de ses pires méfaits.

Dans les milieux coloniaux, à population composite, il y a lieu de distinguer l'attentat intrinsèque, celui qui se concentre dans chaque catégorie ethnique, naît des rapports particuliers des éléments de chaque race entre eux, et l'attentat extrinsèque, sortant de la catégorie, issu des conflits de celle-ci avec ses voisines d'autre origine.

L'attentat intrinsèque, délimité par les codes traditionnels, plus ou moins conventionnel selon les conditions du régime sociologique, semble ordinairement de moindre fréquence dans les races indégrossies ou très annihilées. On ne peut apporter à l'appui de cette opinion que le résultat d'impressions recueillies sur place, à défaut de statistiques, et il faut se garder de juger de la criminalité de certains groupes d'après la qualité, ou plutôt l'intensivité qualitative des actes, susceptibles de frapper très vivement l'observateur superficiel, en raison de leurs modes exceptionnels, et de lui faire admettre une appréciation erronée par la confusion d'une valeur isolée avec des valeurs numériques fictives. Il convient de ne pas reporter sur l'ensemble des tribus africaines les abominables coutumes de quelques-unes, ni sur toute une tribu les entraînements d'une impulsivité très cruelle, à la suite d'une convoitisivité surexcitée chez quelques individus. De même, le retentissement d'un petit nombre d'assassinats, doublés de cannibalisme, n'autorise pas à dire que le crime sanglant est particulièrement dans les mœurs néo-calédoniennes. Au contraire, l'attentat intrinsèque se développe qualitativement et quantitativement au sein des races ultra-affinées, semi-usées par une civilisation de formule quelconque, comme chez l'Hindou et l'Européen. Je me permettrai d'écrire ici une réflexion non dépourvue d'intérêt.

Avec le fait général que je signale, comment concilier la théorie de Lombroso? Si le criminel est un atavique, un sauvage en retour, un ramené aux conditions premières de la tribu indégrossie, il faut d'abord établir que les races encore le plus rapprochées de l'état primordial sont les plus criminelles ; or, c'est en ces races qu'on rencontre la meilleure pratique de la solidarité mutuelle ; c'est même d'après cette remarque très judicieuse que des hommes comme Kropotkine, Élisée Reclus, Malato, etc., ont eu l'idée d'entreprendre la défense scientifique de l'anarchie. En outre, l'évolution rétrograde dans les habitudes devrait se rattacher à une évolution parallèle dans l'organisation physique ; telle est aussi la doctrine du professeur italien. Criminels de tous milieux et sauvages de toutes catégories se confondraient en un type plus ou moins uniforme, répondant à des formes d'arrêt dans l'évolution embryogénique. Or, dans chaque race, le criminel conserve ses caractères ethniques ; mais il est vrai que, dans toutes, certaines impulsivités jaillissent d'organismes anormalement conformés par rapport à l'habitus ethnique. Ces hétérotypies, dans les races les plus retardées, se réduisent à des malformations du crâne (bien entendu, je ne fais pas allusion à celles que la mode détermine par artifice) ; dans les plus avancées, à des malformations du crâne, de la face, des membres, variées sans être très multiples. Elles se rattachent non pas à des conditions d'évolution anthropologique, mais à des conditions dégénératives ; elles amoindrissent le civilisé non pas en le rapprochant de l'incivilisé, mais en l'amenant, avec celui-ci, jusqu'à la dégradation pathologique de l'aliéné. On constate en même temps que l'aliénation est proportionnelle au développement social dans les diverses races.

L'attentat extrinsèque, hors de la catégorie ethnique, s'il résulte souvent de mobiles vulgaires, manifeste, chez le sauvage, ce stade de la morale où l'homme étranger à la tribu, compétiteur gênant dans la lutte pour la vie, ne relève point des règles admises pour le clan solidarisé ; chez le barbare et le civilisé, ou la survivance de ce stade, le réveil de défiances ataviques à l'occasion de rivalités sur le terrain des ressources nécessaires inégalement réparties[1], ou, vis-à-vis du conquérant, le sentiment d'une vindicte justifiée. Le Canaque volera avec le même défaut de scrupule le Canaque d'une autre tribu ou l'Européen, sans penser à autre chose qu'à un bon coup exécuté aux dépens d'un indifférent ou d'un ennemi ; l'Arabe et l'Annamite, à l'occasion, tueront un Français pour le dépouiller, avec l'arrière-satisfaction, qui servira d'excuse à leurs yeux et à ceux de leurs congénères, d'avoir agi de guerre permise contre un envahisseur. L'attentat extériorisé, lorsqu'il s'écarte des mobiles vulgaires, rentre dans l'attentat de pure convention (rébellion à tous les degrés, s'inspirant de l'idée de résistance à l'oppression étrangère); je n'ai rien à en dire.

L'attentat de droit commun diminue dans les races ou les classes les plus annihilées, augmente dans les groupes les plus libres ou dominateurs. Dans les premières, il est presque entièrement objectivé ; dans les seconds, tout à la fois formidable par ses manifestations extériorisées et par ses manifestations occultes, indirectement révélées. Au passage de l'état d'annihilation à l'état de liberté, il s'accroît dans les catégories émancipées, par le défaut d'assouplissement éducatif ; à cet accroissement peut correspondre un amoindrissement dans les catégories jusqu'alors privilégiées, lorsqu'elles éprouvent, par le partage des droits civils et politiques avec les précédentes, numériquement les plus fortes, une réduction sensible de leur influence, et subissent avec celle-ci une limitation dans leurs impulsivités, jadis irréfrénées. L'histoire de nos anciennes colonies à esclaves est la démonstration de ces vérités. Dans les

1. Une race trop hospitalière est exposée à être cyniquement exploitée par d'autres. Il se produit alors, dans les couches inférieures, celles qui souffrent le plus de la compétition, des réactions parfois terribles contre des co-partageurs insolents. Exemples, les éclats sanglants qui, de temps à autre, surviennent entre ouvriers français et étrangers, les premiers réduits à la portion congrue ou même à la privation de tout travail par l'invasion des seconds. (Troubles d'Aigues-Mortes, provoqués par les Italiens, août 1893.)

colonies d'outre-mer, au début, le blanc est tout; l'homme de couleur libre est toléré, avec des droits sociaux très restreints; le noir esclave n'est rien. — Ce dernier, très fortement comprimé, ne traduit ses impulsivités que par un nombre relativement faible d'attentats objectivés[1], et la plupart des entraînements criminels ou délictueux les plus brutaux, les mieux en rapport avec le caractère africain, ne sortent pas de la catégorie (rixes, coups et blessures, meurtres, etc.). Contre le blanc, les attentats sont rares, non que l'esclave n'éprouve de gros ressentiments, mais il n'ose réagir sous la terreur des supplices qu'il voit chaque jour infliger à ses congénères. On lui prête, il est vrai, un genre de crime ordinairement spécial aux natures timides et craintives, lâches ou trop faibles pour se livrer à l'homicide sanglant, en même temps qu'« un art infernal » pour l'exécuter; mais l'ignorance a sur ce point accumulé plus de mensonges que la science n'a réuni d'observations acceptables, et l'on ne saurait ajouter foi aujourd'hui à la plupart des empoisonnements si habilement pratiqués par les nègres, aux Antilles et ailleurs[2]. Si l'esclave se décide à viser le maître, c'est indirectement, et en se ménageant l'infaillible moyen d'échapper à ses colères; dans sa stoïcité naïve, acculé à la désespérance, il se supprime lui-même, privant ainsi l'auteur de ses maux d'une valeur appréciée et se débarrassant de tortures morales et physiques devenues insupportables. Tous les observateurs qui ont écrit sur les anciens milieux coloniaux s'accordent à reconnaître la fréquence extraordinaire du suicide parmi les noirs esclaves. Les délits les plus communs sont de menus vols domestiques, commis pour satisfaire aux passions du jeu et de l'ivrognerie. En dehors du manquement vulgaire, l'esclave a à répondre d'une criminalité propre, délimitée par le code noir et la tradition, et dont la répression est laissée au maître ou attribuée

1. Surtout si l'on tient compte des chiffres élevés de la catégorie (à Saint-Domingue, il y a près de 500 000 nègres esclaves contre une population de moins de 50 000 libres) et de la vigilance que la magistrature apporte à sévir contre ses manquements.

2. A. Corre, *le Crime en pays créoles*, p. 210.

aux magistrats, l'insubordination, la révolte, l'évasion, la vie vagabonde (marronnage), etc. Ce sont là des crimes très durement châtiés, car ils supposent chez leurs auteurs une persistance de l'énergie et de l'individualisme dangereuse pour le régime politique des lieux. En somme, même avec l'appoint de ces actes, la criminalité reste médiocre. — Les hommes de couleur libres, mulâtres et nègres affranchis, avec moins d'obligations à la retenue dans leur couche, plus d'occasions de se livrer aux vices qui engendrent le délit et le crime, fournissent un gros contingent dans l'attentat; quelques-uns (ceux qu'on emploie sur les habitations comme correcteurs ou commandeurs), une part de l'attentat que j'appellerai d'arbitraire ou d'excès vis-à-vis de l'esclave [1]. L'homme de couleur renchérissait sur les sévérités du maître, soit qu'il essayât de témoigner de la sorte la sincérité de son zèle, soit qu'il cherchât à rehausser son importance par l'imitation des procédés habituels à la race aristocratique. Mais ce qu'on ne daignait pas relever contre celle-ci, on songeait de temps à autre à s'en inquiéter chez le mulâtre, ou plutôt à faire semblant de s'en révolter par hypocrisie de pudeur humanitaire. — Le blanc ne se montre guère dans la criminalité que retiennent les tribunaux. Il n'en est pas moins le criminel le plus intensif, sinon toujours par le nombre, du moins par l'atrocité de ses attentats d'autoritarisme, occultes ou extériorisés [2]. Dans les basfonds, en quelques grands centres très cosmopolites, il éprouve évidemment les sollicitations qui le poussent aux manquements vulgaires et punissables dans tous les milieux civilisés; pour peu que la victime se rattache au monde de la couleur, il bénéficie largement des privilèges inhérents à la sienne et de l'indulgence des juges, s'ils ont eu à intervenir. Dans les hautes couches, il n'est point d'abandons et de scélératesses qu'il ne puisse se permettre; il est soutenu par un clan puissant, au-

1. Les hommes de couleur passaient pour plus durs et plus cruels envers les nègres que les blancs.

2. Sur les mœurs des créoles, à la veille de la Révolution, lire les lettres du baron de Wimpfen, *Voyage à Saint-Domingue*.

quel les magistrats eux-mêmes sont inféodés, autant par les liens du sang que par l'intérêt. Il tuera lâchement l'esclave d'autrui et en sera quitte pour une simple réparation pécuniaire envers le propriétaire ; il fera mourir dans les tourments raffinés ses propres esclaves, et personne ne protestera. A Saint-Domingue, un sieur de Caradeux fait enfouir tout vifs ses nègres à la moindre négligence qu'ils commettent au champ ou à l'usine; il est si soucieux d'obtenir un bon travail, de produire « le plus beau sucre de la colonie[1] »! Une jeune femme donnant un dîner d'apparat, « furieuse de voir paraître une pâtisserie manquée, ordonne qu'on saisisse son nègre cuisinier et le fait jeter dans le four encore tout brûlant »; elle ne soulève contre elle aucune horreur, n'est point inquiétée, et continue à recevoir journellement des hommages, « car elle est riche et belle[2] ». — Les choses changent après l'émancipation. La période révolutionnaire est marquée par une égale criminalité de toutes les couleurs. Entre le noir, qui a essayé de conquérir sa liberté les armes à la main, avant de l'avoir reçue de la Convention, le mulâtre admis à l'égalité politique, et le blanc, furieux d'un partage où il croit trouver son avilissement, ce ne sont qu'échanges de violences abominables. Là où le noir rentrera sous les chaînes, le mulâtre dans sa réduction d'antan, le germe des résistances ne sera point étouffé ; l'incendie, allumé dans l'ombre, deviendra le moyen de combattre le blanc, redevenu le tyran, jusqu'au jour de l'émancipation définitive. Alors le blanc, à son tour, sera l'annihilé; il s'effacera dans le crime comme dans l'influence; une grosse part de criminalité occulte reviendra au mulâtre, envahisseur des situations prépondérantes, et la presque totalité de la criminalité objective au noir, qui, lancé sans transition éducative de l'extrême asservissement à l'extrême liberté, ne comprendra celle-ci que comme la licence. — A côté de ces éléments, d'autres se montrent. Ce sont les immigrants

1. Malenfant, *les Colonies*.
2. De Wimpfen, *loc. cit.*, t. II, p. 10.

plus ou moins volontaires ou de franche disposition laborieuse, qu'on a été obligé de recruter en Afrique, dans l'Inde, en Chine, pour les travaux de la grande culture, auxquels le noir créole refuse de se livrer, au souvenir des souffrances endurées par ses ancêtres sur les plantations. Pour ces races, les conditions ne sont plus les mêmes qu'autrefois vis-à-vis du maître. Celui-ci, blanc ou mulâtre, dans sa conduite envers les nouveaux travailleurs, a plus d'un abandon qui trahit la survivance des anciennes mœurs; il a peu de bonne foi dans l'exécution des contrats; mais il ne rencontre plus en face de lui des natures aussi soumises que l'esclave; l'atmosphère du milieu ne convient plus à l'uniformisation des caractères sous un servage quelconque. Les engagés de toutes provenances, chacun d'après le tempérament propre de sa race, manifestent leurs impulsivités dans leurs catégories et en dehors d'elles avec moins de retenue.

Dans les autres colonies où la France a pris pied depuis l'abolition du régime esclavagiste, où elle a laissé aux races soumises la libre conservation de leurs coutumes et de leurs lois, il est assez difficile de dire si la criminalité s'est amendée ou accrue parmi les éléments de ces races. Elle y apparaît très oscillante, selon diverses conditions accidentelles (famine, état de guerre, etc.). Mais sa moyenne n'est point encore appréciable avec une suffisante rigueur, comparativement à ce qu'elle pouvait être avant la conquête. Il est probable qu'une grande somme de délinquance occulte compense la diminution de la criminalité objective, là où celle-ci semblerait atténuée. Ces questions, d'ailleurs, seront mieux en place au cours des chapitres consacrés à l'étude des divers milieux.

Au congrès d'anthropologie criminelle de 1889 (Bruxelles), Mme Clémence Royer soulevait un problème particulièrement intéressant pour nos colonies. L'hybridité développerait des tendances d'autant plus instables, au sein d'une agglomération sociale, et d'autant plus en relation avec la délictuosité, qu'elle résulterait de l'union de deux races plus différenciées par les conditions de l'organisation physique, des aptitudes d'ordre psychique, des habitudes acquises, etc. On ne peut malheureusement porter des appréciations sur cette opinion que d'après des matériaux d'observation assez diffus ou des arguments historiques recueillis dans une période trop courte. La démonstration manque d'une base essentielle, de preuves fournies par des statistiques rigoureuses, décomposant les populations selon les catégories et sous-catégories ethniques, dans les relevés de leurs activités diverses, normales et criminelles. Il est certain que, dans l'Inde, le métis d'Européen et d'Asiatique (eurasien), résultant de l'union de deux races à peu près de même souche originelle (aryenne), et qui offrent de nombreux points de ressemblance dans la conformation générale du corps, le fonds d'instincts et d'aspirations sociales, malgré l'opposition des civilisations, est un produit satisfaisant; il est susceptible d'aider au développement de l'action européenne, car c'est avec l'Européen qu'il tend surtout à se confondre sous le rapport des habitudes. Le métis de Français et d'Annamite, en dépit d'oppositions plus accentuées, présenterait des caractères supérieurs, issus de deux races en somme très intellectuelles; mais il est actuellement trop clairsemé pour qu'on puisse encore porter sur son compte un jugement pondéré. Quant au produit du croisement entre le blanc et le noir africain, tous les observateurs s'accordent à lui reconnaître de belles qualités plastiques et une cérébration plus large que celle du noir, sans égaler pourtant celle du blanc; mais les divergences apparaissent dès qu'il s'agit de fixer la valeur de ce métis dans un milieu collectif en cours d'évolution. Le mulâtre a une intelligence parfois brillante, mais en général très superficielle; il possède un égoïsme qui n'a d'égal qu'un énorme orgueil, et si le dernier le conduit en certains cas vers des buts très louables, par l'émulation vaniteuse, souvent aussi, dominé par le premier, il l'entraîne à l'antialtruisme et à la criminalité. C'est bien l'homme des situations politiques contemporaines, intrigant, verbeux, ami de la pose, peu embarrassé de scrupules; aussi est-il devenu partout le dirigeant, et sa direction, partout aussi, a été marquée par l'instabilité des choses, les perturbations et les révolutions. L'Amérique centrale et l'Amérique du Sud lui doivent leur défaut de tranquillité, tout comme nos vieilles colonies des Antilles. En lui, maints détails du caractère trahissent les défauts d'une union entre des races douées de façon si inégale, l'une qui ne semble guère appelée, si elle reste abandonnée à elle-même, qu'à une évolution de demi-barbarie, ou, mêlée aux races blanches, qu'à se soutenir imitativement dans les bas échelons de leurs civilisations; l'autre, de par ses aptitudes, désignée depuis des siècles à la direction du monde et à la prépondérance. On a eu d'autant plus grand tort de fonder des espérances de rénovation sociale sur le mulâtre, que, le jour où la race supérieure cessera de s'alimenter par les éléments créoles ou métropolitains, et de fournir au métissage, l'homme de couleur, incapable de s'entretenir par son propre fonds, fera retour au nègre (Haïti). On pourrait arguer des mauvaises tendances des métis qu'elles sont le résultat fatal de leur mode d'éducation, et qu'avec celui-ci elles sont susceptibles de transformation. Le mulâtre, à l'origine, est né de la débauche; il reste à la mère, qui, ordinairement privée de ressources, rentre avec lui dans le bas milieu auquel elle appartient; l'enfant se trouve ainsi condamné, avec des qualités évolutives relativement supérieures, à subir une sorte de rétrogradation vers la souche inférieure. C'est bien ce qui a lieu en Calédonie, où les métis entre Français (souvent de sélection renversée!) et femmes canaques reviennent à la tribu noire, y sont reçus et traités en parias, même, dit-on, en esclaves. Mais tel n'a pas été le cas pour un très grand nombre de métis américains. Dans nos Antilles, le jeune mulâtre était souvent élevé à côté du fils légitime du maître; la classe des métis, de bonne heure, fut émancipée, pourvue de droits civils suffisants pour leur permettre d'affirmer leur capacité morale; d'emblée elle se montra ce qu'elle est demeurée, aujourd'hui qu'elle a l'égalité des droits politiques, qu'elle a acquis, par l'influence de la coterie, la prépondérance dans l'exercice de ces droits, méprisante du noir et haineuse du blanc, étroite d'esprit et de visées livrée au plus détestable individualisme, inapte à tout progrès social exigeant l'effacement des personnalités devant l'intérêt collectif. Le mulâtre de blanc et de nègre est donc, à mon avis, un élément social perturbateur. Nul doute qu'il ne se dessinât sous ses véritables allures avec plus d'extériorité, si les statistiques judiciaires tenaient compte des catégories ethniques. Mais on ne constate que trop ses tendances, par le rôle semi-occulte et semi-objectivé que le groupe joue dans les milieux créoles, où il entretient le noir dans un perpétuel état d'animosité contre le blanc, et tire à lui toutes les situations honorifiques ou lucratives, sans nul souci de l'intérêt commun. En Algérie, la polygamie ouvre très largement les voies du croisement pour l'Arabe; celui-ci, très enclin à s'unir avec la négresse, depuis longtemps imprégné de sang noir, présente une incontestable altération de son type; il offre fréquemment des caractères négroïdes et aussi des signes non douteux de profonde décadence morale. N'est-il pas frappant d'avoir à rapprocher ce résultat de la conservation de l'élément berbère ou kabyle, jusqu'ici tenu à l'écart et proclamé, par les observateurs les plus compétents, comme le meilleur appoint à utiliser dans notre œuvre colonisatrice? Il y a donc un grave intérêt à ménager les croisements. On l'avait bien compris sous la monarchie; on avait essayé d'enrayer les unions éphémères ou durables entre les blancs et les noirs; mais avec l'esclavage, c'était tenter chose impossible; il fallut subir les conséquences d'entraînements sexuels, ce fut la punition d'un régime criminel. Le blanc s'était enclavé lui-même dans une population compacte d'Africains; fatalement, il devait disparaître en celle-ci dès que la suprématie autoritaire passerait au nombre. Les croisements, loin de retarder la ruine, l'ont précipitée, et ils sont actuellement (pour les intérêts métropolitains) la cause d'une crise redoutable... que la cécité politique de nos gouvernants les empêche d'apercevoir.

Besoins, passions, habitudes dégénératives. — L'extrême misère et l'extrême bien-être, ainsi que j'ai cherché à l'établir dans un précédent ouvrage[1] sont des facteurs également intensifs de la criminalité, soit qu'ils agissent comme provocateurs immédiats ou prochains de l'attentat, soit qu'ils manifestent leur intervention éloignée par les dégénérations issues de leur influence. La privation du nécessaire, chez les plus altruistes, pousse fréquemment au suicide; mais par le contraste avec l'excès du bien-être répandu autour d'eux, elle engendre chez d'autres, d'altruisme plus chancelant ou seulement guidés par l'égoïsme (sentiment fondamental de l'individualisme, condition de la conservation des êtres, moteur dangereux au sein des sociétés, lorsqu'il est exalté au delà de certaines limites), les révoltes militantes, des actes délictueux ou criminels d'après les codes en vigueur. Les besoins primordiaux, ceux de l'aliment, de la vestiture et de l'abri, prennent en nos climats tempérés, à saisons chaudes et froides nettement tranchées, une âpreté qui explique celle des revendications sociales chez les déshérités et la violence de plus d'un entraînement. Mais, aux colonies, pour la plupart comprises en zones climatériques très favorisées sous le rapport des moyens de satisfaire aux premières exigences de la vie, il n'en est plus de même. En temps normal, l'indigène a l'abri et l'aliment au prix du moindre labeur; il se passe aisément de vestiture ou peut se contenter du vêtement le plus léger; il ne connait point la misère, telle qu'elle s'impose, si terrible, sous l'étreinte du froid et de la faim, aux pauvres familles de nos campagnes et de nos villes; il ne saurait donc être amené à commettre l'attentat par l'intervention d'un facteur qui joue actuellement chez nous un rôle considérable. Toutefois, à certaines époques, et à toutes les époques, dans certains milieux, il se produit des suggestions de misère. Dans l'Inde, à la suite des grandes famines, il y a des redoublements de criminalité. Au Tonkin, c'est après le déficit des récoltes de riz, causé par l'excès de la sécheresse ou les inondations, que les bandes de pirates reparaissent ou multiplient davantage leurs exploits. La pénurie

1. *Crime et Suicide*, p. 561.

des ressources recrute en plus grand nombre les malfaiteurs parmi les oscillants. Aux colonies où, depuis l'abolition de l'esclavage, le travail du sol est confié à des engagés africains ou hindous, l'abandon par l'engagiste de beaucoup de ces pauvres diables, trop faibles ou trop excédés, l'inexécution des contrats à leur détriment, les poussent au vagabondage et, par la misère autant que par l'irritation, au vol, quelquefois au meurtre sous le mobile initial de la dérobation. Ailleurs, le délire de la faim renouvelle les scènes de l'humanité primitive avec le cannibalisme de nécessité.

Un autre genre de besoin, dont, par un sentiment de pruderie ridicule et hypocrite, on n'a pas coutume de tenir compte en divers groupements humains, celui de la sexualité, exerce aux colonies une action regrettable. Parmi nos troupes, la privation des femmes, en Algérie et en d'autres régions, conduit à la pédérastie, quand elle ne déchaîne pas contre les personnes du sexe, tout à coup rencontrées solitaires, les appétits d'un rut prêt aux pires forfaits pour se satisfaire. Comprendra-t-on qu'en isolant dans des postes lointains, sans leur donner d'occupations sérieuses, sans leur offrir aucune distraction, sans même leur assurer toujours les lettres de la mère patrie, des jeunes gens à la pleine vigueur de l'âge, on exige d'eux une retenue et une sagesse de moines? C'est là pourtant ce qu'on prétend faire au Sénégal, dans l'extrême sud algérien, au Tonkin. Les timides ne cherchent pas en dehors d'eux les moyens de calmer l'éréthisme des sens; ils se livrent à la masturbation, deviennent bientôt des épuisés dont l'organisme est ouvert à toutes les maladies, et ils s'éteignent sacrifiés à l'incurable ineptie de l'administration et du militarisme. Les autres se rendent de mutuels et ignobles services[1] ou, s'ils n'obtiennent de bon gré les faveurs de quelque indigène, les prennent par force, au grand détriment de notre influence morale. Ces malheureux se laissent aller en même temps à des habitudes

1. J'ai vu un poste où, sur cinq soldats, trois formaient un ménage dans lequel un jeune caporal remplissait le rôle de femme, et un quatrième, Breton nostalgique, se tua par la masturbation.

d'ivrognerie, qui ajoutent à leur excitabilité de mauvais aloi. Les survivants, épaves de la triste épreuve coloniale, reviennent chez nous quelquefois avec le dégoût de la femme ou, usés, restent, dans le mariage, des inféconds; fréquemment, ils sont destinés à fournir à l'armée de la délinquance, devenus les dégénérés du vice. Aux Antilles et à la Réunion, l'on a osé spéculer sur la réduction génésique des émigrants! Comme la femme est moins apte que l'homme aux rudes labeurs, on la repoussait des bureaux de recrutement; on admettait avec contrainte un très petit nombre de filles vigoureuses ou de femmes mariées dont les époux ne voulaient point se séparer, et l'on déversait sur nos colonies sucrières des troupes de mâles aux appétits intenses, qui, ne trouvant pas à les satisfaire en dehors de leur catégorie, se livraient entre eux de véritables combats de fauves pour la conquête de la femelle. A Maurice, on finit par s'apercevoir que si la femme travaillait moins que l'homme, elle servait à le maintenir en contentement favorable à sa tranquillité; la culture et la sécurité publique se ressentirent d'une meilleure répartition des sexes dans la formation des convois[1]. On se garda d'imiter l'exemple chez nous.

Le défaut engendre le dérèglement. Mais l'abus, chez les non-privés, n'est pas moins à redouter dans les conséquences. Où le soldat et l'engagé manquent de la satisfaction nécessaire, l'officier et le fonctionnaire, le civil de diverses professions ont souvent celle-ci au delà du superflu, car les mœurs sont faciles dans les principaux centres de nos colonies, anciennes et récentes. La débauche amoindrit, neurasthénise, rend les impulsivités fléchissantes, et quand les passions menacent de rencontrer des obstacles dans l'insuffisance des ressources pour les alimenter ou dans certaines rivalités, elle est une incitation du vol et de l'homicide, parfois aussi de trahisons lâches et scélérates.

A la débauche s'associe le jeu. On joue énormément dans

1. Docteur Pellereau, cité in *Crime en pays créoles*, p. 150.

les colonies, par désœuvrement ou par autre mobile. La cupidité, chez plus d'un, qu'elle soit de nature à caresser une avarice et un égoïsme particuliers, ou qu'elle naisse du besoin de se procurer de l'argent pour couvrir des passions moins avouables, est une pernicieuse conseillère, dans le monde des cercles et dans toutes les compagnies où l'on manie les cartes. Elle engendre des délits occultes ou des crimes objectivés avec éclat, pour la honte des individus et des catégories. Au Sénégal, vers 1876, certains officiers attendaient avec une impatience fébrile l'arrivée des paquebots, pour se saisir des passagers, les amener à jouer, nécessairement avec l'espérance de les dépouiller. Qu'ils fussent loyaux dans leurs opérations, je consens à le croire ; mais ils n'en obéissaient pas moins à un sentiment très voisin de celui qui mène au délit, dans leur conviction d'être plus habiles que leurs néophytes de passage. Tous d'ailleurs n'étaient pas à l'abri de soupçons, et même l'un fut surpris en train de faire sauter les cartes dans un cercle de Saint-Louis. M. Brière de Lisle, dès son installation comme gouverneur, s'occupa à mettre un terme à des habitudes aussi fâcheuses, et malgré son énergie, il n'en vint pas à bout complètement. En Cochinchine, les mêmes entraînements aboutissent aux mêmes faits ; il n'y a guère longtemps qu'on parla de magistrats compromis en d'assez vilaines aventures de baccarat et de lansquenet. Nous sommes mal venus à nous indigner, dans de semblables conditions, contre les habitudes des indigènes, et avant d'exiger, au Cambodge, de notre obéissant vassal Norodon la suppression du *jeu des trente-six bêtes* (simple variété de notre roulette), il eût été logique de fermer les tripots des grands cercles à Saïgon... Mais les résidences sont souvent elles-mêmes des tripots ! Le Chinois, entre toutes les races, est un joueur particulièrement effréné ; chez lui, le jeu a les conséquences les plus graves et parfois les plus singulières : on en a vu, n'ayant plus rien à engager, après avoir perdu jusqu'à leur femme, jouer un doigt, deux doigts de leurs mains, auto-mutilation que l'on doit rapprocher du suicide, si fréquemment l'aboutissent de la passion et lui-même à placer à côté des impulsivités criminelles.

Par-dessus tout, il y a la morphinisme, le haschischisme l'alcoolisme. Ce que l'usage de l'opium et du haschisch produit parmi les populations orientales, j'aurai à le dire aux chapitres consacrés à l'Inde et à l'Indo-Chine. Ses effets ne s'arrêtent pas à la dégénération des individus. Dans l'ivresse s'élabore la suggestion du crime, et, chez les épuisés, l'impulsivité chancelante obéit aux sollicitations occasionnelles ou de milieu les plus propices à déterminer les violents attentats. Dans la flétrissure que le moraliste est en droit d'appliquer à de telles habitudes, combien encore il est tenu de faire large la part à l'abus de la force et à l'hypocrisie des civilisés d'Europe, monopoleurs du commerce des drogues delétères, imposant même leur diffusion, comme les Anglais l'opium à la Chine ! Mais en outre, les colonisateurs ont introduit ou multiplié autour d'eux, chez les indigènes, l'habitude, déjà si profondément dégénérative pour leur propre pays, de l'alcool et des liqueurs fortes. Il ne serait pas juste de nous accuser nous-mêmes ni d'accepter les accusations portées contre nous, relativement aux progrès de l'alcoolisme, si extensifs dans notre région et dans nos colonies. « La France, a osé écrire Lombroso, jouit d'une triste prédominance dans la consommation de l'alcool... Partant, il est naturel qu'elle en ressente davantage les effets dans le champ politique et que, comme le dit Caro, l'absinthe fasse des orateurs et des politiques à Paris, comme l'opium crée des extatiques en Chine... » Ce langage, sous la plume d'un homme qui semble avoir pris à tâche de rapetisser notre race, dans ses hommes et son histoire, malgré qu'il ait trouvé chez nous, pour ses livres, engouement et lucratif débit[1], est tout simplement odieux. Il est indigne d'un savant, car il vise à

1. J'ai éprouvé moi-même cet engouement, mais j'en suis bien guéri, depuis que j'ai découvert sous les formules du savant, la mauvaise foi et la haine, au service d'un certain chauvinisme et d'une certaine politique, dont l'objectif est notre discrédit et notre ruine

consacrer un mensonge, le professeur italien ne pouvant ignorer que, dans l alcoolisme, les races anglo germaniques nous surpassent. Mais il met le doigt sur une plaie trop réelle : l'étroite connexion de l alcoolisme avec la politique. Chez nous, et par contre-coup dans les colonies assimilées, l'alcool est le grand électeur, et les mastroquets sont les prêtres de la religion nouvelle. On laisse partout pulluler les débits..., les foyers sollicitateurs de l'alcoolisme, mais aussi les lieux de réunion où pérorent les bas orateurs des coteries, où se préparent les choix occultes pour l'accaparement des situations dirigeantes à tous les degrés. A l'exaltation des luttes pour les compétitions s'ajoute celle de l eau-de vie et du rhum ; nous verrons, aux Antilles, sous de telles influences, au cours de périodes électorales, se produire des scènes inouïes, jusqu'à des assassinats Il semble d'ailleurs que sous la domination maçonnique, à un mot d ordre que les loges reçoivent peut-être inconsciemment d'un pouvoir central intéresse à l'annihilation de notre race, tout soit entrepris pour amoindrir celle-ci, la frapper en ses meilleurs foyers, dans ses sources vives et ses énergies dernieres. On corrompt la jeunesse et l'adolescence par l'étalage des livres et des dessins licencieux ; on corrompt l'âge adulte par l'essor qu'on permet à toutes les débauches e par l alcoolisme, et l'on achève de faire perdre sa raison au peuple en entretenant avec une attention perverse les haines de tous prétextes. Il n'est pas difficile de découvrir la source d'où partent ces émanations funestes ; il suffit pour cela de lire avec quelque attention les feuilles du type *Lanterne*. Un certain sectarisme, au fond dérivé d'antagonismes religieux et ethniques, attaque la vieille France dans son plus important boulevard, l'esprit catholique, sans se dissimuler qu'il écrasera du même coup le Français et la croyance qui règne encore chez un grand nombre. Au nom de la liberté de penser, on est intolérant. Je ne suis attaché à aucune doctrine et j'ai l'horreur du cléricalisme ; mais il y a des cléricalismes de divers noms, et le maçonnisme (avec des alliés qu'il n'est pas besoin le citer me paraît l'un des pires. Le catholicisme, après tout, est demeuré le symbole du nationalisme, qu'il importe de respecter, en face d'unions monstrueuses rêvant notre morcellement, et le maçonnisme, néo-culte intransigeant et louche, nous trahit au profit de celles-ci. J'estime donc qu'il est du devoir de tout honnête homme de surveiller et de dénoncer les agissements d'une coterie misérable, et je n'hésite pas à dire qu'un de ses moyens d'action les plus dangereux est l'encouragement à l'alcoolisme. J'habite un milieu où ces réflexions ne trouvent que trop bien leur raison. S'il est en France un élément ethnique vigoureux, contribuant au développement de la population générale comme à celui de la défense nationale, c'est le Breton. Mais le Breton reste fidèle aux antiques choses, et il est encore capable de résistances énergiques, si l'on essaye de le comprimer trop ouvertement dans sa foi. On sait qu'il aime à boire : on l'émascule en favorisant sa passion! Grâce à des influences qui semblent la trop exacte représentation des tendances auxquelles j'ai fait allusion, on laisse se multiplier les débits et les cafés on leur accorde toute licence pour distiller leurs poisons, comme pour mieux leur permettre de ruiner les familles, de semer la démoralisation parmi les paysans et les ouvriers, sous couleur de condescendance au peuple. On espère du même coup obtenir plus de souplesse dans le suffrage si dérisoiremen nommé universel, à propos des élections politiques. Un calcul de même sorte vient à l'appui d'intérêts similaires ou analogues, hors de la métropole. Dans les pays créoles, on maintient la masse noire sous la direction du parti, de la secte, en lui tolérant le plus large abandon à son goût crapuleux pour le tafia. Dans les pays où les indigènes ne sont point naturalisés, où l'on n'a pas à se soucier de leur intervention électorale, où l'on s'applique seulement à affirmer la sujétion de leur race vis-à-vis de la nôtre, on laisse le commerce répandre à flots les liqueurs alcooliques frelatées ; c'est le plus sûr moyen d'arriver peu à peu à l'extinction des éléments gênants. L'Arabe, en Algérie, oublie les préceptes du Coran, à la vue d'un verre rempli d'absinthe ; le noir, à la côte occidentale d'Afrique, plus soumis à la loi religieuse dans les régions où il s'est converti à l'islamisme, partout ailleurs s'enivre frénétiquement avec le sangara; l'Annamite, en Cochinchine et au Tonkin, s'abreuve d'alcool de riz. Le civilisateur (?) se réjouit et il ne remarque pas qu'il est lui-même envahi par le même ferment de dégénérescence que ses victimes.

Instruction, ignorance, superstition. — D'éducation, je ne parle point. Si elle est tombée très bas chez nous, elle est à peu près nulle, au point de vue français, dans les colonies; elle reste concentrée, dans chaque milieu ethnique, sous les formes traditionnelles, et son influence se révèlera par les aptitudes et les tendances propres aux races que nous aurons à étudier.

On a fort discuté sur l'influence relative du savoir et du non-savoir dans la genèse du crime-délit. Nombre de manquements sont, dans tous les milieux civilisés, commis par des indégrossis, si mal instruits des conditions de rapports réciproques, qu'ils se heurtent à des droits réels ou factices par défaut de notion suffisante ou de compréhension sur leurs obligations. Mais beaucoup d'attentats, et non des moindres par la qualité, sont l'œuvre d'individus instruits jusqu'à l'affinement. Même, il n'est pas prouvé que les races sauvages et barbares, les races ignorant tout, en dehors de la pratique des choses immédiatement nécessaires à la vie, soient plus criminelles que les civilisées (le contraire est plutôt probable ou démontré). L'instruction d'ailleurs semble exercer une influence assez complexe que j'ai cherché à analyser dans mon livre *Crime et Suicide*[1]. Professionnelle, elle est une garantie contre les entraînements délictueux, parce qu'elle diminue les chances de conflits, issus de l'inaptitude à l'emploi des moyens réguliers de lutte pour l'existence. Extra-professionnelle et trop spéculative, si elle arme les mieux doués contre les sollicitations mauvaises, elle y entraîne souvent les autres, en leur apprenant l'art des coquineries perfectionnées ou occultes.

1. Deuxième partie, chap. III, p. 447 et suivantes.

Dans l'Inde, les basses castes ont une criminalité vulgaire intensive, avec une instruction très rudimentaire; les hautes castes, avec une instruction très complète, en rapport avec les conditions de l'organisation sociale de la race, sous les règles de l'islam, du bouddhisme ou du brahmanisme, ont à leur acquit, à côté d'une quantité médiocre d'attentats extériorisés, des actes méritant la qualification d'attentats latents très caractérisés. En Indo-Chine, le peuple, avec ses vices, vaut mieux que les lettrés; il y a solidarité chez l'un et seulement égoïsme poussé, selon les occasions, jusqu'à l'antialtruisme le plus révoltant chez les autres. La question change d'aspect dans les colonies où des éléments ethniques d'origines diverses reçoivent une instruction similaire, elle-même émanée de la forme officiellement adoptée chez nous. Il s'opère alors quelque chose d'analogue à la digestion forcée d'un aliment identique, administré à des estomacs d'inégale capacité et surtout d'inégale fonctionnalité physiologique, une perturbation fréquemment transformée en état submorbide, durable ou permanent. La cérébration du noir n'est point la même que celle du blanc; soumettre l'une et l'autre à la ration uniformisée, c'est vouloir tout plier à un niveau commun contre toute logique. Où la ration convient à l'un, elle ne suffit plus à l'autre, et *vice versa*. La conséquence du système est, dès aujourd'hui, appréciable [1]. Avec un savoir au-dessous de l'élémentaire ou un vernis de savoir plus étendu, mais tout de surface, le noir s'exalte en sa vanité et ses prétentions; ses déceptions deviennent un facteur particulier de l'attentat, qui se révèle principalement à propos des rivalités politiques.

Il est une forme de l'ignorance, commune aux sauvages et aux civilisés, chez ces derniers souvent alliée avec une instruction très étendue, résultante des crédivités naturelles ou que les religions ont créées. J'entends mentionner cette survivance des vagues appréhensions et des fortes espérances vis-à-vis d'un au-delà mystérieux, qui ont éclos aux premiers âges de

1. A. Corre, *Nos créoles*, p. 94.

l'humanité, chez les peuples mûrs, où elle entretient la foi dans le monde de l'occultisme et suggère parfois les actions les plus déraisonnables de la superstition. Elle joue un rôle à signaler dans l'étiologie du crime, mais qu'il serait injuste de n'apercevoir qu'en dehors de chez nous. Après les révélations qui nous ont appris la persistance en pleine Europe du meurtre rituel, des abominables cérémonies de la *messe noire*, etc., la reviviscence de mysticisme et de diabolisme à laquelle nous assistons [1], la vogue, dans nos villes et nos campagnes, des somnambules, devins et devineresses, sorciers et sorcières, nous serions mal venus à traiter nos coloniaux avec une sévérité trop âpre. Là-bas, d'ailleurs, on ne fait que répéter des leçons importées jadis de la métropole, ou des actes dont elle a laissé passer l'initiation avec la traite. Le *vaudou*, encore pratiqué à Haïti, a été une conséquence de l'introduction aux Antilles d'esclaves recrutés dans la région du Bénin, où les sacrifices humains et le culte du serpent régnaient avant notre conquête du Dahomey. Les sorcelleries, presque toujours intentionnellement délictueuses, par occasion très criminelles de fait, des *obi* créoles, sont dérivées des superstitions françaises aux seizième et dix-septième siècles [2]; elles sont en outre perpétuées, grâce à la diffusion de détestables petits livres, que le colportage est aussi autorisé à répandre dans nos campagnes. Dans l'Inde et l'Indo-Chine, nous rencontrerons des superstitions spéciales, mais généralement peu différentes des nôtres, quant à leurs formes et à leurs résultats possibles.

Influences topographiques, telluriques et cosmiques. — Les conditions topographiques et géologiques des lieux, surtout dans leurs rapports avec celles des industries et des cultures qui peuvent assurer aux hommes la satisfaction de leurs be-

1. H. Desportes, *le Mystère du sang;* Huysmans, *Là-bas!* docteur Bataille, *le Diable au dix-neuvième siècle*, etc.

2. *Nos creoles*, p. 115; *Crime en pays créoles*, p. 155-188, 192 et suivantes.

soins, exercent, sur les relations des collectivités et des individus, des influences susceptibles d'expliquer les tendances sociales ou antisociales observées dans les divers peuples. Je ne saurais insister sur un sujet comportant des développements aussi considérables, et capables de m'entraîner hors du plan que je me suis proposé. Je me bornerai à rappeler quelques faits. Au Tonkin, la piraterie est, en grande partie, la conséquence d'un système d'irrigation du delta, favorable aux opérations de tous les vagabonds, déclassés, bandits de profession nés dans le pays ou accourus des littoraux limitrophes. Ailleurs, comme au nord du Dahomey, des habitudes analogues naissent de l'état d'isolement et de stérilité de la région, où les ressources manquent, mais où les lieux permettent de se bien garder, après qu'on a été piller celles des voisins[1]. Le Touareg, nomade du désert, lui aussi, sur son brûlant domaine, ne peut vivre que de la rançon imposée à d'autres : il n'a point de cultivateurs à dépouiller, il s'adresse aux caravanes.

Un facteur trop peu soupçonné, et qui cependant devrait être tout particulièrement étudié, en raison des graves questions de responsabilité auxquelles son action peut donner lieu, l'endémie, sous ses formes multiples, modifie les impulsivités. Elle frappe à l'état aigu, provoquant des délires parfois homicides, ou à l'état chronique, amenant des dégénérescences réductrices de la cérébration et aptes à déterminer dans l'avenir des en-

1. Le pays est divisé en deux zones par une ligne de marais, sorte de fossé vaseux au bas de la première terrasse du système de gradins successifs qui vont aboutir au plateau du Niger. Au Sud. dans la plaine, « le Dahoméen, cultivateur et producteur, envisage la guerre comme une calamité et a trouvé tout de suite intérêt à se placer sous notre autorité. Au nord..., la contrée a toujours été le refuge des gens compromis et cherchant leurs moyens d'existence dans la piraterie. C'était le repaire des anciens chasseurs d'esclaves, qui se sont fait maraudeurs et coupeurs de route... Cela tient à ce que le sol, recouvert d'une mince couche de terre végétale et privé d'eau pendant la plus grande partie de l'année, est impropre à toute culture industrielle et ne produit guère que quelques plantes maraîchères, haricots, oignons, etc... » (*Libre Parole* du 10 juin 1893.)

traînements criminels (coup de chaleur, anémie cérébrale, intoxication palustre, etc.).

On sait quelle influence les agents cosmiques exercent sur les êtres.

Les climats — compris sous l'acception la plus large — font les races et les entretiennent dans leurs modalités physiques et psychiques. Les peuples des régions froides ou tempérées ne sont pas organisés de la même manière que ceux des pays chauds; les uns et les autres, lorsqu'ils changent de milieu, ont à subir une adaptation nouvelle, fertile en risques pour les individus, acquise par les masses au prix d'une sélection plus ou moins rigoureuse. Les races du nord ont plus de vigueur physique et intellectuelle que les races du midi : elles ont à lutter pour des besoins plus âpres et gagnent à l'effort soutenu cette énergie supérieure. Les races du midi, plus favorisées sous le rapport de la satisfaction des besoins, sont douées de moindre combativité; chez elles, il y a tendance à l'apathie; l'intelligence brille surtout par l'imagination; les activités sont capables de manifestations très intensives, mais par éclats de durée éphémère. En passant du climat froid ou tempéré dans les climats chauds, l'homme du nord s'amoindrit dans sa vigueur première et peu à peu prend la cérébration de l'homme du midi; il semble que celui-ci, transplanté dans une zone septentrionale, perde moins de ses qualités originelles, tout en acquérant mieux celles de la zone d'adoption. C'est que l'adaptation, l'acclimatement, est en général d'évolution plus aisée du midi vers le nord que du nord vers le midi. Néanmoins, dans l'œuvre colonisatrice, c'est le mouvement inverse qui s'est produit, parce que l'homme du nord, en s'enfonçant vers les pays chauds, devait y rencontrer des nations et des races de moindre résistance; il ne compte guère avec les obstacles du climat. De fait, là où l'Européen l'a formellement voulu, là où sa marche a été graduée, il a réussi à s'implanter, à former souche, indéniable preuve du cosmopolitisme sinon de toutes les espèces humaines, au moins de celles prédestinées au partage des grandes civilisations. Les créoles espagnols et portugais ont peuplé l'Amérique intertropicale; il y a un solide établissement de créoles français aux petites Antilles, de créoles français et portugais à la côte occidentale d'Afrique et dans l'Inde. Si l'Angleterre et la Hollande n'ont pas réussi à créer avec leurs propres éléments des foyers de population dans leurs colonies orientales, il faut peut-être en rechercher la cause, moins dans un défaut d'adaptabilité, que dans la conservation trop absolue d'habitudes hygiéniques incompatibles avec les exigences des milieux exotiques.

Les grandes colonies européennes sont pour la plupart comprises dans les zones chaudes et même dans la zone intertropicale. Le blanc émigré s'est trouvé en face de conditions climatériques très différentes de celles de ses régions. Sous l'équateur, il a eu à lutter contre une chaleur torride et contre des endémies pernicieuses; mais avec son énergie de race, survivante à la débilitation du corps, il a triomphé des hommes façonnés au milieu presque à la façon de l'animal, indemnes vis-à-vis des influences pathogènes les plus redoutables, mais aussi réduits au minimum des activités cérébrales, paresseux, mal disposés pour l'effort continu. En des zones moins ardentes, il a rencontré des races plus intellectuelles, même très civilisées, mais assouplies dans l'apathie, pliées à tous les despotismes, sous une ambiance qui leur enlevait le pouvoir et la volonté de la réaction. L'Européen a jeté les fondements de sa domination sur des peuples émoussés par l'action des climats. Lui-même à son tour doit craindre d'acquérir, avec l'adaptation, les mêmes facultés, qui n'assureraient son maintien momentané qu'en préparant sa décadence. Même s'il réduit son rôle à l'exploitation, il lui importe d'avoir pour la diriger des noyaux de sa race, sédentaires et acclimatés. A plus forte raison a-t-il à se préoccuper des moyens de peuplement, s'il entend se substituer aux indigènes. Il puise le moyen principal de sa résistance dans les formes de sa civilisation, qui, jusqu'à un point, compensent les influences débilitantes des climats excessifs, au lieu de les aggraver, comme nous le verrons faire à certains codes des civilisations orientales. Mais il y a pour lui des procédés d'une autre sorte, qui l'aident à asseoir sa prépondérance ethnique; ou il entretiendra sa race, déplacée, dans le meilleur état de vigueur, par la fréquente immixtion d'éléments frais, fournis par la métropole; ou il lui donnera l'appoint d'un mélange avec les races indigènes (métissage). On a peut-être trop négligé la première mesure et trop compté sur la seconde, depuis le commencement de ce siècle. Quoi qu'il en soit, c'est par la combinaison, à des degrés très variables, selon des proportions très inégales, de l'un et de l'autre procédé, que se sont formées les populations créoles. Pures ou mixtes, les races créoles, englobées dans les masses noires que l'esclavage a importées, ont pris racine sur d'immenses territoires. Mais elles n'ont point su éviter toutes les causes d'amoindrissement. Elles ont acquis, sous l'influence du milieu climatérique, insuffisamment combattu par des habitudes appropriées, les caractères d'une sorte d'anémie relative, physiologique, toutefois facile à dévier vers la morbidité. Elles ont gardé la vivacité intellectuelle, l'esprit d'activité, les conceptions de la civilisation supérieure, qui sont le bien commun des races blanches, quelque peu perdu de l'affinement de celles-ci au contact et au mélange avec l'Africain, pris de l'irritabilité, de la tendance à l'impondération des déterminations, indices de l'espèce de névrose liée à l'état d'un sang moins oxygéné, moins modérateur du nerf [1]. Aussi l'impressionnabilité trop vive a-t-elle pour corollaire dans le milieu une irascibilité hors de proportion avec les causes qui la mettent en jeu; les impulsivités, jaillissant par éclats, sont-elles souvent empreintes de la note passionnelle et deviennent-elles aisément criminelles. L'alcoolisme, les abus sexuels, d'autres facteurs encore interviennent sans aucun doute à côté du climat pour produire ces effets.

Dans les pays froids ou tempérés, la chaleur joue le rôle d'excitant, et le froid celui de sédatif. Le contraire a lieu dans les pays intertropicaux et subtropicaux; la chaleur continue,

1. Blanco, *Effets des climats chauds sur le système nerveux* (*Boll. de medicina navale*, mai 1893), et *Revue de bibliographie internationale de médecine*, 1893, n° 3881.

affadit, épuise les énergies, qui se relèvent sous le stimulant des fraîcheurs relatives. Il est intéressant de rechercher, à cet égard, la marche de l'influence saisonnière sur le crime-délit. J'ai étudié cette évolution en plusieurs écrits, dans mon livre *Crime et Suicide* [1] et dans un mémoire sur *le Délit à Brest* [2], pour la région française, dans ma *Criminalité créole*, pour la région antillienne [3]. En ce dernier ouvrage, j'avais été amené à formuler la loi du renversement que je viens de mentionner, après la constatation d'un nombre deux fois plus fort d'attentats au cours de la saison fraîche et sèche (la réconfortante), que pendant la saison chaude et pluvieuse (l'énervante), à la Guadeloupe. L'excès de la saison fraîche était plutôt dû à une prédominance des crimes-propriétés, parmi lesquels une proportion d'incendies supérieure à celle des autres crimes de la catégorie. Mais ce dernier crime, de nature mixte, dirigé contre les personnes autant que contre les propriétés, reporté dans la catégorie des crimes-personnes, déplace les répartitions, et ramène bien la criminalité la plus intensive dans les mois les plus frais. La courbe de la criminalité était surtout en rapport avec celle des minima thermiques, et le parallélisme des deux lignes offrait des relations très remarquables jusque dans leurs oscillations. Il en était donc de l'activité anormale comme de l'activité régulière, l'une et l'autre recevaient, de la rupture d'une prostration équivalente à une compression pour l'organe cérébral, sous l'influence d'une caloricité élevée et continue, un coup de fouet qui leur redonnait une vigueur momentanée, au souffle des brises fraîches. Je tirai de ces faits la conclusion suivante : dans les pays chauds, à saisons peu tranchées, la température semble présenter, sur l'évolution du crime, une action inverse de celle qu'elle exerce dans nos pays tempérés, à saisons bien tranchées; c'est quand elle marque une diminution dans les moyennes, en même temps que les plus forts écarts entre ses extrêmes, que les crimes augmentent; le

1. Page 615.
2. *Archives de l'anthropologie criminelle*, mai et juillet 1890.
3. *Crime en pays créoles*, p. 112 et suivantes.

maximum de la criminalité coïncide avec les minima thermiques.

On m'a objecté — comme on l'a fait à propos de l'évolution saisonnière du crime-délit dans les régions européennes — que les relations de l'attentat étaient moins à établir avec les influences cosmiques, qu'avec des facteurs sociaux intercurrents. A cela, il est aisé de répondre que les facteurs sociaux mis en avant pour écarter les premières n'en sont très fréquemment que la dérivation. Mais, dans l'espèce, l'objection restait sans base. Si, comme le prétend M. Roux [1], les ascensions du crime, à la Guadeloupe, se rapportent à l'état de la culture principale, la prématurité comme la maturité achevée de la canne à sucre laissant aux catégories les plus impulsives (noirs de basse couche, coolies hindous, travaillant sur les habitations) des loisirs ordinairement mal employés, fertiles en accès d'ivresse, en rixes et en attentats plus ou moins graves, comment expliquer, dans la même région, une évolution identique des punitions, c'est-à-dire d'impulsivités répressibles, parmi des catégories autrefois très surveillées? En 1836, à la Trinité [2], île de climat presque similaire à celui de la Guadeloupe, sur 641 punitions infligées à des *apprentis* (noirs en situation préparatoire d'émancipation), la répartition par mois offre deux maxima, en mai (le mois du renouveau) et en août (le mois de la thermalité excessive); mais l'ensemble accuse la prédominance des manquements au cours de la saison fraîche, suivant un rapport de 324 (décembre à mai) à 317 (juin à novembre).

J'ai reconnu moi-même qu'il fallait très fréquemment chercher l'influence sociale derrière l'influence cosmique ou à côté. Celle-ci, en quelques occasions, se traduit d'une manière détournée assez singulière : le docteur Texier me signale la plus grande fréquence des vols avec effondrement, à Pondichéry et dans les localités environnantes, au mois de novembre,

1. *Archives de l'anthropologie criminelle*, 1890, p. 97 (citation de Tarde *in* compte rendu de *Crime en pays créoles*).

2. *Enquête officielle sur l'état des colonies anglaises.*

époque à laquelle les murs des cases indigènes, d'argile desséchée au soleil, sont détrempés par les pluies, faciles à percer ou à démolir; les assassinats seraient plus communs en mars, le mois où commencent les fortes chaleurs. En diverses circonstances, les facteurs d'ordre sociologique prévalent, bien qu'encore non toujours absolument dégagés d'une connexion cosmique, car les fêtes elles-mêmes, si fréquemment l'occasion de vols pour subvenir à la dépense des réjouissances, d'ivresses brutales et de rixes sanglantes, sont, depuis l'origine, fixées d'après certaines dates astronomiques (le Têt, fête du nouvel an, chez les Annamites, est parmi eux un moment de recrudescence délictueuse, comme à Brest et sans doute en d'autres villes, la période de Noël et du 1er janvier qui lui correspond).

Les relations de l'attentat, l'une des formes de l'impulsivité, se manifestent plus directes avec les influences météorologiques, lorsqu'on constate, avec le docteur J. Cornilliac, que l'intoxication alcoolique, semi-latente durant les chaleurs, se traduit par de violentes explosions de *delirium tremens*, à l'époque des fraîcheurs; c'est de novembre à janvier, à la Martinique, que les médecins ont à relever et à traiter dans les hôpitaux le plus grand nombre de cas de délire alcoolique, et notre confrère et ami n'hésite pas à rattacher ce phénomène à une action thermique. Avec le froid relatif, la transpiration diminue et l'élimination de l'alcool absorbé tout en même temps, d'où le maximum des effets produits sur la cérébration. Bien certainement, ces éclats de manie, à côté desquels évoluent nombre de surexcitations dont la cause est inaperçue, ne sont pas étrangers à la production de plus d'un attentat.

Comme je ne pouvais généraliser une loi déduite de chiffres d'observations restreintes et recueillis dans un seul milieu, sans la confirmation de nouvelles recherches, j'ai dépouillé très attentivement un relevé détaillé des crimes et délits jugés à la Réunion pendant l'année 1891, relevé que je dois à l'obligeance du docteur Chédan, médecin en chef des colonies. Il s'agissait de répartir mensuellement, d'après la date exacte de la perpétration des attentats, les nombres de prévenus jugés correctionnellement par le tribunal de Saint-Denis et des accusés jugés par les cours d'assises de Saint-Denis et de Saint-Pierre, dans un milieu climatérique de conditions saisonnières renversées par rapport aux Antilles. La Réunion est, dans la mer des Indes et presque sur la limite du tropique sud, en possession d'un climat très chaud, assez analogue à celui de la Guadeloupe dans l'hémisphère nord; la saison chaude et pluvieuse s'étend de novembre à avril, la saison fraîche et sèche de mai à octobre. La statistique des assises roule sur un très petit nombre d'accusés; pourtant, elle permet de noter deux sommets très accentués en pleine saison des fraîcheurs (juin et août), sommets principalement déterminés par les attentats contre les personnes. La statistique correctionnelle porte sur un ensemble de 750 prévenus, pour lesquels la date de l'attentat a été précisée : le maximum des délits répond à octobre-novembre, période de transition qui marque la fin de la saison fraîche et le commencement des chaleurs, époque de heurtement physiologique qu'il est possible d'interpréter dans le sens d'une rupture d'équilibre favorable au déchaînement des impulsivités; la courbe se maintient encore élevée en décembre, bien qu'à un moindre degré, puis elle devient oscillante avec un deuxième sommet en mars-avril, autre période de transition, c'est-à-dire de rupture d'équilibre, mais par passage de la chaleur à la fraîcheur relative, et un troisième sommet égal au précédent au milieu de la saison fraîche. Sans être aussi démonstrative qu'à la Guadeloupe, l'observation du crime-délit à la Réunion paraîtrait donc venir à l'appui de la loi que j'ai formulée. Les attentats contre la propriété sont ceux dont la courbe se rapproche le plus étroitement de la courbe générale; l'attentat contre les personnes offre un sommet très nettement dégagé en octobre.

Évidemment, il faudra multiplier les observations en divers lieux, avant d'être assuré d'un rapport rigoureux entre les variations saisonnières et le crime-délit. Je ne résume mes conclusions que comme probables, dans les colonies de type météorologique antillien ou analogue. Je tiens surtout à indiquer une voie, que ne permettent pas de parcourir les statistiques officielles et qu'on ne tracera qu'en relevant directement sur les feuilles de greffes les attentats délictueux et criminels d'après leur nature et leur date.

Mais il y aurait à pousser plus loin les recherches. Dans l'action stimulante, quelle part revient à la caloricité ou à la luminosité; quand la première diminue, l'action réconfortante attribuée à la fraîcheur relative ne serait-elle pas aussi en rapport avec la lumiosité, plus grande au cours de la saison sèche? Il est difficile de se prononcer à cet égard. Les pays intertropicaux sont à la fois des foyers très intensifs de chaleur et de lumière, deux stimulants qui énervent par l'excès, l'un laissant l'organisme reprendre quelque vigueur au moment où son action fléchit, l'autre déployant la sienne à son maximum précisément à cette même période. Les explosions plus fréquentes de *delirium tremens*, sous l'influence de l'abaissement de température, jugeraient en partie la question en faveur de la modalité thermique; mais rien ne prouve que le rayonnement lumineux n'intervienne aussi dans la recrudescence simultanée d'autres formes de l'impulsivité. Pour apprécier le rôle de la lumière, très approximativement, on n'a d'autre moyen que de relever le nombre des jours de pluie (temps couvert) et de comparer leur fréquence avec celle des délits, en regard de la thermalité mensuelle. Je livre sans commentaires les recherches sommaires que j'ai faites sur ce point, d'après les observations recueillies à la Réunion. D'une manière générale, dans cette colonie, les sommets de l'attentat correspondent à la période qui offre le moins de jours pluvieux; le délit éprouve une chute rapide en décembre, alors que le nombre des jours pluvieux marque une ascension très nette, et, sauf en mars, où il y a rencontre de deux sommets, le délit se maintient bas avec des jours pluvieux relativement fréquents. Comme les températures sont ici un peu moins accentuées qu'à la Guadeloupe, il conviendrait peut-être d'admettre une intervention plus caractérisée de la luminosité dans la marche ascensionnelle de l'attentat.

Le docteur Gouzer[1], qui a appelé l'attention sur l'influence lumineuse, a aussi mentionné celle de l'évolution lunaire. Les faits qu'il a condensés pour nos régions trouveraient-ils leur corollaire aux colonies?

1. *Archives de l'anthropologie criminelle*, 1891.

CHAPITRE II.

COLONIES DE L'AFRIQUE OCCIDENTALE.

Les races indigènes, leurs mœurs générales et criminelles, la justice chez les noirs. — Les Français et la justice française ; statistique judiciaire officielle du Sénégal et de ses dépendances[1].

Il est impossible de fournir une évaluation suffisamment approximative de la population, de races si diverses, qui est disséminée, sédentaire ou nomade, agricole, commerçante ou vouée aux aventures, sur l'immense région aujourd'hui soumise à notre influence, dans l'Afrique occidentale.

Nous sommes chez nous, en milieux organisés à la française, dans quelques localités du Sénégal dites *communes de plein exercice :* Saint-Louis, la ville chef-lieu de la colonie, Dakar, Gorée et Rufisque, qui, d'après le dernier recensement (1891), compteraient 39 000 habitants, les 5 sixièmes noirs d'origines variées, mais pour la plupart wolofs et sérères et généralement façonnés à nos habitudes, beaucoup même élevés dans nos écoles catholiques ou musulmanes ; le dernier sixième, formé pour la moitié de créoles ou métis (familles signares), tous catholiques et d'éducation française, et pour l'autre moitié d'Européens, presque tous de provenance métropolitaine[2].

1. Par nécessité de mise en pages, j'ai dû supprimer, dans ce chapitre, une introduction d'assez grande étendue, exposé général de l'action des peuples musulmans et chrétiens sur les noirs, de l'histoire de la traite contemporaine, de l'exploitation cynique de l'Africain par les Arabes et les races d'Europe. On trouvera cet exposé dans le numéro d'août 1893 de la *Société nouvelle,* sous le titre de *Colonisateurs et Civilisateurs en Afrique.*

2. J'emprunte ces renseignements statistiques aux *Notices* de 1889 sur les colonies françaises et au recensement de 1891, opéré sur les ordres et sous la direction du gouverneur de Lamothe.

Nous sommes aussi chez nous, mais avec un rayonnement d'action très limité, sur un certain nombre de *territoires dits d'administration directe*, où sont établis des postes militaires, autour desquels vivent les représentants, plus ou moins clairsemés, des maisons de commerce. Là, très réduits sont les éléments européens ou adaptés. La population est composée, ici, d'éléments nomades, avec les Maures et les Toucouleurs, ailleurs d'éléments fixés ou presque fixés, avec les Peulhs, des noirs de divers noms, musulmans ou fétichistes. Dans la Sénégambie et ses dépendances, la population de ces territoires est estimée à plus de 51 000 habitants.

Le reste de nos possessions comprend des pays rattachés à notre influence par des liens assez lâches, et où la population vit d'ordinaire disséminée en des villages de médiocre densité. Cette population répond à des groupements ethniques très distincts, sous des formes sociales semi-républicaines ou monarchiques. Les éléments musulmans constituent la masse la plus forte dans les régions du nord, la plus avancée par les mœurs, la plus redoutable en raison de son fanatisme, la plus rebelle à l'assimilation (de race chamite ou sémitique plus ou moins métissée, Maures, sur les confins du Sénégal et du grand désert; de race nubienne fortement imprégnée de races noires, Peulhs ou Foulahs, plus bas et vers l'est; de races noires, de l'est à l'ouest, de l'intérieur au littoral, Mandingues, Bambaras, Soninkès, Wolofs, etc.). Les éléments païens prédominent dans les régions du sud et vers le littoral; tous de race noire, ils forment des populations grossières, mais non toujours inintelligentes, jusqu'ici assez mal assouplies (Sérères, peuples de la Cazamance et du Rio-Nunez, Sousous, etc.).

Ce sont :

Les *pays annexés* ou *de protectorat immédiat*[1], « où les populations ont conservé leurs lois et coutumes, mais dont les chefs sont nommés par le gouverneur de la colonie; où l'impôt est perçu par l'administration française; où certains usages, qui

1. *Notices*, t. V, p. 90.

étaient d'une façon trop évidente en contradiction avec les mœurs civilisées, ont été à peu près réprimés ou interdits »; en Sénégambie, le Oualo, le Cayor septentrional, le Toro, le Dimar, le Damga, avec un peu plus de 930 000 habitants; le Soudan français proprement dit, avec un peu plus de 360 000 habitants.

Les pays de *protectorat politique*, où l'administration française ne perçoit pas d'impôt, agrée simplement les chefs soumis à son approbation, et laisse les indigènes se comporter à leur guise, à la condition qu'ils demeurent tranquilles et ne gênent point le commerce; en Sénégambie, le Fouta central, le Cayor méridional, le Baol, le Sine, le Saloum, la Cazamance et les rivières du sud, Rio-Nunez, Mélacorée, etc., avec une population noire d'environ 400 000 âmes; au Soudan, l'empire toucouleur d'Ahmadou, le roi de Segou, l'empire de Kénédougou, l'empire malinké du Ouassoulou (que nous dispute Samory), les États de Kong, etc., tous de conquête récente, avec une population de plus de 3 millions d'habitants, certainement les plus civilisés, mais aussi les plus difficiles à maintenir dans la règle.

Plus vers le sud, en pleine Afrique équatoriale, nous avons : sur les côtes du golfe de Guinée (côtes d'Ivoire, d'Or, des Esclaves), les établissements de Grand-Bassam, d'Assinie, de Porto-Novo, récemment accrus de l'embarrassante conquête du Dahomey (nègres krous, achantis, fantis, assiniens, évés, dahoméens); au Gabon et au Congo, un immense territoire, « où notre autorité est représentée par des postes et des stations très disséminés, avec un centre principal à Libreville. On estime la population de ce territoire entre 6 et 10 millions d'habitants[1] » appartenant à des races noires nombreuses et encore assez mal connues (parmi les plus remarquables, on cite les Fans ou Pahouins, les Chakés et les Batékés, dans la région gabonaise). Les nègres du sud sont tous fétichistes.

Voyons maintenant, à grands traits, quelles sont, entées sur leurs caractères anatomiques ou anthropologiques, les mœurs et les tendances des principaux groupes ethniques, dans leurs

1. *Notices*, t. VI, p. 79.

relations avec l'antisolidarisme intrinsèque et extrinsèque, c'est-à-dire avec le crime-délit.

Créoles. — De cette minime portion de la population indigène, j'ai peu de chose à rapporter. Les créoles du Sénégal sont tous des métis à divers degrés[1]. Les anciennes familles blanches ont fini par se fondre dans la catégorie à la suite de croisements multiples. La plupart des familles actuelles doivent leur origine à l'imitation d'une coutume portugaise, pendant longtemps demeurée en vigueur. Tout Européen appelé à servir ou à trafiquer dans la colonie, s'il n'en était empêché par quelque considération, pouvait faire choix d'une compagne, négresse ou mulâtresse, pour la durée de son séjour. L'union se célébrait sans dissimulation, elle avait la valeur morale de la plus légitime, et les enfants prenaient le nom du père ; lorsque celui-ci s'en allait, il laissait à la femme et aux enfants une situation en rapport avec les moyens pécuniaires dont il était à même de disposer. On appelait ces unions les *mariages signares*. Sous l'influence du clergé et des fonctionnaires bien pensants, cette coutume a disparu. A la naïveté et à la franchise qui la faisaient autrefois tolérer, pour le plus grand profit de la population, des idées de fausse pudeur se sont substituées, qui l'ont fait repousser, et, comme le besoin sexuel n'est pas de ceux qu'on annule avec de saintes paroles, la compensation fatale a été la prostitution stérile ou le développement des vices contre nature dans les milieux trop privés. Les créoles du Sénégal diffèrent beaucoup de leurs congénères des Antilles et de la Réunion. Ils semblent qu'ils aient trouvé la vraie voie des aptitudes convenant à leur catégorie. Ils ont des relations également aisées avec le blanc et avec le noir, ne sont guère agités par les questions de la politique, concentrent leur activité vers le commerce, s'ils n'embrassent les carrières de l'armée ou du fonctionnarisme. Ce sont, en général, des calmes, parmi lesquels l'atten-

1. S'il y a des exceptions, elles n'existent que pour un très petit nombre de sujets dont les souches sont d'implantation fort récente.

tat est assez rare ou reste limité à des actes délictueux de médiocre intensité.

Maures. — Ils appartiennent à la famille chamito-sémitique. Celles de leurs nations qui arrivent à notre contact, sur la rive droite du Sénégal, se répartissent en deux groupes[1] :

a. Un groupe *berbère*, du rameau libyen chamitique, comprenant les restes de l'ancienne tribu des Zénagas (elle aurait donné son nom au fleuve Sénégal), les Douaïch et les Touaregs. Ces Berbères, émigrés du berceau de leur race (la Mauritanie), bien avant l'apparition de l'islam, ont servi « d'intermédiaires entre les nègres (du Soudan), qui leur vendaient des captifs et de la poudre d'or, et les tribus du nord de l'Afrique, qui leur donnaient en échange des chevaux, du sel gemme, probablement des objets de métal et particulièrement des armes blanches... » (Bérenger-Féraud[2].) Après la conquête arabe, les tribus subsahariennes, déjà fortement mélangées de sang noir, furent refoulées; les Zénagas (Douaïch), à demi sédentaires, se concentrèrent vers le cours moyen du Sénégal, au-dessus de Médine; les Touaregs adoptèrent la vie libre, errante et aventureuse de corsaires du désert.

b. Un groupe *sémitique* ou de langue arabe, formé d'Arabes, de métis d'Arabes et de Berbères, de métis d'Arabes et de nègres et comprenant deux nations : les Braknas, échelonnés au-dessous de Médine et de Bakel; les Trarzas, occupant le bas cours du Sénégal, jusqu'au voisinage de Saint-Louis (pointe de Barbarie).

Berbères ou Arabes, les Maures se rattachent aux races blanches, « avec un teint mat, qui se bronze facilement au soleil » (Girard de Rialle) et « qu'une sordide saleté rend plus foncé au premier aspect » (Bérenger-Féraud), une chevelure noire, lisse, légèrement bouclée, une barbe assez fournie. Mais les types purs sont rares (visage allongé, mince vers le menton, celui-ci fuyant, bouche petite et à lèvres fines, dents

1. Girard de Rialle, *les Peuples de l'Asie et de l'Europe*, p. 92.
2. *Peuplades de la Sénégambie*, p. 65.

blanches et bien plantées, nez aquilin, plus ou moins étroit, arcades sourcilières accentuées, yeux noirs, grands, vifs et expressifs, extrémités délicates, membres grêles, taille moyenne, élancée). La très grande majorité accuse ses mélanges africains par des caractères négroïdes (peau de couleur plus ou moins foncée, cheveux quelque peu laineux, barbe clairsemée, nez moins étroit et même gros, lèvres charnues, menton fort, prognathisme assez fréquent, etc.).

Tous sont des nomades à migrations périodiques. A la saison de la gomme, ils viennent la récolter dans les forêts d'acacias et l'apportent aux traitants dans les escales du fleuve. La saison passée, ils errent de pâturage en pâturage avec leurs troupeaux de moutons et de chèvres. Ils vivent sous la tente, par familles et par tribus, très hiérarchisés sous la direction de la caste aristocratique des hassans ou guerriers et de la caste non moins privilégiée des marabouts, à la fois prêtres, juges, maîtres d'école, médecins et sorciers. Les tribus de chaque nation ont un roi choisi par les guerriers, élu selon leur caprice ou leur intérêt, mais toujours pris dans la famille princière. L'intrigue et les largesses jouent, dans les élections, un rôle prépondérant et les compétitions sont la source de drames, où les liens de la parenté la plus proche ne sont pas respectés. Les captifs, tous de race noire, sont, au début, soumis à un joug terrible. « Leur vie n'est comptée pour rien; chargés des travaux les plus durs, ils ne reçoivent qu'une nourriture insuffisante; palpitant entre la terreur que leur inspire un maître impitoyable et les angoisses d'une faim imparfaitement apaisée, ils racontent, quand ils parviennent à s'échapper, des détails inouïs de froide cruauté... Mais les anciens captifs, avec lesquels le maître a vécu longtemps, qui ont rendu à sa famille des services importants, ceux qui sont nés en servitude, jouissent d'un sort assez supportable; ils acquièrent des biens dont ils disposent librement. L'enfant qui naît d'un Maure et d'une négresse suit la condition de son père. » (Carrère et Holle[1]).

1. *La Sénégambie française*, 1855, p. 225-226.

Les Maures, quelle que soit leur origine, apparaissent, dans leurs relations intrinsèques et extrinsèques, avec des traits communs. Ils ont un grand orgueil de race, le sentiment profond d'une supériorité que dément, chez la plupart, un aspect déguenillé et misérable, mais que s'applique à affirmer même le plus chétif, par un air noble et presque majestueux. Ils reçoivent l'offense avec placidité, s'ils ne peuvent immédiatement réagir contre elle; mais ils en gardent le souvenir et ne la pardonnent jamais. Ils sont vindicatifs, haineux, jaloux, très cupides, convoiteux, et, quand ils donnent cours à leurs passions, d'une violence comme d'une férocité irréfrénées. Rusants, enclins aux moyens traîtres, fourbes, ils ne reculent pas cependant devant les actes d'audace, car ils sont braves, bien qu'assez fanfarons. Ils ne sont pas incapables de générosité, même en dépit de leur fanatisme musulman; ils ont plus d'une fois traité avec bienveillance des prisonniers faits sur nos troupes, et ouvert l'accès de leurs tribus à des déserteurs, sans exiger d'eux que le partage de l'existence commune[1]. Mais, vis-à-vis du noir, le mépris et le dédain sont la seule règle. Jadis, les Trarzas mettaient en coupe les gens du Walo, et c'est encore un proverbe courant en Sénégambie, « qu'un Maure et un noir ne peuvent vivre en paix côte à côte ». Il est vrai que le Maure voit surtout dans le nègre la brute alcoolisée, et il ne considère plus de la même façon l'Africain respectueux des préceptes du Coran. Il est lui-même d'une étonnante sobriété; souvent réduit par la disette à se passer de nourriture pendant plusieurs jours, il possède une égale capacité à satisfaire à sa gloutonnerie lorsqu'il a des aliments à sa disposition. Pareillement, il oppose une grande paresse à une grande activité; il est dur à la fatigue et à la souffrance.

Au sein des tribus, peu d'attentats vulgaires : quelques vols, quelques faits d'adultère, quelques meurtres issus de querelles ou de ressentiments individuels. Mais les compétitions entre princes sont fertiles en crimes, marqués au sceau de la plus

1. L'*Odyssée d'un déserteur* (*Dépêche*, de Brest, 25 octobre 1892).

odieuse scélératesse, autant qu'en guerres intestines sans merci. Chez les Zénagas, à la mort de Mohamet Ahmet Schey, son frère Mohamet hérite de l'autorité; mais son fils Soueïdy-Hamet refuse de reconnaître une souveraineté cependant conforme à la tradition. Les deux adversaires ont chacun quatre fils : Souleyman, fils aîné de Mohamet, fait assassiner Soueïdy; Ahmet Soueïdy fait tuer Souleyman; Abdulaye, second fils de Mohamet, fait massacrer Ahmet Soueïdy... Chez les Braknas, le roi Hamedou a pour frère et héritier présomptif Mohamet Sidy qui, riche, puissant, ne le respecte guère. Le roi n'ose se plaindre; mais, sans lui rien dire, sa femme et un homme de confiance entreprennent de le venger des méchants procédés de Sidy. Ils s'arrangent de façon à faire présenter un vase de lait empoisonné à celui-ci, un jour qu'il venait au camp avec un de ses fidèles. Les voyageurs, un peu défiants, invitent le roi à boire le premier, et le roi, qui ignorait la trame, agrée l'offre. Quelque temps après, Hamedou, Sidy et son compagnon mouraient. Moktar Sidy, cousin d'Hamedou, lui succède et est bientôt lui-même remplacé par un tout jeune fils de ce dernier, Mohamet Sidy. Mohamet Sidy garde pour ministre un homme qu'il déteste, N'Diak Moktar, parce qu'il espère apprendre par cet homme le lieu où Hamedou a enfoui ses richesses. Cette raison empêche le roi de prêter la main à des complots ourdis contre le ministre par son propre frère, Brahim, et son neveu, Abdoulaye, puis il ferme les yeux... Alors le neveu simule une réconciliation avec son oncle, l'accompagne dans un voyage, et profitant des conditions d'un lieu très solitaire, dit à un pauvre pêcheur qui cheminait à leurs côtés : « Je vais tuer mon oncle; pas un mot, pas un geste ou tu es mort. » Et à bout portant il décharge son fusil dans le dos de N'Diak. Des cavaliers du Fouta-Toro surviennent à ce moment; l'un se met à la poursuite de l'assassin qui se retourne et leur crie : « Ce que j'ai fait ne vous regarde pas; il est vrai que je viens de tuer N'Diak, mais c'est pour venger ma famille. Laissez-moi continuer mon chemin; il vous en coûterait de vous mêler de mes affaires. » Et tranquillement il revient auprès de Brahim, l'instigateur du meurtre (Carrère et Holle[1]). Chez les Trarzas, mêmes épisodes sanglants.

L'assassinat du prince Hamet Fall devient l'origine d'une guerre civile, qui aboutit à un nouveau et retentissant assassinat, commis sur notre territoire. L'affaire fut jugée en conseil d'appel[2] à Saint-Louis, et le prince Moktar, l'auteur du crime, condamné à mort le 19 décembre 1832; on le fusilla le même jour. L'histoire est trop caractéristique pour que je n'essaie pas de la résumer[3]. Vers la fin de juillet 1831, la nouvelle se répandait à Saint-Louis que des Maures venaient d'assassiner un nègre libre de la colonie, commerçant des plus considérés parmi la population indigène, de piller et de couler bas la barque d'un autre traitant, de massacrer ou conduire en captivité ceux qui la montaient. D'après le bruit public, le principal coupable était le jeune prince Moktar, fils du roi Ely Koury, victime des trahisons qui avaient amené à la souveraineté le roi actuel, Mohamet el Abid. Il s'agissait bien de crimes vulgaires, du moins en apparence. « Le bateau de Jacques Malivoire, venant de l'escale de Gaé, descendait le fleuve du Sénégal, tiré à la cordelle par les gens de l'équipage. Le vent était violent et jetait des lames sur le pont. Arrivé vis-à-vis de Richard-Tol, Malivoire donna ordre d'arrêter et l'on descendit à terre pour faire sécher du mil et des peaux que les vagues avaient mouillés. En ce moment, survinrent des cavaliers, au nombre de quatre, se dirigeant sur l'équipage, qui se livrait à cette occupation. Moktar Ould Mohammed Ely Koury marchait le premier. Il s'avança vers Jacques Malivoire, le salua et échangea avec lui une poignée de main. Puis il lui demanda du tabac, et Malivoire lui présenta sa tabatière; puis encore Moktar lui demanda son dampé[4], et Malivoire lui répondit avec douceur : « Si j'étais à Saint-Louis, je te le donnerais volontiers,

1. *Loc. cit.*, p. 230, 240.
2. Tribunal supérieur pour les affaires indigènes.
3. D'après la relation de Guichon de Grandpont, rapporteur au procès (*Bulletin de la Société académique de Brest*, 1868).
4. Couverture servant à l'occasion de manteau.

« mais ici, dans le désert, il me fait grand besoin et je le « garde. » Ce fut alors qu'une des femmes qui étaient présentes s'adressa à Jacques Malivoire et lui dit : « Donne-lui cette « couverture ; ne vois-tu pas que le Maure est venu pour te « chercher une mauvaise querelle et pour te tuer? — Et pour-« quoi me tuerait-il? reprend celui-ci ; Moktar est un enfant « du Sénégal et je ne lui fis aucune injure. » Aussitôt pourtant Moktar jeta devant lui la tabatière qu'il tenait encore entre les mains ; Malivoire, s'étant baissé pour la ramasser, le Maure fit faire une volte à son cheval, et plongeant son fusil contre le flanc du noir, lâcha le coup, qui fut amorti par une corne[1] que la victime portait à son côté. Enfin, il ordonna à l'un de ses cavaliers de faire feu ; celui-ci ayant obéi, Malivoire, frappé au-dessus de l'oreille, tomba mort immédiatement. Les deux autres Maures ne firent pas feu. Tous les quatre se retirèrent en descendant le fleuve après cette criminelle exécution... Bientôt, et toujours à cheval, Moktar arrive près de Lavay, à une ancienne escale du désert, où se trouve accosté le bateau du nommé Mafal, autre noir sénégalais et traitant. Là sont réunis un assez grand nombre de Maures, qui, à l'arrivée de Moktar, lèvent précipitamment leurs tentes et crient que la guerre est entre leurs tribus. Mafal de dire que « ce ne sera rien pour lui, la guerre entre les Maures ne le regardant pas ». L'infortuné se trompait. Sur le soir, des Maures reviennent à pied, et, sans provocation de sa part ou de celle des gens de son équipage, occupés à faire sécher du mil, sans qu'aucune querelle se soit élevée, ces nouveaux venus tirent sur eux, blessent mortellement Mafal, tuent sur place deux de ses laptots, en emmènent deux autres prisonniers, pillent le bateau et le coulent. » C'étaient là des actes de banditisme sauvage, avec cette particularité aggravante, que Moktar, orphelin, avait trouvé parmi les noirs de Saint-Louis des hôtes charitables, au temps de ses épreuves, « qu'il était regardé par tout le

1. Probablement un gri-gri ou talisman comme les nègres ont coutume d'en porter sur eux, quel que soit leur culte.

monde dans la ville comme un véritable enfant du Sénégal, ainsi que l'avait appelé Malivoire au moment du premier crime ». Mais Moktar était, dès cette époque, de naturel détestable et vicieux. Rentré parmi les siens, il avait eu l'air de se soumettre à l'autorité du roi Mohamet el Abid, qu'il savait avoir quelque appui chez nous. En dessous, il cherchait à le renverser, et, pour arriver à ses fins, il avait imaginé un coup capable, selon ses espérances, d'amener la guerre entre les Maures et les Français; il eût profité des événements pour saisir le pouvoir, aidé de partisans qu'il s'était ménagés. Mohamet el Abid n'ignorait rien de ses menées, mais il dissimulait, avec la secrète pensée de se débarrasser d'un aussi dangereux adversaire, à l'occasion propice. Il saisit avec empressement celle du double attentat commis contre les noirs sénégalais pour dénoncer Moktar. L'affaire était déjà vieille d'une année, et Moktar la croyait assoupie; il se sentait si bien « fort de sa conscience », c'est-à-dire si assuré de l'impunité, après avoir eu soin de nier qu'il eût porté lui-même aucun coup aux victimes, qu'il résolut de venir à Saint-Louis. Le roi lui affirmait qu'il y trouverait bon accueil (Carrère et Holle[1]). L'accueil fut l'arrestation. Moktar, convaincu des crimes dont il était accusé, fut passé par les armes à Saint-Louis; il était âgé de dix-sept ans.

Cette histoire montre le peu de cas qu'un Maure peut faire de la vie des gens étrangers à sa tribu. Il respecte ceux-ci selon qu'ils sont en force. Il ne s'est décidé à demeurer en paix avec nous, qu'après une série de guerres désastreuses pour ses tribus. Aujourd'hui, il vit, par exception, dans nos villes, traitant sédentaire ou même petit employé, domestique de fonctionnaires quelquefois, ou il continue son existence du désert, alimentant le commerce de la gomme. Dans ses relations avec nos maisons, il n'est pas toujours honnête; mais leurs représentants lui donnent l'exemple de l'improbité. Les Maures, après avoir constaté qu'ils étaient la dupe des traitants, qu'on leur payait des valeurs dérisoires pour d'énormes provisions de gomme,

1. *Loc. cit.*, p. 277.

tantôt sous la raison de calculs pour eux incompréhensibles, tantôt sous la démonstration de pesées stupéfiantes, ont choisi parmi eux des interprètes initiés à notre système de poids et mesures. Les fraudes ont continué avec la complicité de ces interprètes, gagnés à prix d'argent par les maisons. Alors, à leur tour, les Maures ont cherché à tromper leurs trompeurs, en livrant des produits frelatés. Ils n'avaient autrefois qu'une criminalité de barbares; ils ont maintenant une délictuosité de civilisés.

Foulahs, Peulhs, Peuls ou Pouls (de *Poul-bé*, les rouges). — Cette race[1], dont Müller a fait l'un des rameaux du groupe nubien, est originaire de l'Afrique orientale. Elle est répandue depuis des siècles dans la vallée du Sénégal et du Niger, où elle forme l'élément aristocratique et dominant. Convertie à l'islamisme, elle en est devenue le plus ferme soutien au cœur de l'Afrique. Au Sénégal, les Peuls ont largement contracté des unions avec les Wolofs et les Sérères, aussi avec d'autres races noires, et de ces croisements sont résultés les *Toucouleurs* (Torodos du Fouta-Toro, Peuls métissés du Fouta-Djalon, etc.). La race s'est longtemps conservée assez pure dans le Haoussa. Mais actuellement, surtout dans les régions occidentales, il serait presque impossible de rencontrer un Peul sous ses traits originels. J'ai pourtant observé, dans le Rio-Nunez[2], parmi les caravanes descendues du Fouta-Djalon, quelques types féminins à la peau d'un blanc rougeâtre, à la chevelure longue et lisse, au nez droit ou aquilin, aux extrémités fines, mais avec d'autres caractères plus ou moins négroïdes (grosses lèvres, flaccidité précoce des seins, etc.). Chez les mieux conservés de la race, les cheveux sont lisses ou déjà bouclés, déjà un peu crépus, la face est orthognathe et allongée, les traits sont fins et les lèvres minces; « quoique petit, le nez s'avance et prend ordinairement une forme aquiline, la taille est svelte et élevée,

1. Girard de Rialle, *les Peuples de l'Afrique*, p. 83.
2. *Mémoires de la Société d'anthropologie de Paris*, 1883.

les membres sont bien proportionnés et les extrémités déliées (Faidherbe et Barth); le teint varie du brun rouge à la nuance de la rhubarbe » (Girard de Rialle). Mais l'immixtion du sang nègre modifie ces caractères; tantôt avec un ensemble très gracile, des traits remarquables par leur finesse, le nez tend à s'écraser, la lèvre à épaissir, la chevelure à se crêper, et la peau devient brune ou noirâtre; tantôt, le visage accuse du prognathisme, le nez s'écrase franchement et les lèvres sont sensiblement lippues. J'ai observé, chez de toutes jeunes filles, admirables par ailleurs de délicate plastique, des extrémités fortes, grossières, contrastant avec la finesse qu'elles présentent quelquefois chez le vrai nègre.

Le Peul, par maints côtés, sous le rapport des mœurs, tient du Maure et du nègre, avec des qualités propres, innées ou acquises. Du premier, il a l'intelligence, le fanatisme religieux, la sobriété habituelle, parfois aussi les éclats de violence et d'entraînement cruel ; du second, l'appétence sexuelle, mais les goûts pour la vie sédentaire et agricole ; il a pourtant gardé quelque survivance de l'ancienne vie pastorale, en alliant l'élevage des troupeaux de bœufs à la culture du sol. Il est laborieux et industrieux, traite bien ses captifs, pratique l'hospitalité, a le sentiment de l'honneur et le respect de la parole donnée. Il possède une organisation semi-républicaine et semi-féodale, avec un chef élu par les hommes libres, à la fois le souverain temporel et le pontife suprême (al mami, almamy), mais révocable, d'autorité limitée par l'assistance obligatoire des anciens de la nation et des principaux chefs de famille (sortes de grands vassaux de caste guerrière). Il est bien resté un peu batailleur à l'occasion ; mais, en somme, il est le représentant d'une bonne race, et fournit peu de sujets à la délinquance intensive, quand le fanatisme ou la perpétuation des vendettas n'interviennent pas dans ses affaires.

Comme les Maures et les Peuls sont, dans l'Afrique occidentale, les peuples où la doctrine juridique de l'islam est le mieux observée, je réunirai les notions qu'ils possèdent en matière de criminalité. La loi, c'est le Coran. Elle ne s'efforce pas seulement de réprimer l'attentat par la crainte des peines ; elle accuse, en maints préceptes, l'intention du Prophète de provoquer la répulsion morale pour les méchantes actions chez les fidèles. Mais comme elle consacre, dans une très large mesure, la puissance de la force, elle est surtout comprise parmi les barbares par ses côtés matériels. Elle conseille le mépris des injures, mais elle autorise la vengeance[1] ; elle a pour base pénale le talion : chez le Maure et chez le Peul, on se conforme principalement ou même exclusivement aux points de la doctrine qui offrent la satisfaction la plus ample au tempérament naturel ; même, en dépit de mœurs très adoucies en quelques-unes de ces nations, le dernier renforce la note écrite par la conservation traditionnelle d'un certain symbolisme pénal, empreint de froide cruauté. Le Coran dit[2] :

« O croyants ! la peine du talion vous est prescrite pour le meurtre. Un homme libre pour un homme libre, l'esclave pour l'esclave et une femme pour une femme. Celui qui obtiendra le pardon de son frère sera tenu de payer une certaine somme, et la peine sera prononcée contre lui avec humanité.

« C'est un adoucissement de la part de votre Seigneur et une miséricorde ; mais quiconque se rendra coupable encore une fois d'un crime pareil sera livré au châtiment douloureux.

« Dans la loi du talion est votre vie, ô hommes doués d'intelligence ! Peut-être finirez-vous par craindre Dieu ! »

C'est bien le principe qu'on applique chez les Maures et les Peuls[3]. Toutefois, il y a, dans le Fouta, des mitigations intro-

1. *Coran*, chap. XVI, v. 128. (Traduction de Kasimirski.)
2. *Coran*, chap. II, v. 173-175.
3. On a pu voir, par ce que j'ai raconté des rivalités entre princes, chez les Maures, combien la maxime qui approuve la vengeance doit contribuer à l'entretien des haines, au sein des tribus, étouffer toute conscience dans la recherche des moyens les plus propres à assurer le succès des revendications. Le talion, d'autre part, pousse à un raffinement dans la vengeance, dont on ne trouve guère d'exemples aussi épouvantables en dehors des peuples islamites. On frissonne à cette scène que rapporte Gallieni (*Deux campagnes au Soudan*, in *Tour du Monde*, 1889, 2e sem., p. 364). « Il se passa

duites et maintenues par la coutume. Le meurtre involontaire est rachetable; les simples blessures, quand elles ont été faites intentionnellement, sont punies du fouet, mais l'exécution de la sentence est suspendue en cas de maladie du coupable, qui peut même alors s'y soustraire en offrant une compensation pécuniaire. D'autre part, le symbolisme auquel je faisais plus haut allusion dicte le châtiment des voleurs. « Le vol entraîne pour la première fois la perte de la main et pour la récidive celle de l'oreille droite; un troisième délit de cette nature est payé, par un libre, de son oreille gauche; mais un captif encourt

à Sambacolo (pays toucouleur) un événement qui montre bien l'état de barbarie dans lequel se trouvent plongées ces populations nègres, malgré le vernis de civilisation qu'elles se piquent d'avoir reçu depuis leur conversion à l'islamisme. Au milieu de la nuit, je fus réveillé par des cris déchirants qui s'échappaient du camp de Saada, établi de l'autre côté du marigot, à 400 mètres environ de notre propre bivouac. Je réveillai Alassane (interprète) et je me dirigeai avec lui vers le campement de l'almamy. Je n'oublierai de ma vie le spectacle qui frappa mes yeux, quand j'arrivai auprès du grand feu qui éclairait l'horrible scène que je vais décrire. Un homme était attaché debout à un arbre. Trois petits foyers étaient allumés autour de lui, de manière à le faire rôtir lentement, comme une viande à la broche. Du sang coulait de tout son corps, et, en m'approchant de plus près, je vis qu'on lui avait coupé l'oreille, la main et le pied droits. Un individu armé d'une sorte de fouet de cordes, aux extrémités garnies de petites pierres, le frappait à tour de bras. Le malheureux poussait des cris épouvantables... Autour, les gens du Bondou formaient un cercle, suivant avidement les détails du supplice. Je ne pus contenir mon indignation, et tandis qu'Alassane écartait les foyers et repoussait l'homme armé du fouet, j'ordonnai à Saada de faire cesser de suite ces cruautés... » Le malheureux ainsi supplicié avait été amené au camp peu d'heures auparavant; on l'avait surpris seul, se désaltérant à une mare. « C'était le griot de confiance d'Oumar-Penda, le défunt roi du Bondou, et qui, traître à son maître, avait guidé le marabout (rebelle, Mahmadou-Lamine) jusque dans la case du vieux chef et aurait même aidé à lui trancher la tête avec son propre sabre. On doit comprendre la joie qu'avaient éprouvée les fils, les frères et les neveux de l'ancien roi, quand un hasard vraiment providentiel les avait mis en possession du meurtrier... »

la mort. » (Carrère et Holle[1].) La peine capitale est ordinairement la décapitation[2]. L'adultère est soumis à une pénalité relativement indulgente pour la femme, être méprisé, dont la faiblesse est grande (le Coran n'est cependant point tendre pour le sexe : « Si vos femmes commettent l'action infâme, appelez quatre témoins; si leurs témoignages se réunissent contre elles, enfermez-les dans des maisons jusqu'à ce que la mort les visite ou que Dieu leur procure un moyen de salut[3] »), mais sévère pour l'homme. Au Fouta, « l'homme qui a des relations prouvées avec une fille ou une veuve mérite la mort; mais s'il est de bonne famille, il pourra, en rachetant la peine, rester dans le pays. Dans le cas contraire, ses biens sont confisqués et il encourt l'exil, après avoir été au préalable vigoureusement fouetté. La femme ne subit aucun châtiment. La peine est la même pour l'homme, si la femme est mariée; mais la femme, dans ce cas, outre le divorce et la perte de sa dot, est condamnée à être fustigée; la sentence s'exécute, à moins qu'en raison de sa santé la coupable n'obtienne de compenser sa peine. Si, plus tard, elle parvient à se remarier, ce qui est très rare, il lui sera toujours défendu de se placer, dans une réunion publique et surtout pendant les exercices religieux, auprès des femmes qui jouissent d'une bonne réputation. » (Carrère et Holle[4].)

Malgré les préceptes du Coran, certains vices, communs chez les Maures et même chez les Peuls, ne sont pas réprimés. « Si deux individus — le sexe n'est pas spécifié — commettent parmi vous une action infâme — relations antiphysiques — punissez-les tous deux; mais s'ils se repentent et s'amendent, laissez-les tranquilles, car Dieu aime à pardonner et il est miséricordieux[5]. » On suppose toujours, dans la pratique, qu'il y a

1. *Loc. cit.*, p. 129.

2. Supplice particulièrement redoutable pour un croyant, car l'Ange sauveur ne pourra plus enlever celui-ci par sa chevelure, afin de lui faire franchir l'abîme au delà duquel est le paradis.

3. Chapitre IV, v. 19.

4. *Loc. cit.*, p. 130.

5. Chapitre IV, v. 20.

repentir chez les coupables. En revanche, l'ivresse est punie comme un très grave manquement religieux[1].

Les Foulahs admettent l'emprisonnement dans leur pénalité.

Chez les Maures, les marabouts sont juges ou conseillers des chefs de tribus appelés à rendre la justice. Au Fouta, les chefs de village administrent la police dans leur canton; mais les causes importantes vont au chef de la province et, « s'il prononce la mort, la sentence ne doit être exécutée qu'après ratification par l'al mami; de plus, la peine ne peut être subie qu'au lieu où réside celui-ci. » (Carrère et Holle [2].)

L'esclave est en quelque sorte hors de la loi commune. Au Fouta, « si un captif tue ou blesse un homme libre, la justice n'intervient que pour livrer le coupable au blessé ou à la fa-

1. Voici les passages où le Coran parle de l'ivresse et de l'usage du vin :

« Chapitre II, v. 216. — Ils t'interrogeront sur le vin et le jeu. Dis-leur : l'un et l'autre sont un mal. Les hommes y cherchent des avantages, mais le mal est plus grave que l'avantage n'est grand.

« Chapitre V, v. 92-93. — O croyants ! le vin, les jeux de hasard, les statues et le sort des flèches sont une abomination inventée par Satan, abstenez-vous-en, et vous serez heureux. — Satan désire exciter la haine et l'inimitié entre vous par le vin et le jeu, vous éloigner du souvenir de Dieu et de la prière. Ne vous en abstiendrez-vous donc pas ? Obéissez à Dieu, obéissez au Prophète, et tenez-vous sur vos gardes; car si vous vous détournez des préceptes, sachez que l'apôtre n'est obligé qu'à la prédication.

« Chapitre VII, v. 29. — Mangez et buvez, mais sans excès, car Dieu n'aime point ceux qui commettent des excès.

« Chapitre XVI, v. 69. — Parmi les fruits, vous avez le palmier et la vigne, d'où vous retirerez une boisson enivrante et une nourriture agréable. Il y a dans ceci des signes pour ceux qui entendent.

« Chapitre LVI, v. 18-19. — (Les élus seront servis par de jeunes enfants) qui leur présenteront des gobelets, des aiguières et des coupes remplis d'un vin exquis. Sa vapeur ne leur montera pas à la tête et n'obscurcira pas leur raison. »

En somme, le Coran s'élève contre l'ivresse, mais il ne semble pas défendre l'usage modéré du vin.

2. *Loc. cit.*, p. 128.

mille du mort; ceux-ci en disposent à leur gré; ils peuvent le tuer sans forme de procès. » (Carrère et Holle [1].)

Nègres [2]. — Sous le rapport physique, on sait ce qu'est le noir. La race a pour attributs anatomiques une taille généralement au-dessus de la moyenne, un squelette puissant, une colonne vertébrale à courbures moins prononcées que chez le blanc, des membres inférieurs relativement plus longs que les supérieurs [3], le pied aplati, une belle musculature, mais avec le mollet peu développé, le crâne dolichocéphale (indice céphalique moyen, 73.4), étroit, souvent acuminé le long de la suture médiane, de capacité sensiblement inférieure à celle du crâne européen, à région frontale de faible développement, à région occipitale au contraire très développée, un prognathisme accentué; une forte mandibule, avec le menton fuyant, la dentition solide et saine, des lèvres grosses et lippues, le nez écrasé (épaté), des yeux noirs, la barbe rare, la chevelure (comme celle-ci) noire, courte, laineuse, crépue, la peau noire; ensemble de caractères moins éloignés de l'animalité que dans les autres races humaines [4].

A cette infériorité anatomique correspond-il une infériorité cérébrale et sociale? Sur ce point circulent les opinions les plus contradictoires et les plus excessives. Les uns ont dénigré

1. *Loc. cit.*, p. 129.

2. Je n'écris ici qu'une étude synthétique. Pour l'étude particulière des races noires, si diverses, soumises à notre action, je renvoie aux ouvrages suivants : Hovelacque, *les Nègres de l'Afrique sus-équatoriale* (Bibliothèque anthropologique) ; Girard de Rialle, *les Peuples de l'Afrique* (Bibliothèque utile) ; Hartmann, *les Peuples de l'Afrique* (Bibliothèque scientifique internationale) ; P. Barret, *le Gabon; Dictionnaire des sciences anthropologiques* (Doin, éditeur).

3. Caractère supérieur, en apparence, mais uniquement dû à la réunion de deux caractères inférieurs, le raccourcissement de l'humérus, par rapport au radius, et l'allongement du tibia par rapport au fémur (Topinard).

4. Voir, dans le journal *l'Anthropologie*, t. I, p. 629, et t. II, p. 639, les observations faites sur les représentants de nos races coloniales à l'Exposition de 1889, par MM. Manouvrier et Deniker.

le nègre africain à outrance; les autres lui ont prêté des qualités et des aptitudes exagérées. Je crois que la vérité est entre les deux termes. J'estime que la race africaine n'est pas le bloc inerte, condamné de par une organisation imperfectible à demeurer presque sur les confins de l'animalité, indigne d'être émancipé, créé pour servir d'instrument servile entre les mains des sujets des autres races; mais aussi qu'elle est douée d'aptitudes évolutives médiocres et peu susceptible d'atteindre aux degrés de haute culture observés parmi les races jaunes et blanches. L'épithète d'inférieure, accolée à une race, déplaît à certains adeptes de l'école socialiste, qui veulent une égalité parfaite des aptitudes sociologiques entre toutes les races, parce que cela convient à leurs doctrines humanitaires, d'ailleurs très louables. Mais leur *a priori* ne répond ni à l'observation, ni même à la logique; car celle-ci conduirait, avec les exemples si savamment réunis par Kropotkine pour démontrer l'existence de la solidarité chez les animaux, à repousser toute gradation fixe dans les facultés des êtres vivants, à ne reconnaître qu'une gradation de passage, et, du haut au bas de l'échelle zoologique, l'aptitude à la même évolution ultime. Je n'ignore pas que la théorie paraît très darwinienne; seulement elle est spécieuse, elle a le tort de ne pas tenir compte des espèces arrêtées. Il me semble que, chez le nègre africain comme chez le Mélanésien, l'Australien, l'Américain autochtone, des faits saillants témoignent d'un stade défini, limité. Parmi ces races, les unes s'effacent ou disparaissent, au contact du blanc; les autres offrent plus de résistance, se maintiennent même, mais ou avec la tendance à rétrograder vers les mœurs ancestrales, aussitôt qu'elles sont abandonnées à leurs propres forces (Haïti), ou avec l'incapacité à subir une assimilation complète avec leurs initiateurs (nègres antilliens, etc.). A mon avis, il est oiseux de discuter cette opinion schœlchérienne, uniquement dictée par des considérations politiques, d'après laquelle le noir serait le parfait équivalent du blanc. J'accorde qu'il y a nombre de noirs parvenus à une certaine éducation sociale, valant mieux que beaucoup de blancs, indégrossis dans leur propre milieu. Je n'aperçois nulle part le nègre pur, aggloméré, se développant de façon à mettre en évidence une égalité admise trop à la légère. Néanmoins, je comprends qu'on repousse une épithète qui a pu servir de couverture à une exploitation odieuse, et je n'entendrai l'infériorité relative du noir que comme l'aptitude à une évolution *sui generis*. Comment, d'ailleurs, soutenir que d'organisations physiques très différentes il peut sortir le même consensus physiologique et psychologique, avec la même tendance vers des modes sociaux uniformes ou analogues? Le nègre est séparé du singe le plus parfait par un abîme : l'un s'apprivoise, l'autre se civilise; seulement, le nègre en se civilisant ne dépasse guère un certain degré, sous les formes diverses que revêt pour lui la civilisation. Jusqu'à présent, l'islamisme semble le meilleur code social à sa convenance ; le christianisme est trop idéaliste pour sa matérialité. L'apathie de son tempérament, conséquence d'une sentivité émoussée, se prête mal à des progrès dans la voie d'un large assouplissement éducatif; la prédominance de ses facultés d'imagination et d'imitation, sur celles de l'intelligence, à une adaptation supérieure réelle. On a fort exagéré l'intelligence du noir. En quelque milieu qu'il ait été élevé, il n'a jamais produit aucun concept d'étendue, atteint à des sommets dans l'art ou dans la science. Des sujets ont pu montrer des qualités brillantes, acquérir une instruction vaste... à la surface, fournir de bonnes recrues au monde du fonctionnarisme colonial; observez les individualités qui se détachent ainsi, exceptions raréfiées, et vous constaterez de combien peu elles surpassent le niveau moyen des catégories professionnelles auxquelles elles appartiennent, si toutefois elles arrivent à le surpasser. Grattez même, avec méthode et précaution..., le vernis vous restera aux doigts et vous découvrirez au-dessous l'assemblage trompeur de facultés secondaires, qui vous ont donné l'illusion du talent. Avec de la mémoire et une étonnante puissance d'imitativité, le nègre réussit à prendre des apparences singulières. Le roitelet africain a grand air de majesté. L'élève, au sortir des bancs d'un collège, a excellente faconde et est capable d'aborder avec succès des examens, où la sélection s'établit moins d'après le sérieux mérite que d'après la possession de routinières formules. Le jeune homme, en quittant les grandes écoles, aura bonne allure d'avocat, de magistrat ou de médecin. Au fond, les uns et les autres ne dépouillent point leur valeur ethnique. Chez tous, le jugement est restreint ou fait défaut; une énorme dose de confiance en soi-même, beaucoup d'acquit de pacotille ou de cabotinage naturel en imposent, mais uniquement à ceux dont la perspicacité laisse à désirer ou volontairement se dérobe. J'ajouterai que ces émergeants, s'ils se maintiennent à flot, soutenus dans l'ambiance, dès que l'appui de celle-ci vient à leur manquer, retombent bas. A Monrovia, d'après Marche, les noirs n'ont fondé qu'une république grotesque. Et à Haïti[1], à Sierra-Leone, où ils occupent presque exclusivement tous les emplois, siègent au tribunal, ont en main la presse, ils n'ont guère mieux appris sous l'égide britannique. « Ridiculement parés d'habits à l'européenne, un parasol à la main pour protéger leur noire tignasse, les affranchis paradent, à Free-Town, nonchalamment assis dans de petites voitures d'invalides, traînées par un ou deux jeunes nègres, leurs frères, qu'ils regardent avec dédain et qu'ils traitent, non comme des esclaves, mais comme des bêtes de somme. Rien de plus écœurant que ce spectacle. » (Frey[2].) Ces parvenus de la couleur ont pour prétention « de paraître blancs » (P. Barret) et ne s'aperçoivent pas qu'ils s'affichent de plus en plus nègres. La vie d'antan se réveille d'ailleurs avec d'immaîtrisables exigences, chez les éduqués de fraîche date, dès qu'ils peuvent secouer la contrainte. J'ai vu, à Boké, un homme encore jeune, qui pendant quinze ans avait vécu en France, parcouru la plupart de nos départements comme compagnon boulanger, avait acquis des manières certainement supérieures à celle de sa catégorie professionnelle chez nous, et

1. Voir le livre de Spencer Saint-John.
2. *L'Afrique occidentale*, p. 242.

parlait avec pureté notre langue, en moins de quelques semaines après son retour au pays réadopter l'existence grossière de ses compatriotes, devenir même plus vicieux par ses abandons répétés à l'intempérance. On a démenti que le roi Glé-Glé, le prédécesseur de Behanzin et personnage d'atroce mémoire, ait fait des études classiques au lycée de Marseille; mais le fameux roi Denis, aux mœurs plus calmes, non plus affinées sous d'autres rapports, est un élève des missions françaises, au Gabon. L'un des fils de notre ancien ennemi dans le Cayor, Ahmadou-Lamine, élevé en France, ne se gênait pas pour dire ce qu'il entendait faire, dès son retour au Sénégal. Nous avons reçu en princes, essayé de civiliser des Dinah-Salifou, des Karamoko, etc.; on n'ignore pas quels ont été les résultats de leur éducation, il est vrai très éphémère [1]. Que deviendra le jeune Abdloulaye, le fils du sultan Ahmadou, de Segou, si soigneusement élevé à la française, à Paris, quand il remettra les pieds sur le sol natal? Exactement ce que devint le pauvre potache égyptien d'une opérette-bouffe [2], en rentrant au bercail paternel. Mais chez les noirs dont je viens de rappeler les exemples, l'éducation ne s'est point accumulée, transmise par des générations. Eh bien, j'en sais d'autres, nés, et de bonne souche noire, aux Antilles, chez lesquels les survivances ancestrales se sont reproduites en pleine maturité d'âge, en plein milieu professionnel d'élite. Je pourrais citer tel magistrat volontairement revenu à l'existence isolée du demi-sauvage, tel médecin, dûment diplômé, vivant à la façon d'un guérisseur africain, débraillé, sans meubles ni livres, et cela sans adjonction d'une note alcoolique ou de débauche.

La différence capitale entre le nègre et le blanc est si bien dans la réduction, chez le premier, de la qualité maîtresse de l'évolution, le jugement, que jusqu'à l'âge où celui-ci se dessine, la supériorité appartient au noir, avec les facultés de l'imagination, de la mémoire et de l'imitation. Le petit noir

1. Lire, dans *le XIXe siècle* du 28 août 1891, *les Farces de Karamoko.*

2. *Joséphine vendue par ses sœurs.*

apprend mieux tout d'abord que le petit Français ; puis, vers l'âge de dix à douze ans, ce dernier commence à laisser derrière lui son compagnon d'études ; la distance augmente à mesure que la raison accentue son développement inégal dans les deux races. Ce n'est pas que le noir manque de bon sens ; mais il ne sort point d'un bon sens terre à terre ; il n'a pas d'envolées dans le jugement, ou s'il en a, ne les offre que fugaces. Il n'a point les modalités cérébrales nécessaires à l'élaboration de processus complexes. Il est lent à penser, se fatigue vite au travail intellectuel, abandonne tôt l'opération ébauchée. Il a l'attention courte, sans profondeur et sans vigueur. Il se contente de comparaisons sommaires ; cherche moins le concept original que les idées toutes faites, les saisit sans réflexion, et, incapable de les digérer, supplée aux lacunes dont il a la vague conscience par sa souplesse à imiter. L'ignorance et la crédivité sont une conséquence d'un pareil état psychique ; elles trouvent un appoint dans une imagination dépourvue de contre-poids, limitée néanmoins aux choses du concret, ou, dans l'abstrait, forcée à imager, et elles se renforcent de la tendance à l'emprunt des concepts d'autrui, si favorable à la suggestion. Le nègre est fétichiste, sous la domination de ses sorciers ; il n'entrevoit guère dans le Coran, que lui prêchent les marabouts, que les sensualités d'un au delà, simples amplifications de celles du présent. Païen ou musulman, même christianisé, il est le grand superstitieux, l'être toujours craintif et timide, ayant besoin d'un guide. Il semble comme en état d'infantilisme permanent.

Sous le rapport intellectuel, le nègre paraît en effet arrêté à une sorte de période infantile. Il trahit cette manière d'être par les conditions de sa sentivité. Il sent comme il pense, avec impondération, tantôt s'affectant à l'extrême, à l'occasion d'un événement insignifiant, d'une souffrance légère, tantôt indifférent à propos des maux les plus graves. Naturellement trembleur et poltron, il est capable de déployer le plus grand courage, l'intrépidité la plus admirable. Il y a, dans cette opposition, à tenir compte de l'ambiance, c'est-à-dire du foyer de rayonnement imitatif; le noir agit selon les exemples qui se déroulent à ses yeux (le tirailleur, soldat étonnant sous l'uniforme français et à côté du Français, déserteur, sous le boubou de ses compatriotes et dans les rangs des bandes rebelles, devient un adversaire médiocrement redoutable). Quand il n'est pas dominé par l'espérance d'une récompense lucrative ou honorifique, ou la crainte d'un châtiment, placé sous l'empire suggestif de la croyance aux vertus de quelque amulette, sa stoïcité n'est pas, autant qu'on l'a prétendu, à déduire d'une insensibilité de race; elle est surtout la résultante des activités psychiques dérivées auxquelles je viens de faire allusion ; elle reconnaît souvent pour cause beaucoup d'amour-propre [1]. Vaniteux, le nègre l'est au dernier point [2] ; il n'est rien qu'on n'obtienne de lui en caressant ce sentiment, et, par l'émulation, on l'amènerait à suivre la voie du progrès, s'il était ca-

1. Dans une ancienne relation de voyages (*Histoire générale des voyages*, t. LIX, p 188), il est question de la patience avec laquelle les nègres savent endurer la douleur. « Ce n'est pas insensibilité, car ils ont la chair très délicate et le sentiment fort vif ; c'est un fond de grandeur d'âme et d'intrépidité, qui leur fait mépriser la douleur, les dangers et la mort même. Le père Labat rend témoignage qu'il en a vu rompre vifs et tourmenter plusieurs, sans leur entendre jeter le moindre cri. On en brûla un, dit-il, qui, loin d'en paraître ému, demanda un bout de tabac allumé lorsqu'il fut attaché au bûcher, et fumait encore, tandis que ses jambes étaient crevées par la violence du feu. » Lire, dans les relations plus récentes de Gallieni (*Deux campagnes au Soudan*, in *Tour du Monde*, 2e sem. 1889, p. 342, 390), la conduite si simplement héroïque des noirs patriotes devant les pelotons d'exécution où les amène la cour martiale, d'après *les lois de la guerre* du colonisateur civilisé.

2. Nous n'avons point à rire des ridicules exaltations de la vanité africaine, lorsque nous cherchons à lui donner des dérivations favorables à la satisfaction de la nôtre. Quel document psychologique que cette note copiée dans *la Dépêche* de Brest du 9 juin 1893. On a suggéré au roi Toffa de créer un ordre de chevalerie. « Il est, paraît-il, fortement question, si l'on en croit *le Figaro*, de donner à l'ordre de l'Étoile du Bénin la sanction officielle qui lui a été refusée jusqu'ici. Le général Dodds et l'amiral Cuvelier de Cuverville, promus tous deux grands dignitaires par le roi Toffa, notre allié, ont fait des démarches en ce sens... »

pable d'efforts continus. Néanmoins, il a conscience d'être au-dessous de l'Européen, là où il n'a pas été gâté, malgré son ignorance et sa nullité, par les faveurs de la politique, issues des suffrages du nombre et des coteries ; il sait rabattre à l'occasion de son arrogance ou de ses allures majestueuses, quand il devine que sa pose n'est pas prise au sérieux ; même il se fait très humble, jusque sous les oripeaux royaux, pour solliciter quelque cadeau du blanc, de l'eau-de-vie surtout. Très égoïste, le nègre est cependant susceptible de très beau dévouement ; esclave ou libre, on l'a vu risquer sa vie pour des personnes qu'il affectionnait. Il est plus sensible aux arguments de force qu'à ceux de la douceur, et il se montre parfois tenace jusqu'à la mort, quand il s'est résolu à ne pas céder. Très doux, mais capricieux, il est à redouter pour ses accès intempestifs d'emportement violent. On l'observe ici sans méchanceté, mais peu pitoyable ; ailleurs cruel avec raffinement, aimant à jouir de la souffrance de l'ennemi et très hospitalier. Il est moins rancunier et vindicatif qu'on ne l'imagine ordinairement ; il ressent parfois l'injure et le tort très vivement, mais son impressionnabilité très mobile ne permet pas à la passion de jeter des racines profondes ; ses colères ne sont pas durables. Il ment avec impudence et bêtement ; au Rio-Nunez, je ne pus réussir à faire avouer à un Nalou qu'il avait volé un lourd marteau de fer à bord d'un navire naufragé ; il me soutint avec l'assurance d'une conviction sincère, qu'il avait ramassé l'instrument flottant à la surface de l'eau ! Le noir n'a pas grands scrupules vis-à-vis de la propriété d'autrui [1], ni le souci d'obli-

1. Il allie curieusement certaines délicatesses à ses convoitises. Il a ses procédés à lui d'accommoder les choses à sa conscience. Il ne prendra pas un objet sur une table, un rayon de bibliothèque ; mais si cet objet est tombé par hasard sur le parquet, a glissé jusqu'à une porte, il le ramasse comme de bonne trouvaille. Et quelquefois il aide le hasard, dans son action de transport. J'avais pour ordonnance, à Boké, un magnifique noir, brave garçon, mais trop amateur de la dive bouteille, goût qui l'entraînait de temps à autre à des écarts. Un jour je tentai sur lui cette expérience psychologique : je laissai sur ma table, en évidence au milieu de mes papiers,

gations bien étroites dans ses rapports sociaux. Mais il possède une sorte d'intuition de la justice distributive, utile à cultiver pour sa direction morale. On le peut conduire avec brutalité ; il ne se plaindra pas, s'il sait que c'est en raison d'une faute commise; la punition la plus légère, si elle lui semble imméritée, le révolte jusqu'à le pousser aux actes les plus graves.

De même que l'enfant, le nègre a horreur de l'isolement; il est sociable par la crainte qu'il a d'être seul, autant que par le désir de se distraire et de briller dans les relations, mais point par esprit d'altruisme et de solidarité réfléchi. Il donne et reçoit avec une égale indifférence, ou, lorsqu'il mesure les avantages d'une réciprocité, s'applique à réduire sa part de rendement de la façon la plus égoïste. Il est très quémandeur et oublieux des bienfaits. Aussi existe-t-il à son égard un proverbe arabe très caractéristique : *Fais du bien à un homme de race, tu le fais ton ami ; fais du bien à un nègre, tu le fais ton ennemi* (il est vrai que les nègres ont un proverbe... retourné, sur les Maures : *Il ne peut rien habiter d'honnête sous la tente*). Quant à la paresse, elle n'est peut-être pas un vice aussi critiquable, chez l'Africain, qu'on se complaît à le dire. Sans doute, elle est un gros obstacle à l'évolution progressive; elle est surtout gênante pour l'Européen, l'exploiteur, avide à retirer profit du labeur de l'indigène et l'estimant toujours insuffisant. Mais elle est le secret d'une patience qu'on trouve excellente pour l'assouplissement des individus, et, au fond, elle est la conséquence d'une limitation volontaire des plus philosophiques. Le noir la savoure comme l'expression de la liberté,

une pièce de 1 franc. Le premier jour, elle conserva exactement sa place, le second elle était rapprochée du bord, le troisième en imminence de chute, et, dans la soirée, par terre, où elle ne resta pas longtemps. Alors je demandai ce que la pièce était devenue. Après quelques dénégations, mon tirailleur finit par m'avouer qu'ayant vu l'argent sur l'escalier, parmi des déchets et des poussières à balayer, il avait cru pouvoir se l'approprier. Je lui laissai la pièce, après avoir eu l'air de me fâcher et de lui faire une gratification, en raison de l'honnêteté qui l'avait porté à respecter une pièce... sur ma table !

comme la jouissance du non-agir, avec tout pouvoir de se montrer actif, si cela lui sourit, comme l'entrée du doux rêve. Pourquoi sacrifierait-il ses joies à une tâche inutile ? Il se contente de peu pour soutenir le corps ; il a l'aliment et l'abri sans grand effort ; il est en droit de dépenser à sa guise ce qui lui reste de temps à écouler, après les besoins primordiaux satisfaits. Il ne se fatigue point, même il ne songe guère à la prévoyance. Malheureusement, il a des entraînements dans l'ivrognerie et la débauche.

Le noir a un goût prononcé pour les liqueurs fortes. Il ne boit pas pour oublier (sous ce rapport la paresse et le rêve lui suffisent). Il boit par volupté de boire, surajoutée à celle de ne rien faire. L'ivrognerie est le fléau des races africaines, et l'on comprendrait que les Européens s'entendissent afin de la refréner. Seulement, les Anglo-Germains et les Français sont assez mal venus à prêcher la morale à l'incivilisé sur cet objet, quand ils ont chez eux et pour eux-mêmes la tolérance des pires excès de l'alcoolisme. Le noir a développé sa passion au contact des Européens ; musulman, il reste ou devient sobre. Il s'enivre avec nos eaux-de-vie de traite, notre absinthe et notre vermouth, plus ou moins frelatés à son intention ; jadis il se contentait de boire les liqueurs fermentées tirées des sucs du palmier vinifère et de quelques autres végétaux, et il ne risquait pas de s'empoisonner avec ces produits naturels, comme il s'expose à le faire avec ceux que lui livre aujourd'hui le commerce. Aussi commence-t-il à payer tribut à l'aliénation mentale et offre-t-il, dans les hôpitaux, des cas nombreux de delirium tremens. Le noir est, en même temps, très porté aux plaisirs génésiques. Mais s'il est grossier dans la salacité, au moins ignore-t-il à peu près complètement (sauf en certains foyers où il a pris leçon des civilisants) les façons antinaturelles d'assaisonner la débauche. Il recherche la femme, qu'il possède de bonne heure en raison de sa nubilité précoce, mais respecte l'enfant. Lorsqu'on entend parler d'attentats odieux sur des jeunes de l'un ou de l'autre sexe, dans les milieux africains, il y a chance à parier que l'auteur n'est point un nègre, mais un

Arabe ou un arabisant[1]. Le nègre, d'ailleurs, ne fait pas grand cas de la chasteté de ses filles; ne se montre pas toujours mari bien jaloux ou offre ses esclaves sans vergogne pour la prostitution; celle-ci, sans être approuvée, n'entache guère ordinairement la réputation féminine, en dehors de l'état d'union légitime. La polygamie, chez le païen comme chez le musulman, la facilité d'avoir autant de concubines que l'on en peut nourrir, le tempérament de la femme en parfaite conformité avec celui de l'homme, entretiennent les mœurs dans le relâchement, mais ce relâchement, dans le milieu, paraît tout naturel. La famille, en ces conditions, ne saurait répondre aux idées qu'elle suscite chez nous. Les enfants sont bien traités, mais sans qu'une affection très vive leur assure, du père et de la mère, des soins vigilants de toute heure et les retienne solidement dans le giron familial; ils sont parfois vendus pour un morceau d'étoffe ou une bouteille d'eau-de-vie, et, dans les tribus les plus dégrossies, ils s'émancipent d'eux-mêmes aux premières ardeurs de l'adolescence. Les fils, mieux que les filles, sont attachés à la case; car c'est aux mâles qu'échoit l'autorité, en l'absence ou à la mort du père. Les filles, qui jouissent de moindre considération, plus vite et plus lointainement s'en vont, gardant la vie libre, ou, mariées, devenant les fournisseuses d'enfants et les travailleuses à tout faire pour leurs époux[2]. Du reste, dans les relations de sexe à sexe, les plus

1. J'ai rencontré à Saint-Louis des noirs, parés à la manière des femmes et en affectant les allures, qu'on m'a dit faire métier de leur prostitution. A Boké, j'ai vu, auprès d'un prince foulah, un griot, dont les danses lascives traduisaient bien le rôle plus intime qu'il devait remplir en la maison de l'altesse. Les habitudes de pédérastie ne sortent pas des milieux musulmans. Dans le langage wolof, l'expression pour les désigner serait de date récente, et elle n'existerait pas dans la plupart des idiomes africains.

2. Il y a, dans les idiomes africains, des expressions qui témoignent curieusement de la façon dont le mâle se considère vis-à-vis de la femme : en wolof, *adar* signifie, parer une femme pour lui faire avoir un mari, ou faire courir un cheval pour mettre ses qualités en relief, au moment de la vente ; en peul, aimer une femme

bizarres contradictions se rencontrent. J'ai dit le cas que le nègre faisait de la chasteté de ses filles et de ses esclaves ; il punit aussi leur impudicité excessive. Souvent indifférent à propos de la vertu de sa femme, il s'en montre d'autres fois jaloux jusqu'à s'assurer, pendant ses pérégrinations, d'une fidélité douteuse par des moyens mécaniques (Pruner-Bey) et il devient assassin sur le simple soupçon d'adultère. « Cependant, la négresse est plus libre que la femme islamite, et elle est respectée dans la guerre. Abusant du sexe faible et le dépréciant même par la différence des aliments qu'il lui impose, le nègre accepte toutefois la femme comme souveraine, il accorde des prérogatives à la reine mère, et il règle les droits de succession comme les peuples de l'Asie qui vivent dans la polyandrie. Un échange mutuel des occupations des deux sexes n'est même pas très rare dans le Soudan; la femme cultive la terre et l'homme file le coton; il garde les champs, elle court à la guerre... » (Pruner-Bey [1]).

Très casanier, le nègre a surtout du goût pour les occupations agricoles. Mais il est aussi très enclin à l'errance capricieuse. « Il parcourt le grand continent d'un bout à l'autre, soit pour accomplir ses devoirs religieux, soit pour faire le trafic. » Il ne compte pas avec les distances. Et néanmoins, il est très nostalgique, dès qu'il est retenu trop longtemps hors de ses foyers d'origine. D'autre part, ami de la paix et du calme, il se dessine en maintes circonstances comme un enragé batailleur; certaines tribus (à l'instar de la Prusse) n'ont d'autre industrie que la guerre.

Ces heurtements, ces oppositions, conséquences d'un état cérébral où les qualités directrices manquent de pondération, n'indiquent pas des tendances à un très haut degré d'adaptabilité sociale. Les nègres ont pourtant des modes de collectivité qui répondent aux aspirations des peuples civilisés; ici, le

est synonyme de vouloir une femme, l'amour se passe de préambules et se confond avec la possession.

1. *Mémoires sur les nègres* (*Mémoires de la Société d'anthropologie de Paris*, t. I).

régime du despotisme, sous un roi qui s'appuie sur une caste militaire et une caste sacerdotale (la formule de plus d'une nationalité moderne en Europe); là, le régime oligarchique, avec un chef élu par une classe privilégiée (toujours celle de la force, celle des guerriers); là encore, le régime républicain, avec une entière autonomie de la tribu, des conseils de vieillards ou un chef de nation, élu et assisté par les anciens; mais, en général, sous cette dernière forme, l'influence est aux plus riches et le milieu ne se dégage pas d'un vulgaire opportunisme! Sous quelque régime qu'elles soient placées, les tribus africaines de même nom font preuve, dans les rapports entre gens de même couche, d'une certaine solidarité, calculée chez les uns, toute instinctive chez les autres. Si les castes autoritaires (comme chez les civilisés d'Europe) se soutiennent pour l'exploitation du peuple, celui-ci, dans sa résignation (quelquefois plus que chez nous), partage entre ses membres joies, douleurs et ressources; parmi des miséreux, point d'êtres exposés à mourir faute d'abri ou de nourriture, les foyers s'ouvrent à ceux qui n'en ont pas.

En somme, le nègre ne nous apparaît ni comme très bon, ni comme très mauvais. Ce n'est pas un négatif; c'est un être d'activité spéciale et réduite, à tendances également éloignées des extrêmes dans le bien comme dans le mal. Ses vices les plus intensifs, qu'il doit surtout à ses contacts avec les civilisés, s'épuisent pour ainsi dire sur place; en général, ils n'aboutissent point à l'acte criminel. Néanmoins, l'impulsivité est à redouter dans ses écarts. Chez des natures d'impressionnabilité irréglée, instable, des explosions violentes peuvent se produire à l'occasion de très futiles mobiles, et donner lieu aux formes les plus caractérisées de l'attentat.

Dans cet ensemble de traits communs, certains linéaments se détachent avec un relief particulier ou de nouveaux caractères se dessinent, au sein des diverses races. Je n'entreprendrai pas de relever toutes les modalités psycho-sociologiques qu'on remarque en chacune d'elles. J'examinerai seulement leurs groupements généraux selon leur degré d'évolution. On peut répartir en trois séries les races noires d'origine africaine : celles qui ont subi jusqu'à un point l'adaptation à la vie française (il en sera question au chapitre des colonies assimilées); celles qui ont été converties à la religion et à la civilisation de l'islam; celles qui sont demeurées païennes, plus ou moins barbares ou sauvages. Quelques observations sont utiles sur ces dernières catégories.

A. — Les *nègres païens* ou fétichistes représentent les éléments les moins civilisés, non les plus dépourvus d'intelligence et de vigueur, car les Dahoméens, les Pahouins, les Sérères sont loin d'être des races inertes. Leurs tribus sont malheureusement exploitées par l'union de la force arbitraire et de la superstition, au profit de privilégiés brutaux et vicieux. Elles ont à leur tête des chefs dont l'autoritarisme ne reconnaît d'autres limites que le zèle, ordinairement intéressé à le seconder, d'une caste guerrière ou de soudards, toujours prêts aux plus atroces violences, mais qui, à leur tour, sont dominés par les prêtres ou sorciers, gredins perfides et habiles à tirer parti de la crédulité de leurs congénères. Dans ces milieux, les mœurs sont très grossières. La femme ne le cède point à l'homme en férocité; elle est guerrière, comme au Dahomey, parfois apte à la royauté, et, dans ce dernier cas, arrive à surpasser l'homme en caprices cruels et en déchaînements de débauche[1]. Les habitudes d'ivrognerie règnent sans entraves et contribuent à entretenir les caractères dans une voie détestable. La note, en cette sauvagerie, semble émaner des pratiques fétichistes.

Les féticheurs forment une association qui, sous divers noms, s'étend d'un bout à l'autre de l'Afrique, association dont les chaînons, actuellement rompus par places, ont dû se relier très étroitement jadis, malgré la variété des langues, comme sous le mot d'ordre d'une mystérieuse franc-maçonnerie. Ce que

1. Lire dans l'*Histoire générale des voyages*, t. XVII, p. 103, et dans le *Dictionnaire des femmes célèbres* (Paris, 1788), t. II, p. 583, 678, le portrait de la reine Singa ou Zingha et celui de la reine Tem-Bam-Dumba.

j'ai observé des Simons, au Rio-Nunez [1], d'autres l'ont observé en Cazamace ou au Gabon, des sorciers de divers noms. Ces gens-là, dont l'art consiste à payer d'effronterie, quelques-uns convaincus d'être en possession réelle d'un pouvoir occulte, le plus grand nombre, forts de la crédulité des masses et décidés à l'exploiter cyniquement, sont des intelligents, mais de l'espèce scélérate. Ils ont toutes les passions des criminels, la convoitivité dans la sexualité et la cupidité, la rancune invétérée contre quiconque traverse leurs desseins, le raffinement dans les calculs pour arriver à leurs buts, la captation des biens, la suppression des individus gênants. On devine ce qui advient d'une direction sociale accaparée par de tels misérables. Ils ont l'oreille des rois, conseillent, soufflent ou ordonnent les décisions, toujours dans le sens qui leur apparaît le plus avantageux pour eux-mêmes, tranchent sur les questions de paix ou de guerre, de partage de butin, de répartition de captifs, adroits à se faire écouter par la crainte de leurs alliances extra-terrestres et par leur à-propos à flatter les passions des puissants. Ils ferment la porte aux réclamations que tenteraient de présenter les victimes; ils sont policiers et juges. Ils se vantent de découvrir les auteurs des vols et des homicides, substituant aux coupables, qui les savent payer, des innocents, pour eux des indifférents ou des ennemis dont ils ont à se défaire; c'est devant eux que se déroulent les *épreuves* [2], au dénouement arrêté d'avance par leurs soins, selon leur intérêt. Il faudrait écrire un chapitre si l'on voulait seulement récapituler les méfaits de cette catégorie perverse. Menteurs (par essence), ivrognes, débauchés, dérobateurs et assassins, ils ne vivent que pour la satisfaction de leurs appétits. Ils sont la plus forte expression de l'égoïsme et de l'anti-altruisme, et personne n'ose combattre leur influence, car ils agissent sous l'égide des génies et l'on a appris par l'expérience à redouter les colères que soutiennent ceux-ci. Ils sont médecins et empoisonneurs selon les circonstances. Au peuple, ils vendent des recettes pour guérir les

1. *Mémoires de la Société d'anthropologie de Paris*, 1883.

2. Voir plus loin.

maladies, des amulettes et des philtres pour amener la réussite des affaires ou assurer la protection des personnes ; aux riches, des secrets efficaces pour se débarrasser de qui les ennuie et se maintenir en faveur auprès du roi et de ses ministres, etc. Par comble, ce sont ces vils coquins qui perpétuent, au sein de quelques peuplades, le goût pour les cérémonies sanglantes, les sacrifices humains !

On frémit d'horreur et de dégoût en songeant aux hécatombes immolées chaque année à la superstition fétichique. Le prétexte est la dévotion aux génies, aux mânes de l'ancêtre. Quelquefois, le rite se combine avec une intention de pénalité juridique : c'est le ministre de la justice, qui présente au roi les victimes destinées à l'holocauste. Mais les victimes ne sont pas seulement des malfaiteurs ou des prisonniers de guerre (assimilés aux criminels chez les nations sauvages [1]), elles sont encore recrutées parmi les esclaves et les libres, lorsque les premiers éléments ne sont pas en nombre. Puis le sacrifice devient fête nationale, réjouissance, ivresse. De pauvres diables — qui peuvent être appelés à jouer un rôle imprévu dans le spectacle — le réclament à cris, et le bon prince ne se fait jamais tirer l'oreille pour leur offrir, en même temps qu'à lui-même, si agréable distraction. O pauvre humanité, ô pauvre civilisation, qui oublie, devant ces abominables tueries, qu'elle aussi, il n'y a guère longtemps, sous l'influence d'une caste sacerdotale, appuyée d'une caste guerrière, a vu couler à flots le sang de nombreuses victimes, torturer et brûler des hommes, uniquement accusés d'avoir eu des idées mal conformes aux volontés des puissants du jour ! Nous avons eu sur nos places publiques, il y a moins de quatre siècles, des holocaustes non moins épouvantables que ceux dont nous avons à rappeler les hideurs.

Bien des voyageurs ont donné les descriptions des sacrifices sanguinaires pratiqués chez les nègres de la côte guinéenne. Hovelacque, dans son livre sur les nègres, a reproduit plus d'un

1. Erdman Isert, cité par Hovelacque, *Peuples de l'Afrique sus-équatoriale*, p. 107.

récit typique[1]. Je citerai seulement deux ou trois faits, pour permettre au lecteur de prendre une idée de la folie vertigineuse où peut entraîner l'ivresse du sang, chez des peuples où les caractères, malgré l'intelligence, sont abandonnés à toutes les impulsions des instincts cruels. Au Dahomey, les grandes cérémonies s'appelaient les *Coutumes*. « Les années, dit Bouche[2], où elles se célèbrent avec pompe, on construit une case funéraire en l'honneur des rois (décédés); or, le mortier qui sert à bâtir cette case doit être pétri avec du sang humain et de l'eau-de-vie, et pas une goutte d'eau ne peut y entrer. Gréré (?) ne se contenta pas de massacrer assez d'hommes pour la construction de la case; il procura encore au peuple le plaisir barbare de voir immoler un plus grand nombre de victimes. Toutes avaient un bâillon à la bouche, afin que les accents de leur douleur ne troublassent pas la fête. On s'ingénia ensuite à inventer les tortures les plus cruelles; quelques prisonniers furent placés sous des trappes très lourdes et armées de pointes de fer; d'autres furent crucifiés; quelques-uns eurent leurs jambes repliées sur la poitrine, et, après avoir été enfermés dans des sacs ne laissant que la tête dehors, on les suspendit à des arbres par les pieds. Les vautours, attirés par l'odeur du carnage, arrivaient en foule, les déchiraient petit à petit et les dévoraient tout vivants. Il y eut de malheureuses victimes qui furent enfermées dans des paniers et précipitées du haut de l'estrade royale; la multitude les attendait en chantant, en dansant et en hurlant, et dès qu'une corbeille était jetée, tout le monde se pressait, se bousculait et se la disputait; celui qui parvenait à saisir la tête du supplicié s'efforçait de la séparer du tronc avec ses ongles et quelque mauvais couteau, la rapportait au roi et recevait en échange une piastre de cauris[3], environ 1 fr. 50. » Un autre témoin de ces atroces scènes a vu un homme, les mains liées derrière le dos, conduit comme une bête de somme au lieu du sacrifice, avec une corde qui lui tra-

1. *Loc. cit.*, p. 103 et suivantes.
2. *L'Explorateur*, 1876, t. III, p. 627.
3. Les cauris sont des petits coquillages servant de monnaie.

versait le nez, une oreille déjà a demi détachée, l'autre portée devant lui fichée sur un pieu, un couteau planté dans chaque épaule. Au mois d'avril 1875, à Porto-Novo, le pays de notre allié Toffa, le missionnaire Baudin a assisté au drame suivant [1]. Quatre rois défunts n'avaient point encore reçu les honneurs des funérailles solennelles. Toffa, leur successeur, en attendant son sacre, voulut prouver son attachement aux anciens usages par de beaux sacrifices. Ordre est donné aux noirs de suspendre les travaux de culture, aux traitants d'acquitter les droits à échoir six mois à l'avance (il faut beaucoup d'argent pour organiser dignement les fêtes), à tout le monde de s'abstenir de sortir la nuit. C'est qu'à la chute du jour, la ville est livrée à une compagnie de chenapans, préconisés en assemblée générale comme les gardes du roi et les exécuteurs de ses volontés; ils doivent ramasser tous les individus qu'ils rencontrent; mais comme peu d'indigènes se risquent à affronter de tels racoleurs, le nombre des victimes serait trop peu imposant, si l'on n'avait d'autres moyens pour l'accroître. Tel village, telle famille, sont obligés de fournir un certain nombre de têtes, libres ou esclaves. Le troupeau est parqué en lieu sûr; on accumule dans des chambres spéciales les présents à offrir aux mânes des rois, avec d'énormes provisions d'eau-de-vie et de poudre pour la réjouissance des vivants, amateurs de bruit autant que de liqueurs fortes ; pendant le temps des fêtes, le peuple et les invités du roi peuvent à discrétion prendre dans ces provisions. Les présents sont au dernier moment apportés dans une petite case de bambous, au milieu de la cour à fétiche, consacrée aux sépultures royales. « A minuit commencent les tueries. L'exécuteur est le chef de Davi, ville du royaume de Porto-Novo ; il est assisté dans ses fonctions par ses fils et ses esclaves. Le premier sacrifice est un *sacrifice de vengeance,* et la victime est un homme de la petite ville d'Adja (au Dahomey, en souvenir d'une attaque qu'un ancien roi eut à supporter des gens de ce pays)... Le chef de Davi prend la victime et la

1. *Annales de la propagation de la foi*, janvier 1876.

conduit dans la cour-fétiche, près de la cabane de bambous. Le malheureux, retenu entre les mains brutales de ses exécuteurs, comprend qu'on va l'immoler et pousse des cris de détresse: « Au secours ! On veut me tuer ! Qu'ai-je donc fait? Blancs, secourez-moi ! » Il exhale en vain son désespoir, car nul ne peut intervenir, sous peine de mort... On ne bâillonne pas le moribond, parce qu'on veut, avant qu'il expire, lui donner des commissions pour l'autre monde. La victime se renferme bientôt dans un morne silence, et toutes les cruelles diableries finies, on lui fait sauter la tête. Son sang est recueilli dans une calebasse ; on coupe au cadavre une main, qu'on suspend à la porte-fétiche ; on détache habilement la peau des reins, qu'on prépare et qu'on fait sécher; elle servira à confectionner un tambour qu'on entendra aux prochaines féticheries. Les caillots de sang, épars çà et là, sont mêlés à de la bouse de vache, et l'on en frotte le sol de la cabane. Quant aux derniers lambeaux de chair, ils sont traînés et honteusement exposés, devant le palais, à la vue de tout le peuple. » Vient le tour d'une autre victime, qu'on renverse à coups de bambou, au moment où elle s'attend le moins à une violence, et dont le sang est recueilli pour crépir la case qui abritera le crâne des rois. « Dans la lagune, d'autres victimes sont sacrifiées. Les eaux ont porté les corps de quatre femmes devant Badagry ; un homme a été trouvé dans les herbes, près de Porto-Novo. Le lendemain, les cadavres sont restés exposés sur la place du marché... Cette place était remplie d'hommes armés de fusils, qui exécutaient des fantasias devant les cadavres, en chantant et en tirant des coups de feu. Pendant la journée, les exécuteurs ont achevé de crépir la case avec le sang des victimes, puis ils y ont placé les objets ayant appartenu aux quatre rois défunts... en y ajoutant, pour leur usage (dans l'autre monde), des caisses d'eau-de-vie, des sacs de cauris ; ils ont arrosé le tout du sang des victimes. On y mit encore les têtes que l'on avait décollées. Sur le haut de la case flottaient trois drapeaux, rouge, noir et blanc. » Les couleurs allemandes ! Le choix trahissait-il déjà une influence qui s'est manifestée plus tard, sous une forme très matérielle, auprès d'un roitelet voisin, de goûts encore plus sanguinaires ? Toffa, devenu notre protégé, a renoncé aux sacrifices humains. Behanzin, le protégé des Allemands..., en sous main, n'a point voulu renoncer à ses coutumes ; il les a pratiquées jusqu'au jour où il a dû fuir devant nos armes, cette fois au moins utiles à une œuvre de propagande philanthropique (bien qu'entachée de visées peu altruistes !) et, dans son refuge du nord, il aurait continué à immoler encore, de temps en temps, ceux de ses soldats que les féticheurs lui désignaient comme de fidélité douteuse.

Les sacrifices humains se doublent quelquefois de cannibalisme, ou celui-ci survit dans les habitudes africaines, indépendamment de toute connexion avec des pratiques rituelles, c'est-à-dire comme mode alimentaire dérivé de la nécessité, puis adopté par goût, ou bien encore comme façon d'accentuer plus intensivement des sentiments de vindicte sur le corps d'un ennemi. Au Congo, l'explorateur Mac Dougall a été le témoin de scènes inouïes ; il a vu les soldats d'un roitelet nègre amener, un jour, une vingtaine de jeunes filles : « Ces malheureuses furent pendues par les pieds à des arbres, puis lardées à coups de sabre ; elles furent ensuite égorgées, dépecées, et leurs membres partagés entre les assistants, qui les dévorèrent à belles dents[1]. » Tout au voisinage de la colonie anglaise de Sierra-Leone, au Sherbro, des faits analogues se passent ; presque chaque semaine, on apporte à Bouthi, ville où siège le représentant de l'Angleterre, jusqu'ici impuissante à mettre un terme à de pareils actes, « des corps d'hommes, de femmes ou de jeunes filles, mutilés d'un ou de plusieurs membres, que les anthropophages ont dévorés[2]. » Dans l'Oubanghi, au rapport du père Augouard, le cannibalisme est « un système d'alimentation usuel » ; les noirs préfèrent la viande humaine à toutes les autres, « disant que c'est une nourriture noble, tandis

1. *Le Petit Journal*, 25 novembre 1890.
2. *La Bretagne*, 10 novembre 1892.

que les animaux ne fournissent qu'une nourriture vile ». L'anthropophagie est tellement entrée dans les mœurs des peuplades de cette région congolaise, « qu'il existe, sur la place publique, une pierre taillée pour faire asseoir les victimes ; de petits canaux sont ménagés pour recueillir le sang, des pieux sont enfoncés en terre pour tenir les captifs immobiles, et, à 4 ou 5 mètres derrière, une tige d'arbre flexible vient se courber au-dessus de la tête du patient, pour faciliter l'opération de la décapitation. » Un pauvre diable de l'expédition dirigée par M. Dolisie, fonctionnaire du Congo français, fut un jour pris et emmené dans un village de l'intérieur. « Selon la coutume du pays, on le palpe aussitôt et on lui fait des entailles dans les reins, pour savoir s'il est bon à être mangé tout de suite. La graisse faisant défaut, le malheureux est remis entre les mains de gens qui doivent bien le nourrir et le garder à vue. Il dut la vie à ce gavage — qu'on réserve chez nous pour les animaux à plumes — car, pendant l'opération, il fut délivré[1]. » Chez les tribus pahouines, la pénurie des ressources semble être la raison principale des habitudes anthropophagiques, car les indigènes vont jusqu'à déterrer les cadavres des hommes tués à la guerre et les dévorent malgré leur état de putréfaction. Chez les Sousous, il n'y a pas de tradition d'anthropophagie ; mais il y aurait des cas où les indigènes mangent, par superstition, certaines parties du corps d'un personnage réputé brave, ordinairement le cœur et le foie, afin de s'assimiler ses qualités[2]. (Godel.)

Toutes les tribus fétichistes n'en arrivent pas, fort heureusement, aux excès que je viens de mentionner. Il en est même qui vivent à côté de peuplades musulmanes et ont une culture et des mœurs aussi relevées que leurs voisines. Mais il est rare qu'aucune échappe au vice de l'ivrognerie.

B. — Les *Nègres musulmans*, pour la plupart assez mal dégagés de maintes pratiques fétichiques, sont les plus civilisés,

1. *La Lanterne*, 21 septembre 1890.

2. *Ethnographie des Sousous* (*Bulletins de la Société d'anthropologie de Paris*, mars 1892).

ou plutôt les moins barbares, parmi les Africains. Ils ont des écoles où l'enfant reçoit une instruction rudimentaire, apprend les préceptes du Coran, s'initie à la formule sociale. Ils sont ordinairement très sobres. Mais ils sont turbulents, agités par les intransigeances de leur fanatisme religieux, hantés par la superstition. Chez eux, le marabout vaut très souvent le féticheur. J'ai raconté quelque part[1] l'aventure d'une jeune fille du Saloum. Un marabout n'avait pu obtenir ses faveurs ou avait eu à se plaindre, à tort ou à raison, de ses parents ; il dissimule ses projets de vengeance ; puis, à l'occasion d'une sécheresse persistante, annonce que le ciel réclame un sacrifice ; il peut rendre la fertilité aux champs et conjurer la disette ; qu'on l'écoute ! Et le misérable exige qu'on lui livre la jeune fille comme la plus digne offrande à présenter, la fait enfouir toute vive dans le sol jusqu'au cou et ordonne que ses compagnes viennent, chacune à son tour, lancer une pierre contre la tête de l'infortunée, jusqu'à ce qu'elle soit écrasée. Partout où l'islam s'établit chez les noirs, il marque pour eux un arrêt dans l'évolution. Est-ce un mal ? Dans l'avenir, oui, si le nègre est réellement adaptable à un degré de civilisation supérieure ; dans le présent, non, parce qu'il lui apporte une forme sociale suffisamment en rapport avec sa cérébration actuelle, et qui le corrige de certains défauts. Seulement, l'islam est le plus sérieux obstacle à notre pénétration. Le cardinal Lavigerie le regardait, en outre, comme l'obstacle à la civilisation de l'Africain, qu'il croyait susceptible d'un progrès très avancé avec le christianisme. Il est certain que l'expansion du christianisme aurait aidé au développement de notre influence et contribué à l'extinction du commerce d'esclaves ; mais il est douteux qu'il eût jamais transformé le nègre en civilisé de bon aloi..., comme il est douteux (à mon avis) qu'il ait contribué, pour une large part, à l'affinement, d'ailleurs si relatif, du nègre antillien. Par ce que j'ai vu du résultat des missions en Afrique, je n'ai point acquis la moindre

1. *Société nouvelle*, octobre 1893, p. 431.

conviction que leur prosélytisme y ait amélioré les mœurs des convertis. Catholique ou protestant, le noir affecte des allures plus retenues ; il n'abandonne ni ses vices, ni ses superstitions ; mais il devient plus hypocrite. Au point de vue de l'initiation civilisatrice, j'estime que l'islam convient infiniment mieux au tempérament d'un être très matérialiste, que l'Évangile avec ses enseignements trop idéalistes[1]. Au point de vue de notre action politique, la question change d'aspect. Une religion aux tendances aussi exclusives que l'islam élève une barrière entre ceux qui la pratiquent et ceux qui ne la professent pas. Elle rend quelque énergie aux caractères par le fanatisme ; elle oppose une force à une autre force ; elle oblige le colonisateur à écraser les races ou à les contenir en perpétuel état de soumission par la crainte ; elle exige de l'Européen plus de luttes[2]. Le conquérant a-t-il bien le droit de se plaindre, lorsqu'il affecte de parler et d'agir au nom de l'humanitarisme ? Mais, d'autre part, où l'Arabe a conquis, a-t-il bien aussi pareil droit devant le nouveau maître, qui lui rend ce qu'il a fait à autrui ?

Nous sommes maintenant en mesure d'étudier sous quelles formes se manifestent les idées de droit et de justice parmi les Africains. Elles ne sauraient, en général, dépasser un assez bas niveau. Pourtant, nous verrons qu'elles correspondent souvent à des stades de l'évolution civilisée, encore peu éloignés de l'ère de perfectionnement, si relatif, dont l'Europe s'enor-

1. C'est l'opinion de M. Blyden (*Christiany and islam in the negro race*, in *Revue des Deux Mondes*, 1er novembre 1887 ; *les Colonies*, 29 août 1888). « L'islam est la religion vraiment cosmopolite, qui a trouvé accès chez les Mongols comme chez les Caucasiens ; ses convertis se recrutent parmi les fils de Sem, de Japhet et de Cham. Elle ne connaît pas les distinctions de races, ne fait pas acception des personnes et de la couleur des visages. Les musulmans ne méprisent que le mécréant, l'infidèle, qui se refuse à voir dans Mahomet le prophète de Dieu. Tout homme qui croit est leur égal, eût-il les cheveux crépus, le nez épaté et les lèvres pendantes. »

2. En Algérie, nous n'avons rien gagné sur l'esprit des indigènes : ou ils devront disparaître ou ils profiteront de chaque occasion offerte à leurs espérances pour essayer de nous chasser.

gueillit. Le noir a la compréhension du mal et du bien, mais beaucoup à la manière des enfants, moins par l'idée d'une morale quelconque (chose trop abstraite pour entrer dans sa cérébration, ou trop rudimentaire chez la plupart des moins barbares, pour être l'inspiratrice d'une justice basée sur un droit supérieur), que par l'instinct de l'utilitarisme nécessaire, très étroitement délimité. Il possède cette notion, commune à tous les hommes, que ce qui lui est nuisible est mauvais et, comme tel, susceptible d'être réprimé... chez les autres. Mais s'il évite lui-même de commettre envers autrui ce qu'il ne voudrait pas avoir à supporter contre sa personne ou ses biens, c'est uniquement par la crainte d'un contre-coup dommageable, sous la forme d'une correction immédiate ou d'une pénalité prochaine. Il n'a, d'ordinaire, aucune admiration pour ce que nous appelons *honnête;* il n'y voit que naïveté, habitué qu'il est, depuis des siècles, à ne priser que les effets profitables de la force ou de la ruse. Déteste-t-il le contraire? Non, s'il en retire avantage, sans encourir de risque. Un voleur habile suscitera plus d'envie que de blâme. Au Dahomey, c'est faire un bel éloge funèbre d'un défunt que de rappeler qu'il a su contracter des dettes « et mourir sans les payer[1] ». Le menu fretin du peuple n'entrevoit pas ce que l'exploitation des féticheurs, les brutalités de la caste guerrière, les atroces caprices de ses roitelets, ont de criminel; il trouve ces façons d'agir, dont il est pourtant la victime, très naturelles, et les plus intelligents ne visent qu'à se rapprocher de l'assiette... à l'huile. On pourra remarquer qu'il y a bien quelque chose de cela chez les nations les plus civilisées, chez nous, Français, par exemple. Je ne prétends pas nier les survivances d'une phase évolutive lointaine parmi les races d'Europe, sous les régimes monarchiques ou républicains. Mais, dans ces races, il existe une conscience publique, faite des consciences individuelles, qui réprouve le crime, même occulte, même abrité derrière la loi défectueuse, qui pousse à la réaction les citoyens,

1. L'abbé Bouche, *Libre Parole* du 5 avril 1893.

à la révolte ouverte les plus impatients de réforme et les plus passionnés. Rien de semblable parmi les noirs. D'ailleurs leur apathie, leur indifférentisme, simplement transformés en résignation fataliste, avec l'assimilation musulmane ou chrétienne, s'opposeraient à la protestation contre la coutume. Il n'y a point place pour des réflexions critiques, des déterminations de combativité dans des cerveaux attardés. L'esclave supporte tout; devenu libre, il traite ses esclaves comme il a été traité lui-même. Le noir n'a aucune pitié pour le noir, qui est *sa chose*, et celui-ci n'aspire à nulle pitié[1]. La notion d'un devoir et d'un droit réciproques manque à l'un comme à l'autre, en dehors de ce que la force autorise. Sans doute, le Coran a disséminé, chez l'Africain, des préceptes d'altruisme ; il a jeté quelques semences de morale qui ont produit de bons fruits ; mais sa doctrine n'est guère assimilée, par les plus fidèles, qu'en ses basses lignes, et, même dans les catégories chargées de l'enseigner, surtout dans ces catégories (les marabouts), on est incapable d'entendre et d'appliquer tel verset, où la foi doit s'affirmer par le moindre renoncement de soi-même. « Quand vous exercerez une vengeance pour des injures reçues, dit le livre, faites qu'elle soit analogue à celles que vous avez souffertes. » Cela est aussi bien compris que l'adage : « Dent pour dent, œil pour œil. » « Mais si vous préférez de supporter ces injures avec patience, cela profitera mieux à ceux qui auront souffert avec patience[2]. » Cette suite du verset reste lettre morte. Toutefois, ce serait aller trop loin que de nier chez les noirs, même les moins dégrossis, d'une manière absolue, l'existence de principes de justice et de droit. J'ai précédemment noté la vivacité de sentiment avec laquelle le nègre

1. « Au sac d'un village rebelle, on releva un de ces misérables (esclaves), lié par le cou à un poteau, exposé nu, depuis de longs jours, aux intempéries et au soleil, le manioc et l'eau lui étaient mesurés. Il ne se plaignait pas, ne demandait pas à changer de sort, voyait venir la délivrance d'un œil stupide. Et quand on le fit libre et ne souffrant plus, il ne sut que dire *mbiambré* ou *qu'il soit fait comme vous voulez.* » (P. Barret, *le Gabon.*)

2. Coran, chap. XVI, v. 128.

non abruti par l'esclavage appréciait, dans ses rapports avec l'Européen, l'application d'un reproche ou d'un châtiment, selon qu'elle lui semblait méritée ou imméritée. Cette impressionnabilité, dans l'espèce, prouve qu'il réunit les conditions suffisantes pour développer spontanément en lui-même ou acquérir la notion d'une certaine réciprocité nécessaire, d'où se dégagent les notions de justice et partant celle du droit élémentaire. A défaut de l'observation psychologique, on n'a qu'à jeter un coup d'œil sur les plus humbles milieux, pour se convaincre qu'il s'est formé presque partout, sous l'influence d'une telle notion, une loi coutumière, très simple, lentement élaborée et conservée par la tradition, un peu perfectionnée par emprunts indirects ou directs au Code musulman, quelquefois, d'après laquelle se conduisent les individus, au sein de la tribu, dans la nation. Cette loi condamne et punit certains actes, en s'efforçant de mesurer la réparation ou l'expiation au dommage, souvent avec impondération, à ce qu'il nous semble, parce que nous n'estimons pas la grandeur des torts au même taux, c'est-à-dire au même point de vue que le nègre, mais sans beaucoup s'écarter, dans la détermination des attentats répressibles, des tendances qui régissent celle-ci chez les nations plus civilisées. Tant il est vrai qu'une intuition d'ordre biologique préside, dans l'humanité entière, à l'évolution sociologique de ses phases multiples, les uniformise à l'origine, les rapproche dans leurs divergences ultérieures, par le maintien ou le réveil des survivances d'autrefois, aux degrés les plus avancés.

Le droit demeure intrinsèque; il ne s'étend guère hors de la nation et, dans la nation, se concentre en certaines classes ou se manifeste très inégalement vis-à-vis de chacune. Là où le gouvernement est très despotique, aux mains d'un roi ou d'une oligarchie, il n'existe point ou à peine pour les petits. (Ce n'est point chose exclusive à l'Afrique !) Dans les peuplades où l'autorité est contenue par une majorité de tempérament réfractaire aux excès de la minorité, il est plus général. La solidarité qu'il consacre, dans la plupart des cas, ne s'étend pas au delà de la tribu. Chez les païens, l'esclave est toujours l'ennemi, le prisonnier fait à la guerre; il est hors de la loi commune, soumis à l'arbitraire du maître; chez les musulmans, il n'a pas de droits catégoriques, mais il bénéficie de quelques prescriptions charitables ordonnées par le Coran, et, converti à l'islamisme, s'absorbe jusqu'à un point dans la famille du propriétaire. Mais pour le musulman, l'infidèle; pour le païen, l'étranger à sa peuplade; pour tous, l'Européen, s'il n'a la force imposante, ne relèvent pas des sauvegardes de la coutume, observées entre gens de même milieu. Il est rare qu'un chef intervienne pour rechercher et punir l'auteur d'un vol commis au préjudice d'un étranger, s'il n'y est conduit par intérêt ou par crainte. Au Congo, d'après Fuchs [1], on aurait un fétiche (talisman) pour empêcher les blancs de découvrir les voleurs noirs. Ici et là néanmoins, on aperçoit des traces d'une sorte de droit extériorisé. Après l'expérience des avantages que peuvent procurer telles ou telles concessions réciproques, entre tribus voisines, il s'établit, dans leurs relations, des habitudes nouvelles. Des peuplades s'obligent à se renvoyer mutuellement leurs esclaves fugitifs, à repousser ou à livrer les criminels de haute liesse, ceux-là principalement qui auront attenté aux biens ou à la vie des chefs. Même, dans leurs mœurs violentes, les Pahouins montrent une certaine notion du droit des gens. Si tel village est à leur convenance, ils n'entendent pas se priver de sa possession; ils ont *droit* à ce qu'ils *peuvent prendre;* mais ils reconnaissent que les occupants ont aussi quelque droit à garder ce qu'ils ont créé; ils commencent donc par proposer à ceux-ci de leur céder le village contre telle quantité d'ivoire, de caoutchouc, d'huile de palme, et s'ils refusent, le sort des armes décide. A regarder de près, les choses ne se décident guère mieux dans notre Europe; le plus fort prend villes, provinces et populations, sans même offrir au plus faible la moindre compensation. La reconnaissance des droits de possession les plus larges à l'étranger ne détruit pas, chez les peuples du lit-

1. *Mœurs congolaises* (*Société nouvelle*, 1889).

toral, la conviction que tout bien de fortune échoué sur leurs terres est leur propriété : ils pilleront les navires naufragés, à la rigueur tueront les équipages s'ils rencontrent une résistance, où, quelques heures auparavant, ils auront trafiqué loyalement avec les capitaines et tout respecté à leurs bords. Il n'y a guère longtemps que nos Bas-Bretons ont cessé de se comporter de la sorte !

Avec l'utilitarisme seule base du droit, il ne faut point s'étonner que des divergences existent dans les façons d'apprécier l'attentat, car les intérêts et les besoins d'où celui-ci dérive varient selon les milieux. Chez l'Africain de certaines régions, l'homicide d'une personne indifférente à la tribu n'a rien que de louable, s'il a pour but de procurer un aliment nécessaire aux gens du clan ; l'anthropophagie est le moyen naturel de remédier immédiatement à la pénurie des ressources et de prévenir pour plus tard la compétition d'une bouche parasitaire. Fréquemment, dans la tribu elle-même, soit par la raison de la limitation des produits de consommation, soit par mépris de l'être féminin ou latitude laissée à la débauche, on ne punit ni l'avortement, ni l'infanticide des filles ; chez quelques races, on les ordonne, en des conditions déterminées [1].

La prostitution est si libre, qu'elle écarte d'ordinaire toutes chances d'attentats, qui chez nous paraissent dériver d'entraves à la sexualité. Je n'ai pas entendu parler de viols commis sur des enfants, à la côte occidentale. Le viol des filles et des femmes est lui-même assez rare ; à peine s'il en est question dans les coutumes pénales. Néanmoins, chez les noirs musulmans, certains abandons, regardés comme licites chez les païens, entraînent des punitions parfois graves. Au Cayor, « quand une femme qui n'a pas le *tak* (qui n'a pas au cou le lien symbolique des fiançailles) devient enceinte, elle encourt la confiscation de tous ses biens ; à défaut de biens, elle est

1. A. Corre, *la Mère et l'Enfant dans les races humaines*. — Dans l'Ogowé, il est interdit aux femmes d'avoir plus d'un enfant tous les trois ans. (De Montaignac.)

condamnée à une amende qu'elle doit payer au moyen d'un travail forcé ; après quoi, elle est expulsée. » (Carrère et Holle[1].) L'adultère est puni de manière variable. Il est peut-être inexact de penser, avec Letourneau[2], que le crime soit envisagé seulement comme une atteinte à la propriété. Sans doute, la femme est une propriété du mâle; mais, si elle est l'objet acheté et plus ou moins chèrement payé, elle est aussi un foyer d'excitation passionnelle d'ordre particulier. Qui l'enlève ou la détériore cause un préjudice au propriétaire, met aussi la jalousie d'un amant à l'épreuve, apporte le trouble dans la famille, y peut introduire des intrus. Pour toutes ces raisons, l'adultère est l'objet de pénalités souvent excessives, visant à châtier un attentat injurieux contre la personne du mari, autant qu'une atteinte à sa propriété. Le mari, comme chez nous en circonstance analogue, est excusable des entraînements où le jette la découverte d'un flagrant délit. Ici, il a toute liberté de tuer les coupables; là, il ne peut que sacrifier l'homme à sa colère ; il doit seulement chasser la femme, il conserve sa dot, et le reste des biens de la coupable va au roi. (Cayor[3]). L'époux s'en rapporte-t-il au jugement des chefs? L'affaire est terminée d'après les lois traditionnelles, plus ou moins sévères, sur la matière. Dans les pays musulmans, la peine est relativement modérée : c'est la fustigation pour les coupables, avec la confiscation de leurs biens, la perte de sa dot et l'expulsion pour la femme. Dans les tribus païennes, les choses se passent tantôt de manière analogue, tantôt de façon plus sérieuse. La femme est punie comme il plaît au maître et l'homme avec elle; les châtiments sont parfois atroces, quand l'époux trompé est sollicité à la vengeance par la passion jalouse, plutôt que dominé par la cupidité; mais il se laisse aussi conduire par les suggestions de cette dernière (il peut vendre à son profit les coupables, exiger de l'homme une forte compensation pécuniaire ; même, d'après Demeunier, le désir de

1. *Loc. cit.*, p. 24, 50.
2. *L'Évolution juridique*, p. 64.
3. Carrère et Holle, *loc. cit.*, p. 51.

toucher des dommages-intérêts sérieux pousserait certains maris « à commettre ce que nous appelons des actes de chantage, à attirer les amants dans les bras de leurs épouses, de concert avec celles-ci[1] », tout comme on le voit faire en milieu parisien!). Au Gabon, on autorise le commerce intime entre la femme mariée et une sorte de sigisbé, pourvu que le mari soit bien payé, car, s'il n'exigeait une grosse rétribution, il serait déshonoré (tacitement, l'opinion tolère semblable chose dans les plus hautes couches du monde civilisé). Entre la femme esclave et l'homme libre, l'union accidentelle tire peu à conséquence : l'homme est seulement tenu à verser au propriétaire de la femme une légère indemnité. Entre captifs, l'adultère est puni de la fustigation, quelquefois de l'essorillement.

Les coups et blessures, les mutilations, les meurtres, avec ou sans les caractères de l'intention et de la préméditation, lorsqu'ils ont pour victimes des individus de la tribu, sont punis avec une indulgence relative, à moins qu'ils aient été commis sur la personne de quelque chef très puissant. Dans ce dernier cas, c'est souvent la peine arbitraire, au gré du roi. Dans les cas ordinaires, pour les attentats du plus bas degré, les coupables sont condamnés à la flagellation ou à l'amende ; pour les attentats plus importants, à la perte d'un membre ou à la mort, peines d'ordinaire rachetables à prix d'argent. Au mois de novembre 1890, un habitant du Saloum, accusé d'un vol minime au détriment d'un traitant, ami du principal ministre du Bour (chef souverain), était l'objet d'une mutilation horrible de la part de ce ministre ; l'auteur et l'instigateur du crime, jugés à Foundiongue par le tribunal indigène, furent condamnés à payer au mutilé une somme de 1 000 francs. Quant aux guets-apens tentés ou accomplis sur des étrangers, on ne saurait toujours s'étonner de l'indifférence dans laquelle ils laissent les indigènes. Il y en a eu beaucoup, depuis quelques années, c'est-à-dire depuis le regain d'explorations pacifiques, mais rusantes, ou armées et plus ou moins violentes, que les convoi-

1. Letourneau, *loc. cit.*, p. 65.

tises européennes ont provoquées dans les pays africains. Les noirs, en différents cas, ont pu être insidieusement conseillés par les Arabes; mais, en d'autres, il n'était pas besoin de mettre en jeu le fanatisme musulman, pour expliquer des attentats, qui n'étaient que des représailles. Il n'y a qu'à se rappeler les procédés de Stanley, pour comprendre et excuser la conduite de quelques tribus barbares ou sauvages à l'égard des blancs, race dont elles avaient eu déjà à apprécier le caractère et les façons au cours d'événements antérieurs. Ce que nos feuilles coloniales appellent des assassinats, trop fréquemment sont des actes de résistance à un envahissement, des tueries de vraie guerre, où l'embuscade préparée est, pour les faibles, un moyen de compenser les avantages des forts (Du Guesclin ne dédaignait pas, vis-à-vis des Anglais, empressés d'ailleurs à lui rendre la pareille, l'emploi de procédés rusants qui, en toute franchise, mériteraient aujourd'hui d'être qualifiés avec sévérité), ou bien des vendettas individuelles, justifiées, aux yeux du sociologue indépendant et logique, par l'arbitraire odieux de quelques fonctionnaires.

En 1890, au Congo français, un chef de poste, M. Musy, est entraîné dans un guet-apens avec dix laptots, massacré et mangé avec plusieurs des siens, par une tribu sauvage de l'Oubanghi (Baloï). Mais l'Européen, tout nouveau venu, avait provoqué des colères chez les noirs d'un village voisin de son poste, par des exigences intempestives; il avait annoncé son intention de régler ses différends *manu militari* à de pauvres diables incapables de comprendre autre chose en ses menaces, sinon qu'on les voulait détruire, et pourquoi? N'étaient-ils pas maîtres chez eux? On leur enseigna leur droit par son contraire; à la force au service de l'inique, ils opposèrent la force au service de la défense de leurs foyers. Ont-ils eu tort?

La même année, dans le Toro, région plus civilisée, mais musulmane et fanatique, l'administrateur Jeandet est tué par un noir, durant son sommeil, d'un coup de fusil à bout portant. Mais le pays était en effervescence et l'indigène se vengeait, dans un moment de surexcitation politique, d'une injuste condamnation à l'amende, prononcée contre lui et ratifiée par l'autorité française. Pour châtier « ce lâche assassinat », on commit une série d'exécutions illégales, qui soulevèrent les indignations de la presse métropolitaine et eurent pour conséquence, l'année suivante, d'amener un nouveau meurtre, celui d'un cousin de la première victime. Il est dangereux de froisser les sentiments de justice rudimentaires, mais si nets en leur simplicité, chez les natures abruptes ; elles ne s'embarrassent pas de distinctions subtiles ; non écoutées dans leurs réclamations, elles n'hésitent pas à se satisfaire elles-mêmes, d'après leur loi du talion.

Quant à Crampel, « lâchement assassiné à El-Kouté par les musulmans », malgré qu'on ait beaucoup vanté ses manières, ce n'était pas un homme à scrupules, et les 30000 cartouches, les 35 kropatcheks, les 40 fusils à piston, les 600 kilogrammes de poudre, tombés entre les mains de ses « assassins », prouvent qu'il ne marchait pas précisément en doux apôtre de civilisation. Il a été « vengé » par l'explorateur Dybowski. Je doute que la vengeance ait laissé parmi les indigènes l'impression d'une action juste.

Puis, ce sont :

Au Grand-Laou, du côté du Grand-Bassam, les meurtres de Voituret et de Papillon, chargés d'une mission commerciale, sans doute en leur qualité d'anciens militaires et de leur aptitude à régler les affaires par la persuasion, ainsi que la confère la profession des armes ! Il est bizarre d'apprendre qu'aussitôt après cet événement le pays manifesta une fermentation si vive, qu'une mission de secours (au moins un peu tardifs) dut rétrograder vers la côte (avril 1891) ; de vulgaires assassinats ne produisent pas ordinairement de tels effets ;

En Cazamance (mai 1891), le meurtre de l'administrateur Fourichon, très malheureux sans doute, mais le résultat d'une imprudence de ce fonctionnaire, qui, prévenu de l'état de surexcitation et des propos fanatiques de quatre nègres musulmans (Allah, disaient-ils, leur avait donné la mission de chasser tous les blancs), n'aurait pas dû se risquer, seul, à affronter les colères de ces illuminés, indice d'un état grave encore latent dans le milieu;

Au Congo (septembre 1892), le meurtre de M. de Poumayrac, tué d'un coup de flèche par les Boulous, au cours d'une expédition de guerre, et mangé avec ses compagnons : les Boulous ne sont point encore initiés aux belles mœurs, ils se défendent lorsqu'on les attaque, et, souvent privés d'aliments, profitent de leurs succès éphémères pour approvisionner leur cuisine; un journal leur reprochait niaisement « de s'être livrés, à la suite de ces tristes exploits, à des danses qui durèrent plusieurs jours ». Que font donc les soldats civilisés, même lorsqu'ils ont le ventre bien rempli, à la prise d'une ville abandonnée à leur discrétion? Hélas! choses pires que les sauvages d'Afrique, avec moins de circonstances susceptibles de les excuser.

A Seguela (février 1892), massacre de la mission Ménard : cet officier était intervenu dans les différends de tribus hostiles, et celle contre laquelle il s'était allié, victorieuse, le traita en ennemi. N'était-ce pas de juste guerre?

Cessons donc de le prendre de trop haut avec les noirs et d'affecter de donner à quelques-uns de leurs actes, chez nous très honorés sous l'uniforme des armées organisées, ou très atténués s'ils relèvent d'impulsivités passionnelles, des épithètes stigmatisantes. N'exigeons pas des autres meilleur traitement que nous n'accordons aux autres; ni de sauvages ou de barbares, qu'ils répondent à nos leçons de faits, brutales et iniques, par des façons tout opposées. Si nous estimons que le nègre n'a point une suffisante notion de la justice, appliquons-nous à lui en inculquer les principes surtout par la démonstration matérielle de leur utilité. Au temps du général Faidherbe, le créateur de notre empire colonial en Sénégambie, on n'assistait pas à un tel redoublement d'attentats ou plutôt de réactions contre nos officiers et nos fonctionnaires, et cependant on était en pleine période de conquête. Mais le général Faidherbe était un militaire d'exception, un civilisateur; tout soldat qu'il était, il aimait à confier même les postes militaires à des hommes, par habitude ou tempérament, capables d'unir l'énergie à la conciliation, surtout de se montrer sous des couleurs bienfaisantes aux indigènes, à des médecins, à des civils choisis dans la colonie, et il réussit dans une tâche ardue, parce qu'il avait le génie de distinguer les hommes et de les employer selon leurs aptitudes [1]. Aujourd'hui, nous avons embrassé plus que nous ne pouvons retenir. Ici, nous lâchons périodiquement de petits corps d'armée, qui se livrent à la chasse aux « rebelles », dont les chefs ont intérêt à perpétuer des luttes pénibles pour nos pauvres soldats, ruineuses pour nos budgets, odieuses vis-à-vis des indigènes; là, des missionnaires très éclectiquement recrutés, selon les recommandations du favoritisme, parmi les professions les plus diverses, la plupart moins guidés par le désir d'être utiles à leur pays et aux nègres, que par celui de satisfaire leurs ambitions ou leurs cupidités. Ce qui devait arriver arrive. Le mécontentement règne partout, les féticheurs et les marabouts n'ont pas de peine à recommencer des excitations favorables à leurs calculs et très fâcheuses pour nous; les résistances se font, occultes ou effectives, contre l'étranger; elles finiront par l'obliger à jeter le masque et à déclarer qu'il prend, parce que cela lui convient et qu'il est le plus fort... exactement comme le Pahouin.

L'empoisonnement rentrerait assez bien dans les habitudes sournoises et rusantes du noir, lorsqu'il n'ose agir en face d'un plus énergique que lui. On le croit fréquent. Je suis porté à avoir une opinion contraire. Le nègre connaît fort bien les propriétés des plantes de son pays et d'instinct il les utilise avec à-propos dans ses maladies; mais il n'a pas à sa disposition de drogues toxiques dont l'administration soit aisée, par surprise, et les plus terribles, celles qui sont employées dans les épreuves, se décèleraient d'elles-mêmes dans un aliment ou une boisson. Il n'y a guère d'empoisonnements démontrés

1. Le héros de la mémorable défense de Médine fut un civil, créole du Sénégal, M. Holle.

qu'au nord, parmi les Touaregs (une de leurs tribus a eu recours à une espèce de jusquiame pour se débarrasser de la mission Flatter[1]). Néanmoins, l'empoisonnement peut se dissimuler sous les noms de philtres ou de maléfices; il est l'œuvre des féticheurs et des sorciers. La loi traditionnelle ne le distingue pas de la sorcellerie.

Celle-ci est impitoyablement punie, comme elle l'était autrefois chez nous. Partout, l'homme ignorant ou superstitieux redoute les pouvoirs occultes et sacrifie avec excès à ses craintes chimériques, plus qu'il ne cherche à se préserver des dangers réels de l'attentat immanent, de mobile palpable, d'origine souvent facile à écarter. Les féticheurs et les marabouts sont quelquefois les victimes de leur propre effronterie. Ils sont chassés ou exécutés, quand ils se laissent surprendre en flagrant délit de mensonge ou de tromperie. Mais leur caste est trop habile et trop puissante pour être ordinairement atteinte. En revanche, il pullule au-dessous d'elle une infinité de vulgaires sorciers, qu'elle a tout intérêt à ne point souffrir dans la concurrence du commerce lucratif des philtres et des amulettes. C'est contre ce fretin que les sévérités se déchaînent. L'accusation de sorcellerie est le prétexte pour se débarrasser d'une personne gênante; le féticheur (ou le marabout) se charge de découvrir le jeteur de sorts, l'ennemi public ou privé, assez scélérat pour empêcher la pluie de tomber et les récoltes de mûrir, pour vouer les troupeaux et les individus à la maladie, « avaler les âmes » des enfants, des femmes, des maris, c'est-à-dire amener la mort au sein des familles, etc. Comme les nègres ne comprennent pas la mort naturelle, ils sont toujours enclins à faire intervenir les maléfices dans les décès subits des personnes de quelque importance, et alors malheur aux misérables désignés par la voix commune ou par le féticheur comme les responsables : ils seront immolés sans merci, suppliciés avec raffinement; ils n'au-

1. A. Corre et Lejanne, *Résumé de la matière médicale et toxicologique coloniale*, p. 125.

ront pour échapper à leur sort que la chance très douteuse de l'épreuve. Leurs biens sont confisqués au profit du roi et des chefs ; aussi plus d'un citoyen riche a-t-il à redouter la terrible accusation. Celle-ci ne manque pas d'être souvent portée contre les étrangers : le blanc n'est-il pas le grand compétiteur ou le grand obstacle aux yeux des féticheurs? A Brass, un chef vient à mourir; émoi dans la population, les médecins noirs sont effrayés des suspicions qu'ils sentent peser sur eux. Ils se rappellent à point qu'ils ont auprès d'eux un confrère européen, le docteur O'Relly; celui-ci a même approché du chef pendant sa maladie, donné au malade des conseils et des remèdes : il est l'auteur du *sort!* Tous les noirs sont bientôt persuadés de la chose. « A partir de ce moment, ils n'eurent plus qu'une idée : se venger du docteur. Un jour, ils s'emparèrent de lui et l'assommèrent aux trois quarts. » (E. Viard [1].) Très récemment, au Dahomey, une épidémie d'influenza a donné lieu à des sacrifices humains, ordonnés par les féticheurs; les victimes étaient les jeteurs de sorts indiqués par ceux-ci, et il y eut parmi elles une vieille femme bossue (elle fut condamnée à être suspendue jusqu'à disparition de sa bosse) ; mais le fléau continuant ses ravages, l'accusation retomba sur les Français.

La croyance à l'occultisme se rattache à l'idée spiritualiste et religieuse. L'idée, aussi vague qu'elle soit, imprime à la forme de criminalité appelée sorcellerie un caractère conventionnel trop susceptible d'autoriser les excès dans la pénalité, et, insensiblement, la transforme en crime religieux et politique. Les manquements au culte sont réprimés avec rigueur, car ils peuvent appeler sur les populations les colères des génies. Le despote, devenu lui-même une sorte d'individualité sacrée, assimile les attentats dirigés contre sa personne au crime religieux. Les choses se passent encore là-bas comme,

1. *Au bas Niger*, 1886. — En Russie, en Autriche, en France, à l'occasion des dernières épidémies cholériques, on a aussi fait de méchants partis à des personnes criminellement ou sottement désignées comme maléficiantes, empoisonneuses de sources, etc.

il n'y a guère longtemps, elles se passaient chez nous. A la côte des Esclaves, c'était un sacrilège que d'oublier les égards dus au serpent, aux fétiches, et les manquements de cette espèce étaient châtiés avec la dernière dureté [1]. Les Européens, coupables par ignorance, n'étaient pas mieux traités que les indigènes, coupables par négligence ou volontairement [2]. Les sévérités s'étendaient jusqu'aux animaux assez irrévérencieux pour s'attaquer aux reptiles, objets du culte; on leur faisait leur procès, tout comme en France, aux treizième et quatorzième siècles, on instruisait contre les chenilles qui dévoraient les feuilles des arbres, les porcs qui avaient dévoré un enfant chrétien, etc. D'autre part, c'est un crime irrémissible que de manquer à l'étiquette dans le palais du roi; à plus forte raison de toucher à ses biens, à ses femmes, à son auguste personne [3]. Quelquefois, ces habitudes, qui nous paraissent si extravagantes, malgré qu'elles aient eu leurs analogues admirées chez nous, relèvent d'un sentiment digne d'être noté : c'est que la faute est un crime contre la justice, personnifiée dans une entité divine [4] et terrestrement représentée par le roi.

Plus remarquable est la manifestation, dans quelques peuplades, d'une délinquance pénalisée, indice de solidarité bien comprise, d'un embryon de droit public. Au Congo, par exemple, « c'est commettre un crime que de venir, armé d'un bâton,

1. *Histoire générale des voyages*, t. XI, p. 170.

2. *Voyage du chevalier des Marchais au pays de Juida*, relation du père Labat, t. II, p. 170 et suivantes.

3. Au Loango, il était défendu, sous peine de mort, de voir le roi boire et manger. Battel raconte des faits inouïs à cet égard : enfant de six à huit ans, fils d'un noble, surpris dormant dans la salle du festin, assommé d'un coup de marteau sur le nez et traîné la corde au cou sur le chemin qui conduisait au lieu des exécutions publiques ; un fils du roi, âgé de onze ans, coupé pour un semblable méfait en quatre quartiers ; un autre, tué d'un coup de hache. Avec le sang des victimes, on asperge le roi pour détourner les maléfices.

4. Il y aurait un dieu de la justice, Takhar, chez les Sérères (Carlus, *les Sérères de la Sénégambie; Revue de géographie*, t. VI, p. 409).

dans une assemblée où tout le monde est et doit être sans armes ; c'est un crime que de se battre au milieu du marché, endroit privilégié où la paix ne doit pas être troublée. » (Letourneau[1].)

Les races pauvres, si elles ont la convoitise très aiguisée vis-à-vis des races plus fortunées, tiennent avec âpreté à leur maigre propriété, et elles la défendent avec autant de vigilance que de rudesse. Dans les tribus africaines, les attentats contre la propriété sont punis avec une sévérité qui contraste souvent avec l'indulgence relative accordée aux plus graves attentats contre les personnes. Ceux-ci sont rachetables ; ceux-là peuvent entraîner, outre la restitution, des peines corporelles cruelles. Le plus minime larcin vaut à son auteur la fustigation ; le vol, même d'objets de valeur médiocre, coûte parfois la mutilation d'un membre. Le roi Toffa, à Porto-Novo, fait assommer les voleurs à coups de bâton, puis vider et saler leur corps, qui reste empalé, jusqu'à complète destruction, sur une route, pour servir d'exemple. Le vol au préjudice des Européens n'est ordinairement puni que s'il donne lieu à une réclamation nettement formulée par ceux-ci, avec l'appui d'une force morale ou matérielle suffisante, ou lorsque les victimes ont su intéresser les chefs à leur dommage par l'éveil de la cupidité, en leur promettant récompense, en leur représentant le tort que de pareils actes non réprimés feront à leur budget, avec les défiances provoquées dans le monde du commerce, etc. Sinon, non. Le nègre est un adroit voleur, et très audacieux dans ses entreprises contre le bien des blancs. Les convoiteurs rôdaillent autour des comptoirs, avec l'espoir d'exécuter quelque bon coup. Les cases des traitants sont souvent en pisé ou en terre argileuse et recouvertes de chaume ; les portes ferment à cadenas, mais à l'intérieur couche un gardien. Pas d'effraction possible, sans bruit ; par les toits ou au travers de la muraille, du côté où l'on a remarqué que l'attention pouvait être en défaut, il est au contraire

1. *Loc. cit.*, p. 67.

assez facile de se risquer, après une ouverture ; il ne faut pas un large espace à un corps nu pour pénétrer, ni beaucoup de temps pour exécuter une rafle de marchandises, avec l'aide d'un complice demeuré à l'extérieur. Si l'entreprise réussit, elle ne suscite que l'envie autour des heureux voleurs ; si elle échoue ou si les coupables sont dénoncés, l'affaire aboutira, pour ces derniers, à une fustigation, ou bien n'aura pas de suites, grâce au partage des bénéfices du coup avec le chef justicier. Les Européens n'hésitent guère à terminer les choses sommairement, lorsqu'ils tombent sur un flagrant délit, et, à leur imitation, les traitants noirs. A Boké, un traitant wolof surprend la nuit un noir rampant au travers d'un trou qu'il a pratiqué à sa case ; il le laisse s'engager à moitié hors de l'ouverture, puis, d'un vigoureux coup de sabre, lui fait une horrible plaie par le milieu du dos. Ce sont là des échecs qui ne découragent pas les voleurs. Mon blessé, renfermé dans l'infirmerie du poste, n'était pas encore guéri, qu'il trouvait le moyen de s'échapper, pour recommencer sa tentative ailleurs.

L'incendie intentionnel est assez rare. Il est particulièrement redoutable en des pays où les cases, très rapprochées, sont construites avec des matériaux très combustibles. Il est puni à la discrétion du juge.

L'ivresse n'est l'objet d'une pénalité que dans les tribus musulmanes. Mais chez les noirs islamites et chez quelques peuplades païennes, le jeu, passion très intensive dans la race, est visé par des prohibitions spéciales. A la côte des Esclaves, où les indigènes jouaient aux bouges (sorte de dés) leurs biens, leurs femmes et leurs enfants, jusqu'à leurs personnes, le roi d'une petite nation, citée par des Marchais [1], avait défendu les jeux de hasard, sous peine d'esclavage.

L'évolution juridique est partout assez embryonnaire. Elle se maintient à cet état depuis des siècles, en dépit des contacts musulmans et chrétiens, qui l'ont à peine avancée de quelques dégrés. Elle répond, dira-t-on, à des phases obser-

1. *Loc. cit.*, t. II, p. 115.

vées dans les races les plus civilisables. Mais celles-ci ont traversé rapidement la période du droit primitif et, si elles en gardent des survivances, c'est dans leurs couches les plus indégrossies ou en des catégories affinées dont l'esprit de routine a figé la cérébration, l'intérêt de caste perpétué le misonéisme. Nous ne sommes pas encore débarbarisés dans nos lois, mais l'expansion socialiste prouve que, chez nous, les masses ont la notion et même la très nette appréciation de la justice supérieure.

Chez les nègres, on ne vise, en criminalité, que le fait. On ne s'occupe pas de rechercher si l'auteur est ou non responsable, à moins de folie notoire ; s'il existe des circonstances d'atténuation ou d'excuse, excepté dans un petit nombre de cas (homicide accidentel ou involontaire, meurtre d'un homme surpris en adultère ou en tentative de vol, la nuit). Mais on distingue des conditions d'aggravation, selon la situation hiérarchique de la victime. La pénalité frappe le plus fortement les attentats commis sur la personne ou au détriment du souverain. Au Cayor, un diambour (guerrier) qui tue un libre de caste inférieure est passible d'une simple amende ; mais le libre qui tue un diambour mérite la mort. Au Bénin, le meurtrier vulgaire est toujours puni de mort ; si c'est un grand, il est seulement banni. C'est le système de l'inégalité pénale, en vigueur dans les sociétés barbares et plus ou moins féodales. Le talion est le fond de la pénalité pour les crimes les plus graves. Les musulmans en ont atténué les rigueurs par l'admission du rachat pécuniaire. Il n'en reste pas moins l'expression de l'idée la plus attardée dans l'évolution de la justice, celle qui consacre la vindicte, pousse au châtiment non pour moraliser, mais pour intimider, porte à l'exagération des peines jusqu'à l'invraisemblance, réclame l'exemple à tout prix (à ce point qu'un coupable pourra s'affranchir du châtiment en fournissant un innocent, destiné à le subir à sa place[1]). Avec

1. Au Bénin, d'après Nyendal, « s'il arrive à quelqu'un de tuer son ennemi d'un coup de poing ou d'une manière qui ne soit pas sanglante, le meurtrier peut s'exempter du supplice, à deux condi-

l'arbitraire et le despotisme de certains roitelets, qui s'appuient sur une caste militarienne, obtiennent d'elle le soutien à la condition d'une tolérance illimitée de ses excès, la pénalité cesse d'ailleurs de présenter aucune règle et revêt des caractères atroces ; ceux-ci, entés sur le tempérament sanguinaire dans la race, finissent par acquérir comme une sanction légale, à devenir coutume traditionnelle. A Juida (Wydah), où il n'y avait autrefois que deux crimes capitaux, le meurtre et l'adultère avec une femme du roi, monstrueux étaient les raffinements des supplices. Bosman, dans l'espace de cinq à six ans, vit exécuter deux meurtriers. « Ils furent éventrés vifs, leurs entrailles arrachées et brûlées ; ensuite leurs corps furent remplis de sel et placés sur un pieu, au milieu de la place publique... » (la façon dont le roi Toffa, notre allié, traite encore aujourd'hui les simples voleurs, est une survivance atténuée de cette pénalité). Vers la même époque, une femme du roi fut surprise avec un noir dans un commerce intime. « L'homme fut placé sur une petite élévation, pour servir de but à plusieurs grands qui s'exercèrent à lui lancer leurs zagaies ; il souffrit beaucoup dans ce barbare amusement ; ensuite, aux yeux de la coupable, amenée près de lui, on lui coupa la partie qui l'avait rendu criminel et on l'obligea à la jeter lui-même au feu ; on leur lia aussitôt à tous deux les mains et les pieds ; ils furent jetés dans une fosse assez profonde, et l'exécuteur de la justice, puisant de l'eau bouillante dans une chaudière voisine, les en arrosa par degré, jusqu'à ce que la chaudière fût à demi vide ; alors il versa le reste dans la fosse, qui fut bouchée de terre aussitôt, et les deux coupables se trouvèrent ensevelis. » Dans un autre cas, ce furent les compagnes de l'épouse adultère qui durent, l'une après

tions : l'une de faire enterrer le mort à ses propres dépens, l'autre de fournir un esclave qui soit exécuté à sa place. Le coupable paye ensuite une somme assez forte aux ministres. Après quoi, il est rétabli dans tous les droits de la société et les amis du mort sont obligés de paraître satisfaits ». (*Histoire générale des voyages*, t. XV, p. 286.)

l'autre, verser sur elle une calebasse d'eau bouillante [1] (les traditions ne se sont pas perdues jusqu'aux rois Glé-Glé et Behanzin). En général, la pénalité s'est plutôt adoucie. La mort est plus rarement appliquée et elle est donnée sous des formes plus simples. La mutilation elle-même n'est pas aussi commune. La mise en état d'esclavage, le bannissement, la confiscation des biens et l'amende ou, à son défaut de payement, le travail forcé jusqu'à production d'une valeur équivalente (Cayor, d'après Carrère et Holle), sont devenus des punitions plus habituelles (elles sont, d'ailleurs, très profitables aux chefs). Mais les excès ne sont pas absolument proscrits. L'impondération dans la répression est d'autant plus à craindre, difficile à empêcher, que la justice est moins indépendante, rendue par des gens moins aptes à écarter d'eux les influences passionnelles. A tous les degrés, dans les milieux africains, le juge reste soumis à des sollicitations qui le portent à l'oscillance ; il est sensible à l'offre d'un cadeau, écoute les conseils des féticheurs et des marabouts, gens eux-mêmes achetables, et, s'il occupe le rang suprême, il n'a aucune retenue. Ajoutons qu'il serait nécessaire d'imposer à la plupart des chefs justiciers, dans les tribus païennes, certaine ordonnance carolingienne, jadis édictée pour assurer aux magistrats, dans notre vieille Europe, la possession de leur calme et de leur bon sens.

Quelle justice attendre d'incorrigibles ivrognes, presque jamais à jeun !

Dans les villages, la justice sommaire, pour les cas de médiocre importance, est rendue par les chefs ; le roi se réserve le jugement des crimes graves ; il décide lui-même ou remet ses pouvoirs à un ministre spécial. Le juge est ordinairement assisté d'anciens ou de notables, et même, chez les Bambaras, c'est une assemblée de vieillards qui prononce sur les cas. Tout le monde est admis à suivre les débats, réduits à la constatation du fait, mais avec liberté laissée à l'accusé de se dé-

1. *Histoire générale des voyages*, t. XV, p. 2 et suivantes.

fendre et de rétorquer, s'il le peut, les affirmations des témoins. La justice est gratuite et rapide[1].

Dans les cas litigieux, il y a l'épreuve, le serment, et, pour obtenir des aveux, la torture. Celle-ci néanmoins n'est pas de règle, et les moyens d'intimidation auxquels se laissent aller les juges se bornent d'ordinaire à des coups de fouet ou de lanière, pour aider les mémoires récalcitrantes. Le serment, inspiré par une idée de religiosité, se retrouve chez tous les peuples encore à la période d'attache à la croyance d'un au delà extraterrestre, où tout manquement est assuré d'une punition, s'il a échappé à la répression en ce monde. Il vaut d'autant plus dans un milieu, que celui-ci est plus superstitieux et moins civilisé ; il n'est point l'indice d'une moralité supérieure ; il n'est point nécessaire à l'honnête homme pour dire la vérité ; il oblige à la sincérité, par la crainte, des natures attardées, mais sans leur conférer l'empreinte de la saine notion de la justice. Aujourd'hui, chez nous, malgré qu'il soit conservé dans nos Codes, il n'est plus un préservatif contre les faux témoignages, parce que les mœurs sont plus dégagées des sentiments d'honneur conventionnel et de religiosité; jadis, avec le culte de ces sentiments, il exerçait une influence heureuse sur la conduite des affaires judiciaires, et la même influence se manifeste chez diverses tribus noires. Les nègres, dit Phillips[2], ont le respect de leur serment, quand il est prêté avec solennité, entouré de cérémonies qui les terrorisent, sur quelque fétiche et par-devant les féticheurs (l'intervention des reliques, de la croix, du prêtre, chez les chrétiens du moyen

1. Pas toujours. Il est des circonstances où les choses se déroulent comme dans une procédure française de l'époque contemporaine. A la côte d'Or, Bosman a vu des plaideurs attendre vainement la solution de leurs affaires. Il y en a qui sont obligés d'attendre la mort de leurs juges, dans l'espérance de trouver plus d'équité auprès de leurs successeurs, et qui meurent eux-mêmes, laissant à leurs héritiers un procès, quelquefois réveillé « au bout de trente ans ». (*Histoire générale des voyages*, t. XIV, p. 48.)

2. *Histoire générale des voyages*, t XI, p. 173. — Le voyage de Phillips est de 1694.

âge). Chose abominable ! cela était si bien connu des capitaines négriers, qu'ils réclamaient de leurs esclaves, avant l'embarquement, le serment de ne pas chercher à fuir, et qu'ils préféraient même l'emploi de ce moyen à celui des chaînes et des menaces. Du serment à l'épreuve, il n'y a qu'un degré : l'une est, en quelque sorte, la matérialisation de l'autre. Il est encore curieux de remarquer le parallélisme de l'évolution, sous ce rapport, entre le nègre, toujours en état de barbarie, et nos sociétés à peine dégagées de cet état. Celles-ci n'ont plus l'épreuve sous les formes d'autrefois, que nous allons retrouver parmi les Africains ; mais elles ont leur équivalent dans la stupide coutume du duel[1].

Les *épreuves* sont de règle, d'après la coutume, toutes les fois qu'un accusé nie le crime qu'on lui impute, principalement dans le cas de sorcellerie, ou bien elles sont ordonnées par le juge comme un moyen de terminer ses doutes ou de se mettre d'accord avec ses conseillers-assistants. On les peut répartir en deux catégories : celles qui, de leur nature, sont très inoffensives, agissent par simple suggestion sur l'esprit d'accusés crédules, naïfs, timorés ; celles qui comportent par elles-mêmes un danger immédiat à affronter. Les premières exposent l'innocent à toutes les mauvaises chances du sort ; les secondes, l'innocent et le coupable aux accidents les plus graves. Les unes et les autres sont trop ordinairement à la discrétion des féticheurs ou des juges appelés à y présider et sachant arranger le dénouement, selon le prix que les intéressés peuvent apporter. — Parmi les épreuves du premier groupe, les unes sont purement suggestives, celles, par exemple, qui consistent à appliquer un fétiche sur le ventre de l'accusé (il y a peu de coupables assez audacieux pour

1. Il est vrai que le duel a bien dévié de son but primitif. Ce n'est plus le jugement de Dieu ; c'est encore celui du hasard, mais surtout le moyen qui remplace l'assassinat pour certains gredins à tare criminelle latente, ou sert à l'amplification des vanités par la réclame en certaines catégories.

braver cette épreuve à Grand-Bassam[1]) ou à faire boire une liqueur que les féticheurs ont préparée, et dépourvue de toute propriété nocive ; d'autres sont abandonnées plus ou moins au hasard. Au Congo, au rapport de Merolla[2], quand deux parties sont en procès, le juge leur applique sur le front une petite coquille et leur prescrit de baisser la tête, celui qui laisse tomber le premier sa coquille est condamné. Dans la même région, lorsqu'il s'agit d'un vol, le féticheur prend un fil de coton par un bout, donne l'autre bout à tenir à l'accusé, et, sur le milieu, promène un fer ardent ; si le fil brûle, la culpabilité est prouvée. Au Bénin, l'accusé est réputé innocent, s'il tire sans la moindre peine, les unes après les autres, une poignée de plumes de coq, fortement tassées dans une motte de terre par le féticheur[3]. Voici qui n'est déjà plus tout à fait laissé au hasard. Mais le féticheur a d'autres occasions de jouer un rôle plus direct, principalement dans les épreuves du second groupe. Il doit percer la langue de l'accusé avec une plume de coq, et, selon qu'il dit éprouver plus ou moins de difficulté dans sa bizarre opération, il démontre la culpabilité ou l'innocence ; ou bien, il touche trois fois la langue de l'accusé avec un anneau métallique chauffé au feu : s'il y a brûlure, c'est qu'il y a eu crime ; ou bien encore il crache aux yeux de l'accusé le jus de certaines herbes, recueillies par lui, et l'irritation douloureuse, si elle se manifeste, est acquise comme une preuve du délit. Il y a telle rivière, au Bénin, qui a la propriété de soutenir les innocents qu'on y précipite et d'engloutir les coupables ; Bosman a toujours vu les bons nageurs en sortir justifiés, mais les acquittés n'en payaient pas moins une amende, curieuse constatation d'où semblerait ressortir, chez les juges, l'intention d'intimider plutôt que de conclure absolument d'une épreuve douteuse, mais aussi l'indifférence dans la répartition de la justice... pourvu qu'il y ait

1. Hovelacque, *loc. cit.*, p. 409. Lire un récit de ce genre dans le *Bulletin de la propagation de la foi* de janvier 1881, p. 60.
2. *Histoire générale des voyages,* t. XV, p. 28.
3. *Ibid.*, t. XV, p. 289 et suiv.

un exemple. — J'en passe pour arriver aux épreuves par le poison, par l'*eau rouge* (infusion ou macération d'écorce de *korté*, *mançone* ou *teli*, *Erythrophlœum guineense*, lég.) du haut Sénégal et de la Cazamance à la région de Sierra-Leone, par l'*inée* (*Strophantus hispidus*, apoc.) dans la région gabonaise, ou la *fève de Calabar* (*Physostigma venenosum*, lég.) dans le pays de ce nom)[1]. L'appareil est solennel. Le roi a donné l'autorisation nécessaire ; le poison a été préparé mystérieusement par les féticheurs. Devant les juges et le peuple assemblé, les contestants, les dénonciateurs et l'accusé s'avancent. Parfois, on administre d'abord une certaine quantité de la liqueur à un animal, pour mettre hors de suspicion ses qualités réelles et montrer ses terribles effets aux intéressés. Ceux-ci sont-ils de bonne foi? ils acceptent la boisson ; ils peuvent succomber dans l'épreuve. Mais souvent il n'y a pas de résultat fatal pour tout le monde. Il faut bien supposer qu'il y a eu, dans l'opération, des subterfuges habilement dissimulés : à l'un, on a administré le poison, qu'on a laissé agir ; à l'autre, une liqueur inoffensive, de même apparence que la toxique[2], ou, si l'on a donné la véritable macération, une substance capable d'en neutraliser les effets. Le choix est dicté tantôt par la conviction des juges, tantôt par l'intérêt du féticheur, ou l'intérêt simultané de celui-ci et de ceux-là, payés pour sauver tel ou tel, coupable ou innocent. Au fond, il n'importe guère ; il suffit que la faute entraîne un air de justice et que le châtiment tombe sur quelqu'un, pour l'édification de tous. Le malheureux qui succombe est abandonné sur place, se tordant dans les convulsions et n'ayant à espérer de personne le moindre secours, ou bien il est achevé sous les coups,

1. *Histoire générale des voyages*, t. XVII, p. 27 ; t. XIV, p. 51, 47, etc. — René Caillé, *Journal de voyages à Tombouctou*, t. I, p. 111. — A. Corre, *Esquisse de la flore et de la faune du Rio-Nunez* (*Archives de médecine navale*, 1876), etc.

2. L'écorce de *meli* (*Deturium senegalense*, lég.), au Rio-Nunez, ressemble beaucoup à celle du teli ; mais elle m'a paru aussi inoffensive que la seconde est redoutable.

jeté sur un bûcher édifié à l'avance et tout allumé dès le commencement de l'épreuve, pour recevoir le corps du défaillant. Chez les Osoba de l'Ogowé, c'est le féticheur qui est chargé d'achever la victime, en lui enfonçant la pointe d'une arme à bec d'oiseau à la région latérale gauche du cou et à l'aine, afin de provoquer la mort par l'hémorragie des gros vaisseaux, et si l'agonie tarde trop, en détachant la tête avec le côté tranchant de l'arme (Collin[1]).

Les exécutions sont publiques, comme les jugements, et elles suivent de près la sentence. Elles ont lieu d'ordinaire en quelque lieu consacré par l'usage, dans la cour ou devant la case du chef, s'il s'agit d'une simple fustigation. On vient de voir que, dans les cas d'épreuve, le féticheur pouvait remplir l'office de bourreau; quelquefois ce rôle revient au juge, comme chez les Boulous du Gabon (P. Barret)[2]. Le plus souvent, la fonction échoit à une personne désignée par le chef, à un mercenaire ou à un esclave. Au Dahomey, ce sont les amazones du roi qui exécutent les sanglants arrêts de leur maître; elles abattent les têtes avec un énorme rasoir. A Issinie (Assinie), les fonctions de bourreau étaient autrefois réputées impures. Il est extrêmement rare qu'un condamné proteste ou essaye de résister contre le sort qui l'attend. Cependant, cela s'est vu, et le fait vaut la peine d'être enregistré, chez une race apathique et fataliste, car il marque le comble de l'effort que l'idée de l'injustice est susceptible de provoquer contre toute attente, même vis-à-vis des autorités les plus redoutées[3].

1. *Bulletin de la Société d'anthropologie de Paris*, 1891, p. 11. — Les Anglais fabriquent et importent au Congo de ces haches à sacrifice; même ils fournissent aux indigènes des types perfectionnés à plusieurs pointes. Sans doute par raison humanitaire! Leurs produits valent mieux que ceux des noirs, ils agissent avec plus de sûreté et épargnent des souffrances aux victimes!

2. *Le Gabon*, t. II, p. 236. Aussi, comme chez les Allemands au moyen âge (Michelet. *les Origines du droit*). Pierre le Grand, on le sait, ne dédaigna pas d'être le juge et le bourreau de ses strelitz.

3. Bosman en a observé un exemple à Juida (depuis le Dahomey).

De toutes ces observations, il résulterait que le système judiciaire des noirs africains occidentaux n'est guère plus imparfait que celui en vigueur dans notre Europe, à l'époque barbare et même féodale. Mais, je l'ai déjà dit, malgré les apports de l'islam et du christianisme, l'Africain n'a pas su se dégager d'un stade évolutif en somme peu avancé. J'ajouterai qu'en s'élevant jusqu'à ce stade, il semble avoir acquis, généralement, plutôt par imitation des formes et de l'extériorité, que par progression des idées morales, seules susceptibles d'amener l'évolution de la justice à un degré supérieur. Mais nous-mêmes, sommes-nous si bien affranchis de toutes survivances de l'ancienne barbarie dans nos codes, possédons-nous l'idée morale si nettement pure et la montrons-nous telle si constamment dans nos œuvres, que nous soyons autorisés à le prendre de haut avec l'Africain, à nous arroger le droit de l'assujettir et de l'exploiter, sous le prétexte de le perfectionner, de le civiliser... par les institutions et les procédés qu'on sait? Avec son organisation sociale et judiciaire, le nègre arrive à un résultat qu'il serait parfois désirable de voir atteindre chez nous; il a, dans sa tribu, une solidarité suffisante à le préserver contre un fort déchaînement du crime. Il se garde en défiance, il est quelque peu antialtruiste vis-à-vis de l'étranger; c'est une loi de conservation pour la race, justifiée dans ses applications, au spectacle des vilenies qu'engendrent trop ordinairement les relations entre peuples de races diverses. Nous n'aurions pas tort de nous montrer nous-mêmes un peu moins enclins, jusqu'à nouvel ordre de choses, à l'internationalisme, au contact de nos voisins.

Le roi avait dépêché une troupe d'amazones, pour piller et détruire la case d'un nègre, déclaré par lui criminel sans avoir été entendu. Il y allait de la vie, en cas de résistance. Cependant, fort de son innocence et malgré les supplications des femmes, le noir resta chez lui ; il déclara aux amazones que, si elles s'approchaient, il allait mettre le feu à plusieurs barils de poudre qu'il avait dans sa case et se faire sauter avec tout ce qui serait autour de sa demeure. Il se tira d'affaire, grâce à l'intervention rapide et opportune d'amis auprès du roi.

Notre Code d'instruction criminelle et notre Code pénal sont en vigueur au Sénégal et dans ses dépendances, sous les réserves qu'imposent les conditions particulières de nos établissements et celles des catégories de la population. Il ne relève de droit des tribunaux français que les Français, les naturalisés, et les étrangers d'origine européenne. Dans les pays de protectorat, la justice est rendue d'après les coutumes et par les chefs indigènes. Mais, dans les communes de plein exercice et dans les territoires d'administration directe, les noirs non naturalisés relèvent de notre justice pour tous les crimes et délits commis dans le rayon de notre juridiction. Certaines affaires peuvent être jugées d'après les coutumes locales par des tribunaux d'exception, composés de fonctionnaires français assistés d'un conseil d'indigènes. D'autre part, dans les pays de protectorat, partout où il existe un poste français, les délits communs, au préjudice d'un Européen ou d'un naturalisé, souvent aussi maintes affaires entre indigènes, sont réglés par nos représentants, et, s'il s'agit d'un délit grave ou d'un crime, commis contre un Européen, un naturalisé ou l'autorité française, les coupables sont renvoyés aux tribunaux des chefs-lieux, quelle que soit leur origine. La délimitation des pouvoirs est assez mal établie. A mesure qu'on s'éloigne des grands centres, les affaires se jugent beaucoup d'après l'initiative ou l'arbitraire des administrateurs ou des chefs militaires. Pour ceux-ci d'ailleurs, l'état de guerre supprime en quelque sorte toute immixtion de juridiction normale, dans ce que les commandants estiment affaires de leur métier.

Il y a une cour d'appel à Saint-Louis, dont le ressort comprend l'ensemble des établissements français sur la côte occidentale d'Afrique; — des tribunaux de première instance à Saint-Louis (auxquels ressortissent les établissements sur le fleuve du Sénégal, ainsi que les territoires au sud de ce fleuve), à Dakar (Gorée, etc.), à Libreville (Gabon); — un tribunal spécial à Bakel (devenu le chef-lieu du Soudan français), qui juge en matière correctionnelle, et est composé de l'administrateur de l'arrondissement et de deux notables; des tribunaux analogues à Sedhiou (Cazamance) et dans les centres importants de nos établissements de la côte de Guinée; — des justices de paix à compétence étendue à Kayes (Soudan) et dans les postes principaux des pays de protectorat, dont le titulaire est le chef civil ou militaire. Une cour d'assises, où les jurés sont remplacés par des assesseurs (choisis sur une liste de fonctionnaires en activité ou en retraite et de commerçants du chef-lieu, que le gouverneur a désignés), siège à Saint-Louis et, en certaines circonstances, à Dakar. Il existe aussi à Saint-Louis une justice musulmane à deux degrés : un tribunal de première instance, où juge le chef de la religion musulmane, avec l'adjonction d'un assesseur et d'un greffier musulmans, sur les matières de l'état civil entre indigènes [1]; un conseil d'appel, qui prononce en dernière instance sur les matières précédentes, et aussi sur les cas exceptionnels de crimes commis par des musulmans étrangers, lorsque interviennent de graves considérations d'ordre politique (affaire Moktar). Ce conseil se compose du gouverneur, président, d'un conseiller à la cour d'appel, du directeur des affaires politiques et du chef de la religion musulmane.

Le vice de l'organisation judiciaire est une conséquence de l'extension considérable de notre domination sur les territoires africains. On ne peut songer à l'uniformité, en des régions dont la situation politique et sociale est aussi variée. De plus, loin des centres chefs-lieux, il faut abandonner des fonctions spéciales à des individus mal préparés pour les exercer, souvent très jeunes et, par tendance professionnelle, portés à substituer l'arbitraire à la loi (officiers et sous-officiers des troupes, chefs de poste), ou, s'ils sont des administrateurs civils de carrière, placés quelquefois en des occurrences qui les entraînent à agir d'après les façons sommaires de l'autorité militaire. En de semblables conditions, il se produit des aventures, dont la passion politique exagère ou atténue les résultats, selon que les acteurs principaux sont ou non d'une

1. *Notices*, t. V, p. 102.

coterie privilégiée, mais dont tout homme indépendant doit s'indigner. Elles ne sont point à l'honneur de notre civilisation, ni susceptibles d'aider à faire l'admiration sur notre œuvre coloniale. En plus d'une occasion, l'autorité judiciaire supérieure locale ferme les yeux sur des abus révoltants, ou ne les réprime qu'avec mollesse, qu'elle soit à l'étiquette civile ou militaire. Un administrateur (?), au Congo, tranche une discussion entre nègres d'une caravane, en condamnant l'un d'eux à recevoir « deux cents coups de fouet », supplice dont la victime serait morte[1]; au Gabon, un douanier, chef de poste, aurait mis fin à une discussion entre indigènes, en prononçant contre le plus violent une condamnation à mort, qu'il aurait exécutée lui-même : il aurait rudement fustigé le noir et l'aurait tué ensuite d'un coup de couteau[2]. On aimerait à savoir si de tels excès ont été dénoncés à une juridiction régulière et châtiés comme ils le méritent.

Si le coupable de pareils abus d'autorité appartient à l'armée, il faut que les choses aillent bien loin dans la récidive, pour qu'on songe à les relever, et, quand on se livre à une instruction, quand on réunit un conseil de guerre, c'est avec la certitude qu'un acquittement sera prononcé. J'ai rapporté plus haut le cas de certain lieutenant, rendant un arrêt de divorce, à Boké, contre un mari dont il voulait prendre la place; on en rit. A Bakel, vers 1877, il se serait passé une histoire à peu près identique à celle du capitaine Doineau, en Algérie : l'officier qui fut accusé d'en avoir été le triste héros, et que j'ai entendu déclarer plus que suspect, dans son propre corps, reçut d'un conseil de guerre un complet badigeonnage (mais la meilleure preuve qu'il devait être coupable, c'est qu'on fit le vide autour de lui et qu'on l'obligea à prendre immédiatement sa retraite). La justice militaire garde ses rigueurs pour les pauvres diables qui, dans un moment de découragement ou de nostalgie, désertent, ou pour ceux qui ont détourné une

1. *Le XIXe Siècle*, 18 juillet 1891.
2. *Océan*, de Brest, 16 janvier 1891.

pièce d'équipement, dérobé quelques rations de riz, etc.; les scélérats, elle les absout, sans doute parce que le milieu a l'intuition qu'ils ont des qualités professionnelles tout à fait supérieures.

La justice civile, de son côté, est bien oscillante! Pourtant, elle au moins, d'ordinaire, se comporte avec plus de rectitude.

Il paraît qu'au Gabon on ne saurait rien obtenir d'un boy sans la *chicotte* ou le gourdin. C'est un moyen de civilisation discutable! Un voyageur prétend que les colons l'estiment très nécessaire. Les magistrats ne sont pas de leur avis et ils n'ont pas tort[1]. Qu'on en juge par les détails de l'affaire Schleiden[2] (assises du Sénégal, 1877). Un négociant européen, d'origine allemande, est victime d'un vol important. Il obtient du capitaine de frégate B..., alors commandant supérieur de la colonie[3], l'autorisation de se faire amener deux noirs, arrêtés la veille comme les auteurs présumés du délit, afin d'obtenir d'eux la révélation de la cachette des objets soustraits. Il procède alors à la façon de ses compatriotes en leurs colonies de nouvelle formation. Les deux noirs, deux adolescents, sont attachés à des poteaux dans la cour de la factorerie, et littéralement

1. Le boy gabonais serait l'incarnation du vice, et « la chicotte seule, le gourdin du pays, peut en avoir raison ». C'est ce qu'affirme un collaborateur de passage au *Figaro* (supplément littéraire du 12 novembre 1887). Je crois sans peine que le boy africain, vicié à notre contact, est un mauvais sujet, mais peut-être existe-t-il d'autres moyens de redressement que les façons brutales; les magistrats sont de cet avis et l'écrivain voyageur le semble regretter. « Le malheur est qu'au Gabon on accorde aux noirs les mêmes avantages qu'aux blancs, sans qu'ils en aient les charges. Un boy qui se croit lésé... dans ses intérêts porte plainte au juge et assigne le blanc, qui se voit parfois condamné à payer une indemnité pécuniaire. La réflexion arrête quelquefois le bras, mais quelquefois aussi le noir, pour se mettre à l'abri de la chicotte, jette rageusement un *j'irai chez le juge*. Alors le blanc n'hésite plus. Le boy crie grâce et dompté se tient coi... »

2. Relatée par Fernand de Rodays dans *le Figaro* et par P. Barret dans les *Archives de l'anthropologie criminelle*, t. V, p. 60.

3. De conduite bien légère en cette circonstance.

déchirés à coups de lanière de peau d'hippopotame. Un troisième inculpé est conduit devant le misérable par un caporal et un soldat de nos tirailleurs indigènes : l'Allemand, chose inouïe, donne des lanières à ceux-ci et les invite à frapper ferme sur leur prisonnier. Le dernier patient est flagellé sans répit. Il n'avoue rien, pas plus que les deux autres, et l'on s'acharne sur lui. « Il demanda un peu d'eau à boire. Un des soldats partit pour lui en procurer et lui en apporta dans une casserole. Mais Schleiden s'opposa à ce soulagement momentané accordé au supplicié et renversa le récipient avec le liquide qu'il contenait. La froide colère de l'homme civilisé chercha d'autres moyens de torture. On serra le cou de l'un des noirs avec un feuillard de fer, comme pour en former une sorte de carcan. Schleiden enfin voulut faire hisser les trois krowmen par les poignets, mais les exécuteurs furent moins barbares que lui, et se refusèrent à obéir à cet ordre sauvage. Schleiden, pour les exciter, leur donna du tabac et leur servit une forte rasade d'eau-de-vie. Les bourreaux, affolés par l'ivresse et la vue du sang, recommencèrent alors à frapper. » Cela durait depuis trois heures; Schleiden ordonne de détacher les patients, avec l'intention de recommencer le lendemain. Le plus jeune, presque un enfant, tombe mort; un second succombe au bout de quelques jours. Le troisième guérit, grâce aux soins intelligents du docteur Barret. Le commandant supérieur dut regretter d'avoir octroyé à un particulier une permission d'enquête si opposée aux habitudes ; mais il remplit son devoir en faisant arrêter Schleiden, le nègre Jean-Marie, son complice, et les deux tirailleurs indigènes qui les avaient assistés. Deux des noirs furent condamnés à l'emprisonnement (trois ans) avec l'impitoyable Allemand (cinq ans). Celui-ci — docteur en droit de la Faculté de Leipzig — ne pouvait comprendre qu'on l'eût inquiété et puni, pour un acte aussi naturel ; il déclara « qu'il en rappelait en cassation [1] ».

1. Le président des assises était M. Darrigrand, le même qui, plus tard, conseiller à Lyon, devait être appelé à présider les débats dans l'affaire Ravachol.

Dans une autre occasion, les magistrats de Saint-Louis eurent à affirmer plus hautement leur devoir d'impartialité. Cette fois, ils eurent à lutter contre des influences occultes, civiles et militaires. L'un d'eux succomba dans la revendication de son droit, qui était celui de la justice et de l'humanité : il donnait un bel exemple, mais hélas! trop rare aujourd'hui dans la corporation. Voici comment M. Martineau a exposé les faits à la Chambre[1] : « En septembre 1890, M. Jeandet, administrateur de Podor, fut assassiné par un indigène, Bayédi-Katié[2]. Arrêté, celui-ci dénonça pour ses complices trois autres indigènes, dont l'un était Sedickli-Sall, ancien chef du Toro. Au moment d'être exécuté, l'assassin rétracta sa déclaration. Les indigènes ne furent cependant pas relâchés, mais dirigés vers Saint-Louis pour y être jugés. En chemin, M. Aubry-Lecomte, administrateur attaché à la direction des affaires politiques (chef, M. Tautain), les rencontra et les fit retourner à Podor. Le lendemain, sans jugement, ils furent exécutés, sauf Boubakar-Abdoul, qui fut gracié parce qu'il était décoré des palmes académiques[3]. L'opinion publique s'émeut, le parquet aussi. M. Ursleur, président de la cour d'appel, voulut poursuivre l'affaire. Sur l'ordre du gouverneur, M. Clément-Thomas, la poursuite fut interrompue et M. Ursleur rappelé d'office en France. La veuve de Sedickli-Sall, sur les conseils de l'avocat Chadelle, voulut déposer une plainte au criminel contre le gouverneur et les administrateurs. Le notaire-greffier, M. Rivet, ne voulut pas faire la procuration. Le tribunal l'y obligea en lui infligeant un blâme. Le parquet fut saisi; M. le juge Reymondon transmit au procureur, M. Larrouy, un rapport défavorable. M. de Lamothe, devenu gouverneur sur ces entrefaites, tenta d'exercer par tous les moyens une pression sur la conscience des juges, pour éteindre l'affaire; n'y réussissant pas, il envoya le juge Reymondon à Dakar... et M. Larrouy fut

1. Hamon, *France sociale et politique*, 1891, p. 683.
2. Voir plus haut.
3. Pour une fois, elles auront servi à quelque chose, bien ou mal accordées!

rappelé en France. Le substitut, M. Simonneau, refusa de remplacer le procureur. M. Chambaud fut investi des fonctions de juge d'instruction et de chef du pouvoir judiciaire. M. de Lamothe opposa un déclinatoire d'incompétence accepté par le procureur Creyssac (un commissaire de la marine) qui dessaisit le juge d'instruction et rendit une ordonnance de non-lieu. Le débat était étouffé. On se débarrassa de tous les témoins. M. Ursleur fut envoyé à la Nouvelle-Calédonie, M. Larrouy à la Pointe-à-Pitre, M. Chambaud à Vinh-Long, en Cochinchine. » Même la veuve de Sedickli-Sall fut arrêtée et renfermée pendant un mois! Elle s'est, depuis, adressée aux tribunaux de la métropole; elle y fut déboutée de ses demandes et renvoyée « à se pourvoir comme elle aviserait ». Un état de guerre et de révolte latent exigeait peut-être un exemple sommaire; cet exemple était dans la logique des choses coloniales et cela corrobore ce que j'ai dit, sur l'impossibilité de concilier le droit et la morale avec les obligations issues de leurs contraires. Si les actes incriminés eussent été accomplis par l'autorité militaire, personne n'en eût parlé. Accomplis par une autorité civile, placée ou se croyant placée en situation militaire, ils se heurtaient à une compétition de pouvoir. Telle est probablement toute la vérité et la conclusion à donner dans ce déplorable débat. Au fond, tout le monde se pouvait regarder comme dans son droit particulier; seule la justice immanente avait à stigmatiser, sans réticence, non pas l'acte seulement en lui-même, mais toute l'œuvre inspiratrice de pareilles abominations. La justice métropolitaine, en l'affaire, n'eut pas un très beau rôle. Elle ne voulut pas se ressouvenir de l'article de la constitution autorisant les demandes de poursuite contre tout fonctionnaire reconnu coupable d'un abus de pouvoir..., parce que l'intérêt politique exigeait que l'on sacrifiât l'indigène aux représentants de l'autorité administrative même fautive. Le même intérêt lui avait dicté, un peu auparavant, la simulation d'un bel élan philanthropique en faveur d'autres indigènes et la condamnation d'un gouverneur coupable d'avoir péché par imprudence ou ignorance. On connaît l'histoire de M. Genouille : des noirs avaient été oubliés sur un îlot désert, où, faute d'être ravitaillés à temps, ils étaient morts de faim. Pour qui est initié aux habitudes coloniales, il y avait dans ce fait à relever une de ces négligences administratives monstrueuses, comme il s'en commet beaucoup, et dont la plus lourde, la plus directe part de responsabilité devait retomber sur le directeur de l'intérieur et le commandant de la marine. Le gouverneur Genouille était mal défendu auprès des gens du sous-secrétariat des colonies ; seul il paya pour tous : il fut condamné à six mois d'emprisonnement pour homicide par imprudence (arrêt de la cour de Paris, confirmé en cassation le 22 juillet 1889).

Si la justice française a raison de protéger l'indigène au même titre que les autres catégories de la population, en revanche elle n'est peut-être pas très sage, ni même très équitable, dans ses applications trop formelles aux noirs de lois qui ne sont point adaptables à leur tempérament ou à leurs habitudes, et à l'occasion d'actes dont ils ne sauraient comprendre l'immoralité ou l'odieux. Par exemple, je lisais récemment le renvoi, par-devant les assises de Saint-Louis, de deux cannibales arrêtés dans une tribu sauvage ; ils avaient tué, grillé et mangé une vieille femme. Ces noirs avaient agi selon un certain droit perpétué parmi eux, droit que nous avons le devoir d'abolir, mais que nous avons très mauvaise grâce à combattre par nos procédés juridiques. Il est même ridicule de faire rentrer sous la rubrique de l'homicide aggravé un acte d'usance conforme aux mœurs d'une tribu non initiée à d'autres manières, et à laquelle les aliments font souvent défaut. En attendant qu'une meilleure éducation sociale et surtout qu'une meilleure distribution des conditions économiques aient effacé de telles mœurs, les entraînements de ce genre seront plutôt justiciables du blâme et de l'intimidation, sur place. Je trouverais même dans leur répression immédiate par la force plus de logique et moins d'hypocrisie, que dans leur répression éloignée, par les voies d'une prétendue justice, toute fictive, en l'espèce. Je ne pense pas que l'intervention de la légalité, selon notre formule, vaille mieux, en certains cas d'attentats plus nettement caractérisés. L'administrateur qui ne sait point, à leur propos, prendre une détermination rapide, court le risque de manquer tout but de répression salutaire et d'embarrasser les magistrats réguliers. Je ne veux pas dire qu'il ait à se laisser aller à des éclats d'arbitraire; mais je prétends qu'il agirait souvent avec utilité et bon sens, en jugeant l'indigène d'après la coutume indigène. L'organisation boiteuse du milieu ne comporte point, pour un fonctionnaire, une semblable indépendance, objectera-t-on, malgré qu'elle lui laisse une si ample latitude à la dépasser. Mais un homme honnête et intelligent ferait preuve, à mon avis, de bonne initiative en se conduisant de la sorte en plus d'une occasion. Je fais principalement allusion à des circonstances susceptibles de se produire en pays de simple protectorat, où l'Européen n'a aucun droit strict pour intervenir, où cependant il prend sur lui de le faire dans un intérêt supérieur, mais en renvoyant les cas aux tribunaux des chefs-lieux, qui, au fond, n'ont pas plus de droit que lui-même à une action définie. Si une irrégularité s'impose, au nom de principes de haute moralité, elle ne saurait trouver son excuse que dans les conditions de l'opportunité nécessaire [1].

Les statistiques judiciaires officielles n'ont qu'une valeur très relative. Elles mettent nécessairement en relief une plus grande fréquence des manquements réprimés parmi les Afri-

1. Une lettre de Bruxelles (*Figaro*, 5 décembre 1888) apprenait que le gouvernement central de l'État du Congo venait d'envoyer en Afrique l'ordre d'exécuter une condamnation à mort prononcée contre un féticheur indigène. Celui-ci avait sur la conscience nombre de méfaits très ordinaires chez ses pareils. Le roi Léopold, qui ne laisse jamais exécuter dans son pays un criminel, estimait politique un exemple parmi ses sujets africains. Les noirs sont pourtant moins aptes que les Belges à saisir le sens d'une condamnation répressive entourée de tant de solennités judiciaires. En l'espèce, l'administration eût été mieux inspirée en faisant rendre justice contre un coquin par les indigènes, éclairés sur ses vilenies, enhardis par la présence au milieu d'eux d'un Européen.

cains dans une région africaine. Mais elles ne permettent guère d'apprécier, avec une certaine rigueur scientifique, la criminalité proprement dite, nombre d'attentats graves n'arrivant pas jusqu'à la cour d'assises et nul rapport ne pouvant être établi entre les chiffres des accusés et ceux des populations d'où ils proviennent. Elles laissent mieux entrevoir ce qu'est la délinquance, dans les communes de plein exercice, où les tribunaux ont à juger des éléments pour la plupart fixés et, même en leurs basses couches, plus ou moins initiés aux mœurs françaises par des contacts habituels avec les blancs. La criminalité générale est assez faible. Elle ne semble pas s'accroître dans la même proportion que la population. Dans la période 1853-1861, avec une population déjà dense, puisque pour Saint-Louis et ses faubourgs, seuls, elle comprend 21 000 habitants, et pour Gorée avec ses dépendances 18 000 habitants [1], il y a moins de 10 affaires d'assises, en moyenne, par an, et le chiffre des accusés n'atteint pas 14. A une période plus rapprochée, avec une population de plus de 90 000 habitants pour les communes de plein exercice et les territoires d'administration directe de la Sénégambie, la criminalité a un peu monté : il y a de 12 à 23 affaires d'assises et de 14 à 24 accusés. Mais il vient aboutir à la cour de Saint-Louis des affaires criminelles de tout l'ensemble de nos établissements à la côte occidentale, c'est-à-dire ressortissant à un chiffre de population considérable. De ce simple aperçu, il y a à tirer une conclusion bien en rapport avec le tempérament semi-négatif et apathique du noir; ses impulsivités, parfois d'éclat violent, sont en général peu intenses ; c'est l'Africain qui imprime sa note principale à la statistique judiciaire, en raison de sa prépondérance numérique, et l'on voit combien le taux de la criminalité reste médiocre, dans la région où il la domine. L'influence de l'intimité des contacts avec l'Européen se traduit sans doute dans la part proportionnelle que le nègre doit revendiquer dans la criminalité urbaine : le sauvage indé-

1. *Annuaire* de 1861.

grossi vaut mieux que le barbare à demi civilisé. Très minime est l'intervention de la femme. Notons surtout une particularité qui contraste avec ce que nous observerons en Cochinchine et même dans les pays créoles : le chiffre des accusés dépasse de fort peu celui des affaires criminelles ; l'attentat, dans la région africaine, demeure plus individuel. Je n'ai pu réunir que deux statistiques correctionnelles, relatives aux opérations du tribunal de première instance de Saint-Louis pendant les années 1881 et 1882 (je les dois à l'obligeance du docteur Ayme), elles viennent à l'appui des remarques que m'ont suggérées les statistiques d'assises. Toutefois, l'élément féminin s'y montre en assez forte proportion, contrairement à ce qui a lieu dans celles-ci. Les unes et les autres mettent aussi en relief la prédominance assez médiocre de l'attentat-propriété sur l'attentat-personne, la rareté de certains attentats, comme l'incendie, et, dans un milieu où la nudité n'offusque personne, où les mœurs sont libres sans perversions vicieuses, chez les indigènes, le peu de fréquence des attentats de sexualité.

Statistiques judiciaires du Sénégal.

A. COUR D'ASSISES DE SAINT-LOUIS.

		Période 1853-1861 (9 années).	Moyenne annuelle dans la période.	1889.	1890.
I. Nombre et nature des affaires.					
Crimes contre les personnes.	Meurtres, assassinats ou tentatives	8	»	3	3
	Coups et blessures, homicide involontaire	5	»	2	3
	Attentats à la pudeur et viols	3	»	1	2
Crimes contre les propriétés.	Vols, abus de confiance, escroqueries. Faux en écritures publiques ou privées	49	»	7	11
Divers (non spécifiés sur les relevés)		10	»	»	6
		84	9 33	13	25
II. Nombre et répartition des accusés.					
Sexe	Hommes	106 } 123	11.6 } 13.6	16	32
	Femmes	17	2	1	0

		Période 1853-1861 (9 années).	Moyenne annuelle dans la période.	1889.	1890.
Age	a { De moins de vingt ans	6 } 123			
	De vingt à quarante ans	101			
	Au-dessus de quarante ans	16			
	b { De seize à trente ans			12 } 17	20 } 32
	De trente et un à cinquante ans			5	12
Professions	Cultivateurs			4 } 17	8 } 32
	Domestiques et engagés			1	2
	Ouvriers			2	2
	Fonctionnaires, agents salariés			3	3
	Professions diverses ou inconnues			7	17
Domicile	Ville			8 } 17	14 } 32
	Campagne			9	18
Origine	Nés dans la colonie[1] ou autre colonie française			1 } 17	3 } 32
	D'origine métropolitaine ou européenne			2	4
	D'origine africaine[2]			14	25
Instruction	Ne sachant ni lire ni écrire ou le sachant imparfaitement	99	»	14 } 17	27 } 32
	Sachant bien lire et écrire ou instruction supérieure	24	»	3	5
Etat civil	Célibataires			12 } 17	23 } 32
	Mariés			5	8
	Veufs				1

III. *Nombre des condamnations.*

Sexe	Hommes	89	9.8	13	24
	Femmes			1	0

B. TRIBUNAL DE PREMIÈRE INSTANCE DE SAINT-LOUIS.

I. *Nombre et nature des affaires correctionnelles.*

		1881.	1882.
a.	Rébellions, violences contre agents de l'autorité	» } 30	17 } 44
	Coups et blessures à particuliers, homicide par imprudence	20	35
	Attentats aux mœurs et à la morale publique	1	»
	Diffamation, injures, dénonciations, menaces	7	»
	Autres délits-personnes	2	2

1. Catégorie comprenant presque exclusivement les créoles et les noirs naturalisés.

2. Noirs indigènes non naturalisés.

		1881.		1882.	
b.	Vols simples, escroqueries, abus de confiance, etc..	37	40	50	71
	Incendies	3		6	
	Divers	»		15	
	Total général		70		115

II. *Nombre et répartition des prévenus.*

		1881.		1882.	
Sexe	Hommes	63	77	111	158
	Femmes	14		47	
Origine	Nés dans la colonie ou autres colonies françaises	18	77	52	158
	D'origine métropolitaine ou européenne	5		10	
	D'origine africaine	54		106	

CHAPITRE III.

MADAGASCAR ET LES ILES ADJACENTES.

Arabes, Malais et nègres. — L'influence anglicane, le nouveau Code hova. Criminalité comparée des diverses races.

La France exerce sur Madagascar un protectorat, que de très anciens *droits*, en partie de conquête, en partie dérivés de traités, n'ont point réussi à transformer en action efficace. Elle reste là, malgré ses efforts armés et diplomatiques, en des conditions d'influence morale et politique assez fâcheuses et pour ses nationaux et même pour les indigènes, dont la néfaste propagande des missionnaires anglicans fausse les tendances progressives. Nous possédons seulement, dans la grande île, Diego-Suarez, et, dans son voisinage immédiat, les îlots de Sainte-Marie et de Nosi-Bé. Nous avons aussi un établissement aux Comores, avec Mayotte comme centre principal. Ces pays sont de climat très débilitant. Excepté sur les hauts plateaux de Madagascar, où régnerait une salubrité très satisfaisante, avec des saisons assez nettement tranchées (à Tananarive, la capitale et le siège de notre résident, par altitude de 1 460 mètres, la température minimum est de 6 degrés, en juin-août, et la température maximum de 28°,5, en novembre), la chaleur, sans être très élevée, est rendue énervante par sa continuité et son association à une humidité excessive ; l'endémie paludéenne sévit très intensivement sur toute la zone littorale. La région d'ailleurs est riche et fertile, mais d'exploitation difficile, en raison de l'insalubrité des localités maritimes, autant que par l'insécurité des localités intérieures. Les Européens, Français et Anglais, et les Américains, entre les mains desquels se concentrent le commerce et l'industrie, habitent sur les hauts plateaux. A Tamatave et sur la côte, ils sont plus clairsemés et se mélangent à de nombreux créoles de Maurice et de la Réunion. A Sainte-Marie, à Nosi-Bé, à Mayotte, l'élément français n'est guère représenté (en dehors de quelques fonctionnaires) que par des créoles de la Réunion, noirs, mulâtres ou blancs (ceux-ci même assez rares et payant un assez lourd tribut aux fièvres). A Diego-Suarez, mêmes éléments, augmentés d'une forte proportion d'Européens, soldats et fonctionnaires.

Par sa flore et sa faune, malgré son voisinage de l'Afrique, Madagascar appartient moins au système de ce vaste continent qu'à celui de l'Indo-Malaisie, et il est curieux de remarquer qu'il en est presque exactement de même sous le rapport ethnographique. Il est peu de contrées où il ait existé de plus profonds brassages de races [1].

On ne sait rien ou presque rien des autochtones, que Grandidier rattacherait au groupe négrito. Les Européens, jusque vers le commencement de ce siècle, n'ont vu dans la population madécasse que des nègres à peine différents des Africains, mêlés à des Arabes dans les centres commerciaux. Les premiers voyageurs sont pourtant frappés d'un fait singulier : c'est que partout règne un idiome qui n'est ni africain, ni arabe, mais qui s'écrit avec des caractères arabes. Flacourt soupçonne que cet idiome a des rapports avec « les langues orientales », et il cite des mots, des phrases, des traductions de prières, qui sont bien la preuve d'une origine malayenne, sans reconnaître celle-ci. Les relations [2] s'accordent à décrire les Madécasses comme généralement doués d'un type physique supérieur au nègre, et aussi d'une civilisation assez avancée ; elles sont même très élogieuses sur le compte des femmes, de bonne mine « et de complexion fort amoureuse », mais « capables de tendresse et de fidélité » envers leurs amants comme envers leurs maris. Mais ces populations sont fières, très

1. Grandidier, *Madagascar;* Deblenne, *Contribution à la géographie médicale, Nosi-Bé; Notices coloniales* de 1889, t. Ier, p. 8; *Dictionnaire des sciences anthropologiques.*

2. *Histoire générale des voyages*, t. XXXII, p. 352, 354, 356, 361, etc.

fourbes et très superstitieuses. « Ils s'appliquent à l'astrologie et leurs prédictions se font par des points nombrés qui ressemblent beaucoup à la nomancie et à la roue de Pythagore... Une raison qui s'oppose à la multiplication des habitants est l'usage établi dans l'île de distinguer des jours heureux et malheureux pour la naissance des enfants, et d'abandonner impitoyablement ceux qui n'arrivent point au monde dans un jour heureux... » Il ne semble pas qu'aucune pratique de religion se manifeste parmi eux à l'occasion des grands événements de la vie; ils n'ont point de temple, mais ils gardent chez eux une espèce de grillon-fétiche... autour duquel ils dansent avec un emportement qui ressemble à la fureur, et lorsqu'ils se croient inspirés par lui, ils exécutent courageusement ce qui se présente à leur imagination. » Ils ont, d'ailleurs, un grand respect pour les tombeaux de leurs ancêtres et ont l'usage de la circoncision, ce qui « ne laisse aucun doute que des juifs ou des mahométans n'y aient porté quelque lumière de religion. » Ces peuples sont courageux, mais cruels. Ils sont soumis à une espèce de hiérarchie féodale. Ils ont des lois « dont ils ne connaissent pas l'origine, mais qui s'observent avec beaucoup d'uniformité dans toutes les parties de l'isle. On perce les mains des voleurs, on coupe la tête aux meurtriers avec des fers de zagaie. C'est le Rohandrian ou Grand de la province qui juge avec les chefs de chaque village. Il ne prend rien pour le procès d'un criminel, et croit gagner assez de purger le pays d'un scélérat; mais dans les causes civiles, on lui amène, pour son droit, un nombre de bestiaux proportionné à l'importance du procès [1]. »

On sait aujourd'hui que Madagascar a été peuplé par des éléments très divers, les trois principaux d'origines sémitique, malaise et africaine. Des Arabes, et à leur suite quelques juifs, l'abordèrent surtout du côté de l'ouest, après avoir occupé les Comores; les Malais, du côté de l'est. Les uns et les autres ren-

1. Ex rel. de Rennefort, *Histoire générale des voyages*, t XXXII, p. 356.

contrent, déjà répartis sur l'île, sans liens ni associations, des tribus de provenance africaine, *Cafres* pour la plupart ou de parenté voisine avec les Cafres, dont les premières couches seraient encore représentées par les *Vazimbas*, à la côte ouest, et, à la côte sud-est, par les *Chaffats* (vrais noirs à cheveux laineux). Il y eut de nombreux croisements, dans lesquels on reconnaît manifestement l'alliance des traits originels. Mais, en dépit de la proximité et de l'immixtion continue des Arabes et des Africains, il semble que les Malais aient traduit une aptitude supérieure à l'adaptation, par la généralisation de leur idiome et celle d'un ensemble de mœurs où se révèle l'esprit de leur race. Seulement, eux aussi finirent par se fondre en grande partie dans l'élément nègre, le plus considérable. Une de leurs tribus, qui paraît avoir été douée d'une résistance exceptionnelle, après des vicissitudes très pénibles réussit à émerger et à revendiquer sur l'île entière une suprématie, que les traditions accordaient à leurs ancêtres : ce sont les *Hovas*, aujourd'hui en train d'accomplir la reprise de l'île, mais non sans rencontrer de grosses oppositions dans les tribus qui sont demeurées les plus imprégnées de l'influence arabe, comme sur divers points de la côte orientale et occidentale, au nord et au sud, et dans celles du centre qui sont très indépendantes.

Le fonds de la population madécasse (aussi appelée malgache) est bien de race noire, et ses types les plus purs accusent fortement les traits du Cafre. Sur lui se sont greffés par croisements des caractères ethniques, variant selon l'infusion plus ou moins dominante des sangs arabe ou malais. — Dans la région de l'ouest et à Nosi-Bé, il y a les *Sakalaves*, Africains métissés de Malais, en possession de la prépondérance militaire au siècle dernier, aujourd'hui bien déchus, mais non tout à fait réduits. Ils sont plus nigritiques qu'asiatiques, assez noirs de peau, de taille moyenne ou petite. « Leurs traits sont réguliers ; leurs cheveux sont plutôt crêpés que crépus ; ils ont des yeux noirs et le regard vif ; leur allure est engageante ; ils sont braves, querelleurs, turbulents, bavards et curieux ;

ils ont beaucoup d'amour-propre, une imagination vive, une intelligence assez facile ; ils sont sobres, vigoureux, agiles, durs à la fatigue, capables d'enthousiasme, peu vindicatifs et fiers de leur indépendance. » Ce portrait a été peut-être dessiné avec trop de bienveillance par le docteur Deblenne. La race, en somme, a les défauts et les qualités du Cafre et du Malais, l'insouciance, la tendance à la cruauté, l'astuce et beaucoup de superstition. Sa sobriété m'a paru bien douteuse vis-à-vis de l'alcool. — Chez les *Betsileos*, l'élément nigritique l'emporte encore davantage sur le malais, d'après quelques observateurs ; mais Deblenne dit que ces indigènes ressemblent aux Hovas par « la finesse des traits et la rudesse des cheveux » ; la plupart auraient le teint bistré, et, de tous les Malgaches, ce seraient ceux qui possèdent la taille moyenne la plus élevée (1^m,83). Ils ont des mœurs douces et se livrent aux travaux de l'agriculture. — Entre ces deux groupes, il conviendrait de placer les *Bares*, anthropologiquement plus rapprochés des Sakalaves. — Les *Antankares*, qui habitent l'extrémité septentrionale de Madagascar et sont assez répandus à Nosi-Bé, se distinguent entre tous les autres Malgaches « par leur aspect de Cafres, leurs cheveux laineux, leurs lèvres épaisses ». Ce sont, de tous les Malgaches, ceux qui ont le plus profondément subi l'influence islamique. Est-ce à leur origine ethnique et à leur adaptation à l'Islam qu'ils doivent leurs goûts guerriers et pillards ? L'élément cafre ou voisin se trouve aussi entretenu à Mayotte, à Nosi-Bé, à Madagascar, par les émigrants maquois, dont la traite continue, sous la forme d'engagements pour les travaux de la grande culture. — Chez les *Antoïmoros* de la côte orientale et chez les *Antalaotras*, on relève, au contraire, le métissage avec l'élément arabe en forte proportion. Il s'y mêlerait peut-être aussi quelques apports hindous. (Les Hindous ont des comptoirs dans la région, et, chaque année, des traitants de leur race viennent commercer avec la grande île.)

Il semble que tout retrempement malais ait cessé depuis longtemps. C'est sur place que l'élément de ce nom a repris une certaine vigueur avec les *Hovas*, qui font la prétention de fondre toutes les tribus et peuplades dans leur empire d'Emyrne. Les Hovas ne sont point indemnes de croisements africains ; mais ils représentent le type envahisseur le moins transformé. Ils seraient actuellement au nombre de 1 million, sur une population totale de 4 millions d'habitants. Ils ont été rattachés aux Malais de Sumatra (Battaks, Indonésiens); on distingue ce groupe par une taille plus haute, une musculature plus puissante, une tête moins arrondie, des cheveux moins grossiers et très abondants (Hamy). Les Hovas présentent, en effet, quelques-uns des caractères physiques et moraux du groupe ; mais ils s'écartent de celui-ci par plus d'un trait particulier, qui les rapproche davantage des Malais proprement dits (de Malacca et des îles de la Sonde). Ils sont de taille petite, d'apparence un peu grêle, bien musclés cependant, agiles, mais de médiocre résistance à la fatigue, de teint olivâtre ou jaune cuivré, avec des cheveux noirs, lisses, droits ou bouclés, rudes; leur crâne est relativement court (caractère à noter dans une population générale où prédomine la dolichocéphalie); leur visage régulier, sans prognathisme facial, avec les pommettes saillantes, les dents blanches, les yeux noirs, allongés et légèrement bridés. Comme leurs congénères d'Orient, ils offrent un singulier mélange de qualités, de défauts et de vices. Ils ont un grand esprit de solidarité familiale et le respect de leurs morts ; ils observent rigoureusement les lois de l'hospitalité ; mais ils n'ont aucune sincérité, aucune franchise, aucune honnêteté dans les relations banales ; dépourvus de toute bravoure chevaleresque, ils ont une cruauté froide et les goûts sanguinaires. Ils sont laborieux et industrieux, affichent le désir de s'élever au niveau des nations d'Europe ; mais ils sont vaniteux à l'excès, arrogants, bassement humbles lorsqu'ils se heurtent à quelque résistance ; toujours prêts entre eux à la délation, fourbes, dissimulés et de cupidité avide. Ils n'avaient guère autrefois de système religieux : ils se contentaient d'un mélange de croyances polythéistes et de pratiques fétichiques. Ils se sont depuis convertis au christianisme, sans perdre leurs superstitions, leur foi en l'occultisme, à l'astrologie, aux amulettes, aux exorcismes[1], et, sous la direction anglicane, ils affectent des tendances au plus étroit bigotisme. Ils sont bien certainement l'élément le plus intellectuel et le plus évolutif parmi les populations madécasses. Mais il reste à savoir s'ils sont aptes à poursuivre une progression ultime jusqu'aux derniers degrés d'une organisation sociale vraiment civilisée. Jusqu'à cette heure, ils ont fait preuve plutôt d'une extrême facilité à la combinaison de leurs propres vices avec ceux de l'Européen, déployé plutôt des facultés superficielles et imitatrices, qu'ils n'ont accentué leur assimilation à nos formes collectives. Ils ont moins, dans l'ordre moral, la volonté d'être vertueux, que le désir de le paraître. Ils réprouvent hautement l'ivrognerie ; mais, dans leurs couches les plus aristocratiques, on boit avec excès, en cachette, les pires liqueurs alcooliques[2], et les dangers de cette nouvelle habitude s'ajoutent à ceux de l'usage, depuis longtemps invétéré dans

1. Le testament d'Andrianampoinimerina est curieux à rappeler à cet égard. Le roi confie à ses parents et à ses amis la tutelle de son fils Radama Ier : « Veillez sur ses pas, ne permettez pas qu'il ait à rougir de son élévation, de peur que notre postérité ne soit étouffée dans son germe. Pour cela, exorcisez-le, car l'exorcisme est une chose puissante ; enlevez le sort qui pèse sur lui, car le sort ôte à l'homme toute sa valeur. D'ailleurs, je serai là et je lui parlerai à l'oreille. » (*Revue bleue* du 19 octobre 1889.)

L'extrême crédulité du Hova le rend accessible à toutes les suggestions.

Un prestidigitateur, M. Marius Cazeneuve, a pu, grâce à ses tours, inspirer à la reine et à ses ministres une confiance admirative, qu'il sut très heureusement utiliser pour notre influence ; on lui attribuait un pouvoir surnaturel. (*La Lanterne* du 28 mars 1891.)

2. Ratsimandresy, fils d'un premier ministre, mourait en 1891 d'une attaque de folie alcoolique ; un de ses frères et sa sœur aînée, non moins adonnés aux liqueurs fortes, étaient déjà morts de la même façon. « D'ailleurs, il est de notoriété que la haute société malgache, qui est très sévère pour le peuple quant à l'abus des boissons, s'enivre constamment, et il n'est pas rare de rencontrer dans les rues de Tananarive un fils de prince, un général, un gouverneur ou des fonctionnaires en complet état d'ivresse. » (*La Lanterne* du 3 novembre 1891.)

la race, du chanvre indien : sous cette double influence, un caractère, déjà par nature très excitable, devient plus oscillant vers les impulsivités violentes et mauvaises. Les Hovas ont une organisation familiale solide ; ils n'en sont pas moins très enclins à la débauche, et leurs beaux élans pour la protection de la chasteté, pour l'abolition de la prostitution, ne sont qu'hypocrites manières, déployées à l'instigation des missionnaires évangéliques [1]. Avec leurs emprunts plus ou moins heureux à l'Europe, les Hovas représentent à un degré très caractérisé l'esprit malais, et ils conservent la survivance de maintes coutumes et tendances de leur berceau d'origine. Dans l'ensemble de l'île, c'est bien d'ailleurs la précivilisation malaise qui demeure comme le fond de l'évolution, entretenue grâce à l'idiome commun, avec des greffes arabes et africaines, développées en proportions relativement minimes.

La criminalité tient de la grossièreté et de la brutalité des races noires, autant que de l'astuce et de la cruauté souvent raffinées de l'Asiatique [2], avec des poussées intercurrentes dénotant les habitudes de l'Arabe. Celui-ci, par exemple, apparaît dans nombre de cas d'attentats sodomiques. Les races à prédominance nigritique sont portées au vol sous ses diverses formes ; les Sakalaves sont d'effrontés pillards, et, sous le prétexte de guerre contre le Hova, prennent et tuent en tous lieux, là où leurs passions ou leur cupidité les attirent.

1. Voici quelle loi grotesque était promulguée le 1er septembre 1887 : « Moi Ranavalomanjaka, par la grâce de Dieu et la volonté du peuple malgache reine de Madagascar et protectrice des lois de mon pays : le concubinage est prohibé ; pour quiconque s'en rendra coupable et pour toute femme qui s'y prêtera, il y aura une amende de 50 piastres infligée à chacun des deux délinquants ; s'il y a des Malgaches vivant en concubinage avec des étrangers, soit antérieurement, soit postérieurement à ce décret, les biens qu'elles peuvent posséder comme Malgaches, quelle qu'en soit la provenance, seront confisqués par le royaume ; en outre, la personne coupable et ses enfants restent sujets malgaches. Dit Ranavalomanjaka, reine de Madagascar. »

2. On admet aujourd'hui l'origine asiatique des Malais.

Les actes de brigandage sont fréquents dans le nord, et, malgré les prétextes dont ils sont motivés, ils ne revêtent que trop, d'ordinaire, les caractères de la criminalité la plus nette (le 8 septembre 1889, une bande de quarante à cinquante coquins organise le pillage de plusieurs villages, et, dans celui d'Ambohistaratany, enlève dix-neuf personnes, hommes, femmes et enfants). Le stimulant de la compétition politique et des haines nationales ne manque jamais de s'ajouter à celui des bas mobiles, toutes les fois que Sakalaves et Hovas se rencontrent face à face. Alors, les massacres, accompagnés ou précédés d'horribles mutilations, apparaissent de bonne guerre aux premiers (Marrombo, août 1891). Mais les seconds ne demeurent pas en reste. Dans leur propre milieu, les Hovas se comportent en gens qui possèdent les meilleures aptitudes pour le crime professionnel ; même aux portes de la capitale, ils forment des bandes, recrutées parmi les sacripants et les vagabonds, et dirigées par des chefs pleins d'audace ; les crimes que commettent ces associations sont affreux... mais on ne peut les attribuer à un tempérament ethnique exclusif à de telles catégories, car nos chauffours ont donné le spectacle d'entraînements équivalents ! « A Amboohipena, à une ou deux journées de Tananarive, sept voleurs s'introduisent dans la case d'une femme qui allaitait sonllenfant, et, comme la malheureuse leur déclarait qu'elle n'avait point d'argent, ils découpèrent son enfant et lui en firent avaler de force plusieurs morceaux[1] ». Toutefois, ce qui est l'exception dans le monde criminel des races aryennes, ou ne s'y manifeste que sous l'impulsivité de la folie, est presque de règle dans le monde criminel des races douées d'une certaine lâcheté de caractère : le Hova reproduit dans l'attentat les mêmes tendances impitoyables que, dans la vie normale, il montre vis-à-vis des faibles, et il les exagère jusqu'à la férocité, au cours de ses ivresses de sang et de convoitise. Il n'agit à main armée et violemment que s'il est sûr de ne rencontrer aucune résis-

1. *Le XIXe siècle* du 25 juin 1891.

tance ; pour peu qu'il flaire une réaction, aussi médiocre dût-elle être, il préfère les moyens rusants. C'est un empoisonneur habile et un voleur des plus adroits.

Chez le Malgache, les idées de justice sont demeurées très intrinsèques. Ce qu'il ne tolère pas dans sa tribu ou dans le groupement de ses tribus, il en fait bon marché lorsqu'il s'agit d'exploiter les étrangers. Très grande est l'insécurité de ceux-ci dans l'île. Il n'y a que trop d'exemples tragiques de la scélératesse de certaines tribus sakalaves vis-à-vis d'Européens, voyageurs, commerçants ou marins, qui n'avaient à se reprocher aucune action provocatrice contre leurs agresseurs. — 1852, tentative d'assassinat sur le second du brick français *la Grenouille,* attiré par les indigènes de Morombé dans une partie de chasse amicale ; complot ourdi avec une perfidie inouïe pour s'emparer du navire et de sa cargaison ; le capitaine, confiant dans le serment du sang[1], qu'il avait échangé avec le roi, et, malgré l'aventure arrivée à son second, venu à terre pour prendre part à un festin, massacré traîtreusement. — 1855, assassinat de deux employés de commerce dans la baie de Crocker. — 1858, assassinat du capitaine au long cours Leroux, frappé d'un coup de sagaie pendant qu'il essaye de défendre son brick contre une invasion de pillards. — 1861, empoisonnement de M. Dumoulin à Machievra. — 1881, pillage et incendie d'un comptoir français à Langrano ; — après nombre d'autres attentats contre les propriétés et les personnes de nationalité française, massacre du docteur Béziat et de son escorte au gué de Maroakatao, puis de l'explorateur Muller non loin de Mandritsara[2], etc. C'est généralement à deux ou trois tribus sakalaves qu'on attribue la plupart des crimes de cette sorte ; mais les bandes de *fahavalo* (voleurs

1. Lorsque deux personnes veulent s'unir d'une amitié indestructible, elles prêtent le serment du sang. Une gouttelette de sang est retirée du bras de chacune et mélangée à une liqueur quelconque, qu'elles boivent aussitôt par moitié. C'est le plus solennel des serments à Madagascar. On voit à quelle duperie l'épreuve conduit l'Européen !

2. Feuilles du commencement d'octobre 1893.

de jour) et de *toutakely* (voleurs de nuit) se recrutent de tous les éléments sakalaves et hovas qui se trouvent prêts à point, et plus d'un fait prouve que le Hova pur sang est lui-même fort capable à lui seul de pareilles prouesses. Dans le milieu hova, qui se pique de civilisation, l'étranger n'est toléré qu'autant qu'on le redoute ; l'opinion ne réprouve pas qu'on l'exploite, et, depuis longtemps, au cours de leurs relations diverses, les Européens ont pu s'initier aux fourberies de la race ; l'autorité ne sévit à l'occasion des crimes les plus graves, qu'autant qu'elle ne réussit point à faire autrement, et elle s'arrange d'ordinaire, si on lui désigne l'auteur d'un meurtre perpétré sur un étranger, pour laisser échapper le coupable [1].

Il importe, en toutes circonstances, d'être équitable même envers les mauvais. Je tiens le Sakalave et le Hova pour d'assez tristes spécimens de moralité ; mais, dans maintes occasions où des Européens sont victimes, leurs compatriotes auraient tort de s'indigner trop véhémentement contre les indigènes. Au début des relations, les Français ont été bien accueillis, et ils ont payé l'hospitalité par des actes révoltants (Pronis livre à un négrier, comme esclaves de bonne vente, des familles d'indigènes qu'il a attirées dans son poste sous le prétexte d'une fête ; ses officiers exécutent, en pleine paix, des razzias de bestiaux et d'hommes, etc.) ; ils ont donné aux Madécasses, dans leur rivalité les uns contre les autres, l'exemple d'attentats odieux, rejaillissant en discrédit sur la nation tout entière (le seul homme de capacité et de réelle honnêteté, parmi les premiers colonisateurs, La Case, est mis hors la loi et ne trouve de protection, pour lui et sa femme, une indigène, qu'auprès des Sakalaves). De nos jours, que doivent penser les Hovas des luttes et des déversements de calomnies réciproques auxquels ils assistent entre Anglo-

1. Il est même indéniable que, dans le redoublement de pillages et de meurtres dont chaque courrier nous apporte le récit et dont nos protégés et nos nationaux ont plus particulièrement à souffrir, l'action des chefs hovas est manifeste. Il en sera ainsi jusqu'au jour où notre main s'appesantira lourdement sur ce monde.

Américains et Français? S'il en est parmi eux de capables de réflexions sur la morale des doux méthodistes (en grande faveur à la cour), quelle leçon doit leur apparaître dans la tragédie qui amena la mort de Radama, et quelle juste défiance cet événement doit leur inspirer contre les civilisés, même contre ceux de caractère religieux[1] !

Partout dans l'île, si l'on jugeait de l'horreur pour le crime par la rigueur des châtiments destinés à le combattre, on serait porté à croire à de grands efforts pour établir le règne de l'honnête. Mais la notion de la justice ne dépasse point celle que possèdent les peuples barbares, et la pénalité n'est

1. Radama II était un ami des Français. Naturellement, un Anglais, doublement fanatique de patriotisme et de culte, devait souhaiter sa disparition, et du souhait à l'acte nécessaire pour le réaliser, il n'y avait pas loin ! Le pasteur méthodiste Ellis accomplit alors ce qu'on peut appeler un chef-d'œuvre de crime. Il songea à diriger des suggestions perfides dans le cerveau de quelques Malais, atteints de ce délire particulier à la race et qui est probablement une forme de l'intoxication par le haschisch, afin d'amener ces misérables à tuer leur prince. Voici comment Max Leclerc raconte la chose, d'après H. d'Escamps : « Il s'agissait d'irriter le peuple contre les amis de Radama, de les séparer du prince, et, en isolant celui-ci, d'en venir plus facilement à bout. Sous l'action impérieuse et menaçante des méthodistes anglais coalisés avec le parti des vieux Hovas, les Sikidys (prêtres-sorciers) ne craignirent pas de distribuer à la population pauvre des infusions de plantes excitantes, propres à faire éclore tous les symptômes d'une maladie nerveuse, qui se manifesta sous la forme de mouvements convulsifs. La capitale et les villages environnants se remplirent tout à coup de convulsionnaires... Ces espèces de possédés devaient causer une immense émotion populaire, et, poussés à ce degré d'inconscience, être amenés par une pente naturelle au désordre, à l'insanité et finalement à l'assassinat. Le moyen était trouvé : c'était de porter cette foule sur le palais du roi, et, lorsque celui-ci serait sous le coup du désordre, de l'obliger à abdiquer ; s'il s'y refusait, de le tuer... On raconte qu'au dernier moment, les plus fous hésitèrent devant la majesté royale, et que, pour en finir, Ellis dut étrangler le malheureux prince de ses propres mains... » (H. d'Escamps, *Histoire et géographie de Madagascar*, Paris, 1884, et numéro du 30 juin 1887 du journal *Madagascar*.)

que le talion, mitigé par l'amende ou le rachat pour les riches, raffiné à l'excès, selon les tempéraments ethniques, pour les pauvres, les seuls offerts en exemple, comme en d'autres lieux même civilisés. Chez les Hovas, avant l'adoption et aussi, à ce que des personnes bien informées assurent, après l'adoption du nouveau code, on brûle, on noie, on lapide, on précipite, on étrangle, on décapite ou l'on mutile les criminels (traîtres, meurtriers, voleurs, etc.)[1]. Chez les Sakalaves, on exécute les homicides à coups de sagaie. Chez les uns et chez les autres (les premiers ont pourtant une très belle organisation judiciaire, où le droit règle seul les questions, où les magistrats sont contenus strictement dans leur devoir légal, etc.), la plus large latitude est d'ailleurs laissée aux chefs à propos des actes qualifiés répressifs ; ils en abusent souvent. Il n'y a guère longtemps que le gouverneur de Belanona, Ramiakatra, a fourni la preuve de tels excès. Le misérable voulait punir les gens d'un village d'avoir osé solliciter son rappel; il les livra à sa soldatesque : les femmes eurent à subir tous les outrages ; on massacra par séries, sans égards pour l'âge ; on coupait les têtes « par le procédé lent », afin que les tortionnaires pussent mieux savourer les souffrances de leurs victimes. Ramiakatra et son frère Rasamuel faisaient eux-mêmes l'office de bourreaux. On a prononcé contre ces fonctionnaires une condamnation à mort (j'ignore si elle a été exécutée)[2], mais combien d'autres ont commis et commettent encore les plus atroces abus d'autorité et qui ne sont pas même réprimandés !

On retrouve à Madagascar la coutume des ordalies, également commune à l'Afrique et à l'Indo-Malaisie (jadis en honneur parmi nos sociétés aryennes christianisées, à l'ère de la barbarie ou plutôt à celle de la civilisation théocratique). L'épreuve a lieu de diverses manières. L'accusé doit plonger la main dans l'eau bouillante, toucher avec la langue un fer

1. *Le Temps*, lettre de Tananarive du 1er mai, reproduite dans la *Dépêche*, de Brest, du 3 juin 1891.

2. Voir les feuilles du commencement de février 1891, notamment *le Petit Journal* du 5.

rougi au feu, traverser à la nage un lac peuplé de caïmans, etc., ou bien boire le tanghin (infusion du noyau du *Tanghinia venenifera*, apoc.)[1], et s'il ne sort indemne, il est impitoyablement condamné et exécuté.

1. Cette dernière épreuve est analogue à celle de l'eau rouge (*teli*), à la côte occidentale d'Afrique. Les deux poisons sont de même action physiologique (convulsivants et paralysants cardiaques). Sur l'épreuve par le tanghin, voir : Guilain, *Documents inédits sur la partie occidentale de Madagascar*, 1846 ; Leconte, *Mémoires pittoresques d'un officier de marine*, 1851. Leconte, t. II, p. 252, raconte le fait suivant, observé à Nosi-Bé au début de l'occupation française : « La fille d'un chef sakalave (Tsimandrouh, le meilleur ami des Français) mourut après quelques jours de maladie ; comme auparavant elle était de santé parfaite, sa mort fit sensation ; on se rappela qu'au commencement de sa maladie elle fut visitée par un vieillard qui eut le malheur, en entrant dans la case, de trébucher sur le seuil de la porte ; quelques-uns prétextèrent que cet incident avait été volontaire, que le vieillard était sorcier et qu'il avait jeté par sa chute un mauvais sort sur la malade. Un kabar fut tenu, où n'assista pas Tsimandrouh, qui en eut connaissance cependant et laissa faire. Un chef conseilla l'épreuve du tanghin ; elle fut admise à l'unanimité. Le vieillard innocent, confiant dans l'épreuve, s'y soumit sans résistance. On envoya chercher à Nosi-Fali un préparateur du tanghin (ampi-tanghin) qui jouissait d'une grande réputation, lequel s'empressa de venir à l'appel qui lui était fait. Il fut décidé que l'exécution se ferait pendant la nuit, afin que les Français n'en eussent pas connaissance. On se rendit dans un bois, sur une petite colline appelée montagne des Sorciers, sur laquelle, sans doute, ils n'opéraient pas pour la première fois. Le poulet (servant à l'essai) auquel on fit boire le tanghin étant mort promptement, on fit asseoir le condamné tout nu entre deux petits feux placés à peu de distance l'un de l'autre. Un troisième petit bûcher fut allumé derrière lui assez près de son dos; ensuite, l'ampi-tanghin lui présenta la tasse en coco qui contenait le poison, et le pauvre condamné but sans sourciller. Il fut presque immédiatement pris de convulsions et mourut dans une souffrance inouïe, se débattant entre les feux, qui le rôtissaient, pour ainsi dire, vivant. Le corps fut ensuite brûlé et les os qui restèrent furent dispersés sur le sol. Lorsque l'ampi-tanghin est porté de bonne volonté pour le condamné, il prépare la potion en conséquence, ou bien, quand la constitution de celui-ci est forte, ce poison détermine de suite un vomissement qui le fait rejeter, et son effet est presque nul. »

Dans les tribus indépendantes, la justice est rendue, d'après la coutume traditionnelle, par les chefs de villages, ou, dans les cas graves, par les chefs de la nation, assistés de ministres, de vieillards ou de notables, et toujours en assemblée publique (kabar). Chez les Hovas, elle a été, comme chez nous, inséparable de l'exercice de la souveraineté politique; elle est rendue en toute omnipotence par les nobles, au temps de leur semi-indépendance féodale, puis au nom du roi ou de la reine, seuls juges, mais qui daignent déléguer des fonctionnaires pour l'exercer plus directement. A ce changement, elle a gagné en uniformité, quant à sa distribution, mais singulièrement étendu le domaine de son application, avec la multiplication de la criminalité conventionnelle, la défiance et l'orgueil d'un despote découvrant matière à attentat dans les actes les plus frivoles, afin d'assurer la sécurité de sa personne par une crainte de tous les instants. Actuellement, les Hovas ont un code et une organisation judiciaire calqués sur les modèles européens. « La justice est rendue dans l'Emyrne par sept tribunaux, affectés à sept catégories de crimes. On peut appeler des jugements de ces tribunaux devant le premier ministre, assisté des membres du conseil. Les juges sont entièrement à la discrétion du souverain, qui, s'ils jugent mal à son gré, les fait révoquer ou même condamner aux travaux forcés ou à la confiscation de leurs biens. » (Letourneau [1].) Dans leur code, les Hovas ont cherché à concilier l'esprit des anciennes coutumes avec celui des lois européennes. Ils ont édifié un bizarre monument où les lacunes et les exagérations s'entre-croisent, où, néanmoins, le progrès aurait une base d'évolution très suffisante, si les applications des textes étaient plus régulières. Mais ce peuple donne la parodie d'une justice de civilisé, plutôt que le spectacle de l'exercice réel de lois perfectionnées. On remarquera qu'en dépit de l'influence anglicane, qui l'a dicté, le code hova est, dans une large mesure, dirigé contre les étrangers (lois leur interdisant la propriété

1. *Évolution juridique*, p. 92.

du sol, droit réservé au gouvernement de juger les différends entre ses sujets et les Européens, etc.) : c'est un acte de défiance, comme les événements de chaque jour se chargent de le démontrer.

Le code hova a été promulgué en 1881, par la reine Ranavalo Manjaka. J'en vais donner un aperçu sommaire, d'après la traduction et l'étude qui en ont été faites par MM. A. Tacchi[1] et L. Jore[2].

Il y a douze grands crimes, comportant la peine capitale (le gouvernement se réserve, sans doute, le droit de choisir le supplice, la corde, le fer, le feu ou le poison, car il n'y a pas indication du genre de mort à infliger aux coupables) et la confiscation des biens, sans distinction de sexe : préparer des poisons avec intention de donner la mort à la reine, exciter le peuple à la révolte, provoquer la rébellion, exciter les esprits à la rébellion, faire partie des rebelles, désigner un usurpateur aux rebelles, calomnier le gouvernement de Sa Majesté avec intention de provoquer la révolte, intention d'homicide pour provoquer la révolte, violation des palais du gouvernement avec intention de provoquer la révolte, fabrication de poignards devant servir à la révolte, subornation pour faire partie des révoltés, homicide volontaire. « La femme et les enfants d'un rebelle, ayant eu connaissance du crime de leur époux ou de leur père, à défaut de dénonciation faite par eux, les personnes qui auront eu connaissance des actes d'un rebelle ou d'un homicide et les auront tenus cachés, seront punis des fers à perpétuité. Si quelqu'un en frappe un autre, avec intention de donner la mort, avec une arme de guerre aiguisée, alors même que le coup ne causerait pas la mort, il sera puni de mort, de même les personnes complices ou instigatrices du crime. Si quelqu'un en frappe un autre avec le fer, sans causer la mort, il subira un an de fers. »

Les hommes libres ne pourront plus être mis en esclavage.

1. *La Cloche.*
2. *Bulletin de la Société des études coloniales et maritimes.*

Quiconque introduira dans le royaume des Mozambiques (Maquois) ou autres personnes de l'étranger pour les faire vendre comme esclaves, ainsi que ceux qui expédieraient des personnes à l'étranger dans le même but, seront condamnés aux fers à perpétuité et leurs biens confisqués. Mais l'esclavage est maintenu dans le royaume : les anciens esclaves ou ceux qui ont été recrutés parmi les tribus soumises de vive force sont déclarés esclaves de l'Emyrne ; ils ne peuvent être déplacés d'une province dans une autre, ni vendus d'un Hova à un autre, etc., sans des autorisations spéciales : les contraventions sont punies d'une amende plus ou moins forte.

Sont punis de dix à vingt ans de fers, avec ou sans confiscation de leurs biens : ceux qui fouillent l'or, l'argent ou les diamants ou frappent de la fausse monnaie ; ceux qui commettent la contrefaçon d'une signature ou des sceaux ; ceux qui font des approvisionnements de poudre sans autorisation, ceux qui fabriquent des poisons, ceux qui se réunissent la nuit pour troubler la paix publique, les incendiaires, les individus coupables de rapt, de vol dans l'enceinte d'un palais royal, de vol avec offraction, de la violation d'un tombeau ou d'une sépulture.

Sont punis des fers pour une durée plus ou moins longue ou d'amendes plus ou moins fortes (susceptibles d'être transformées en emprisonnement avec travail obligatoire pour une durée calculée d'après le rapport équivalent) : les vols commis dans les édifices religieux, les détournements ou escroqueries au préjudice de la reine ou des revenus de l'État, les vols commis au bazar (sur le marché public), les vols de pirogue, de riz non récolté, dans les champs et de nuit, ou récolté, dans un magasin ; de cannes à sucre, manioc, patates, maïs, bananes, etc. (le vol n'est qualifié qu'autant que le voleur a emporté les denrées ; s'il les a mangées sur les lieux, il n'est pas considéré comme coupable), de bœufs, moutons, cabris, porcs, chats et chiens, etc. La personne qui, ayant eu connaissance d'un vol, ne l'a pas dénoncé, est punie comme complice (les amendes sont infligées en nature, en têtes de bétail généralement, ou en argent, piastres et centièmes de piastre).

« La bigamie est défendue dans le royaume, et quiconque aurait plusieurs femmes subirait une amende de 10 bœufs et 10 piastres, et, à défaut de payement, serait mis en prison à raison de 12 centièmes et demi par jour jusqu'à complet payement. Quiconque prendrait une fille pour vivre en concubinage avec elle et ne l'épouserait pas serait condamné à 50 piastres d'amende, et, à défaut de payement, serait emprisonné à raison de 12 centièmes et demi par jour, jusqu'à concurrence du montant. Quiconque prend la femme d'autrui en concubinage est passible d'une amende de 100 francs, dont un tiers payable par la femme, et les deux tiers par le délinquant... Quiconque prendrait la femme d'un homme parti en guerre et qui périrait à la guerre, les deux, l'homme et la femme, seraient mis aux fers et auraient leurs biens confisqués. » Le divorce est interdit (sauf en cas de faits graves), et, dans les trois classes de la noblesse, les mariages ne peuvent être contractés qu'entre personnes de la même classe. Il est défendu de contracter union et même d'avoir communication avec les lépreux.

« Si une femme enceinte est convaincue d'avoir provoqué son accouchement prématuré, elle sera condamnée à deux ans d'emprisonnement. Quiconque recevra de l'argent pour provoquer un accouchement prématuré, sans qu'il y ait nécessité pour sauver la vie de la mère, subira deux ans d'emprisonnement. Quiconque frapperait une femme enceinte et causerait ainsi son accouchement prématuré ou avortement serait condamné à un an de prison. Si la femme était assez avancée en grossesse pour sentir son enfant, celui qui se serait porté sur elle à des voies de fait ayant provoqué un accouchement prématuré subirait un emprisonnement de deux années. »

« Les parents, pour tous cas graves, pourront corriger et amarrer leurs enfants; mais ils devront en donner connaissance à l'autorité. »

Sont punis d'amendes et de prison ceux qui répandent des faux bruits sur les actes du gouvernement, écrivent des brochures, lettres, livres ou journaux provoquant à la révolte, troublant la tranquillité publique ou médisant du gouvernement; ceux qui écrivent des immoralités ou publient des gravures obscènes; ceux qui diffament par journaux ou par libelles, etc.

« Quiconque dont la personne serait attaquée, soit dans son domicile, soit au dehors, aurait le droit de défendre sa vie, ne serait aucunement responsable des conséquences de sa défense, et ne pourrait être considéré comme coupable alors même qu'il blesserait son adversaire. »

Les agents de police pourront arrêter tout individu en état de vagabondage, tous les individus connus comme voleurs ou malfaiteurs, ou dénoncés comme tels, leurs complices, logeurs ou receleurs; ils pourront pénétrer dans toute maison dans laquelle il serait soupçonné de trouver des malfaiteurs ou des objets dérobés ou recélés. « Dans aucun cas, les agents de police ne pourront prendre les biens d'autrui, et tout agent qui se rendrait coupable à cet égard ou dépasserait les ordres reçus, serait condamné à deux ans de fers. »

Les juges ne peuvent rendre la justice que dans les locaux destinés à cet objet. Ils ne doivent pas s'écarter des règles d'une bonne procédure; ils poursuivront avec diligence la solution des affaires portées devant eux, etc. « Tout juge qui transgresserait les lois, en acquittant un coupable ou en ne lui appliquant la loi qu'en partie, de façon à diminuer sa peine, subirait deux ans de fers. Tout juge qui condamnerait un accusé à la prison, alors qu'il serait à sa connaissance qu'il n'est pas coupable ou que cette sentence serait le résultat d'un abus de pouvoir, serait puni de cinq ans de fers. »

Les faux témoignages sont punis d'une amende de 10 bœufs et 10 piastres.

« Les condamnés aux fers, à l'emprisonnement, et ceux qui subissent la prison préventive, devront régulièrement recevoir leur nourriture, et, s'ils n'ont ni amis, ni parents pour y pourvoir, le gouvernement y pourvoira lui-même. Tout détenu ne pourra être dépouillé de ses vêtements, et tout condamné aux fers ne devra être blessé par ses fers, mais il devra être fait le nécessaire pour le retenir et le maintenir convenablement. »

Depuis 1892, une juridiction française a été établie à Madagascar, limitée à nos nationaux. Il y a un tribunal à Tamatave, jugeant en matière correctionnelle, avec appel à la cour de la Réunion. A la cour de Saint-Denis vont tous les crimes commis par nos nationaux sur le territoire du protectorat[1].

Je n'ai rien de saillant à dire sur le crime-délit dans les petites îles françaises de Nosi-Bé et de Sainte-Marie. La population créole, originaire de la Réunion, offre les habitudes communes en cette colonie; sans grande moralité, elle se laisse rarement entraîner à des attentats graves. Lorsque, par exception, des crimes de quelque importance se produisent, ils ont presque toujours pour auteurs des noirs indigènes. Entre eux, sous la surveillance de l'autorité française, les Malgaches ont plus de retenue que sur la grande île; leurs méfaits les plus ordinaires sont des vols de bestiaux et de denrées diverses.

Aux Comores, la population se compose, dans la partie française proprement dite, c'est-à-dire à Mayotte, d'un petit nombre de créoles de la Réunion et de nègres maquois, engagés pour la culture de la canne, aussi d'Arabes plus ou moins métissés d'Africains, qui s'adonnent au commerce; ce milieu n'offre rien de spécial dans la délinquance, dans la partie de simple protectorat, presque exclusivement composée d'Arabes (sultanats récemment annexés).

A Diego-Suarez, dans une population surtout formée de militaires et de fonctionnaires, les mœurs doivent emprunter leur caractéristique dominante à la nature particulière de ces catégories, et, grâce à elles, se rapprocher de celles du milieu algé-

1. La cour criminelle de Saint-Denis avait à juger, le 15 avril 1893, deux marins malgaches de notre petite colonie de Sainte-Marie. Ils avaient, pendant les fêtes du premier jour de l'an, assassiné à coups de couteau, non loin de Tamatave, au lieudit *les Manguiers*, une jeune servante, employée chez le grand juge hova. La culpabilité ne fut démontrée avec évidence que pour l'un des accusés, qui bénéficia cependant de circonstances atténuantes et ne fut condamné qu'à quinze ans de travaux forcés.

rien. Je ne possède sur cette colonie aucun renseignement relatif à la délinquance.

Aux Comores, dans les îles de protectorat, la justice appartient aux autorités indigènes, à l'exception des cas où des Européens se trouvent intéressés ou compromis, toujours revendiqués par la juridiction française. Des tribunaux spéciaux, sorte de justices de paix à compétence très étendue en matière correctionnelle, existent à Mayotte, Nosi-Bé et Sainte-Marie. Les affaires criminelles sont déférées à la cour de Saint-Denis (Réunion).

Dans nos établissements, en matière de délinquance banale entre indigènes, les chefs de villages jugent d'après la coutume locale. Les indigènes relèvent de nos tribunaux à propos de tout crime ou délit commis au préjudice de nos nationaux. Il est parfois embarrassant, dans ce dernier cas, de leur appliquer la loi française, car nombre de délits, dont ils se peuvent rendre coupables, n'ont pas, à leurs yeux, l'importance qu'ils ont chez nous. Le commandant particulier juge alors en kabar, c'est-à-dire en assemblée d'indigènes, et prononce d'après l'avis des anciens.

CHAPITRE IV.

L'INDE ET SES ÉTABLISSEMENTS FRANÇAIS.

Les races, leurs caractères comparés, leur synthèse psychologique et morale. — L'évolution juridique d'après les codes indigènes. — Les causes et les formes de la criminalité chez les Hindous, dans leur pays et hors de leur pays (coolies émigrés). — La justice française et ses statistiques.

A une époque reculée, la race, qui est devenue l'origine de toutes les races aryennes, occupait la région montagneuse des sources de l'Oxus. Elle se serait fragmentée de bonne heure en plusieurs rameaux, deux qui sont demeurés asiatiques, séparés par la divergence des évolutions religieuses : l'un, avec ses dogmes relativement affinés grâce à Zoroastre, se dirigea vers l'ouest et donna naissance aux Mèdes et aux Perses (Iraniens) ; l'autre, avec ses croyances et son culte très animistes, se porta vers l'Indus. Ce dernier, lentement, s'enfonça dans l'immense presqu'île hindoustanique. Tout d'abord, il resta pur, fidèle à ses traditions, résumées dans le Rig-Veda. Mais, peu à peu, au contact des innombrables peuples qu'il eut à refouler ou à soumettre, il éprouva des transformations. Aux frottements et aux mélanges avec les populations de race jaune, il perdit ses traditions premières, et, avec le brahmanisme, il adopta le régime des castes, un code politico-religieux fanatique, cruel, écrasant ; au milieu des populations centrales, de races négroïdes ou kouchite, en partie déjà croisées avec des éléments mongoliques, il acheva de s'absorber dans un métissage physique et moral qui l'éloigna irrémédiablement des tendances de sa souche. Le code de Manou devint la loi de cette société, où le vieux sang aryen, de plus en plus rare, ne se rencontra plus qu'au sein d'un petit nombre de familles, isolées dans le sanctuaire et concentrées vers le nord. Dans ces familles et autour d'elles, le germe des instincts originels ne fut pas étouffé; il eut son affranchissement avec la réformation bouddhique, qui proclama l'abolition des castes et substitua sa doctrine altruiste (si idéaliste, malgré son matérialisme final) à la dégradante et égoïste doctrine du brahmanisme. Le code de Manou remonterait à 1200 ans avant Jésus-Christ. La révolution bouddhique commence vers l'an 1000 et prend son essor vers le sixième siècle avant l'ère chrétienne, avec le bouddha Sakya-Mouny (607-542). Le brahmanisme continua à fleurir à côté de survivances fétichiques. Au cœur du Deccan s'étendirent les dissidents bouddhistes, qui, plus tard, émigrèrent vers le sud (où Ceylan demeura leur centre principal) et jetèrent vers l'est les fondements d'empires divers, en se mélangeant à des peuples de races mongole et malaise (Birmans, Siamois, Khmers, Ciampois, etc.), de là leurs prédicants poussèrent jusqu'à la Chine. Enfin l'Islam introduit dans l'Inde, avec les Arabes et le Coran, des éléments nouveaux de transformation, qui émettent de profondes racines, sans toutefois réussir à ébranler les solides blocs des organisations sociales antérieures. Je laisse de côté les invasions et les conquêtes des peuples chrétiens : si elles ont abouti à soumettre à quelques-uns de ceux-ci la vaste contrée, elles ont, en somme, à peine modifié ses conditions ethniques et sociales. Pourtant, elles ont amendé ce que les croyances avaient d'excessif, amené la décrépitude ou l'abolition de coutumes abominables, forcé à la tolérance réciproque les sectes fanatiques, même produit des métis (Eurasiens)[1], susceptibles, à la longue, d'aider à une plus large diffusion des habitudes européennes. On sait les vicissitudes de l'histoire, dans un pays si bien prédisposé à la tranquillité par le ciel et si épouvantablement remué par les hommes. Au milieu de millions d'Hindous, plus ou moins métissés, mêlés aux Mongoloïdes vers le nord et vers l'est, aux Arabes dans le nord et sur le littoral occidental, aux

1. L'expression d'Eurasien est une contraction des deux mots Europe-Asie ; elle s'applique aux métis d'Européens et d'Indiens.

Kouchites ou aux négritos dans les districts montagneux du centre, une poignée d'Européens ont accaparé la direction des masses et remplacé l'exploitation des rajahs et des sultans par des modes d'usement sans doute très adoucis, mais non moins cyniques. La presque totalité de la péninsule est aujourd'hui sous la domination britannique. Nous, Français, de conquêtes jadis si belles et d'autant plus glorieuses qu'elles avaient été le résultat d'actions moins scélérates, souvent le prix de très réels services rendus aux indigènes, nous ne gardons plus qu'un petit nombre de très modestes établissements : dans le Bengale, tout au voisinage de Calcutta, l'une des têtes de l'empire anglais, Chandernagor; sur la côte orientale, Yanaon (Orissa), Pondichéry et Karikal (Coromandel); sur la côte occidentale, Mahé (Malabar). La population de l'ensemble de ces territoires s'élève à près de 300 000 habitants, dont 900 Français d'origine métropolitaine, 1 800 créoles descendant des anciennes familles françaises ou métis de Français et d'indigènes (Topas), 100 créoles ou métis d'origine ou de nationalité anglaise; le reste est indigène (avec un excédent de 10 000 individus mâles sur l'élément féminin).

Le climat de l'Inde est l'un des plus énervants du globe, et, dans beaucoup de localités, l'un des plus pathogènes. Dans nos établissements, il est relativement salubre, mais pénible à supporter pour l'Européen, en raison de la chaleur élevée et continue qui le caractérise. Il y a, comme dans tous les pays intertropicaux, deux saisons : la saison chaude et sèche règne de la mi-janvier à la mi-octobre, avec une température de 31 à 42 degrés le jour, de 27 à 29 degrés la nuit, quelques pluies en juillet et août; la saison fraîche et pluvieuse (hivernage), de la mi-octobre à la mi-janvier, avec une température de 25 à 32 degrés le jour, de 15 à 20 degrés la nuit; des pluies parfois torrentielles, accompagnées de violents éclats de foudre (Pondichéry et Karikal; à Chandernagor, la température serait moins élevée, mais l'humidité plus grande; à Mahé, la chaleur serait plus tempérée). Le climat est, dans une large mesure, réglé par les moussons périodiques du nord-est et du sud-ouest; celle du nord-est (15 octobre-15 avril) rafraîchissante pour la côte orientale, celle du sud-ouest pluvieuse et fraîche pour la côte occidentale, mais devenant (15 avril-15 octobre) vent de terre au souffle brûlant pour la côte orientale. Sur nos possessions, les conditions telluriques compensent, jusqu'à un certain point, l'influence des météores : malgré les rizières et les étangs qui avoisinent les villes, celles-ci offrent très peu de manifestations malariennes, mais l'endémie dysentérique est redoutable; l'indigène lui paye tribut comme l'Européen. Le premier est en outre sujet à l'éléphantiasis et à la lèpre, et, sur une immense étendue des territoires anglais, presque périodiquement éprouvé par de terribles épidémies de typhus, ordinairement reliées à des sécheresses excessives et à la famine. On peut déclarer hardiment que le climat a été le plus puissant des facteurs dans la formation du caractère hindou, dans l'adoption des modes sociologiques en vigueur chez les peuples de la région. Les races sont innombrables dans leurs dédoublements et leurs entre-croisements; elles se sont différenciées dans leurs mœurs, d'après les religions. Toutes, néanmoins, ont gardé la marque indélébile d'une action climatérique neurasthénisante, et traduisent celle-ci, la renforcent même par mille traits de leur organisation collective et d'habitudes acquises. L'Hindou, en quelque couche qu'on l'observe, en quelque groupement qu'on le prenne, est un débile, même sous les apparences plastiques de la vigueur; sa cérébration est très intensive, mais aussi mal pondérée, très passionnelle; l'impressionnabilité est presque morbide. Point de milieu humain et civilisé où les entraînements soient plus capables d'aberrances.

Je n'entreprendrai pas, à propos d'une population réduite, perdue, comme le grain de sable dans la mer, dans les vastes pays de domination britannique, une étude générale des races de l'Inde. Je dois limiter mes recherches et mes observations aux éléments ethniques et sociologiques qui appartiennent plus particulièrement à nos possessions. Je ne saurais toutefois éviter d'entrer dans quelques considérations préliminaires très générales. On peut décomposer les races de l'Inde, envisagées dans leur ensemble, en trois souches mères : un élément négrito (ou kouchite pour les anthropologues d'une école très en vue [1]), autochtone, ou du moins représentant la race la plus ancienne, aussi celle qui a subi le plus durement les lois des envahisseurs successifs, les *Moundas*, partout forcés à se cacher, sauvages et misérables, ou à mener la vie d'esclaves, formant encore, vers le sud, les plus basses castes, sinon même des hors-castes (les impurs, *Poulleyer*) ; — des éléments mongoloïdes, l'un d'invasion à une date très reculée et plus ou moins mélangé avec le précédent, le *Dravida* ou *Tamoulien*, l'autre de provenance plus récente et bientôt comme englobé parmi les populations antérieurement occupantes, le *Toulkou*, qui, sous le nom de *Soudras*, a formé la caste inférieure des « serviteurs » ; — un élément *aryen*, qui ne s'est guère con-

1. Il est incontestable qu'on rencontre dans l'Inde, comme en Indo-Chine, les vestiges de races très anciennes à caractères négroïdes. Ces races doivent se rattacher — aux véritables *négritos* ou nègres orientaux (petite taille, peau d'un noir de jais, crâne brachycéphale, chevelure noire, crépue, barbe rare, peu ou pas de prognathisme, nez non épaté, menton non fuyant, yeux noirs, ronds, avec fente palpébrale horizontale, etc.), — et aux *Kouchites*, groupe assez mal défini de la famille Chamite, trahissant à mon avis, en dépit de la parenté des langues, bien plutôt des affinités nigritiques (par la couleur de leur peau, leur chevelure non crépue, mais bouclée, leurs lèvres plus ou moins épaisses, etc.) que des affinités sémitiques, si l'on excepte le rameau lybien (Maures, Berbères), rapproché trop intimement du rameau éthiopien. Les deux races ont dû se rencontrer dans l'Inde et s'y mélanger de très bonne heure. Mais, d'après l'observation des mœurs et des croyances, chez les populations centrales, il faudrait admettre la prédominance du Kouchite, le plus fort et le plus absorbant, au moins sous le rapport de l'évolution sociale. On sait que le Kouchite professait une religion dualiste (principe actif ou fécondant, principe passif ou fécondé) et qu'il aurait été le créateur du culte de Moloch (voir Picard, *Sémites et Aryens*, p. 5). Qu'on n'oublie pas, en étudiant la transformation du caractère de l'Aryen, dans l'Inde, la double influence kouchitique et mongolique.

servé pur que dans le nord, où il forme les castes de suprématie, sous les titres de *Dwidjas* (brahmanes, les plus rapprochés du type originel), de *Kchatryas* (guerriers), de *Vayçyas* (laboureurs). Ces grandes races se sont superposées. La première, déjà assujettie par la seconde, est demeurée l'ilote sous la troisième, qui a dû compter avec la seconde tout en l'asservissant et l'a admise au rang de ses « serviteurs ». Mais l'Aryen, en dépit de sa morgue de conquérant, n'a pu se défendre contre des croisements avec les races soumises et, par ses métissages, a rapidement dégénéré.

Malgré d'inextricables et séculaires mélanges, on retrouverait encore les traits caractéristiques des races mères.

« Dans les formes de l'*Aryen*, dit Hodgson [1], il y a de la hauteur, de la symétrie, de la légèreté, de la souplesse. Le contour de la figure est ovale, le front large, la bouche moyenne, le menton rond, perpendiculaire à la ligne du front ; les traits sont beaux et distingués, le nez petit et droit, les narines elliptiques ; l'œil franchement ouvert affecte une direction horizontale ; les sourcils, les cils, la barbe, sont bien développés ; enfin, le teint est d'un brun à peine plus foncé que celui des habitants du midi de l'Europe. » Il faut rattacher à cet élément un petit nombre de Persans, parsis ou musulmans, et en rapprocher un nombre à peu près aussi restreint (dans nos établissements) de Sémites ou Arabes, tous musulmans.

« Dans les formes du *Tamoulien* (*Dravida*), on trouve, au contraire, moins de hauteur, moins de symétrie. Le corps est plus trapu, le contour de la figure se rapproche un peu du losange par le grand développement des os des joues ; le front est fuyant, non pas tant à cause du rétrécissement de la partie antérieure de la tête, que par les dimensions exagérées de la mâchoire et de la bouche ; la tête est moins régulièrement arrondie, la face plus large et plus plate ; les traits moins symétriques donnent à la physionomie, sinon plus d'expression,

1. On the origin, location, number, creed, customs, character and conditions of the Kötch, Bodo and Dhimal people (*The J. of the asiat. Soc. of Beng.*, 1850).

du moins un plus grand cachet d'individualité; le nez est plus court, plus épaté; les narines sont circulaires; les yeux, plus petits et moins ouverts, présentent une certaine obliquité; les oreilles sont plus larges, les lèvres plus épaisses, la barbe plus rare, le teint plus foncé, mais néanmoins à des degrés divers. » (Hodgson.) Le type dravida prédomine dans nos établissements, et c'est parmi les peuples du groupe que se recrutait la grande masse des émigrants destinés à nos colonies d'Amérique et de la Réunion. Roubaud [1] a complété les traits de cet important élément de population : « Le Dravida est de taille moyenne, plutôt petite que grande (1m,64); il est d'un embonpoint médiocre, sans aucune tendance à l'obésité... La peau offre une coloration assez analogue à celle du chocolat ou du café brûlé... Ses cheveux, en général assez abondants, noirs, lisses et rudes, n'acquièrent jamais une très grande longueur; leur implantation sur le cuir chevelu est uniforme, leur insertion sur le front se fait selon une ligne deux fois brisée; les poils, la barbe, sont peu développés et présentent la même coloration que les cheveux. La tête est ovalaire dans le sens antéro-postérieur, sa portion la plus rétrécie est au niveau de la région frontale. La partie postérieure, plus développée, offre une largeur uniforme jusqu'au niveau des arcades zygomatiques. Le front est médiocrement découvert et un peu fuyant en arrière. Le contour de la face se rapproche soit du losange par le grand développement des pommettes, soit du disque par l'élargissement transversal du menton. Les yeux, de grandeur ordinaire, sont sensiblement obliques, beaucoup moins cependant que dans la race sinique. La couleur de l'iris varie du brun foncé au brun très foncé; les arcades sourcilières sont peu prononcées. Les oreilles, larges et plates, sont détachées de la tête et dirigées en avant; le nez, assez volumineux, est droit et un peu écrasé à la racine; les narines sont presque circulaires; la bouche, assez largement fendue, montre des

1. *Contribution à l'anthropologie de l'Inde* (*Archives de médecine navale*, t. XI, p. 7).

dents incisives larges et verticalement dirigées ; les lèvres, un peu épaisses, sont légèrement renversées en dehors. L'angle facial mesure 79°,40 ; le prognathisme est de 10 millimètres environ. Le cou est assez épais et paraît moins long que chez l'Européen ; la poitrine est bombée, la taille bien prise, le système musculaire médiocrement développé, surtout aux membres inférieurs ; les pieds et les mains sont d'une petitesse remarquable. Comparés les uns aux autres, les trois peuples dravida, *Tamij*, *Telougou*, *Kanadha*, offrent dans leur organisation certaines particularités qui tiennent sans doute à la différence du climat, des habitudes, de l'état de civilisation. Le Tamij, habitant les plaines brûlantes qui s'étendent du pied des Ghattes aux deux océans, est généralement moins grand et moins fort que le Telougou ou le Kanadha ; ses traits, plus fins et plus délicats, se rapprochent davantage de ceux de l'Européen et semblent témoigner d'une civilisation plus avancée ; il est du reste doux, intelligent, et paraît surtout apte aux travaux qui exigent de l'adresse plutôt que de la force. Le Telougou, habitant un pays plus froid et plus accidenté, est plus grand et plus robuste ; ses traits, encore assez réguliers, n'ont plus la finesse de ceux du Tamij ; il est moins actif, moins industrieux. Le Kanadha, habitant les plus hauts plateaux, est plus petit que le Telougou, mais plus trapu et plus fortement constitué ; il paraît plus apte aux rudes travaux, mais il est très enclin à la nostalgie et se laisse aller très volontiers au découragement. »

Quant au *Mounda* [1], on n'en retrouve plus guère le type, assez altéré, que chez les Poulleyer. Dans cette catégorie, « la taille est plus petite ($1^m,61$), l'embonpoint plus faible que chez le Dravida ; la peau est presque noire... les cheveux, noirs aussi, sont tantôt lisses et raides, tantôt frisés et même crépus ; leur implantation sur la peau du crâne est uniforme ; leur insertion sur le front se fait, non plus selon une ligne

1. L'expression de *Kolarien* vaudrait mieux : le Mounda n'est qu'une fraction du groupe ainsi désigné.

brisée, mais bien selon une ligne courbe presque circulaire; les poils et la barbe, de même couleur que les cheveux, sont très peu développés; chez beaucoup de sujets, la peau est tout à fait glabre. La tête, de forme ovalaire, est très rétrécie à la région frontale. La région postérieure présente un diamètre transversal considérable et un diamètre antéro-postérieur (projection crânienne postérieure) extrêmement petit. Le conduit auditif se trouve fortement rejeté en arrière ; le front est bas et fuyant; l'œil, assez petit, est horizontal ou ne présente qu'une très faible obliquité, l'iris est d'un brun très foncé ; le nez est gros et épaté, la bouche largement fendue, les dents incisives sont verticales, les lèvres épaisses, charnues, fortement renversées en dehors. La face est large et plate, les pommettes saillantes ; l'angle facial (79°,30) et le prognathisme (0^m,010) diffèrent à peine dans les deux races dravida et mounda. Les épaules sont moins larges, la poitrine est moins développée que chez le Telougou; les membres sont plus grêles, les bras et les cuisses plus courts, l'avant-bras et la jambe plus longs, la main et le pied plus larges... Réduits à la plus complète servitude, les Poulleyer des campagnes, quoique moins robustes que les Telougou et les Kanadha, sont néanmoins plus aptes qu'eux aux rudes travaux de l'agriculture. Exempts de tout préjugé de caste, ils se façonnent beaucoup plus rapidement à nos mœurs européennes; mais ils sont dépourvus de tout sens moral et s'adonnent volontiers à toute espèce de vices. Les Poulleyer des grandes villes, aussi dépravés que ceux des campagnes, sont en outre incapables de rendre quelques services pour la culture des terres. » Cet élément fournissait un contingent à l'émigration dans nos colonies sucrières, de même que le Dravida et le Toulkou.

Le *Toulkou* « est généralement petit et trapu (1^m,62). La peau, de couleur beaucoup plus claire que celle des deux races précédentes, est d'un blanc jaunâtre, plus ou moins foncé ; les cheveux sont noirs et assez abondants, lisses et roides, à implantation uniforme, à insertion angulaire. Les poils et la barbe, de même couleur que les cheveux, sont beaucoup plus développés que chez les Dravidas et surtout les Moundas. La tête, moins allongée dans le sens antéro-postérieur, moins haute dans le sens vertical, se rapproche de la forme globuleuse et présente un plus grand développement de sa partie postérieure. Le conduit auditif se trouve ainsi reporté beaucoup plus en avant; le front est plus haut et plus droit; la face, large en haut par le grand écart des pommettes et surtout des apophyses orbitaires externes, rétrécie en bas au niveau du menton, présente la forme d'un triangle. L'angle facial (81 degrés) est plus ouvert que celui des deux races précédentes, le prognathisme n'est que de 7 millimètres; l'œil est petit, oblique, l'iris brun foncé, le nez de volume ordinaire, légèrement écrasé à la racine; les lèvres sont assez petites et très légèrement renversées. La poitrine est plus large et moins bombée que chez les Poulleyer, le bassin est plus étroit, les membres sont plus courts, les extrémités plus fines... » (Roubaud.)

La démarcation des castes n'a point empêché les mélanges entre les races. La nature est plus impérieuse que les prescriptions humaines, et les besoins de rapprochement ont dû se manifester avec d'autant plus de force, même contre les lois rigoristes, que, dans l'Inde, l'élément féminin semble avoir été toujours numériquement très inférieur à l'élément masculin, parmi les catégories dominantes. Quelles qu'aient été plus tard les transformations déterminées par le bouddhisme, l'islamisme et le christianisme, sans parler de diverses sectes moins connues ou répandues, l'œuvre brahmanique elle-même, si largement enfantée sous la pression du milieu climatérique, a continué à imprégner la population, constituée par des brassages complexes d'éléments ethniques variés. L'Hindou, sous les étiquettes les plus opposées, reste la synthèse d'influences antiques associées aux influences permanentes du climat. Il apparaît uniforme dans l'extrême variété de ses types [1]. C'est un être de contrastes. Sa structure est

1. Mais ne perdons pas de vue que cette uniformité est toute d'extériorité. C'est une uniformité résultant d'hybridités ethniques et sociales, comme fondues sous le brahmanisme. Dans le type

délicate, sa constitution peu résistante, souvent même chétive; le système musculaire est médiocrement développé; l'organe cérébral mou, indolent, à la fois impressionnable et peu émotif. Il n'y a pas les conditions d'une activité soutenue, d'une capacité pour l'effort de quelque envergure. Et cependant ce corps à l'aspect si faible peut réaliser par éclats des énergies surprenantes. « Les messagers hindous peuvent faire 50 milles par jour, pendant cinq ou six jours, et même les cipayes sous les armes feront au besoin des marches extraordinaires. » (De Warren)[1]. Mais ce déploiement de force dure peu et est suivi d'une fatigue excessive. De même au moral. L'Hindou est sans volonté vigoureuse, il est craintif, lâche devant la douleur et la mort; et on le voit, lui qui tremble à l'idée du tigre ou devant la cravache d'un Européen, déployer à la chasse des bêtes féroces « une ardeur et une patience qu'aucun autre peuple ne saurait surpasser », se soumettre aux plus épouvantables tortures et même à la mort dans ses accès de dévotion; montrer, aux armées, « dans certaines circonstances exceptionnelles, une bravoure que les Anglais ont plus d'une fois admirée » (De Warren). Mais l'effort est éphémère, l'impuissance relative à le produire et surtout à le prolonger est compensée par une certaine aptitude à la répétition des actes, lorsque ceux-ci répondent à des idées restreintes, à l'idée unique et semi-obsédante. Dans un cerveau au champ de conscience limité, il n'y a place que pour un petit nombre d'impressions; mais celles-ci s'emmagasinent d'autant mieux

synthétique, la disparité moléculaire, si je puis ainsi m'exprimer, existe, qui, cérébralement, entraîne les impondérations du caractère. L'Hindou est la résultante d'associations séculaires qu'on retrouve dans toutes les collectivités ultra-civilisées, et c'est cette résultante anatomo-psychique, faite de disparités intimes, qui explique, dans ces milieux, le développement excessif de la criminalité. La criminalité n'est que l'inaptitude à l'assouplissement à la règle, et la règle invariable peut d'autant moins maîtriser les caractères, que ceux-ci ont accumulé plus de divergences latentes, avec un substratum anatomique lui-même plus complexe.

1. *L'Inde anglaise*, t. II, p. 125 et suivantes.

qu'elles sont moins gênées par de nouveaux apports, et elles sont ainsi toujours prêtes à répondre aux sollicitations de l'extérieur par des impulsivités analogues ou similaires. De là sans doute la ténacité et l'entêtement de l'Hindou et leurs manifestations dérivées. C'est une façon de produire l'effort fractionné vers tel ou tel objectif, afin de remédier à l'impossibilité habituelle d'en exécuter un seul d'emblée, à la hauteur de difficultés envisagées. La même limitation de la sphère cérébrale élaboratrice, jointe à une paresse naturelle, explique l'attachement aux traditions, la répugnance aux innovations, l'esprit de routine, jusqu'à un point, par l'écart de la réflexion et l'abandon à l'idée fixe, le caractère rancunier et vindicatif dans la race. Comme il découvre peu au delà de lui-même, qu'il vit très concentré en sa personne, l'Hindou est égoïste, vaniteux, susceptible, défauts qui reçoivent de son impondération l'aggravation passionnelle des sentiments les plus fertiles en explosions criminelles (colère, jalousie, etc.). Il se montre doux et placide dans les relations ordinaires; mais il ne faut pas se fier à cette douceur, à cette placidité, qui sont plutôt indolence ou indifférence, recouvrent la préméditation d'attentats sous les formes les plus basses, les plus nocives à autrui, sans offrir de risques pour leur auteur, la diffamation, la calomnie, etc. Brusquement, à l'occasion d'un mobile futile, il sort de sa torpeur ou de son calme par des entraînements inouïs, dont l'exécution de sang-froid contraste avec la violence de l'éclat. La conduite est inégale, l'équilibre très instable, les trébuchements fréquents. Ce n'est pas seulement de la neurasthénie, par état de débilitation normalisé dans le milieu météorique; il y a bien, par l'excès d'une civilisation particulièrement épuisante, comme l'indice d'une dégénération dans la race, d'une psychasthénie, confinant presque à cette désagrégation mentale de l'hystéricisme si bien décrite par Pierre Janet[1], dans une énorme masse de la population. « La

1. *Quelques définitions récentes de l'hystérie* (*Archives de neurologie*, juillet 1893).

faiblesse des facultés mentales, chez les peuples de l'Inde, a écrit un observateur très sagace [1], paraît être proportionnée à celle des facultés corporelles. Je ne crois pas qu'il existe d'autre nation civilisée qui compte dans son sein autant de gens idiots ou stupides. Certainement, on y trouve un très grand nombre de personnes de bon sens, et même il en est qui ont de l'esprit, des connaissances, ou chez qui l'éducation a développé avec fruit le germe des talents dont la nature les avait doués. Mais depuis plus de trois cents ans que les Européens sont établis dans le pays, il n'en est aucun, que je sache, qui ait jamais avancé qu'il eût connu quelque Indien d'un génie transcendant. » Les tares physiques de la dégénérescence congénitale ne manquent pas d'ailleurs, même dans la caste des brahmes, qui les attribuent aux influences funestes des constellations, et l'albinisme est commun dans les basses castes [2]. Il n'y a pas à s'étonner. Tout s'est réuni pour la genèse d'un type ainsi infériorisé dans son affinement apparent. « Les quatre éléments concourent à énerver tout ce qui respire ou végète sur cette partie du globe. La terre est en général légère, sablonneuse, sans consistance ; elle exige une industrie et des travaux particuliers pour devenir fertile. L'air est presque partout malsain, humide et sans élasticité ; l'eau de la plupart des puits est saumâtre et de mauvais goût; enfin l'ardeur excessive du soleil dessèche les animaux et les plantes. » Dans ces conditions, l'homme est obligé de se contenter d'une nourriture assez pauvre, soit le riz, maigre céréale, soit des chairs d'animaux dépourvues de succulence. Le milieu physique semble réserver ses faveurs, ne convenir qu'aux catégories les plus malfaisantes du règne végétal et du règne animal : les plantes vénéneuses sont communes et redoutables ; les reptiles, parmi lesquels le terrible naja, pullulent, et « les animaux les plus prospères sont les bandits de l'air (vautours, milans, etc.) et des bois (tigres), que l'homme honore par la

1. L'abbé Dubois, *Mœurs de l'Inde*, t. I, p. 152 et suivantes.
2. *Ibid*, p. 445.

crainte qu'il en ressent[1] ». Mais combien l'œuvre du climat a été complétée par celle de l'organisation sociale et des mœurs! Depuis des siècles, des invasions successives ont imprimé à une population bouleversée par les croisements, les accoutumances de vaincus. Bien avant la conquête musulmane, les masses avaient dû fléchir, s'annihiler devant l'autoritarisme irréfréné des castes sacerdotale et guerrière ; déjà énervées par l'ambiance cosmique, elles contractèrent, sous l'étreinte du brahmanisme, les caractères des races usées. L'esprit d'initiative disparaissait dans la soumission abjecte, s'effaçait devant l'hypocrisie rusante ; le cerveau perdait tout ressort ou n'en gardait plus que pour les impulsivités impondérées, outrées, extravagantes. Le code semble avoir pris à tâche d'amoindrir la race en ses éléments de majorité numérique. Il a exagéré les sévérités d'un régime végétarien déjà mauvais par son exclusivisme, encouragé tous les abus dans la sexualité, dans un milieu déjà sollicité à la débauche par la très grande facilité des rapprochements, toléré les habitudes de l'ivresse délirante ou extatique que procurent le haschisch et l'opium. N'était ce point là le calcul d'une minorité intellectuelle qui ne pouvait dominer qu'en émasculant toutes les virilités au-dessous d'elle, minorité qui mit le comble à son œuvre par l'institution des castes et leur étroite démarcation? Les individus, dans chaque catégorie, les catégories, vis-à-vis les unes des autres, n'eurent plus à connaître l'émulation dans les compétitions; les activités furent rivées à des crans qu'elles ne durent point dépasser ; les énergies convergèrent au sommet d'une hiérarchie où le prêtre se dressait comme le maître. Tout reposait, en effet, sur un système religieux bien édifié pour affirmer la suprématie omnipotente du sacerdoce, système à la fois perturbateur des imaginations et des intelligences par ses incohérences, terrorisant par les menaces d'un au-delà effroyable, appuyé sur un déploiement de rigueurs immédiates et très effectives, dont la caste guerrière, l'alliée

1. Dubois, *loc. cit.*, t. I, p. 451-452.

du sanctuaire, assure l'exécution. L'Hindou est façonné à l'annihilation de son être ; son devoir se résume dans le renoncement à son individualisme, et il y est contraint sous les châtiments en cette vie et dans l'autre. De là son caractère lâche et rampant, son humilité et sa bassesse, comme aussi son insouciance et son imprévoyance, autant le résultat d'un fatalisme inéluctable, que d'une paresse naturelle. L'homme sacerdotal est tout, presque la divinité qu'il prétend desservir ; mais, comme il n'a pas la force matérielle, il admet à ses côtés, au-dessous de lui, une caste brutale, qui la peut déployer selon ses indications et ses volontés, les kchatryas, d'où sortent les princes ou rajahs. L'autorité spirituelle est sans contrôle ; l'autorité temporelle s'incline devant ses prescriptions, mais elle jouit d'une pleine latitude à satisfaire ses caprices vis-à-vis des castes inférieures. Au peuple issu de la race conquérante, on a laissé le sol, afin qu'il l'exploite au profit des castes supérieures ; mais on a relevé les vaiçyas par devant les tribus soumises ou plutôt conquises, elles, les simples serviteurs de l'Aryen, les Soudras, ou si viles, qu'elles demeurent au niveau de la bête. Et tout ce monde *se croit* strictement obligé à conserver sa place, à remplir rigoureusement les devoirs qu'elle lui impose, aussi répugnants ou futiles qu'ils soient. Une crédivité développée au delà de toute expression perpétue l'observance. Les divinités regardent avec un soin jaloux la conduite des hommes ; les méchants génies guettent les défaillances, prêts à les punir. Et comme si ce n'était pas assez d'un énorme stock d'obligations mutuelles (d'où l'altruisme et la solidarité sont d'ailleurs rarement dégagés), il faut encore que l'Hindou s'assouplisse dans la dépendance, en veillant sans cesse à d'autres devoirs vis-à-vis des animaux, des plantes, des objets inanimés, d'esprits invisibles et innomés. Il ne perd de vue le cercle du réel que pour se renfermer plus étroitement dans celui de l'occulte. Sa superstition ajoute à sa timidité et à sa circonspection[1]. En cet *état d'âme*, le cerveau

1. « Ce peuple a affaire à tant de démons, de dieux, de demi-dieux, qu'il vit dans une crainte perpétuelle de leur pouvoir. Il n'y

acquiert un éréthisme favorable aux illusions sensoriales et même aux hallucinations. Pour peu qu'il s'y joigne de l'excitation ébriante, que le chanvre vienne enter son délire sur un terrain ainsi préparé, que d'impulsivités dangereuses seront en imminence d'explosion! Un être humain inoffensif apparaît comme un ennemi, comme l'ennemi connu et détesté, et, sous cette forme, il attirera sur lui les colères et les acharnements du superstitieux. Celui-ci n'a point complètement tort d'avoir crainte. Les mêmes fantômes qui l'obsèdent et le portent à la défense ou à la vindicte engendrent autour de lui mille fanatiques, poussés par eux à l'homicide prémédité, recherché pour satisfaire aux goûts cruels de telle ou telle divinité. Le Thug, attendant ses victimes sur les routes désertes, n'obéissait pas à un autre mobile; chez lui, le vol n'était qu'un profit aléatoire, non le stimulant nécessaire de l'acte meurtrier. On se venge des jeteurs de sorts avec férocité [1]. L'Hindou a vécu,

a pas un hameau qui n'ait un arbre ou quelque place secrète regardée comme la demeure des mauvais esprits. La nuit, la terreur de l'Hindou redouble, et ce n'est que par la plus pressante nécessité qu'il peut se résoudre, après le coucher du soleil, à sortir de sa demeure. A-t-il été contraint de le faire, il ne s'avance qu'avec la plus extrême circonspection et l'oreille au guet. Il répète des incantations, il touche des amulettes, il marmotte à tout instant des prières et porte à la main un tison pour écarter ses invisibles ennemis. A-t-il entendu le moindre bruit, l'agitation d'une feuille, le grognement de quelque animal, il se croit perdu; il s'imagine qu'un démon le poursuit, et dans le but de surmonter son effroi, il se met à chanter, à parler à haute voix; il se hâte et ne respire librement qu'après qu'il a gagné quelque lieu de sûreté. » (J. Roberts, cité par Maury, *la Magie*, p. 9.)

1. La sorcellerie joue un rôle considérable dans les mœurs de l'Hindou et elle intervient fréquemment dans la criminalité. Il est utile que les magistrats et les médecins le sachent, sous peine d'être maintes fois déroutés à propos d'attentats bizarres. La croyance aux sorts, à la possession, est la cause de maltraitements envers les individus, agents de nuisance supposés, ou victimes. On exerce les mêmes cruautés contre le sorcier et contre le pauvre diable, délirant ou convulsionné, qu'on déclare ensorcelé. Car, si le premier ne retire pas le démon qu'il a placé chez l'autre, les coups administrés à ce dernier se répercuteront sur son hôte et l'oblige-

du reste, au milieu d'exemples qui l'ont amené à se complaire dans les jouissances des pires barbares. Lui, qui redoute si fort de causer le moindre mal à un insecte, prend un plaisir singulier aux souffrances endurées par ses semblables. On frémit au récit des supplices imaginés par les anciens rajahs, et l'on est stupéfait devant l'atrocité des crimes de sang les plus vulgaires, accomplis de nos jours, au sein des diverses couches.

Comme tous les asservis de longue date, l'Hindou ne respecte que la force. Il subit l'autorité d'en haut, parce qu'elle est forte ou lui semble telle. Mais il prend sa revanche là où il peut s'attribuer une puissance relative. Il a, dans la famille, une sorte de contre-poids aux pressions qu'il supporte dans le milieu social. Si, dans ce dernier, il est un soumis, dans sa maison il est un maître. Le Code lui abandonne la femme et les enfants. Au chef de famille, de la plus élevée à la plus basse caste, l'autorité sans bornes; à la femme, l'obéissance et la soumission au mari, aux parents du mari, au père si elle est encore fille, à son fils aîné si elle est veuve; sa prostitution même, à l'état virginal, est encore méritoire si elle profite au prêtre. C'est parmi les siens que le plus humble des hommes trouve la détente, après avoir rempli ses obligations extérieures; souffre-douleur vis-à-vis des autres au dehors de la case, il rencontre à son tour, en dedans d'elle, un souffre-douleur sur lequel il déverse sa bile. La situation avilie de la femme, si différente de ce qu'elle était aux temps védiques[1],

ront à déguerpir. On combat aussi les sorts et les maléfices à coups de philtres ou de drogues parfois très vénéneuses (Chevers cite le cas d'un aliéné, empoisonné par le datura qu'on lui avait charitablement administré pour le débarrasser du sort jeté sur lui).

1. Le code de Manou contient cependant de très belles choses à l'égard de la femme, épouse et mère, l'âme du foyer. « Partout où les femmes sont honorées, les divinités sont satisfaites ; mais lorsqu'on ne les honore pas, tous les actes pieux sont stériles. » L'honorification se résume dans une contrainte de tous les instants, une tutelle sévère, une sujétion étroite. Le code a d'ailleurs soin d'ajouter : « Une petite fille, une jeune femme, une femme avancée en âge ne doivent jamais rien faire suivant leur propre volonté, même dans leur maison. »

est très propre à exalter la sexualité chez l'homme, et le sens génésique, dans l'un et l'autre sexe, est encore surchauffé par les légendes religieuses et les cérémonies d'un culte lascif. Chez l'homme, où la passion rencontre moins d'entrave, mais où elle est pourtant réduite à compter, dans l'union légitime, avec un chiffre de population féminine sensiblement inférieur au chiffre de la population masculine, les entraînements sont brutaux, la jalousie est excessive, occasionnée par le despotisme de la possession, la rareté et la cherté de l'objet acquis[1]. Chez la femme, mariée ou veuve, une retenue forcée, grâce à la rigueur des lois, maintient une chasteté relative au milieu du libertinage des hommes[2]. Au fond, les mœurs ne sont très pures, ni avec la monogamie de fait, d'un grand nombre d'Indiens, ni avec la polygamie, accessible à beaucoup d'autres. En dehors du foyer, la prostitution est très libre, presque honorée, à l'ombre des temples.

Dans cet entre-choquement d'habitudes dégénératives, le fanatisme religieux, la superstition, le respect de la force, retenant les passions individuelles dans une oscillance troublante, donnent lieu à des actes inouïs, aux yeux de l'Européen, manifestations de la folie ou du crime; à ceux des indigènes, œuvres méritoires. Il n'y a pas bien longtemps que les sacrifices de mériahs (jeunes filles achetées à l'effet de l'immolation rituelle) ont disparu chez les Khonds[3], et que les suttys (holocaustes plus ou moins volontaires des veuves aux mânes de

1. Avec une hypocrisie bien sacerdotale, le code flétrit l'achat de la femme (le mariage *des mauvais génies* est le mariage par achat de la femme au moyen de présents). Mais dans la pratique, la femme est bien généralement achetée aux parents d'une façon ou d'une autre. C'est même ce qui oblige à une monogamie de fait un grand nombre d'Hindous peu fortunés. Par contre, les riches se payent plusieurs épouses et des concubines, d'où une nouvelle cause de raréfaction du sexe, qui le rend encore plus inabordable à maints déshérités.

2. Dubois, *loc. cit.*, p. 441.

3. A. Corre, *Meurtre et cannibalisme rituels*, in *Société nouvelle*, 1893.

leurs maris), ont cessé de s'accomplir dans l'Inde britannique. Mais des pratiques aussi monstrueuses persistent à l'intérieur des sanctuaires, au voisinage ou au cœur des centres où s'étale le plus majestueusement la civilisation d'Europe. Le sacrifice à la force, le *sakty-pourana*, reste en honneur parmi un grand nombre de fanatiques, écœurante synthèse de toutes les influences qui dépriment et pervertissent l'Hindou, même en ses tentatives de réaction contre les préceptes dont il sent la lourdeur écrasante. Car il s'agit là d'une protestation de sectaires contre l'orthodoxie brahmanique ou bouddhique, d'une révolte de démoniaques, capables de tous les excès de l'érotisme et du sang. On s'adresse à Çiva, parce que Çiva est la divinité du néant; en elle, c'est l'être inconnu qu'on entrevoit vaguement comme l'ennemi triomphateur de tous les autres dieux, qui est le prétexte du culte. On affirme tous les contraires des doctrines enseignées par les prêtres dans une orgie de possédés, ivres de toutes les ivresses. « Les moins odieuses de ces orgies sont celles où l'on se contente de boire et de manger avec excès tout ce qui est défendu par les usages du pays, et où les hommes et les femmes, réunis pêle-mêle, violent ouvertement et sans honte les règles les plus sacrées de la décence et de la pudeur. » Toutes les castes sont mêlées, et pour bien accentuer le mépris des traditions, le dédain des souillures, les mêmes morceaux de viande, les mêmes coupes de boissons passent d'une bouche à une autre. L'arak[1] et le calou[2], l'opium et d'autres drogues « sont engloutis de la même façon ». Et quand l'ivresse est complète, les sexes s'abandonnent aux caprices de la lubricité, sans distinction d'aucun lien de caste ou de famille. Il est rare que l'érotisme, à son apogée, ne recherche point l'alliance de la volupté suprême du sang, et c'est là que le mystère arrive à enfanter le crime. L'offrande d'une jeune fille à la *force inconnue*, à Sakty, reste-t-elle toujours simplement symbolique? Il est permis d'en douter, malgré

1. Eau-de-vie de riz.
2. Eau-de-vie retirée du sucre de cocotier.

que Dubois (il mentionne ailleurs l'accomplissement effectif de sacrifices humains) se borne à signaler un tout autre genre d'holocauste que la sanglante immolation[1]. L'Aryen, retour d'Europe, si appliqué d'ordinaire à faire acte de maître, doit-il tolérer de pareilles monstruosités sous le prétexte du respect des habitudes et des coutumes de l'Hindou ? Il peut fermer les yeux sur les hideurs rituelles qui se cachent (jusqu'à un point), mais il nous semblerait très coupable s'il supportait l'étalage public d'autres ignominies plus individualisées. Il existe des religieux mendiants, des fakirs-aghorpunt (ogres) qui affectent de croire à l'absence de toute différenciation réelle entre les choses, et ne leur accordent qu'une matérialité fictive, toute d'imagination : ils sont indifférents devant les actions les plus objectivées, au coup de poing dirigé contre leur personne, comme aux bénédictions de leurs dévots ; ils vont nus, les cheveux nattés, le corps souillé et couvert de vermine, les yeux injectés, « portent entre les mains un crâne humain, frais, dont ils ont mangé les chairs en putrilage, après en avoir extrait, avec leurs doigts, le cerveau et les yeux. » Ils cherchent leur nourriture parmi les charognes et les ordures, boivent l'eau croupie, du lait, de l'alcool. Le docteur Collas[2], en rappelant ces détails d'après Chevers, déclare qu'ils sont de la plus exacte authenticité. « Il ne faudrait pas croire, ajoute-t-il, que de tels monstres sont inconnus dans les parties de l'Inde que nous habitons. » Il rapproche de ces mendiants une autre secte, les bahiraguys ou buiraguis (hommes qui n'ont pas de passions), dont l'abbé Dubois a décrit l'extrême intempérance

1. *Mœurs de l'Inde*, t. I, p. 402-404 ; voir aussi le livre de sir Richard Temple, *l'Inde britannique*. — Chez nous autres civilisés d'Occident, que d'abominations de cette espèce, des pratiques de Gilles de Rais aux messes noires et aux sacrifices rituels, renouvelés de nos jours par une triste survivance de l'occultisme !

2. Traduction inédite de la *Jurisprudence médicale indienne* du docteur Chevers, avec notes recueillies à Pondichéry. On pourra prendre une idée (très sommaire) du livre de Chevers, par la thèse du docteur Hotchekisse, *Criminalité et médecine judiciaire dans l'Inde anglaise* (Lyon, 1893).

et les mœurs éhontées. Ils poussent la saleté jusqu'à l'abjection la plus invraisemblable[1], mangent de toutes espèces d'aliments, boivent de toutes espèces de boissons. Pour détruire chez eux la puissance sexuelle[2], « ils prennent la précaution, longtemps avant de paraître en public, d'attacher à l'organe viril un poids assez lourd, descendant jusqu'à terre et graduellement augmenté; ils traînent chaque jour ce poids avec effort et prétendent qu'ils affaiblissent ainsi les muscles, les rendent incapables d'exercer leur fonction. » Vrais pourceaux ambulants que le peuple admire et vénère ! Eux aussi se rencontrent sur nos territoires. En les dénonçant, le docteur Collas estime rendre un service d'assainissement public, à la charge d'exécution des magistrats, et je pense comme lui.

Ce qui démontre à quel point la race s'est abâtardie, c'est la saillance que les défauts les plus caractérisés dans la masse populaire accuse au sein des couches les plus sélectées. La vanité et la bassesse, la crédivité superstitieuse la plus illimitée, l'antialtruisme de bas mobile, se rencontrent jusque dans la classe des brahmes. « Les brahmes surtout, a écrit Dubois[3], sont excessivement rancuneux; le souvenir d'un tort ou d'un affront reçu ne s'efface jamais de leur esprit. Les inimitiés se perpétuent dans les familles et y deviennent héréditaires; il n'est point entre eux de réconciliations parfaites. L'intérêt, quelquefois, rapproche deux ennemis, mais ils dissimulent leur haine et n'en font point le sacrifice. Il est peu rare de voir les fils et les petits-fils tirer vengeance d'injures faites cinquante ans auparavant à leur père ou à leur grand-père. Mais leur vengeance a aussi un caractère particulier. Les duels leur paraissent une folie ; les assassinats, les coups mêmes, excepté quelques légers coups de poing, sont rarement les moyens auxquels ils ont recours; timides, pusillanimes, ils évitent de se commettre dans des vengeances si

1. Nous avons saint Labre !

2. Robert d'Arbrissel mâtait sa chair par des moyens moins répugnants : il couchait entre deux jeunes nonnes dévêtues !

3. *Mœurs de l'Inde*, t. I, p. 443.

hasardeuses et si meurtrières. Leurs armes favorites sont les sortilèges et les enchantements : c'est en récitant des mantrams maléfiques, ou en appelant à leur secours l'art diabolique de quelque méchant magicien, qu'ils tentent de faire périr leurs ennemis ou d'attirer sur eux une maladie incurable... » A défaut de ces procédés, ils sont fort habiles à manier le mensonge et la calomnie, si chère aux Basiles de tous les pays.

Dans cette race, qu'on devrait appeler malheureuse, si elle avait conscience de ses misères, les désespoirs sont rares. Le fatalisme et l'esprit de soumission, l'indolence naturelle et l'apathie, les préviennent ou les font taire, et ils engendrent moins de crimes que les passions banales et le fanatisme. Les suicides ne sont pas très communs en dehors de l'immolation dévote, du sacrifice volontaire à la divinité. Ils sont, dans une mesure, empêchés par la crainte d'un châtiment terrible dans le monde de l'au-delà, châtiment suivi d'une réincarnation terrestre sous une forme avilissante. Néanmoins, ce mode de l'impulsivité se manifeste, dans l'Inde, au sein de quelques catégories particulièrement souffrantes, chez les femmes surtout, d'après Dubois[1], pauvres êtres poussés à la désespérance « par les sévices d'un mari brutal, les tracasseries d'une belle-mère acariâtre, enfin par toutes les discussions domestiques auxquelles les ménages sont si fréquemment livrés »; dans les colonies d'immigration, chez les coolies, sous les affres de la nostalgie, de la maladie, de la faim et des mauvais traitements de l'engagiste.

Avec le changement de croyances, le fonds du caractère et du tempérament s'est moins profondément modifié dans l'ensemble des races, qu'on ne le supposerait *a priori*. Les Musulmans de pur sang, descendants des Arabes, des Persans et des Tartares, sont extrêmement clairsemés, et la grande masse de la société, régie d'après la loi du Coran, se compose de descendants d'Hindous convertis à l'Islam à la suite des conquêtes afghane et mongole. « On retrouve toujours chez eux le même

1. *Loc. cit.*, t. I, p. 443.

type, la même structure physique que dans les éléments brahmaniques » (de **Waren**)[1], avec moins d'aptitude, peut-être, à toutes les connaissances, moins de pénétration et d'intelligence, mais plus de dignité et de qualités morales[2]. Sous la couche de surface, on découvre la même irritabilité, les mêmes vices, la même crédivité et le même fanatisme[3], aussi les mêmes perversions de la sexualité, que chez les autres indigènes. L'égalité n'est point aussi parfaite qu'on le pourrait croire; sans doute, le Coran ne reconnaît pas les castes, mais il admet des catégories hiérarchisées qui sont presque leurs analogues; d'après la jurisprudence musulmane, dans l'Inde, des mariages ne sauraient avoir lieu entre personnes de professions différentes (point d'unions possibles, par exemple, entre le bottier et le marchand de parfums, le barbier et le tisserand), etc.[4].

Chez les bouddhistes et chez les chrétiens, malgré leur affiliation à des dogmes plus épurés, je n'ai point observé un sen-

1. *Loc. cit.*, t. II, p. 124.

2. D. Warren, *loc. cit.*, t. II, p. **141**.

3. Un siècle de vexations et d'exploitation avait laissé les Hindous presque indifférents vis-à-vis de l'Angleterre; une circonstance futile réunit contre les maîtres communs brahmanistes et musulmans, dans la formidable insurrection de 1857. Les rébellions commencèrent au bruit qu'on avait voulu souiller les troupes indigènes, en leur distribuant des cartouches enduites de graisse de porc ou de vache. Remarquer que les musulmans de l'Inde appartiennent à la secte d'Ali, la plus fanatique de toutes. A Pondichéry, Sicé a assisté aux fêtes de Moharam, pendant lesquelles les jeunes gens se livrent, en souvenir du martyre du fondateur de leur secte et sous l'influence du chanvre, aux actes les plus extravagants. La même intolérance d'opinion que les Hindous de tous cultes conservent vis-à-vis de l'Européen, en la dissimulant par crainte, se retrouve dans leurs rapports réciproques et elle peut donner lieu à de graves incidents. Tout récemment (août 1893), à Bombay, des troubles sanglants se sont produits, entre brahmanistes et musulmans, à propos de réjouissances religieuses célébrées par les uns et déclarées gênantes pour leurs propres dévotions par les autres.

4. Sicé, *Code musulman dans l'Inde*, p. 68.

sible relèvement des caractères. Sans doute les adhérents à ces systèmes ont repoussé l'inégalité des castes, mais en les reconstituant par leur approbation de la soumission aux puissants, princes ou prêtres. Puis, les conditions de leur recrutement n'étaient guère favorables à une sélection sociale. Comme les religions nouvelles, le bouddhisme et le christianisme ont ouvert leurs rangs surtout aux classes les plus deshéritées et les plus viles; ils n'ont pu transformer des organismes moralement dépourvus, depuis des siècles, sous la misère et l'abjection, de toute tonalité un peu vigoureuse; avec leurs enseignements et leurs pratiques, les caractères sont demeurés bas, peut-être même sont-ils devenus plus sournois, comme si leurs adeptes étaient en étonnement et défiance de l'égalité dont ils étaient appelés à jouir, dans le même milieu où ils continuaient à voir fleurir son contraire. La superstition, pour avoir changé d'étiquette, n'a perdu, dans les nouvelles catégories, ni ses droits ni ses effets.

Dans le *bloc*, une certaine uniformité physique répond à l'espèce d'uniformité psychique. Il a prédominance des types crâniens sous-dolichocéphales (indice céphalique : 75, avec celle des éléments Dravida et Mounda) et des types mésaticéphales (indice : 78, avec celle des éléments mongoloïdes et aryens); accentuation du lymphatisme ou des caractères bilioso-nerveux dans les tempéraments; association de l'inertie à l'excitabilité excessive, peu de dignité, beaucoup d'orgueil cependant, d'égoïsme et d'antialtruisme, de passionnalité sous les formes les plus diverses, de crédivité et de fanatisme, d'abandon à la sexualité et aux habitudes dégénératives chez les individus, conditions d'un substratum exceptionnellement favorable à la prédisposition criminelle.

Quant au monde de *Half-cast*, aux métis d'indigènes et d'Européens (Portugais, Anglais, Français : Eurasiens, Topas, etc.), ils constituent un fort beau type physique; ils ont de l'Hindou quelque timidité de caractère, mais de l'Européen l'aptitude à l'évolution supérieure; s'ils étaient plus nombreux, ils seraient l'appoint le plus puissant à une rénovation du milieu général.

L'Aryen des temps védiques avait une grande simplicité de mœurs. Dans la tribu, les citoyens étaient tous des égaux; l'unité sociale, la famille, était forte et respectée, la femme occupant au foyer une place où elle n'était point ravalée, si l'homme restait le chef et le maître. Mais de bonne heure, au sein de la race, l'animisme revêtit des formes qui exaltèrent la superstition, ouvrit la porte à la crédivité au profit des plus intelligents, bientôt transformés en prêtres. Les éléments cosmiques sont individualisés en génies et en divinités; au souffle du vent et au bruit du tonnerre, l'Aryen tremble, comme devant des êtres doués de la toute-puissance; les timides acceptent les intermédiaires qui s'offrent à les protéger contre les entités malfaisantes, à leur assurer la bienveillance des miséricordieuses : le sanctuaire est créé, et avec lui le despotisme sacerdotal; le culte symbolique commence; le germe de ses déviations ultérieures dans les rapports de sexualité se développe dans le mystère d'Agni, et la prépondérance du mâle au détriment de la femme se prépare. Cependant, à côté des plus fins, les plus braves ont réclamé un partage de bénéfices. Les guerriers s'érigent à leur tour en classe privilégiée. La tête et la main s'érigent en dominantes du corps, de la plèbe, qui les doit nourrir et entretenir, recevant comme service, en retour, d'être dirigée par elles. Le règne des chefs, dans les tribus, développe les ambitions; celles-ci, les coalitions ou les dissidences armées entre les tribus; la guerre amène des goûts sanguinaires, qui se reflètent jusque dans le culte (sacrifice du cheval et peut-être de victimes humaines). Déjà, d'ailleurs, l'Aryen a subi bien des contacts suspects, qui ont contribué à modifier son esprit. Les habitudes et les mœurs se sont imprégnées de mongolisme, et quand la suprématie du prêtre et du guerrier s'est doublée d'une influence acquise par la richesse, les castes se sont définitivement constituées. Alors il a fallu codifier les situations respectives, et le brahmanisme s'est incarné dans les lois de Manou. Le code brahmanique est le plus monstrueux monument de l'inégalité sociale, sous le despotisme du prêtre et du guerrier; c'est l'écrasement des humbles par l'union du sacerdoce et du militarisme, avec un ensemble de préceptes calculés pour l'amoindrissement des cérébrations, gage de la soumission du guerrier comme de la masse vulgaire au prêtre; c'est la plus complète des démonstrations de la conventionnalité dans l'honnête et la malhonnête, le moral et l'immoral, la vertu et le crime; le plus formidable instrument de répression dans le domaine terrestre et jusque dans le domaine de l'au-delà. Il n'est fait que pour la satisfaction de la force brutale, à laquelle l'autorité spirituelle abandonne nombre de droits très matériels, afin de se maintenir elle-même sous son égide. Il reste empreint de la barbarie primitive, et dégage pourtant un progrès dans l'évolution; mais celui-ci presque exclusivement concentré dans la caste supérieure.

La justice brahmanique [1] n'a pas établi son fondement sur la pure notion des devoirs naturels à remplir vis-à-vis de soi-même et des autres, sur une sanction du bien par la satisfaction de la conscience et de l'approbation de ses semblables, la flétrissure du mal par le remords et par la condamnation de l'opinion. Elle a dédaigné de telles doctrines ou elle les a reléguées à un plan secondaire. D'emblée, elle a traité l'homme en esclave, déclaré qu'il était à conduire et diriger seulement par la crainte du châtiment.

« C'est la crainte du châtiment, dit le code de Manou, qui permet à toutes les créatures mobiles et immobiles de jouir de ce qui leur est propre et qui les empêche de s'écarter de leurs devoirs. — Le châtiment est un roi plein d'énergie, c'est un administrateur habile, c'est un sage dispensateur du devoir des quatre ordres. — Le châtiment gouverne le genre humain, le

1. Consulter, sur les lois hindoues de système brahmanique, Colebrooke, *Digeste des lois hindoues*, Calcuta, 1800; le *Dharma-Sastra*, recueil des codes, au premier rang desquels le *Code de Manou*, traduction française de Loiseleur-Deslongchamps, in *Panthéon littéraire* (*les livres de l'Orient*); Lande, *Manuel du droit hindou applicable dans les établissements français de l'Inde*, Pondichéry, 1869; Dubois, *Mœurs de l'Inde*, t. II, chap. VIII; Letourneau, *l'Évolution juridique*.

châtiment le protège, le châtiment veille pendant que tout dort, le châtiment est la justice... »

Avec une telle déclaration de principe, on devine où mène la loi, sous le despotisme d'une caste sacerdotale et le despotisme en sous-ordre d'une caste militarienne. Le châtiment n'atteint pas seulement le coupable en cette vie : il l'étreint dans la série de réincarnations qu'il est obligé de subir, d'après le système religieux imposé aux croyances. C'est le terrorisme continué dans l'au-delà, non plus sous la forme nuageuse d'un enfer abstrait, mais sous l'image tangible des souffrances endurées par les corps en leur vie terrestre. Comme la peine éloignée n'accapare pas toujours assez fortement les imaginations, on la proclame nécessaire, dès cette existence, en expiation des crimes cachés : « Pour des crimes commis dans cette vie ou pour les fautes d'une existence précédente, quelques hommes au cœur pervers sont affligés de certaines maladies ou difformités... »

Déjà, dans cette partie... théologique du code, éclate l'esprit qui va dicter la loi plus immédiatement et plus objectivement répressible. La personnalité du brahmane est privilégiée : victime, elle aggrave la qualité de l'attentat ; coupable, si elle n'atténue pas celle-ci, elle en soustrait l'appréciation au pouvoir laïque et transforme le châtiment en pénitence dévote... à la discrétion du défaillant. « Celui qui a volé de l'or à un brahmane a une maladie des ongles... ; le meurtrier d'un brahmane est affligé de consomption pulmonaire ; l'homme qui a souillé le lit de son maître spirituel est privé de prépuce... Tuer un brahmane, voler l'or d'un brahmane, commettre un adultère avec la femme de son père naturel ou spirituel, ont été déclarés des crimes du plus haut degré par les législateurs... » Un brahmane ivre peut tomber sur quelque objet impur. Si donc il s'expose à une pareille souillure, en buvant « intentionnellement de la liqueur spiritueuse extraite du riz », il devra, pour se punir et se purifier, « boire de la liqueur enflammée », ou bien, « jusqu'à ce qu'il en meure, de l'urine de vache, ou de l'eau, ou du lait clarifié, ou du jus exprimé de la bouse de vache, tout cela bouillant. » Mais le brahmane est à la fois juge de l'action et de la punition ! Pour avoir causé l'avortement d'une femme, le brahmane en est quitte pour une pénitence anodine, et, d'autres grands crimes, on ne saurait même pas le soupçonner.

Sur de telles bases, la caste sacerdotale a dicté les lois séculières, dont elle a confié l'exécution aux princes et à leurs officiers, pour les manquements commis par d'autres que par elle.

L'organisation sociale repose sur l'observance rigoureuse d'une hiérarchie minutieusement délimitée. Il importe avant tout de protéger les castes supérieures contre les empiétements ou les moindres atteintes des castes inférieures. Les premières s'élèvent si haut, que leurs manquements vis-à-vis des secondes prennent le caractère de simples délits ; les secondes sont maintenues si bas, que leurs plus légers manquements vis-à-vis des premières revêtent le caractère d'un crime sacrilège, d'une nuisance doublée de profanation. Dans ces conditions, le talion des premiers âges devait disparaître ; car il supposait une égalité de droits entre tous les membres de la collectivité. Admis dans une société hiérarchisée, il est une contradiction dangereuse, car entre brahmane ou kchatrya et soudra, on ne peut appliquer l'axiome : « Dent pour dent, œil pour œil, » sans reconnaître implicitement que la dent sacerdotale, l'œil du noble, ont la valeur des mêmes organes chez le simple roturier. Le talion, dans le cas de crime commis par un privilégié, l'eût ravalé au niveau de sa victime, aussi vile qu'elle eût été, et, dans le cas renversé, aurait relevé le criminel d'humble couche jusqu'à la caste contre laquelle il aurait dirigé l'attentat. Cependant, la survivance de la coutume se serait continuée jusqu'au dernier siècle, d'après Letourneau, sous une forme extra-juridique, le talion du point d'honneur entre gens de même caste. C'était un véritable duel. Une femme, insultée par une autre femme, venait se briser la tête contre la porte de celle-ci ; la dernière était moralement obligée à se tuer, d'une manière à son choix. Un Indien, se jugeant outragé par un autre, lui avait déclaré pareille vendetta; « pour commencer, il broie entre deux pierres la tête d'un de ses fils âgé de quatre ans; aussitôt l'offenseur poignarde sa fille, âgée de neuf ans, et le duel continue ainsi, d'infanticide en infanticide (l'expression de libéricide serait ici plus juste), coûtant la vie à sept victimes[1]. » Mais l'idée de l'ancien talion se retrouve en germe dans le symbolisme des peines, consacré par le code de Manou; il fournit au prêtre une occasion nouvelle de marquer d'un caractère religieux le châtiment, présenté comme exemple terrorisant. Les pénalités, d'ailleurs, qu'elles soient spécifiées sous couleur symbolique ou laissées au choix du prince, sont toujours excessives, atroces, quand elles visent à consolider le régime des castes.

Les attentats contre les personnes — comprenant, avec l'outrage, tous les actes susceptibles de produire une souillure chez les individus (et ils sont nombreux !) — lorsqu'ils ne sortent pas de la caste et ne vont pas jusqu'au meurtre ou à la mutilation, sont passibles d'une réparation pécuniaire, proportionnée à la nuisance, quelquefois de peines corporelles (coups de corde ou de bambou).

Les blessures faites aux animaux domestiques sont assimilées aux blessures faites à l'homme.

Mais les méfaits dirigés contre les princes et surtout contre les brahmes, aussi légers qu'ils soient, à plus forte raison les coups et les blessures, peuvent entraîner les peines les plus inouïes, si leurs auteurs sont de basse caste. « De quelque membre que se serve un homme de basse naissance pour frapper un supérieur, ce membre doit être mutilé... — S'il a levé la main ou un bâton sur un supérieur, il doit avoir la main coupée; si dans un mouvement de colère, il lui a donné un coup de pied, que son pied soit coupé. — S'il crache avec violence sur un brahmane, que le roi lui fasse mutiler les deux lèvres; s'il urine sur un brahme, l'urètre; s'il lâche un vent en face de lui, l'anus. — S'il le prend par les cheveux, par les pieds,

1. *Évolution juridique*, p. 297.

par la barbe, par le cou ou par les bourses, que le roi lui fasse couper les deux mains sans balancer. »

L'homicide volontaire, qu'il soit ou non accompli avec préméditation et guet-apens, par les moyens violents ou le poison, est puni de mort, avec aggravation de la peine par la torture ou la forme du supplice, selon les circonstances de l'acte ou les qualités de la victime (empalement, écrasement sous les pieds des éléphants, etc.). Mais l'homicide par imprudence est seulement puni d'une amende, et le meurtre est excusable dans le cas de légitime défense ou de lutte pour protéger autrui contre un agresseur, celui-ci fût-il même un brahme... Toutefois, dans cette dernière occurrence, si le crime légal disparaît, le crime religieux subsiste, qui exige une pénitence pour être lavé. « Pour sa propre sûreté, dans une guerre entreprise pour défendre des droits sacrés et pour protéger une femme ou un brahmane, celui qui tue justement ne se rend pas coupable. — Un homme doit tuer, sans balancer, quiconque se jette sur lui pour l'assassiner, s'il n'a aucun moyen de s'échapper, quand même ce serait son directeur (spirituel) ou un enfant, ou un vieillard, ou même un brahmane très versé dans la sainte écriture. — Tuer un homme qui fait une tentative d'assassinat, en public ou en particulier, ne rend aucunement coupable le meurtrier ; c'est la fureur aux prises avec la fureur. » On n'est pas accoutumé à rencontrer dans le code des préceptes aussi larges.

Les actes immoraux, s'ils ne comportent pas un caractère de violence, même accomplis en des conditions qui leur vaudraient chez nous la qualification d'outrages publics à la pudeur, ne sont l'objet d'aucune pénalité ; ils sont seulement atteints par la loi religieuse. « Le dwidja (disciple auprès d'un brahme) qui se livre à sa passion pour un homme, n'importe dans quel lieu, ou pour une femme, dans un chariot traîné par des bœufs, ou dans l'eau, ou pendant le jour, doit se baigner avec ses vêtements ; l'homme qui a répandu sa semence avec les femelles d'animaux, excepté la vache, ou avec une femme ayant ses règles, ou dans tout autre partie que la naturelle, ou dans l'eau, doit faire pénitence du sântapana »(manger pendant un jour de la bouse et de l'urine de vache, mêlées à du lait, du beurre clarifié, etc.).

Mais la séduction, l'adultère, le rapt, le viol et les attentats à la pudeur sont diversement châtiés. Quelques-uns de ces actes ne sont pas très bien dégagés de l'union légitimée ou tolérée, car le code a gardé, à propos du mariage, certaines survivances très antiques (il reconnaît permises, tout en les déclarant mauvaises, pour le kchatrya, l'union dérivée du rapt de force, forme ancestrale de l'ère sauvage ou de la primitive barbarie, l'union dite des *vampires*, celle que l'on contracte par surprise, avec « une femme endormie ou enivrée par une liqueur spiritueuse, ou dont la raison est égarée »). La préoccupation du législateur, c'est d'affirmer des privilèges en faveur de la grande caste, dans le mode des unions ; de la protéger, de lui éviter les souillures d'un contact impur et les fruits d'une descendance vile, dans tout ce qui pourrait porter atteinte à l'union. Par contre-coup, à tous les degrés, la famille doit être sauvegardée : c'est le moyen d'assurer la conservation des castes. « C'est de l'adultère que naît dans le monde le mélange des classes, et du mélange des classes provient la violation des devoirs, destructive de la race humaine, cause de la perte de l'univers. »

L'adultère ne tire pas trop à conséquence dans les très basses catégories, où il est seulement passible d'une amende. Il n'en est plus de même, quand il a lieu dans les autres castes. Les peines sont inégales selon la classe des coupables, et elles sont très souvent plus sévères pour la femme que pour l'homme, car les conséquences de la faute sont plus grandes chez la première que chez le second, et le manquement grandit avec le milieu que l'épouse occupe. Le crime ne résulte pas seulement d'une relation très intime : entretenir une femme mariée dans un endroit écarté, folâtrer de trop près avec elle, s'asseoir sur le même lit, toucher à ses parures ou à ses vêtements, porter la main sur une partie de son corps, font encourir la peine, et celle-ci peut être terrible, dans son impitoyable symbolisme. —

Le brahmane, quelle que soit la femme qu'il aura séduite, ne peut être mis à mort : « Que le roi se garde bien de tuer un brahmane, quand même il aurait commis tous les crimes possibles; qu'il le bannisse du royaume en lui laissant tous ses biens et sans lui faire aucun mal. » Le brahmane convaincu d'adultère avec une femme mariée de sa caste, s'il en jouit par force, paye une grosse amende et subit une tonsure ignominieuse ; s'il commet l'adultère avec une femme de kchatrya ou de vaiçya, il est passible d'une amende égale à la précédente ou réduite de moitié. Pour adultère avec une brahmane, le vaiçya perd ses biens et subit une détention d'une année, le kchatrya paye une amende et a la tête rasée et arrosée d'urine d'âne. Mais « si le vaicya ou le kchatrya commettent un adultère avec une brahmane gardée par son époux et douée de qualités estimables, ils doivent être punis comme des Soudras, ou brûlés avec un feu d'herbes ou de roseaux ». — L'adultère du vaicya avec la femme d'un kchatrya, celui d'un kchatrya avec la femme de la classe commerçante, sont punis d'une amende. — « Si une femme, fière de sa famille et de ses qualités, est infidèle à son époux, que le roi la fasse dévorer par des chiens dans une place très fréquentée, qu'il condamne l'adultère son complice à être brûlé sur un lit de fer chauffé à rouge, et que les exécuteurs alimentent sans cesse le feu avec du bois jusqu'à ce que le pervers soit brûlé. » L'article ne spécifie pas la caste ; il semble applicable pour les familles de caste noble d'une certaine notoriété. — Comme la contradiction est toujours immanente, après avoir défendu l'adultère, tonné contre les unions incestueuses, le code autorise l'acte le plus ravalant pour la femme, le recommande même ; c'est la génération par procuration ! « Lorsqu'on n'a pas d'enfants, la progéniture que l'on désire peut être obtenue par l'union de l'épouse convenablement autorisée avec un frère ou un autre parent du mari[1]. »

1. La loi romaine, si dure pour la femme, ne mettait pas obstacle à l'exécution d'un procédé analogue. Le vieux Caton en usa et s'en vanta ; il voulait avoir de beaux rejetons ! De nos jours, le procédé a été scientifisé : les partisans de la génération artificielle

A côté de la sévérité excessive dans la répression de l'adultère, on est quelque peu surpris de l'indulgence relative manifestée à propos de la séduction et du viol. Le rapt, le viol de la femme endormie peuvent même devenir les procédés d'une union déclarée illicite et cependant permise au kchatrya, ainsi que je l'ai dit (il faut se montrer tolérant ou agréable vis-à-vis du soudard, qui est l'une des colonnes de la société, et le législateur n'a point oublié de faire la part aux goûts brutaux de la catégorie). La séduction n'est pas crime, si la femme est consentante (ici, le code est sage, logique, puisqu'il admet l'union libre), mais à la condition que la femme s'abandonne à un homme de sa caste ou à un homme de caste supérieure (toujours la préoccupation de maintenir la démarcation entre les classes, avec réserve de rupture chaque fois que celle-ci profite à l'homme dans les plus élevées) ; si, au contraire, elle se livre à un homme de caste inférieure à la sienne, elle doit être enfermée dans sa maison, sous bonne garde, et, si elle est brahmane, être mise à mort, son corps jeté aux bêtes. Mais l'homme de basse origine « qui adresse ses vœux à une demoiselle de haute naissance, mérite une peine corporelle ; s'il courtise une fille de même rang que lui, qu'il donne la gratification d'usage et épouse la jeune fille si le père y consent ». — La possession est-elle forcée ? Les pénalités sont subordonnées aux circonstances du crime, à la condition du criminel et à celle de la victime. Le brahmane « qui viole une femme de sa caste, non mariée et de bonnes mœurs », en est quitte pour une amende ; le kchatrya qui viole une femme de sa caste, est privé du membre coupable et perd ses biens (on ne lui tolère ses appétits débordants que vis-à-vis des castes inférieures). Au-dessous de ces castes, comme s'il s'agissait d'un bétail trop méprisable pour qu'on s'occupât des accidents survenus dans les milieux, le code dit, assez vaguement : « Celui qui fait violence à une jeune fille subira sur-le-champ une peine corpo-

l'ont recommandé, d'après leur système. Au moins, le code de Manou assure-t-il aux produits de l'union la conservation du sang familial dans la ligne paternelle.

relle. » — Le code vise très catégoriquement des attentats à la pudeur, qui accusent, dans la race, des habitudes sexuelles déjà singulièrement dépravées, retrouvées dans nos civilisations occidentales à la période d'usure. Mais il ne me paraît pas bien certain que ces prescriptions s'adressent à toutes les couches ; il est probable qu'elles s'attachent à sauvegarder surtout, sinon exclusivement, l'honneur des hautes castes. Les actes sont condamnés ou comme attentatoires au but de la procréation, que le système encourage, ou comme attentatoires aux droits du mâle : « L'homme qui, par orgueil, souille de force une jeune fille par le contact de ses doigts, aura deux doigts coupés sur-le-champ » et mérite une amende (celle-ci est la seule peine encourue, réduite, si la fille a été consentante) ; — « si une demoiselle souille une autre demoiselle par le contact de son doigt », elle paye une amende et, au père de la jeune fille souillée, le double du présent de noce ; elle recevra, en outre, dix coups de fouet ; — « mais une femme qui attente de la même manière à la pudeur d'une jeune fille doit avoir sur-le-champ la tête rasée et les doigts coupés, suivant les circonstances, et elle doit être promenée par les rues, montée sur un âne. »

Le privilège vaut par l'ensemble du bien-être qu'il procure. Il appelle l'attention du législateur sur les moyens d'assurer la jouissance par la propriété. Danc une société quelconque faire l'histoire du régime de la propriété, c'est aussi révéler la source la plus féconde des attentats ; car la convoitise, qui englobe tous les désirs de jouissance, y compris celles de voluptuosité sexuelle, a seulement dans la possession des biens, devenus valeur fictive ou demeurés valeur réelle, le moyen de les contenter. Les biens sollicitent d'autant plus vivement les convoitises, concentrent sur eux une somme d'autant plus grande de convoitises, qu'ils sont accaparés par un plus petit nombre d'individus. Ceux-ci, pour les défendre, doivent déployer une énergie féroce, et, faiseurs de lois, ils érigent l'iniquité en droit, l'imposent comme telle à coups de supplices. Le code hindou a fort bien compris qu'il ne pouvait défendre exclusivement la propriété chez quelques-uns, sans diriger contre elle des masses qui l'eussent tôt ou tard conquise à leur profit; s'il est possible, en effet, d'imposer à des millions d'hommes le respect des prérogatives autoritaires d'une poignée de dirigeants, même la possession de la plus grande partie des richesses, il est difficile d'imposer longtemps le respect de fortunes, tout entières entre les mains de quelques-uns, à des collectivités dénuées de ressources et sans droit à posséder. D'ailleurs, assurer la conservation du fruit de son travail à l'artisan, au laboureur, au commerçant, n'est-ce pas ménager aux sanctuaires et aux cours une inépuisable réserve d'aumônes et d'impôts? Puis, ne faut-il pas laisser aux humbles de la société quelques moyens de goûter aux délectations de l'existence, afin de leur faire oublier les tristesses de l'oppression et de l'exploitation? Les lois sont rigoureuses contre les attentats à la propriété. Elles punissent ceux-ci dans quelque classe qu'ils soient commis, mais toujours en s'appliquant à ménager l'aggravation quand le crime est exécuté au préjudice du brahme, peu soucieux de négliger les biens de ce monde, en attendant les richesses qu'il se promet à lui-même dans les autres.

Sont punis à l'égal du meurtre, l'incendie et l'accaparement du terrain d'autrui.

Le vol est l'objet d'une pénalité graduée, selon les circonstances du temps, du lieu, de la nature des choses dérobées, de la qualité du possesseur auquel il a causé préjudice. D'une manière générale, il est puni de l'obligation de verser une compensation pécuniaire proportionnelle au tort occasionné, mais seulement jusqu'à une certaine valeur. Celle-ci est-elle dépassée, il entraîne la perte de la main; s'il y a récidive, l'amputation d'une main et d'un pied; à la deuxième, la mort. Le voleur d'une vache a le nez coupé; le voleur d'une chèvre, la moitié du pied amputé; le coupeur de bourse, à son premier délit, le pouce et l'index. Le voleur de nuit, qui a fait brèche à un mur, a les mains tranchées et est empalé. « Celui qui a volé de l'or à un brahmane doit courir en toute hâte vers le roi, les cheveux défaits, et déclarer son vol, en disant: *J'ai commis telle action, punis-moi.* Il doit porter sur ses épaules une masse d'armes, ou une massue de bois de khadira [1], ou une javeline pointue des deux bouts, ou une barre de fer. Le voleur, soit qu'il meure sur le coup, étant frappé par le roi, ou qu'il soit laissé pour mort et survive, est purgé de son crime. Pour avoir volé des vaches appartenant à des brahmanes et leur avoir percé les narines, le malfaiteur doit avoir sur-le-champ la moitié du pied coupé. » Pour comprendre la pénalité dirigée contre le vol de certains animaux, il ne faut pas perdre de vue que les uns sont anoblis de par la légende mythique et le culte (vaches), que d'autres le sont par les services qu'ils rendent au guerrier (cheval) ou au laboureur [2]. Si ardent à protéger la propriété est le code, qu'il excuse le meurtre commis par le propriétaire pour la défense de ses biens, même des choses les plus minimes ; le possesseur d'un champ peut tuer le misérable qui vient y glaner quelques épis [3].

Le créancier jouit de prérogatives exorbitantes vis-à-vis du débiteur [4]. S'il n'est pas remboursé, il peut, par ruse ou violence, s'emparer de ses meubles, de ses bestiaux, de sa femme et de ses enfants, le séquestrer lui-même [5].

Si loin est poussé le respect des contrats... toujours au point de vue des intérêts matériels, qu'« une courtisane payée d'avance ne peut refuser le service vendu, à moins de restituer le double du prix reçu, ni l'homme abuser de la courtisane en sortant des conditions verbalement arrêtées, sous peine de payer une rétribution octuple. » (Letourneau [6].)

1. *Mimosa catechu,* lég.

2. En France et en Angleterre, le vol du cheval était jadis puni de mort.

3. Chez nous, un boulanger peut envoyer en prison, même au bagne, l'affamé qui aura forcé sa devanture afin d'y saisir un pain; le meurtre du voleur de nuit est excusable.

4. Comme dans la loi romaine.

5. Il n'y a pas bien longtemps que la prison pour dettes a été abolie en France.

6. *Loc. cit.*, p. 303.

La spoliation et l'usure sont, avec raison, châtiées avec sévérité. Mais on retombe dans l'excessif, à propos de certains manquements professionnels, dont les victimes ne sauraient guère être que des riches. Il n'y a que les privilégiés à bénéficier du luxe des pierreries et des ornements d'or ; c'est bien pour eux qu'a été édictée cette prescription inouïe : « Le plus pervers de tous les fourbes est un orfèvre qui commet une fraude ; que le roi le fasse couper par morceaux avec des rasoirs. » Le simple fait d'avoir maladroitement travaillé une pierre précieuse entraîne pour l'ouvrier une amende énorme [1].

Toute pitoyabilité n'est pas morte, cependant ; toute solidarité n'est pas étouffée dans la loi brahmanique. L'Aryen transformé n'a point perdu entièrement l'âme védique. Çà et là, il surgit, dans le code, des recommandations qui sont libérales. Les maîtres, non seulement doivent respecter les engagements pris envers les ouvriers, mais encore payer leurs salaires à ceux-ci lorsqu'ils viennent à quitter l'atelier à la suite d'injures ou de mauvais traitements, soigner dans leurs maladies les personnes qu'ils emploient, etc. L'aide mutuelle est ordonnée. Des peines sont infligées aux individus qui refusent leur concours contre les pillards et les malfaiteurs, pour réparer les dégâts survenus dans les chemins ou les digues d'intérêt commun.

J'ai mentionné, à propos de divers crimes, la rigueur des peines corporelles, poussée jusqu'aux dernières limites de la cruauté ; elle est conforme au dogme fondamental, la répression par la crainte, le maintien de la règle par la terreur. La cupidité seule a pu faire dévier, sur certains points, et plus tard modifier, dans l'application, des préceptes aussi outrés.

1. A propos de cette prétention d'imposer le savoir-faire, comme la plus scrupuleuse honnêteté, aux corporations, je mentionnerai cet autre article du code de Manou :

« Tous les médecins et chirurgiens qui exercent mal leur art méritent une amende ; elle doit être du premier degré pour un cas relatif à des animaux, du deuxième pour des hommes. »

Un esprit analogue, bien que plus mitigé, présidait à la législation policière de nos anciennes corporations.

L'amende et la confiscation des biens ont été des tempéraments plus largement admis (ils profitaient aux dispensateurs de la justice). Ce fut un progrès. Mais est-ce bien une caractéristique particulière de la pénalité hindoue, comme le prétend Letourneau? J'ai quelque hésitation à le croire. Cette pénalité n'est fiscale que très accessoirement, en principe. Nul doute, d'ailleurs, qu'elle n'ait accentué cette tendance sous l'âpreté des convoitises d'en haut, plus fortes que les instincts sanguinaires et vindicatifs. La confiscation des biens et l'amende aident à remplir le trésor des princes, par ricochet à l'enrichissement de l'autel. La caste sacerdotale ne perd jamais de vue ses intérêts matériels; elle a soin de rappeler aux grands que, s'il est digne d'un vertueux de jeter dans l'eau les amendes fournies par les criminels, il est encore plus digne de lui d'en faire don à quelque saint homme. Bien avant l'immixtion de l'autorité anglaise dans les affaires de la justice indigène, la peine capitale et les mutilations avaient cessé d'être aussi fréquemment prononcées que le prescrivait le code; même les châtiments de moindre sévérité étaient tombés à un tel degré de désuétude, que les voleurs n'avaient souvent qu'à restituer les objets dérobés. Mais cette mitigation n'accusait que la mollesse d'une magistrature locale impuissante ou battant monnaie avec ses fonctions; elle ne supprimait point des lois leur rigorisme inouï. Cela était si vrai, qu'à côté de l'impunité laissée aux véritables malfaiteurs..., pour la plupart en état de l'acheter, les crimes conventionnels et les plus futiles, selon la manière de penser de l'Européen, continuaient à être frappés, dans la personne des deshérités, avec l'acharnement le plus impitoyable. Dubois [1] a vu mettre à mort un paria pour avoir tué à coups de pierre un taureau consacré à Çiva, et qui commettait des dégâts énormes dans les rizières, au voisinage du temple. Les formes des supplices s'étaient simplifiées : les condamnés à mort étaient fusillés, pendus ou décapités; mais l'omnipotence et l'ingéniosité des juges s'inspiraient, à l'occa-

1. *Loc. cit.*, t. I, p. 461.

sion, des anciennes habitudes ; les moyens de torture pour forcer à l'aveu... ou à la générosité les accusés, supposés riches ou pourvus d'emplois lucratifs, remplaçaient les peines si effroyablement variées d'autrefois.

Une supériorité dans les lois et les mœurs orientales sur les nôtres, c'est de laisser à la peine le même caractère d'accidentalité et d'individualité qu'au crime : l'une efface l'autre d'une façon absolue ; le châtiment s'épuise sur le coupable, il n'est pas infamant et ne projette sur la famille du misérable aucune éclaboussure qui la désigne à un mépris immérité, entrave les activités de ses membres, les oblige parfois à recourir au suicide ou à l'attentat de désespérance. La dette payée aux exigences du milieu, personne n'a rien à dire et ne songe à lui ajouter un surcroît. La coutume, du reste, accorde à l'accusé le moyen de se laver des actes qu'on lui reproche par l'ordalie, qu'on retrouve dans le système judiciaire de toutes les sociétés, à l'aurore des civilisations, sous la même inspiration de religiosité. Dubois a donné la description de ses diverses formes, en général assez semblables à celles qu'on a observées jadis dans notre Europe (le feu, l'eau, le poison, etc.)[1].

Dans la société hindoue, si nettement hiérarchisée, chaque unité hiérarchique est investie d'un pouvoir judiciaire à un certain degré. Dans la famille, le chef ou les membres les plus âgés ; dans les corporations, les arbitres choisis par les parties ; dans les villages, les notables, tranchent les questions relatives aux choses de leur milieu, prononcent sur les manquements de médiocre importance. Au delà, pour les actes d'intérêt plus général, les délits et les crimes de droit commun, la justice appartient aux magistrats choisis par le prince, le juge suprême, d'après le grand code théocratique..., qui a tout calculé pour laisser bonne direction au brahme.

Je n'ai que quelques mots à dire sur la justice musulmane[2]. Sa base est le Coran. Mais la doctrine, selon les coutumes pré-

1. *Loc. cit.*, t. II, p. 546.
2. Sicé, *Législation hindoue : lois musulmanes de l'Inde.*

dominantes dans les régions, les jurisprudences locales créées par les imans, s'est modifiée plus ou moins quant aux applications pénales. Elle consacre partout le principe du talion, mais avec la faculté du rachat pécuniaire (sauf dans un petit nombre de cas). La peine de mort, infligée aux assassins de grands chemins, avait lieu par décapitation ; la mutilation d'un membre était le châtiment des voleurs ; la peine afflictive ordinaire était la fustigation avec un fouet de cuir à sept longes (doura). L'omission des devoirs religieux, répétée après un avertissement du juge ou kazi (cadi), est punie d'une amende ; une nouvelle récidive entraîne la prison (jadis, elle pouvait entraîner la mort). Le commerce illicite entre personnes non mariées, du consentement mutuel des coupables, est puni de cent coups de doura. « Si les patients expirent avant de les avoir reçus, on les met en terre et l'on administre sur leur tombeau l'excédent des coups qu'ils auraient dû recevoir. » (Sicé.) Le commerce illicite entre personnes mariées (adultère double) mérite la mort ; la peine est le *rajam*, « qui consiste à lapider les coupables après les avoir enterrés jusqu'à la partie inférieure de l'estomac ». Le même crime entre une personne mariée et une personne célibataire mérite à la première le rajam et à la seconde cent coups de doura.

Depuis l'occupation européenne, bien des changements se sont opérés. Le *bloc* hindou brahmano-islamique n'a pas été sensiblement entamé dans ses mœurs générales ; mais, tout en gardant ses codes, il a dû accepter ou subir d'importants tempéraments. Les Occidentaux n'ont point cherché à obtenir la fusion de leurs propres lois avec des lois indigènes de tendance et d'esprit aussi divergents ; ils se sont appliqués seulement à faire tomber en désuétude ou à enrayer, par des moyens indirects, ce qu'il y avait d'excessif ou de révoltant, au point de vue humanitaire, dans certaines pratiques ; ils ont surtout visé à rendre la justice plus égale, moins variable et arbitraire, en l'amenant peu à peu de l'administration indigène à l'administration européenne. L'Hindou reste sous la règle de ses codes pour tous les actes de la loi civile ; même pour un grand nombre de délits, il est jugé d'après ses lois et ses coutumes ; mais pour les attentats qui, partout, sont l'objet des mêmes réprobations, il tombe sous la juridiction de ses conquérants. Que la justice soit confiée à des magistrats de la race, qu'elle soit exercée par des magistrats européens, elle est désormais, à tous les degrés, sous la surveillance de l'autorité supérieure, émanée du droit d'occupation. Je constate. Je ne donne point là-dessus une appréciation. L'indigène a gagné à la transformation ! Oui, peut-être, par la mitigation des peines et la garantie... théorique de l'appel comme d'abus vis-à-vis des juges prévaricateurs. Mais, en fait, que penser de la justice anglaise, après des aventures comme celle de sir Crawford[1] ?

L'Hindou, observé dans son milieu d'origine ou au sein des collectivités d'autres races et d'autres modes sociaux, apparaît avec la même immuabilité de caractère et de mœurs qu'à travers la série évolutive des temps. Chez lui, les contacts des étrangers clairsemés dans son énorme masse le laissent indifférent ; hors de chez lui, noyé à son tour dans le flot des peuples européens ou asiatiques, il forme des groupements qui, même très peu considérables, assurent sa résistance aux causes transformatrices. Aussi j'étudierai dans ce chapitre et l'Hindou demeuré sur son sol, son territoire ethnique, et l'Hindou émigré dans nos diverses colonies. Les manifestations criminelles sont partout les mêmes ; elles obéissent seulement à des sollicitations nouvelles dans les milieux nouveaux.

1. Sir Crawford, haut fonctionnaire du gouvernement de Bombay, a été convaincu de concussion et de déni de justice; de nombreux magistrats indigènes ont été compromis avec lui (1888-1889). Les débats du procès ont appris que, sur soixante-trois journaux indigènes, fondés de 1885 à 1887, vingt-quatre étaient publiés par d'anciens fonctionnaires licenciés ou par des repris de justice convaincus de vols, d'abus de confiance, etc. Comme il convient à l'Angleterre de parler de la vertu chez elle et du vice chez les autres !

Lire, dans la *Revue bleue* du 30 avril 1890, l'article de Chailley, *l'Inde anglaise et ses fonctionnaires.*

Chaque page des annales criminelles de l'Inde, a écrit Chevers[1], « démontre surabondamment que les crimes commis par les habitants de la région portent avec eux un cachet distinct et particulier, que leur imprime la mise en jeu de ces grands défauts moraux dont il a été parlé : vols, parjures, faux, vols d'enfants[2], tortures, meurtres de vieillards des deux sexes, assassinats, massacres d'enfants pour leur voler leurs bijoux, empoisonnements, adultères, viols, sodomie, avortements, tels sont les principaux crimes de ces sensualistes ingénieux, doux et indolemment entêtés. » Ce n'est qu'en analysant les mœurs qu'un Européen « peut arriver à connaître comment, sous la physionomie placide, civile, timide et sans expression d'un habitant de l'Inde, se combinent d'une manière étrange la sensualité, la jalousie, des superstitions cruelles et indéracinables, la fausseté la plus absolue et le mépris le plus impitoyable de la valeur de la vie humaine. Si nous rappelons que toutes ces manières d'être sont réglées par des traditions de coutumes et de lois anciennes et sanguinaires, qu'en l'absence de ce que les natifs considèrent comme des autorités légales, ils tiennent pour justes..., que ce peuple est sans éducation et livré à toutes les tentations et aux dégradantes influences qu'engendre une excessive pauvreté, que les femmes sont encore plus ignorantes et encore plus abruties que les hommes, qu'il n'existe parmi eux aucune croyance dans la vertu de la femme ni dans la probité de l'homme, que si lâches que soient les habitants, ils sont tous armés et souvent dans la nécessité de se servir de leurs armes pour leur propre défense ; si donc nous joignons à ces faits d'autres faits en grand nombre, que nous enseignera l'expérience, nous pourrons nous faire une certaine idée de ce qui est, dans ce pays, la *pathologie du crime...* »

C'est bien, en effet, une pathologie spéciale, que la crimi-

1. *Méd. jurisp. in India.*
2. Crime fréquent dans les villes musulmanes ; on vole de préférence les jeunes filles pour les vendre comme esclaves ou en faire des prostituées.

nalité au sein des agglomérations humaines. Je parle de la criminalité proprement dite, de celle qui va à l'encontre des nécessités créées à l'homme de par les conditions de son organisme, à l'encontre de ses droits naturels, expression d'instincts et de besoins liés à des modalités biologiques et synthétisés dans le consensus entre les libertés individuelles et les formes de l'association; de celle qui ne va pas chercher ses définitions parmi les abstractions des légistes, moins encore parmi les conventions des codes théocratico-monarchiques; mais dans le concret, l'observation et l'expérience scientifiques. Le crime, acte antialtruiste et antisolidaire (A. Corre)[1], acte attentatoire à la liberté individuelle (Hamon)[2], est une détonnance dans le milieu normal. Il implique, chez ses auteurs, latents ou extériorisés, l'existence d'une sorte d'incapacité, de réduction dans les facultés d'adaptation à la vie sociale, par l'excès d'un égoïsme lui-même la conséquence d'une tare héréditaire ou acquise. Cette tare s'élève, par degrés, de l'insuffisance ou de l'impondération cérébrale, caractérisant le simple indégrossi, déjà sur les confins de l'infériorité somatique (d'après cette loi que l'organe offre un développement proportionnel au jeu de la fonction), jusqu'à l'aberrance qui marque état morbide. De fait, l'acte criminel accuse les plus étroites corrélations avec la folie, se confond même très fréquemment avec elle, ou disparaît si bien dans la névrose définie, épileptique, hystérique, neurasthénique, qu'à défaut de la constatation catégorique des signes pathognomoniques de celle-ci, on l'a transformé lui-même en manifestation de névrose spéciale à laquelle il a donné son étiquette. Il n'est pas atavisme; il n'est pas l'attribution d'un état primordial dont la vie sauvage serait la perpétuation et dans l'humanité évoluante, sous la forme agglomérée, et dans les sociétés civilisées, sous la forme individuelle; car il n'est point lié fatalement à la vie sauvage; il semble même d'autant moins commun, que l'évo-

1. *Crime et Suicide.*
2. *Archives de l'anthropologie criminelle* (1er semestre 1893).

lution est moins avancée, et acquiert son maximum dans les milieux les plus affinés. C'est qu'il est bien partout l'expression d'une usure, d'une morbidité *sui generis*, limitée aux individus ou plus ou moins étendue à la race, selon la diffusion de certaines influences. Nulle race n'a éprouvé l'action perturbatrice d'un climat et d'un code viciants à un aussi profond degré que l'Hindou; nulle race n'offre à un plus haut point la marque dégénérative et l'estampille criminelle. J'ai dit sous quelles pressions l'Hindou avait perdu ses qualités originelles. Le champ de sa conscience s'est peu à peu rétréci, sous l'obligation de se soumettre, sans réflexion, aux devoirs les plus extravagants, les plus contradictoires, les plus opposés parfois aux instincts de la nature; il a cessé d'entrevoir les notions de la moralité saine, à force de les confondre avec leurs contraires, et, dans le complet abandon à ses sensualités, il a achevé de perdre ses énergies. Chez lui, tout est passion, et toute passion est d'une intensité anormale, répond sans contrepoids, sans proportionnalité, aux mobiles qui la sollicitent vers l'acte. Comme l'égoïsme et l'antialtruisme restent la dominante chez les individus, dans chaque caste, chez les catégories vis-à-vis les unes des autres, les sentiments les plus susceptibles de produire les impulsivités criminelles sont en éveil permanent, l'esprit de vindicte, la haine, la jalousie sexuelle, la convoitise et la cupidité. Ces impulsivités font explosion à propos des circonstances les plus futiles et avec des violences parfois formidables. Elles dénotent fréquemment, sinon l'alliance avec des états d'aliénation caractérisés, du moins avec des états provoqués similaires (ivresse haschischienne) ou toujours immanents et analogues (fanatisme de superstition). Les mêmes facteurs qui donnent naissance à la criminalité, en d'autres races et en d'autres milieux, sont aussi, dans l'Inde, le point de départ de l'attentat, mais, à tel degré qui ne suffirait pas ailleurs à produire celui-ci, ils le font éclater chez l'Hindou. Certains facteurs éventuels amènent des recrudescences.

Les uns, de nature sociale, surenchérissent sur des prédispositions déjà acquises, poussent à la répétition d'habitudes momentanément assoupies et, directement ou indirectement, aux actes criminels, pour la satisfaction d'une passion soudainement réveillée ou éclose : les époques de grandes fêtes sont marquées par un redoublement de fanatisme dévot, par des consommations d'ébriants (surtout de chanvre ou gunjah), qui ne sont que trop ordinairement la cause de graves manifestations ; elles multiplient les chances de conflits, de querelles et de rixes, au sein des foules considérables qu'elles réunissent dans une surexcitation commune ; elles créent des besoins fictifs, par la nécessité que les sexes ont alors de paraître chacun avec l'extériorité d'ostentation dictée par ses vanités propres, et les dépenses exagérées, conseillées par le luxe, si elles ne trouvent pas à s'acquitter d'emblée par l'attentat, sont suivies dans les ménages de détresses cuisantes, qui essayent de se dénouer par celui-ci ;

Les autres sont de nature économique : je fais allusion aux famines qui suivent très fréquemment les sécheresses prolongées ou les inondations persistantes ; la faim diminue des résistances déjà plus ou moins oscillantes, augmente d'un grand nombre de criminels occasionnels les rangs des professionnels et accroît l'audace de ces derniers, en leur donnant le prétexte du besoin légitime, pour élargir le cercle de leurs opérations ; ces conditions, si nettement relevées dans l'Inde anglaise, se font d'ordinaire très peu sentir sur nos territoires.

Émigré dans les colonies d'outre-mer comme engagé libre (coolie)[1], l'Hindou conserve ses habitudes et ses entraînements. Il se rencontre néanmoins en des conditions nouvelles, tantôt mitigatrices, tantôt sollicitatrices spéciales de l'attentat. En général, le recrutement à destination de la Réunion et des Antilles portait sur des éléments de population très bas ou

1. Le recrutement des travailleurs hindous a cessé, depuis quelques années, dans nos colonies d'Amérique et à la Réunion ; mais il est question de le reprendre pour cette dernière. Il reste, aux Antilles, à la Guyane et à la Réunion, un nombre encore très considérable de coolies non rapatriés.

déclassés. L'esprit de caste s'effaçait entre eux et il en résultait des contacts moins heurtés. D'autre part, si le coolie trouvait dans son milieu d'engagement une regrettable facilité à l'intempérance (s'il n'avait plus l'arack, il avait le tafia, son équivalent), il était contraint de se priver d'opium et de haschisch, denrées rares et de vente prohibée, ses exaltations s'amoindrissaient d'autant. Mais l'envers de la médaille, le voici : le coolie, méprisé comme le remplaçant de l'ancien esclave, exploité par l'engagiste, mal protégé par les autorités chargées de veiller à l'exécution des contrats, était exposé à une existence misérable, fertile en écarts regrettables. Malade et abandonné, nostalgique, essayait-il de quitter l'habitation, il errait, vagabond, dénué de tout, quelquefois avec une surcharge de famille embarrassante; s'il ne cherchait à terminer ses désespérances par le suicide, il essayait d'y apporter un remède par des crimes attristants (suppression des enfants ou de la femme), par de menus vols (bien excusables quand ils avaient pour but d'assouvir la faim); mais d'autres fois, il abordait carrément l'attentat par vengeance et tournait ses colères en réaction contre les complices de l'engagiste (meurtre de surveillants) ou indirectement contre l'engagiste lui-même (incendie des récoltes ou des usines). Puis, dans son propre milieu, le coolie éprouvait au plus haut point les surexcitations génésiques, et celles-ci revêtaient une tendance d'autant plus redoutable, qu'elles étaient aiguisées par des compétitions plus âpres. Sous le prétexte que la femme était un élément de travail très inférieur, on l'éliminait des convois hors de toute proportion raisonnable ; elle devenait ainsi un objet rare que les mâles désiraient ardemment, et, par ses coquetteries et ses caprices, le centre de drames atroces sur un grand nombre d'habitations[1]. Ces conditions n'ont pas changé pour la masse

1. Je trouve, à la suite d'un rapport d'assassinat motivé par la jalousie, sur une habitation de la Grande-Terre (Guadeloupe), en mai 1883, cette note du docteur Carreau, conforme aux observations de Pellereau et aux miennes (*Crime en pays créoles*) : « Les hommes sont plus nombreux que les femmes, comme on en peut

encore très importante des Hindous demeurés aux Antilles et à la Réunion.

Quant aux moyens de perpétration du crime, ils se détachent dans la race avec un cachet particulier, que mettra bien en relief l'étude des principales formes de l'attentat. L'Hindou n'a aucune répugnance pour la violence brutale, cynique, fanfaronne, pour le crime de sang. Même il semble se complaire aux raffinements cruels, éprouver dans la souffrance de ses victimes une voluptuosité immense ; il torture avec gaieté de cœur, il a tous les acharnements du barbare, souvent avec un mobile et un objectif hors de proportion avec sa passion de scélératesse. Mais il n'a recours à de tels procédés que s'il est bien convaincu de sa force ; il réserve son impitoyabilité pour les faibles. Vis-à-vis d'un enfant à dépouiller, d'une femme à punir d'une infidélité, d'un rival à éliminer, s'il est chétif, il est brave ; il frappe et redouble ses coups à mesure que la victime, déjà terrassée, montre moins d'aptitude à la résistance. Doute-t-il de sa vigueur et de son courage (ce qui arrive fréquemment, car il est lâche par nature et très pusillanime), il songe à d'autres modes : à l'association et à l'usage des procédés rusants.

Il n'y a pas de pays au monde où l'association soit plus

juger par les chiffres suivants : depuis le commencement de 1878, les convois d'introduction ont amené 10 369 immigrants, dont 7 270 hommes et 3 099 femmes, soit la proportion de 1 femme pour 2, 34 hommes, c'est-à-dire une moyenne approximative de 8 hommes pour 3 femmes. Celles-ci formeraient donc un peu plus du tiers de la population adulte, si l'on n'en jugeait que par le tableau des arrivages. Mais une foule de causes font varier cette proportion primitive, en augmentant comparativement le nombre des femmes. Pour ne citer que les deux principales, la mortalité plus grande parmi les hommes, qui, se livrant à des travaux plus pénibles, s'usent par conséquent plus vite, ensuite la quantité un peu moindre des femmes, qui, à l'expiration de leur engagement, demandent le retour dans l'Inde... Quoi qu'il en soit, le nombre des femmes reste notablement inférieur à celui des hommes, et la criminalité est certainement influencée par cette insuffisance du premier élément. »

commune entre malfaiteurs, même pour l'exécution de médiocres délits. Elle est d'ailleurs dans le génie de la race. Dans un milieu où tout est hiérarchisé, son principe domine tout, s'étend à tout, crée et multiplie les catégories au delà de la caste, les étend jusqu'aux corporations professionnelles extra-légales, à celles des assassins et des voleurs. Les conditions imposées à certaines basses castes les jettent comme en masse dans l'association criminelle (les Kaller ont comme métier avoué la culture et la chasse, et comme métier plus réel, le vol, même avec accompagnement du meurtre). Sous un même entraînement de dévotion fanatique, des individus de castes différentes peuvent même se réunir, comme les Thugs, étrangleurs en l'honneur de Çiva[1]. L'association oppose une organisation à celle de la collectivité normale; elle diminue pour les membres les mauvaises chances, en leur permettant de mieux élaborer les projets de coups à entreprendre, de se partager les rôles dans l'exécution et après l'exécution, afin d'écouler facilement les produits d'un vol, d'assurer la fuite ou le recel des plus compromis; elle entretient surtout un foyer d'incitation et de rayonnement imitatif très favorable à la conservation des traditions professionnelles, et au moment d'agir, au réchauffement des timorés. Pour toutes ces raisons, elle est fréquente parmi les gredins de tous pays, mais particulièrement chez les Hindous, où elle répond le mieux aux instincts.

Les procédés rusants, s'ils sont mis en œuvre habituellement par les individus isolés, ne sont pas non plus dédaignés

1. Trois formes principales d'associations criminelles ont acquis une célébrité dans l'Inde : le *thuggisme*, pratique de l'assassinat par strangulation, longtemps mise en œuvre par certains dévots à Çiva, sur les voyageurs isolés; le *dacoïtisme*, pratique du vol en bande et à main armée, sur les routes, spécialité des Dacoïts, qui n'ont pas disparu, comme les Thugs; le *dungisme*, pratique d'une sorte de vendetta, qui n'a plus guère aujourd'hui qu'un intérêt historique ; ce qu'on appelait les *dungas* ou petites guerres entre partisans de gros fermiers ou zemindars voisins avaient lieu surtout dans les grands districts de culture; elles donnaient lieu à de véritables brigandages.

par les individus associés, car ils ajoutent aux chances de réussite en diminuant les risques à courir. Ils sont à la portée d'êtres enclins au mensonge et à la fourberie, très intelligents, très initiés aux ressources que le milieu peut offrir pour l'accomplissement d'un forfait. La préméditation et le guet-apens, selon les formes ordinaires, n'ont pas à nous arrêter; mais nous aurons à insister sur certaines pratiques bien caractéristiques du tempérament criminel de la race. L'empoisonnement est commun. Il y a des procédés ultra-scientifiques qui ont une grosse avance sur les découvertes de nos physiologistes : Faria, ex-brahme converti au christianisme, en nous dévoilant les secrets de l'hypnotisme, depuis longtemps connus dans les sanctuaires des pagodes, nous apprenait qu'ils n'étaient pas ignorés des malfaiteurs; de nombreux rapts d'enfants se pratiquaient dans l'Inde pendant l'état de fascination ou de somnambulisme provoqué chez les victimes.

Pénétrons plus avant dans l'étude de la criminalité hindoue par l'examen de ses formes typiques.

A. *Crimes contre les personnes.* — L'attentat contre les personnes revêt ses plus basses formes avec la diffamation, les accusations calomnieuses, les faux témoignages, genre de délinquance assez habituel dans une race très couarde et très perverse, douée d'habileté et de ténacité dans le mensonge.

Les querelles sont fréquentes, donnant lieu à des échanges d'injures grossières, et aussi les rixes, donnant lieu à des échanges de coups. Il était réservé à notre régime politique d'introduire dans les mœurs locales un nouvel élément de perturbation, en accordant le droit de suffrage aux indigènes de nos territoires, sans les avoir préparés à l'exercer. Les dernières élections législatives, à Pondichéry, ont été accompagnées de sérieux incidents. On s'est battu à coups de bâton pour le triomphe d'un candidat de la race, on a riposté aux efforts de la police et des troupes pour rétablir le calme par des jets de pierres..., et l'on a poussé l'irrévérence envers l'autorité jusqu'à lancer des projectiles sur le procureur de la République et le juge d'instruction, jusqu'à faire un feu de joie avec le pousse-pousse (petite voiture à bras) de l'un et le chapeau de l'autre [1].

Il y a d'assez nombreux exemples de meurtres sans mobile, ou dont le mobile apparaît si léger, qu'on est *a priori* porté à admettre une impulsivité dérivant d'une altération, au moins momentanée, de la cérébration chez leurs auteurs. Sans doute, l'état d'impressionnabilité excessive, la surexcitation passionnelle dissimulée en expliquent plus d'un, sans qu'il soit nécessaire de faire intervenir des facteurs concurrents d'activité spéciale (il n'est pas rare de voir une querelle, à l'occasion d'une manne à poissons ou de quelque autre objet empiétant sur un coin de terrain, se dénouer par des coups de couteau mortels). Mais il est des cas où il faut bien soupçonner les manifestations d'un véritable délire. L'Hindou n'ignore aucun genre d'ivresse. Il connaît celle de l'alcool avec l'arack et le tafia, celle de l'opium, et la plus dangereuse de toutes, celle du chanvre (*Cannabis indica*), qu'il consomme de diverses manières [2]. Sous l'influence de cette dernière drogue, il éprouve des hallucinations qui prennent une objectivité par la reviviscence de vieilles rancunes, ou grâce à la suggestion d'entraîneurs occultes [3], mais qui peuvent aussi se fixer sans direction préparée. Il se livre alors à des courses folles et criminelles, frappe

1. « La tactique des chefs de partis, chez les Hindous, est très simple. On commence par s'assurer le concours d'un nombre suffisant de bâtonnistes, que l'on poste dans les diverses sections de vote. Les bâtonnistes sont des assommeurs à gages, que l'on recrute surtout en territoire anglais. Ils sont armés d'un bambou court, à l'extrémité duquel est coulé du plomb. Ce casse-tête est dissimulé dans la manche d'un paletot flottant, dont les Indiens se dispensent absolument en temps ordinaire. Il s'agit d'abord d'accaparer le bureau. Ce résultat obtenu, la victoire du parti est certaine. Le parti qui a le bureau est évidemment le plus fort : ses bâtonnistes empêchent les adversaires de voter, et le tour est joué. » (*Dépêche* de Brest, 15 septembre 1893.)

2. Les sommités (*bhang* ou *gunjah*) sont fumées, mélangées avec l'opium ou le tabac ; un extrait entre dans la formule de quelques masticatoires ; des préparations sont absorbées en boisson.

3. Lire, au chapitre précédent, le meurtre de Radama.

avec l'arme, placée dans sa main par le hasard, les personnes qu'il rencontre, indifférentes ou représentant pour lui des ennemis implacables, s'acharne avec férocité sur ses victimes, criant comme un forcené : tue ! tue ![1]. Avant qu'on parvienne à l'arrêter, il a quelquefois terrassé de nombreux passants, et il ne tombe lui-même qu'épuisé par l'effort. Il n'est pas toujours facile de reconnaître la nature réelle des délires qu'on observe, dans un milieu où tant de bizarreries séculaires, tant de mœurs déraisonnables sont issues de la mysticité et du fanatisme. Mais, dans les accès spontanés de violence où le crime se déchaîne sans l'apparence d'aucun mobile ou avec l'appoint d'un mobile insignifiant, il importe de soupçonner l'ivresse du haschisch. Ce serait principalement dans les catégories de sectaires, parmi les moines mendiants et les fakirs, que l'on pourrait avoir à hésiter entre la folie religieuse et le délire d'intoxication ; les deux s'allient probablement chez un grand nombre, car beaucoup de ces saints personnages vivent dans un état chronique d'intoxication par les drogues enivrantes qui les aident à se renfermer dans l'extase, mais les entraînent aussi à des actions bien inattendues. Un jour, par exemple, un dévot de la caste des brahmacharis s'élance subitement sur une jeune fille qu'il ne connaissait point et qui ne l'avait provoqué en aucune façon, l'enlace et se précipite avec elle dans la rivière; on les repêche. Le dévot était un habitué du bhang! Le chanvre est en usage parmi d'autres couches, même dans le bas peuple ; il joue certainement un rôle latent dans maintes tragédies de la vie commune ou des ménages, dont l'atrocité surprend *a priori* l'observateur peu au courant des mœurs hindoues. Dans nos colonies à immigrants, il se produisait, après l'arrivée de nouveaux convois, des recrudescences d'attentats entre coolies. On attribuait ces augments à des causes très banales, on les mettait au compte de la multiplicité plus grande des contacts et des rivalités entre

1. D'où l'expression de courir un *muck* (par corruption du mot *amock! tue!*), appliquée à ces manifestations frénétiques dans l'Inde anglaise. (Chevers, *loc. cit.*)

éléments d'inégale assuétude aux conditions du milieu. Je pense que l'apport de quelques provisions de gunjah devait être à incriminer dans ces retours d'impulsivités malfaisantes[1].

D'autres fois, le mobile existe bien, très intensif, très net, pour l'indigène, mais incompréhensible pour l'Européen non initié. Plus d'un crime, accompli avec une rage furieuse, a été provoqué par certains termes de reproche de la plus haute valeur injurieuse pour les individus auxquels ils s'adressent. Collas rapporte qu'un cipaye de Pondichéry, appelé par un musulman *mangeur de vache*, tua celui-ci et fut acquitté en conseil de guerre. Cependant, la préméditation avait été reconnue : le meurtrier était allé chercher son fusil, l'avait chargé et avait donné la chasse à son insulteur. Mais l'épithète qui l'avait porté au crime était « le plus épouvantable outrage que l'on pût dire à un Hindou ». D'où l'excuse.

Pour exécuter un vol, même des plus minimes, l'Hindou n'hésite guère devant l'homicide, et, sans nécessité, à l'accomplir avec cruauté. Il se complaît à l'attentat de convoitise doublé de l'attentat sanglant, sauvage et raffiné ; il est mis en goût par la torture qu'il impose à ses victimes, afin de leur arracher le secret de leurs trésors. Sur une route, il tue l'enfant et la femme pour leur enlever un collier ou un bracelet ; dans la case, il massacre odieusement de pauvres vieillards, pour piller plus à l'aise. J'aurai à revenir sur les faits de cet ordre.

C'est à propos de la jalousie sexuelle, dans les ménages réguliers ou irréguliers, qu'on assiste aux scènes les plus terrifiantes. Les exemples en sont nombreux dans l'ouvrage de Chevers ; ils le sont aussi dans les annales de nos propres tribunaux (Inde et colonies à immigrants hindous). Les crimes, fréquemment, sont prémédités avec sang-froid, mais ils atteignent, dans l'exécution, au plus haut degré du paroxysme passionnel. L'homme se laisse aller, sauvagement, à tout ce que

1. J'ai constaté qu'à bord des navires anglais affrétés, il existait des provisions de chanvre indien, qu'on destinait à la vente au moment du débarquement des coolies. C'était le profit du steward et des matelots... intelligents, et les capitaines ne l'ignoraient pas.

lui inspire la colère ; l'acte terminé, quand la détente survient avec l'épuisement de l'effort, il n'éprouve d'ordinaire aucun regret : vis-à-vis de la femme, il s'estime toujours un maître ; en la tuant, épouse ou concubine, pour une désobéissance ou une infidélité, il est *dans son droit*. — Vandamalepillé, engagé, s'était marié, dans l'Inde, à une femme dont il avait eu cinq enfants. Celle-ci, depuis l'arrivée du ménage à la Guadeloupe, avait déjà commis le délit d'adultère ; son mari l'avait surprise en faute flagrante ; néanmoins, il lui avait pardonné. La femme, loin de lui en savoir gré, lui déclare qu'elle veut le quitter, et, malgré ses supplications, elle s'apprête à partir. Alors, Vandamalepillé la frappe à coups de coutelas, lui sectionne toute la région cervicale antérieure avec les carotides. Il croit avoir agi selon son droit. (Assises de la Pointe-à-Pitre, 1879.) — L'engagé Madzavaly, âgé de trente ans, s'est lié avec une de ses congénères ; tous deux se sont juré fidélité, et, pendant quelques mois, le ménage est calme. Mais la femme s'est abandonnée à un autre amant, elle n'a pas cherché à dissimuler sa conduite, malgré les menaces de mort du premier occupant. Celui-ci, dans un accès de rage jalouse, la tue à coups de sabre d'abattis ; il lui porte trente-deux coups à la tête, aux bras, à la poitrine, et n'essaie point d'atténuer son crime. « Il n'a rien à regretter, dit-il, il est même très content d'avoir agi comme il l'a fait. » (Assises de la Pointe-à-Pitre, 1881 [1].) — Il faut avouer que la femme, surtout dans les milieux d'émigration, où elle se sent plus libre, plus indépendante, mieux dégagée d'obligations créées par la coutume traditionnelle, affiche parfois des manières trop propres à irriter le mâle. J'extrais l'histoire suivante de l'importante série de rapports judiciaires du docteur Carreau (Pointe-à-Pitre). L'Indienne Basmotia vivait sur l'habitation Petit-Pérou avec un congénère ; elle avait reçu de celui-ci, au moment où il avait été mis en prison, sous l'accusation d'un complot d'évasion tramé par lui avec plusieurs autres coolies, une somme de 500 francs qu'elle avait dépensée avec

1. *Crime en pays créoles*, p. 275 et 277.

un nouvel amant. Le premier, libéré, ne retrouve au retour, ni son argent, ni sa maîtresse. Il fait offrir à Basmotia de reprendre leur union, et, sur son refus, il lui réclame le dépôt. Dans une entrevue, il formule encore une fois sa demande ; il veut au moins rentrer en possession de son argent. « Viens le prendre, » lui répond la femme en levant sa chemise et en lui indiquant d'un geste cynique ses parties à nu. Alors, dans un emportement inouï, l'homme saisit une houe et laboure de coups le corps de la misérable, comme il eût fait d'un sol à défricher, inerte[1]. — Je n'ai pas choisi ces exemples parmi des

1. Le rapport médical constate :

1° Au cou, à la partie antérieure et latérale gauche, une atroce blessure, qui témoigne de la rage de l'agresseur. « Qu'on s'imagine un trou assez vaste et assez profond pour loger tout le poing, dont l'ouverture, à l'affleurement de la peau, peut être représentée par un cercle d'un diamètre de 9 centimètres en tous sens, aux parois formées par les surfaces sectionnées de tous les organes de la région, y compris la colonne cervicale, divisée en nombreux fragments, et dont le fond est constitué par les muscles de la loge postérieure du cou, et l'on comprendra que la tête ne tienne encore au tronc que par un pont de parties molles... ; tous les vaisseaux et les nerfs du côté gauche ont été divisés ; les voies aériennes ont été coupées au niveau du cartilage cricoïde, dont on trouve même un morceau complètement isolé ; on peut dire que les quatrième, cinquième et sixième vertèbres cervicales ont été détaillées en fragments par l'action de l'instrument ; les bords de la plaie sont contus, hachés par de nombreuses entailles ; la multiplicité des lésions qu'on découvre dans cette blessure d'apparence unique, prouve que plusieurs coups ont été portés au même endroit. »

2° Au-dessus de la clavicule gauche, une plaie transversale produite par l'un des angles de la lame, et où l'extrémité interne de l'os apparaît sectionnée.

3° A la partie externe de l'orbite gauche, trois petites plaies contuses.

4° « Immédiatement en arrière, au niveau de la fosse temporale, le doigt perçoit, à travers la peau, de la crépitation osseuse, et la dissection attentive de la région fait reconnaître une double fracture de l'apophyse orbitaire de l'os malaire et de l'apophyse zygomatique de l'os temporal vers sa base ; en outre, des traits de fracture convergent à la fosse temporale délimitant une rondelle osseuse isolée, un peu plus grande qu'une pièce de cinq francs ;

exceptions; je les ai pris au hasard, entre beaucoup d'autres similaires. La nature des blessures varie selon l'instrument employé : couteau recourbé (*dhao* des Bengalis), bâton ferré (*lohar ki latthi*), épée (*talwar*), bambou ou pierre, dans l'Inde; sabre d'abattis, ou coutelas à faucher la canne, houe, bâton quelconque, etc., dans les colonies d'émigration. L'acharnement est toujours accusé au même degré par la multiplicité et la gravité des lésions. La férocité jalouse sait même déployer des ingéniosités (Mouyamadou passe devant la cour criminelle de Karikal pour avoir frotté violemment, avec du gros sable, les yeux d'une femme, et avoir ainsi déterminé chez elle la perte d'un œil, 1887), ou imaginer des vengeances particulièrement épouvantables, comme dans le cas suivant observé par M. de Chalus, à la Réunion[1]. « Trois Malabars s'étaient associés pour la possession d'une femme. L'un d'eux, se plaignant d'être dé-

le doigt pénètre avec facilité vers l'intérieur du crâne. Ces lésions multiples ont été produites par un ou plusieurs coups donnés avec la partie de l'arme en forme d'anneau cylindrique servant à l'emmanchement... » (Quand cette blessure a été faite, le fer de l'instrument s'était évidemment détaché du manche, et l'assassin l'avait saisi et manié à pleines mains.)

5° A l'occiput, au-dessus de la protubérance occipitale externe, une plaie contuse offrant la forme d'un triangle allongé, au fond de laquelle on aperçoit le péricrâne déchiré et une fêlure osseuse (celle-ci intéresse toute l'épaisseur de l'os et s'étend jusqu'au trou occipital).

6° Au côté gauche du dos, à égale distance entre le bord spinal de l'omoplate et la colonne vertébrale, une plaie verticale, demi-curviligne, à concavité externe, longue de 8 centimètres, intéressant les masses musculaires et l'os scapulaire. (Cette blessure et la précédente prouvent que le corps a été retourné par l'assassin, acharné à le labourer de toutes parts.)

7° A l'épaule droite, une énorme contusion au niveau de laquelle, dans la profondeur des parties, on relève une fracture de l'acromion, « blessure qui semble avoir été faite par un des côtés mousses de la houe ».

1. Le docteur Aubry, qui m'a communiqué l'observation, m'écrivait qu'un fait analogue avait eu lieu à Saint-Brieuc il y a quelques années. Le coupable appartenait à une bonne famille et « avait voulu s'amuser » !

daigné, profite de l'absence des autres pour châtier la maîtresse commune. Il la terrasse, la lie, et malgré ses cris déchirants, essaie de lui introduire dans l'organe de la génération un fer rougi au feu. En se débattant, l'Indienne réussit à rompre ses liens. » L'on vint à temps à son secours; elle en fut quitte pour de profondes brûlures aux cuisses.

Il n'est pas prudent d'intervenir dans les querelles de ménage. Les fureurs de l'homme se retournent contre les personnes qui les veulent calmer, et elles ne sont point pour cela dérivées de leur premier objectif, la femme ou la maîtresse. (Maïlaramé-Dochad, à la suite d'une querelle, a tranché la tête, à coups de hache, à une concubine ; un homme et une femme tentent de le désarmer, il blesse grièvement l'un et tue l'autre. Chandernagor, 1889.) Quelquefois, mais assez rarement, le meurtrier continue sur lui-même à épuiser sa rage. Le suicide double le crime. A Saint-Pierre (Martinique), un Indien avait eu une querelle avec sa femme ; il avait voulu la tuer et n'avait réussi qu'à la blesser, mais il avait frappé droit au cœur un congénère qui s'était efforcé de séparer les deux époux ; aussitôt arrêté, mais non calmé, il se résolut au suicide. Déjouant toute vigilance, il prit deux lits de fer, les attacha « en forme de potence », puis, « avec une corde tirée de l'un des lits, forma un nœud coulant qu'il se passa autour du cou[1] ».

L'attentat contre la vie, dans ses formes non sanglantes, reste intentionnel avec les pratiques maléficieuses et occultes, auxquelles j'ai fait précédemment allusion, mais devient très effectif avec le recours aux substances toxiques. Les empoisonnements sont très fréquents dans l'Inde, sous l'influence des mêmes mobiles qui les déterminent en d'autres collectivités civilisées, mais ils sont plus communs dans la région que partout ailleurs, comme moyen de simple préparation à l'assassinat. Une catégorie de scélérats pratique le *drugging*, c'est-à-dire emploie la narcotisation par l'opium, ou le *Datura stramonium*, pour assoupir ou troubler les sens des voyageurs, afin

1. *Les Colonies*, 5 septembre 1891.

de les tuer et de les dépouiller plus aisément. La femme sert généralement d'appât ; elle attire la dupe en lieu sûr, la fait boire, et a soin de verser dans son breuvage une dose de toxique. L'homme intervient bientôt et termine l'affaire selon les circonstances ou son caprice, mais sans danger pour lui-même. Il y a des cas où, par malveillance vis-à-vis d'un individu, on lui administre à son insu du gunjah, mêlé à ses aliments ou infusé dans sa boisson, avec l'espérance de le voir commettre quelque action répréhensible ; j'ai donné à entendre quel danger pouvait avoir une telle pratique lorsqu'elle s'accompagnait d'une action suggestive objectivée contre des personnes, indifférentes souvent à l'intoxiqué, mais non pas à son drogueur. L'empoisonnement criminel est d'autant plus facile que, dans l'Inde, les espèces végétales douées de propriétés vénéneuses sont en grand nombre et à la portée de tous, que, sur les marchés, les substances minérales les plus actives sont vendues au poids commercial, en dépit des règlements et de la surveillance. Dépaysés, les coolies ne rencontrent plus les mêmes facilités que chez eux pour l'accomplissement de ce genre de crime : aux colonies d'Amérique, je n'ai pas remarqué qu'ils y aient recours plus fréquemment que les créoles (comme ceux-ci, ils emploient d'ordinaire l'arsenic, dont il existe de gros approvisionnements sur les habitations sucrières pour la destruction des rats, trop friands de la canne).

Les sévices graves ne sont pas rares au sein des familles. Ils sont la conséquence de l'excès d'autorité accordée au chef, aussi des conditions individuelles dégénératives, héréditaires ou acquises, des irritabilités surexcitées par l'usage des drogues enivrantes, chez le dépositaire de la force. Le maître n'ose plus battre ni déchirer à coups de fouet, comme autrefois, ses domestiques, qui n'hésiteraient pas à se plaindre aux magistrats français. Mais l'époux se dédommage sur sa femme, le père ou la mère sur les enfants, et nombre d'actes odieux échappent à la répression d'après notre Code. Le mari, s'il a des doutes sur la fidélité de sa femme, peut l'obliger à se soumettre à l'ordalie en présence de parents. « Je suis disposé à croire, dit Collas[1], que la torture par l'huile bouillante (ou mieux le jugement de Dieu par l'huile bouillante) est assez communément employée à Pondichéry, et j'ai la conviction que des brûlures de doigts que j'ai eu à traiter, et si graves qu'elles nécessitaient des amputations, n'avaient pas d'autre cause que cette espèce d'ordalie... » Le même observateur dit ailleurs « qu'il lui a été donné de voir plusieurs femmes victimes du jugement de Dieu ». On a cité des cas où, pour des fautes futiles, des enfants ont été fustigés avec des plantes urticantes, battus cruellement à coups de lanière, attachés par les doigts de la façon la plus barbare, brûlés avec des liquides bouillants, etc. Le père transmet au maître d'école ce qu'il appelle *ses droits*, et la femme, si maltraitée par l'époux, ne traite pas mieux l'enfant; on a vu des mères jeter du poivre dans les yeux de pauvres petits êtres, « pour les mâter », après une fustigation jugée inefficace. Pourtant, le libéricide ne serait pas très fréquent; il ne se rencontre guère qu'aux époques de famine, ou, chez les coolies, aux périodes de désespérance et de misère excessives, après l'abandon d'une habitation; on supprime l'enfant comme une charge trop lourde. J'en dirai tout autant de l'uxoricide, en dehors des attentats dictés par la jalousie ou occasionnés par les circonstances d'un adultère[2].

De telles habitudes, qui dénotent si peu d'apitoyance, ne sont pas près de disparaître, et, pour quelques faits que l'on connaît, combien d'autres restent cachés? A l'ombre des sanctuaires, ou nul œil profane ne pénètre, que de vengeances sa-

1. Notes manuscrites.

2. J'ignore à quels mobiles il conviendrait de rapporter les deux faits suivants, que j'extrais d'un relevé du docteur Texier. — Femme Ramandjou : meurtre de ses deux filles, jetées dans un étang (cour criminelle de Pondichéry, 1887). — Viraragoumodely a loué une charrette, y est monté en compagnie de sa femme, d'un de ses fils, âgé de cinq ans, et d'un ami; arrivé à un certain endroit, la nuit, a fait arrêter la charrette, a ordonné à sa femme de descendre, l'a conduite au bord d'une écluse, et, avec l'aide de l'ami, après lui avoir lié les pieds et les mains, l'a précipitée dans l'eau, où la malheureuse a trouvé la mort (cour criminelle de Karikal, 1892).

cerdotales ou d'attentats fanatiques doivent encore s'accomplir, sous le prétexte d'expiations et de pénitences, reproduisant les rigueurs les plus inouïes de la loi brahmanique[1] !

Malgré le nombre extraordinaire des courtisanes et la grande facilité pour l'homme de satisfaire les exigences de son appé-

1. Voici une anecdote qui prouve à quel point le prêtre est demeuré puissant, et le fidèle soumis : « Un homme de la caste Ahir se rendait au marché, portant une génisse. A un moment donné, l'animal lui glissa des épaules et, tombant sur le sol, se tua sur le coup. Les brahmanes, ayant su cet accident, déclarèrent que l'homme s'était rendu coupable d'un péché épouvantable, puisqu'il avait contribué à la mort d'une vache, animal sacré, comme on sait. L'homme fut, en conséquence, excommunié, et une expiation rigoureuse fut déclarée nécessaire. Le coupable a dû, pendant six mois, mener la vie d'un mendiant et faire des pèlerinages à un grand nombre de sanctuaires hindous ; pendant ce temps, il était obligé de porter continuellement une corde autour du cou, sur ses épaules une partie de la queue de la génisse. Aucun des membres de sa famille ne pouvait le recevoir chez lui ni lui prêter aide et assistance, sous peine d'être lui-même excommunié. Récemment enfin, l'Ahir a pu retourner dans son village. Mais là, un grand nombre de cérémonies, dont plusieurs d'un caractère assez pénible, devront encore être accomplies, jusqu'à ce que définitivement, un jour il soit permis au malheureux pécheur d'entrer, tout couvert d'excréments de vache, dans la rivière Sarju. Après avoir plongé dans l'eau de ce fleuve, il pourra se considérer comme purifié et il sera réadmis dans sa caste, après avoir toutefois donné un festin pour cinquante brahmanes et cent Ahirs. » (*Les Colonies*, 22 juin 1892.)

Il y a pire à prévoir, d'après les révélations de W. Hunter, rappelées, il n'y a pas longtemps, par le *XIX*e *Siècle* (8 avril 1891).

Cet Anglais, dont le témoignage ne saurait être suspect, affirme que, jusqu'en ces dernières années, on a essayé d'apaiser par le sang la fureur de la déesse Kâli (Çiva), aux époques d'épidémie et de famine. « Pendant la grande cherté de 1866, on trouva dans un temple consacré à la déesse et situé à moins de 100 milles de Calcutta, le cadavre d'un jeune garçon dont le cou avait été coupé. Dans un autre temple, à Hugli, à 25 milles de Calcutta, la tête d'une autre victime, ornée de fleurs, avait été laissée devant l'idole.»

Selon d'autres voyageurs, les prêtres exposeraient, devant les idoles Triputhy, des instruments de torture, dont ils feraient usage sur les fidèles trop parcimonieux dans leurs dons.

tit génésique[1], peut-être à cause de cela — car la satiété engendre l'épuisement, et celui-ci pousse aux perversions, surtout chez les individus cérébralement maintenus en éréthisme érotique par les habitudes courantes et les légendes obscènes des mythes religieux — les attentats à la pudeur et les viols sont communs. La femme qui s'offre ne suffit point au mâle. Celui-ci prend par force ou par ruse (au cours d'une narcotisation provoquée) la femme qui ne consent pas à se donner de plein gré. Les enlèvements de mineures, par fraude ou par violence, sont fréquents, parfois doublés d'un adultère, dans un milieu où la femme est mariée enfant; l'affaire suivante, où l'homme a trouvé pour complice de sa scélératesse une maîtresse, a été jugée à Chandernagor en 1891. Haridach-Dach avait entraîné hors du domicile conjugal, où elle était gardée par son mari, une femme mineure, non nubile, et l'avait séquestrée dans une maison appartenant à sa maîtresse; il l'y viola avec l'assistance de cette dernière, qui l'avait aidé à préparer son crime. La femme elle-même ne rassasie plus les libertins. Bien qu'on la possède toute jeune, dans le mariage et la prostitution, on se vautre, à l'occasion, sur l'enfant de l'un ou de l'autre sexe. Dans l'amour antiphysique, les blasés cherchent un nouveau piment. Il existerait, dans les grandes villes, « des maisons consacrées à la prostitution pédérastique; on rencontre quelquefois, dans les rues, des êtres dégradés qui s'adonnent à cette infâme profession; habillés comme des femmes, ils laissent, comme elles, croître leur chevelure, arrachent les poils de la barbe, copient la démarche, les gestes, la manière de parler, le son de voix, le maintien et la minauderie des prostituées » (Dubois)[2]. Le vice serait principalement l'apanage des musulmans, et il porterait quelquefois à des viols d'adolescents ou d'adultes, donnerait lieu aux mêmes attentats de jalousie

1. La prostitution réalise pour l'homme une certaine communauté des femmes, qui compense l'accaparement de celles-ci, en faveur de quelques-uns, dans les classes riches.

2. *Loc. cit.*, t. I, p. 439.

Même chose à Paris. Voir le *Musée criminel* de Macé.

que l'amour naturel[1]. Assez souvent, les actes de sexualité criminelle se doublent d'attentats sanglants ; le délire du sang accompagne ou suit le délire érotique, manifestation complexe de cerveaux détraqués, troublés par la passion semi-maniaque ou l'action du haschisch.

Extraordinairement communs sont les avortements, et l'on ne découvre que le plus petit nombre. C'est une branche lucrative du métier de matrone, grâce à laquelle on arrive précisément à la connaissance de plus d'un attentat consommé ; car ces professionnelles ont recours à des procédés maintes fois suivis d'accidents mortels, qui ne peuvent guère échapper à la vigilance des parquets. On emploie bien diverses drogues[2]; mais comme elles restent d'ordinaire sans effet, on se remet aux mains d'une sage-femme, et celle-ci passe aussitôt à des manœuvres très directes : tamponnement du col avec des boulettes de ouate imbibées ou enduites de préparations irritantes (sublimé, orpiment, etc.), ponction des membranes au travers de l'orifice ou de la paroi utérine avec une branche de chitra (*Plumbago scandens*) au suc caustique, etc. Les déchirures de la matrice, les lacérations les plus épouvantables sont le résultat trop fréquent de pareilles pratiques, et la rumeur publique, à propos du décès subit d'une femme soupçonnée de grossesse, met sur la piste du crime les magistrats.

L'infanticide serait aussi commun, souvent engendré par la misère[3].

1. Commune serait aussi la bestialité. Un fonctionnaire anglais disait que si l'on prétendait la punir, toutes les prisons du Bengale ne suffiraient pas à renfermer les coupables.

2. A. Corre, *la Mère et l'Enfant dans les races humaines*, p. 259.

3. Le meurtre des filles était fréquent dans l'Inde avant la domination anglaise. Il le serait encore dans certaines tribus de Radjpoutes, inspiré par l'orgueil de caste : les filles coûtent cher à marier, parce qu'il faut déployer, dans les cérémonies nuptiales, un luxe fastueux, et exposées à devenir les épouses d'hommes inférieurs, elles déshonoreraient la famille. En les supprimant dès leur naissance, on se débarrasse donc de grosses préoccupations pour l'avenir.

L'un et l'autre crime ont, dans une large mesure, une cause bien spéciale au milieu, l'obligation du célibat imposée aux veuves, d'après la loi brahmanique. Nombre de femmes sont mariées dès l'enfance et perdent leurs époux souvent avant d'avoir franchi cette innocente période. Elles grandissent, leurs sens parlent. Aucune union régulière ne leur est permise, et si elles défaillent dans l'union passagère, elles deviennent un objet d'opprobre, sont repoussées de tous. Elles cherchent à éviter un triste sort en dissimulant les conséquences de leur faiblesse, c'est-à-dire en se confiant aux soins d'une avorteuse ou en tuant leur nouveau-né, seules ou avec la complicité de leurs parents ou de l'amant, intéressés à cacher un état susceptible de les compromettre [1].

B. *Crimes contre les propriétés.* — L'Hindou est le plus adroit des prestidigitateurs; il est aussi le plus adroit voleur. J'en eus la preuve trop directe le jour même où je débarquai à Pondichéry. Je venais d'être enlevé de la barque plate qui sert à transborder les passagers du paquebot à la plage, sur les épaules de vigoureux porteurs; je tire de ma poche un porte-monnaie afin de leur donner une gratification. A peine celle-ci est-elle distribuée, que d'autres mains se tendent; je remets la main dans ma poche : plus rien. En moins de quelques secondes, avec une incroyable prestesse, mon argent avait dis-

1. La condition des veuves s'est notablement améliorée dans l'Inde, sous la double action du gouvernement britannique et d'une femme de cœur, miss Elvend, qui a consacré sa fortune et sa personne à l'œuvre dite des *veuves païennes* (*XIXe siècle* du 30 mars 1891 et *Westminster Review*). D'après une statistique de Barnham, il n'y aurait pas moins de 21 millions de veuves dans l'empire soumis à la domination anglaise. Sur ce nombre, 200 000 auraient de dix à quatorze ans, et 80 000 moins de neuf ans ! Au congrès national de l'Inde (voir la *Revue bleue* du 2 août 1890, p. 146), des protestations ont été formulées contre les mariages précoces et le célibat des veuves. Mais aucune loi formelle ne parviendra à supprimer d'emblée des coutumes entretenues vivaces par la tradition et le culte des lois religieuses ancestrales. On ne peut arriver à modifier la situation qu'à la longue et par des moyens détournés.

paru. Il n'y avait personne à fouiller, tous mes gaillards étaient nus, et le commissaire de police (dont le bureau était situé à quelques pas) me déclara qu'il était inutile de faire aucune recherche : séance tenante, mon porte-monnaie avait dû être enfoui, avec les pieds, dans quelque endroit de la plage où les voleurs sauraient venir le reprendre en défiant toute surveillance, et l'or serait bientôt après fondu. Dans ces sortes d'escamotages, l'Hindou se sert des pieds, aux orteils très mobiles, avec une dextérité presque égale à celle des mains [1]. Il met à profit, dans ses opérations, les moindres circonstances occasionnelles, utilise jusqu'aux remarques des influences saisonnières susceptibles de faciliter ses audaces (c'est ainsi que les vols avec effondrement se multiplient au cours et surtout vers la fin de la saison pluvieuse, l'humidité ramollissant les parois argileuses des cases et permettant d'y pratiquer des ouvertures indirectes, où les malfaiteurs s'engagent avec moins de chances d'être aperçus que par les ouvertures ordinaires, après une effraction). Avec quelque instruction, l'Hindou devient un faussaire émérite. Dans le champ de la criminalité occulte, c'est un usurier qui ne le cède en rien au Chinois.

Une habitude contribue à l'association fréquente du crime-personne au crime-propriété. Les Indiennes sont coquettes, aiment la parure, se couvrent de bijoux; souvent, elles portent au cou, au nez et aux oreilles, aux poignets et aux doigts, toute une petite fortune en colliers, pendeloques, bracelets et anneaux d'or ou d'argent. C'est une fascination pour plus d'un

1. Le docteur Regnault (*Revue scientifique*, janvier 1893) a étudié le *pied préhensile* chez des Indiens de Pondichéry. Il a constaté l'étendue du premier espace interdigital plantaire chez les individus qui offraient cette particularité, selon lui non seulement due à la fonction, mais aussi à l'hérédité. Ce caractère a été retrouvé avec une fréquence particulière chez les races d'Europe, parmi les criminels et les prostituées, par Ottolenghi et Carrara, élèves de Lombroso, aussi chez les épileptiques; ils en font un caractère atavique et dégénératif. *Le pied préhensile au point de vue de la médecine légale et de la psychiatrie.* (*Archives d'anthropologie criminelle*, 15 septembre 1893, p. 480.)

individu sans scrupule, surtout après une mauvaise série de pertes au jeu, ou dans un moment de passionnalité amoureuse (les maîtresses sont exigeantes et très cupides). L'homme guette et tue la femme qu'il a distinguée pour la richesse de ses ornements, et les lui arrache afin de les vendre à quelque receleur, ou de les offrir en cadeau à l'objet de sa flamme. Si la femme est jeune et plaît, le mâle se révèle d'abord. Sarangabany est condamné, par la cour criminelle de Pondichéry (1887), pour tentative de viol sur une femme âgée de dix ans, et pour meurtre de la malheureuse après soustraction des bijoux qu'elle portait. Il y a aussi plus d'un meurtre d'enfant occasionné par la convoitise des bijoux qu'il étale, et parfois l'attentat a pour auteur un autre enfant, jaloux d'un plus petit que lui-même. Check-Chadou, âgé d'environ treize ans, a soustrait frauduleusement, au préjudice d'un enfant de sept ans, un bracelet en or valant 10 roupies, et commis une tentative de meurtre sur ledit enfant en le précipitant dans un étang (cour criminelle de Chandernagor, 1886). Il semble que, dans l'Inde, autour de la femme et de l'enfant, le bijou soit un mode de thésauriser. Il y a telles maisons où les objets de parure, de très forte valeur, s'accumulent par les transmissions et les acquisitions nouvelles, de génération en génération. Les malfaiteurs le savent, soit par la connivence des serviteurs, soit par les bavardages vaniteux des femmes, et ils n'ont garde de négliger les moyens de tenter quelque coup fructueux; il n'y a pas plus de risques à courir, en cas de réussite, qu'après un vol d'argent; car les bijoux, aussitôt pris, sont livrés à des receleurs et fondus. Plus de la moitié des vols qualifiés, domestiques ou exécutés la nuit, par effraction ou à l'aide de fausses clefs, portent sur des bijoux. Leurs auteurs ne reculent pas devant les violences pour se faire découvrir les cachettes et livrer les matières; fréquemment ils accomplissent leurs exploits à main armée. Mêmes procédés, d'ailleurs, sur les chemins publics; la cour criminelle de Pondichéry condamne, en 1887, Soupin et trois autres Hindous, pour avoir, la nuit, porteurs d'armes, et avec violence, soustrait divers bijoux d'une valeur de 130 roupies, au préjudice de douze personnes, sur un chemin public.

L'incendie volontaire, plus ou moins longuement prémédité, est, dans l'Inde, un moyen de vengeance qui s'adresse parfois très directement aux personnes. Ibou Dachié enferme sa mère dans sa maison et cherche à la brûler vive en incendiant celle-ci (Chandernagor, 1891). Le crime est aussi commis pour en dissimuler un autre, vol ou meurtre : Latchournaragana-Chetty a assassiné une femme dans sa maison, où il a pénétré de nuit par effraction; il a enlevé des bijoux d'une valeur de 6000 roupies, et, en se retirant, a mis le feu au logis (Pondichéry, 1887). Dans les colonies d'outre-mer, l'incendie est une des formes les plus ordinaires de l'attentat parmi les coolies; ils se vengent de la mauvaise foi ou de l'inhumanité de leurs engagistes en les frappant dans leurs biens, n'osant les atteindre jusque dans leurs personnes; ils mettent le feu aux cannes à sucre encore sur pied et prêtes pour la récolte, ou déjà emmagasinées, aux cases de leurs congénères, aux bâtiments de l'usine, très exceptionnellement à la maison du maître, dans la crainte de s'exposer à une rencontre inopportune au moment de l'entreprise.

La promulgation des lois pénales françaises, dans l'Inde, s'est effectuée avec ménagement; elle a commencé en 1819, et s'est complétée, sous certaines réserves, dans ces dernières années. Ces lois sont applicables, pour tous crimes et délits, à l'ensemble de la population. Mais, sur divers points, les Hindous ont la liberté d'invoquer l'application de leur droit coutumier et du Code brahmanique, comme les musulmans celle de leurs lois spéciales. La justice est rendue par des tribunaux de paix, de même compétence que leurs similaires de la métropole, à Pondichéry et à Karikal, et à compétence plus étendue à Chandernagor, Yanaon et Mahé; par des tribunaux de première instance, à Pondichéry et à Karikal; des cours criminelles siègent dans chacun de nos établissements, et, à Pondichéry, la ville chef-lieu, il existe une cour d'appel.

Parmi les populations soumises à notre autorité, des conditions ordinaires de bien-être et de tranquillité, l'action d'une administration prudente et qui s'abstient d'ingérence tracassière dans les affaires propres des indigènes, les contacts avec des éléments européens de caractère plus doux et moins hautain que ceux de provenance anglo-saxonne, ont amené peu à peu des mœurs d'une modération relative. La criminalité, tout en gardant le cachet général de la région, semble moins intensive dans nos établissements que dans le reste de l'Inde. Elle semble même assez faible sous le rapport quantitatif, malgré l'apparence des chiffres des statistiques. Elle offre bien, sur celles-ci, des proportions *a priori* peu en rapport avec mon assertion; mais la vérité se dégage à cet égard très évidente, si l'on jette un coup d'œil sur la décomposition des accusés d'après leur origine. On découvre alors que la grande masse des coupables (crimes) appartient à la catégorie des Asiatiques, c'est-à-dire des Hindous non considérés comme sujets français, nés hors de nos possessions, et pour la plupart étrangers à celles-ci. C'est là un point très important à relever. Il autorisait les développements que j'ai cru devoir donner à l'étude des aptitudes criminelles dans l'ensemble de la race; il appelle l'obligation, pour les magistrats, d'être initiés plus largement aux habitudes générales de l'Hindou, et, pour les fonctionnaires de l'ordre administratif, celle de surveiller plus attentivement les provenances du dehors, surtout quand elles se produisent sous la forme de métiers suspects, de la mendicité et du vagabondage, avec ou sans l'étiquette religieuse. C'est par une raison analogue, aggravée de la sélection des décastés et des déclassés de toutes sortes qu'entraîne le mouvement d'émigration lointaine, qu'il convient d'expliquer l'énorme développement de la criminalité des Hindous dans nos colonies d'outre-mer.

Mais ce que le tempérament a perdu en violence, il l'a récupéré en allures rusantes et sournoises. L'atténuation du crime intrinsèque est parallèle d'un fort développement du délit intrinsèque, comme si, dans l'indulgence et la modération de notre législation, l'Hindou trouvait meilleur profit, pour la satisfaction de ses instincts, toujours égoïstes et pervers, à laisser de côté le grand attentat et à cultiver davantage le petit, le rapport lui apparaissant en raison inverse des risques à courir, le délit donnant plus de gains qu'il n'expose à de sérieuses pénalités, le crime ne donnant pas plus de gain, mais encourant des châtiments plus lourds.

Voici ce que nous apprennent les statistiques officielles :

En 1833 (époque où l'on commence à recueillir des statistiques judiciaires), la population de nos établissements s'élève à 167736 habitants, dont 165240 Hindous, 1515 métis et 980 blancs, créoles ou Européens. Dans l'ensemble des cinq établissements, il y a 23 affaires correctionnelles et 38 affaires criminelles, en tout 61 attentats de quelque gravité. C'est 1 crime-délit pour 2749 habitants ; on peut ajouter de race hindoue, car la presque totalité des manquements jugés revient à l'indigène. C'est, en conservant la décomposition des affaires, 1 crime pour 4413 habitants, et 1 délit pour 7292, proportion assez satisfaisante, presque celle de la métropole vers la même époque, relativement au crime. Mais l'action judiciaire est encore mal dessinée sous ses formes nouvelles ; les fonctionnaires enquêteurs ne pénètrent que très imparfaitement dans les mœurs et les habitudes du milieu. Bien des manquements doivent demeurer ignorés.

Si nous sautons à la dernière statistique, celle de 1890, nous observons des changements considérables. La population est de 282750 habitants, dont 280000 Hindous et 2750 Européens, créoles et mixtes. Les affaires criminelles sont au nombre de 35, soit 1 sur 8079 habitants, diminution qu'il ne faut pas accepter comme une preuve d'amendement absolu, car elle est plus que compensée par l'augmentation du délit englobant une partie des crimes correctionnalisés. Mais il est à remarquer que, sur les 65 accusés, 8 seulement figurent sous la rubrique : *Nés dans la colonie ou dans une autre colonie française ;* tous les autres (sauf un, d'origine inconnue) sont déclarés d'origine asiatique, c'est-à-dire Hindous n'appartenant pas à nos possessions par la naissance ou le domicile fixe. Pour le délit, je n'ai point de relevés d'ensemble, mais seulement la statistique du tribunal correctionnel de Pondichéry, celui dont le ressort est le plus important. La ville et ses dépendances ont 41 850 habitants; le chiffre des affaires correctionnelles est de 391, soit 1 délit pour 107 habitants, proportion énorme, double de la délictuosité métropolitaine (en France, 190000 délits pour 38 millions d'habitants, soit 1 délit par 200 habitants). Mais, sur 563 prévenus de ces délits jugés à Pondichéry, il n'y a plus que 98 étrangers; les autres, 465, sont des individus nés dans la colonie (ou, pour un très petit nombre, provenant d'une autre colonie française). Le délit reste donc bien intrinsèque.

Statistique judiciaire des établissements français dans l'Inde (1890).

I. *Nombre et nature des affaires.*

A. COURS CRIMINELLES.

Crimes-personnes.	Meurtres, assassinats et tentatives	2	13
	Coups et blessures	1	
	Attentats à la pudeur et viols	1	
	Autres	9	
Crimes-propriétés.	Faux	5	22
	Vols qualifiés	17	
	Incendies	»	
	Autres	»	
			35

B. TRIBUNAL CORRECTIONNEL DE PONDICHÉRY.

Délits-personnes...	Rébellions, violences contre agents de l'autorité ou particuliers	20	75
	Coups et blessures, homicide par imprudence..	34	
	Attentats aux mœurs	»	
	Diffamation, injures, menaces	1	
	Autres	20	
Délits-propriétés...	Escroqueries, abus de confiance	13	316
	Vols simples	259	
	Autres	44	
			391

II. *Nombre et répartition des accusés et prévenus.*

		A. Cours criminelles. Hommes.	A. Cours criminelles. Femmes.	Total	B. Tribunal correctionnel. Hommes.	B. Tribunal correctionnel. Femmes.	Total
Sexe..	Attentats contre les personnes.	19	7		77	5	
	Attentats contre les propriétés.	34	5		412	69	
		53	12	65	489	74	563

		A. Cours criminelles	Total	B. Tribunal correctionnel	Total
Age..........	Au-dessous de seize ans....... .	1	65	6	563
	De seize à trente ans............	28		157	
	De trente et un à cinquante ans..	25		49	
	Au-dessus de cinquante ans......	9		328	
	Age inconnu.....................	2		23	
Professions....	Cultivateurs.....................	33	65	369	563
	Domestiques et engagés..........	1		»	
	Ouvriers du bâtiment et d'état....	2		6	
	Professions commerciales	4		»	
	Fonctionnaires de tous degrés....	10		»	
	Diverses ou inconnues...........	15		188	
Origine.......	Nés dans la colonie ou une autre colonie française.............	8	65	465	563
	D'origine métropolitaine ou européenne	»		»	
	D'origine asiatique..............	56		98	
	— inconnue..............	1		»	
Domicile......	Ville...........................	20	65	107	563
	Campagne	45		456	
Etat civil.......	Célibataires.....................	11	65	153	563
	Mariés	43		365	
	Veufs...........................	9		45	
	Etat civil inconnu..............	2		»	
Instruction....	Ne sachant ni lire ni écrire ou le sachant imparfaitement........	44	65	357	563
	Sachant bien lire et écrire.......	21		206	
	Instruction supérieure...........	»		»	

III. *Résultat des poursuites.*

	A. Cours criminelles. Hommes.	A. Cours criminelles. Femmes.	Total	B. Tribunal correctionnel. Hommes.	B. Tribunal correctionnel. Femmes.	Total
Acquittés	10	3		58	8	
Condamnés...........	43	9		432	65	
	53	12	65	490	73	563

C'est en réalité, comme chez nous, une augmentation notable des actes antisociaux donnée par l'accroissement de ceux que la loi qualifie *délits*, ou permet aujourd'hui de ramener à ce titre, mais avec un mouvement ascensionnel plus accentué que chez nous. Or, c'est moins le crime violent et brutal, si fréquemment relié aux impulsivités passionnelles jaillissant de natures abruptes, indégrossies, mais quelquefois capables d'amendement, grâce à certains côtés de sentiment que le crime lui-même met en relief, que le délit hypocrite, rusant, trahissant le défaut de scrupule et la lâcheté habituels, répété sous des formes diverses par les mêmes individus ou dans les mêmes groupements, qui doit déterminer la moralité d'une population et fixer ses rapports avec le développement de la criminalité générale. Le fléchissement de la répression et son adoucissement ne pouvaient manquer d'aboutir à une telle conséquence dans une race accoutumée séculairement à ne se comporter que d'après la crainte. Il en sera ainsi jusqu'à ce qu'on ait obtenu un redressement — je n'entends pas dire par un retour à l'intimidation, qui serait aussi un retour aux procédés d'avilissement sous l'oppression de la force — mais par une éducation nouvelle des caractères. Il faut partout refaire une morale sur des bases positives, mais dans l'Inde plus que partout ailleurs.

Aux colonies d'outre-mer, avec les engagés hindous ou coolies, la criminalité est très forte. Je n'ai pu la traduire, par des chiffres précis, rapportés à la population spéciale, celle-ci n'étant pas suffisamment isolée dans les tableaux officiels. Mais cette population spéciale étant aujourd'hui très réduite, l'opinion que j'avance est démontrée par la proportion des accusés et prévenus d'origine hindoue dans l'ensemble des accusés et prévenus (statistiques judiciaires) :

En 1890, à la Guadeloupe, sur 37 accusés (crimes), il y a 13 individus d'origine asiatique (ici l'indication de la provenance, sous cette épithète, équivaut au titre d'engagés hindous), et sur 1 615 prévenus (délits), 373 individus de même origine ; soit une proportion pour 100, chez les coolies, de 23 dans le délit, de 35 dans le crime, de 25 dans le crime-délit; — à la Martinique, sur 44 accusés, 5 sont d'origine asiatique (11 pour 100) et, sur 1 613 prévenus, 182 sont de même provenance (11 pour 100); — à la Réunion, les engagés asiatiques (Hindous, parmi lesquels sont mêlés quelques Chinois) fournissent 327 prévenus sur 1 412 (23 pour 100) et 10 accusés sur 68 (14 pour 100).

L'influence du recrutement ressort de ces faits. Les engagés proviennent pour le plus petit nombre des établissements français; la grande majorité est fournie par les provinces anglaises et constituée par le rebut de la population, les sujets qui ont perdu leur caste, les tarés et les suspects de toutes les catégories, même, en assez large proportion, par les castes dites de voleurs. Tout ce monde, sans goût pour le travail ou accoutumé à un genre de travail sans relation prochaine avec la culture de la canne, arrive aux colonies dans les conditions les plus détestables. Les uns, d'emblée, découvrent leur but dans l'expatriation, en retournant professionnellement au délit ou au vagabondage; les autres essayent de s'assouplir par la nécessité. Or, parmi ces derniers, mille causes de dégoûts surgissent, qui les entraînent au suicide ou vers le crime-délit. Un trop grand nombre d'engagistes dédaignent d'observer les conditions du contrat qui les lie à l'engagé; l'autorité locale se montre peu soucieuse de prendre la défense des intérêts des misérables contre des influents politiques, et le coolie, réduit par le dénuement et la maladie, nostalgique sans espoir de retour au lieu natal, se réfugie dans la mort ou se révolte. Je ferai toutefois remarquer que l'influence du recrutement doit l'emporter, comme facteur de criminalité, sur les causes d'ambiance, car l'attentat se concentre surtout dans le milieu ethnique; c'est entre Hindous que se déroulent presque exclusivement les crimes contre les personnes, que s'exécutent même la plupart des vols et les manœuvres usuraires.

Il est fâcheux que l'on ne puisse établir la proportionnalité numérique des éléments de diverses catégories religiososociales, dans les crimes et délits indiqués. Il eût été intéressant de comparer la fréquence et la nature des attentats chez le musulman et le brahmaniste. Mais Chevers lui-même n'a pas réussi à obtenir des documents catégoriques à cet égard. Il semble porté à confondre les deux groupes dans la même forme de mœurs générales, dans les mêmes tendances à l'attentat. La grande majorité des musulmans n'est d'ailleurs constituée que par des Hindous de basses couches, convertis sans avoir perdu l'imprégnation des vieilles traditions. Il n'existerait de groupements musulmans bien détachés du fonds de la population, bien réellement supérieurs à celui-ci, que dans le nord. Je dois pourtant dire qu'aux colonies on fait d'ordinaire une distinction entre l'Hindou et le musulman : ce dernier, avec une grande violence de caractère, une jalousie sexuelle égale à celle de l'autre, a plus de tenue et de dignité; il est plus fidèle à l'observance de ses engagements et rarement il contracte des habitudes d'ivrognerie; il fournit tout autant de crimes passionnels contre les personnes, mais peut-être moins de crimes et délits de bas mobiles, que le coolie d'étiquette brahmanique.

Les statistiques montrent que les chiffres des accusés et des prévenus présentent un fort excédent sur ceux des affaires. C'est la démonstration de la fréquence habituelle de l'association pour l'attentat, chez les Hindous. Dans le relevé criminel de 1890, le chiffre des accusés est double de celui des affaires ; dans le relevé correctionnel, le chiffre des prévenus est d'environ un cinquième supérieur à celui des affaires. L'association est donc (chose naturelle) surtout recherchée pour l'exécution des plus gros attentats. Ce mode et ses conditions sont mieux mis en relief dans un relevé des arrêts rendus par la chambre d'accusation du 1er janvier 1883 au 24 novembre 1892 (dix années), dont je dois la communication à M. le docteur Texier. Pour 278 affaires qui ont motivé le renvoi devant les cours criminelles (ou, par exception, devant les tribunaux correctionnels), il y a 632 accusés, soit 2,2 par affaire. En étudiant le relevé, on voit que 110 fois sur 278, il y a eu association caractérisée. Par exception, le nombre des associés dépasse 12; il ne s'élève même au delà de 7 à 8 que dans le crime-propriété : ce sont ordinairement les vols de nuit, dans les maisons habitées, avec escalade et effraction, ou bien les vols sur les grands chemins, avec port d'armes, qui réunissent les bandes les plus fortes (une composée de 20 hommes et de 7 femmes; une autre, de 34 hommes et de 2 femmes). Mais, en général, les coups se font en petit nombre, suffisant pour la résistance ou la force, moins risquant pour les trahisons, et assurant à chacun une part meilleure en cas de réussite. Dans le vol, l'association comprend les receleurs; mais ceux-ci apparaissent en proportion réduite par rapport aux acteurs plus directs. Les faux eux-mêmes comportent presque toujours un certain nombre d'individus compromis dans la même opération. Dans le crime-personne, c'est l'homicide prémédité qui réunit surtout des associations, puis, par sa nature, l'avortement; mais ce dernier compte au maximum 3 acteurs : la femme intéressée, 1 ou 2 autres femmes, ou bien 1 femme et 1 homme, jouant le rôle actif, un rôle de conseil ou d'assistance. Dans les deux grandes catégories du crime, l'appoint numérique de l'association est manifestement en raison inverse de sa fréquence : je veux dire que les petites associations sont les plus communes et que les chiffres de fréquence dans l'association diminuent à mesure que les nombres d'associés augmentent.

La femme intervient, seule ou par association, dans une proportion très grande. Sur 100 prévenus correctionnels (Pondichéry), elle compte pour 13,1; sur 100 accusés (cours criminelles de 1890), pour 18,4; et, dans le relevé de la chambre d'accusation, pour 12; même, d'après ce dernier, la proportion pour 100 de la femme, de 7,5 pour le crime-propriété, s'élèverait à 30 dans le crime-personne. La femme est souvent la complice active, dans les graves attentats, et, dans quelques-uns, elle remplit le rôle principal (avortement, infanticide). Sa condition précaire, misérable, avilie, se détache bien nettement de ces considérations, et pourtant les statistiques ne donnent qu'une idée assez inexacte de son intervention dans le crime. Je n'admets pas que sa participation à l'attentat doive être diminuée de toute l'équivalence de sa prostitution, ou renforcée de cette équivalence, car prostitution n'est pas crime : c'est une forme de la misère sociale, comme la pauvreté poussant parfois au crime, mais aidant plutôt à le prévenir et ne l'engendrant pas nécessairement; si elle est nuisance, c'est surtout par rapport à l'individualité qui l'exerce, et, à ses divers degrés, elle est fort différemment appréciée et appréciable. Mais indirectement, dans la prostitution et hors de la prostitution, la femme, stimulatrice d'appétits intensifs chez l'homme, elle-même le foyer très ardent de passions, est un objectif de criminalité ou une incitation pour l'autre sexe, quand elle n'est pas actrice ou complice dans l'exécution, selon les modes proportionnés à ses moyens. Dans l'Inde, on la voit intervenir en personne dans les associations de voleurs, où elle remplit un rôle de mouche, fait le guet pendant que les dévalisements ont lieu, sert à attirer les dupes, à les endormir sous ses caresses et les coups de boissons perfides, pour les rendre plus aisément dépouillables ; ou, pour son propre compte, en des crimes de vendetta ou de jalousie sexuelle, surtout, ainsi que je l'ai dit, dans les crimes d'avortement et d'infanticide. Là où elle devient un objet rare et d'autant plus convoité, d'autant plus âprement gardé, la femme, par ses coquetteries et ses traîtrises, est la cause d'attentats nombreux et atroces, perpétrés sur elle-même ou sur les personnes dont elle a suscité les rivalités vis-à-vis d'un ancien possesseur. La criminalité féminine est énorme, dans le milieu, triste conséquence des vices d'organisation sociale et morale dont souffre partout la race, même émigrée.

Je n'ai pas d'observations particulières à présenter sur l'âge. Comme dans les autres collectivités, le crime atteint son maximum à l'âge où les passions ont le plus d'activité, les impulsivités de violence et le corps de vigueur, entre seize et trente ans. Le délit serait, au contraire, plus accentué dans la période où le fléchissement de l'organisme commence, mais aussi où

RELEVÉ DE LA CRIMINALITÉ DANS L'INDE FRANÇAISE

DU 1er JANVIER 1883 AU 24 NOVEMBRE 1892

D'après les décisions de la chambre d'accusation et les arrêts de renvoi par-devant les cours criminelles (un petit nombre de renvois vont aux tribunaux correctionnels). Tableau dressé avec les documents fournis par le docteur Texier; en tout 289 affaires, dont 11 déduites pour défaut d'indications, reste 278 affaires utilisées.

DÉSIGNATION.	NOMBRE DES AFFAIRES.	NOMBRE DES ACCUSÉS				Nombre des affaires où il y a eu les chiffres d'accusés associés spécifiés à chaque colonne.								TOTAL DES AFFAIRES où il y a eu ASSOCIATION.
		Chrétiens français, européens mixtes.	indigènes de cultes locaux.											
			Hommes.	Femmes.	Total.	Avec 2 associés.	3	4-6	7-8	9-12	13-15	16-20	Plus de 20 associés.	
***(a)* Crimes-propriétés.**														
Vols qualifiés divers	38	1	52	3	55	5	2	2	»	»	»	»	»	9
Vol dans un lieu consacré au culte (pagode)	1	»	1	»	1	»	»	»	»	»	»	»	»	»
Vols (presque tous de nuit) en maison habitée ou divers lieux, à l'aide d'effraction ou de fausses clefs	41	»	82	17	99	8	9	5	»	»	1	»	»	23
Vols avec effondrement	4	»	5	»	5	1	»	»	»	»	»	»	»	1
Vols (la presque totalité de nuit) en maison habitée, avec escalade ou effraction extérieure	36	»	115	9	124	5	7	4	1	»	»	1	1	19
— avec violence	5	»	21	»	21	»	2	»	»	»	1	»	»	3
— avec port d'armes	8	»	73	2	75	1	2	3	1	1	»	»	1	9
Vols sur chemins publics, avec violence sans ou (presque toujours) avec armes apparentes ou cachées	12	»	44	2	46	4	2	3	2	»	»	»	»	11
Détournements frauduleux et abus de confiance	2	1	1	»	1	»	»	»	»	»	»	»	»	»
Faux en écriture privée ou commerciale	13	2	13	1	14	3	»	»	»	»	»	»	»	2
Faux en écriture authentique ou actes publics	22	4	2	2	34	1		2	2	»	»	»	»	7
Faux et concussion, corruption, destruction d'actes	6	1	11	»	11	»	1	2	»	»	»	»	»	3
Fausse monnaie, fabrication et émission	3	»	4	1	5	»	1	»	»	»	»	»	»	1
Destruction d'une maison	1	»	1	»	1	»	»	»	»	»	»	»	»	»
Incendie de maison habitée (par exception de récoltes)	9	»	9	1	10	1	»	»	»	»	»	»	»	1
Total	201	9	464	38	502	20	28	21	6	1	2	1	2	90
***(b)* Crimes-personnes.**														
Diffamation, faux témoignages	6	»	13	1	14	»	1	1	»	»	»	»	»	2
Outrages, injures, violences à fonctionnaires ou agents de l'autorité	2	»	6	»	6	»	»	1	»	»	»	»	»	1
Coups et blessures, homicide involontaire	9	1	13	»	13	1	»	1	»	»	»	»	»	2
Coups et blessures à ascendant	5	»	6	»	6	»	1	»	»	»	»	»	»	1
Meurtre volontaire avec ou sans préméditation, meurtre avec préméditation et guet-apens (assassinat) ou tentatives	21	»	30	7	37	3	1	2	1	»	»	»	»	7
Enlèvement de mineures avec fraude, violence ou séquestration	6	»	13	1	14	1	»	»	»	»	»	»	»	1
Attentat à la pudeur (sur enfant). Sans violence	2	1	1	»	1	»	»	»	»	»	»	»	»	»
Attentat à la pudeur (sur enfant). Avec violence	3	»	3	»	3	»	»	»	»	»	»	»	»	»
Viol, tentative suivie de vol et de meurtre	1	»	1	»	1	»	»	»	»	»	»	»	»	»
Avortement	16	1	3	25	28	2	3	»	»	»	»	»	»	5
Infanticide	3	»	1	3	4	1	»	»	»	»	»	»	»	1
Libéricide	1	»	»	1	1	»	»	»	»	»	»	»	»	»
Crimes complexes :														
Meurtre, vol, incendie	1	»	1	»	1	»	»	»	»	»	»	»	»	»
Tentative de meurtre sur sa mère, avec incendie de la case où celle-ci a été renfermée	1	»	»	1	1	»	»	»	»	»	»	»	»	»
Total	77	3	91	39	130	8	6	5	1	»	»	»	»	20
Report des crimes propriétés	201	»	»	38	502	»	»	»	»	»	»	»	»	90
Total général	278	»	»	77	632	»	»	»	»	»	»	»	»	110

l'expérience acquise par le calcul et la ruse s'est accumulée, c'est-à-dire après quarante et cinquante ans.

Sous le rapport du domicile (avoué), il y a prédominance de la criminalité rurale sur la criminalité urbaine. La population rurale l'emporte de beaucoup sur celle des villes. Mais, si l'on pouvait ramener rigoureusement aux chiffres respectifs de l'une et de l'autre chacune des criminalités, la prépondérance serait probablement renversée, les villes étant le réceptacle des fainéants, des vicieux, de toutes les castes louches. Il n'y a pas à tirer de conclusions fermes des chiffres bruts des statistiques.

Les castes les plus ignorantes sont celles qui fournissent les plus gros contingents au crime-délit. Mais ce sont aussi les plus nombreuses et elles dépensent en objectivité toute leur impulsivité détonante, tandis que les autres maintiennent la leur souvent très intensive, dans l'ombre de l'occulte. L'instruction est moins une prévention de l'attentat, qu'une transmutatrice de ses formes. L'homme d'en bas vole, frappe, tue carrément; celui d'en haut essaye de soustraire par des faux, de se venger par la diffamation, ou, s'il est fonctionnaire, par les abus d'autorité (on remarquera combien le chiffre des fonctionnaires est relativement élevé dans la statistique criminelle de 1890, et il laisse supposer de vilaines habitudes dans le monde des employés et agents indigènes, peu scrupuleux vis-à-vis d'une masse timorée et accoutumée à l'exploitation).

Quant aux chiffres de répartition des défaillants d'après l'état-civil, ils corroborent de précédentes observations. L'état de mariage, qui partout ailleurs est une digue relative contre les entraînements délictueux, cesse d'exercer dans l'Inde aucune influence préventive. Dans la statistique criminelle de 1890, ce sont les gens mariés qui fournissent la plus forte proportion d'accusés. C'est que l'union, surtout dans les basses castes, est très relâchée ; l'adultère et la prostitution s'y étalent, et les rivalités masculines, comme les coquetteries féminines, ne rencontrant qu'un frein insuffisant, surexcitent des passions fertiles en attentats. J'ajouterai que nombre de ménages, très imprévoyants, sont talonnés par la misère ; les besoins sont impératifs ; ils sont, dans le mariage, de très mauvais conseil, les facteurs habituels de plus d'un crime (vol, suppression des enfants, infanticide). J'ai dit comment l'état de veuvage précoce contribuait d'autre part, chez la femme, à développer certains côtés de la criminalité.

CHAPITRE V.

L'INDO-CHINE, LE PAYS ET LES RACES.

Les Cambodgiens, leurs mœurs générales et criminelles, leurs lois pénales. — Siamois, Laotiens, Malais. — Les Chinois et les Annamites, leurs mœurs générales et criminelles ; les lois pénales de l'Annam dérivées du Code chinois.

La vaste presqu'île indo-chinoise, intermédiaire entre l'Inde et l'Extrême-Orient, est dominée au nord par le prolongement du massif himalayen (thibétain); des chaînes secondaires, émanées d'un centre qui répond à la région du Yunnan, rayonnent vers le sud et la divisent en trois principaux triangles, où se sont succédé et concentrées diverses races historiques.

A l'est, un triangle largement ouvert sur la mer de Chine, montagneux et boisé vers ses côtés intérieurs, bas, alluvionnaire, souvent à demi submergé dans la zone littorale, sillonné par un grand nombre de petits cours d'eau courant vers l'est dans l'étroite bande de l'angle inférieur, et, dans sa portion septentrionale, coupé par un fleuve important, le Sé-Koi (fleuve Rouge) : c'est la *région annamite ;*

Au centre, un triangle découpé en deux longues portions, l'une qu'arrose le fleuve Mékong, c'est la *région des Khmers* ou *Cambodgiens;* l'autre, que parcourt le fleuve Meïnam : c'est la *région des Thaï* ou *Siamois ;*

A l'ouest, un triangle plus ramassé, si je puis dire, de largeur à peu près égale à sa hauteur, traversé par les fleuves Salouen et Iraouaddy, séparé de l'Hindoustan par un autre fleuve, le Brahmapoutra : c'est la *région birmane.*

Cet immense territoire, riche en produits miniers dans ses parties montagneuses et, dans ses parties basses, admirablement disposé pour la culture du riz (la céréale qui représente l'aliment fondamental chez les peuples orientaux), mieux encore pour un commerce d'échanges facile, grâce à ses cours d'eau, de bonne heure fut l'objet des compétitions des races avoisinantes. Selon toutes les probabilités, il fut d'abord occupé par des races dont il faudrait rechercher les vestiges parmi les tribus sauvages les plus refoulées de l'intérieur, mais dont la détermination originelle est demeurée très indécise. Malgré l'opinion contraire de plusieurs ethnographes, j'incline à penser que des peuples négritos ont formé le très antique substratum de ces races, de bonne heure plus ou moins mélangées avec des éléments mongoliques, puis atteintes par le flot des invasions maritimes du sud, c'est-à-dire par les conquérants *malais*. Ceux-ci remontèrent loin vers le nord, principalement vers le nord-ouest, où la pénétration était pour eux moins hérissée d'obstacles, le sol moins disputé ; ils se croisèrent avec des éléments sino-thibétains (?) et hindoustaniques, eux-mêmes déjà en lutte pour l'occupation du pays. Mais l'arrêt ne tarda pas à leur être imposé. La grande poussée brahmano-bouddhique les contint et même passa au delà de leurs colonies définitives : les Birmans et les Siamois sont des Malais plus ou moins imprégnés de Mongols ; les Khmers ou Cambodgiens ont marqué l'avancée des Hindoustaniques, Dravidiens et Kolariens, d'abord transformés au contact d'autochtones, non encore absorbés par les Malais, puis, au contact de ces derniers, maîtres des régions méridionales, au centre de la presqu'île.

Cependant, vers le nord-est, des tribus se concentraient, inconnues, qui allaient se jeter comme un coin entre les Chinois, prêts à envahir la région par le nord, et les Malais, qui l'avaient déjà en grande partie conquise par le sud. C'étaient les Giao-Chi, les ancêtres des Annamites, qui devaient à leur tour élever leur nation sur les ruines de l'empire malais et de l'empire khmer. Ces *Giao-Chi* étaient probablement descendus des montagnes du Yunnan ou de leurs contreforts du sud ; car leur nom, qui signifie « hommes aux orteils écartés », exprimait une disposition anatomique commune à toutes les races habituées à marcher nu-pieds, sur un terrain inégal et ferme, et leurs plus anciennes légendes traduisent leurs frayeurs et leurs hésitations, dans une contrée sillonnée de cours d'eau, soumise aux inondations périodiques, au sol mou et fangeux. Leur premier roi ou chef souverain, après la descente dans les plaines, est marié à une fille de la race du dragon, qui vit sous les eaux, et ce dragon, symbole d'un peuple maritime, indique évidemment les Malais, les civilisateurs et les protecteurs du début pour les Giao-Chi, déjà peut-être menacés d'absorption par les Célestiaux. La nouvelle nation occupait le pays qui répond de nos jours au pays de Hanoï (Tonkin). Elle unit les occupations de l'agriculture à celles de la pêche et de la navigation fluviale ; peint sur l'avant de ses barques, en souvenir de son alliance, l'œil du dragon, maître des eaux ; adopte le tatouage, à l'imitation des aventuriers malais, et se mélange par croisements dans une proportion notable avec leur race. La Chine ne fut pas indifférente à ses progrès, car elle lui barrait le chemin de la conquête vers le sud, et contrecarrait son besoin d'expansion pour déverser de ce côté le trop-plein de ses populations les plus actives, combattre le Malais, hardi pirate, assurer son commerce. Les Giao-Chi, même avec l'assistance des Malais, étaient incapables de lui opposer une résistance soutenue; ils durent céder à la force. Leur race perd ses anciennes coutumes, jusqu'à son nom; le pays devient l'*Annam* (Sud pacifié), simple province de l'empire; mais le peuple assujetti gagne à sa défaite l'initiation à une civilisation supérieure, qu'il était destiné à conserver, même après son émancipation. Lorsque, au dixième siècle, les Annamites parviennent à briser le joug étranger, ils sont presque entièrement adaptés à la civilisation chinoise ; ils continuent à en suivre les progrès pendant plusieurs siècles, sous un état de vassalité plus nominale qu'effective ; puis, de nouveau forcés à se plier à toutes les exigences de la Chine, sous l'écrasante domination des Minh (commencement du quinzième siècle), ils acquièrent définitivement cette civilisation. Ils sont alors obligés à porter les cheveux longs, leurs femmes et leurs filles à se vêtir d'habits courts et à larges manches; le tatouage est défendu ; des écoles sont partout établies pour l'enseignement des caractères, de la littérature et des sciences de la Chine; les miliciens indigènes sont incorporés dans les troupes impériales. Lorsqu'il reprend possession de lui-même, sous la conduite de l'illustre chef Le-Loi, l'Annamite reste à jamais, dans ses mœurs, dans son organisation sociale, un Chinois du quinzième siècle. Il conserve avec ses anciens dominateurs des relations très intimes, mais il se refuse à les suivre dans l'évolution que leur impose la dynastie mandchoue; il garde ses cheveux longs, tandis que les Chinois sont contraints de porter la queue, même il revient à quelques habitudes antérieures à l'initiation célestiale (vêtements longs, à manches étroites, etc.).

L'Annamite ne pouvait prétendre à se développer vers le nord. Devenu fort, il se borne à se bien défendre de ce côté contre toute nouvelle chance d'invasion. Mais, du côté du sud, il trouve compensation. Après s'être peu à peu substitué au Malais, il se rencontre avec les Khmers, qu'il commence à refouler par la conquête de la basse Cochinchine.

Étreinte entre le Siam, qui lui aussi s'était constitué en corps d'État redoutable, et l'Annam, débarrassé des compétitions sino-malaises, la nation khmer, après une période de splendeur glorieuse, périclite : le protectorat français vient à point pour sauver ses débris, après l'occupation de la Cochinchine, comme aussi le royaume d'Annam, après celle du Tonkin, contre l'invasion latente des Chinois. Car ceux-ci n'avaient abandonné leurs projets militaires que pour reprendre en sous-main l'œuvre de leurs ancêtres : l'Annam était une belle proie, les commerçants célestiaux allaient la saisir et la livrer, pour sa bonne garde, aux mandarins militaires de leur patrie, tout juste quand survint le troisième larron!

Quels étaient nos droits vis-à-vis des peuples protégés plus ou moins à contre-cœur ou conquis? Ce qu'ils étaient ailleurs, ceux de la force. Sous le prétexte de venger les injures et les mauvais traitements faits à nos missionnaires, nous prenions en main la cause de séditieux contre un gouvernement régulier; sous le prétexte de défendre les faibles, nous les asservissions. Et quant à nos apports civilisateurs, ils tombaient mal, en des races adaptées à des civilisations très avancées, très moralisatrices, sous plus d'un rapport préférables à la nôtre.

Des races observées sur *nos* territoires, deux méritent une étude particulière, comme devenues nos protégées ou nos assujetties, les Cambodgiens et les Annamites ; une troisième, une esquisse de quelque importance, en raison de la situation et du rôle de ses éléments immigrés au sein des précédentes, de son influence de très ancienne date parmi les Annamites, les Chinois. Mais, avant de pénétrer dans les détails de leurs mœurs respectives, il ne sera pas inutile de rappeler les conditions générales du climat sous lequel elles ont évolué et vivent. Le climat de l'Indo-Chine, au moins dans les régions centrales et méridionales, est à peu près identique à celui de l'Inde, très chaud, très humide, à saisons réglées surtout par l'alternance des moussons de nord-est et de sud-ouest, énervant, insalubre là où le sol est alluvionnaire, soumis aux inondations, couvert de marécages ou de grands bois. Il devient plus réconfortant vers le nord, au Tonkin, où la saison fraîche, très accentuée, remédie jusqu'à un point à l'action si profondément débilitante de la saison chaude. Au Cambodge, qu'on peut regarder comme région centrale et mixte, en partie basse et cultivée en rizières ou couverte de forêts, en partie élevée et également très boisée, la température est toujours assez forte ; sa moyenne serait de 28 degrés ; mais elle s'abaisserait jusqu'à 18 degrés en novembre-décembre, et, durant toute l'année, les nuits seraient relativement fraîches. Dans la basse Cochinchine, la température moyenne est de 27 degrés, la température maximum de 29°,9 et la température minimum de 24°,5 ; la quantité moyenne d'eau tombée est de 1 485 millimètres ; le nombre des heures d'orages, de 309. Il n'y a, en réalité, que quatre mois aisément supportables, malgré une température élevée (moyenne : 25 à 28 degrés), parce qu'ils sont assez secs et à peu près exempts d'orages : décembre, janvier, février et mars. Pendant les autres, une chaleur continue, dont le minimum est d'environ 25 degrés et le maximum de 32°,5, une humidité excessive, entretenue par des pluies intenses, des orages répétés et violents, laissent l'organisme dans un état de torpeur ou d'éréthisme trop favorable au développement de la morbidité comme à la réduction de la cérébration. En Annam, les chaleurs de l'été sont par instants tempérées au souffle de la brise de mer du nord-est ; elles n'en sont pas moins très dépressives ; mais l'hivernage, malgré ses pluies, exerce déjà une certaine action réparatrice sur l'économie. Au Tonkin, la distinction des saisons est bien tranchée. On distingue quatre saisons, comme en Europe, mais très inégales de durée : l'été, de mai à octobre, avec une température moyenne de 25 à 29 degrés, une quantité d'eau moyenne de 325 à 100 millimètres, des orages fréquents (saison pénible); l'automne, d'octobre à novembre, avec une température de 22 à 25 degrés, encore peu oscillante, mais moins de pluies et d'orages ; l'hiver, de décembre à mars, avec un ciel ordinairement brumeux, des pluies médiocres, peu d'orages, une température moyenne de 16°,5 à 19 degrés, qui parfois descend à 8 degrés pendant la nuit et remonte à 25 degrés au milieu du jour; la fraîcheur est alors ressentie par les Européens avec une telle vivacité, qu'ils sont obligés de faire usage de vêtements chauds et d'avoir du feu dans leurs appartements (saison de remontement physiologique); le printemps, de mars à mai, avec des pluies bien établies, une température moyenne de 23 à 25 degrés, mais relativement faible la nuit.

Les races soumises à ce climat, malgré une grande similitude dans leur régime alimentaire (surtout végétarien), n'ont point supporté d'une manière identique ses effets permanents. C'est qu'elles ont déployé, sous des organisations sociales très différentes, des moyens de résistance très opposés. Le Cambodgien, produit de la civilisation hindoustanique, a, comme l'Hindou, subi avec passivité les influences modificatrices du milieu météorologique, et il n'est sorti de cette passivité que pour renforcer leur action neurasthénisante, par maintes prescriptions d'un code impondéré, sous la formule brahmano-bouddhique. Aussi la race, après un éclat d'éphémère grandeur[1], est-elle restée indolente, irritable à l'excès, plus artistique qu'éclairée, et, avec une apparence de constitution vigoureuse, cache-t-elle beaucoup de mollesse et peu d'énergie ; elle devait fatalement fléchir devant les compétitions des races voisines, chétives de corps, mais dures à la fatigue et de cérébration mieux dégagée de la religiosité abrutissante. L'Annamite, venu lentement du nord, a perdu dans la basse Cochinchine de la force physique qu'il a conservée au Tonkin ; mais partout, il se montre d'une certaine indépendance de caractère et d'une activité qui contrastent avec l'apathie de ses voisins de l'ouest. C'est qu'il est en possession d'une organisation sociale, où, malgré le despotisme d'en haut, l'individu garde de l'esprit d'initiative, et que, bouddhiste d'épithète, de fait profondément sceptique, imprégné même inconsciemment de la morale confucianique, il n'a point éprouvé l'étouffante domination d'une caste sacerdotale, ne s'est point abîmé dans les habitudes contemplatives, a su allier des pratiques très démocratiques à la soumission, non toujours exempte de révolte, à une aristocratie d'ailleurs accessible à tous, puisque les fonctions sont attribuées à la capacité et au mérite. Jusque dans l'attentat, nous verrons les oppositions se produire entre les races en contact. Le Cambodgien, comme l'Hindou, et par la même crainte d'un châtiment terrible dans l'au-delà, suivi d'une réincarnation avilissante, se suicide rarement ; pusillanime et bas-

1. Lombroso (*Crime politique*, t. I, p. 63), pour prouver que la chaleur, même excessive, est toujours moins funeste à l'esprit que le froid intense, cite l'exemple du Cambodge, « rangé parmi les plus antiques berceaux de la civilisation ». L'exemple est assez mal choisi. Le Cambodge a été, non pas un centre de haute activité civilisatrice, mais un simple foyer (et de rayonnement assez médiocre) laissé sur le chemin des émigrations hindoustaniques et de l'exode bouddhique. Il n'y a guère de race plus énervée que celle des Khmers, et qui, dans l'histoire, ait montré moins de vigueur dans la lutte persévérante pour l'existence contre ses voisins, plus chétifs et plus grossiers. Tout son effort est resté esthétique et s'est épuisé sur place.

sement convoiteux, il se livre plutôt au délit vulgaire. L'Annamite, sans croyance à une autre vie, ou du moins très sceptique sur le sort qui l'attend dans un autre monde, plus libre, se tue sans grande hésitation, en ses accès de désespérance, mais non toujours sans avoir essayé les moyens du crime pour y porter remède ; en ses cupidités, il ne recule pas devant l'usage des procédés sanglants pour les satisfaire ; d'instincts très guerroyants, il les reporte dans ses luttes antisociales : il pratique largement le banditisme, sous la forme que comporte le mieux un pays très découpé par les cours d'eau, la piraterie. Mais les deux races sont bien asiatiques et, comme telles, surtout des rusantes, trop ordinairement aussi des cruelles au cours de l'attentat. Leurs codes offrent les mêmes contrastes que leurs morales. Chez le Cambodgien, la loi pénale est empreinte d'un métaphysisme, qui la porte à punir le crime comme un manquement à la religion, à multiplier les peines symboliques, souvent atroces. Chez l'Annamite, la loi est, comme en Chine, basée sur l'utilitarisme ; elle se préoccupe de sauvegarder des intérêts purement matériels et a des peines très simplifiées, qu'elle s'applique à proportionner, à mesurer, d'après la grandeur des nuisances commises. Au Cambodge et en Annam, le même fond d'asiatisme se retrouve dans la façon de supporter le châtiment chez le coupable, de l'envisager chez les spectateurs auxquels il est offert en exemple : la non-pitié des caractères, doublée d'une certaine endurance, engendre chez l'un une sorte d'impassibilité qui fréquemment (non toujours) mérite le nom de stoïcisme ; chez les autres, une indifférence, qui vire et s'allie à une odieuse curiosité.

Les *Khmers* ou *Cambodgiens* ont conquis le pays auquel ils ont donné leur nom sur les Chams (*Tsiams* ou *Ciampois*) d'origine malaise. Déjà ceux-ci avaient subi des contacts occidentaux très intimes, s'il est vrai qu'au premier siècle de notre ère ils aient reçu le brahmanisme. Une invasion transgangétique vers les régions centrales de l'Indo-Chine était donc toute préparée ; elle fut sans doute successive, fragmentée, et ne prit d'importance qu'avec les progrès du bouddhisme. La religion et le code nouveau qui proclamaient la destruction des castes, relevaient la morale en dissimulant, sous un spiritualisme raffiné de forme, un matérialisme très net d'objectif ultime, ont dû pénétrer dans la vallée du Mékong, apportés par un noyau d'immigrants, autour duquel se rallièrent des populations éparses, laotiennes et malaises. Les envahisseurs, à demi conquérants par la force, à demi par la parole, étaient probablement composés de Dravidiens et même de Kolariens, recrutés parmi les plus pauvres couches et groupés sous la conduite de chefs aryens de noble origine, que leur conversion au bouddhisme et des rivalités politiques avaient forcés à fuir leur patrie. En raison de leur petit nombre, ils s'absorbèrent dans les races préexistantes, sans perdre toutefois leurs traits ancestraux. Le Cambodgien accuse, en effet, autant de caractères susceptibles de le rapprocher des peuples de l'Inde, que de caractères trahissant ses croisements avec le Malais, déjà lui-même modifié par ses mélanges avec les tribus autochtones (la chevelure et la barbe abondantes, finement bouclées, les lèvres grosses, et parfois presque lippues ; la couleur noire, assez foncée, de la peau, la brièveté du crâne, surtout dans sa partie postérieure, semblent la perpétuation atavique des origines dravido-kolariennes). Ce n'est pas un Mongol, ainsi qu'on l'a prétendu établir d'après sa brachycéphalie et l'obliquité de sa fente palpébrale, c'est un métis chez lequel on rencontre des caractères mongoloïdes observés aussi chez les peuples de l'Inde, mais un peu renforcés dans la race par la pénétration qu'elle a dû éprouver, à maintes reprises, d'éléments mongoliques, tsiams ou malais, siamois, annamites et même chinois. La taille est généralement au-dessus de la moyenne (les chiffres de Mondière[1] me paraissent trop faibles : hommes, 1663 millimètres ; femmes, 1451 millimètres). Les hommes sont robustes, bien faits, très droits, sans tendance ordinaire

1. *Dictionnaire des sciences anthropologiques* et *Monographie de la femme annamite, cambodgienne*, etc. (*Mémoires de la Société d'anthropologie.*)

à l'embonpoint; les femmes, gracieuses d'allures dans le jeune âge, souvent épaisses et alourdies d'assez bonne heure. La peau varie dans sa couleur « du vieux bronze reluisant au brun, se rapprochant beaucoup de la teinte des nègres » (Moura)[1]. Les cheveux sont noirs, forts et roides, parfois frisés ou ondulés, assez denses; la barbe serait rare d'après les uns, abondante d'après les autres; elle doit évidemment varier selon la prédominance des éléments de mélanges; les sujets très barbus se rencontreraient surtout dans les populations des forêts et des montagnes. On ne peut juger de ce caractère chez les citadins qui pratiquent l'épilation. Le crâne est brachycéphale (indice, 85.1, d'après Mondière), de volume généralement faible, assez souvent pointu (Moura), avec un front allongé et dégarni, souvent fuyant, une distance assez courte entre les tempes (Moura). La face est moins large et moins saillante des pommettes que chez les Annamites et les Siamois (Harmand)[2]. Les yeux sont noirs (on en rencontre de bleus et de verts, Moura), généralement petits; les paupières, d'après Mondière, ont une fente très oblique, et sont fortement bridées, surtout chez la femme. Harmand déclare au contraire que « les yeux sont moins bridés que dans les races voisines, et souvent même pas du tout », et Moura dit qu'ils « ne sont point allongés ni bridés, ni obliquement disposés ». Le nez est peu proéminent à la racine, mais se développe plus ou moins vers l'extrémité; il est tantôt aquilin et tantôt aplati, avec des narines presque toujours dilatées. La bouche est un peu grande, mais bien faite; les lèvres sont d'ordinaire de moyenne épaisseur, les dents solides et bien plantées (mais plus ou moins usées par l'usage du bétel, chez un certain nombre de sujets), les oreilles assez fortes et un peu écartées des tempes; le menton est étroit et assez fréquemment rentrant. L'ensemble des traits est commun, mais non déplaisant. Quant au tronc et aux membres, Moura trouve le buste beau, les attaches assez délicates,

1. Moura, *le Cambodge*.

2. Harmand, *les Races indo-chinoises* (*Mémoires de la Société d'anthropologie de Paris*, 2e série, t. II).

les pieds et les mains petits, avec des ongles forts, portés assez longs, les jambes droites ou arquées (par l'habitude de tenir les enfants à califourchon, sur la taille ou les épaules). Mondière donne les mensurations suivantes par rapport à la taille = 100 : grande envergure, 102.39 (hommes) et 104.53 (femmes); membre supérieur (longueur totale), 44.95 (hommes) et 44.77 (femmes); membre inférieur, 50.90 (hommes) et 52.62 (femmes).

Plus encore que ses caractères anatomiques, son état de mentalité et ses habitudes sociales différencient le Cambodgien entre les autres peuples de l'Indo-Chine. C'est aller trop loin que de prétendre, avec Harmand, qu'il a seulement les apparences de la civilisation, et que, sous son organisation politique, il dissimule les abandons d'un véritable sauvage. Je le crois un simple enrayé, séparé qu'il est depuis longtemps de son grand centre d'initiation, l'Inde. Mais je reconnais qu'il a peu mérité certains engouements dus à des observations de surface et nés au spectacle des admirables ruines d'un éphémère et lointain passé. « C'est le plus sombre, le plus concentré, le plus orgueilleux et le plus inférieur des Indo-Chinois, dit le docteur Harmand. Malgré une bravoure personnelle très réelle, une force physique plus grande et des goûts plus guerriers (?) que ses compétiteurs historiques, il se fait battre par eux. Quoique très doux d'ordinaire, il est profondément vindicatif et cruel, lorsqu'une fois il est poussé à bout... Comme les enfants et les sauvages, il possède des facultés singulières d'imitation, qui peuvent faire illusion à un examen superficiel. Il accepte, bien plus facilement que les Annamites, certains produits de notre civilisation, de nos coutumes, de notre commerce...; » au fond, par paresse d'esprit. Il semble que la vie de forêt soit son objectif le plus cher; c'est sous bois qu'il aime à se grouper, et les Moïs, ces sauvages en lutte perpétuelle avec les Annamites sur les régions frontières de l'Annam, seraient en grande partie des Cambodgiens, qui, avec les mœurs fondamentales de leurs frères encore rattachés à l'existence affinée, auraient repris un mode de vivre plus conforme à leurs instincts naturels. Il y aurait là une nouvelle preuve en faveur d'une origine ethnique de médiocre qualité, d'un mélange avec des éléments négroïdes à la souche, dès avant le départ de l'Inde, et l'inaptitude à poursuivre une évolution supérieure serait autant le résultat de cette condition, que celui de l'influence dépressive d'une civilisation toute brahmanique au début, dans un milieu fermé, isolé, où le bouddhisme n'a point effacé des habitudes acquises, réussi à relever des caractères grossiers. D'ailleurs, en supprimant les castes, le bouddhisme n'a pas supprimé, pour un peuple sans énergie, l'avilissement et la dégradation par la soumission la plus absolue aux princes et à leurs favoris. Le despotisme royal, et, à l'ombre de celui-ci, l'omnipotence des mandarins, valent, pour la masse, l'abjection des parias devant les hiérarchies organisées; en dehors du roi, le maître des biens et des corps, il n'y a que des esclaves. Le Code, en ses grandes lignes, est tout brahmanique. Seulement, la morale qui se dégage du bouddhisme tempère ou transforme, dans une mesure, l'esprit de quelques-unes de ses parties. Le Cambodgien a plus de retenue que l'Hindou; il est sobre, se contente de mâcher le bétel et de fumer le tabac, par exception, dans les réunions de fêtes, aussi un peu d'opium; mais il ne connaît guère l'ivresse des liqueurs fortes et ignore celle du haschisch. Il a contracté, sans doute à l'instigation des Chinois, un certain goût pour les entraînements du jeu[1]. Mais il est préservé par l'éducation bouddhique de ces entraînements de débauche que le brahmanisme laisse se développer parmi les Hindous; la pudeur est peut-être chez lui, assez fréquemment, plutôt simulée que réelle; au moins évite-t-il le cynisme odieux des sectes dévoyées dont j'ai eu à parler. Si l'exaltation du célibat, avec celle de l'état religieux, expose la catégorie monacale aux mêmes écarts qu'on observe dans les catégories similaires ou analogues au sein du monde catholique, elle met aussi obstacle à un dérèglement; les

1. Le jeu *des trente-six bêtes*, qui donnait lieu aux mêmes conséquences immorales et dangereuses qu'autrefois chez nous la loterie, a été interdit depuis 1888.

vœux ne sont d'ailleurs que temporaires dans les couvents de l'un et de l'autre sexe. Ils s'étendent à la sobriété et à la pauvreté, vertus très honorées et de bon exemple, car elles enseignent au peuple et aux grands la tempérance et la charité. Les préceptes plus directement destinés à éloigner du crime se résument en un petit nombre de recommandations religieuses, avant d'être sanctionnés sous des formes pénales : ne pas mentir ni calomnier, ne pas voler, ne point préparer ni administrer de potions abortives, ne tuer ni hommes, ni bêtes, ni rien de ce qui a vie.

Comment le Cambodgien se conforme-t-il aux préceptes ? D'une manière générale, soit par l'effet de la morale bouddhique, soit par l'effet d'un tempérament naturel atone, moins nervosique que celui de l'Hindou, aussi moins actif et passionnel que celui de l'Annamite, il reste assez terne dans la criminalité. Mentir et calomnier pour défendre ses intérêts ou compromettre ceux d'un ennemi, il ne s'en fera faute. Voler est pour lui un délit banal (sans parler des formes occultes que l'action revêt dans le milieu du fonctionnarisme). L'usage des abortifs serait commun ; c'est une conséquence du célibat obligatoire dans l'état de religion, de la pudibonderie outrée que la coutume et la loi obligent jusqu'aux laïques à observer. Mais les avortements et les infanticides sont infiniment moins fréquents que dans l'Inde. Quant au meurtre, il est rare, du moins relativement. Il relève peut-être moins souvent des bas mobiles de cupidité que chez l'Hindou (il n'a pas la sollicitation fascinatrice des bijoux étalés sur la femme et l'enfant, car on est assez pauvre au Cambodge, et simple dans la parure); mais, comme chez ce dernier, il se produit, à l'occasion, de violents éclats passionnels, suscités par la vindicte ou la jalousie sexuelle et avec les mêmes caractères d'acharnement féroce sur la victime. Il a quelquefois pour point de départ une idée superstitieuse ; il ne faut pas toucher la tête d'un enfant, cela lui porterait malheur; la mort de l'imprudent ou du maléficiant peut seule conjurer le sort. J'ai un jour failli éprouver moi-même les effets de cette croyance.

Rien ne saurait mieux nous initier aux mœurs criminelles du peuple cambodgien que l'exposé de ses lois pénales[1]. Elles visent nécessairement les différents genres d'attentats reconnus les plus ordinaires dans la race. Mais il convient d'abord de remarquer quelle large part elles font à la criminalité conventionnelle. Comme il fallait s'y attendre dans un gouvernement despotique, à base toute religieuse, où le roi est tout, où ses droits sont divins, tout manquement à la religion est une faute punissable, et tout manquement au prince un crime de lèse-divinité. A de pareils attentats, dont la répétition bouleverserait l'état social, sont réservés les châtiments les plus rigoureux : les peines les plus atroces sont la réalisation, sur terre, des supplices imaginés par des cerveaux de prêtres en délire, dans l'infernal séjour, pour la punition des damnés, et dont on voit avec épouvante la représentation sur les peintures des temples, sur un bas-relief célèbre d'Angkor-vat. Encore la férocité capricieuse et ingénieuse des tyrans irrités trouve-t-elle parfois mieux que ces horreurs ! Le symbolisme se manifeste dans cet enchaînement de supplices, souvent avec naïveté et de façon à aller tout à l'encontre du but cherché : l'organe qui a péché souffre ; mais le spectateur indifférent ne découvre d'ordinaire que l'obscénité dans l'exemple. Le même esprit a présidé à

1. Je l'emprunterai à l'ouvrage de Moura (*Le Cambodge*, t. I, p. 268 et suivantes). Le code des Khmers « porte le nom de *Prea-Thommasat.* Ce n'a été, à l'origine, qu'une simple traduction en cambodgien du Manova-Dharma-Sastra (code de Manou) des Hindous, modifié d'âge en âge, d'abord par la nécessité d'adapter la législation ancienne au culte nouveau (le bouddhisme)... Plus tard, les souverains khmers firent subir au code des transformations plus ou moins heureuses. Mais, tel qu'il est, on doit reconnaître son origine hindoue... Il est divisé en plusieurs livres ; les trois premiers (les plus intéressants) traitent : « Des lois et usages concernant les demandes en mariage et les époux ; des lois sur le prêt simple et le prêt à intérêt ; des lois sur les voleurs, les assassins, les incendiaires, etc. » Le code a dû subir plus d'une influence de voisinage, qui l'ont fait dévier de son esprit originel. Par exemple, la responsabilité de certains crimes étendue aux ascendants semblerait bien d'importation sino-annamite.

l'élaboration des lois répressives du crime-délit vulgaire : l'attentat banal est une offense à la morale religieuse, et pour cette raison il est trop fréquemment puni avec exagération. Mais à côté d'abus et d'impondérations, il y a plus d'un précepte né d'une intention louable et de portée utile.

Les crimes les plus graves sont les attentats dirigés contre le roi et les membres de sa famille, même contre ses serviteurs, ceux commis contre les bonzes, le vol des livres sacrés, la destruction des arbres sacrés, l'incendie des pagodes, l'enlèvement des statues de Bouddha, etc. On rattache à cette catégorie certains crimes dont les éléments d'aggravation ont été établis (le principe des castes ayant disparu) soit d'après les qualités de la victime, au sein du milieu hiérarchisé du fonctionnarisme ou de la famille, soit d'après la nature du crime, particulièrement dangereux pour la sécurité ou la moralité publiques, soit enfin par l'espèce de caractère duplicatif que revêt l'attentat (tuer son père, sa mère ou ceux par qui l'on a été élevé, incendier les maisons — toutes en chaume dans le pays — des mandarins et des particuliers, commettre la fornication, si l'on a prononcé des vœux dans une pagode, avec une fille ou femme dans le rayon de cette pagode, tuer un individu après l'avoir poussé au vol, enfin de se rendre maître des objets volés, etc.). La peine est la mort, et elle est graduée d'une terrible manière. « On brise la tête du coupable, de manière que le sang jaillisse, puis on applique dessus une barre de fer chauffée au rouge, qui doit brûler les chairs jusqu'à ce qu'il ne reste plus que les os du crâne. On décalotte complètement la tête, en sorte que la peau retombe sur le front et recouvre la figure du patient. On oblige le patient, par le moyen d'un bâillon, à tenir la bouche ouverte, et l'on y verse de l'huile qu'on enflamme avec une mèche. On taillade les chairs du condamné depuis la nuque jusqu'aux chevilles, et on le frappe jusqu'à ce qu'il expire sous les coups. On l'écorche depuis le cou jusqu'aux reins, de manière que la peau, en retombant, lui couvre la partie inférieure du corps. On lui passe un trident de fer à travers le corps, et on le cloue à terre avec cette arme; on le brûle à petit feu...; on couche le coupable sur le flanc, puis on lui enfonce une barre de fer pointue, qui lui traverse la tête d'une oreille à l'autre et le fixe à la terre ; on lui broie les os avec une pierre, sans enlever ni la peau ni les chairs, on le plie ensuite comme un paquet et on le jette de côté; on lui arrose le corps avec de l'eau bouillante...; on lâche sur lui des chiens dressés exprès et affamés, qui le dévorent et lui rongent les os; on l'enterre jusqu'au sein dans une fosse, après quoi, on l'entoure de paille de riz à laquelle on met le feu, et quand son corps est couvert de brûlures, on passe sur le sol une charrue et on la repasse jusqu'à ce que le cadavre soit réduit en lambeaux; on lui fait manger des morceaux de sa chair, qu'on a frits à l'huile; on l'assomme à coups de bâton, etc. » (Moura[1].)

Dans une deuxième catégorie, on comprend le vol et la destruction de biens ou d'objets appartenant à un ennemi, par esprit de vengeance; la réunion en bande armée pour effrayer le maître d'une maison, l'obliger à fuir, et piller ce qu'il possède. Les peines sont la prison perpétuelle, avec chaînes aux mains, aux pieds, à la ceinture et au cou.

Dans la troisième catégorie, il y a les vols de grands chemins, le dépouillement d'un individu préalablement endormi ou enivré, le vol d'objets précieux « pour les dépenser ou les fondre ». Ces crimes comportent la confiscation des biens du coupable, même de ceux de sa femme et de ses ascendants, la mise au nombre des esclaves du roi, avec la femme, les enfants, les parents les plus proches.

Sont réunis dans la quatrième catégorie et punis de la fustigation avec des lanières de cuir de buffle desséchées ou de la bastonnade avec le rotin, en même temps d'un emprisonnement temporaire : « les vols commis par les malfaiteurs qui se cachent pour saisir le moment propice; les vols commis par les malfaiteurs qui se dissimulent sous l'eau pour voler la cargaison des bateaux; tous les vols commis en secret; la com-

1. *Loc. cit.*, t. I, p. 281.

plicité de celui qui, après avoir accompagné le voleur jusqu'à mi-chemin, revient garder la valise ou la maison de ce voleur; l'action de couper ou d'ouvrir un sac, une valise, une hotte, pour s'emparer du contenu; les vols de barques, de chariots, d'objets laissés devant une maison, sur le bord d'une rivière ou dans l'enceinte d'une habitation; enfin les vols commis dans une maison ou tout autre part. » (Moura[1].)

Abuser de la confiance d'un parent ou d'un ami pour le voler, fréquenter des gens que l'on sait adonnés au vol et leur servir d'auxiliaire, méritent seulement des remontrances ou des anathèmes (imprécations).

Cette législation, antérieure au dix-septième siècle, trahit l'empreinte d'une influence chinoise. La responsabilité de certains méfaits étendue aux membres de la famille du coupable, partagée entre celui-ci et les parents qui n'ont pas su prévenir ses tendances en lui apprenant ses devoirs, le retenir par leurs conseils au moment de l'acte; la peine de la bastonnade, avec le rotin, seraient d'origine célestiale. Pourtant le Cambodge n'a éprouvé, que de façon très éphémère, l'invasion mongole. Mais les livres chinois sont précis à cet égard, et, en même temps, ils établissent l'existence dans l'ancien Fou-nan (le pays khmer) d'une loi criminelle primitive, plus rapprochée des origines hindoues, où il est question de l'amende, comme pénalité assez habituelle, de la mutilation des lèvres, des mains, des pieds et des doigts, pour divers manquements, de la preuve par ordalie[2], etc. Quant à l'atrocité des peines, elle n'a rien qui doive surprendre avec ce que l'on sait des rigueurs jadis observées dans l'Inde et dans la Chine; elles peuvent simultanément dériver de l'une et de l'autre. Je dois cependant faire observer qu'elles s'accordent assez mal avec les pré-

1. *Loc. cit.*, t. I, p. 283.

2. Garnier, *Voyage d'exploration du Mékong*, t. I, ch. v; A. Remussat, *Mélanges asiatiques*, t. I. Les épreuves étaient les mêmes que dans l'Inde : manier une hache rougie au feu, saisir un anneau au fond d'un vase rempli d'huile bouillante, traverser un étang peuplé de caïmans, etc.

ceptes du bouddhisme, pitoyables et charitables, et dont la morale se révèle à propos de la qualification et de la classification de divers crimes. Aussi, au commencement du dix-septième siècle, toutes les peines furent-elles diminuées d'un degré, celles de la première catégorie étant supprimées, celles de la dernière, difficilement réductibles, maintenues sans modification. En 1860, le roi Ang-Duong adoucit encore davantage la pénalité, tout en la rendant très efficace et profitable au Trésor: elle frappa surtout les coupables dans leurs intérêts par l'amende; le vol est puni d'une amende proportionnelle à son importance, le rachat est réglé pour diverses mutilations jusque-là conservées, aussi pour certaines marques dégradantes. (Moura[1].)

Le débiteur doit travailler pour son créancier, s'il n'est en état de satisfaire autrement à ses obligations; mais le créancier ne peut obtenir contre lui des peines corporelles. La loi ne reconnaît pas le prêt au delà du taux légal; même, « les juges, s'inspirant de la générosité de la loi, qui veut qu'on n'opprime pas le pauvre, punissent le créancier de sa cupidité, en le privant des intérêts de son capital, dont le débiteur bénéficiera ». Les dettes, contractées sous l'enivrement du vin et de l'opium et au jeu, ne sont pas reconnues. (Moura[2].)

L'homme peut avoir trois épouses : la première, la grande épouse, est supérieure aux deux autres; la seconde, à la troisième, souvent tirée des esclaves. L'adultère commis avec une de ces femmes est puni, chez l'homme, d'une amende proportionnée au rang de l'épouse; si le coupable ne peut payer l'amende, il reste au pouvoir des juges, et s'il est acquitté du consentement du mari, l'esclave de ce dernier. Pour la femme, le châtiment est ignominieux, à moins qu'il ne soit racheté par une amende : on lui met au cou un collier de fleurs rouges, des fleurs rouges aux oreilles, on lui couvre la tête d'un panier de bambou tressé, et on la promène ainsi accoutrée, trois jours durant, par les rues de la ville, au son du tam-tam et entre

1. *Loc. cit.*, t. I, p. 284.
2. *Loc. cit.*, t. I, p. 280.

deux haies de soldats ou d'hommes de police ; elle doit faire à haute voix l'aveu de sa faute et exhorter les autres femmes à ne pas suivre son exemple. Si elle a récidivé, après avoir été reprise par son mari, on lui rase la tête, on la promène assise sur une planchette pourvue d'un pieu « qui entre dans le fondement », on la marque d'un tatouage sur la joue et on lui administre vingt coups de lanière de buffle. Comme les Cambodgiens affectent beaucoup de pudibonderie, il n'est pas nécessaire que les choses aillent toujours jusqu'au bout, pour constituer le délit d'adultère : comme chez les anciens Francs et chez les Hindous, palper les seins d'une femme, l'embrasser, l'entretenir dans un lieu écarté, entraînent la peine de l'adultère. Les entremetteurs de commerce illicite sont passibles d'amende. Une disposition assez curieuse semble reconnaître, dans l'adultère de la femme, élevée des derniers rangs de la société jusqu'à celui d'épouse, une condition d'aggravation pour l'amant. Mais il y a aussi un article spécial, « pour la femme d'un haut rang qui *vole* le mari d'une pauvre femme et se prévaut de sa position sociale pour humilier l'épouse légitime de son amant ». La loi inflige à la coupable d'être exposée, le vêtement déchiré, la tête couverte du panier de bambou tressé, et assise sur un pieu, puis d'être vertement fustigée. (Moura [1].) La loi, d'un côté plus humaine et aussi plus égalitaire que le code hindou, consacre néanmoins le principe d'une aggravation et celui d'une pénalité plus lourde pour la femme dans une faute commune avec l'homme. Mais l'empalement doit évidemment s'entendre d'une sorte de peine symbolique et ignominieuse, calculée, dans son application, pour n'entraîner ni la mort, ni même de blessure grave. Si une femme a deux amants et si, excités par la jalousie, ceux-ci en viennent aux mains, l'un étant frappé d'un coup mortel, la femme recevra trente coups de rotin et sera exposée, l'amant meurtrier sera puni de mort, ou, gracié par le roi, vendu comme esclave au profit des parents de la victime. Le jeune homme qui a séduit et enlevé

1. *Loc. cit.*, t. I, p. 270-272.

une jeune fille est passible d'une amende au profit de ses parents; mais il n'est pas déclaré coupable s'il ramène librement la jeune fille sous le toit paternel et demande à l'épouser. « Bien qu'il n'y ait eu ni l'offre du bétel, ni repas de noces, quand un homme cohabite avec une jeune personne depuis assez longtemps, si les parents de cette jeune personne connaissent la chose et ne s'y opposent pas; si cet homme construit une maison (case) et s'il travaille pour nourrir sa compagne comme un bon mari nourrit sa femme; si des enfants naissent de leurs relations, de par la loi, cette fille est l'épouse légitime de cet homme. » Voilà un article que nos codes européens pourraient emprunter; il aiderait à résoudre la question des enfants naturels! Cet autre est non moins sage, et nous avons mis bien du temps à admettre son équivalent: « Si deux époux sont tous les deux mécontents des liens qui les unissent et qu'ils désirent divorcer, ils sont libres de le faire, parce que ces deux personnes, ne trouvant plus de bonheur ensemble, auront des tendances à se faire des infidélités. Leur destinée n'est pas d'être unis et il convient qu'ils se séparent. » (Moura.) En somme, si les lois cambodgiennes reconnaissent un célibat religieux qui oblige à la continence, elles en préviennent les écarts les plus redoutables par la limitation des vœux, plus encore que par la sévérité de la répression, en cas de manquement[1], et, d'autre part, pour les laïques, elles entendent

1. Avant l'établissement de notre protectorat, on punissait le bonze défaillant d'un affreux supplice : on le faisait bouillir tout vivant dans l'huile. Parmi des religieux pour la plupart dans la vigueur de l'âge, les fautes objectivées sont rares; mais que se passe-t-il dans l'obscurité des cloîtres? Je livre sans commentaire une remarque que j'ai faite à la pagode d'Angkor-vat. Là, partout des bas-reliefs où des danseuses sont représentées en des postures de leur profession, les formes admirablement dessinées sous un voile dont l'artiste a su conserver la transparence, les seins arrondis et juvéniles hors du vêtement. Dans les galeries et les sanctuaires reculés, les seins de ces tentatrices de pierre apparaissent lissés, brillants, comme sous des caresses habituelles et solitaires, qui ne sauraient venir que des bonzes de la communauté! Le feu couve sous la cendre! Les religieux ont d'ailleurs la permission

les questions de sexualité dans un sens plus large et mieux pondéré que les lois hindoues. Le tempérament de la race aidant, plus retenu, les attentats ignobles contre les enfants sont rares, les vices antiphysiques exceptionnels (je n'en ai point même entendu parler dans le pays). Mais les avortements seraient assez fréquents, ce qui découvre certains dessous de débauche hypocrite.

Les ordonnances d'Ang-Duong ont revisé la procédure. Le juge suprême, c'est le roi. Au-dessous de lui, la justice est administrée par les soins d'un ministre spécial, auquel la loi recommande, non seulement d'être vertueux, mais encore « d'être sobre, d'avoir des goûts simples, de se montrer dédaigneux des richesses, d'apporter dans son service un grand esprit de désintéressement et d'équité, de donner le bon exemple à ses subordonnés et d'exiger d'eux une conduite irréprochable ». Mais les hommes sont partout les mêmes, et en Orient, non moins parfois qu'en Occident, très accessibles à la corruption, aux passions arbitraires ou vindicatives. Je n'ai pas à faire porter mes appréciations sur les défaillances des juges, mais à résumer les règles qui devraient toujours être les inspiratrices de leurs fonctions. Ces règles sont généralement dignes d'approbation. Les juges doivent agir avec célérité. Ils ne doivent accepter que des plaintes, accusations ou dénonciations écrites, signées, ou formulées par des individus en état de fournir caution; on ne reçoit pas celles qui émanent des mendiants, des vagabonds, des gens sans aveu, des sourds-muets, des ivrognes et des fous, des enfants trop jeunes et des vieillards trop âgés. On admet à caution les prévenus appelés à comparaître dans un délai fixé : leurs répondants sont responsables de leur disparition. Lorsqu'une arrestation a été décidée, elle est confiée à l'un des officiers du chef de la police, que doivent accompagner un officier du tribunal et le dénonciateur. Le prévenu arrêté est aussitôt con-

de se marier à l'expiration de leurs vœux; mais, afin de prévenir toute liaison suspecte pendant la durée de ceux-ci, jamais avec une femme qui ait habité dans le rayon de leur couvent.

fronté avec son dénonciateur. L'instruction du procès est immédiate; elle s'appuie sur les témoignages des personnes citées par l'accusation ou qui en ont pris l'initiative, les aveux et les déclarations contradictoires de l'accusé. Le juge, comme chez nous, peut employer toutes les finasseries et tous les détours, pour faire dire à celui-ci ce qu'il a à cœur de savoir; en outre, il peut ordonner la question (dont les procédés sont nombreux). D'autre part, l'accusé peut réclamer l'épreuve par l'eau (on le maintient sous l'eau pendant un temps), ou par le feu (on lui fait tenir dans la main des charbons ardents); on peut lui déférer le serment, le soumettre à l'épreuve contradictoire avec son accusateur. Le juge édifié prononce les peines selon la loi. « Si quelqu'un, voyant qu'une personne aimée est sur le point de subir une peine corporelle, se présente, animé d'un sentiment de pitié et d'affection, pour recevoir le châtiment à sa place, on doit, dans plusieurs cas, admettre cette substitution, et alors faire grâce à cet homme généreux et n'exiger que (la somme nécessaire) pour couvrir les frais de procédure et de comparution. » (Moura [1].) Inspiration de souffle bien aryen, marquant la solidarité dans l'expiation, le rachat de la faute de l'un par les mérites de l'autre! Mais tout à côté se dresse la survivance du talion. « Autant que possible, un assassin doit être exécuté avec la même arme qui lui a servi à perpétrer son crime... » (Moura [2].) Celui qui prête sciemment une arme à un criminel ou lui dévoile la composition d'un breuvage empoisonné est tenu pour aussi coupable que lui. L'accusateur, s'il ne formule la preuve de ses déclarations, encourt la peine qu'eût méritée l'accusé, en cas de démonstration de sa culpabilité. (Moura [3].) Les juges qui ont infligé à tort une punition sont passibles d'une condamnation au double de la peine prononcée par eux [4]. Les officiers chargés de la police, s'ils remplissent mal leurs fonctions, encourent des amendes, la desti-

1. *Loc. cit.*, t. I, p. 285.
2. *Loc. cit.*, t. I, p. 287.
3. *Loc. cit.*, t. I, p. 284.
4. *Loc. cit.*, t. I, p. 288.

tution et même des peines corporelles (application à la cangue[1], bastonnade, essorillement, etc.)[2]. « Les peines ne sont pas infamantes, surtout la prison. On voit souvent des mandarins, condamnés à la chaîne pour prévarications, reprendre leurs fonctions après avoir purgé leur peine. » (Moura[3].)

On estime la population du Cambodge (protectorat) à 1 800 000 habitants. La plus grande partie sont de race khmer. Mais on rencontre parmi eux un très grand nombre d'Annamites et de Chinois, de Malais, de métis de ces diverses races. L'élément européen, sous le rapport numérique, est négligeable. Mais si les Cambodgiens sont pénétrés par les étrangers asiatiques, ils pénètrent aussi chez les Annamites. Moins, il est vrai, par déplacement et émigration, comme ces derniers et les autres, chez eux, que par l'attachement des anciens maîtres du sol aux pays devenus territoire annamite (Tra-Vinh, Soc-Trang, etc.) ; nous les y retrouverons.

La justice, sous l'action du protectorat, a été régularisée. Elle est régie vis-à-vis des indigènes par leur code national, mais, de fait, les coutumes excessives que celui-ci conservait ont cessé d'être en vigueur. Les huit provinces ont à leur tête un résident français, qui surveille et dirige l'administration cambodgienne, et préside le tribunal provincial ; celui-ci juge en dernier ressort les affaires d'importance secondaire et joue, auprès des tribunaux inférieurs indigènes, le rôle d'une barre de première instance. A Pnom-Penh, il existe un tribunal supérieur. Les Européens et les sujets étrangers qui se réclament de la loi française ressortissent à ce tribunal. Les appels vont à la cour de Saïgon.

Des *Siamois*, avec lesquels un récent conflit vient de nous mettre en rapport[4], je n'ai qu'un mot à dire ici, car je n'en-

1. Forme de pénalité née des contacts annamites et encore d'origine célestiale.

2. *Loc. cit.*, t. I, p. 291.

3. *Loc. cit.*, t. I, p. 289.

4. Ce conflit a commencé de façon bien embrouillée. Nul doute que les Siamois n'aient escamoté au Cambodge ses meilleures pro-

tends parler que des races observées sous notre domination. Au point de vue sociologique, les Siamois offrent d'étroites affinités avec les Cambodgiens; par les attributs physiques et par le caractère, ils se rapprochent surtout des Malais et des Annamites. Les anciens Thaï, dont ils se prétendent les descendants, seraient d'après eux originaires du sud de la Chine. En réalité, comme les Annamites, ils résultent du croisement d'une race montagnarde, venue des hauts plateaux par les vallées du Meïnam et du Mékong, avec les éléments malais, de provenance maritime, déjà établis dans les plaines et à l'embouchure de ces grands cours d'eau.

Les *Laotiens*, avec lesquels nous avions déjà des relations occasionnelles au Cambodge, sont appelés à les étendre et à les resserrer avec nos protégés et nos nationaux, si les événements survenus dans le haut Mékong aboutissent à notre entière satisfaction. Comme les Siamois, ils descendraient des anciens Thaï, même ils représenteraient cette race à un certain degré de pureté, ayant su, grâce à leur vie indépendante, se soustraire aux causes de mélanges. Ils sont échelonnés par tribus ou villages dans la vallée du Mékong, entre le Yunnan

vinces. Nul doute aussi que, dans le temps, avec une incroyable légèreté, nous n'ayons reconnu comme un fait accompli cet escamotage. Cela nous gêne aujourd'hui, et nous voulons reprendre aux voleurs le morceau qu'ils ont accaparé. Les prétextes pour asseoir notre *bon* droit ne nous manqueront pas plus qu'ils n'ont manqué jadis aux Siamois pour établir le leur. Tout juste à point, un mandarin siamois aurait assassiné un de nos inspecteurs de police; mais le mandarin a soutenu qu'il avait tué pour se défendre. Le plus fort a donné la solution du problème..., une cote mal taillée! L'affaire a mis en relief un petit incident fort digne d'être relevé. On sait que le capitaine Thoreux fut capturé par des Laotiens, très étroitement ligoté et assez durement traité par ces sauvages. Mais un civilisé, voyageur ou aventurier, alors dans le pays, devait surpasser leur brutalité d'indégrossis par sa lâcheté scélérate; c'était un Italien. Le misérable, pendant que le capitaine français râlait, exposé sans pouvoir faire le moindre mouvement, à un soleil de feu, au fond d'une barque, lui prodiguait ses railleries, et « s'amusait à lui monter sur le bout des pieds pour le faire crier ». (*La Dépêche*, de Brest, 15 septembre 1893.)

et le Cambodge. Nos relations commerciales sont devenues fréquentes avec eux, et ils se rencontrent en assez grand nombre à Pnom-Penh. C'est une assez belle race, d'après la plupart des voyageurs qui l'ont observée, quoique de petite taille (moyenne : 1^m,58 et 1^m,59). Les hommes sont bien faits, vigoureux ; l'indice céphalique serait de 83,6 environ (il est de 92,8 chez un sujet mesuré par le docteur Harmand) ; les yeux sont légèrement bridés, le nez plutôt petit qu'écrasé, la bouche grande, les cheveux longs, droits et raides, presque toujours noirs ; la peau d'un brun clair ou foncé. Ce sont des gens pacifiques, sobres, patients, très confiants (mais qui ont appris la défiance au contact des étrangers ; aussi ne leur accordent-ils l'hospitalité qu'à certaines conditions), crédules et superstitieux, très moraux et poussant l'horreur du vol à l'égal de l'horreur pour le meurtre. Leurs habitudes et leurs coutumes sont intermédiaires à celles des Siamois et des Cambodgiens. Ils pratiquent le bouddhisme. Quelques tribus se tatouent (pour se distinguer des tribus où le tatouage n'existe pas, appelées les *ventres blancs*, elles se désignent sous le titre de *ventres noirs ;* les dessins, tracés sur les jambes, les cuisses, le bas-ventre, représentent des animaux et des êtres fantastiques).

Les *Malais* n'ont pas seulement infusé leur sang, par de nombreux et profonds métissages, à presque tous les peuples qui se sont succédé en Indo-Chine. Ils se sont çà et là maintenus à l'état de petits îlots de race pure, qui vivent englobés dans les pays cambodgien et annamite, isolés dans leurs villages, sous leurs chefs et avec leurs coutumes propres (*Chams*). Chez quelques tribus, il y aurait survivance des croyances et du culte brahmanique ; mais la plupart sont converties à l'islamisme depuis le quatorzième ou le quinzième siècle. Parmi ces dernières, si le Coran a introduit un esprit de fanatisme que les annales annamites ont relevé, au cours de longues guerres entre les deux races du sud et du nord, il n'a point étouffé certaines habitudes : les Chams brûlent leurs morts, ils ne répugneraient point à manger de la chair de porc, ne s'abstiennent pas non plus de la chair de tortue (dont se privent par dévotion leurs coreligionnaires de la Malaisie) et moins encore de liqueurs fortes. Ce sont aussi des consommateurs de haschisch. La différence si tranchée des religions est sans doute la raison qui a arrêté les mélanges entre races autrefois si faciles dans leurs croisements. « On trouve les Malais en Indo-Chine tels que les voyageurs de tous les temps les ont décrits : ils ont le front abaissé et arrondi, les yeux ronds, les lèvres un peu fortes, le nez plein, large et les narines écartées, la bouche grande et la mâchoire avancée, la barbe rare et ne poussant qu'au-dessus des lèvres et au menton. L'aspect général d'un Malais est farouche; ils sont d'ailleurs naturellement traîtres, dissimulés, hypocrites, hardis, jaloux, cruels, âpres au gain, rusés, trompeurs et trafiquants habiles. » (Moura[1].) Deux crânes de Malais, provenant du pénitencier de Poulo-Condor et que je possède, sont remarquables par leur brachycéphalie, l'étroitesse du front et le renflement prononcé des régions pariétales, la faible saillance des bosses occipitales et l'épaisseur considérable des os de la voûte. Faut-il rapporter aux Malais certaines manifestations occasionnelles qu'on observe dans l'Inde, qu'on qualifie de délire, et qu'on doit sans doute rattacher dans une large mesure à l'ivresse haschischienne, mais aussi aux suggestions du fanatisme religieux ou politique, et qui ont leur survivance en Indo-Chine? Je veux parler de la *course au meurtre* (*to run a muck*). J'ai dit en quoi cette course consistait, à propos des mœurs criminelles dans l'Inde. Le crime banal, sans mobile, celui que commet un véritable fou furieux sur les personnes quelconques rencontrées dans le chemin ou la rue, et avec l'arme quelconque tombée sous sa main, peut jaillir tout à coup d'une intoxication alcoolique ou haschischienne. Parfois même une suggestion perfide peut imprimer au délire (provoqué), un objectif bien défini. Mais l'attentat reste individuel et, en somme, il ne diffère point de ce qu'il apparaît en d'autres milieux, en des circonstances ana-

1. *Loc. cit.*, t. I, p, 458.

logues. Où l'attention des magistrats dût être éveillée autrefois, c'est à l'apparition soudaine, au travers des rues, d'un personnage à l'air furibond, porté sur les épaules de vigoureux coureurs ou juché sur une espèce de trône, suivi d'un cortège haletant et décochant de tous côtés des flèches sur les personnes inoffensives, sans qu'aucune osât se plaindre ou tentât d'organiser une résistance contre ces possédés (Picard, dans ses *Coutumes*, représente une scène de ce genre). Plus tard, on apprenait que la troupe était sortie d'un temple ou d'un palais et presque toujours on avait à constater la coïncidence de cet événement avec une explosion de rébellions. Eh bien, si les coups de flèche et d'autres armes ont disparu, la mise en scène est demeurée dans quelques milieux de notre Indo-Chine. En 1880, à Soc-Trang, j'ai assisté à l'étrange comédie qu'on appelait une *course de Bouddha*. Un enfant, en costume hiératique, était accroupi sur un trône doré et des porteurs l'entraînaient rapidement, lui, roulant des yeux qu'il essayait de rendre terribles et brandissant un sabre de bois, eux, criant et vociférant. La foule était muette et même quelques-uns riaient. Un administrateur me dit qu'il fallait toujours se défier de ces démonstrations, parce qu'elles cachaient ordinairement des menées sourdes ou de bonzes cambodgiens ou de mandarins annamites; toutefois, elles étaient devenues rares et les populations n'y attachaient plus guère d'attention. Mais cette survivance ne pourrait-elle se réveiller avec son intensité d'antan?

Chinois. — Je ne saurais aborder l'étude de la race et de la société annamites, sans dire quelques mots des Chinois. Ceux-ci n'ont pas seulement donné leur civilisation à l'Annam, ils ont encore rayonné sur les autres peuples de l'Indo-Chine, et, sur toute L'étendue de la vaste presqu'île, ils représentent l'élément le plus actif, le plus remuant, à la fois le plus vivifiant par le commerce et l'industrie qu'il développe, et le plus dangereux par ses tendances envahissantes ou haineuses vis-à-vis de l'étranger.

Le Chinois, sous le rapport physique, est plus vigoureux que l'Annamite, mais peut-être moins capable d'efforts exigeant la continuité dans le travail corporel et de grosse fatigue que celui-ci, en raison sans doute de son embonpoint précoce. Il prend sa revanche par l'aptitude à tout ce qui réclame un labeur patient et surtout cérébral. Sa taille est en général médiocre (1^m,63); la peau varie du brun foncé au blanc mat ou à peine jaunâtre; la barbe est rare, la chevelure rasée, à l'exception du sinciput où elle est portée longue et tressée en queue chez les hommes, depuis la domination tartare, l'une et l'autre noires, lisses; la tête est mongolique (saillance des pommettes, obliquité de la fente palpébrale), le crâne d'indice variable, avec prédominance de la sous-dolichocéphalie, d'après Hamy (76-77, Broca), le prognathisme assez sensible (prognathisme vrai ou sous-nasal, 72, Topinard ; angle facial, 75°,94), la mâchoire forte, avec une dentition très belle, solide et saine; les membres sont relativement assez courts, avec la main petite, mais le pied un peu fort (taille = 100 : main 12,8, pied 15,9), le dernier déformé et artificiellement très réduit chez les femmes des classes distinguées.

Le Chinois se rencontre partout en Indo-Chine. Il est très migrateur, mais, dans son indifférence au déplacement cosmopolitique, il reste toujours lui-même et ne perd jamais de vue le retour, vivant ou mort, sur le sol natal. C'est aussi, partout où il pénètre, un concurrent très redoutable pour les autres races, ayant sur les unes l'avantage d'une intelligence plus grande, sur les autres l'avantage d'une activité et d'une souplesse que rien ne rebute, une sobriété et une réductivité de besoins que n'effraye aucune vilité de salaire, sur toutes, la force que donne un absolu défaut de scrupules et la conviction d'une supériorité vis-à-vis du *barbare* (tout ce qui n'est pas Chinois), aussi un remarquable esprit de solidarité. L'émigrant chinois, en quelque lieu qu'il se rende, trouve auprès de ses compatriotes, qui l'y ont déjà précédé, secours et protection. Dès que la colonie compte un certain nombre de membres, elle s'organise en corporations, qui lui donnent un surcroît de cohésion pour la lutte sur les divers terrains professionnels. Malheureusement aussi, et c'est là où le danger commence pour les pays envahis, comme tous les métiers sont bons pour le Chinois, pourvu qu'ils lui soient de suffisant profit, comme le Célestial n'a aucune répugnance pour les plus louches et les plus illicites, comme le vice de l'opium, un amour effréné du jeu le jettent souvent en des états de misère et de suggestion trop capables de le transformer en auxiliaire des pires criminels ou en criminel émérite lui-même, l'esprit de solidarité s'allie au dédain ou à la haine de l'étranger dans maintes sociétés secrètes. Celles-ci, politiques ou scélérates, à des degrés où il est très difficile d'établir la différence ou la quotité de l'un ou de l'autre objectif, sont particulièrement à craindre dans les pays où le Chinois garde le souvenir d'une ancienne suprématie, pour lui équivalant à la conviction de justes droits à reconquérir, comme en Annam et au Tonkin. Ces sociétés secrètes ont des affiliés dans tous les camps et c'est ce qui aide, au Tonkin, à la perpétuation des actes de piraterie.

Le Chinois n'est pas l'être couard qu'on s'est plu à nous représenter. S'il a fui, en nombre, devant des poignées d'Européens, au temps où il n'avait à opposer aux armes perfectionnées de ceux-ci que ses flèches et ses vieilles hallebardes, il se montre brave devant nos troupes, maintenant qu'il possède des armes à peu près similaires. Il ne craint pas la mort ; il la défie dans ses luttes batailleuses et la dédaigne dans le suicide, sa façon de mettre un terme à la vie déplaisante. Mais, en général, le Chinois n'est pas un violent. Toute son énergie et son intelligence convergent vers l'astuce et le calcul. C'est un commerçant hors de pair ; à lui le trafic, la banque, les monopoles et les entreprises, là où il rencontre l'Européen abandonné à lui-même, non soutenu par les forces officielles. Il est, à l'Extrême-Orient, ce que le juif est à l'Occident, le draineur des capitaux, le ramasseur de l'argent et des produits, qui doivent rentrer chez lui sous une forme ou sous une autre. Il faut l'avouer, le Chinois, très sceptique, très indifférent des choses de doctrine, très tolérant, connaissant et appréciant sa propre vigueur dans la compétition, et certain qu'elle est de taille à dépasser celle des autres peuples, n'a point opposé, pendant longtemps, à l'étranger de sentiments hostiles; il l'a tenu en suspicion, comme un corrupteur de ses mœurs, mais il ne l'a point tout d'abord traité en ennemi déclaré. La haine est venue à la suite du dénigrement systématique de ses habitudes et de ses lois par les missionnaires chrétiens, de la mise en action de la force brutale pour imposer à l'Empire les volontés fanatiques et les captations de ceux-ci, ou bien pour l'obliger à satisfaire des cupidités honteuses (guerre de l'opium). Néanmoins, il a encore pris le parti de l'hésitation et de la prudence. Il a cru de bonne foi que, puisque l'étranger réclamait le droit de pénétrer chez lui et de s'établir dans ses ports, il pouvait lui-même prétendre à jouir chez l'étranger de droits réciproques. Émigrant-coolie, il a rencontré aux Antilles l'exploitation malhonnête et la négation de ses contrats auprès des engagistes; émigrant et travailleur libre, en Amérique (États-Unis) il a trouvé en face de lui, jaloux du gain minime de ses labeurs, des foules exaspérées de sa concurrence; il a eu à supporter des attaques furieuses, l'expulsion en masse. Il s'est risqué jusqu'en Europe; l'ouvrier gréviste n'a pas toléré la présence d'un élément qui menaçait de contribuer à l'amoindrissement de ses salaires. Et, de retour chez lui, le Célestial a eu le spectacle du même prosélytisme orgueilleux sde missionnaires, des mêmes arrogances des Européens laïques. Alors, il a laissé éclater ses colères et ses rancunes accumulées, il a commis des tueries... au fond, des représailles.

Mais, en dehors de la situation à laquelle je fais allusion, lorsqu'il rencontre la compétition naturelle ou même lorsqu'il n'a point à en redouter sérieusement les effets, le Chinois est enclin à agir par les procédés les moins scrupuleux vis-à-vis des éléments extérieurs à sa race. C'est un cupide, âpre au gain, qui déploie, pour satisfaire ses appétits, partout et toujours, la même ardeur plus ou moins malhonnête. Qui n'est pas de son monde est pour lui un rival, et le rival est un ennemi excellent à plumer.

L'esprit et les tendances du Chinois lui confèrent des qualités spéciales, pour l'exercice de la criminalité rusante. Dans celle-ci, une très grande part reste occulte; dans l'attentat objectivé, les façons se décèlent, très savamment élaborées. Si le Célestial vole, il s'entoure de précautions minutieuses. Il applique son extraordinaire faculté d'imitation à la falsification sur la plus large échelle : denrées, papiers, monnaies, il sait tout transformer au mieux de ses intérêts. Il aime à s'associer pour les bons coups à entreprendre, préférant diminuer ses profits en diminuant les risques; il se ménage par le recel les moyens de spéculer sur les méfaits des autres, en gagnant beaucoup et en s'exposant peu. A l'occasion, si, par exemple, dans une tenue irrégulière de maison commerciale ou pseudo-commerciale, il aperçoit quelque chance mauvaise susceptible de trahir ses opérations, il n'hésitera point à se tirer d'affaire par un incendie habilement machiné; le plus grand nombre des incendies relevés à Hanoï et à Haïphong débutent ou se localisent chez des négociants chinois à louches relations.

Sous une extériorité de grande réserve, comme l'Anglais, le Chinois est un libidineux, porté à tous les abus, même à toutes les extravagances de la passion sexuelle. Riche, il dissimule ses appétits sous des goûts esthétiques; pauvre, il les étale dans les maisons de prostitution. Il s'adresse aussi bien aux jeunes garçons qu'à la femme; même les gens fortunés ont des eunuques, moins destinés à la surveillance des concubines, admises à côté de l'épouse légitime, qu'à distraire le maître en ses caprices érotiques. La femme et l'enfant, dans son milieu, n'étant pas de recrutement suffisant pour ses besoins, il les va enlever chez ses voisins, par la ruse et le marchandage au Cambodge et dans les centres populeux de l'Annam, par la force au Tonkin et dans le haut Laos; ce sont des denrées particulièrement recherchées par les pirates[1]. La cupidité se

1. Voir le chapitre suivant.

retrouve, alliée à l'emportement génésique. Le Chinois se satisfait; mais il ne répugne point à satisfaire les autres; il se vend, vend les siens, comme les jeunes gens qu'il a arrachés à leurs foyers. C'est un maître en proxénétisme.

Il est rare que l'érotisme, marque d'un tempérament ardent sous la froide retenue de commande, autant que de l'épuisement neurasthénique, ne soit pas associé, chez les individus et dans les races, à des goûts cruels. La jouissance physique semble s'accommoder trop bien avec celle du sang. L'une et l'autre ne sont-elles pas un comble dans l'évolution de l'égoïsme? Quoi qu'il en soit, le Chinois a mérité sa réputation de bourreau émérite. Quand il est le plus fort, il se montre sans pitié pour ses victimes; il les insulte, s'ingénie à les torturer, éprouve une voluptuosité à contempler l'expression de leur douleur physique et morale ; il possède l'art des supplices inouïs, où il combine les plus épouvantables choses aux bouffonneries les plus grotesques, comme s'il voulait forcer la pitié à se taire devant le rire, tuer le corps en ridiculisant la personnalité.

Il y a du sadisme d'ultra-civilisé et de la férocité de barbare chez le Chinois, caractéristique commune, d'ailleurs, à des degrés divers, à l'ensemble des Asiatiques et particulièrement aux Mongols.

Ces défauts et ces vices contrastent avec des habitudes cependant douces et même charitables, dans le milieu ethnique. Très philosophe et très humanitaire est la morale confucianique, et cette morale imprègne toutes les couches. Mais l'homme, dans quelque civilisation qu'on l'observe, est un composé bizarre d'oppositions et de contradictions. Chez lui, le levain criminel et antialtruiste sommeille, toujours prêt à se développer sous la sollicitation d'une circonstance habituelle ou occasionnelle. Chez les Asiatiques, l'usage des drogues enivrantes a évidemment disséminé, comme chez nous, l'usage de l'alcool, les germes d'une impondération cérébrale inquiétante, entretenu les impulsivités délirantes dans une latence trompeuse, d'où elles sortent brusquement par l'attentat. L'opium doit entrer pour beaucoup dans les perversions du caractère chinois [1].

Malgré tout ce qu'on a dit sur le Célestial, c'est un élément utile et facilement endiguable dans ses entraînements antisociaux. Si l'on sait respecter sa dignité, son orgueil national, ses mœurs, en lui laissant entrevoir qu'il n'est pas en possession de la force ; si l'on se montre juste envers lui, si on lui accorde de l'initiative dans les œuvres régulières, on en peut tirer un excellent parti dans nos établissements de l'Indo-Chine. C'est un bon ouvrier dans toutes les professions, laborieux, aisé à contenter; un marchand très actif, un gros remueur d'affaires et de capitaux. Au Tonkin et dans la basse Cochinchine, il forme le meilleur appoint de l'industrie et du commerce, dans les villes et dans les campagnes, il est un cultivateur très supérieur à l'Annamite. Il sera aisé de l'arracher à la vie d'aventures, en lui offrant les débouchés convenables à ses goûts, généralement pacifiques.

Métis. — Les races établies successivement en Indo-Chine ont eu entre elles des croisements plus ou moins répétés, qui ont donné naissance à diverses classes de métis.

Les croisements entre Français et femmes indigènes (Cochinchine) sont restés limités. A un très petit nombre d'exceptions près, ils sont le fruit de la débauche, d'unions plus ou moins éphémères. Les produits, qu'ils soient abandonnés à la mère ou qu'ils soient recueillis par l'œuvre dite de la *Sainte-Enfance*, sont fatalement destinés à retomber sans culture dans le bas milieu du pays, perdus pour le développement *colonial.* Cela est très fâcheux, car ces produits sont beaux et bien doués sous le rapport intellectuel.

Les Portugais, au Cambodge, ont autrefois contracté des unions plus durables. C'était leur habitude, partout où ils s'éta-

1. Sur les fumeurs d'opium, Morache, article *Chine* (*Dictionnaire encyclopédique des sciences médicales*) ; A. Corre, *Science et Nature*, 30 août 1884; Ayres, *Archives de médecine navale*, novembre 1893.

blissaient, de se créer une famille dans le pays, procédant, tantôt à la manière d'Europe, c'est-à-dire en légitimant leur union d'après la règle de leur loi, tantôt à la façon chinoise, c'est-à-dire en se mariant à terme, mais en assurant l'existence de la femme et des enfants, après la dissolution de l'association. Leurs métis, isolés de la souche paternelle, ont conservé des noms qui rappellent celle-ci, et tous sont catholiques. Anthropologiquement, ils sont devenus de véritables Cambodgiens.

Les métis de père annamite et de mère cambodgienne m'ont paru tenir surtout du père. Les métis de père cambodgien et de mère annamite seraient une exception.

Les métis les plus intéressants par leur nombre et par leur influence, tout entière acquise aux Chinois, sont les *Minh-huongs*, ainsi nommés parce que les premiers croisements entre les femmes annamites et les Célestiaux auraient commencé avec l'immigration des fidèles à la dynastie Minh, obligés de fuir devant le triomphe des Tsin. Le Chinois, tant pour satisfaire à sa débauche, que par nécessité de se former un foyer lorsqu'il est éloigné de sa patrie (il est défendu aux femmes de sortir de l'empire)[1], prend volontiers une concubine indigène. L'union dure aussi longtemps que l'homme réside sur les lieux; lorsqu'il s'en va, s'il n'a point d'enfants légitimes en Chine, il emmène quelquefois les fils qu'il a eus de sa liaison extraconjugale; le plus souvent, il laisse ses enfants derrière lui après avoir assuré leur subsistance et leur éducation. Les produits de ces unions participent des deux races à peu près également. La taille est moyenne, le teint plus clair que chez l'Annamite, moins toutefois que chez le Chinois; la musculature assez développée, la tendance à l'embonpoint médiocre ou nulle. Ces métis reviennent au type maternel vers la troisième ou quatrième génération. Mais le retour ne se doit entendre

1. Il y a des exceptions, mais rares, en faveur de quelques grands fonctionnaires ou commerçants. Même le nombre des femmes qui parviennent à se soustraire à la surveillance et à venir au Tonkin ou en Cochinchine, où elles se livrent à la prostitution la plus achalandée, est assez restreint.

que sous le rapport physique; car il est à remarquer que les femmes annamites, dans leurs unions avec les Chinois, prennent très vite leurs habitudes et jusqu'à leur langage, et que leurs enfants conservent à tout jamais les mœurs et l'idiome des pères. Les Minh-huongs se groupent entre eux, forment des villages et même des villes, où la vie est bien chinoise. Ce sont des populations très fixées, très laborieuses, très fières, de se rattacher à la Chine par leur mode de collectivité.

Annamites[1]. — Quelle que soit l'origine des Annamites, on doit admettre que, de très bonne heure, ils ont subi l'influence des Chinois et des Malais, et il est probable qu'ils ont éprouvé lentement, aux diverses périodes de leur histoire, les effets d'un contact assez intime avec les tribus sauvages de l'ouest. Dans ces rapprochements, il s'est formé un groupe humain, sans doute un peu différent des Giao-chi primitifs, mais en conservant les caractères principaux, si l'on juge d'après la forte individualité de ce peuple. Partout la race annamite se montre homogène. Sauf quelques différences de coloration et de vigueur physique, corrélatives de celles des climats, elle est au Tonkin ce qu'elle est dans l'Annam et la Cochinchine. Cette race est franchement mongolique. Le type en est laid dans l'un et dans l'autre sexe, disgracieux par le visage et les proportions générales du corps, seulement corrigé chez la femme par une certaine souplesse, des chairs mieux remplies et plus fermes. « C'est une caractéristique de la race, que le contraste entre les formes potelées de la femme et le galbe étique de l'homme » (Pâris). Malgré un régime surtout végé-

1. Consulter sur la race : Harmand, *les Races indo-chinoises* (*Mémoires de la Société d'anthropologie de Paris*, 2e série, t. II) ; Mondière, *Dictionnaire des sciences anthropologiques* et *Monographie de la femme annamite* (*Mémoires de la Société d'anthropologie de Paris*, 2e série, t. II) ; A. Corre, *les Annamites* (*Science et Nature*, 20 mars et 24 mai 1884) ; Deniker et Laloy, *les Races exotiques à l'Exposition universelle de* 1889 (*l'Anthropologie*, t. I) ; Pâris, *l'Annamite, ses caractères ethnologiques* (*l'Anthropologie*, t. II), et les ouvrages plus généraux de Luro, de Bouinais et Paulus, etc.

tarien, le plus grand nombre des individus sont maigres, et les cas d'obésité sont rares (poids moyen : hommes, 57 kilogrammes ; femmes, 43 kilogrammes, Mondière). La couleur de la peau est variable, depuis le brun plus ou moins foncé, jusqu'au brun clair et à la teinte blanc jaunâtre de la vieille cire. La taille est généralement petite (1m,56 à 1m,59 chez l'homme, 1m,51 à 1m,55 chez la femme). Le crâne est court (le rapport de la largeur à la longueur, ramenée à 100, serait de 80 à 83 sur le vivant, ce qui répond à l'indice de la brachycéphalie) ; les bosses pariétales sont assez accusées, les régions temporales déprimées ; le front est étroit, tantôt arrondi et bombé, tantôt très peu renflé. Dans son ensemble, le visage est légèrement prognathe, plat et anguleux ; les pommettes sont saillantes ; les yeux écartés, parfois saillants, avec un iris de couleur marron foncé ; les paupières ont leur fente petite, oblique (4°,36 chez l'homme, 5 degrés chez la femme, Mondière), l'inférieure dépourvue de cils, étant bridée, son bord libre replié en dedans, la supérieure pourvue de cils médiocrement fournis et même aussi bridée chez quelques sujets (Pâris), toutes deux grosses et bouffies ordinairement ; le nez est à la fois épaté et écrasé, c'est-à-dire comme enfoncé à sa racine et large aux narines ; celles-ci sont horizontales et divergentes latéralement ; les oreilles sont un peu larges, bien détachées ; la mâchoire inférieure est assez développée transversalement, le menton court et arrondi ; la bouche grande, avec des lèvres assez grosses, les dents un peu obliques, bien plantées (mais leur couronne est de bonne heure usée à plat par le mâchement habituel du bétel ; on incorpore à la chique de bétel une pâte rose qui donne aux lèvres un bel incarnat[1], et la mode veut que les jeunes femmes aient les dents noires, résultat auquel elles arrivent par un procédé de laquage fort compliqué[2]). Chez

1. Cette pâte est obtenue par le mélange de la chaux de coquilles fluviales ou de lacs d'eau douce, finement pulvérisées, *voî*, avec la matière tinctoriale de l'écorce de *vang*.

2. Quelques riches Annamites se font perforer les incisives pour y introduire de petits fragments d'or.

les enfants, le corps est couvert d'un duvet abondant et fin de coloration roussâtre, et la chevelure offre fréquemment un reflet châtain; chez les adultes de l'un et l'autre sexe, le corps est glabre, la chevelure épaisse, raide, très noire, longue, et portée en chignon sur le derrière de la tête; chez l'homme, la barbe pousse tardivement, elle est rare, et n'existe qu'à la lèvre supérieure et au menton. Les membres, surtout les inférieurs, sont un peu courts; les mains, maigres et sèches, les doigts longs, les ongles robustes, et, dans les classes supérieures, abandonnés à leur pleine croissance (leur longueur excessive est la marque d'une situation sociale où l'individu n'a point à s'occuper de travaux manuels); les pieds sont assez forts, les orteils bien développés et mobiles, sans présenter, toutefois, comme caractère habituel, cette exagération dans leur écartement (surtout les deux premiers) qu'on a prétendu[1]. Le torse est carré des épaules et large au bassin; c'est à cette ampleur du bassin qu'on attribue le balancement particulier qu'affecte l'Annamite en sa démarche, et qui n'ajoute rien d'agréable à son personnage. La musculature est d'apparence chétive, mais la force musculaire, médiocre, est suppléée par la ténacité de l'effort au cours d'exercices fréquemment répétés. L'Annamite montre une vigueur remarquable à la course et dans tous les travaux qui n'exigent que des mouvements uniformes d'automatisme: conduite à la rame d'une embarcation, arrosage du sol, repiquage du riz, etc. « Il est bon d'insister sur cette résistance à la fatigue qu'on rencontre chez les individus de cette race, parce qu'un premier examen de leur apparence physique pourrait faire douter des services qu'ils sont aptes à nous rendre en toutes circonstances. » (Pâris). Sans énergie

1. Les pieds qui présentent cette disposition, avec des orteils souvent ployés latéralement en dedans, comme autant de crochets, sont appelés *cho'n xoac*. Les individus chez lesquels on les observe sont rares, ainsi que je l'ai constaté avant Pâris. De même que celui-ci, je ne crois pas que cette difformité doive être regardée comme un caractère de race. Toutefois, d'après les traditions, elle aurait valu son nom à la race originelle, celle des *Giao-chi*, ainsi qu'on l'a vu précédemment.

devant le froid, devant la privation de boisson pour étancher sa soif, l'Annamite est doué d'une sorte d'insensibilité à la douleur, qui lui fait supporter avec patience et même indifférence les souffrances physiques les plus redoutables pour l'Européen. Cette anesthésie relative se double d'une insensibilité morale. L'une et l'autre contribuent sans doute à expliquer les goûts ou les entraînements cruellement raffinés qu'on a trop souvent à relever dans le milieu indigène ; des gens qui sentent si peu pour leur propre compte, sentent encore moins pour le compte des autres, et, dans l'acharnement qu'ils déploient pour amener chez ceux-ci des impressions intenses, ils dépassent toutes les bornes de notre imagination. Ce phénomène physiologique est d'ailleurs commun à la plupart des races sauvages ou barbares ; il est assez général parmi les races civilisées d'Orient, souvent allié avec une sorte de féminisme qui le met davantage en relief par le contraste de ses oppositions ; même chez les nations civilisées de l'Occident, il se retrouve dans les basses couches et chez un grand nombre de criminels, moins susceptible d'être rattaché à l'atavisme (Lombroso) qu'à une assuétude d'endurance. Chez l'Annamite pourtant, de même que chez le Chinois, il accuse une action volitive dominant la sensibilité dans une certaine mesure ; on en aura tout à l'heure la preuve[1].

Si l'Annamite est laid, sous le rapport physique, il est loin de racheter toujours, par ses qualités morales, le défaut de grâce et d'harmonie qui le caractérise.

Pour bien comprendre sa psychologie sociale et individuelle, il importe de se rappeler les transformations qu'il a dû subir, depuis des siècles, soit par force, soit par imitativité consciente ou inconsciente au contact des Célestiaux. A ces derniers, il a emprunté des lois et un culte, son mode hiérarchique tout de

1. Huc raconte que les bandits chinois, pour s'assurer de leur mutisme devant les magistrats, en cas d'arrestation, se livrent sur eux-mêmes à des tortures volontaires ; aussi les mandarins s'ingénient-ils à trouver de mieux en mieux en fait de supplices, afin de délier la langue aux coupables.

fonctionnarisme; son système familial, aussi un fonds d'égoïsme et de scepticisme, engendrant aisément le défaut de scrupules, la corruption à tous les degrés et sous toutes les formes, des aptitudes spéciales à plusieurs genres de délits et de crimes. Mais il a conservé des survivances d'indépendance et d'initiative qui trouvent leur maintien dans une sorte d'autonomie communale. La commune (le village) s'administre elle-même avec des magistrats de son choix (maire et notables). Il n'y a point de castes, et tous les citoyens sont égaux; mais il y a des esclaves, et dans certains cas le mari peut vendre sa femme. Au-dessus du peuple, laissé assez libre dans ses allures, pourvu qu'il paye les impositions qu'on lui demande, obéisse aux levées et aux corvées, se déroule un monde de fonctionnaires, celui des mandarins, ouvert à tous les individus d'intelligence et d'étude (lettrés). Seulement, comme ce monde est très mal rétribué, l'émulation de s'y tailler une place est moins dictée par le désir d'atteindre à un simple rehaussement, que par celui de pouvoir satisfaire, plus à l'aise, des appétits, aux dépens de la masse des administrés. Le talent consiste à écorcher, sans faire crier trop fort, et, en haut lieu, comme on sait que chacun a l'obligation de vivre, on ferme les yeux et les oreilles pour se dispenser d'avoir à payer plus de vertu à coups de rétributions et de salaires, préjudiciables au trésor du prince. Le roi héréditaire, chef suprême, gouverne entouré de ministres qui s'efforcent de l'annihiler, sous le prétexte de le débarrasser du plus lourd des affaires, afin de jouir eux-mêmes des avantages de la puissance. Un bouddhisme grossier est la religion du bas peuple ; les lettrés sont ralliés au confucianisme, d'après lequel est réglé le culte officiel (il consiste en un petit nombre de cérémonies symboliques où le roi joue le rôle de pontife, et dans l'accomplissement des rites relatifs à l'honorification des ancêtres, où le chef de famille est le prêtre). La famille est l'unité collective dans l'ordre social, comme la commune dans l'ordre politique. Son organisation repose sur la polygamie et l'autorité du père : la multiplicité des femmes a pour but d'assurer la lignée, et par elle la perpétuation du culte des ancêtres; il n'y a d'ailleurs qu'une épouse de premier rang, les autres sont plutôt des concubines, et, dans la pratique, l'homme ne prend généralement qu'une seule épouse[1] (il a le moyen de remédier — sans avoir les entraves et les embarras d'un ménage complexe — à son défaut de descendance, par l'adoption; à la limitation de ses passions dans le foyer, par les ressources que lui offre au dehors une prostitution largement tolérée). La femme, au point de vue légal, est peu de chose; elle est toujours sous la tutelle de l'homme, de ses fils mêmes, à la mort du mari; mais elle est respectée comme mère, point maltraitée, laissée très libre dans sa maison et hors de sa maison; aussi n'est-elle pas cette machine à jouissance et à faire des enfants, cette créature inerte ou enfantine qu'on nous a dépeinte dans la Chinoise claustrée. Par dédain relatif, les filles ont également une grande liberté. Si le libertinage bénéficie de ces coutumes, en revanche le caractère d'un sexe, presque partout ailleurs dans les pays d'Orient ravalé ou avili, y gagne en esprit d'initiative. D'intelligence vive et pratique, la femme annamite est très apte à se mêler des affaires domestiques et professionnelles dans son milieu ordinaire. En quelques circonstances où elle a été immiscée à des événements politiques très graves, elle a su montrer de la décision et de l'énergie, et, auprès des trop rares Français qui n'ont point méprisé l'union légitime avec elle, elle a su se plier à des exigences nouvelles avec une étonnante aisance (Mme Vannier[2]). Ajoutons que la loi consacre une certaine égalité de droits entre les deux sexes (par la facilité

1. C'est que la polygamie est un luxe de grand seigneur! L'empereur d'Annam seul, peut le pousser jusqu'à deux cents femmes à entretenir! C'est aussi la cause principale du caractère affadi, irritable — celui des épuisés précoces — chez la plupart des monarques orientaux.

2 Cette femme distinguée, annamite d'origine, veuve d'un des meilleurs officiers européens au service de Gia-Long, quitta son pays en 1826; elle se rencontra, en 1863, à l'hôtel de l'ambassade annamite, à Paris, avec le célèbre Phan-Thang-Gian, qui lui manifesta les plus grands égards, et elle les méritait.

qu'elle accorde au divorce ; il peut être obtenu par simple consentement mutuel.

L'Annamite[1] est paresseux, insouciant, dépourvu de prévoyance. « Il ne travaille, dit Ch. Labarthe, que tout juste pour se nourrir, lui et sa famille, pour acquitter les redevances en nature, s'acheter un costume neuf pour la fin de l'an et réaliser quelques *ligatures* d'économie pour mener joyeuse vie pendant les fêtes du Têt[2]; ces fêtes passées, il se remet au travail. » La case, faite de bambous, est de construction facile et peu coûteuse ; le mobilier est insignifiant. La culture du riz et la pêche fournissent à l'alimentation au prix d'un labeur qui n'a rien d'excessif, et leurs produits sont partout abondants; le costume, sévèrement réglé par des lois somptuaires, se réduit à quelques vêtements d'étoffes légères, que les plus riches ne renouvellent guère que tous les ans. Dans ces conditions, il ne faut pas de grands efforts pour gagner le nécessaire et même le superflu. L'Annamite se contente d'une médiocrité qui est souvent la pauvreté ; il n'a aucun souci d'amasser. Est-ce calcul, afin d'échapper aux tracasseries et aux exploitations que dicte la convoitise des hauts fonctionnaires, jaloux des richesses de leurs subordonnés? Est-ce philosophie, née de ce dédain pour les biens terrestres que prêche le bouddhisme? Non. A côté de l'Annamite, et soumis aux mêmes exigences, le Chinois thésaurise et travaille durement pour arriver à la fortune; dans nos provinces, d'ailleurs, l'un et l'autre vivent d'ordinaire à l'abri des exactions et font preuve de la plus complète indifférence en matière religieuse. Là, comme au Tonkin, cependant, le contraste est frappant entre les deux races. Le Chinois déploie sa puissante activité commerciale, bâtit des maisons et jusqu'à des villes, équipe des navires et même des flottes, a des banques, fait naître l'industrie; avec la richesse, il acquiert

1. Dans le portrait qui va suivre, je reproduis en grande partie l'étude que j'ai publiée dans *Science et Nature*.

2. Le Têt est la grande fête collective des ancêtres; elle se célèbre au renouvellement de l'année, qui, pour les Chinois et les Annamites, correspond à peu près à notre date de Noël.

l'influence et l'autorité occulte, il est « comme le seigneur d'une terre dont le vrai maître est le serf » (Labarthe). Il y a, dans cette insouciance paresseuse de l'Annamite, comme une preuve de son infériorité; il n'aime pas le travail et préfère un état misérable sans labeur à la vie luxueuse conquise au prix de quelques efforts. C'est ainsi que raisonnent les races fatalistes. On devine l'insouciance de l'Annamite à la première observation, à la malpropreté qui règne sur sa personne et autour d'elle. Il passe son existence sur les fleuves ou à leurs abords, et, à la rareté de ses ablutions, il semble que l'eau lui coûte une grande peine à puiser[1]. Les enfants se roulent sur le sol fangeux des cases, pêle-mêle avec les animaux domestiques, et les femmes n'ont aucune répugnance à partager leur lait entre leurs nouveau-nés et de petits porcs ! Un pareil dédain de la propreté forme un singulier contraste avec certaines prétentions que détermine la mode et qu'entretient la vanité. C'est un signe d'aristocratie que de porter les ongles très longs ; mais si l'on se préoccupe de ménager la poussée démesurée de ces appendices, on ne se préoccupe guère de leur couleur et de leur netteté. C'est un signe de beauté, chez la femme, que d'avoir le teint blanc; elle s'enfarine le visage sans vergogne et garde noirs les mains et tout le corps. On s'efforce de briller, les jours de fête, par le nombre et l'éclat de ses vêtements, qu'on porte entassés les uns sur les autres ; mais on ne songe pas à donner, par occasion, le moindre lustre à ce

1. Cette réflexion surprendra moins, après la lecture d'un extrait du *XIXe siècle* (1er mars 1891), relatif au grand incendie du 22 janvier 1891, à Hanoï. Plus de deux cents maisons appartenant à des Chinois et à des indigènes furent brûlées, par l'imprudence d'un fumeur qui avait laissé tomber une allumette enflammée. « On a constaté, à ce propos, une fois de plus, l'apathie et le fatalisme du caractère annamite. Personne, parmi les indigènes, ne voulait se déranger et faire quoi que ce soit pour combattre l'incendie, et l'on cite un Annamite qui pleurait la perte de son bien, accroupi sur l'extrémité d'une bille de bois dont l'autre bout était en flammes. Il était pourtant tout à côté d'une mare d'où il aurait pu très aisément puiser de l'eau pour éteindre le feu. Mais il n'y songeait même pas. »

qu'ils recouvrent. L'Annamite est tout de dehors. Il vise à éblouir, à jeter, comme on dit vulgairement, de la poudre aux yeux des badauds. Et, sous ce rapport, il me paraît encore laisser percer une marque d'infériorité ethnique. Beau parleur, hâbleur, poseur, prompt à l'insolence vis-à-vis des naïfs et des faibles, à la familiarité vis-à-vis de ses supérieurs européens, il me rappelle ces nègres du Sénégal, à petite instruction puisée dans nos écoles, qui, au retour de la traite (opération des achats de gommes et d'arachides), viennent sottement dépenser en parades, au chef-lieu de la colonie, l'argent gagné dans une saison, ne pensant qu'à *faire faraud*, selon leur expression, quittes à retomber le lendemain dans la plus noire misère, et à rechercher les emplois les plus vils. L'Annamite trouve les moyens de concilier avec sa nonchalance une vanité excessive. Il ne veut pas sacrifier la première à la satisfaction des besoins que lui crée celle-ci au prix de longs efforts; mais, s'il n'est rien, il peut paraître un important personnage sous les rayons émanés d'un puissant. Il recherche la domesticité auprès des fonctionnaires, dans l'espoir de leur dérober quelque part de leur prestige, et aussi d'obtenir, avec peu de travail, beaucoup de bénéfices. Il naît trop souvent avec l'esprit d'un valet, et l'instruction acquise n'étouffe pas chez lui cet esprit. Le collège Chasseloup-Laubat, à Saïgon, fournit peut-être autant de *boys* vicieux aux administrateurs et aux officiers, que de serviteurs utiles aux maisons de commerce ou d'industrie. Ces boys se croient tout permis, et ils arrivent presque à persuader leurs compatriotes, à se persuader aussi à eux-mêmes, qu'ils ont quelque chose de la valeur de leurs maîtres. Entre eux, ils s'estiment d'après le degré des situations hiérarchiques occupées par ceux-ci[1]. Chez les femmes, la

1. Ces boys, il faut le dire, prennent souvent de bien tristes leçons auprès de leurs maîtres. J'ai un jour entendu un jeune missionnaire me raconter, avec une véhémente et trop juste indignation, certaine conversation qu'il avait surprise entre les boys d'un résident; inouïes étaient les révélations faites sur les habitudes du maître! Le fameux chef de pirates surnommé le Doc Tich, dont les exploits ont jeté la terreur aux environs d'Haï-

vanité prend une autre tournure. En Annam, plus qu'ailleurs, il faut tolérer aux fonctionnaires les ménages illicites, car la vie commune avec une indigène est le meilleur moyen d'initiation aux difficultés d'une langue toute d'intonations chantées. Très souple, très caressante, aux allures de vraie chatte dans l'intimité, la *Congaï* use et abuse sans le moindre scrupule de l'empire qu'elle a su conquérir ; il ne lui suffit pas de briller par la coquetterie, le luxe des bijoux, elle prétend à l'hommage des autres femmes, et je me souviens des colères d'une petite personne se plaignant, avec pleurs et gesticulations, au fonctionnaire qui daignait la protéger, de la conduite de la femme légitime d'un phu (préfet indigène), assez osée pour lui refuser ses visites et même ses salutations.

Hommes et femmes ont la passion du jeu et sont très portés à la débauche. Ce que nous appelons *pudeur* paraît chose inconnue chez un très grand nombre. D'après Mondière, le dévergondage est poussé à un tel degré, qu'il ne reconnaît pour frein, dans le bas peuple, ni les obligations de l'état de mariage, ni les liens de la parenté[1], pas même le dégoût que devrait inspirer l'union entre individus de même sexe[2]. Le même observateur affirme que la bestialité est quelquefois commise par les hommes, bien plus souvent par les femmes.

Maintes fois à court pour nourrir ses vices, surtout s'il est adonné à l'opium (*chandoo*), comme cela arrive très fréquemment, ou à l'alcool de riz (*Choun-choun* ou *ruoi*), comme cela n'est point rare[3], l'Annamite se croit actif quand il n'est que

phong, en 1889-1890, avait été le domestique à tout faire d'un médecin de la marine, auprès duquel, « s'il avait acquis une certaine aisance, il avait pris la haine des Français ». (*Figaro*, 11 septembre 1889, lettre de Haïphong.)

1. « Pour qu'une fille soit encore vierge à douze ans, il faut qu'elle n'ait pas de frère », déclarait un missionnaire à Mondière.

2. Toutefois, nous sommes tenus à discrétion dans ces critiques. Le Français a pris avec facilité de l'Annamite certains goûts très immoraux, et il lui en a enseigné d'autres, qu'en appréciateur de toutes les turpitudes, l'élève a vite adoptés.

3. A. Calmette estime que, dans la basse Cochinchine, les indi-

remuant, en chasse d'un gain éphémère et facile. Il émigre volontiers dans les pays voisins, avec l'espoir d'y trouver ce qu'il n'a pas chez lui ; il ne fait que déplacer sa misère, car nulle part il ne modifie ses tendances, et partout il rencontre la concurrence redoutable du Chinois. Il ne recule, d'ailleurs, devant aucun métier, pourvu que la fatigue ne soit pas trop lourde. A la rigueur, il risquera même les plus mauvaises chances, si elles sont équilibrées par d'autres, susceptibles de le conduire à une joyeuse vie durant quelques jours ou quelques mois. Il se fera, sans trop d'hésitations, voleur ou pirate. La femme, aussi longtemps qu'elle sera jeune, exploitera son capital naturel, et, vieille, fera tout son possible pour exploiter le plus avantageusement, à son profit, le capital des jeunes. Besogneux, l'Annamite est nécessairement âpre au gain, mais au petit gain, répondant aux nécessités du moment. Mais, chez les mandarins, et des mandarins jusqu'au dernier employé de titre officiel, l'âpreté prend trop habituellement les caractères de la plus révoltante rapacité. Le gouvernement annamite paye d'une façon dérisoire ses fonctionnaires..., quand il les paye... Il leur accorde une solde annuelle qui, pour les plus élevés, dépasse rarement la valeur d'un millier de francs, avec un certain nombre de mesures de riz et de pièces d'étoffes, prises dans les magasins de l'État. Comme s'il avait conscience de sa parcimonie, il ferme assez volontiers les yeux sur les moyens illicites qu'emploient les mandarins et les lettrés de tous grades pour étendre leurs revenus. Les sévérités du Code n'atteignent que ceux-là qui sont mal en cour, ou découvrent dans leurs manœuvres un cynisme par trop retentissant. Les exactions revêtent toutes les formes, et particulièrement celle

gènes consomment par an et par tête 24 litres d'eau-de-vie de riz (on en use au cours de nombreuses cérémonies publiques ou privées). C'est beaucoup, s'il n'y a pas erreur. La consommation de l'eau-de-vie en France, déjà trop grande, ne dépasserait guère 4 à 5 litres par tête. Lorion, d'autre part, déclare l'Annamite très sobre ; il ne commettrait d'infraction à sa tempérance qu'à l'époque du Têt. (*Criminalité et Médecine judiciaire en Cochinchine*, Lyon, 1887.)

du cadeau. Un fonctionnaire ne s'aborde point sans un cadeau, et sa bienveillance est nécessairement en rapport très étroit avec l'importance de celui-ci. Ces habitudes sont tellement invétérées, que nos administrateurs ne sont pas encore parvenus à les étouffer complètement, parmi le personnel indigène qu'ils ont à diriger. Auprès des administrateurs eux-mêmes, les plus anciens et les plus vigilants, la corruption s'exerce clandestine. Les lettrés qu'on emploie comme interprètes ou comme écrivains, protégés contre la découverte de leurs méfaits, grâce à la connaissance insuffisante de la langue annamite chez leurs supérieurs, grâce aussi à la timidité et à la lâcheté de leurs compatriotes, accrues de tout le poids de l'importance qu'ils savent se donner à eux-mêmes, exploitent de leur mieux le menu monde. De temps en temps, une tentative de chantage trop audacieuse amène une exécution sévère; la leçon ne profite à personne; on ne voit dans le personnage châtié qu'un imbécile qui s'est laissé prendre, et voilà tout[1].

1. Il est certain que, sur cette matière, nous n'avons pas trop à nous récrier sur les mœurs des Annamites, après quelques aventures de nos propres fonctionnaires et l'histoire des pots-de-vin panamiques. Toutefois, comme j'aime encore à penser que l'autorité française est, en général, soucieuse de justice, je crois devoir ajouter ceci : le choix de nos agents indigènes mérite la plus sérieuse attention, aussi bien sous le rapport de la nationalité que sous le rapport de la valeur morale. Il n'est point prudent d'imposer un Annamite, comme chef de province ou de canton, à des populations cambodgiennes ou laotiennes, en raison de la survivance de rancunes et d'inimitiés qui règnent entre les races; il ne l'est pas davantage de confier la direction d'une population quelconque à des hommes douteux ou inconnus, malgré qu'ils soient très recommandés par les plus hauts mandarins. C'est pour avoir méconnu ou dédaigné ce principe que des résidents — trop ignorants des choses et des hommes du pays, trop présomptueux pour écouter les conseils des personnes expérimentées, tristes fruits eux-mêmes du favoritisme politique et de l'intrigue métropolitaine — ont entravé la pacification au Tonkin. Par exemple, dans les chaûs de l'ouest, nous avons placé les Méos sous la domination d'un quanphong, de mandarins et de soldats, tous recrutés hors de la région, étrangers aux indigènes. Le résultat ne s'est point fait attendre. « Suivant leurs chefs héréditaires, ils (les Méos)

Dépourvu de scrupule, et, quoi qu'il fasse, toujours en paix avec sa conscience, large et accommodante, l'Annamite sait apporter, dans l'exécution de ses desseins, la fourberie la plus raffinée, les ruses les mieux ourdies. Il est là sur son terrain, et, pour cette besogne, l'effort lui coûte peu, car il répond à une sorte d'énergie spéciale dans la race. C'est un menteur émérite, un dissimulateur de premier ordre. La bonne foi lui paraît si ridicule, qu'il n'a, dans sa langue, qu'un seul mot pour désigner la sincérité et l'idiotie. On le prendrait la main dans la poche d'autrui, qu'il jurerait avoir été volé par celui auquel il dérobe; il serait sous le coup des soupçons les plus graves, il méditerait l'action la plus scabreuse, qu'il saurait garder sur son visage la placidité la plus correcte. Sa physionomie « ne trahit jamais sa pensée, et il peut soutenir une

abandonnaient leurs villages déjà amoindris par la conquête, se réfugiant dans les montagnes ou sur les frontières de Chine, emmenant la plupart du temps leurs bestiaux et laissant leurs cultures à l'abandon. Ils refusaient d'obéir aux chefs inconnus qu'on venait de leur imposer. D'autre part, le quanphong, rusé et menteur comme un Annamite, nous présentait comme ses instruments, et déclarait que nous étions dans le pays pour le soutenir et défendre ses actes. Il payait des indigènes et même des tirailleurs et des interprètes militaires pour nous faire de fausses interprétations, ce qui amena un quiproquo qui dura assez longtemps et menaça de tourner au tragique. Pendant ce temps, le quanphong profitait de notre erreur involontaire pour faire razzier par ses postes, faire piller les Méos qui étaient restés chez eux, emmener les femmes et les enfants au Chieutân, déposséder et emprisonner les représentants des plus vieilles familles. Les soldats occupaient le pays, cruels et rapaces, au nombre de 350 à 400; ils en étaient les véritables pirates. Le quanphong recevait du protectorat 400 piastres par mois pour les équiper et leur donner le riz, le sel et l'opium. Mais le rusé mandarin jugeait préférable de mettre les 400 piastres dans sa poche et d'envoyer ses hommes dans leurs postes, sans provisions. Ceux-ci pressuraient les habitants, volaient le riz, tuaient les porcs et les bœufs à coups de fusil. Puis, quand ils avaient bien poussé à bout les propriétaires, ils les rossaient et les chassaient dans la montagne, prenaient leurs femmes qu'ils gardaient, et leurs enfants qu'ils envoyaient au quanphong; celui-ci les faisait vendre dans le discussion ou supporter un interrogatoire d'une durée indéfinie, recevoir les humiliations, les ironies, les emportements, sans se démasquer et sans répondre autre chose que ce qu'il veut »... (Pâris[1]). S'il sort par hasard de cette inertie, c'est pour passer à une mimique désordonnée, « factice, d'ailleurs, quand la coutume exige une manifestation de sentiments. La colère se traduit par des injures interminables aux ancêtres de l'adversaire, par des vêtements déchirés, des cheveux épars et arrachés, des coups de paume sur la cuisse ; les femmes ont le monopole de ce genre de disputes ; les hommes, arrivés au paroxysme, s'empoigneront les cheveux et se frapperont mutuellement à coups de poing sur la figure... » (Pâris[2].)

L'Annamite est sceptique et crédule. Il craint l'influence des démons qui prennent possession des corps, redoute l'action des

Chieutân et s'enrichissait de ce joli commerce. Après quoi, il faisait proclamations sur proclamations dans les quatorze dialectes du pays, disant que c'était par notre ordre, sous notre œil bienveillant et avec notre aide, qu'il agissait ainsi. De son côté, il rançonnait les villages par l'entremise de nouveaux quanchaûs, ses créatures ; il exigeait des piastres, du riz, des bufles, des femmes. Il faisait emprisonner ceux qu'il suspectait d'indépendance, faisait marcher le feu, le roï (rotin) et la cangue. Il était aussi épicier en gros », tenait maison de commerce, où il débitait du lait, des conserves, de l'absinthe, avec 300 pour 100 de profit. Et il était craint des indigènes, fort bien vu de la haute autorité française. Ses délations furent fatales à plusieurs officiers et le gouvernement lui a décerné la rosette d'officier de la Légion d'honneur ! (Mat Gioi, *le Tonkin actuel*, p. 151-154.)

Comme on reconnaît bien là la légèreté et l'incurie proverbiales de notre administration... dite supérieure !

1. M. Pâris ajoute quelques lignes, qui prouveraient que les interdictions de l'autorité française, sur certains points du code indigène dont j'aurai à parler, sont lettres mortes. « Il faut peut-être chercher dans cette ataxie sentimentale la cause du maintien jusqu'à nos jours de la question judiciaire, car aucun accusé ne pourrait être amené par la casuistique à avouer son crime. » Le même fait cette intéressante remarque que, chez l'Annamite, les mouvements de tête, qui nous sont si familiers pour affirmer ou pour nier, ne sont pas d'usage.

2. Mais chez nous... !

sorciers qui jettent des sorts sur les maisons, les animaux et les hommes ; il se défie des jours marqués néfastes et de certaines occurrences de constellations, etc. Mais, très superstitieux, il n'est point religieux. Il a des pagodes où il n'entre guère, des bonzes dont il se moque en des contes grivois. Mais quel respect de la force ! [1] Quelle humilité devant le sabre et la cadouille ! Ces arguments-là, il les écoute. Dans nos provinces..., du moins dans le rayon des résidences où notre autorité est à peu près certaine d'être exactement obéie, il n'a plus à redouter ni la cangue ni le bâton : il ne s'en montre guère meilleur, bien au contraire. Fort heureusement [2], il se fait de nos prisons une idée suffisamment terrifiante. Là où continue à régner le Code indigène, c'est le roï ou le truong, maître rotin, qui rappelle le peuple au sentiment du devoir ou des simples convenances, et les crimes sont punis par des châtiments parfois excessifs : la loi veut obtenir la soumission par l'épouvante. Comme pour mieux entretenir les masses dans la crainte et la subordination des citoyens les uns vis-à-vis des autres (malgré sa base égalitaire), le Code a multiplié les distinctions sociales, réglé minutieusement l'étiquette entre les individus des diverses catégories ; il exige le servilisme au lieu du respect et de la politesse [3]. Il n'est pas de spectacle plus écœurant pour un Européen que les prosternements d'un inférieur devant le supérieur, en quelque lieu que les deux individus se rencontrent [4]. Mais comme, au fond, l'Annamite sait

1. Mais chez nous encore... !

2. Au point de vue de l'action colonisatrice. J'ai déjà dit ce que je l'estimais.

3. Il en est ainsi, à des degrés divers, partout où les codes, même ceux issus de la fameuse Révolution, ont proclamé la liberté et l'égalité des citoyens, et réédifié la caste sous la forme d'un fonctionnarisme entouré d'honneurs, de prérogatives et de salaires inouïs, négation effective du principe. Je ne parle pas de la fraternité, une illusion et une hypocrisie, là où il n'existe que fausse liberté et fausse égalité, là où il y a toujours des maîtres et par conséquent des subordonnés, serfs ou esclaves (du capitalisme, du militarisme, etc.)

4. On a beau dire, trop de vieilles habitudes entretiennent parmi

ce que valent ses maîtres, il se dédommage, dans l'intimité, des bassesses dont il se montre prodigue à leur égard en public. Gouailleur et sarcastique, il saisit à merveille les ridicules de ses mandarins, et il s'en égaie dès qu'il se croit à l'abri d'une atteinte. Il n'oublie pas, toutefois, que l'espionnage est attentif autour de lui, et l'opinion qu'il se fait des autres, d'après la conscience qu'il a de lui-même, le rend prudent ou plutôt défiant dans ses paroles comme dans ses actions les plus insignifiantes. On devine ces sentiments dans son regard oblique et sournois, sa démarche tortueuse et embarrassée, là où il s'aperçoit de la présence d'un inconnu. Du reste, absolument dépourvu de bienveillance et prompt à oublier les services rendus, vindicatif, cruel à l'occasion dans ses vengeances ou même sans autre mobile que de jouir de la douleur des autres, se délectant à la vue du sang et des supplices. Ses rancunes et ses haines, stimulées par beaucoup d'orgueil, il les reporte sur l'étranger, certain qu'il ne trouvera, de ce côté, que la tolérance ou l'encouragement de ses mandarins. Il prend garde, cependant, à ne pas irriter cet être qu'il méprise naïvement, s'il lui suppose les moyens d'infliger à l'insolence un châtiment immédiat; il s'ingénie à lui nuire en dessous, à entraver son action par des artifices cachés, à le discréditer par des ruses enfantines; profitant par exemple de son ignorance de la langue et des usages annamites, il lui réservera des appellations dont il ne pourra soupçonner le sens injurieux; dans

nous des tendances aussi susceptibles de dégénérer en bassesses. Le manant humblement soumis d'autrefois se retrouve encore chez maints paysans... Seulement, le seigneur est le gros propriétaire, le fonctionnaire, l'officier. J'ai lu, il n'y a guère longtemps de cela, ce petit écho d'une feuille départementale, reproduit dans une feuille parisienne, pour faire rire, et plutôt capable d'attrister. Un paysan, cité devant le juge pour une contravention doublée d'injures à un gendarme, se jette aux genoux du magistrat et du Pandore, en les suppliant de lui faire grâce ; il se répand en grosses effusions de reconnaissance, en entendant sa condamnation à une mince amende! Scène tout à fait moyen âge... ou d'Orient, sauf les coups au rustre. Je les lui eusse vu administrer de bon cœur, au sortir de l'audience, par quelque gars plus soucieux de dignité.

les audiences, on le fera attendre aussi longtemps qu'on aura cru mesurer à sa dose sa débonnaireté patiente ; dans les cérémonies publiques, sur les traités eux-mêmes, on donnera aux ambassadeurs ou aux chargés d'affaires, des titres dérisoires, les ravalant au dernier degré de la hiérarchie du pays.

Tout cela est bien chinois et fait partie de l'héritage que l'Annamite a reçu d'ancêtres déjà inféodés par la force et l'assuétude à la Chine. Celle-ci a façonné ses initiés à son image. Si elle n'a pas réussi à élever l'Annamite complètement jusqu'à elle, en l'absorbant, elle lui a infusé les mauvais instincts de ses races. Seul entre tous les étrangers, le Chinois trouve grâce devant l'Annamite, malgré que l'ancien maître ne dissimule guère à l'ancien sujet ses dédains ou ses mépris; il ne cherche pas à se fondre dans un peuple qu'il regarde comme inférieur; tout au contraire, quand il lui enlève ses femmes pour en faire des concubines, il s'empresse de leur faire oublier jusqu'à leur langage, et s'il retourne en son pays, il les laisse derrière lui, emmenant parfois les enfants qu'elles lui auront donnés. L'Annamite, néanmoins, lui accorde grosse considération. Partout les deux races vivent côte à côte, et nulle part elles ne se confondent; leurs métis eux-mêmes vivent isolés. Au Cambodge, au Laos, on les rencontre, loin des grands centres, formant de petites agglomérations voisines, mais distinctes. On s'entend assez bien, surtout lorsqu'il s'agit d'organiser de mauvais coups ; mais, en conditions normales, la suprématie appartient au Chinois. Au Tonkin même, celui-ci, avant notre occupation, en était arrivé à créer « un État dans l'État, en possession de son organisation municipale et de ses congrégations, de la seule justice desquelles il relevait pour les crimes ou délits qu'il pouvait commettre, possédant toutes les fermes importantes du royaume, centralisant tous les capitaux en numéraire et en nature, indépendant des tribunaux et de l'administration annamite, mille fois plus considéré et respecté par cette administration que l'Annamite lui-même..., constituant enfin au besoin une force armée plus puissante que l'armée même du roi... » (Labarthe.) Au fond, l'Annamite n'aime pas le Chinois; il le regarde d'un œil jaloux, et il ne saurait oublier l'impitoyable dureté de son joug d'autrefois. A diverses périodes de son histoire, il s'est montré très alarmé de son influence, alors qu'il avait déjà cessé d'être un soumis. Il sent instinctivement que la trop complète assimilation sociale, à son puissant voisin, est pour lui un danger, et, à certains moments, il a cherché à réagir contre des tendances compromettantes pour sa liberté. Sous le ministère des Trinh, les Chinois établis en Annam ont défense de suivre les nouveaux usages importés dans leur pays par la dynastie mandchoue (de se raser la tête et de porter la queue, de se vêtir d'habits sans col et à larges manches); ceux qui travaillent aux mines ne peuvent se réunir au nombre de plus de trois cents dans un même centre; ceux qui se livrent au commerce ne peuvent circuler sans être accompagnés par un homme garant de leur conduite; il est interdit, sous des peines sévères, aux Annamites, d'imiter en aucune façon les étrangers du nord et de parler leur langue; les livres chinois sont bannis des écoles et remplacés par des éditions annamites. Voilà de sérieux indices d'une susceptibilité nationale, qu'une politique habile ne doit pas ignorer. Le peuple annamite n'est point fatalement destiné à rouler dans l'orbite du Céleste-Empire; il n'est point fatalement rivé à ses destinées; il n'a pas d'intérêt, d'ailleurs, à demeurer fidèle à toutes les traditions, à tous les usages légués par son ancien vainqueur, car ces traditions et ces usages ne font que consacrer son servilisme. Les mandarins et les lettrés seuls peuvent défendre mille survivances par intérêt égoïste, parce qu'ils trouvent, dans une organisation sociale favorable à la corruption, les moyens de dominer les faibles et de donner pleine carrière à leurs vices; aussi sont-ils et seront-ils toujours nos ennemis[1]. Mais les masses, enlevées à l'action exclusive de pareils fonctionnaires, ne sauraient être

1. M. de Lanessan, après Paul Bert, semble avoir compté sur eux pour la pacification du Tonkin. Il est à craindre qu'il ne se soit fait illusion à cet égard, de même que son prédécesseur.

très difficiles à détacher de leur admiration quelque peu routinière et d'extériorité pour le Chinois, quand elles le verront ramené à leur niveau de prérogatives et de droits sous notre gouvernement. C'est déjà ce qui commence à avoir lieu dans les provinces. L'immigrant chinois n'est plus pour l'Annamite ce qu'il était jadis. En flattant la vanité de nos nouveaux sujets, en leur montrant sans cesse quel mépris pour leur race cachent l'affabilité hypocrite et les avances éhontées du Célestial, en ne tolérant vis-à-vis de nos fonctionnaires indigènes, quelques petits qu'ils soient, aucun manquement de la part de ces marchands, toujours prêts à acheter les consciences et n'ayant d'autre dieu que l'argent, nous arriverons peu à peu à diriger l'Annamite dans une voie meilleure, où s'atténueront quelques-uns de ses défauts, où se développeront davantage ses qualités.

L'Annamite possède en effet des qualités. Il n'y a pas, dans son milieu, que des types de laideur physique et morale; il existe aussi bon nombre d'hommes et de femmes très bien doués sous le rapport du corps et de l'esprit, et, dans l'ensemble, il est impossible de ne pas remarquer certaines particularités du caractère qui rachètent bien des fautes et même des vices.

L'Annamite est intelligent; il possède une grande mémoire. S'il n'a pas une imagination très ample et s'il n'a aucun goût esthétique, il est bon imitateur de l'art chinois, qui exige surtout de la patience et de la délicatesse de main. On l'a vu fourbe et sans scrupule, sans bienveillance et sans reconnaissance pour les services rendus; on le rencontre aussi fidèle à la foi jurée, dévoué (et même dans le malheur) à l'étranger comme aux siens. Dans nos provinces, les courriers indigènes (trams) n'ont jamais détourné les paquets qui leur ont été confiés, et c'est avec leur vie qu'ils les ont plus d'une fois abandonnés par force à des rebelles aux époques d'insurrection. Quand l'empereur Minh-Mang, cet indigne fils de Gia-long, voulut récompenser par l'exil ou par la mort les services rendus à son père, il trouva devant lui, pour défendre ses anciens collègues annamites et nos compatriotes, la courageuse opposition du général Lé-Van-Duyet (grand eunuque).

L'Annamite n'est point religieux. Mais, dans son scepticisme, il est tolérant en matière de culte, et les persécutions qu'il a dirigées contre les missionnaires catholiques à diverses époques s'adressaient moins à leurs prédications doctrinales qu'à leur immixtion dans les affaires politiques du pays. Il a, d'ailleurs, le culte des ancêtres, pour lui la sauvegarde de la famille contre les tendances qui relâchent ses liens ; il est indifférent vis-à-vis de toute autre expression d'une religiosité quelconque[1]. Il est, en même temps, fort attaché au sol natal, et ce sentiment a développé chez lui, autant que son goût pour la vie sans effort, les parades, les aventures où se produisent les occasions d'un pillage facile et impuni, des aptitudes militaires très remarquables. Il a tous les instincts du soldat. Il sait supporter les privations ; il apprend vite et bien le maniement des armes, l'obéissance et la discipline, et s'il se dédommage, dans les expéditions heureuses, aux dépens des adver-

1. C'est la suppression du culte familial qui rend le catholicisme suspect aux Annamites (comme elle valut jadis en Chine leur expulsion aux missionnaires, après une scandaleuse querelle entre les jésuites et les dominicains). Abandonner une coutume sur laquelle reposent, en quelque sorte, toute la morale indigène et aussi le principe de l'organisation sociale, c'est presque agir en rebelle; quand l'exemple part de haut, la faute revêt comme un caractère politique qui la fait tomber sous le coup des lois. Ainsi convient-il d'interpréter l'affaire des princes convertis J.-B. Té et P. Chué, condamnés à mort, puis à l'exil, par la cour de Hué, et dont *la Libre Parole* a cherché à tirer trop âprement parti, pour critiquer l'indifférence de l'autorité française en matière de prosélytisme. Il est de politique utilitaire d'employer les moyens les plus capables de relever le niveau social des indigènes. Mais est-ce bien améliorer ceux-ci que de les détacher entièrement de leurs meilleures coutumes, pour en faire des chrétiens d'étiquette et de faux francisés, pires que les plus irrédentistes ? Puis, il y aurait beaucoup à dire sur l'œuvre des missionnaires, si peu soucieux d'ordinaire d'aider au développement de nos institutions et de faciliter l'action de nos représentants, qu'ils n'enseignent que le latin comme langue courante à leurs néophyt s.

saires battus, des petits ennuis du métier, il n'hésite pas non plus à jouer son existence avec désinvolture et stoïcisme. C'est une race courageuse, prête à tous les sacrifices lorsqu'il s'agit de la défense de ses foyers. Les Chinois l'ont appris par les énormes pertes de troupes qu'ils ont faites avant de s'implanter dans le pays, et nous sommes à même de nous en convaincre au Tonkin, où, certainement, toutes les bandes dites de pirates ne sont point composées de vulgaires bandits. La femme montre souvent les mêmes qualités de résistance que l'homme, et les annales ont conservé les noms de plusieurs héroïnes qui ont vaillamment combattu pour l'indépendance de leur pays[1]. Ce patriotisme s'allie avec un sentiment de l'honneur qui, s'exaltant par l'émulation et la vanité..., comme chez nous, fera préférer, chez les plus humbles, à toute autre récompense, un titre, une simple médaille, en commémoration des plus grands services rendus à l'État. Le mépris de la mort, même entrevue sous ses formes les plus horribles, est commun dans la race ; celle-ci l'affiche dans le suicide et les supplices, autant que sur les champs de bataille. Le suicide, de même que parmi les Chinois, n'est point stigmatisé. Motivé par la désespérance banale, les chagrins ou la misère[2], il laisse l'opi-

1. Au village de Yeumao, les habitants ont confié les fonctions de maire à une femme bien connue pour son énergie et nommée Honghi. Au mois de septembre 1892, une bande de vrais pirates s'abattit sur le village : de sa propre main, Honghi s'empara du chef et le décapita sur place.

2. Le suicide reconnaît, parmi les Annamites, les mêmes causes que chez nous ; même on l'observe à deux, à la suite de contrariétés éprouvées par un couple d'amants. Il est assez intéressant de le relever, dans une race où les mœurs sont aussi relâchées, chez de toutes jeunes filles, pour se soustraire à la prostitution ou par honte de propos obscènes entendus (Lorion). Souvent, les motifs sont des plus futiles. « L'Annamite, surtout la femme, se suicide assez volontiers pour faire de la peine à une personne de sa famille à laquelle il veut occasionner du désagrément, et qu'il a soin de désigner d'avance » comme l'auteur responsable de sa détermination (Mondière). Lorion (*Criminalité en Cochinchine*) cite des cas où le suicide, observé parmi des détenus, ne reconnaissait

nion insouciante ; il soulève plutôt une approbation admirative quand il se rattache à des mobiles élevés (le désir d'échapper à une oppression, au spectacle de la patrie avilie, etc.). L'illustre Phan-Tanh-Gian nous apparaît comme un nouveau Brutus, lorsque, après avoir favorisé l'expansion française, par conviction qu'elle était utile à son pays, et avoir reconnu trop tard qu'elle allait peut-être aboutir à son asservissement, il absorbe un breuvage empoisonné avec le calme du devoir accompli, dans sa pauvre maison en chaume[1]. Sous le contraste du fanatisme violent, quelle impression nous laisse la dramatique tentative de suicide d'un autre vieillard patriote, Tran-ly-Nguyen-Cao[2]. Chargé du recouvrement des impôts dans un district, au Tonkin, il était depuis longtemps suspect à nos résidents. On l'arrête sur la preuve de ses connivences avec les rebelles. « Conduit devant le king-luoc (vice-roi), ayant seul qualité pour juger un fonctionnaire de cette importance, il répondait avec un sourire gouailleur aux questions posées. Sa voix demeurait ferme, son visage conservait la même sérénité, quand on s'aperçut qu'un filet de sang coulait sur sa chaise. Il venait, de ses ongles démesurés..., de s'arracher le nombril. On le transporta, pour soigner cette horrible blessure, à la prison de la citadelle. Quand on le jugea possible, on reprit l'interrogatoire. Silence farouche ! Comme on revenait le lendemain, espérant obtenir une réponse, on le trouva la bouche ruisselante de sang, mâchant furieusement la moitié de sa langue, qu'il venait de faire sauter d'un coup de dent. Le lendemain, on le trouvait aveugle ; des orbites, dont ses ongles avaient arraché les yeux, coulaient sur les joues des mucosités sanguinolentes. Tandis que les boys lavaient cette tête ravagée, il leur cracha au visage sa salive rouge encore. Il devait pousser plus loin le martyre. Il voulait, par une mutilation nouvelle, plus horrible, révéler que la cause pour laquelle il

pas d'autre cause que la paresse et le désir de se dérober à tout travail. Le mode habituel est la pendaison.

1. Luro, *l'Annam*, p. 103.

2. *République française*, 15 juin 1887.

souffrait était en dehors de lui. Quand un Annamite veut indiquer qu'il subit les conséquences d'un fait qui ne lui est pas personnel, qui intéresse sa patrie ou sa famille, ou ses chefs, ou son roi, il recourt à un étrange procédé... : il attente aux organes de la virilité. Tran-ly-Nguyen-Cao avait lié à un piquet l'une des extrémités de la corde qui tenait à lui ; s'arcboutant des jambes, il avait tenté la mutilation (par arrachement) ; elle n'était pas complète, une épouvantable blessure attestait la volonté de l'exécuter... » Quel héroïsme dans le désespoir accusait cette série d'actes qui s'étaient déroulés au cours d'une semaine, et que le prisonnier essaya de terminer en se laissant mourir de faim? Il n'eut ni le temps ni la consolation de s'anéantir lui-même ; mais sous le couperet du bourreau, il garda le même stoïcisme inébranlable. Point de condamnés à mort qui fléchissent, du reste. Victimes politiques ou scélérats vulgaires, tous se comportent avec le même sang-froid ou ne s'en départissent que pour lancer un dernier défi. Ils causent volontiers avec ceux qui les entourent jusqu'à l'instant fatal, ou s'ingénient à manifester leurs sentiments de haine irréconciliable. Hang, instigateur d'un soulèvement contre notre autorité, dans la basse Cochinchine, en 1872, demande comme dernière faveur, avant de mourir, qu'on lui apporte un pinceau et de l'encre : il trace, sur la paume de sa main gauche, un caractère, suprême injure à la France, et tend avec tranquillité sa tête à l'exécuteur. Au Tonkin, combien d'exemples analogues il me serait aisé de signaler jusqu'à l'heure actuelle [1] !

Cette esquisse du caractère annamite permettra de mieux comprendre les aptitudes criminelles et les formes générales de l'attentat dans la race, aussi l'esprit des lois pénales indi-

1. J'aurai à revenir sur ce sujet. Malgré ce courage, malgré l'insensibilité relative qu'il présente devant la douleur physique et la douleur morale, l'Annamite cherche parfois à se soustraire au supplice en se faisant donner la mort par un parent ou un ami. On s'explique mieux une pareille détermination, chez les individus condamnés au bannissement, par le désespoir de quitter le sol natal où reposent les ancêtres.

gènes. Le crime, en ses mobiles et en ses manifestations habituelles, contraste avec l'excellence des préceptes d'un code éminemment moral et très pratique. Mais précisément les détails que mentionne ce code, émanation des institutions chinoises, seront une révélation des habitudes et des instincts que les législateurs ont eu et ont toujours à combattre chez un peuple partiellement adapté à une civilisation voisine, et il nous éclairera là où l'observation directe nous fera défaut sur la criminalité ethnique du milieu. L'attentat, chez l'Annamite, plus peut-être que chez d'autres races, se rattache ordinairement à un défaut de sens moral, qui le fait choisir comme un moyen presque indifférent d'issue vers une situation maintes fois très banale. Néanmoins, il porte aussi l'empreinte de la passion dans un grand nombre de cas, soit dans le mobile, soit dans l'exécution. Au contraire de la criminalité cambodgienne, marquée au coin du rusement grossier ou d'une brutalité pour ainsi dire négroïde, la criminalité annamite (comme celle du Chinois) est très intellectuelle ; elle est raffinée même dans ses procédés de préparation et d'accomplissement. L'opium et l'eau-de-vie de riz doivent sans doute intervenir dans l'étiologie prédisposante et occasionnelle du méfait. Mais ce sont là des facteurs très indirects dont la mesure est difficile à déterminer, et qui, en somme, n'offrent rien de très spécial dans le milieu. Les mobiles habituels de l'attentat relèvent des sentiments haineux, inspirés par la vindicte nationale contre les étrangers ou par la vindicte privée contre les personnes de même race soupçonnées ou convaincues d'avoir causé une offense, un tort, une nuisance quelconque à la famille ou à l'individu; surtout de la cupidité, et, à un moindre degré, de la voluptuosité. L'Annamite est un débauché émérite, et très volontiers un pourvoyeur pour la débauche d'autrui. Il ne s'effarouche pas trop, la plupart du temps, des accrocs que peut avoir subis la vertu féminine. Cependant, il est, tout comme un autre, susceptible de jalousie ; il tue par rivalité amoureuse hors du mariage ; il tue par dépit sexuel et vengeance d'amour-propre ou de propriétaire lésé, dans les cas d'adultère de flagrant délit. Les viols sont rares, en raison de l'extrême facilité des femmes, qui, dès douze à quatorze ans, n'ont plus rien à défendre, et aussi les attentats à la pudeur, en raison peut-être de la corruption précoce de l'enfance de l'un et de l'autre sexe, qui, de bonne heure, sait se prêter à toutes les sollicitations. La prostitution est si large, qu'elle cesse d'être stigmatisée; ses suites sont d'autant moins capables d'engendrer l'attentat. L'infanticide est une exception; on ne l'observerait guère qu'en des familles à bout d'expédients par la misère; l'avortement est rare (?) et seulement recherché par des femmes intéressées à dérober les fruits d'un adultère. Contre le développement de l'attentat de voluptuosité, l'extrême latitude laissée à l'érotisme et l'indulgence de l'opinion, mieux que la sévérité des peines, exercent une influence préventive.

Pénétrons plus avant dans l'étude du manquement, avec le code de répression.

La loi punit avec rigueur tout ce qui est une *atteinte à la famille*, la base des institutions et du culte. Mais bien des tolérances se glissent ou s'érigent autour d'elle, et d'ailleurs elle ne vise que les actes objectivement démontrés. Elle n'en est pas moins intéressante à suivre; sous quelques aspects, elle se montre égale ou supérieure à nos propres textes[1].

La *fornication* s'entend des relations intimes entre individus de l'un et de l'autre sexe; elle réunit sous son titre l'adultère et tous les attentats aux mœurs commis en dehors du mariage.

D'une manière générale, la loi exige que le délit soit constaté par le flagrant délit; elle n'admet pas la simple désignation testimoniale; mais, pour la femme, la grossesse est tenue comme preuve. La condition de mariage n'apporte qu'une assez faible aggravation au manquement (c'est un aveu implicite de la fragilité de l'union dans la polygamie et comme un corollaire de l'extrême facilité de sa dissolution par le divorce).

1. Je prends pour guide le *Code annamite* de Philastre.

La fornication avec accord, ou de consentement mutuel, est punie de quatre-vingts coups de truong, si la femme est libre, et de quatre-vingt-dix, si elle a un époux. La fornication avec entraînement, qui laisse supposer des manœuvres de séduction préméditées chez l'homme, acceptées à bon escient chez la femme, sans surprise, comme dans le simple accord extemporané, est punie de cent coups; la loi ne distingue pas si la femme est ou non mariée. « Toutes les fois que l'épouse ou une concubine aura entretenu des relations adultères avec un homme, celui (l'époux) qui aura personnellement surpris l'amant et la femme adultère sur le lieu où l'adultère est commis et qui les aura tués et mis à mort sur-le-champ ne sera pas puni; s'il tue seulement l'amant, la femme adultère sera punie selon la loi. » Mais, en dehors de cette condition, le mari n'a plus le droit d'agir ainsi, sans tomber sous le coup de l'homicide, car il a eu tout le temps de reprendre possession de lui-même et il ne peut plus réclamer contre les coupables que l'application de la loi; s'il pousse l'indulgence jusqu'à une certaine faiblesse immorale, il est lui-même punissable. « La femme adultère sera, suivant la volonté de l'époux, mariée ou vendue; si l'époux consent à la garder, il y sera autorisé. S'il la marie et la vend à l'amant, l'amant et l'époux primitif seront chacun punis de quatre-vingts coups de truong; le mariage sera cassé et la femme retournera à sa propre souche; les valeurs ou les objets (lui appartenant) seront confisqués à l'État ». On remarquera les analogies de ces dispositions avec la loi française, dans laquelle le meurtre des amants surpris par le mari est excusable, et le divorce entraîne l'interdiction de l'union légale entre les amants dont la conduite l'a motivé. La situation plus élevée des coupables, qui auraient dû donner le meilleur exemple, est pour eux un motif d'accroissement dans la pénalité. Où de simples esclaves en sont quittes pour quelques coups de truong, les individus appartenant à la classe du peuple ou à la condition militaire peuvent, d'après un décret, être punis de cent coups et d'un mois de cangue; ceux qui sont classés dans le monde des fonctionnaires, de la strangulation (avec sursis). Le degré de la parenté est un autre élément d'aggravation ; mais, comme nombre de faits se passent dans l'intérieur des familles et avec des consentements réciproques, rien ne transpire des actes jusqu'aux magistrats et le texte reste lettre morte ; les renseignements authentiques recueillis par Mondière prouvent qu'en dépit de la loi le dévergondage le plus inouï est commun dans les familles du bas peuple et même au-dessus d'elles. Le Code annamite a tranché la question de la paternité de la manière la plus juste : « Dans les cas de fornication avec accord et de fornication avec entraînement, le garçon et la fille sont passibles de la même peine ; les enfants de l'un et de l'autre sexe, nés de la fornication, seront à la charge de l'amant, qui devra les recueillir et les élever. » Si la femme est enceinte des œuvres d'un amant demeuré inconnu, l'enfant reste à la charge exclusive de la mère. Les entremetteurs et les complices, dans la fornication, sont punis des mêmes peines que les auteurs de l'acte.

Comme dans notre Code, les circonstances de violence et d'âge modifient la sévérité de la répression; mais, à la différence de ce qu'on observe chez nous, la loi annamite tient aussi compte du degré d'honorabilité de la femme victimée. Il y a distinction entre l'acte consommé et la tentative. « Les coupables de fornication commise de force (viol) seront punis de la strangulation ; si l'acte n'est pas consommé, la peine sera de cent coups de truong et de l'exil. » Un décret ajoute : « Dans tout jugement au sujet de viols commis successivement par plusieurs personnes réunies sur une femme ou une fille de condition honorable, lorsque la réalité du fait aura été reconnue..., le principal coupable sera condamné à la décapitation... et les co-auteurs, qui auront aussi commis le viol, seront condamnés à la strangulation... S'il s'agit de viols successifs commis par plusieurs coupables réunis sur une femme ou fille déjà coupable de fornication, le principal coupable sera envoyé à une frontière éloignée et les co-auteurs... seront punis de cent coups de truong et de l'exil à 3 000 lis. Si la femme ou fille, après avoir été coupable de fornication, avait éprouvé des remords de la faute commise et était revenue à une conduite honorable, et si cette circonstance est prouvée et attestée par des témoignages certains, on prononcera, d'ailleurs, comme s'il s'agissait d'une femme ou d'une fille de condition honorable. » Le viol existe, malgré l'accord de la victime, quand celle-ci est une enfant : « Celui qui a commis un acte de fornication sur une petite fille de douze ans et au-dessous, bien qu'il y ait eu accord entre eux, sera considéré comme coupable de viol » ; et le décret complète ainsi le texte : « Celui qui aura commis un viol sur la personne d'une petite fille de douze ans et au-dessous, lorsque la mort de la victime en sera résultée, ainsi que celui qui aura séduit et emmené une petite fille de moins de dix ans et qui l'aura souillée en commettant sur elle un acte de fornication par force, seront punis de la décapitation... » S'il y a eu consentement de l'enfant, la peine est la strangulation. Rien, par contre, qui réponde à notre attentat à la pudeur[1] ; rien non plus qui vise particulièrement la sodomie et la bestialité, cependant communes.

Le *rapt* et l'*enlèvement* des femmes et des enfants ont toujours été fréquents. Ils s'inspirent ordinairement de la cupidité, ayant pour but de tirer bon argent de la livraison de pauvres êtres, destinés à être exportés (à destination des harems du Siam et des maisons de prostitution de la Chine). Mais la loi relève aussi ces attentats à la sollicitation des mobiles de voluptuosité. Dans tous les cas, le crime est rudement puni, d'autant qu'il s'accompagne de violence et que ses auteurs occupent une situation plus haute. « Toute personne influente et puissante qui enlèvera par force une épouse ou une fille de famille honorable, la contraindra et abusera d'elle, pour en

1. On a assimilé à l'injure grave des actes considérés comme susceptibles de porter atteinte à la pudeur des dames, tels que regarder leur visage, proférer devant elles des paroles indécentes. Mais la loi sur cette matière est bien tombée en désuétude. Les femmes annamites ne s'offusquent guère des regards et des propos ; et, dans leurs querelles, elles échangent entre elles des vocabulaires d'injures de la plus monstrueuse obscénité.

faire sa propre épouse ou sa concubine..., celui qui aura enlevé de force l'épouse ou une fille d'un homme honorable et qui l'aura vendue à autrui comme épouse ou concubine, ou bien qui l'offrira en don à un fonctionnaire influent, aux appartements intérieurs du souverain, etc. », méritent la peine de la strangulation.

L'*avortement* et l'*infanticide* — crimes sans raison d'être (excepté dans un nombre de cas restreint) chez un peuple où la progéniture est ardemment désirée pour l'entretien du culte des ancêtres, où la répartition des charges est sagement prévue à la suite de l'union illégitime, où l'adoption est largement pratiquée au sein des familles aisées sans descendance, où les familles trop pauvres ont toute facilité pour céder les enfants qu'elles ne peuvent nourrir, où la tolérance de l'opinion prévient les désespérances et les hontes après les séductions — ne semblent pas avoir été l'objet de textes nettement spécialisés. L'avortement reste confondu avec les crimes qui se rattachent à l'administration des drogues toxiques ; il ne s'entend pas de l'acte immoral et compromettant pour les intérêts de la population, mais seulement d'une suite assimilable à la blessure ou à l'homicide, si la femme est victime : « La sage-femme ou accoucheuse qui, moyennant un salaire, reçoit de l'amant la mission de faire avorter une femme adultère, est punie de la même peine que l'amant ; c'est là un cas où la culpabilité consiste à se charger de blesser ou d'estropier quelqu'un », lit-on dans un commentaire d'article emprunté au Code chinois. Et ailleurs : « Si une femme mariée devenue enceinte à la suite d'un adultère craint qu'on s'en aperçoive et s'entend avec son amant pour employer des drogues et se faire avorter, si elle succombe aux suites de l'avortement et meurt, l'amant sera puni par assimilation, selon la loi relative à ceux qui vendent, avec connaissance de cause, des drogues toxiques susceptibles de donner la mort... » (cent coups de truong et l'exil, ou même la mort par strangulation). L'infanticide rentre dans l'attentat contre l'enfant (âgé de moins de dix ans, c'est-à-dire dans la période d'incapacité à se défendre, à se protéger, à subvenir par lui-même à aucun de ses besoins), par violence, privation de nourriture ou de soins (la peine peut être celle de la décapitation).

Les *attentats de cupidité* sont, comme partout, les plus nombreux comme les plus variés dans leurs formes. La voluptuosité d'autrui les inspire fréquemment, et, sous ce rapport, le Code témoigne d'habitudes très enracinées, d'origine céleste. Le proxénétisme mercantile se rencontre dans toutes les couches, parmi les Annamites, sous une forme ou sous une autre, dicté par une convoitise d'argent à satisfaire au plus vite, ou par une convoitise de faveurs lucratives à obtenir dans un temps plus ou moins prochain. La loi prévoit jusqu'à *la mise en gage et la location de l'épouse ou de la fille* (l'époux ou le père et l'homme qui a accepté d'eux, pour en jouir comme concubine, la personne spécifiée, contre valeurs, sont également punis d'un certain nombre de coups de truong ; c'est un contrat immoral qu'on doit empêcher). Hors de la famille, naturellement, le commerce de la femme prend des proportions plus grandes et il revêt des formes d'attentat très particulières. L'un des objectifs ordinaires des bandes de pirates, au Tonkin, est la razzia des femmes, des jeunes filles et même des jeunes garçons, pour la vente aux amateurs de la Chine. Ce genre de crime existe de haute antiquité. Il s'exécute par les moyens violents, lorsqu'il s'agit d'enlèvements en masse ; par les moyens violents ou rusants, lorsqu'il s'agit d'enlèvements isolés. Le Code vise les faits sous ces deux formes et édicte des peines sévères, jusqu'ici demeurées impuissantes à réformer les mœurs ; mais il témoigne d'une indulgenee relative pour un mode d'attentat très odieux, vestige de survivance barbare : la castration des jeunes garçons. Les eunuques sont recherchés par les riches Chinois, moins pour la surveillance du home que pour la satisfaction de vices inavouables ; l'article se cote cher, il est très demandé pour les maisons de prostitution ouvertes à l'aristocratie érotique. En Annam, la mutilation est punie si elle est suivie de mort, et sans être distinguée des autres formes de l'homicide ; intentionnelle et non suivie de mort, elle n'est châtiée que comme empiètement sur les prérogatives du souverain, seul en droit de posséder des eunuques. « Aucune famille de fonctionnaires ou de gens du peuple ne pourra demander à élever (acheter ou adopter pour élever) les enfants d'autrui pour les châtrer, sous peine de cent coups de truong et de l'exil à 3000 lis ; » les enfants sont rendus aux parents.

L'Annamite a très vague la notion du droit à la *propriété* chez les autres. « Tous, dit Pâris, ont le germe du vol, ce mot étant pris dans un sens absolu, et ce germe éclôt à la première occasion. Le caï ou chef d'équipe prélève son grain de riz sur la ration des travailleurs ; le chef de canton, le préfet, le gouverneur, perçoivent successivement leur impôt, en même temps que celui du roi, et le dernier de ces fonctionnaires s'enrichit au bout de quelques années, en administrant la province la plus misérable. L'homme du peuple dérobe ce qu'il peut, et le chef de bande pille, à main armée, tout ce qu'il trouve... » Depuis que la nation existe, il en a toujours été de la sorte, en dépit de la loi ; du haut en bas de l'échelle sociale, l'exemple rayonne, on imite les supérieurs, bien plus qu'on ne se préoccupe d'obéir à des préceptes qu'on les voit dédaigner. Voler, dans l'opinion, c'est s'attribuer quelque chose d'utile ou d'agréable aux dépens d'un sot inapte à conserver son bien. C'est un moyen naturel s'imposant à l'esprit de tout Annamite aux abois pour se tirer d'affaire, et même le théâtre l'enseigne couramment. Dans la comédie de *Truong l'Imbécile*, un intendant constate l'état de gêne de la famille à laquelle il est attaché ; pour en sortir, il faut de l'argent, et pour avoir de l'argent, il n'y a « qu'à aller faire le guet en barque et à détrousser le premier passant ». C'est élémentaire, et personne ne s'indigne. L'essentiel est d'être assez fort ou assez habile pour rendre certain le succès, qui justifie tout. Sous ce rapport, l'Annamite sait à merveille comment s'y prendre pour exploiter son milieu. Il recrute des complices intéressés, hommes et femmes, auxquels il distribue leurs rôles à l'avance ; il étudie avec art et patience les lieux où il doit opérer, les habitudes

des personnes contre lesquelles il aura à diriger ses coups, il se ménage jusqu'aux moyens de retraite ; il a imaginé un petit procédé... presque génial pour couper court aux tentatives de poursuite des agents policiers : dans un pays où tout le monde va nu-pieds, où le sol est mou et gazonné, il a songé à semer derrière lui, tout en courant, des fragments de bambous, minces, acérés, tranchants, qui, en tombant, se fixent d'eux-mêmes plus ou moins droits sur le terrain et deviennent autant de chausse-trapes ; les voleurs, avant de tenter une entreprise, ont toujours soin de se munir de plusieurs paquets de ces menus bois. On a aussi recours à la narcotisation des victimes à dépouiller, comme dans l'Inde.

Il faut tout dire, l'Annamite emprunte à son organisation sociale un fonds d'esprit communaliste, qui lui présente jusqu'à un point le vol comme la récupération d'une part des biens dévolus à tous. Et le Code semble, à cet égard, consacrer des distinctions que le nôtre a le grand tort d'omettre. Chez nous, le misérable affamé, qui dérobe par nécessité, est traité en criminel ; en Annam, par dérivation de la jurisprudence chinoise, il est plutôt considéré comme un être à plaindre et il est excusé : « Manger sur place des fruits, des produits de la rizière ou du jardin, c'est une action illicite, mais ce n'est point voler. » Un commentaire chinois ajoute : « Manger sans permission est différent de voler; pour voler, on profite de l'occasion où personne ne peut voir et l'on prend furtivement ; sans permission, au contraire, indique que le fait est commis sans se cacher, sans se préoccuper d'être vu par quelqu'un, et ouvertement. Si, au moment où l'on prend, il n'y a personne pour voir le fait, certes la crainte d'être vu par quelqu'un n'existe pas ; c'est pour cela que prendre sans permission et emporter ne peut s'appeler un vol. » En réalité, le législateur a senti que, s'il y avait danger à amnistier d'une façon absolue des actes susceptibles de produire une nuisance au détriment de quelqu'un, mais cependant non inspirés à leurs auteurs par la cupidité, il y avait à tenir compte des défaillances et des exigences des besoins non satisfaits. Il a rangé le vol par nécessité dans les actions illicites. Mais, par une singulière inconséquence, il a exigé la restitution de la valeur des choses, impossible pour de pauvres diables, et il a cherché l'équivalence de cette valeur dans une peine corporelle : tant de coups de rotin par once d'argent! La répression quand même et l'exemple, comme si la sévérité pouvait avoir le dernier mot contre la faim!

Avant de frapper le véritable attentat de cupidité, il importait de diminuer les chances avec les occasions de sollicitations à le commettre. De là tout un ensemble de lois somptuaires très méticuleuses, et d'ailleurs sans plus d'efficacité que leurs analogues n'en ont eue autrefois chez nous; de là aussi l'article contre le jeu, lettre à peu près morte, jusqu'au moment où l'autorité française s'est décidée à interdire ou plutôt à restreindre un entraînement aussi fertile en résolutions criminelles[1] : « Ceux qui auront joué des valeurs ou des objets quelconques seront punis de quatre-vingts coups de truong; les valeurs ou objets mis en jeu ou trouvés sur le tapis seront confisqués à l'État; la personne qui aura ouvert et établi une maison de jeu sera punie de la même peine. »

Ces points établis, le législateur se trouvait plus à l'aise pour sévir contre le crime-délit de basse convoitise, contre les actes dérivant des besoins factices, de l'ostentation vaniteuse, de la débauche, de tous les sentiments de l'égoïsme antialtruiste. Il a des façons spéciales d'envisager les circonstances de la qualification. Le vol *furtif* ou *clandestin*, qui, après l'action illicite, est puni avec le moins de rigueur, exclut toute idée de l'emploi de la force et de publicité dans l'accom-

1. Extrait d'un rapport de la commission consultative provinciale au résident général au Tonkin (*République française* du 20 juin 1887) : « Le protectorat a adjugé la ferme des jeux, dont l'intérêt profite à l'Etat. Nous pensons que les maisons de jeu ouvertes dans les villages y attirent nombre de pauvres qui, après avoir perdu, cherchent à voler. De ce fait proviendront vols et pirateries... » Il y aurait lieu de limiter les maisons de jeu aux villes où de nombreux négociants chinois sont à même de les fréquenter, etc.

plissement ; « l'effraction intérieure ou extérieure, l'introduction la nuit dans un lieu habité, le nombre des coupables, ne changent pas la nature furtive ou secrète de l'acte » (Philastre), et ne contribuent pas à l'aggraver. La peine est proportionnée à l'importance des valeurs dérobées, susceptibles d'être traduites en un certain nombre de coups de rotin déclaré équivalent. Mais la récidive constitue déjà une aggravation bien déterminée : « Ceux qui seront coupables de cette faute pour la première fois seront également marqués, sur le haut du bras droit, des deux caractères dont le sens est *vol furtif;* ceux qui seront de nouveau coupables de ce fait seront marqués sur le bras gauche ; ceux qui seront coupables de ce fait pour la troisième fois seront punis de la strangulation (avec sursis); ce sera sur la constatation des deux marques précédentes qu'ils seront passibles de cette dernière peine. » Avec le caractère de *violence* et de *force ouverte*, celui du complotement et de l'association, celui de l'exécution en bande, le vol s'aggrave et entraîne des pénalités considérables (même la décapitation, suivie de l'exposition de la tête) ; on lui assimile le pillage et l'enlèvement des effets ou des valeurs, à l'occasion d'un incendie accidentel ou « d'un coup de vent qui a jeté un navire à la côte ». D'autres conditions d'aggravation découlent : — de la nature des lieux où le vol a été accompli et de celle des objets dérobés; les attentats qui n'ont que le caractère sacrilège, pour employer une expression de nos anciens codes (vol des objets consacrés aux esprits qu'on honore dans les grands sacrifices, vol dans les jardins des sépultures royales, vol avec violation de sépulture), ou qui, jusqu'à un point intéressant l'État, ne compromettent pas sa sécurité (vol dans les magasins du roi, détournement d'équipements militaires), sont punis avec une indulgence relative et jamais d'une peine capitale; mais la mort est toujours prononcée pour les vols susceptibles d'amoindrir les forces de l'État, de nuire gravement à sa politique, d'autant que l'attentat se double ordinairement de trahison (vol dans le trésor royal, vol des dépêches royales au cours d'opérations militaires, vol des sceaux, des clefs d'une ville ou d'une citadelle, etc.); — de la qualité des auteurs; les surveillants ou gardiens qui volent eux-mêmes dans les magasins ne bénéficient pas de certaines circonstances capables d'atténuer la pénalité pour des voleurs ordinaires; les fonctionnaires coupables d'extorsions par intimidation ont la peine élevée d'un degré, etc. Dans la famille, le vol est atteint par des pénalités diminuées de plusieurs degrés; c'est qu'on le suppose amené par un manque de justice du chef envers les siens ou ses serviteurs; il est, au contraire, aggravé, s'il est commis par des parents de « rang prééminent » au détriment de parents de rang inférieur.

Je n'insiste pas sur d'autres formes de l'attentat de cupidité, tels que les *faux* en écritures, la *fausse monnaie* (crime puni surtout comme un empiétement sur les droits du souverain), etc. L'*incendie* volontaire est puni de la décapitation.

Les attentats *contre la vie ou l'honneur* des personnes relèvent, les uns de la cupidité, les autres de sentiments haineux, eux-mêmes dérivés de mobiles très complexes (rivalité sexuelle, envie, ressentiment d'injures, etc.).

L'*injure*, l'*outrage*, la *calomnie* sont prévus et châtiés. La calomnie englobe les fausses accusations portées devant un magistrat, et elle expose ses auteurs aux mêmes peines qu'eussent méritées à la victime les faits reconnus vrais.

Les *coups et blessures*, l'*homicide* sont l'objet de dispositions qui rappellent beaucoup notre ancienne jurisprudence. Le Code annamite, d'une façon générale, n'admet pas l'excuse; il frappe le fait matériel, et, dans tous les cas, laisse une responsabilité incombant à l'auteur du crime ou à quelqu'un de son entourage. Les actions de l'aliéné retombent à la charge des parents ou des magistrats ayant l'obligation de le garder ou de veiller à sa conduite, et l'aliéné lui-même, « s'il a tué successivement deux personnes paisibles ou un plus grand nombre, sera condamné à la strangulation (avec sursis)[1] ».

1. Toute une école, chez nous, tendrait à nous ramener à cette effroyable jurisprudence, au nom de la science positiviste et de la

La sévérité n'est pas ménagée davantage aux enfants ou petits-enfants qui ont tué par mégarde ou accident un de leurs ascendants. A plus forte raison (sauf dans un très petit nombre de circonstances, comme le flagrant délit d'adultère, où le meurtre de l'amant par le mari est excusable) la loi ignore-t-elle les motifs de l'atténuation tirés du paroxysme passionnel, des conditions fortuites au cours desquelles se sont produits les actes : « Celui qui, dans une rixe, aura commis un meurtre, sera, sans discerner s'il a frappé avec les mains et les pieds, avec d'autres objets ou avec un outil ou un instrument aigu en métal, également puni de la strangulation avec sursis. » Les blessures entraînent des peines proportionnées à leur degré de gravité : « Celui qui blesse ou tue par mégarde, imprudence ou erreur, est puni comme dans le cas de rixe; seulement, la loi autorise le rachat de la peine, dont le prix est attribué, soit à la victime, soit à la famille de celle-ci. » Les médecins sont responsables de leurs négligences et de leurs erreurs, tout comme les autres citoyens. L'acte est aggravé s'il est volontaire et prémédité, comploté et exécuté en bande, s'il a eu pour mobiles le pillage et le vol, etc. (strangulation, décapitation). Il est intéressant de relever, après l'atténuation précédemment mentionnée à propos du larcin de nécessité, l'assimilation aux blessures provoquées du fait d'avoir privé une personne des choses nécessaires à ses besoins; mais assez singulier de constater, dans le même article, l'indulgence relative accordée pour d'autres formes d'attentats qui supposent la préméditation et dénotent même un certain raffinement de scélératesse : « Celui qui aura introduit quelque corps étranger dans les oreilles, le nez ou les ouvertures naturelles d'une personne, ou qui aura privé quelqu'un des vêtements ou des choses nécessaires pour sa nourriture ou sa

morale utilitaire! Plus un criminel est anormalement organisé, plus il est nécessaire de le supprimer. De là à exécuter les fous, il n'y a guère loin, et c'est la conclusion naturelle d'une doctrine que soutiennent des magistrats, des médecins, des philosophes, soi-disant avancés.

boisson, et qui aura ainsi blessé sa victime, sera puni de quatre-vingts coups de truong. S'il en est résulté une difformité définitive ou une infirmité, la peine sera de cent coups et de trois ans de travail pénible. Si la victime est devenue impotente, la peine sera de cent coups et de l'exil à 3000 lis, et la moitié des valeurs et biens du coupable sera donnée à la personne devenue impotente comme moyens d'existence. Celui qui aura volontairement employé des serpents ou des insectes venimeux pour faire mordre ou piquer quelqu'un et le blesser sera jugé d'après les dispositions relatives aux blessures faites dans une rixe. » Dans tous les cas, s'il y a mort, la peine est celle de l'homicide, ou non prémédité (strangulation avec sursis) ou prémédité (strangulation sans sursis ou décapitation). La préoccupation constante du législateur est d'établir des échelles de comparaison entre tous les modes de l'attentat d'après leurs conséquences, afin de les ramener à des pénalités rigoureusement mesurées à celles-ci. Le code est d'un bout à l'autre foncièrement utilitariste.

Dans les cas d'*empoisonnement*, on prononce « selon les règles relatives à la nature du meurtre » (involontaire, volontaire, prémédité, comploté, etc.). — « Si le coupable a seulement voulu causer à quelqu'un un mal ou des infirmités, la peine sera diminuée de deux degrés... » Mais le seul fait « de fabriquer ou de posséder des préparations vénéneuses ou venimeuses susceptibles de causer la mort, d'en commander la fabrication », peut rendre passible d'une peine capitale, alors même qu'il n'a pas été suivi de l'emploi de ces matières (disposition qui semble s'adapter assez mal avec la première partie de l'article).

Les *sortilèges* sont confondus avec l'empoisonnement ; philtres et poisons sont trop ordinairement identifiables, et la délivrance des préparations suspectes est le plus clair du métier de sorcier, pour aider les gens à se débarrasser de qui les gêne. Le Code nous initie à un crime particulièrement horrible, engendré sous l'idée superstitieuse et bien évidemment de transmission chinoise, celui « du dépeçage ou de la mutilation d'une personne vivante pour accomplir quelque pratique maléficieuse »; ce crime est puni de la peine la plus atroce (dans l'espèce talionnaire), la mort lente par les couteaux[1].

De pareils raffinements ne sont pas toujours inspirés par la superstition. Ils sont dans le tempérament des Siniques et couramment mis en usage parmi les bandes de pirates. Ces misérables y ont recours afin d'obliger leurs victimes à déclarer leurs trésors, ou comme distraction associée à la satisfaction des sentiments haineux, lorsqu'il s'agit d'étrangers tombés entre leurs mains; on leur brise les membres, on leur arrache les yeux, on les découpe de mille façons; on s'ingénie à prolonger leur agonie en multipliant leurs souffrances. Je mentionnerai, en passant, le dépeçage des cadavres, pratiqué en Annam comme en Chine, dans l'Inde et ailleurs, pour se débarrasser plus aisément d'une preuve accablante après un homicide. L'acte n'ajoute rien à la nature du crime.

Les mêmes formes de l'attentat, qu'on relève dans le milieu banal, acquièrent des caractères spéciaux lorsqu'elles se produisent au sein de la famille. Il existe souvent des vendettas de famille à famille; dans une même famille, bien des motifs de querelles et de haines peuvent se développer entre plusieurs membres. Les choses empruntent un cachet particulier aux procédés de nuisance mis en œuvre pour assouvir les rancunes. Il y a d'abord le suicide, qui est une façon de sortir d'ennuis, avec l'assurance d'en laisser derrière soi à des parents, responsables de sa cause, d'après la loi. Ensuite un odieux moyen de calomnie, parfois lui-même étayé sur un homicide[2]. Par exemple, à l'occasion du décès naturel d'un parent, on cherche

1. A la Chine, les alchimistes et les médecins ont conservé nombre de recettes qui exigent l'emploi d'ingrédients empruntés au corps humain et obtenus en des conditions révoltantes. Lire à cet égard une note du docteur Blanc, dans la *Semaine médicale* du 1er janvier 1893. Comme on prête à nos missionnaires des croyances et des opérations identiques, on ne manque guère de les accuser de sacrifices d'enfants, chaque fois qu'on a besoin d'un prétexte pour soulever contre eux les masses ignorantes.

2. On observe tous ces procédés chez les Hindous.

à insinuer que telle personne détestée n'est point étrangère à la mort (si le cas est porté devant un magistrat, on s'expose à être puni de la même peine que le calomnié aurait eu à subir si sa culpabilité eût été démontrée ; mais, sans qu'une plainte ait été régulièrement déposée, le fait d'avoir voulu tramer une comédie indécente avec le corps d'un parent mérite à son auteur un nombre de coups de truong et un temps de travail pénible, proportionnés à son rôle et à son rang dans la famille). Ou bien, à défaut de cadavre rencontré à point, on s'en procure un par un meurtre. « L'aïeul, l'aïeule, le père ou la mère qui aura commis un meurtre volontaire sur la personne d'un enfant ou petit enfant, ou bien le chef de la famille qui aura commis un meurtre volontaire sur la personne d'un esclave, dans le but de faire retomber la faute sur quelqu'un, sera puni de soixante-dix coups de truong et d'un an de travail pénible. » C'est purement et simplement la peine ordinaire du meurtre atténué, malgré les conditions d'aggravation que le mobile et le milieu sembleraient devoir conférer à l'acte. Le même procédé se renouvelle entre parents de tous degrés, avec l'intention de flétrir d'une condamnation à mort telle ou telle branche de la famille, pour lui enlever une suprématie dans la direction des affaires communes, et des droits à hériter. Les résultats des rixes sont punis, dans la famille, comme ceux qu'on constate en dehors d'elle, selon les règles générales concernant les blessures. Un décret établit : « Lorsque deux familles se battent entre elles et qu'il en résulte un homicide, d'après la loi, le véritable auteur du crime doit payer ce meurtre de sa vie. Si celui qui a été tué sur-le-champ a été frappé par un parent à un degré auquel il n'y a pas de vêtement de deuil, celui qui aura de sa propre main frappé la victime jusqu'à causer sa mort sera puni de cent coups de truong et de l'exil à 3 000 lis. Si celui qui a été tué a été frappé par un parent à un degré pour lequel il existe un vêtement de deuil, celui qui aura frappé jusqu'à causer la mort sera puni de la peine portée, diminuée d'un degré, c'est-à-dire de cent coups et de trois ans de travail pénible. D'ailleurs, dans chaque cas, il sera contraint de payer 20 onces d'argent, qui seront données aux parents du mort pour subvenir aux frais des funérailles... » L'élévation du degré de la parenté deviendrait donc ici un élément d'atténuation pour le coupable, ce qui est en contradiction avec l'esprit général de la loi, relativement aux crimes entre personnes de même souche. Quels que soient ses griefs, l'époux n'a pas le droit de frapper l'épouse ni la concubine; si, pour un manquement grave, commis par l'une ou par l'autre, vis-à-vis de l'aïeul, de l'aïeule, du père ou de la mère, il tue la coupable, il est punissable de cent coups de truong; mais il n'encourt aucun châtiment lorsque la femme s'est suicidée à la suite des reproches qu'il lui a adressés ou même des coups qu'il lui a administrés pour un tel motif. L'épouse qui frappe l'époux est toujours punie avec sévérité : de mort par strangulation, si elle l'a battu de manière à le rendre impotent; de mort par décapitation ou de l'affreux supplice de la mort lente, ou des couteaux, si elle l'a tué volontairement; l'époux, dans les attentats analogues sur la personne de l'épouse, subit des peines réduites d'un degré. Les mêmes rapports dans la pénalité se retrouvent dans les attentats des ascendants contre les enfants et des enfants contre les ascendants. Frapper des parents de rang prééminent ou âgés mérite la mort par décapitation. Le complot de meurtre des parents ou des grands parents, s'il n'a pas été entièrement consommé, entraîne, pour tous les auteurs et complices, la décapitation, et, s'il a été consommé, la mort lente. Le système d'atténuation et d'aggravation consacre le principe fondamental de la famille : l'autorité en haut, représentée par l'homme; le respect et la soumission en bas, l'obligation imposée aux enfants et à la femme.

L'État est considéré comme la grande famille, son représentant souverain comme le père et l'aïeul. Les attentats dirigés contre eux sont donc empreints des mêmes caractères sacrilèges qui aggravent la plupart de ceux commis dans la famille privée. Mais, en raison des intérêts supérieurs que de semblables crimes menacent de compromettre, la loi a accumulé, pour les réprimer, les plus rudes châtiments : la mort lente ou la décapitation sont les peines des traîtres, des rebelles, des citoyens assez audacieux pour s'attaquer aux droits du prince et de ses délégués.

L'Annamite, malgré son étiquette bouddhique, n'a d'autre religion que celle de la famille et de l'État. Le Code ne s'occupe guère des délits contre la doctrine et le culte qu'on pourrait appeler d'ordre sacerdotal. Il réserve ses rigueurs, que justifient les atteintes aux vrais principes de la morale sociale, selon l'esprit des législateurs, aux crimes déclarés *atroces*. Ce sont bien, en très grande partie, les équivalents des crimes sacrilèges et politiques, si conventionnellement et si impitoyablement visés par toutes les législations encore en stade semi-barbare. Le Code sino-annamite a pourtant, sur ce point, une supériorité digne de remarque : il dégage, en général, ces attentats de toute note religieuse proprement dite. Les crimes atroces sont au nombre de dix : 1° *complot de rébellion* (dans le but de renverser les esprits protecteurs de l'empire, incarnés dans la personne du souverain); 2° *complot de grande rébellion* (dans le but de détruire les temples, les tombeaux des ancêtres du souverain ou ses palais) ; 3° *complot de trahison* (attentat contre la sûreté et l'indépendance de la nation) ; 4° *rébellion odieuse* (frapper ou comploter de tuer des ascendants dans la famille) ; 5° *absence de raison* (tuer trois personnes d'une même famille, alors qu'elles ne sont pas coupables d'une faute méritant la mort, mutilations sur personnes vivantes, empoisonnements et maléfices, actes scélérats marquant chez leurs auteurs le défaut de tout sens moral) ; 6° *grand manque de respect* (vols d'objets servant au culte, contrefaçon du sceau du souverain, etc.) ; 7° *manque de piété filiale ;* 8° *manque de concorde* (attentats dans la famille, complot de meurtre, vente de parents de degré inférieur) ; 9° *manquement au devoir* (attentats contre les fonctionnaires, venant du bas peuple, délits des militaires contre leurs chefs) ; 10° *désordre intérieur* (fornication avec parents du quatrième degré et au-dessus, etc.).

Qu'il s'agisse d'attentats contre la propriété ou contre la vie, il est certaines circonstances, dans la préparation et l'exécution, qui exigent une attention particulière à cause du danger qu'elles font encourir à la sécurité publique et de l'enracinement d'habitudes qu'elles accusent au sein du milieu. Le brigandage se maintient, de temps immémorial, dans les provinces frontières de la Chine et dans tout l'Annam. Il est une survivance de mœurs contractées au cours de très longues guerres, où les partisans, combattant à côté de troupes régulières, ne pouvaient échapper aux sollicitations des véritables crimes (tout comme nos chouans), avec leur ardeur pour le pillage et leur mépris de la discipline; et à la suite desquelles nombre de soldats, incapables d'un métier régulier, étaient rejetés sur les chemins, forcés à la vie d'aventure. Les moins mauvais d'abord exigèrent le nécessaire; mais bientôt, au contact des pires et de concert avec eux, le superflu. L'association devint franchement professionnelle dans l'exploitation des paisibles et des laborieux; elle est restée telle depuis des siècles. La loi chinoise et la loi annamite se montrent, en maints endroits, préoccupées d'un pareil état de choses, et de fréquents décrets contre les *brigands* rappellent aux magistrats l'obligation de ne se jamais relâcher, à leur égard, de la plus rigide sévérité. Les actes de pillage, les vols, les enlèvements de femmes et d'enfants, les meurtres commis avec complot et à force ouverte, en bande armée, sont toujours punis avec une grande rigueur; toutefois, le Code sait distinguer entre les chefs ou entraîneurs et les entraînés. C'est, pour les moins compromis, le truong, l'exil, le travail forcé, la strangulation; pour les autres, la décapitation avec exposition de la tête, quelquefois la mort lente, si le crime s'aggrave de circonstances qui le transforment en attentat contre l'État (meurtre d'un gardien ou d'un soldat, au cours d'une tentative d'enlèvement par force, hors des prisons, de détenus ou d'accusés). Les bandes rencontrent une singulière facilité de recrutement et de cohérence dans l'organisation des *sociétés secrètes* qui existent à la Chine de haute antiquité et se sont répétées en Annam; le Code a compris le danger de ces sociétés, dont le rôle occulte et politique n'est pas moins à craindre que le rôle criminellement objectivé ; il punit l'affiliation avec d'autant plus de sévérité, qu'elle lui paraît entourée de conditions plus susceptibles de la rendre très intime, ou de traduire une hiérarchie dans la corporation suspecte : strangulation ou servitude militaire à vie, *s'il y a eu serment par le sang* (l'affilié s'humecte les lèvres de sang humain pour prêter le serment d'obéissance aux chefs et de fidélité à l'ordre), *dépêche au Ciel brûlée*, avec relation du serment et des motifs qui l'ont fait prêter, etc.; peine abaissée pour ceux qui, dans l'association, se bornent à *se saluer comme frères cadets et aînés, en observant la préséance de l'âge;* peine encore amoindrie pour les individus qui, sans être affiliés, *paient cependant une taxe aux affiliés pour éviter le mal* (timide appel à l'initiative individuelle pour la résistance aux bandes). Un décret s'occupe particulièrement de la société dite *Tien dia hoi* et édicte contre ses membres la peine de la décapitation : Gia-long dut le remettre en vigueur, vers 1810, devant l'expansion de la secte devenue une sorte de plaie sociale [1].

Le Code annamite offre, à l'imitation du Code chinois, certaines dispositions très judicieuses qui contrastent avec plus d'une anomalie choquante de nos lois, imprégnées trop servilement de ce vieux droit romain, si fréquemment inique, si peu égalitaire, si peu pitoyable aux humbles. Chez nous, le gredin, qui, par vengeance ou par arrière-pensée d'un profit à gagner

1. Nombreuses sont toujours les sociétés secrètes en Chine, au Tonkin, en Annam et dans la basse Cochinchine. La *San-ho-hoeï*, d'après le docteur Bataille (*le Diable au dix-neuvième siècle*), pratiquerait les rites des loges maçonniques lucifériennes, ceux de l'occultisme satanique (je reproduis les expressions de l'auteur), et compterait parmi ses membres des affiliés européens; elle ne vise pas seulement à l'extirpation de la religion chrétienne et des missionnaires, elle pratique le culte démoniaque; ses adhérents « offrent au diable, leur idole, un sacrifice sanglant, le sacrifice d'un des leurs, tiré au sort ». La victime est regardée comme un martyr et elle-même, dans son fanatisme, après avoir supporté stoïquement l'amputation successive des poignets et du pied droit, réclame le dernier coup, qui lui abattra la tête, afin d'aller jouir au plus vite des joies de l'au delà.

sans risque pour lui-même, pousse un malheureux à commettre un vol ou un meurtre, s'il n'intervient pas matériellement, est tout au plus traité comme un complice ; il est moins puni (quand il l'est), lui, la cause première, la tête instigatrice dans l'acte, que l'instrument qu'il a dirigé. C'est le contraire en Annam : l'*auteur de l'idée*, par exemple, dans le meurtre prémédité, est châtié plus sévèrement que les auteurs effectifs, ou, s'il y a eu exécution du crime en commun, que les coassociés qu'il a entraînés. Chez nous, par la diffamation systématisée, par les coups d'arbitraire émanés d'un fonctionnarisme irresponsable, par les extorsions et les dérobations de moyens contournants chers au monde de la finance, le protégé de la politique, par de lâches attentats tolérés contre la femme, etc., la désespérance amène trop souvent des explosions de suicides. Dans les milieux qui ont la prétention de guider l'opinion, d'indiquer la bonne morale, ceux-là même d'où part le plus ordinairement la suggestion des résolutions suprêmes qui se déroulent au-dessous d'eux, on tonne fort contre le suicide, on le flétrit hypocritement, tout en se gardant bien de remonter jusqu'aux instigateurs réels d'une aussi attristante détermination. Par emprunt à la loi chinoise, si le Code annamite reste indifférent devant l'acte en lui-même [1], il ne l'est pas vis-à-vis de ceux qu'il estime avoir été ses provocateurs directs ou indirects ; il fournit de cela des preuves multiples, notamment dans l'article intitulé : *Sur l'abus de la puissance et de l'oppression tyrannique, jusqu'à causer la mort de quelqu'un :* « Celui qui, à cause d'une affaire (par exemple d'une affaire relative aux titres des charges personnelles, du mariage, des rizières et des terres, ou des prêts d'argent, etc.),

1. Comme les Hindous, et par la même crainte d'un châtiment terrible dans l'autre monde, suivi d'une réincarnation avilissante dans celui-ci, les Cambodgiens se suicident peu. Au contraire, le suicide est assez fréquent et il n'est entaché d'aucune note infamante, chez les Annamites, sceptiques et sans croyance bien nette en une autre vie. Il en est de même chez les Chinois. Voir mon livre *Crime et Suicide*, p. 137.

aura abusé de sa puissance et opprimé quelqu'un jusqu'à causer sa mort (par suicide), sera (s'il est reconnu que le coupable était réellement dans une situation susceptible d'inspirer la crainte) puni de cent coups de truong. Si des fonctionnaires, employés ou toutes autres personnes déléguées pour un service public abusent de leur autorité et oppriment tyranniquement des gens paisibles, sans que ce soit à cause d'une affaire publique, et jusqu'à causer la mort de quelqu'un, la faute sera la même; (dans les deux cas ci-dessus), le coupable sera également contraint de payer 10 onces d'argent pour frais de funérailles (et cette somme sera versée à la famille de la victime). Ceux qui (parents de rang inférieur ou plus jeunes), à cause d'une affaire, auront tyrannisé un parent prééminent au deuxième degré, jusqu'à causer sa mort, seront punis de la strangulation (avec sursis); s'il s'agit de parents du troisième degré et des degrés au-dessous, la peine diminuera proportionnellement d'un degré. Celui qui, à cause (d'un fait) de fornication ou (de celui) d'un vol, aura abusé de sa puissance et opprimé tyranniquement quelqu'un jusqu'à causer sa mort, sera puni de la décapitation. » (S'il s'agit de fornication, on ne distingue pas si elle est ou non accomplie ; s'il s'agit d'un vol, on ne distingue pas s'il y a eu valeurs obtenues ou non). D'après les textes sur la fornication, la loi vise les cas où des parents, par honte de l'outrage qu'ils ont ressenti de la flétrissure d'une femme ou fille appartenant à leur famille, se suicident; l'amant est considéré comme l'auteur de l'*oppression* qui les a conduits à cet acte de désespérance, et il est puni comme tel. C'est au même titre qu'il est châtié, quand, à la suite de relations consenties ou forcées avec une femme, il est la cause directe ou indirecte du suicide de celle-ci. Avec une législation si différente de la nôtre sur la matière, il est curieux de relever une jurisprudence analogue, dans les cas de suicide à deux, non mené à sa fin pour l'amant. « Si l'amant et la femme adultère ont arrêté le projet de mourir ensemble, et qu'ayant tué la femme adultère, l'amant ne se soit fait aucune espèce de blessure qui prouve clairement que son intention était de mourir avec sa maîtresse, après qu'il aura été reconnu qu'il s'agit d'un meurtre prémédité ou d'un meurtre volontaire, ou d'un meurtre commis dans une rixe, en recherchant la vérité par investigation sur les circonstances du fait, dans chaque cas l'amant sera, d'après la loi applicable, condamné à la décapitation ou à la strangulation, sans qu'il puisse bénéficier d'aucune indulgence à cause de sa déclaration que tous deux avaient l'intention de mourir ensemble. Si l'amant et la femme adultère se proposent de mourir ensemble parce que leur faute est dévoilée et publiée, que la femme adultère soit tuée sur le coup, que l'amant ait lui-même attenté à ses jours, mais qu'il ait été empêché et secouru par quelqu'un, soigné et guéri, si tout est établi par des preuves certaines, cet amant sera puni de 100 coups de truong et de l'exil à 3000 lis, en diminuant d'un degré la peine relative au meurtre commis dans une rixe. Si, de plus, il y a contre l'amant quelque circonstance, ou fait d'enlèvement ou de fuite de la femme ou toute autre circonstance aggravante, on évaluera au moment du jugement la gravité du cas et l'on prononcera suivant la loi la plus sévère. » (Code de Philastre.) Il y a des cas où la désespérance, occasionnée par la misère ou une injustice criante du sort, pousse l'homme à exécuter sur lui-même un attentat presque assimilable au suicide : ce n'est pas la mort qu'il choisit, mais il se prive de la virilité comme s'il voulait ainsi affirmer un amoindrissement déjà commencé par la fatalité. Le malheureux est alors secouru aux frais du trésor royal.

Le Code annamite est la reproduction, souvent textuelle, du Code chinois[1]. C'est donc bien l'esprit du vieil empire, ses idées sur la justice pénale, qu'il convient d'apprécier dans l'ensemble des lois imposées d'abord aux vaincus, puis volontairement conservées et amplifiées par ceux-ci, restés les initiés d'une civilisation supérieure après la reprise de leur indépendance. Le Code chinois a été l'objet de critiques maintes fois

1. *Ta-tsing-lu-li*, lois et statuts de la grande dynastie des Tsing, traduits en anglais par Staunton (Code pénal de la Chine).

sans fondement, et de dénigrements irréfléchis, aussi longtemps qu'il n'a été connu chez nous que d'après les écrits de nos missionnaires. Il ne mérite pas nos dédains et il a droit, sous plus d'un côté, à notre admiration. Le père Huc[1] — qui semble avoir pris à tâche de montrer, dans ses livres, combien les Célestiaux ont de justes motifs de ressentiment contre les façons d'agir et de dire de nos prêtres et de leurs souteneurs — reproche niaisement à ce Code de n'avoir point d'assise religieuse (notre histoire est là pour témoigner des jolis résultats des codes inspirés par la théocratie) et de ne point apprécier le délit d'après la gravité morale qu'il comporte (la morale religieuse ou métaphysique, la plus dangereusement conventionnelle de toutes les morales, n'a que trop donné sa mesure dans la rédaction de nos lois). C'est le plus bel éloge qu'on puisse faire de cette œuvre. La loi, qui doit régir les hommes sans distinction de croyances, est tenue de se placer au delà du cercle étroit des dogmes ; elle n'a pas à se préoccuper d'abstrait et de subjectif, mais à demeurer stable, fixe, dans le concret et l'objectif, en prenant pour base l'utilitarisme, mitigé par la solidarité réciproque. Le Code chinois a peut-être trop laissé de côté cette dernière ou vicié le principe de son application. C'est la faute de l'organisation hiérarchique, qui a créé, à tous les degrés, des responsabilités collectives souvent outrées. Il n'est pas mauvais, jusqu'à un point, que la famille, à laquelle incombe la charge si grave de l'éducation des enfants, soit récompensée pour leurs belles actions et englobée dans le châtiment de leurs crimes ; il est encore meilleur que, dans le cas d'une arrestation illicite, les soldats et les fonctionnaires, auteurs de celle-ci, comme le juge qui l'a provoquée, sur le vu de pièces de conviction trop sommaires ou à la réception de témoignages trop légers, soient punis. Il est regrettable que, par l'exagération du principe autoritaire, générateur du despotisme, tous les citoyens deviennent pres-

1. Voir le chapitre de son *Voyage en Chine*, où il parle de la justice chinoise.

que solidaires des manquements de quelques-uns, soient obligés à la dénonciation dans les circonstances où la sûreté de l'État semble menacée[1] (circonstances élargies au delà de toute mesure et surtout entendues de ce qui inspire une défiance ou une crainte à un monarque ombrageux); que, dans une famille, les membres soient sacrifiés en bloc, pour la trahison ou la rébellion d'un seul[2]. Mais c'est déjà un grand progrès que de proclamer d'utilité commune le fondement des lois. Dans ce sens, le Code devait être précis, délimiter les cas sous des formules nettes, ne laisser aucun doute au défaillant et au juge sur la nature des manquements, ordonner l'application rigoureuse de la lettre et proportionner, aussi exactement que possible, la peine à la faute-nuisance dans le milieu. C'est ce qu'il a cherché à atteindre, et l'on est stupéfait d'entendre le père Huc lui reprocher son défaut de précision, son élasticité, paraissant faits tout exprès pour favoriser les penchants détestables des magistrats... et reconnaître un peu plus loin que la responsabilité des fonctionnaires, à tous les degrés, est une garantie précieuse de la liberté individuelle. L'œuvre est colossale. Elle n'est point évidemment la dernière étape de l'évolution. Elle pèche par nombre d'erreurs et même par l'excès de son logicisme. Elle conserve bien des survivances d'antique

1. Cette obligation de dénoncer a des conséquences funestes. Elle porte les citoyens et surtout les fonctionnaires, autant par zèle que par cupidité, à désigner des coupables plus ou moins avérés, car il y a chance d'acquérir à leurs dépens de gros profits : leur épouse, leurs concubines, leurs fils et leurs filles, seront distribués aux familles des dignitaires méritants, en qualité d'esclaves, leurs valeurs et leurs biens confisqués à l'État. De pareils abus se produisirent chez nous après la révocation de l'édit de Nantes et, sous la Convention, après la promulgation de la loi des suspects, issus du même principe immoral de lois tyranniques.

2. Gialong, maître incontesté de la Cochinchine, s'empressa de relever les tombeaux de ses aïeux, détruits par l'un de ses compétiteurs, Huê ; il fit déterrer et décapiter le cadavre du profanateur et condamna sa fille et trente et un de ses parents au supplice de la mort lente.

barbarie[1]. Elle n'en est pas moins une tentative puissante à enregistrer dans l'histoire de l'humanité. Avec la loi sino-annamite, chacun sait à quoi s'en tenir dans ses rapports avec les divers groupements de la collectivité générale et dans ses rapports plus intimes au sein du groupe familial. Des faits, sous des apparences différentes, en réalité d'égale valeur au point de vue de la nuisance, sont rapprochés ou confondus. L'acte une fois délimité, son interprétation n'est plus modifiable par les conditions particulières qui s'y peuvent rattacher. La peine est mathématiquement mesurée à la faute, et, pas plus que le manquement ne varie dans le fait, elle ne varie dans son application.

Les peines ne sont point cumulées. Pour plusieurs délits ou crimes, on ne prononce pas séparément les peines particulières à chacun, on inflige celle que comporte le manquement le plus fort. Le Code en distingue cinq : le rotin (baguette flexible) et le truong (bâton, bambou fendu dans une partie de sa longueur, afin de diminuer la violence du choc en le décomposant), dont il spécifie le nombre de coups à administrer selon le délit ; le travail pénible avec l'emprisonnement ; l'exil à des distances plus ou moins considérables, et la mort (par strangulation ou décapitation, avec ou sans sursis, par les couteaux ; ce dernier mode réservé, ainsi qu'on l'a vu, aux forfaits les plus graves, aussi appelé le *supplice par la mort lente*, consiste dans le dépeçage, pièce à pièce, d'un vivant). Il faut joindre à ces peines, dans la pratique, l'amende pécuniaire ou en nature, prononcée sous la forme d'une restitution, à l'appréciation du juge, la confiscation des biens du coupable et même de sa famille, prononcée comme supplément de peine en des cas déterminés, et la servitude pénale. Il y a des circonstances où le mari peut vendre, comme esclaves, sa femme ou ses enfants coupables ; le magistrat, les membres de toute une famille, au profit du roi ; pour les fonctionnaires prévaricateurs, il y a la servitude militaire, équivalente à l'envoi, comme simple sol-

1. Et nos codes, en sont-ils exempts?

dat, dans une troupe de frontière[1]. Le législateur s'est pénétré de ce principe, qui a successivement rendu tous les codes des nations civilisées si féroces, sans produire le résultat désiré et attendu, le principe faux et viciant de l'exemple par l'intimidation. Il a voulu une peine fortement sentie par le coupable, afin de lui laisser, empreinte indélébile, le cuisant souvenir de ce que vaut une faute, et, dans les cas les plus graves, un châtiment capable d'épouvanter les spectateurs, de leur inspirer l'horreur du crime en leur montrant l'atrocité des souffrances qu'il attirait sur le criminel. Chez les peuples rudes, à sensibilité obtuse ou émoussée, l'anesthésie relative a pu servir d'excuse à l'usage des peines corporelles excessives. Dans aucune nation, la loi n'a atteint son but ; tout au contraire, elle a accru, dans les catégories les plus susceptibles de manquements, l'insensibilité native, par l'habitude du spectacle de la douleur physique, en même temps qu'elle a éveillé ou développé chez les masses, curieuses et avides d'impressions malsaines, les instincts de la cruauté froide. Ce que sont les exécutions en Annam, je le montrerai plus loin : pour le criminel, ordinairement stoïque, une dernière occasion de défi à ses juges ou de pose vis-à-vis de la galerie ; pour le peuple, le prétexte d'une suspension de travail, la raison d'un rendez-vous, où l'indifférence et la réjouissance impudente se mêlent à égales doses, tout à fait comme à Paris, aux drames de la place de la Roquette. L'évolution juridique a présenté les mêmes phases, chez la plupart des nations, sous la genèse d'idées très similaires, en dépit d'organisations sociales parfois très différentes. Nos vieux codes accusent l'intention de poursuivre le crime et ses auteurs au delà du supplice ; ils frappent jusqu'au cadavre, stigmatisent la mémoire, toujours afin de mieux assurer la prévention de l'attentat, par l'exemple, rayonnant autour de la famille. Il en a été de même en Chine et dans l'Annam ; l'exposition de la tête, après la décapitation, ajoute à la sévérité de la peine, par l'idée de flétrissure qu'elle

1. Forme de pénalité encore observée en Russie.

comporte et qui rejaillit sur la famille ; en certains cas, lorsque le coupable meurt au cours de la procédure, « quoique touché par la justice céleste, la règle humaine du châtiment doit être accomplie jusqu'au bout » sur le cadavre ; en d'autres, la vindicte sociale (celle du despotisme) exige l'exhumation et la dispersion des ossements des ancêtres, le suprême déshonneur pour une famille. Comme le Code admet la graduation des peines, il cherche à tenir compte de l'élément de récidivité dans les délits qui ne méritent pas le dernier supplice ; il prescrit, comme une aggravation immédiate et surtout comme un moyen de l'accroître encore dans l'avenir, si le sujet ne se réforme point, la marque, sous la forme d'un tatouage au bras. La cangue répond à notre ancien pilori, autre façon d'imager devant les foules la théorie de l'exemple.

L'abus d'une application trop rigoureuse d'une loi inflexible a de sérieux inconvénients. Où la justice est exposée à aller trop loin par la lettre, à défaut d'une jurisprudence qui aurait elle-même ses dangers, par la substitution de l'interprétation plus ou moins capricieuse des opinions individuelles à la loi, il est nécessaire de trouver un correctif. Autrefois, chez nous, ce correctif était la lettre de grâce ou de rémission, délivrée par le roi, le juge omnipotent (le droit de grâce est toujours dans les attributions des chefs souverains en Europe). En Chine et en Annam, le monarque peut user du même procédé, mais c'est là une dérivation d'exception. Il y a le sursis, qui, jadis en France, était bien réellement un moyen d'atténuation réservé, déduit des circonstances de l'acte criminel (la loi Bérenger n'a été qu'une reprise plus étendue du principe) ; dans le code sino-annamite, il répond à des cas prévus et a sa place dans l'échelle des pénalités ; il n'est pas laissé à la discrétion des magistrats. Le seul correctif réel, c'est le rachat. Il n'est pas d'heureuse trouvaille. Il consacre l'inégalité dans la répartition des peines et peut devenir un stimulant déplorable à l'avidité des juges. Il reste interdit au pauvre et ne profite qu'au riche. Afin qu'aucune atteinte ne soit portée au principe de la peine invariable, celle-ci est toujours prononcée, mais, en des cas déterminés assez nombreux, elle est déclarée rachetable. Chaque action illicite prévue, ou assimilable, est évaluée à telle ou telle valeur de nuisance; à celle-ci correspond telle ou telle peine afflictive, que le coupable peut éviter aux dépens de sa bourse. Ne pas trop s'exclamer! Chez nous, le miséreux qui n'a pas de quoi payer l'amende a le choix entre une tâche pénible à accomplir sur une grande route ou un certain nombre de journées de prison à supporter. C'est pire que le sort fait au délinquant pauvre chez les Annamites, car, en Orient, dans tout délit ou crime ordinaire, la peine s'épuise sur la personne; afflictive, elle n'est point infamante (sauf en des cas particuliers auxquels j'ai fait allusion), et, chez nous, la prison déshonore le coupable, souvent amendable, et les siens, innocents. Le rachat est compris dans une plus grande latitude, lorsqu'il s'agit de vieillards, de femmes, d'enfants ou d'infirmes, indice de pitoyabilité qui se détache avec quelque relief dans un code aussi froidement rigoureux.

En son adaptation servile du Code chinois, le législateur annamite a trop perdu de vue, malgré quelques intentions de réaction, la différence des caractères entre les deux races. Avec des qualités et des défauts spéciaux, l'Annamite offrait prise à des formes de répression moins atroces et plus efficaces. Très attaché au sol, à la patrie, il redoute l'exil plus que la mort. N'eût-il pas mieux valu étendre cette pénalité de l'éloignement et diminuer d'autant les supplices sanglants ? L'Annamite a très vif le sentiment de l'honneur, c'était mal comprendre les ressources qu'un tel sentiment pouvait engendrer pour l'amélioration des caractères, que de l'émousser par les peines de la baguette et du bâton, comme aussi par l'usage de la cangue [1].

1. Dans notre colonie de la Cochinchine, la cangue n'a été supprimée que depuis le gouvernement de M. Le Myre de Villers. Déjà le rotin et le bâton avaient été interdits aux fonctionnaires indigènes. Voici ce qu'écrivait à ce propos l'éminent traducteur du Code annamite, Philastre. Le rotin et le truong étaient appelés à disparaître. « On peut même dire que ces peines sont actuellement

La justice est rendue à plusieurs degrés. Dans la famille, une assez large part de droits et d'initiative, dans la répression de certains actes, est laissée au mari et au père. Dans la commune, le maire, assisté de notables, juge maintes questions entre ses administrés, prononce sur les contraventions et les plus minces délits. Les délits et les crimes de droit commun vont aux mandarins chargés de l'administration de la province, et, en matière politique, les affaires sont référées aux grands mandarins, les délégués immédiats du prince. Le Code donne les règles des enquêtes et des informations. Les témoignages sont maintenus dans la sincérité par la gravité des peines qu'ils entraînent s'ils sont reconnus faux. Dans les cas où la preuve reste douteuse, et pour contraindre l'accusé aux aveux, le juge ordonne fréquemment la question; ce moyen barbare n'est point consacré par la loi, mais il a pris racine dans la coutume et il est laissé à la discrétion du magistrat; d'ordinaire, celui-ci se contente de recourir à la cadouille, c'est-à-dire au rotin ou au bâton, mais il dispose quelquefois d'autres procédés plus atroces (au Tonkin, on obligeait l'accusé à s'agenouiller sur une planche hérissée de pointes de fer; au Rach-Gia, on m'a montré un arbre séculaire, tout couvert de gros aiguillons, sur le tronc duquel les

un obstacle, une entrave à l'élévation du caractère de la nation et à son relèvement moral... La peine du truong, peine principale ou accessoire, est une barbarie inutile. » Mais leur suppression ne rétablirait pas du jour au lendemain des sentiments qu'elles ont certainement contribué à émousser. La preuve, c'est que si la suppression du truong dans la basse Cochinchine n'a amené aucune difficulté ni aucune critique, celle du rotin a été mal vue. On approuvait l'interdiction du truong, redouté comme très douloureux; on regrettait le rotin, peine certainement humiliante, mais médiocrement afflictive et de courte durée; on l'eût préféré à la prison, peine plus durable et ennuyeuse, même à l'amende, pour les mêmes délits, dans la classe du peuple et parmi les miliciens. Néanmoins, l'œuvre était bonne. Il eût fallu la poursuivre, en amenant la suppression de la peine de mort, avec ses raffinements orientaux, même là où nous n'exerçons qu'une action de protectorat. Mais nous avons à supprimer la guillotine chez nous.

mandarins obligeaient les délinquants trop muets à grimper tout nus, etc.). La justice est rendue dans une salle appropriée, publiquement, mais sans l'assistance, pour l'accusé, d'un conseil ou d'un défenseur. Elle est rapide. Les arrêts, lorsqu'il s'agit de simples peines afflictives, sont exécutés immédiatement, mais les peines capitales sont parfois renvoyées à des époques plus ou moins éloignées pour l'exécution. J'ai déjà dit que la responsabilité très effective des magistrats était établie par le Code. Le principe a sa sauvegarde dans le droit d'appel au souverain, accordé à tout condamné.

CHAPITRE VI.

LA BASSE COCHINCHINE ET LE TONKIN.

La criminalité dans la basse Cochinchine et au Tonkin. – La justice française, ses applications, ses statistiques.

Nous exerçons directement notre autorité dans la basse Cochinchine, où, depuis 1862, nous sommes établis par le droit de conquête, régularisé par un traité de cession; plus indirectement au Tonkin, demeuré pays de protectorat, et où la population, tiraillée entre l'influence de la cour d'Annam et l'influence française, n'a guère bénéficié jusqu'ici de notre occupation.

Dans la basse Cochinchine, tout en laissant aux indigènes leurs coutumes et leurs lois, nous avons pu les assouplir à des habitudes nouvelles, les amener, sinon à une fusion très incompatible avec leur caractère et dont les résultats eussent été mauvais pour nous comme pour eux, du moins à se faire à des contacts exempts de heurtements. Le Code annamite a beaucoup de bon dans plusieurs de ses grandes lignes; nous n'avions pas à chercher à le supprimer ou à l'amoindrir en ses principales applications, mais seulement à l'adapter sur certains points avec nos propres codes, quand l'indigène y pouvait trouver quelque avantage. Toutefois, nous ne devrions pas tolérer diverses pratiques par trop opposées aux exigences d'une civilisation se déclarant supérieure. Nous avons, sur le terrain pénal, abandonné le règlement des menus délits et des infractions aux chefs de villages et de provinces, sous la surveillance et le contrôle de nos administrateurs, interdit l'usage de la cangue, de la fustigation et de la bastonnade, soumis les délits et les crimes communs à nos tribunaux, où ils sont jugés d'après notre Code. L'indigène est libre, d'ailleurs, de réclamer sur toute matière l'application de la loi française, et, naturalisé, il n'est plus distingué de nos nationaux. Dans cette région, autrefois conquise par les Annamites sur les Cambodgiens, les deux éléments ethniques se rencontrent çà et là en présence; mais leurs rivalités ont perdu de leur caractère d'hostilité violente, et leurs compétitions sont devenues pacifiques. Chacun a conservé ses habitudes et ses tendances propres, et il sera intéressant de les rechercher, que les races soient distinctes ou plus ou moins pénétrées par le Chinois, dans les manifestations délictueuses ou criminelles, depuis leur nivellement sous notre régime. La criminalité de la basse Cochinchine est aujourd'hui celle d'un pays régularisé; elle s'est individualisée, si je puis ainsi m'exprimer, mais a gardé des formes en rapport avec le tempérament et les mœurs des populations spéciales.

Au Tonkin, notre influence est plus limitée; notre autorité, réduite encore à s'appuyer sur la force militarienne, n'a pu obtenir les mêmes résultats que dans la Cochinchine. Sauf en deux grands centres, où nous sommes bien chez nous, où l'organisation coloniale est complète, Hanoï et Haïphong, nos relations avec les indigènes sont oscillantes. Nous guerroyons plus que nous n'administrons, et nous administrons par l'intermédiaire des mandarins. Ceux-ci gouvernent occultement, et ils rendent la justice selon les coutumes locales; il est triste d'avoir à dire que nous leur imposons souvent leurs arrêts, et que, dans la plupart des cas où nos résidents et nos chefs militaires prononcent eux-mêmes, ils laissent les exécutions s'accomplir selon les modes barbares du pays. Au Tonkin, deux races vivent côte à côte, jadis ennemies, aujourd'hui réconciliées dans la haine commune contre l'Occidental : le Chinois et l'Annamite; vers l'ouest, elles se trouvent au contact de tribus plus ou moins sauvages qui leur sont plus ou moins hostiles. La criminalité, dans son ensemble, offre un caractère de lutte militarisée, et il n'est pas toujours facile d'y séparer le mobile politique des mobiles ordinaires du pur banditisme; elle est moins individualisée qu'en Cochinchine, et ses formes objectives sont doublées de formes latentes dérivant surtout des vices de l'administration mandarine.

Malgré cette opposition générale, je n'essayerai pas d'exposer d'une façon distincte le tableau du crime-délit et dans l'une et dans l'autre région; car, au fond, les races qui évoluent en basse Cochinchine et au Tonkin, à des degrés différents, ont, dans leurs caractères, des similitudes appelées à rapprocher leurs mobiles dans l'attentat, et à conférer à celui-ci une certaine couleur d'uniformité. La Cochinchine a traversé la phase que traverse actuellement le Tonkin, et ce dernier arrivera peu à peu au stade de la première; les crimes en bandes observés dans l'une l'ont été dans l'autre au début de la conquête, et partout le crime individuel apparaît sous des types identiques, soit dans les milieux d'éléments indigènes, soit dans ses extériorisations hors de tels milieux. Je vais donc étudier, dans leurs manifestations les plus saillantes, — la criminalité des races asiatiques : 1° sous la forme de l'attentat en bandes (devenue rare ou presque inconnue dans la basse Cochinchine, prédominante au Tonkin, où l'état troublé, résultant d'une organisation incomplète au lendemain d'une guerre, la favorise et l'entretient); 2° sous la forme de l'attentat vulgaire commis par des individus isolés ou associés en petit nombre, bien dégagé de tout prétexte de mobile noble; l'une, visant plus particulièrement l'Européen et l'indigène rallié, l'autre indistinctement toutes les catégories de la population; — la criminalité des Européens dans leurs rapports entre eux et avec les Asiatiques. L'analyse des statistiques pénitentiaires et judiciaires complétera les données de l'observation courante.

Depuis des temps reculés (les codes, en de nombreux articles, témoignent de l'antiquité de l'habitude et des préoccupations qu'elle a imposées à l'esprit des magistrats et des représentants les plus immédiats des princes), le banditisme à main armée et par troupes organisées a été le fléau des régions sino-malayennes[1]. Les Malais, hardis marins, ont été, pendant des siècles, de redoutables écumeurs de mer, et il n'est point encore prudent de s'aventurer entre les îles auxquelles ils ont donné leur nom, sans de sérieux moyens de résistance pour les cas de mauvaises rencontres. Les Chinois, sur le littoral des provinces méridionales et des îles avoisinantes, sur les grands fleuves et dans les arroyos, continuent à exercer le métier de détrousseurs de barques et de navires marchands, malgré les croisières des marines européennes; dans leur audace rusante, ils s'attaquent même aux grands steamers des compagnies anglaises[2]. L'Annamite, entre de tels maîtres, ne pouvait échapper à la contagiosité de l'imitation; mais, doué de médiocres aptitudes pour la course en mer, il s'est contenté de se livrer à la piraterie fluviale, qu'il a combinée, sous l'égide chinoise, avec le banditisme sur la terre ferme. En basse Cochinchine, on n'entend plus parler que de loin en loin de petits coups tentés par des poignées d'hommes pour enlever des femmes, des enfants ou des bestiaux. Mais, au Tonkin, la piraterie bat toujours son plein. Les bandes, composées d'Annamites et de Chinois, souvent très fortes, tiennent la campagne dans les massifs montagneux, à proximité des cours d'eau, ou, plus réduites, toujours prêtes à se disloquer et à se reconstituer selon les circonstances, elles stationnent aux embouchures, circulent sur leurs barques au travers des arroyos des deltas. Leur force est moins dans le nombre de leurs contingents actifs que dans celui de leurs auxiliaires latents, intéressés par la cupidité ou par la crainte. Le pirate a pour complices ou associés les gens des villages et quelquefois la population de cantons entiers; les autorités locales ne sont pas les dernières à leur fournir ce dont elles ont besoin, vivres,

1. Il l'est encore en plus d'un pays d'Europe, en Italie, en Grèce, dans la région des Balkans, etc.

2. Un rapport de la police de Hongkong, pour l'année 1890, mentionne la capture, par des pirates chinois, du steamer *Namoa*, de la compagnie de navigation Douglas, et rappelle à ce propos plusieurs autres faits analogues de dates très rapprochées.

munitions, renseignements de toutes sortes[1]. De pareilles habitudes remontent évidemment aux périodes de luttes de races contre races qui ont désolé ces régions. Des guerres de surprises, où le rapt des femmes et des enfants, l'extermination des hommes étaient le but ordinaire, ont forcé les populations à devenir batailleuses, leur ont fait prendre le goût du pillage. A la paix, toujours précaire, les individualités les plus passives revenaient aux professions sédentaires et tranquilles; les autres, en trop grand nombre, les paresseux et les vicieux, tous les enrôlés de la soldatesque, incapables d'autre métier que de tuer, voler, brûler pour le compte de quelqu'un, restaient groupées par affinités d'instincts et de besoins, prenaient la suite des opérations avec un objectif plus particulariste. L'hérédité a maintenu des survivances que l'imitation de l'exemple contribue à renforcer sous le stimulant des jouissances et des lucres faciles, avec le dédain absolu de la vie humaine, et au spectacle des scélératesses impunies, honorées de maints personnages officiels. Au moins, les pirates jouent-ils leur existence dans leurs opérations professionnelles, et ceux-ci, dans leurs méfaits occultes, abritent avec soin la leur.

A toutes les époques, les bandes de pirates ont eu pour noyaux des soldats sans emploi, et ça a été une grande faute, à la charge de l'autorité française au Tonkin, que le brusque licenciement de nombreux miliciens enrôlés sous notre drapeau, instruits au maniement des armes et initiés à notre tactique, habitués à vivre d'une solde régulière, rejetés dans un milieu troublé sans moyens de travail. Ces éléments furent les meilleures recrues des chefs hostiles ou mécontents. Sur la frontière du nord, ils s'associèrent aux bandes d'autres soldats de métier, déserteurs ou subrepticement détachés de l'armée chinoise par le calcul des mandarins célestiaux et d'une cour artificieuse autant que rancunière. Il y eut dès lors des bandes annamites, chinoises et mixtes, suffisamment disciplinées et instruites, que de légers succès enhardirent. Elles ne tardè-

1. Comme en Italie! (Procès de Viterbe, juillet 1893.)

rent pas à faire de gros progrès, à acquérir des commandants habiles, et, bien pourvues d'armes, bien ravitaillées, on les vit s'organiser en vraies forces militaires, donner la preuve de science stratégique et de tactique contre nos troupes, s'appuyer sur des centres solides, dans toutes les occasions déployer de l'habileté, du courage et même un stoïcisme de fanatisme, qui masquait, sous une objectivité politique, des habitudes de vulgaire mise en coupe des villages et des habitations.

Deux résistances, comme l'a très justement écrit Mat-Gioï (A. de Pouvourville[1]), ont constitué « tout l'effort de l'Annamite contre la conquête », l'une extra légale : celle des pirates, « que tout le monde pourchasse, même nos ennemis », et dont il eût été facile de triompher très vite en armant les villages d'une façon réfléchie; l'autre légale, au nom du roi d'Annam, détrôné en 1885 « par la folie ambitieuse du général de Courcy[2] », et contre laquelle il a fallu, il faut encore avoir recours à des opérations régulières.

Il est assez difficile de distinguer entre les associations celles qui combattent surtout par esprit patriotique et méritent le titre de rebelles et les groupements de malfaiteurs qui méritent plutôt le titre de bandits. Si le mobile de la haine de l'étranger existe très réel chez les premiers, il n'est pas absolument

1. *Deux années de lutte*, p. 19.

2. Cet homme, au Tonkin, fut un parfait modèle d'arbitraire et d'autoritarisme étroit; il ne possédait point d'autres qualités que celles du soldat-troupier, peu de chose, en vérité, pour asseoir une conquête. Le souverain détrôné par lui est « ce Hamnghi que nous nourrissons à Alger à ne rien faire, dont le nom seul fait bondir la moitié des cœurs d'Annam, restés fidèles au souvenir du direct descendant de Gialong; sa fin rendrait légitimes à la fois Dongkhanh mort et Thanhtai vivant, éteindrait du coup toute rébellion ». (Mat Gioï, *loc. cit.*, p. 19.) Quelle est en ce moment la direction de notre politique? L'an dernier, on tentait de faire passer pour fou le roi actuel (*Politique coloniale* du 28 octobre 1893) et nos plus avérés ennemis parmi les grands mandarins sont en train de reprendre faveur auprès de l'autorité française! (*Libre parole*, d'avril 1894.)

absent chez les seconds. L'Annamite honnête, réduit aux abois par les rigueurs et les injustices de ses mandarins ou de nos fonctionnaires, ne regarde point de si près dans le choix des bandes dans lesquelles il se jette, sous l'affre du dénuement, la colère des désespérances et l'ardent désir de se venger; puis, presque toujours, sa cupidité s'allume, ses goûts sanguinaires s'attisent et il se comporte comme il voit faire autour de lui. Il se passe au Tonkin ce qui a eu lieu chez nous, au temps de la chouannerie; à leur origine, les partisans agirent en dévoués royalistes et puis, soit par l'habitude des réquisitions et des représailles, qui les initia au vol et à l'assassinat, soit par la nécessité d'ouvrir leurs rangs à tous les vagabonds et tarés des provinces de l'Ouest, qui aidèrent à la transformation de leurs tendances, même sous des chefs très respectables, ils devinrent peu à peu de simples détrousseurs de routes. L'analogie se retrouve presque dans la connexité de certaines causes. Chez les chouans, à côté de la raison politique, il y avait la raison économique; la haine contre les bleus se doublait de rancunes depuis longtemps accumulées contre le fisc, et, au souvenir des duretés des agents des fermes du tabac et du sel, même après le changement des conditions opéré par la République, les fureurs déchaînées croyaient frapper juste en n'accordant aucune pitié à tout ce qui était d'étiquette administrative. Les premiers chouans furent des contrebandiers; plus tard, ils se recrutèrent de nombreux paysans chassés de leurs foyers par la famine ou par de maladroites persécutions; plus tard enfin, de déserteurs, de réfractaires, de criminels professionnels, et l'objectif politique fit place à l'objectif des cupidités individuelles à satisfaire. De même au Tonkin. Il est indéniable que le roi détrôné a conservé des fidèles, mais il est non moins certain que le monopole de l'opium a suscité bien des mécontentements et a donné naissance à une contrebande très active; des famines que nos autorités n'avaient su ni prévenir ni pallier, des exactions qu'elles n'avaient pas davantage empêchées ont multiplié le chiffre des miséreux et des irrités. Toutes ces circonstances ont eu leur influence sur la formation des bandes qui, d'emblée résolues à l'exploitation du milieu par le crime, ou d'abord politiques ou indifférentes, ensuite, à mesure de l'élimination des patriotes et de la pénétration des suspects, plus ou moins pillardes et aventurières, ont, en outre, rencontré un puissant moyen d'action dans l'organisation des sociétés secrètes.

Revenons sur ces diverses causes.

a. — La politique entretient des bandes du côté de la Chine et du côté de l'Annam.

La Chine ne peut nous pardonner de lui avoir enlevé un territoire sur lequel elle estimait posséder des droits historiques et qu'après avoir conquis autrefois par les armes et sa civilisation, elle était en train de reprendre pacifiquement par voie économique. Elle ne cessera point de nous susciter les plus gros embarras, en attendant son heure[1]. Sous l'œil bénévole de ses mandarins, à sa frontière du sud, des chefs et des

1. L'occupation du Tonkin a été la faute la plus monstrueuse de l'opportunisme. Elle nous a coûté déjà énormément de sacrifices en hommes et en argent (l'amiral Réveillère déclarait à la réunion des délégués sénatoriaux, à Châteaulin, le 2 juillet 1893, qu'il tenait d'un général l'affirmation suivante : le Tonkin nous a coûté 400 officiers, 20 000 hommes, 600 millions...), et ce n'est rien à côté de ce que nous réserve l'avenir. Nous ne sommes point là-bas dans les mêmes conditions que l'Angleterre dans l'Inde, environnée de races populeuses, mais très diversifiées, la plupart amollies ou domptées (l'Angleterre est d'ailleurs libre dans ses allures et elle peut consacrer la plus grande partie de ses immenses ressources à l'entretien de sa flotte, formidable instrument de défense coloniale) ; nous (déjà si entravés dans notre essor du côté de l'Europe), nous nous sommes imposés comme voisins à une nation de plus de 300 millions d'hommes, encore pleine de sève, en cours d'organisation militaire très forte, bien décidée à jouer un rôle à la première explosion d'une guerre européenne. Une invasion chinoise nous balayera du Tonkin. Quel que soit l'effort que nous lui opposerons, il sera insuffisant à des distances aussi considérables, et plus il sera énergique, plus il compromettra notre défense sur nos propres frontières, vis-à-vis de l'Allemagne et de ses alliés, sans aucune utilité pour la sauvegarde de notre colonie. Le désastre sera épouvantable. N'est-ce pas ce qu'entrevoit le bon sens populaire, dans sa haine contre Ferry et les gens de la nouvelle école coloniale ?

réguliers chinois pénètrent sur le territoire de notre protectorat, s'y organisent en petits corps d'armée, avec la perspective de se tailler des fiefs sous la vassalité complaisante de l'Empire; ce sont là nos plus redoutables adversaires. Ils rallient à eux, dans la région, tous les indépendants et les contrebandiers et se montrent intraitables. A Pékin, on désavoue toute complicité, mais on encourage toutes les résistances [1].

Moins encore que les Chinois, les Annamites ont à trouver opportun notre intervention. Thuyet (régent au nom du roi détrôné), proscrit et exilé, groupa sous son nom les véritables patriotes, et plus d'un partisan a combattu pour lui avec succès (Bô Giac, Doc Keu, etc.). Ce ne sont point des figures méprisables, bien au contraire. De Keu [2], vieillard habile et très actif, s'est montré « le représentant contre nous de la défense du pays et de l'antique esprit national ». C'était aussi le soutien de tous les opprimés et de tous les ruinés de notre occupation. « Partout où nous allons, et quelque bonne volonté qu'y mettent les chefs, nous laissons, en effet, de regrettables traces de notre passage. Une maison avait-elle été détruite ? Un buffle avait-il disparu ? A peine étions-nous partis que de Keu renvoyait au paysan lésé un buffle ou le prix de sa maison. » Sa fortune (administrée par des hommes de paille) était considérable, et il disposait, en outre, du trésor que lui avait laissé Thuyet, des subsides secrets que lui faisaient passer les plus puissants mandarins. Il était large et prodigue dans l'intérêt de sa cause, il était adoré du peuple, très obéi, d'ailleurs justicier sévère. Il n'opérait jamais par lui-même, ayant à sauvegarder des intérêts supérieurs, mais il dirigeait toutes les expéditions de ses lieutenants d'un lieu bien retranché, où il

1. Nous avons eu affaire, dans le Tuyen-Quang, à l'une de ces bandes, vaillamment commandée par un ancien chef régulier du Quang-Si, Hoang-Thang-Loi, qui avait appelé à lui tous les soldats libérés de son ancienne vice-royauté et s'était créé au Tonkin un vaste territoire indépendant. Il prétendait agir au nom du fils du Ciel, pour la défense des intérêts de la Chine. (Mat-Gioï, *loc. cit.*, p. 26.)

2. Mat-Gioï, *loc. cit.*

vivait très tranquillement. Il avait soin de faire publier « que les Français seuls détruisaient et que ceux qui les imitaient ne méritaient pas d'être les défenseurs du bon droit ».

b. — Les erreurs et les fautes de l'administration du protectorat ont été multiples et elles ont eu souvent de lourdes conséquences.

A toutes les époques, nous avons eu trop de naïve confiance dans le bon vouloir et la conversion politique, l'honnêteté vulgaire du personnel indigène. Les mandarins, par arrière-calcul ou habitude invétérée, ont continué à pressurer les populations et ils ont mis leurs exactions sur le compte de nos résidents, du même coup remplissant leurs coffres et poussant le paysan à la rébellion par désespérance et esprit de vindicte. Les mandarins tonkinois, portés d'instinct à se défier de la cour de Hué, nous présentaient cependant des garanties de fidélité, nous leur avons substitué les éléments traîtreux et détestés du fonctionnarisme annamite, qui ont partout semé les défiances et les haines. Dans les régions frontières, où les populations vivent avec de très anciennes rancunes et contre les Tonkinois et contre les Annamites, nous avons plus maladroitement encore confié l'administration indigène à des lettrés de la race hostile et les tribus semi-indépendantes se sont écartées de nous parce que ces coquins mettaient sur notre compte toutes leurs vilenies.

Mais, sous le régime du favoritisme, avec l'obligation de contenter des appétits qui se gonflent à l'occasion d'un bulletin de vote à déposer, les ministères et le sous-secrétariat d'État aux colonies ont accumulé, dans le personnel français, quantité de sujets aussi dangereux pour notre influence que les fonctionnaires indigènes. Déclassés, rebuts d'écoles ou jeunes gens dépourvus d'expérience, non de vanité, incapables et même quelquefois pires, nous avons constitué avec ces éléments, mélangés à un trop petit nombre d'honnêtes et de dévoués, un stock d'employés et d'administrateurs coloniaux, dont les agissements se font plus particulièrement sentir au Tonkin, pays depuis si longtemps en souffrance par les vices du fonctionnarisme[1]. Avec un pareil personnel se brassent non seulement les affaires louches, qui rejaillissent en désastres financiers sur la métropole, mais surtout se répercutent à l'infini les causes de mécontentement qui entretiennent le trouble dans le protectorat. L'indigène supporte d'abord, mais il méprise, et le mépris finit par engendrer le dédain de l'autorité, puis la révolte. On met alors sur le dos des pirates des

1. Lire l'article de la *Revue bleue* du 7 juin 1890, *le Tonkin* (à propos du livre de Jules Ferry). Veut-on des témoignages plus récents? Écoutons Mat-Gioï, qui a beaucoup vu et bien vu, beaucoup entendu et noté... « Sans parler de certaines promotions hâtives, qui firent crier ceux qui en furent victimes et rire ceux qui en furent les témoins, il y eut des nominations extraordinaires, des exhaussements subits de personnages inconnus à des places qui réclamaient des capacités notoires. C'est ainsi qu'on vit un directeur de pénitencier, sous prétexte qu'il était sorti de l'École polytechnique la même année qu'un très haut personnage de la capitale, devenir d'un coup résident de première classe, grade qu'on n'obtient d'habitude qu'après quinze ou vingt ans de loyaux services aux colonies. C'est ainsi qu'on vit un ex-commis des postes mis à la tête d'une des plus importantes provinces du Tonkin, tandis qu'il n'avait comme seul mérite que son frère, écrivain scandaleux de la capitale; et lorsqu'il eût fallu là un résident d'esprit énergique et d'allure militaire, ce parvenu ne s'y fit distinguer que par son goût pour le farniente et la richesse de sa fumerie d'opium. C'est ainsi qu'un ancien sous-préfet fut bombardé chef de province et se trouva si au-dessous de sa place, qu'éclairé d'une lueur de bon sens il démissionna. Tout cela était fort mauvais, car il ne faut pas qu'il suffise d'être sans le sou en France pour être fait résident, pas plus que le fait d'avoir été notaire malheureux ne devrait donner le droit à être inspecteur de milice. » Choix malheureux, qui entraînent la désobéissance avec le mépris pour leurs supérieurs, dans les basses couches du fonctionnarisme. (*Deux années de lutte*, p. 37-38.) Le *Petit Journal* lui-même, si peu frondeur de l'autorité officielle, ne résiste point à décocher ses critiques. Dans le numéro du 20 mai 1893, à propos d'un échec très inattendu éprouvé à Khône par nos troupes, et attribué à la direction d'un résident encore de choix très discuté, on lit : « La Cochinchine, l'Annam et le Tonkin sont ainsi devenus une pépinière commode de postes lucratifs, bons pour évacuer à une distance raisonnable les solliciteurs inoccupés, les favoris des députés influents, et jusqu'aux chefs de groupes redoutés. »

actes qui ne sont que des représailles désespérées, comme dans l'affaire d'Argence. Ce colon n'avait aucun titre pour imposer ses tyrannies aux indigènes; mais tout Français, là-bas, se considère comme une sorte de mandarin et l'administration ferme les yeux sur les peccadilles des profanes, afin de faire oublier les péchés de ses représentants. Depuis trois ans, notre compatriote était établi sur un versant du mont Bavi, avec sa femme et son fils, âgé d'une douzaine d'années; il ne cessait d'accabler de ses exactions et de ses brutalités les paysans du lieu.

Un jour, on donna avis au commandant du poste le plus voisin que la famille avait été assassinée, la case brûlée. « D'Argence avait été saigné au cou, sa femme avait le crâne brisé et des coups de couteau dans le ventre, l'enfant avait la tête coupée, presque entièrement détachée du tronc ». On attribua le crime à une bande de pirates; il fallut plus tard reconnaître qu'il était dû aux gens de la montagne. Poussés à bout, ils s'étaient vengés de longues souffrances endurées sans mot dire, après des plaintes inécoutées, puis ils avaient abandonné leurs habitations et s'étaient refugiés dans un parti de rebelles (1889)[1].

Naturellement, là où le militaire est très prépondérant, on assiste à d'autres genres de direction. De par la force brutale érigée en système, l'indigène doit se soumettre à tout. Il faut lire, dans les souvenirs d'un homme cependant honnête, alors acteur professionnel, mais observateur bien conscient des iniquités commises autour de lui, comment on se conduisit

1. Une correspondance adressée de Haïphong au *Petit Journal* (numéro du 19 mai 1890), relatant l'assassinat d'un autre colon, M. Remevy, à Phu-Daï, et rappelant celui de M. d'Argence, ajoute une réflexion à enregistrer :

« Un certain nombre de Français, chose triste à dire, s'installent ainsi à l'intérieur, un peu partout, de leur propre autorité, et au lieu d'exploiter le terrain de la pseudo-concession qu'ils se sont, la plupart du temps, octroyée à eux-mêmes, sans l'autorisation de personne, ils exploitent de préférence les indigènes habitant les environs. Les représailles ne doivent alors étonner personne... »

en Cochinchine à l'époque de la conquête[1]. Après le pillage du palais d'été, l'accaparement d'une province contre le gré d'une population, sous le prétexte de mauvais traitements à des missionnaires catholiques, en réalité traités par la cour d'Annam en séditieux coupables! On exige des Annamites qu'ils trahissent leurs frères, on leur arrache des dénonciations par la torture, à coups de cadouille; des gamins encore imberbes, aspirants de marine, commandants de lorchas, font la police des fleuves et des villages, pendent, fusillent à tort et à travers ralliés ou adversaires, comme ils s'imaginent rencontrer des suspects; on rit de leurs méprises! « Pendez, pendez toujours, que ce soient des innocents ou des coupables, nous atteindrons le but, la terreur, » répète le commandant X...[2], et le commandant Z..., sur toute l'étendue d'une province, pille, massacre, brûle, entre deux lectures des héros de Plutarque, en daignant avouer, devant ses victimes abattues, mais non vaincues, que « Confucius a fait des hommes ». Au Tonkin, on a recommencé les mêmes horreurs, qui se continuent loin des grands centres, de par la nécessité fatale des choses[3]. Il faut que le militaire, dont le régime sanglant est la seule raison d'être, ait une perpétuelle dérivation de ses instincts : il soulève par ses excès les populations les plus douces; tant mieux! Il fournit ainsi la preuve de son utilité. La vérité soulève l'aveu de quelques-uns, presque honteux du métier. « J'ai hâte de le dire, et en toute franchise, sans parti pris, naturellement, écrit Mat-Gioï (un officier), bien que

1. *Mers de Chine*, Paris, 1872, par P. Branda (depuis, le contre-amiral Réveillière).

2. Branda, *loc. cit.*, p. 117.

3. Le capitaine R...,sur le soupçon qu'il a devant lui des pirates, n'hésite pas à faire fusiller les mariniers annamites de douze embarcations arrêtées à son poste. Les pauvres diables avaient été requis pour le service de l'administration française. (Feuilles de mai 1889.) A Cho-Bo, les soldats indigènes de la garde muong sont odieusement traités, ils servent de tout, même de femmes, « volontairement ou par force », à leurs chefs européens. (Mat-Gioï, *loc. cit.*, p. 75, 76.)

je sois plus habitué au sabre du soldat qu'à la plume de l'administrateur, c'est aujourd'hui à des moyens politiques et presque toujours pacifiques que nous devons recourir, tandis que l'œuvre de force répressive doit n'être qu'une exception, destinée à servir d'exemple remarquable et terrible[1]. »

L'administrateur civil joue lui-même au soldat ou dépasse en violence le militaire. L'un comme l'autre ont, dans les révoltes réelles ou fictives dont la répression les met en relief, l'occasion d'un avancement ou d'une distinction honorifique[2]. Les têtes coupées ne profitent pas plus à la pacification que les cadavres troués de balles. Les victimes, au contraire, font renaître les haines plus intensives; martyres elles deviennent, et grâce à leur sang les germes de résistance fructifient. Entre les autorités civile et militaire, les rivalités sont d'ailleurs favorables aux tentatives des bandes; elles contribuent à inspirer à l'indigène le mépris de nos représentants, le doute sur notre force, le désir de briser les entraves, et, en rendant les opérations incohérentes, amènent des échecs ou des demi-succès, qui sont autant d'encouragements pour les dissidents, rebelles ou vulgaires criminels.

c. — On sait quelle importance l'*opium* a acquise dans les milieux de civilisation chinoise. La drogue est devenue un besoin, comme chez nous le tabac. Jadis le commerce en était libre, la denrée plus accessible à tous. Aujourd'hui, il y a monopole, sans doute très profitable pour le fisc et l'adjudicataire, mais très onéreux pour le consommateur. De là de nouveaux griefs contre nous, savamment exploités par les mandarins; multiplication des contrebandiers, dans tous les pays très proches auxiliaires des bandits, car ils joignent au mobile de la cupidité l'idée bien arrêtée de ne reculer devant aucun obstacle pour arriver à leurs fins convoiteuses, au Tonkin et en Annam, recrues admirablement préparées pour le renfor-

1. Mat-Gioï, *loc. cit.*, p. 31.

2. « Surtout pas de révoltes, disait M. Le Myre de Villers aux administrateurs placés sous ses ordres en basse Cochinchine, ou vous en serez les éditeurs responsables ».

cement des associations les plus détestables, aussitôt que le métier chôme. La contrebande de l'opium réunit contre nous les éléments ethniques les plus disparates, Laotiens, Méos, Chinois, Annamites, etc. Les indigènes prétendent bouillir, vendre et fumer comme bon leur semble l'opium qu'ils récoltent, et la lutte qu'ils ont commencée sous cette raison de liberté, ils la continuent plus dangereusement sous la raison du lucre. C'est peut-être aller trop loin que d'affirmer qu'au fond de la question de la piraterie il y a surtout une question d'opium ; mais nul doute que l'une ne se relie à l'autre dans une assez large mesure [1].

d. — Combien de fois nous nous sommes rencontrés, au Tonkin, en face de gens qui ne se battaient ni par caprice ou tendance scélérate, ni par crainte d'un chef, mais bien « pour leur pain de chaque jour », perdu ou compromis depuis la suppression du libre commerce de l'opium (Mat-Gioï[2]). Voilà un des côtés de la misère, recrutant pour les pirates, en étroite

1. « Le concessionnaire, qui nous paye une redevance d'environ 3 millions, vend un opium très mauvais, clair comme du sirop d'orgeat, alors que le bon opium se présente sous la forme d'une pâte brune très aromatique, et il le fait payer 210 francs le kilogramme, tandis que, de l'autre côté de la frontière, on trouve d'excellent opium chinois à 25 francs. On conçoit dès lors les bénéfices des pirates qui font la contrebande de l'opium. Le jour où le commerce serait libre, les marchands se multiplieraient, feraient leur police eux-mêmes, et les pirates abandonneraient un métier plus difficile et moins lucratif. Ajoutons que les agents de la ferme de l'opium, investis de pouvoirs auprès desquels ceux de nos agents des contributions indirectes sont une plaisanterie, commettent des exactions scandaleuses, perquisitionnent, saisissent, détruisant même mobiliers et maisons, sous prétexte de chercher de l'opium de contrebande. » (*XIX*e *siècle* du 31 janvier 1893.) On prétend que sur la frontière du nord, la contrebande de l'opium chinois a cessé depuis que la ferme livre l'opium annamite a aussi bas prix. Cela est-il bien sûr? Ailleurs, il ne semble pas que la ferme ait réussi à diminuer le nombre des hostiles. Au mois de février dernier, à Vinh, la douane française a été saccagée, le dépôt d'opium entièrement pillé.

2. Mat-Gioï, *loc. cit.*, p. 171.

connexion avec la cause du monopole. Un autre nous apparaît au cours des famines estivales, qui, presque périodiquement, sévissent sur la colonie. La faim pousse à l'attentat les plus débonnaires, et c'est une remarque depuis longtemps faite au Tonkin et dans l'Inde, qu'avec les disettes les voleurs de grands chemins et les écumeurs de rivières augmentent en nombre comme en audace[1]. Une grosse part de responsabilité incombe encore à l'administration sur ce point. Elle ne s'est pas assez préoccupée de régulariser le régime des eaux, d'assurer l'exact entretien des digues[2], afin de prévenir les effets désastreux des inondations sur d'immenses étendues de territoires cultivés en rizières ; elle a bien créé des magasins de réserve, mais à la charge des chefs indigènes, qui pourvoient mal à leur remplissage ou gaspillent les provisions. Le riz assuré au cultivateur, c'est la tranquillité dans les centres agricoles. Travailleur et industrieux, content du moindre gain s'il lui donne la nourriture quotidienne, point plaignant sans motifs sérieux, tout prêt à se jeter d'un métier dans un autre en cas de chômage dans le premier, le paysan annamite est, selon l'expression de Mat-Gioï, « un administré de tout repos ». Au moins faut-il qu'il ait de quoi manger, et si l'on ne s'arrange pour lui garantir un tel minimum, il n'y a plus à s'étonner de voir les paisibles et les apathiques transformés en révoltés.

e. — Viennent ensuite les mêmes causes banales qui, dans tous les milieux, civilisés ou barbares, sont les stimulants ordinaires de l'attentat, et que nous verrons tout à l'heure en jeu dans les opérations des bandes le plus éloignées de l'objectivité politique.

f. — Les associations sont toujours fortifiées par la tendance naturelle à la solidarité dans les entreprises, de forme et de but quelconques, qu'on observe chez les Chinois, à un moin-

1. Mat-Gioï, *loc. cit.*

2. Toutes choses infiniment plus urgentes que la création de lignes ferrées, souvent inutiles, mais surtout profitables aux agioteurs de la finance métropolitaine.

dre degré chez les Annamites. L'esprit d'union, de soutien mutuel, qui entretient parmi les Célestiaux une vigoureuse organisation corporative, les porte à des associations plus générales, occultes, jouant un rôle considérable dans leurs relations intrinsèques et extrinsèques. Il existe parmi eux une franc-maçonnerie politique qui, dans l'ombre, mine sourdement la dynastie tartare, une intruse, et s'efforce de combattre l'invasion du barbare d'Europe, en attisant de toutes les manières les vieux préjugés et les vieux levains de la haine populaire contre ses représentants les plus remuants, les missionnaires chrétiens. Il n'est pas impossible que, malgré les trop justes défiances que la race conserve vis-à-vis de l'Occidental, les loges admettent des affiliés de nationalités diverses, unis par le même sentiment de passion contre le prêtre catholique (Dr Bataille[1]); mais il est peu probable qu'elles se soucient des doctrines d'humanitarisme cosmopolite, tant prônées (et d'ailleurs si peu appliquées) par leurs congénère d'Europe. De cette franc-maçonnerie émanent des ramifications sur nos territoires, où elle recrute peu d'Annamites, mais relie un grand nombre de Chinois, tenus par elle en perpétuel éveil et, à un moment donné, à l'instigation de cer-

1. J'ai déjà dit quelques mots sur ce sujet, mais il est nécessaire d'y revenir en cette place. Les agissements des missionnaires, jésuites et autres, ne motivent que trop souvent les ressentiments des Chinois. Ces fanatiques, presque toujours doublés de rapaces, accaparent les biens, quémandent sans répit dans le monde de leurs convertis, au grand détriment des familles. Sous le prétexte d'apporter une religion supérieure, ils tournent en dérision tout ce que le peuple est habitué à respecter, jusqu'au culte des ancêtres. Ils ont l'audace de vanter leurs prétendues panacées en bafouant une organisation sociale sous maints rapports meilleure que la nôtre, et ils sont toujours prêts à faire appel aux canons de leurs excellents élèves... de la marine, à ourdir des interventions sanglantes, à propos des désagréments qu'ils s'attirent. Les récents massacres sont le prélude d'une tentative d'affranchissement. Je ne crois pas qu'un observateur au courant des choses et de bonne foi puisse blâmer le Célestial de vouloir être maître chez lui.

tains chefs dissimulés, capables d'une action nettement concentrée vers un objectif donné, notre massacre ou notre expulsion. A côté de cette grande maçonnerie, il en existe une petite, celle-là tout à fait l'analogue de la *camorra* et de la *maffia* italiennes, c'est-à-dire ayant pour but l'exploitation des milieux normaux par les procédés criminels; elle se recrute parmi tous les éléments que la débauche, la fainéantise, le déclassement, les habitudes du méfait rendent le plus propres à l'exécution de la tâche, tantôt active sous les formes de l'attentat direct contre les personnes et les propriétés, tantôt passive sous les formes du recel; elle ne rejette aucune race, et, au Tonkin, comprend nombre d'Annamites et de Chinois, mêlés à l'occasion de Laotiens, d'aventuriers européens et de déserteurs français. Toutefois, je n'oserais affirmer que les diverses bandes, malgré certains signes d'affiliation entre leurs membres, relevassent d'une manière catégorique d'une direction commune organisée; il est plus probable qu'elles conservent entre elles une entière indépendance, en même temps que des relations pour un appui mutuel, d'après les survivances d'antiques coutumes, peut-être dérivées des associations secrètes politiques.

L'objectif, la nature et les modes des opérations que les bandes, dites de *pirates*, tentent d'exécuter ou exécutent, varient moins qu'on ne le supposerait *a priori*, d'après les causes génératrices de leurs formations spéciales. Je l'ai déjà donné à entendre. C'est une conséquence ordinaire des conditions hasardeuses ou forcées du recrutement, pour celles dont les mobiles avoués se prévalent des plus nobles intentions. Les chefs politiques sont (à part un très petit nombre) tout à fait impuissants à se renfermer dans l'action militaire ; ils ne peuvent exiger l'abnégation de troupes en majeure partie retenues par l'appât du pillage, et d'ailleurs l'extrême difficulté des ravitaillements les oblige à tolérer ou même à ordonner des réquisitions, que les hommes convertissent en déprédations. Pourtant, entre les deux pirateries, pour employer l'expression consacrée, il y a des différences.

L'une, celle qui se déclare légale, avec des allures très militarisées, des masses compactes, une organisation régulière, reçoit sa direction de chefs bien réellement politiques. Elle a ses centres, véritables camps retranchés[1], d'où elle rayonne plus ou moins loin sur le pays environnant. Elle vise très particulièrement nos postes, s'attaque à nos troupes dans leurs positions ou en rase campagne, adaptant ses procédés aux circonstances, ne reculant point, à l'occasion, devant le combat à découvert, mais usant, de préférence, de l'embuscade et de la surprise rusante, mieux dans les habitudes asiatiques[2]. Ce ne sont point là des opérations de vulgaires malfaiteurs. Mais il

1. Il a fallu une colonne expéditionnaire sous les ordres du général Voiron pour emporter les forts de De-Nnam, dans le Yen-Thé. D'après une correspondance adressée au journal *le Matin* (numéro du 9 mai 1892), il y avait là d'énormes approvisionnements en vivres, munitions et armes. Les fortifications étaient formidables. L'ouvrage principal « a une enceinte de plus d'un kilomètre de côté, entourée de ravins profonds, au centre même de la forêt. Les ouvrages avancés sont protégés eux-mêmes, sur une distance de 200 à 300 mètres, par des fossés recouverts de branchages et garnis de bambous taillés en pointe et durcis au feu. La construction des ouvrages élevés par les rebelles, pendant la dernière huitaine, a dû demander une main-d'œuvre colossale et, de l'avis de tous, la construction des ouvrages actuels a dû exiger le travail d'une province entière pendant près de deux ans. Pour donner une idée de ces positions, nous dirons que la hauteur des parapets, tous casematés, du premier fossé, est de 7 mètres, et que, de place en place, ils sont flanqués de bastions casematés à trois et même quatre étages de feux... »

2. Ces habitudes, nous les avons aussi révélées à la guerre. La surprise du poste de Binh-Phu rappelle exactement l'un des faits d'armes les plus admirés de notre Duguesclin. « Une cinquantaine de congaïs (filles) et de bagia (marchandes), chargées de patates, de légumes de toutes sortes, avaient pris place au marché. Pendant les deux ou trois premières heures, elles se livrèrent à leur commerce; puis, insensiblement, se rapprochèrent du poste; l'une d'elles essaya de plaisanter avec un linh-lé de sentinelle, caressant son fusil... puis tout à coup saisit l'arme, pendant que les prétendues marchandes, qui n'étaient autres que des pirates parfaitement déguisés, s'élançaient dans le poste, revolver au poing. En un clin

faut s'entretenir et l'on n'a pas toujours des secours opportuns ou suffisants venus de la Chine ou de l'Annam ; puis, il faut aussi *égayer* le soldat[1]. Alors, sous prétexte de réclamer au paysan les sacrifices exigés par la bonne cause, on envahit ses champs et ses villages, on exécute des razzias sur ses provisions de riz et ses buffles, et, s'il oublie de se montrer docile, on incendie sa cagna (case), on le tue ou on l'emmène pour l'incorporer dans quelque troupe ou l'employer comme coolie-porteur ; s'il est notable, pour servir d'otage. Avec certains chefs, on a les coudées plus larges : tout ce qui n'est pas de complicité avérée avec la bande est *a priori* suspect et traité comme tel ; dans les occasions, on vole, on viole, on torture ; on regarde cela comme de *bonne* guerre (que dire de la mauvaise !)[2]. Naturellement, les miliciens et les soldats français, sauf de très rares circonstances, sont assurés d'une mort atroce, heureux s'ils en sont quittes pour la décapitation en plusieurs temps au coupe-coupe (sabre court). Les exécutions se font dans une heure de loisir, elles sont une distraction

d'œil, sept fusils à piston et cinq carabines Gras étaient enlevés... Pourtant, grâce au sang-froid du caï (sergent), l'attaque fut repoussée. (*Petit Journal*, 28 mai 1889.) Soyons francs : l'amiral Courbet, faisant pénétrer ses navires dans la rivière Min, à la faveur de conditions qu'il savait déjà presque rompues, et sans lesquelles il eût été incapable de se frayer un passage, se comportait à la façon asiatique ; il ne pouvait pas plus nier, dans sa conscience, la duplicité, que les diplomates appliqués à le retenir en dehors de la rivière, jusqu'au moment propice... pour l'anéantir avec certitude.

1. « Egayez-vous, les gars ! » criaient les chefs de chouans à leurs hommes, à l'instant où les bleus fléchissaient. Cela voulait dire : « Allez-y de tout cœur, à l'arme blanche, baïonnette, fourche, couteau. Saignez et massacrez ! » Et les bleus de rendre aux blancs la pareille, à la première revanche.

2. Les marchands qu'on rencontre sont surtout d'excellentes aubaines. En mai 1889, 60 pirates de la bande de Doch-Tich, montés sur des sampans, arrêtaient, au sortir du Wau-Chan, trois barques affrétées par des marchands chinois ; ils y recueillaient pour plus de 2 000 dollars de marchandises... et une congaï mariée à un Chinois, fort réputée pour sa beauté et sa vertu farouche.

savoureuse pour les bourreaux[1] ; les choses ne vont un peu vite que dans les cas où l'on est contraint à une retraite précipitée[2].

L'autre piraterie, celle du banditisme professionnel, procède par troupes plus fragmentées, plus mobiles. Elle a ses repaires admirablement choisis : sur terre, au sommet ou sur le flanc escarpé de quelque massif abrupt, hérissé de broussailles, protégé par des bois et des marais ; sur l'eau, au fond de criques dissimulées, au détour d'arroyos peu accessibles à nos chaloupes. Le pirate se tient là, blotti ; il ne sort « que pour faire un coup heureux, profiter d'un hasard, d'un défaut de surveillance ; il marche avec célérité, silencieusement, se dérobe et disparaît. Ce n'est pas un redoutable, c'est un insaisissable ; l'imprévu de son attaque en constitue le seul danger. Il ne saurait nous résister ; s'il est surpris, il est battu ». (Mat-Gioï[3].) Mais la difficulté est de le surprendre. Il se garde au moyen d'éclaireurs vigilants et patients, qui, durant des heures, une journée entière, restent juchés dans les arbres ou enfoncés jusqu'au cou dans la fange des marais ; on ne les aperçoit pas, et ils découvrent au loin la moindre troupe de police en campagne ; leur opposer des vedettes, selon les règles de la théorie, c'est envoyer des hommes à une mort certaine. On n'atteint les bandes qu'en achetant le secret de leur retraite à

1. Lire les *Souvenirs d'un torpilleur*, publiés par Dick de Lonlay dans *le Figaro* (novembre 1883).

2. Il ne faudrait pas toutefois trop généraliser ni ajouter créance à ce qu'on raconte de la cruauté des bandes de *vrais* rebelles, sans vérification ni contrôle. La mutilation du commandant Rivière, emmené vivant après la défaite de sa petite troupe (défaite dont sa mémoire doit porter toute la responsabilité), serait une légende à mettre de côté. Mat-Gioï dit tenir d'un ancien Pavillon-Noir, témoin oculaire, « que le commandant Rivière fut fait prisonnier à Phu-Hoaï, ainsi que son ordonnance, par le chef Ba-Thuong, qui désirait en avoir rançon ». L'ordonnance ayant brûlé la cervelle à ce chef, d'un coup de revolver, pour fuir, le commandant Rivière fut alors décapité sur l'ordre du Ongtan, le fameux Lun-vinh-phuoc, qui était présent. (*Loc. cit.*, p. 210.)

3. Mat-Gioï, *loc. cit.*, 204, 215.

des espions[1] et en se dirigeant droit sur elles, en bloc, sans souci de leurs éclaireurs, inutiles aussitôt qu'ils ont été devancés. (Mat-Gioï.) Ces bandes sont formées de tous les aventuriers et mauvais sujets de la région, des voleurs de métier ; elles sont capables de quelque courage, quand elles se sentent trop engagées, mais elles ne s'appliquent qu'aux opérations fructueuses et sans risques. Elles se parent, aux époques troublées, du prétexte politique ; mais elles pillent indifféremment partout où il y a butin à ramasser ; elles exercent cyniquement toutes les branches du crime lucratif. Leurs efforts, qui portent sur les villages inoffensifs et désarmés, sur les petits groupes de voyageurs et les individus isolés de nationalités quelconques, témoignent de la nature de leurs opérations. Celles-ci — en laissant de côté les menus délits — peuvent se ranger sous quatre titres principaux :

1° Le pillage à main armée des villages ouverts. On y enlève du riz, du choun-choun, des bestiaux ; on prend aux habitants leurs meilleurs vêtements, et, si l'on soupçonne qu'ils ont caché de l'argent ou des bijoux, on les soumet à d'ingé-

1. Les dénonciateurs courent des dangers, soit qu'ils restent sous le coup des vengeances des pirates échappés, tôt ou tard ramenés par le métier dans le cercle de leurs précédentes opérations, soit qu'un hasard les mette en face d'une de leurs victimes acculée. En juin 1893, on venait de disperser la bande du chef Tây; lui avait réussi à fuir; il s'était jeté dans une mare, emportant son fusil Quelque temps après, il était découvert sur les indications d'un enfant. Avant de succomber, il put tourner sa rage contre ce dernier et l'étendit raide mort de la décharge de son arme.

On a expérimenté l'emploi des chiens pour la chasse aux pirates. Un capitaine a obtenu des résultats « heureux » avec des chiens muongs de forte taille. Pour les dresser, « il les a fait attacher, et, à l'attache, les a fait frapper plusieurs fois par jour par des coolies annamites, tandis qu'il prenait bien soin de leur faire donner à manger par des légionnaires ou des tirailleurs. Aussi, après quinze jours de ce régime, les chiens rendus à la liberté éventaient un Annamite à une distance considérable et se mettaient à aboyer avec fureur à son approche ». (*XIXe Siècle*, 15 août 1890.)

nieuses tortures, jusqu'à ce qu'ils aient livré leurs économies ou leurs trésors.

2° Le détroussement et l'assassinat des voyageurs, particulièrement des marchands, que l'occasion ou des renseignements sûrs ont fait rencontrer bien à point. Les bons coups sont ordinairement préparés à l'avance, grâce aux affiliés disséminés dans les villes, qui donnent avis du départ et de l'itinéraire des gens accompagnés de gros bagages, et ils sont concertés entre plusieurs petites bandes, si les chances de succès l'exigent. Les pirates déploient alors toutes leurs qualités rusantes ; ils partagent entre eux scrupuleusement ce qu'ils ont pris, la part du lion abandonnée aux chefs, et tout ce qui n'est pas d'utilité immédiate ou prochaine, aisé à garder chez soi ou à cacher, est au plus tôt vendu ; les buffles sont cédés à vil prix à des paysans, en des lieux éloignés du théâtre de l'action ; les matières précieuses encombrantes ou révélatrices livrées à des receleurs, qui les expédient sur la Chine ou les transforment en lingots.

3° L'enlèvement des personnes de marque ou riches, dans le but de leur extorquer, par menaces ou tortures, une forte rançon. On connaît l'enlèvement des frères Roques (1890) ; il fut attribué à une bande de soi-disant rebelles ; mais, en ces aventures, il est bien difficile de distinguer l'adversaire politique du vulgaire antisocial[1]. En juillet 1892, c'était le tour de M. Vezin, sous-entrepreneur des travaux du chemin de fer de

1. D'après une correspondance de Haï-Phong, adressée au *Petit Journal* numéro du 19 mai 1890), l'enlèvement des frères Roques, fort habilement combiné, aurait été l'œuvre d'une association de bandes chinoises, agissant en quelque sorte commercialement dans toute la région du Luc-Ham. Ces bandes, sous la direction du chef Lun-Ky, operent isolément pour se procurer du butin. « Ce butin acquis, les petites bandes se réunissent toutes à Dio-Gia, centre de leur association commerciale, et de là expédient sur la Chine, en caravanes, par des routes à elles connues, le fruit de leur brigandage, qu'elles échangent contre des marchandises de contrebande, opium, armes, munitions, d'un placement toujours facile au Tonkin. »

Langson; en juillet 1893, presque sur les mêmes lieux, celui de M. Roty, employé d'une maison industrielle d'Hanoï, puis, un peu plus tard, de MM. Bouyer et Humbert Fritz, entrepreneur et surveillant de travaux publics. MM. Roques et Vezin eurent la chance de s'en tirer la vie sauve, au prix d'une énorme somme versée pour leur rachat, et, au moment où j'écris ces lignes, on annonce comme prochaine la libération des autres capturés. Mais les choses ne se terminent pas toujours de la sorte. Il y a des prisonniers qui réussissent à s'échapper; c'est le très petit nombre[1]. D'autres, pour lesquels, à plus ou moins grand'peine, la famille parvient à amasser une rançon. D'autres enfin, dont l'avarice essaye de fermer la bourse, dont les familles tergiversent pour obtenir une réduction de payement, dont les ressources aussi sont médiocres. Malheur à ceux de ces catégories. Comme en France, il n'y a guère longtemps, se comportaient les chauffeurs, de sinistre mémoire, les pirates agissent en Indo-Chine. Ils ont recours à la torture pour arracher à leurs prisonniers la promesse d'un rachat et leur extorquer des rançons formidables; ils sont maîtres dans l'art d'infliger à leurs victimes des souffrances inouïes et prolongées, ils s'entendent à tous les raffinements de la cruauté. Un ancien administrateur m'a raconté qu'il s'empara un jour d'une jonque, montée par des pirates chinois; il découvrit sous le pont, attaché au mât, râlant, le corps sanglant, un malheureux Annamite, auquel, depuis cinq jours, les misérables s'amusaient à arracher des lanières de peau et de chair vive, parce qu'il n'avait point voulu découvrir où il avait caché de l'argent.

4° L'enlèvement des femmes et des enfants, denrée très recherchée à la Chine et du meilleur écoulement[2]. On l'exécute isolément ou par râfles. Les femmes sont destinées aux mai-

1. En mars 1893, le tri-huen ou sous-préfet de Hun-Luong, capturé trois mois auparavant, parvenait à s'évader du repaire où on le retenait, juste au moment où sa famille allait payer pour lui une somme de 1 000 piastres.

2. Voir plus haut.

sons de prostitution[1], les enfants réservés pour la castration, afin d'être à même de servir d'eunuques auprès des concubines de quelque haut mandarin, ou de mieux remplir un rôle de débauche sur les bateaux de fleurs ou dans les établissements spéciaux fréquentés par les libertins blasés[2]. Des entrepositaires se chargent de recevoir cette espèce de marchandise et de la débiter sur les lieux où le cours est le plus profitable ; chaque tête est payée aux capteurs (prix moyen) un fusil avec une ceinture de cartouches, ou deux fusils, ou 25 à 30 piastres. Ce genre de commerce est très répandu, même dans les ports de Chine. Il est de répression malaisée, car il est pratiqué par des gens fort adroits. Les femmes sont souvent attirées par surprise en des maisons dont elles ne se défient pas, entraînées à bord de jonques sous des prétextes divers, et là elles sont plongées dans l'hébétude, après avoir accepté du riz, des chiques de bétel, du thé, où l'on a mêlé une poudre stupéfiante ; elles sont maintenues dans cet état pendant la première période de leur captivité[3]. A Hong-Kong, les Anglais ne sont point parvenus à empêcher le rapt et la vente des filles ; la loi qu'ils ont faite est audacieusement tournée par un semblant d'adoption, et elle ne sert qu'à ratifier des contrats immoraux (Bouinais[4]). Au Tonkin, l'état de guerre, l'insuffisance des postes de police, la connivence de quelques mandarins intéressés à toutes les vilenies ou par cupidité, ou dans l'intention de rejeter sur nous les responsabilités, rendent les opérations moins aléatoires. Plus n'est besoin d'avoir recours à des procédés

1. Elles sont aussi recherchées en des provinces où le sexe est rare, très réduit par rapport à la population masculine.

2. Moracbe, article Chine, *Dictionnaire encyclopédique des sciences médicales*.

3. Déposition d'une servante. *Excursions et Reconnaissances*, n° 7 (Saïgon).

4. *Le Protectorat au Tonkin*, *Revue maritime et coloniale*, février 1885. « *The Straits Times* du 6 mars 1880 contient de curieuses révélations à cet égard. On peut aussi consulter un discours du *chief-justice* de la même époque. On compte 10 000 enfants adoptés à Hong-Kong, dont 9 000 du sexe féminin. »

détournés et gênants; on se livre à des battues en règle et l'on a des troupeaux humains à céder contre un prix suffisamment rémunérateur. Les rapports, les lettres particulières, les extraits de journaux sont remplis de documents sur le sujet. En septembre 1892, le lieutenant Laurent attaque une bande qui venait de piller le village de Cot-Dong et d'y voler des femmes; le capitaine Bourgey arrive à temps pour seconder ses efforts et délivrer une quarantaine de prisonnières. A la même époque, deux femmes annamites, évadées d'entre les mains du chef pirate Ba-Ky et réfugiées à Cho-Moï, déclaraient avoir vu, pendant leur séjour forcé de trois ans parmi ces malandrins, sept à huit cents femmes ramassées dans les villages frontières et vendues aux Chinois. Au mois de juin 1892, à Van-Haï, une autre bande enlevait cent vingt-six femmes; il fallut, pour les reprendre, bloquer l'île de la Table, où les pirates s'étaient retranchés.

Il serait puéril de prétendre à l'anéantissement rapide et définitif de toutes ces bandes, dont l'industrie répond à des habitudes séculaires. On peut enrayer leurs progrès, atténuer le rayonnement de l'exemple en détruisant les plus dangereuses, non toujours sans de lourds sacrifices en des régions si bien disposées pour la pratique du banditisme. On n'arrivera à éteindre le fléau que par une lente et graduelle réforme des mœurs; en prévenant les sollicitations de la misère, chez nombre d'oscillants, par une administration économique bien adaptée aux conditions topographiques du pays; en amenant les paysans à repousser tout compromis avec leurs exploiteurs et en les assurant d'une protection efficace par un bon choix des fonctionnaires indigènes; en évitant de multiplier les désœuvrés, les vagabonds et les aventuriers, par des levées impondérées de miliciens, suivies de licenciements non moins impondérés; par-dessus tout, en mettant à la tête des provinces des résidents français instruits et expérimentés, reconnus soucieux de leurs fonctions, justes envers chacun, pitoyables aux pauvres et sévères aux mauvais, fermes, vigilants... et civils.

J'arrive au crime-délit individualisé, commis sur des personnes isolées ou à leur détriment par un seul malfaiteur ou par une association très réduite, ordinairement occasionnelle et éphémère, de malfaiteurs. L'attentat, toujours vulgaire de forme, est souvent de mobile non banal. Il relève, en plus d'un cas, des causes politiques. C'est bien à ces dernières qu'il convient de rattacher certains crimes d'empoisonnement et d'assassinat relevés depuis notre occupation. En 1889, à Hué, du poison était administré par une main inconnue au roi Dong-Khang, soumis au protectorat ; quelques semaines auparavant, pareille tentative avait été consommée sur la personne de son beau-père, vice-roi du Tonkin. Plusieurs de nos résidents sont tombés malades après leur passage à Hué, et le bruit public attribua au poison la mort de Paul Bert et de Philippini, comme aussi la grave indisposition de M. de Lanessan, à la suite de son voyage auprès de la cour annamite[1]. Si l'on met en cause tel ou tel haut mandarin, c'est que depuis longtemps l'opinion est faite sur les hommes de la caste ; on les sait nos ennemis, et si on leur prête à tort quelquefois d'avoir aidé à la disparition de personnages embarrassants, il est rare qu'on se trompe sur leurs intentions occultes. En d'autres circonstances, le fanatisme patriotique, stimulé ou non par la promesse de récompenses, suscite des assassins contre nos fonctionnaires ; un meurtre, hardiment exécuté, peut devenir le signal d'une conflagration, on y songe, on se tient prêt à agir, et l'on arme un bras dont on n'a pas à redouter les défaillances. Le coup part de quelque société secrète ou bien d'affiliés à quelque cénacle de partisans fidèles aux princes ou aux mandarins disgraciés. Dans la nuit du 4 au 5 mars 1891, vers trois heures du matin, à Hong-Yen, le vice-résident Sestier « est éveillé par un léger bruit partant de l'un des coins de sa chambre; il aperçoit un homme, la tête soigneusement enveloppée et armé d'un coupe-coupe. D'un bond, il se précipite sur lui en appelant du secours et peut heureusement esquiver

1. *La Bretagne*, 1er juillet 1892.

un coup de l'arme terrible que l'indigène avait entre les mains. Comme toujours, le meurtrier s'échappe et la milice accourt. On cherche partout sans retrouver la moindre trace de l'assassin; les sentinelles sont à leurs postes; personne n'a rien vu, rien entendu. Plusieurs indigènes devaient pourtant faire partie de ce complot, puisque les bureaux, qui se trouvent au rez-de-chaussée, avaient été parcourus et que les boîtes à cachets, seules, avaient été enlevées... (on les découvrit, peu de temps après, dans le jardin, et le cachet de la résidence fut aperçu, placé d'une façon très ostensible, sous une table du bureau, où l'on supposa qu'il avait été rapporté après l'avortement du complot, par l'un des plantons affilié). Il s'agissait bien d'un complot qui eût éclaté dans la population, si on lui avait montré la tête du résident au bout d'une pique [1]... » La haine politique et le patriotisme inspirent sans doute nombre d'attentats moins nettement objectivés ou même demeurant tout à fait latents. Mais ces sentiments, s'ils sont purs de vil alliage chez le peuple, sont ordinairement entachés, chez les lettrés, du regret de ne pouvoir commettre, dans une aussi large mesure qu'autrefois, les oppressions et les exactions d'où ils s'enrichissaient. Par là, le crime politique se relie au crime ordinaire. Celui-ci se répartit entre les Chinois et les Annamites principalement; mais toutes les autres races y participent, chacune apportant son tempérament propre dans sa préparation et son exécution. La sexualité ne paraît pas être son instigateur habituel et ses déchaînements, lorsqu'ils se manifestent, sont d'ordinaire en simple rapport de contingence fortuite avec des mobiles de cupidité [2]. Le vol, sous toutes ses formes,

1. *La Lanterne*, 21 mai 1891.

2. Pourtant, voici un crime atroce, qui aurait été le résultat de la jalousie et de la vengeance d'un mari trompé. En juillet 1893, on découvrait sur la berge du fleuve Rouge, à Hung-Yen, un petit radeau de bambous sur lequel étaient cloués par les mains et par les pieds, tout nus, la bouche obstruée par une espèce de poix et une couture des lèvres, les corps inanimés d'un homme et d'une femme indigènes; on avait placé entre eux des aliments qu'ils ne pouvaient atteindre; ils avaient été condamnés à mourir de

accompagné ou non de l'homicide volontaire, souvent avec préméditation et guet-apens, pour le faciliter, est l'attentat le plus fréquent. Le Chinois et l'Hindou[1] ont des manières à eux de prélever des impôts illicites sur la propriété d'autrui : le premier a recours au faux dans les écritures commerciales, le second à l'usure dans le prêt ou le change ; tous deux sont des rusés qui préfèrent les moyens d'en-dessous aux violents. Le Célestial, néanmoins, ne répugne pas à l'emploi des procédés sanglants, s'il espère arriver par eux à ses fins sans courir de risques. Le Cambodgien, presque exclusivement adonné aux travaux de l'agriculture, dans la basse Cochinchine, se livre au vol des bestiaux et des denrées. Le Malais, ici et là, se distinguerait plutôt par la facilité avec laquelle il se laisse aller aux rixes, et, dans ces rixes, à donner de mauvais coups. L'Annamite est le sujet de la criminalité variée; dans l'un et dans l'autre sexe, il se montre audacieux autant qu'astucieux, et rien ne l'épouvante pour l'exécution d'un dessein une fois ourdi pour satisfaire ses convoitises ; il ne craint même pas de s'attaquer au Français, fonctionnaire ou non, car le prestige du vainqueur se ternit singulièrement aux yeux du conquis, qui l'aide à contenter ses vices les plus dégradants. Un

faim. C'étaient l'amant et la maîtresse. Une grande pancarte énonçait leur adultère et la sentence exécutée par l'époux, resté d'ailleurs inconnu. Je rapprocherai de ce fait le suivant, qui a donné lieu à un très intéressant rapport médico-légal de M. le docteur P. Dubois (Saïgon, 1893). Un médecin annamite, voulant se venger des infidélités d'une maîtresse, eut l'infernale idée de profiter de son demi-sommeil, à l'heure de sa sieste, pour lui introduire dans le vagin un morceau de bois taillé à la façon d'un membre viril, et pourvu d'une couronne de tiges de fer, dont l'extrémité libre, très acérée, devait, après l'introduction, se porter contre les parois du conduit, et, grâce à sa direction vers la vulve, s'y enfoncer au moindre effort d'extraction. Effroyables, comme on doit le penser, furent les délabrements relevés chez la malheureuse femme.

1. Des Hindous, pour la plupart venus de Pondichéry, sont établis dans les principaux centres de la Cochinchine, notamment à Saïgon.

exemple tragique, dont j'emprunte le récit au *Figaro*[1]. En mars 1882, on découvrait à Saigon un horrible assassinat : au cœur de la ville, dans la rue la plus fréquentée, le directeur des contributions directes, M. B..., avait été frappé, chez lui, sur sa chaise longue, peu de temps après son repas du soir ; il portait au cou, aux mains, à la poitrine, des blessures profondes. « Le couteau de cuisine qui avait servi à perpétrer le crime était là, sur une table, encore tout ensanglanté ; dans l'intérieur des appartements, les portes des armoires avaient été enfoncées, on avait ouvert et fouillé les tiroirs, des vols considérables avaient été commis. » L'instruction de l'affaire, très mal conduite, demeura sans résultat pendant près de six semaines. On se perdit en soupçons sur maints individus, même sur des fonctionnaires français, et puis sur des Chinois, alors que, dans les circonstances du crime révélées par la simple inspection des lieux, tout indiquait un coupable annamite. Celui-ci fut dénoncé par son beau-frère, stimulé par l'appât d'une prime de 2000 piastres promise à celui qui livrerait l'assassin. On a l'homme accusé d'avoir porté les coups de couteau. « Mais était-il seul, et quel était le mobile du crime ? Avant tout, nous dirons, à l'instar d'un juge légendaire : *Où est la femme ?* Cherchons la femme, non pas celle de l'Annamite, mais celle de M. B... Ce dernier était, dit-on, protestant ; mais s'il était réformé en religion, il était loin de l'être dans ses mœurs, s'il faut en croire les histoires scandaleuses racontées sur son compte par les habitants d'un certain village situé non loin de Saigon. Il vivait fort retiré, ne recevait personne, de sorte qu'on ignorait généralement ce qui se passait chez lui, et quelle était la situation de ses affaires personnelles. Une jeune fille de dix-sept ans avait ses entrées dans son domicile depuis quelque temps. Elle arrivait le soir, pendant le dîner, et passait les nuits à l'enregistrement. Elle connaissait toutes les dispositions de l'intérieur et savait que, dans telle armoire,

1. Je le compléterai par quelques détails inédits, que je tiens d'un médecin présent à Saigon au moment du crime.

il y avait des pièces d'or françaises et une bonne quantité de billets de banque de l'Indo-Chine. Un complot fut donc formé par cette fille, poussée par sa mère, femme fort cupide et désireuse de s'enrichir. Elle s'adjoignit deux hommes et mit dans sa confidence le cocher d'une voiture de place. Tout ce cortège arrivait au domicile de M. B... le soir du dimanche... Il était encore trop tôt ; mais, connaissant les détours du logis, la fille trouva facilement un coin sûr pour remiser son monde. Trois fois, elle monta au deuxième étage avant de trouver l'occasion favorable. Enfin, le dîner terminé, le boy chinois (serviteur de l'Européen) se retira et descendit se promener en ville, ne se doutant nullement du drame qui allait se passer dans la chambre de son maître. Ce dernier, revêtu d'un costume fort léger, alla s'étendre, selon son habitude, sur sa chaise longue ; c'est là que l'attendait sa compagne. Pendant qu'elle est près de lui, elle donne le signal convenu et l'assassin se précipite pour exécuter sa consigne. Il frappe au cou, puis à la bouche, pour empêcher sans doute tout cri, toute parole ; la mâchoire inférieure était entièrement abattue. Le crime consommé, on ouvrit les armoires et les assassins prirent tout ce qui faisait l'objet de leur convoitise. Garnis d'un riche butin, ils descendirent bien discrètement les escaliers et retournèrent à la voiture, qui les reconduisit promptement à leur domicile... » Détail atroce en son ignominie ! La fille occupait érotiquement sa victime, bien en face d'elle,... comment dirai-je ?... en agenouillée fin de siècle, initiée à une forme de débauche très courante depuis l'importation de notre civilisation. L'assassin s'avança doucement, pieds nus, par derrière, et, d'un rapide mouvement de couteau, essaya de trancher le cou, en labourant les chairs des régions antéro-latérales (égorgement), mais avec moins de sûreté que de violence en ses premières atteintes, d'où la section de la bouche et de la mâchoire[1]. Depuis l'occupation de la Cochinchine, on n'avait

1. L'auteur du récit du *Figaro* a bien mis en saillance le rôle *a priori* inattendu de la femme dans le crime, et il ajoute très judicieusement : « En lisant ce qui précède, on sera peut-être

jamais entendu parler d'un attentat pareil sur la personne d'un Européen, d'un fonctionnaire, en pleine ville de haute résidence administrative et peuplée de Français. A onze années de distance, il s'en accomplissait un autre, plus audacieux encore. Sur le champ de courses de Travinh, devant plusieurs milliers de spectateurs, un Annamite s'avance tranquillement un fusil sur l'épaule, suivi d'un boy qui portait une cartouchière; il s'arrête devant le mirador où plusieurs fonctionnaires français, assistés d'employés annamites, se tenaient pour le pointage, s'adresse à l'un d'eux, M. Jabouin, en l'appelant par son titre: « procureur », et lui décharge dans la poitrine les deux coups de

étonné de voir une jeune fille jouer un rôle aussi important dans cette Cochinchine civilisée par la France et gratifiée depuis trois ans du précieux régime civil. Il faut que tout le monde sache quelle influence néfaste la prostituée exerce sur le Français qui s'abandonne à elle, tant le sens moral s'affaiblit d'une manière notable dans notre colonie de l'Extrême Orient. Depuis les premiers temps de la conquête, les administrateurs qui ont admis publiquement dans leur domicile une concubine indigène, sous le prétexte de mieux apprendre la langue annamite, se sont laissés dominer par elle dans le règlement d'une foule d'affaires de la plus haute importance. Une de ces filles s'était procuré le cachet de l'administrateur, et délivrait des reçus aux maires et chefs de canton qui lui versaient l'impôt. Elle en avait déjà estampillé pour une somme de 150 000 francs quand on s'en aperçut... Elle fut mise en jugement et détenue à la prison centrale. Franchement, était-elle la seule coupable ? Une autre s'était associée secrètement avec un dignitaire annamite du chef-lieu pour affermer à leur profit les jeux dans plusieurs localités de l'arrondissement. Et cette énormité a duré plusieurs années; l'administrateur ne l'a connue qu'au retour d'un voyage en France, pendant lequel le successeur avait découvert le pot aux roses... » Tous ces abus n'ont point disparu. Au cours de l'année 1893, trois magistrats, ayant congaïs annamites, furent convaincus de les avoir employées pour trafiquer de la justice dans le milieu indigène; l'un d'eux aurait ainsi extorqué plus de 200 000 francs en quatre ans. Ils en ont été quittes... pour une simple démission forcée! C'est à cette histoire que *la Libre Parole* (a demi renseignée) a fait allusion dans son numéro du 13 avril. Dans ces sortes d'aventures, le boy joue souvent un rôle identique à celui de la fille.

son arme. Cela fait, il se laisse arrêter sans mot dire. Cet Annamite était, d'après les feuilles locales officieuses, un fort détestable sujet. Mais est-il admissible qu'il ait été de sang-froid exécuter son crime sur la personne d'un magistrat, sans quelque motif ignoré ou qu'on a eu intérêt à tenir le plus secret possible ? (Mai, 1893.) [1]

Ce qu'on vient de lire laisse l'impression que, dans la criminalité annamite, l'Européen intervient d'une manière indirecte, comme le provocateur inconscient d'appétits ou de sentiments dangereux à éveiller. Il a, dans la criminalité indigène, un rôle plus direct, mais occulte, qu'on retrouve souligné par divers actes dont l'arbitraire administratif essaye vainement de transformer la nature, dans ses rapports avec les éléments de sa propre race, et, par éclats, il s'abandonne à des attentats objectivés aussi graves que ceux des Asiatiques.

Les jalousies et les compétitions de races se manifestent partout où celles-ci se retrouvent en présence et nulle part avec plus d'âpreté qu'aux pays semi-colonisés, où chacun prétend faire fructifier ses intérêts égoïstes, sans se soucier de ceux d'autrui.

Au Tonkin, comme ailleurs, des étrangers sont traités par nous sur un pied d'égalité avec nos nationaux; ils nous en

1. L'assassin, Nguyen-Van-Chanh, ancien interprète indigène, d'une instruction supérieure, élevé en Cochinchine par la mission catholique et envoyé par elle en France pour y terminer ses études à Versailles, aurait agi par « haine contre la justice », un ami de M. Jabouin ayant séduit ou cherché à séduire une maîtresse dont il était fort jaloux. Cette maîtresse était sa propre fille ! L'assassin était un fumeur d'opium invétéré. Sa vie n'avait été qu'un tissu de fourberies, de concussions et de crimes déguisés à force d'habileté. Le physique répondait au moral. L'homme avait « la face simiesque, très intelligente pourtant, la mâchoire développée, les pommettes saillantes, les yeux petits et brillants, le regard fuyant, des lèvres épaisses, toujours contractées par un sourire mauvais, les mains déformées et crochues ». Condamné à mort, Nguyen-Van-Chanh a été exécuté à Travinh en janvier dernier. (*Dépêche* de Brest, 7 mars 1894.)

récompensent par l'espionnage au profit de nos adversaires, par des calomnies perfides dans la presse européenne; si la haine ne les pousse dans les rangs de nos ennemis armés, associée à la cupidité, elle les porte à les approvisionner de tout ce qui leur manque pour combattre nos soldats. Et, déplorable constatation, la débauche, le jeu, des griefs plus ou moins justifiés contre tel ou tel personnage de l'armée ou de l'administration civile, entraînent quelques-uns de nos compatriotes dans le même rôle scélérat, rendu plus vil de par la communauté d'origine avec les éléments contre lesquels ils agissent.

A côté du négociant suédois Oberg, condamné pour contrebande d'armes (Haïphong, 1890), il faudrait placer jusqu'à certain officier municipal, tout récemment accusé, et sur de fortes bases, du même genre de commerce, sans parler des déserteurs de toutes armes, qui, de temps à autre, passent chez les pirates et ne se montrent pas les moins féroces contre les prisonniers de leur ancien uniforme.

Les mêmes abominations que l'industrialisme et le capitalisme — avec la complicité de la politique — engendrent dans la métropole, se déploient cyniquement au delà des mers. Au Tonkin, en Cochinchine, achèvent de se brasser les tripotages les plus éhontés, bravant l'opinion, assurés toujours de l'impunité, de par la complaisance intéressée des puissants du jour. Le pauvre Jacques Bonhomme, à la peau blanche, jaune ou noire, n'est-il pas le taillable à la merci des heureux de la coterie triomphante? Le dépouiller tout vif, ce n'est point voler ; à lui de suer l'or et l'argent qu'empocheront les coquins de la finance et de l'agiot, ceux de la grande politique coloniale et extra-coloniale. Là où le sol est sillonné de cours d'eau navigables, on imagine des voies ferrées, dont on prévoit d'avance l'inutilité, mais qui serviront de prétexte à de gros versements, tout aussitôt partagés entre quelques habiles. Là où de telles voies sont nécessaires, on en adjuge l'exécution non pas aux plus honnêtes et aux plus aptes, mais aux plus dévoués à ménager des intérêts louches, au détriment de la bourse des actionnaires naïfs ou des contribuables[1]. Sur ces faits et sur beaucoup d'autres, les magistrats se taisent. Eux-mêmes ont à se défendre de forfaiture et de concussion quelquefois. S'ils donnent signe de vie, c'est pour stigmatiser de menus délinquants ou pour trancher des questions très suspectes selon leurs petites rancunes individuelles. J'ai connu, là-bas, certain procureur, protégé de Schœlcher, qui, pour plaire au vénérable, lança ses foudres contre une sœur de la Sainte-Enfance, coupable d'avoir administré le fouet à l'une de ses petites pensionnaires; il prononça un foudroyant réquisitoire contre ces femmes, « cachant dans l'ombre du cloître et sous le manteau religieux les instincts pervers et cruels, etc. », et il arracha à des juges de même école une condamnation excessive. Au sortir de l'audience, où il s'était pavané aux applaudissements des fidèles de la loge, le farceur adressait au directeur de l'intérieur une lettre des plus plates, où il déclarait avoir pitié d'une brave religieuse, certainement punie au-delà de ce qu'il aurait désiré, être l'ami de ces saintes filles, etc. *J'ai lu cette lettre* et, depuis, je me suis expliqué à moi-même bien des choses jusqu'alors un peu confusément entrevues dans mon esprit. Chez les militaires — autre confrérie d'hommes impeccables — on assiste à d'aussi extraordinaires contradictions. Un conseil de guerre condamne à plusieurs années de prison un officier d'administration qui avait détourné 2 000 ou 3 000 piastres (novembre 1890) et un sous-officier qui avait supprimé des lettres. Mais un général ose souffrir que, pour arriver à la connaissance de certain officier, soupçonné d'écrire, dans une feuille du protectorat (Hanoï), des articles désagréables à sa vanité, un capitaine, son aide de camp, se fasse le complice d'un interprète annamite, pour la dérobation de papiers sur le bureau du rédacteur du journal[2]!

Singulier milieu que ce monde d'Européens jetés, sous des

1. Voir Masson, *le Juif dans la marine*, Paris, 1892; *Libre Parole*, 1893, Révélations sur le chemin de fer de Langson, les Scandales de Saïgon, etc.

2. Voir Mat-Gioï (Albert de Pouvourville), *Un point d'histoire coloniale*, brochure, chez Savine, 1892.

étiquettes diversifiées, dans un mélange de Chinois et d'Annamites, civils en quête d'aventures, déclassés transformés en fonctionnaires par le favoritisme, fonctionnaires de vieille souche transformés en néo-mandarins au contact des indigènes, militaires de tous costumes et de toutes grandeurs, persuadés, du plus petit au plus élevé, qu'ils sont en terre conquise où leur caprice doit être obéi. A Hanoï, à Saïgon, la chronique orale et la chronique écrite nous initient sans doute aux mêmes choses qu'elles découvrent chez nous. Leur fonds se compose « de récits d'adultères, d'assassinats, d'exécutions capitales, de représentations théâtrales, de rixes, de fêtes de bienfaisance (ostentatoire)... », voire aussi de duels et de suicides[1]. Mais ce tourbillonnement a là-bas quelque chose de plus irréglé, de factice et d'inquiétant. On sent, sous l'apparence de la vie normale essorée, une société à part, troublante. Cette vie, « ce sont les militaires et les fonctionnaires qui l'ont créée et qui la maintiennent; ce sont eux qui alimentent les boutiques et les industries, et qui les alimentent deux fois plus qu'un consommateur ordinaire, parce qu'ils consomment sans produire ce dont ils ont besoin. On pense que la population qui n'est ni soldat ni fonctionnaire est un peu mêlée. Dans les pays neufs, c'est un mal inévitable; il n'est pas cependant aussi grave qu'on le croit. Il y a, chez certaines épaves de notre société, un esprit d'initiative et d'aventure qu'on ne trouve pas chez nos commerçants de France. Ce sont ces épaves qui nous ont acquis et nous ont peuplé nos colonies. » Très bien! Mais à quel prix de criminalité? Le chroniqueur le laisse deviner sans y chercher malice ou critique. L'indigène compte pour très peu de chose aux yeux de ces éléments aristocrates de par le droit du fort. Le militaire surtout a des façons très nettes de marquer son omnipotence. Un soir, vers neuf heures, rentrant chez moi dans la rue Catinat (la principale artère de Saïgon), mon attention fut attirée vers le débouché d'une rue de traverse par des cris stridents mêlés à de gros jurons; je

1. Chronique de *la République Française* du 23 mars 1890

vais au bruit ; je me trouve en face de deux robustes gaillards que je reconnais pour des artilleurs malgré leur essai de travestissement, et d'un cocher chinois ; celui-ci geignait et implorait, réclamant, à mon intervention, le prix d'une course ; les militaires (en sortie de contrebande, ainsi que je l'appris le lendemain) lui avaient offert en payement une volée de coups de poing. Le civil imite le militaire. Voici, dans *l'Avenir du Tonkin,* un fait divers qui a sa saveur. « Un sieur H... entre dans un débit de boissons tenu par un Chinois, se déclare mal servi par celui-ci et lui décharge, en guise de payement, un coup de revolver[1]... » Cette brutalité de mœurs se fortifie au spectacle des horreurs de la guerre et des exécutions publiques, très multipliées (elles sont une distraction pour les Européens comme pour les indigènes, bien plutôt qu'un exemple salutaire pour les mauvais). L'existence se mène à grandes guides. Ceux qui n'ont rien veulent jouir autant que ceux qui ont beaucoup ; le jeu, après les œuvres inavouables, est pour ceux-là un moyen de ressources, comme pour ceux-ci un complément de plaisir bien secouant. On boit à flots de l'absinthe, des amers, des bières alcoolisées, et l'on achève de s'énerver dans la débauche. On a dressé la femme à de nouveaux vices, tout en prenant les siens à l'Annamite et au Chinois. On fume l'opium et l'on goûte du boy ! Que de facteurs de criminalité intensive ! On a même l'assassinat par le mâle pour la possession d'un autre mâle. P. Chateaugay a écrit un livre sur les amours exotiques[2]. Je ne l'ai point lu, mais je doute qu'il révèle davantage que ce petit alinéa d'une correspondance de Haïphong[3] : « Un Français, un nommé Jacquin, vient d'être condamné à mort à Hanoï ! C'est le premier justiciable de l'institution des cours d'assises au Tonkin. Le crime est vulgaire... ici ! Jacquin a tué un de ses compatriotes, parce que, comme l'héroïne d'*Antony*, il lui avait résisté. »

1. *République Française*, 23 mars 1890.
2. *Scènes de la vie de Cochinchine.*
3. *Figaro*, 11 septembre 1889.

L'organisation judiciaire, en basse Cochinchine, a suivi les progrès de la colonisation. Elle a commencé à être fixée par décret du 25 juillet 1864, qui, pour les Européens, promulgua, sous la réserve de certaines modifications nécessaires, les Codes civil, de commerce, d'instruction criminelle et pénal, institua un tribunal de première instance et une cour supérieure à Saïgon ; des tribunaux indigènes furent établis dans les arrondissements pour juger les affaires des Asiatiques, et confiés aux administrateurs-résidents, qui cumulaient les fonctions des anciens mandarins et jugèrent d'après le Code de Gia-Long, amoindri pourtant des prescriptions trop en désaccord avec notre civilisation.

En 1871, un administrateur fut spécialement chargé de la justice dans chaque résidence. Le décret du 25 mai 1881 opéra une transformation plus radicale, en supprimant les tribunaux indigènes, en créant des tribunaux réguliers de divers degrés, dans les arrondissements et au chef-lieu, et les fonctions judiciaires furent définitivement confiées aux magistrats ordinaires. Néanmoins, la loi annamite continue à régler les rapports des indigènes entre eux, sauf pour ceux qui réclament l'application des lois françaises. Depuis 1864, les indigènes tombaient, d'ailleurs, sous le coup de notre Code et de notre juridiction pour tout crime-délit commis par eux contre les Européens. D'autres décrets sont intervenus, qui, sans apporter de grands changements, ont étendu ou complété les juridictions. Le dernier, du 17 juin 1889, « a eu pour but d'assurer d'une façon plus efficace et plus prompte l'administration de la justice civile et la répression des délits; il a créé, dans presque tous les arrondissements de la colonie, des tribunaux de première instance, composés d'un juge président et d'un procureur de la République... Des cours criminelles siègent à Saïgon, Mytho et Vinh-Long, tous les trois mois, et, au chef-lieu, une chambre de la cour d'appel est chargée des affaires indigènes. Le même décret a codifié en un seul texte toutes les dispositions concernant l'organisation judiciaire de la Cochinchine et la procédure devant les différentes juridictions[1] ». — Au Tonkin, les mandarins ont gardé toutes leurs attributions administratives et judiciaires. L'indigène continue à être soumis à ses lois et à ses coutumes. Mais il a été créé, pour les Européens, une juridiction spéciale, à l'image des tribunaux de la Cochinchine ; un tribunal de première instance existe à Hanoï, un autre à Haïphong, et des assises se tiennent dans la première ville. Les appels ont lieu à la cour supérieure de Saïgon. Les Français ont le bénéfice de la loi française en quelque point du territoire du protectorat qu'ils résident. Conformément au traité du 6 juin 1884, les Chinois habitant le Tonkin sont devenus justiciables des tribunaux français (depuis 1890). Au Cambodge, les choses sont organisées d'une manière analogue. Il y a un tribunal de première instance à Pnom-Peuh.

On ne peut étudier la criminalité d'après des chiffres suffisamment précis qu'avec les relevés de l'administration judiciaire française. Malheureusement, les statistiques n'existent, avec quelque régularité, que pour la basse Cochinchine, et là comme en des colonies depuis plus longtemps organisées, elles laissent beaucoup à désirer. J'aurai recours à des relevés de plusieurs sortes, dans l'essai que je vais tenter de l'analyse du crime-délit dans la région indo-chinoise, d'après les documents officiels. Je tâcherai de remédier à leur défaut d'uniformité ou à leurs lacunes, en les présentant de la façon la plus propre à donner une idée de la fréquence absolue et relative des principales formes de l'attentat et de l'attentat en général, dans les diverses catégories ethniques.

La statistique des tribunaux indigènes, antérieure à 1881, est loin de répondre à la véritable criminalité asiatique. Elle permet seulement d'apprécier les rapports quantitatifs que conservent entre elles les formes les plus intensives de l'attentat, telles qu'elles ont été déférées aux magistrats français chargés de la justice indigène. Le total de huit années (1874-1881) serait ainsi décomposé, d'après Lorion[2] :

1. *Notices*, 1889, t. III, p. 37-38.
2. *Loc. cit.*

Meurtres	54
Assassinats	88
Empoisonnements	14
Blessures et coups graves	163
Viols et attentats à la pudeur sur adultes	25
— sur enfants (au-dessous de douze ans).	4
Adultère et fornication	57
Infanticides	2
Enlèvements de mineurs	2
Excitation à la débauche	4
Séquestration de personnes	31
Enlèvement de personnes pour les vendre comme esclaves	16
	460
Crimes contre les propriétés (1882-1885)	374

Ces chiffres sont fort au-dessous de la réalité. Il n'est pas admissible qu'à une époque de transition les manquements se réduisent à une aussi faible proportion, dans une population de 1 million et demi d'habitants; un grand nombre restent inconnus ou, grâce à la mauvaise volonté des chefs indigènes, ne viennent pas à nos tribunaux. On ne peut, d'ailleurs, évaluer, d'après cette statistique, la criminalité comparée des groupes ethniques, car la population de chacun de ces groupes est mal déterminée.

Vers la fin de cette période et au cours de la suivante on a réuni des documents plus rigoureux. On peut distinguer, dans une mesure assez nette, la part qui revient aux différentes races, d'après l'analyse des statistiques particulières et des relevés des arrestations policières.

A. *Détenus du pénitencier de Poulo-Condore* (basse Cochinchine), 1880 :

	Population.	Détenus.	Proportion de détenus pour 10 000 habitants de chaque groupe ethnique.
Annamites	1 366 139	665	4,8
Chinois	58 500	83	14,1
Cambodgiens	110 698	21	1,0
Indiens	888	3	33,3
	1 536 225	772	Moyenne. 5,0

Les motifs de la condamnation (nature du crime) sont ainsi répartis chez les 772 détenus :

		Annamites.	Chinois.	Cambodgiens.	Indiens.	Totaux.
Attentats contre les personnes.	Coups et blessures, homicides	13	11	2	»	26
	Meurtres, assassinats, complicité et tentatives	36	9	8	»	53
	Emploi de drogues stupéfiantes, empoisonnements	13	»	»	»	13
	Enlèvement, vente, séquestration de personnes	16	1	»	»	17
	Piraterie	36	3	»	»	39
	Viols et attentats à la pudeur	5	»	»	»	5
	Calomnie	9	2	1	»	12
		128	26	11	»	165
Attentats contre les propriétés.	Extorsion, abus de confiance, escroquerie	10	4	»	2	16
	Faux (en brevets, en papiers ordinaires)	7	1	»	»	8
	Emission de fausse monnaie	5	3	»	»	8
	Vols et recels d'objets volés	455	44	7	1	507
	Incendie	4	1	»	»	5
		481	53	7	3	542
Divers	Sorcellerie	1	»	»	»	1
	Vagabondage	3	»	»	»	3
	Rébellion, trahison, détournement de l'impôt, exactions, attentats divers d'ordre administratif et politique	54	4	3	»	61
	Total général	665	83	21	3	772[1]

Ce tableau découvre : — *sous le rapport quantitatif* (proportion des condamnés aux chiffres des populations spéciales), une prédominance de la criminalité chez deux éléments étrangers (immigrés), les Hindous et les Chinois ; l'attentat est de beaucoup plus accentué chez les Hindous, race pourrie, aux aptitudes délictueuses déjà très marquées dans leur propre pays, et nécessairement plus développées encore hors de celui-ci, par les occasions de conflits qu'ils rencontrent dans un milieu nouveau, pour eux tout d'exploitation ; il reste à distance de ce qu'on l'observe chez les précédents, mais très au-

1. Sur ces 772 détenus, 293 ont été condamnés par les tribunaux français et 479 par les tribunaux indigènes.

dessus de ce qu'il est chez les indigènes, parmi les Chinois, relativement assouplis, en foyer de civilisation et d'habitudes presque leurs, mais, avec la conviction d'une supériorité propre et le dédain des autres, très portés à se conduire sans gêne ni scrupule. La catégorie renferme d'ailleurs nombre d'aventuriers tournant à mal, en dépit du soutien des congrégations; peu de condamnés chez les Cambodgiens, race paisible, facile à contenter, apathique; proportion relativement médiocre chez les Annamites.— *Sous le rapport qualitatif* (nature des crimes), chez le Chinois et l'Annamite, par vieilles survivances et esprit de race, mais principalement chez le dernier, l'attentat de forme intensive, souvent spécialisée, mais avec prédominance des mobiles cupides, dénotée par celle des crimes contre la propriété; l'Hindou, être convoiteux, mais lâche et rusant, se livre seulement à des attentats contre la propriété par les procédés d'en dessous; le Cambodgien, doux, un peu sournois, a des réactions violentes et brutales, qu'il traduit par sa criminalité contre les personnes.

a. — Détenus du pénitencier de Poulo-Condore (basse Cochinchine), 1889.

Le tableau est mieux décomposé que son précédent de 1880. Il repose sur une situation à peu près équivalente si l'on néglige l'élément tonkinois, introduit sous la raison politique). Les proportions vraies de la criminalité sont mieux déduites des chiffres de populations du sexe qui fournit exclusivement au pénitencier. Du reste, dans l'ensemble, le résultat s'affirme à peu près le même qu'auparavant (quant à l'ordre de fréquence et d'intensité de l'attentat selon les races) : notable prédominance de la criminalité chez l'Hindou, moindre chez le Chinois; les deux races indigènes fournissent le moins de condamnés, par rapport à leur population ressortissante; le chiffre reste plus fort chez le Cambodgien que chez l'Annamite.

	Population.		
	Hommes.	Femmes.	Totaux.
Annamites	550 269	578 123	1 660 601
Chinois	48 803	3 997	56 988
Cambodgiens	49 614	54 286	136 910
Tonkinois	»	»	»
Indiens (dits Malabars)	190	31	270
	648 876	636 437	1 285 313

	Détenus.		
		Proportion des détenus pour 10 000 habitants.	
	Nombre des détenus.	de la population masculine.	de la population totale.
Annamites	662	12,0	3,8
Chinois	89	18,0	15,5
Cambodgiens	65	13,1	4,7
Tonkinois	370	»	»
Indiens (dits Malabars)	3	157,8	107,0
	1 189	12,6 (Moyenne.)	6,3 (Moyenne.)

Observations. — On a laissé de côté les éléments de population qui ne sont pas mentionnés comme ayant fourni au pénitencier (Tagals, Malais, etc.)

Il ne reste plus que deux détenus provenant des anciens tribunaux indigènes; les autres se décomposent ainsi :

Provenant des tribunaux français ordinaires		913
—	des conseils de guerre	123
Internés par mesure administrative		151

La répartition de la criminalité, d'après la forme et la nature des attentats, accuse l'évolution décennale et la transformation des mœurs. Certains attentats disparaissent (emploi des drogues stupéfiantes, sorcellerie), aussi certains attentats d'ordre administratif (tels que l'exaction); d'autres se dessinent, qui tombent plus nettement sous l'application de notre Code (infanticide), ou résultent de circonstances particulières au Tonkin (rébellions, complots, excitations à la guerre civile, etc.). L'attentat se montre plus violent chez l'Hindou.

		Annamites.	Chinois.	Cambodgiens.	Indiens.	Tonkinois.	Totaux.
Attentats contre les personnes.	Coups et blessures, homicides......	59	4	1	1	19	84
	Meurtres, assassinats et tentatives..	9	3	4	30	»	46
	Empoisonnements................	3	»	1	»	5	9
	Enlèvements de personnes libres...	»	2	»	»	»	2
	Piraterie	7	2	»	»	25	34
	Viols et attentats à la pudeur	11	2	»	»	2	15
	Infanticides	10	»	»	»	»	10
		99	13	6	31	51	200
Attentats contre les propriétés.	Abus de confiance, escroqueries....	32	4	3	1	8	48
	Faux et usage de faux............	15	»	»	»	»	15
	Fausse monnaie (fabrication et émission)	2	»	»	»	»	2
	Vols et recels....................	471	53	21	1	11	557
	Incendies.......................	2	»	»	»	1	3
		522	57	24	2	20	625
Divers....	Complots, trahison, attentats divers contre l'État, désertion, détournements d'impôts, internement par mesure administrative, etc.......	41	19	35	»	269	364
	Totaux généraux..	662	89	65	33	340	1189

B. *Opérations de police* à Saigon et à Cholon (villes et territoires d'inspection), 1880.

		Population.		Nombre des individus arrêtés.	Proportion pour 1 000 habitants.
Européens.	Français..................	1 474	1 610	73	45,0
	Etrangers.............. ..	136			
Annamites............................		268 725		1 524	5,6
Cambodgiens..........................		37		7	188,8
Chinois..............................		24 067		1 293	54,1
Malabars (Hindous)		806		60	75,0
Malais, Tagals, divers autres Asiatiques .		383		26	68,3
Totaux.........		295 628		2 983	

Sur les 2 983 individus arrêtés, 521 ont été déférés aux tribunaux correctionnels ou criminels, et sont ainsi répartis, selon la race, le sexe et l'âge :

	Européens.		Annamites.		Chinois.		Indiens.	
	Hom.	Fem.	Hom.	Fem.	Hom.	Fem.	Hom.	Fem.
De 15 à 25 ans	7	1	125	36	53	3	2	1
De 25 à 35 ans	3	»	97	11	58	»	6	»
De 35 à 45 ans	»	»	40	1	39	2	»	»
Au-dessus de 45 ans	»	»	22	»	13	1	»	»
Totaux. Hommes	10	»	284	»	163	»	8	»
Totaux. Femmes	»	1	»	48	»	6	»	1
Totaux généraux	11		332		169		9	

	Totaux d'après les sexes.	Totaux d'après les âges.
De 15 à 25 ans	»	228
De 25 à 35 ans	»	175
De 35 à 45 ans	»	82
Au-dessus de 45 ans	»	36
Total... Hommes	465	»
Total... Femmes	56	»
Totaux généraux	521	521

Motifs des poursuites.

Rébellion contre la force publique	2	65
Jeux clandestins	25	
Vagabondage	38	
Coups et blessures	75	84
Homicide	6	
Attentats aux mœurs	2	
Fausse accusation	1	
Escroquerie, abus de confiance, vol	365	372
Emission de fausse monnaie	4	
Incendie	3	
		521

Ce tableau met en évidence (sans parler des influences d'âges et de sexes) : 1° la faible proportion relative des arrestations chez les Annamites, gens domiciliés, moins exposés au conflit trop saillant dans un milieu familier, aussi peut-être mieux à même de s'y dissimuler après un manquement: mais, dans ce groupe, le rapport des poursuites aux arrestations (22 pour 100) indique un assez fort coefficient de délictuosité qualitative; 2° la proportion considérable des arrestations chez les Asiatiques étrangers, chez les Malabars, et surtout chez les Cambodgiens, véritables étrangers dans les villes de Cholon et de Saïgon transformées; l'ignorance des habitudes, le défaut de ressources créent sans doute, en ces catégories, les principales occasions du manquement; celui-ci se maintient dans une ligne d'assez bas niveau qualitatif; 3° les proportions presque égales et très élevées des arrestations, par comparaison avec celles qu'on note chez les indigènes annamites, dans les deux éléments les plus civilisés, l'un vivant d'une existence très distincte, l'autre menant une existence plus mêlée dans le milieu commun, tous deux très dédaigneux de maintes exigences de celui-ci, tous deux riches en aventuriers suspects; mais chez 'Européen, la proportion des poursuites est insignifiante, et elle est assez forte chez le Chinois (13 pour 100 des arrestations dans le groupe).

b. — *Opérations de police* à Saïgon et Cholon (villes et territoires d'inspection), 1889. — Ce dernier relevé, faute d'une décomposition parallèle de la population, ne permet de constater que l'augmentation brute du chiffre des arrestations. Toutefois, à en juger d'après les tableaux de population antérieurs et postérieurs à l'année, le nombre des habitants ne semble pas avoir sensiblement varié; il ne se serait pas accru dans la même proportion que la délinquance indigène déduite du total des arrestations. Celles-ci montent à 5051; 785 individus ont été déférés aux tribunaux correctionnels ou criminels, et 3893 relâchés dans les vingt-quatre heures. Le chiffre des femmes arrêtées reste à peu près le même, assez médiocre. Relativement à l'âge, c'est la période de quinze à vingt-cinq ans, puis celle de vingt-cinq à trente-cinq, qui présentent le plus d'arrestations; les Annamites et les Chinois tiennent la tête, effet, sans doute, de l'adaptation des premiers à des mœurs nouvelles, de la continuation du sans-gêne des autres au sein du milieu.

	Européens.		Annamites.		Chinois.		Indiens, Cambodgiens.	
	Hom.	Fem.	Hom.	Fem.	Hom.	Fem.	Hom.	Fem.
De 15 à 25 ans	2	»	193	9	129	10	22	1
De 25 à 35 ans	8	»	116	9	36	1	12	»
De 35 à 40 ans	6	»	101	7	20	4	18	»
Au-dessus de 40 ans	»	»	146	8	12		»	»
(Plus 8 Malais, 2 Arabes 5 Japonais.)	»	»	»	»	»	»	»	»
	16	»	556	33	197	15	52	1
	16		589		212		53	

	Totaux.	
	Hommes.	Femmes.
De 15 à 25 ans	346	20
De 25 à 35 ans	172	10
De 35 à 40 ans	145	11
Au-dessus de 40 ans	158	8
Plus 8 Malais, 2 Arabes et 5 Japonais.)	15	»
	836	49
	885	

Motifs des poursuites.

Coups et blessures	63
Detournements de mineures	3
Escroqueries, abus de confiance, vols	525
Emission de fausse monnaie	6
Jeux clandestins	6
Vagabondage	92
Divers	90
	785

C. *Statistiques judiciaires.* — Les statistiques le plus susceptibles de montrer l'évolution et les modalités générales du crime-délit, en Cochinchine, sont évidemment celles des tribunaux correctionnels et des cours d'assises, à partir de 1881, année de réorganisation, qui uniformise l'administration judiciaire dans la colonie. Mais ces statistiques n'ont pas été publiées, ou ne l'ont été que d'une façon irrégulière, dans les annuaires officiels. Il m'a été impossible de tirer de la série que je possède tout le parti que j'eusse désiré. La répartition des prévenus et accusés, par races ou nationalités, est mal comprise. Il n'y a aucun rapport établi entre les chiffres des individus qui ont eu à répondre d'un attentat, et ceux de la population d'ensemble ou de la population spéciale des différents groupes ethniques. Il existe bien des tableaux démographiques, où la population se trouve décomposée par sexes, âges, professions, nationalités; mais le mode de décomposition ne concorde point avec les divisions adoptées par l'administration judiciaire, ou varie d'une année à l'autre. Il n'y a aucun moyen d'arriver à des résultats irréprochables. J'estime pourtant avoir serré la vérité probable d'assez près, en faisant un choix de statistiques échelonnées, dans les années où les éléments de comparaison m'ont paru présenter les rapports les plus favorables. Je donne le résumé de mes calculs, qui, pour être condensés, ne sont pas moins l'expression d'une grosse somme de travail. Je pars de l'année où l'on a commencé à appliquer le système de la correctionnalisation des crimes.

I. *Cours criminelles* (1885). — Le nombre des affaires est de 131, 36 crimes-personnes et 95 crimes-propriétés. Le nombre des accusés est de 360, ainsi répartis :

	Hommes.	Femmes.
Crimes-personnes................	122	6
Crimes-propriétés................	230	2
	352	8

C'est une proportion de 1 accusé sur 4 980 habitants (population totale de 1 792 933), et si l'on ne tient compte que des éléments adultes (1 212 368 habitants[1]), de 1 sur 3 367. Sur 100 000 habitants, dans la population générale et ses subdivisions d'après l'âge et le sexe, on a :

20 accusés dans la population générale;

29 accusés dans la population adulte;

37 accusés dans l'ensemble de la population masculine

1. Lorsque j'emploierai cette rubrique *population adulte*, j'entendrai tous les sujets au-dessus de quatorze ans des statistiques démographiques.

(= 925 560), ou 56 dans cette population réduite à ses éléments adultes (= 624 902);

0,9 accusée dans la population féminine (=867 370) ou 1,3 dans cette population réduite à ses éléments adultes (= 587 466).

Sur 100 accusés, on compte 97,8 hommes et 2,2 femmes.

D'après l'*âge*, les accusés comprennent : sujets d'âge inconnu, 2; de 16 à 30 ans, 113 (31,5 pour 100); de 31 à 50 ans, 209 (58 pour 100); de plus de 50 ans, 36 (10 pour 100). Dans les statistiques démographiques, la population n'a que deux catégories : celle des individus au-dessous de 14 ans (580 565); celle des individus au-dessus de 14 ans (1 212 368).

D'après la *nationalité*, il y a 348 accusés nés dans la colonie ou une autre colonie française (répondant à une population de 1 728 525 habitants presque exclusivement indigènes, Annamites et Cambodgiens, avec un petit nombre d'Hindous, soit 20 sur 100 000 habitants du groupe, 96,7 pour 100 des accusés); 3 accusés d'origine métropolitaine (0,8 pour 100, et, sur une population d'environ 2 600 habitants, 115 sur 100 000); 2 accusés d'origine européenne (0,5 pour 100, et, sur une population de 110 habitants, 1 818 pour 100 000); 7 accusés d'origine asiatique (2 pour 100, et, sur une population de 61 701 étrangers asiatiques, pour la plupart chinois, 12 pour 100 000).

D'après l'*état civil*, on trouve 78 accusés célibataires (21,7 pour 100, soit, pour la population adulte de la catégorie, estimée à 358 577 habitants, 1 accusé sur 996 habitants); 271 accusés mariés (75,3 pour 100), et 11 accusés veufs (3 pour 100, soit, pour l'ensemble des adultes mariés et veufs, 853 791 habitants, 1 accusé sur 2 371 habitants).

II. *Cours criminelles* (1888). — Le nombre des affaires est de 118, 33 crimes-personnes et 85 crimes-propriétés; le nombre des accusés est de 342, ainsi répartis :

	Hommes.	Femmes.
Crimes-personnes.	85	3
Crimes-propriétés.	250	4
	335	7

C'est une proportion de 1 accusé sur 5 602 habitants (population totale = 1 916 429), et, si l'on ne tient compte que des éléments adultes (1 216 854), de 1 accusé sur 3 558 habitants. Sur 100 000 habitants, dans la population générale et ses subdivisions d'après l'âge et le sexe, on a :

17,8 accusés dans la population générale ;

28 accusés dans la population adulte ;

34 accusés dans la population masculine (= 968 536 habit.), ou 54 dans cette population réduite aux adultes (612 625 habit.) ;

0,7 accusée dans la population féminine (= 947 893), ou 1,1 dans cette population réduite aux adultes (604 228).

Sur 100 accusés, on compte 97,9 hommes et 2,1 femmes.

D'après l'*âge*, les accusés comprennent : 7 sujets d'âge inconnu ; 2 de moins de 16 ans (0,5 pour 100) ; 137 de 16 à 30 ans (40 pour 100) ; 159 de 31 à 50 ans (46,4 pour 100) ; et 37 au-dessus de 50 ans (10,8 pour 100).

D'après la *nationalité*, les accusés se décomposent en : 280 individus nés dans la colonie ou une autre colonie française (83 pour 100 ; c'est, pour une population adulte de 1 153 907 habitants : Annamites, 1 051 535 ; Cambodgiens, 93 871 ; Moïs et Chams, 8 501, avec environ 300 Hindous, une proportion de 15 accusés sur 100 000 habitants) ; 4 d'origine métropolitaine (1,1 p. 100 ; avec une population de 2 161 Français, c'est une proportion de 184 accusés pour 100 000 habitants) ; 51 Asiatiques (15 pour 100 ; 73 pour 100 000 habitants de la population adulte du groupe, estimée à 60 685 habitants : 51 700 Chinois, le reste Malais).

D'après l'*état civil*, il y a 85 accusés célibataires (25 pour 100), 249 mariés (73 pour 100), et 8 veufs (2 pour 100).

III. *Ensemble des juridictions correctionnelles et criminelles* (1891). — Les précédents relevés ne sont relatifs qu'aux crimes. Dans un dernier, que mon ami le docteur A. Calmette a bien voulu faire établir pour moi au parquet général de Saïgon, sont comprises toutes les affaires jugées par les cours criminelles et les tribunaux correctionnels de la Cochinchine, c'est-à-dire les crimes et les délits, pendant l'année 1891.

Il y a 115 crimes (31-personnes et 84-propriétés) et 4555 délits (1315-personnes et 3125-propriétés), qui sont ainsi classés d'après leur nature :

Contre les personnes :	Crimes.	Délits.
Vagabondage et mendicité	»	346
Rébellion, violences, etc., contre les agents de l'autorité	2	116
Coups et blessures, homicide involontaire	6	471
Meurtres, assassinats et tentatives	16	»
Empoisonnements	»	»
Infanticide et avortement	1	»
Attentats à la pudeur et viols	3	»
Attentats aux mœurs et à la morale publique	»	11
Diffamations, injures, dénonciations calomnieuses	»	90
Autres	3	281
	31	1315

Contre les propriétés :	Crimes.	Délits.
Escroqueries, abus de confiance, banqueroutes simples, tromperies sur la marchandise, etc	1	224
Vols simples	»	1802
Vols dans un lieu public avec violence, escalade ou effraction, port d'armes en réunion de personnes	59	»
Vols domestiques ou sans violence	1	»
Faux en écriture publique ou privée	19	»
Destruction d'arbres, de clôtures, etc	»	20
Incendies	3	3
Autres et infractions aux lois et règlements	1	1076
	84	3125

Le total des prévenus et accusés s'élève à 6431, pour lesquels le résultat des poursuites a été établi de la manière suivante :

	Hommes.	Femmes.
Acquittés	1601	98
Condamnés	4166	566
	5767	664

La proportion pour 100, d'après le *sexe*, est de 89,7 chez les hommes et de 10,3 chez les femmes. Dans l'ensemble, c'est 1 accusé-prévenu par 316 habitants (population de 2034453[1]) et de 316 par 100000 habitants.

1. Je suis forcé, désormais, de ramener mes rapports à des chif-

La répartition selon les âges, les professions, les nationalités, etc., est ainsi indiquée :

Ages. — Accusés et prévenus : d'âge inconnu, 259 (4,5 pour 100); de moins de 16 ans, 198 (3,2 pour 100); de 16 à 30 ans, 2 592 (40,3 pour 100); de 31 à 50 ans, 2 578 (40,2 pour 100); de plus de 50 ans, 804 (10 pour 100).

Professions. — Cultivateurs et journaliers, 4 231 (65,7 pour 100); domestiques et engagés, 548 (8,5 pour 100); ouvriers en bâtiment ou d'état, 339 (5,2 pour 100); négociants, banquiers, agents d'affaires, etc., 248 (3,8 pour 100); professions libérales, propriétaires et rentiers, 58 (0,9 pour 100); fonctionnaires et salariés de l'État ou de la commune, 99 (1,3 pour 100); professions diverses ou inconnues, 908 (14,4 pour 100).

Nationalités. — Nés dans la colonie ou dans une autre colonie française, 5 206 (80,9 pour 100, soit, par rapport à une population dite indigène de 1 970 005 habitants, le petit nombre de sujets si mal à propos joints à la catégorie sous la rubrique « nés dans une autre colonie française » étant négligeable, 264 accusés-prévenus par 100 000 habitants); d'origine métropolitaine, 39 (0,6 pour 100, 1 641 pour 100 000 habitants, la population étant de 2 374); d'origine européenne, 15 (0,2 pour 100, 6 000 pour 100 000 habitants, sur une population de 256); d'origine asiatique, 939 (14,4 pour 100, 1 519 pour 100 000 habtiants, sur une population de 61 818, la majeure partie composée de Chinois).

Domicile. — Villes, 1 654 (25,7 pour 100); campagnes, 4 777 (74,3 pour 100).

État civil. — Célibataires, 2 036 (31,6 pour 100; mariés, 3 737 (58,1 pour 100); veufs, 549 (8,5 pour 100); état civil inconnu, 109 (1,8 pour 100).

Instruction. — Ne sachant ni lire ni écrire, 3 826; sachant lire et écrire imparfaitement, 2 049; sachant bien lire et écrire, 549; ayant reçu une instruction plus complète, 7 (ca-

fres de population bruts, n'ayant plus à ma disposition des tableaux de décomposition en catégories adulte et non adulte.

tégorie sans utilité parce qu'elle est mal comprise dans les statistiques coloniales; la statistique ne relève que l'instruction à la française; mais nombre d'Annamites et de Chinois, portés comme illettrés, savent fort bien lire et écrire dans leur idiome propre.)

La statistique est accompagnée de cette note « qu'il y a augmentation progressive du nombre des accusés-prévenus indigènes, mais qu'il n'en faudrait pas conclure à une augmentation réelle du crime-délit dans la catégorie. Chaque jour, le nombre s'accroît des indigènes qui préfèrent l'application complète de la loi française et se revendiquent de nos tribunaux de préférence à ceux de leurs fonctionnaires, sur le terrain des délits spéciaux[1] où le choix reste libre ». Je ne saisis pas la portée de l'observation, après la réforme unitaire de la justice en Cochinchine. En tout cas, la remarque ne concernerait que la délictuosité proprement dite. Pour la criminalité, il semble qu'il y ait tendance à la diminution, à mesure que le pays s'organise avec plus de régularité et devient plus tranquille[2].

Relativement à la proportionnalité rigoureuse du crime et du délit selon les races, les statistiques judiciaires ne permettent pas d'arriver à des conclusions aussi fermes que celles des relevés pénitentiaires. Mais approximativement, et sans chercher à tenir compte de subdivisions qui concorderaient plus ou moins avec celles des tableaux démographiques, on reconnaît une forte prédominance de l'attentat en dehors des éléments indigènes, masquée sous l'apparence trompeuse des chiffres bruts et des répartitions centésimales. Le chiffre des manquements est le plus gros dans les catégories les plus nombreuses; mais pour tirer une conséquence logique, il importe de le ramener à un chiffre proportionnel à celui de la population de chaque groupe. Or, *sur* 100000 *habitants* dans chacune des catégories ethniques (sans distinction des âges), on a: .

1. Quelques délits prévus par le Code annamite.

2. Tenir compte aussi de la correctionnalisation, qui diminue le crime de ce qu'il renvoie au délit.

	Accusés.		Accusés et prévenus.
	1885	1888	1891
Pour les défaillants placés sous la rubrique « indigènes », avec des chiffres fictivement renforcés de la part plus ou moins lourde d'un élément non dégagé, mais jusqu'à un point négligeable, en raison de la réduction de ses composants ordinaires, les émigrants hindous..................	20	15	264
Pour les métropolitains..........................	115	184	1 041
Pour les Européens..............................	1 818	»	6 000
Pour les étrangers asiatiques, Chinois principalement.	12	73	1 519

Il est manifeste que l'indigène est, de tous les éléments de la population, malgré l'intensivité qualitative que revêt chez lui l'attentat, le plus retenu dans celui-ci, lorsqu'il jouit du repos, de la sécurité et d'une suffisante aisance ; c'est la justification de l'opinion émise sur l'Annamite par beaucoup d'observateurs et, tout récemment, par Mat-Gioï, lorsqu'il déclare la race « de tout repos », laborieuse et facile à conduire, sous une direction un peu intelligente. Le crime-délit, chez les Asiatiques, grossit par le Chinois. Il atteint son plus large épanouissement chez les Européens et les Français. Quelle plus amère critique de la civilisation dite supérieure, de la colonisation prétendue civilisante, et quelle démonstration de la valeur suspecte des gens que la Chine, et surtout l'Europe, déversent au milieu d'éléments ethniques si décriés par eux, alors qu'ils sont eux-mêmes si décriables[1].

Le nombre des accusés-prévenus, par rapport à celui des affaires, est toujours assez élevé; c'est une preuve de la tendance à l'association chez les indigènes, et, en général, chez les Asiatiques.

Assez faible apparaît numériquement la criminalité féminine,

1. Toutefois, je dois faire remarquer que, dans l'impossibilité de comparer des statistiques concordantes, d'après leurs divisions, pour 1891, j'oppose, dans les populations prises en bloc, à la catégorie indigène, riche en sujets trop jeunes pour perpétrer le délit, des catégories plus ou moins exemptes de sujets non adultes, très pauvres en éléments infantiles (immigrants chinois, européens, français).

un peu moins la délictuosité de même épithète. La femme indigène vaudrait-elle donc mieux que sa réputation, ou son rôle serait-il habituellement occulte? Il y a de l'une et de l'autre hypothèse à prendre, si l'on réfléchit à tout ce que j'ai eu l'occasion de révéler déjà à propos des mœurs annamites.

Peu de manquements chez les adolescents. Ce qui pourra, sans doute, être attribué à la solide organisation de la famille dans les éléments de civilisation chinoise. Comme partout, l'attentat se produit à la période active, passionnelle, besogneuse et encore non résignée de l'existence. La forte proportion du crime-délit rural s'explique par la dissémination du plus grand nombre des indigènes hors des centres urbains, comme celle de l'attentat dans la catégorie des cultivateurs et journaliers par la prédominance de la population agricole. Mais ce n'est là qu'une apparence, comme chez nous; je pense que si l'on avait le moyen de rapporter les chiffres du manquement aux chiffres proportionnels des populations spéciales, les villes et les professions qu'elles abritent accentueraient sans doute leur part de criminalité et de délictuosité, bien au delà de celle des milieux ruraux.

En France, le crime-délit atteint son maximum chez les célibataires, son minimum tantôt chez les mariés et tantôt chez les veufs. En Cochinchine, il est curieux d'observer la prédominance que l'état de mariage entraîne dans l'attentat (la même remarque a été faite à propos de la criminalité dans l'Inde). Il faut qu'à côté du respect filial, préventif du manquement chez les jeunes, il intervienne chez les parents, principalement chez l'homme, des facteurs de démoralisation puissants. L'homme, père et mari, acquiert sans doute, dans l'exercice d'une autorité sans frein suffisant, vis-à-vis des siens, des entraînements de caractère qu'il ne sait point endiguer au dehors, au cours des relations communes; il abuse de sa liberté pour s'adonner au jeu et à la débauche. Mais il y a aussi à tenir grand compte des redoublements de misère que la surcharge des enfants occasionne en des milieux pauvres, facteur plus ou moins occulte, dont on soulève le voile avec tristesse, en observant la facilité avec laquelle l'œuvre dite de la Sainte-Enfance recueille les petits êtres auprès de parents très affectifs pour leurs enfants, mais réduits à choisir entre leur suppression, leur abandon ou leur cession.

D'une manière générale, le crime-délit est moins développé qu'en France, pour l'ensemble de la population. Le Français et l'Européen émigrés commettent plus de crimes et de délits dans le milieu colonial que dans leur milieu d'origine.

Les crimes et délits contre la propriété l'emportent de beaucoup sur les crimes et délits contre les personnes.

Au Tonkin, les conditions ne sont pas encore assez régularisées pour permettre d'entreprendre une étude de la criminalité sur des bases statistiques. D'ailleurs, la justice française n'existe qu'en des centres et pour des catégories de limitation relative excessive. L'immense majorité de la population continue à relever de ses fonctionnaires indigènes. Néanmoins, grâce à l'obligeance de M. le docteur Gouzien, j'ai pu avoir une pièce documentaire très intéressante, que je transcris ici (elle émane d'un magistrat, chef du parquet à Hanoï, M. Assaud) :

«... Nous sommes en pays de protectorat et, aux termes du traité de Hué, la justice française ne s'occupe que de nos nationaux, des Européens, des étrangers ou assimilés. Ce n'est donc qu'accidentellement que les indigènes tombent sous le coup de la juridiction française. Il faut, pour cela, qu'il y ait en cause un Français, un Européen, un étranger ou assimilé. De plus, la juridiction des deux tribunaux français de Hanoï et de Haïphong est limitée à des circonscriptions territoriales relativement restreintes. En dehors de ces circonscriptions, ce sont les résidents qui sont investis des fonctions de magistrats. Enfin, ce sont les tribunaux indigènes qui connaissent des affaires où il n'y a que des Annamites en cause... Les renseignements en ma possession,... limités par les règles spéciales de ma compétence de par la territorialité de ma juridiction, ne peuvent donc fournir une idée exacte de l'ensemble de la criminalité dans la région tonkinoise.

« En 1889, le tribunal correctionnel de Hanoï a eu à juger

235 affaires relatives : 1° à des délits contre les personnes ; 2° à des délits contre les propriétés. Ces affaires comprenaient 295 inculpés, dont 42 femmes. Au point de vue criminel, la cour d'assises a eu à juger une affaire d'assassinat, deux affaires de coups et blessures ayant entraîné la mort et une affaire de vol qualifié. Ces quatre procédures comprennent 5 accusés (hommes).

« En 1890, le tribunal correctionnel a jugé 254 affaires... Ces affaires comprenaient 317 inculpés, dont 45 femmes. Au grand criminel, la cour d'assises a eu, pendant la même année, à juger 15 affaires, se décomposant ainsi : 3 assassinats, 1 empoisonnement, 3 coups et blessures ayant occasionné la mort, 5 vols qualifiés, 3 vols domestiques. Ces affaires comprenaient 33 accusés, dont 7 femmes.

« En 1891, 231 affaires ont été déférées au tribunal correctionnel... Les inculpés dans ces affaires étaient au nombre de 279, dont 87 femmes. Pendant la même année, la cour d'assises a jugé 13 affaires, comprenant : 3 coups et blessures graves, 1 faux en écriture publique, 5 vols qualifiés, 2 vols domestiques, 2 abus de confiance qualifiés. Ces 13 affaires intéressaient 30 accusés, dont 3 femmes.

« En 1892, le tribunal correctionnel a connu de 187 affaires, comprenant 267 inculpés, dont 33 femmes. Pendant la même période, la cour d'assises a jugé 15 affaires ; 1 attentat contre la sûreté intérieure de l'État, 1 banqueroute frauduleuse, 7 vols par escalade ou effraction, 6 vols domestiques. Ces 15 affaires intéressaient 36 accusés, dont 1 femme.

« En matière de coups et blessures, les indigènes usent le plus souvent d'instruments contondants. Quand ils ont recours à la strangulation pour commettre un homicide, ce qui est assez fréquent, ils se servent habituellement du turban dans lequel la victime tient ses cheveux enroulés ; ils le passent autour du cou et font un nœud coulant sur lequel ils tirent jusqu'à ce que l'asphyxie se produise.

« D'après les renseignements que j'ai pu recueillir et les observations auxquelles j'ai pu me livrer depuis que je suis au

Tonkin, il m'est permis d'affirmer que le crime d'infanticide est extrêmement rare chez les indigènes...

« J'appellerai votre attention d'une façon spéciale sur une opinion qui a généralement cours et contre laquelle tout criminaliste consciencieux ne peut que réagir. Je veux parler de l'accusation de voleur, si fréquemment portée par nos compatriotes contre les Annamites. Évidemment, les indigènes n'ont pas sur les principes de l'honneur, je ne dirai pas les mêmes idées, mais les mêmes habitudes que nous. Les fonctionnaires indigènes pratiquent souvent, pour ne pas dire toujours, la concussion ; leur justice est malheureusement, d'ordinaire, rendue en faveur du plus offrant et dernier enchérisseur. Ce sont là des mœurs publiques déplorables, j'en conviens. Nos domestiques sont indélicats et infidèles ; il n'y en a pas un peut-être qui n'ait à son acquit de nombreux larcins. C'est encore là un fait qu'il est permis de regretter. Mais, nonobstant tout cela, l'Annamite possède-t-il réellement, au point de vue criminel, ce degré de perversité atteint par les nations européennes ? Pour ma part, je ne le pense pas.

« La ville de Hanoï et sa banlieue comprennent une population indigène évaluée à environ 200 000 habitants. L'ordre public y est assuré par deux brigades de gendarmerie, dont les effectifs ne sont jamais au complet, et par un corps de police municipale comprenant un commissaire de police et un très petit nombre d'agents européens. Or, dans cette population aussi nombreuse, quels sont les crimes qu'on relève ? C'est à peine si, depuis quatre ans que je suis procureur de la République à Hanoï, j'ai eu connaissance de deux ou trois assassinats en matière indigène, commis dans le périmètre de la ville et de sa banlieue. Quant aux crimes contre les propriétés, aux vols qualifiés, ils se produisent habituellement à l'approche du Têt ; et, quand on relève à Hanoï, à cette époque, cinq ou six vols audacieux et présentant les caractères d'une certaine perversité chez leurs auteurs, c'est un gros événement, dont parlent les feuilles locales. On recommence alors le chapitre des récriminations contre les indigènes.

« Eh bien, soyons justes et demandons-nous loyalement quelle serait la statistique criminelle, si, au lieu de 200 000 Annamites, nous nous trouvions en présence d'une ville uniquement peuplée de 200 000 Européens. La question est facile à résoudre, en se reportant à l'organisation de la force publique que comporte une ville de France d'égale importance et aussi à la statistique criminelle qu'elle fournit.

« La conclusion est simple et, il faut l'avouer, elle n'est pas à notre avantage. Qu'il existe, en Europe, des causes génératrices du crime qui ne se rencontrent pas au Tonkin, c'est possible. Mais ce qu'il y a d'indiscutable, c'est que, si la population de la ville de Hanoi comprenait 200 000 Européens à la place des indigènes, il faudrait immédiatement réorganiser la force publique et quintupler son effectif. Malgré cela, les assassinats, les vols avec effraction, les infanticides, etc., marcheraient leur train, et le personnel du parquet pourrait, sans inconvénient, être triplé, si l'on voulait qu'il suffît à la besogne... »

Voilà qui corrobore singulièrement ce que j'ai dit !

« Le *suicide* et le crime, écrivais-je dans un précédent livre [1], sont deux actes également préjudiciables aux intérêts collectifs. Ils représentent deux modes de l'impulsivité antisociale, qu'on ne saurait, d'une manière absolue, identifier ou regarder comme équivalents, malgré qu'ils émanent d'aberrations plus ou moins similaires de l'état psychique, en des conditions de milieu elles-mêmes plus ou moins analogues. L'objectif du but les sépare, les mobiles sont parfois indifférents, la conséquence est toujours un tort occasionné à l'association. . » Toute étude de criminalité doit donc être complétée par celle du suicide. Le suicide, chez les Chinois et les Annamites, n'est point regardé comme déshonorant. Il ne soulève autour de lui nul mouvement de l'opinion. Il ne rencontre point d'entrave dans les croyances religieuses.

En Cochinchine, il n'est guère observé que parmi les Anna-

1. *Crime et Suicide*, p. 90.

mites, et, dans cette race, il accuse surtout les désespérances de la misère. Ses rapports avec le crime semblent ressortir de ce fait qu'il est relativement assez fréquent chez les femmes et même chez les enfants, catégories où l'attentat contre autrui, rare, est pour ainsi dire compensé par l'attentat contre soi-même, sous l'influence des mêmes mobiles qui donnent lieu, chez l'homme, au premier. L'homme ose les moyens de sortir d'une situation pénible par le meurtre ; la femme et l'enfant, réduits au désespoir par la tyrannie du père et de l'époux, en face des terribles inégalités que la loi admet à leur égard s'ils s'abandonnent à réagir contre le maître, épuisent leur énergie contre eux-mêmes. Les opérations psycho-motrices qui mènent au crime et au suicide sont, au fond, les mêmes. Elles ne diffèrent que par leur résultante impulsive. L'abus de l'opium, chez les Chinois et les Annamites, aussi chez quelques Européens, l'abus de l'alcool chez un plus grand nombre de ces derniers, sont d'autres causes de suicides, qui se dissimulent, dans les statistiques, sous les rubriques de la folie ou des motifs divers. Les relevés de la Cochinchine ne distinguent ni les nationalités ni les professions. Voici le résumé des trois années que j'ai trouvées les plus explicites :

Suicides en basse Cochinchine.

	1880	1884	1888	Totaux.	Année moyenne
Hommes......	34	65	76	175	58,3
Femmes......	4	11	20	41	13 3
Enfants.......	1	»	9	10	3,3
	39	76	111	226	75,3

Le rapport à la population moyenne est d'environ 1 suicide sur 23 000 habitants, soit 4 suicides sur 100 000 habitants.

Il y aurait accroissement manifeste, alors que l'augmentation du crime-délit est moins évidente ou même partiellement remplacée par un amoindrissement. Le mode d'exécution habituel témoigne de la concentration presque exclusive de l'acte dans la population indigène et civile : c'est la strangulation.

Pour le Tonkin, je ne possède qu'une statistique dressée par le docteur Gouzien, et relative à la population militaire (année 1892). Tous les suicides, à l'exception d'un seul (empoisonnement par le laudanum), ont été accomplis par les armes à feu. Ils sont au nombre de 31, ainsi répartis : indigènes (tirailleurs tonkinois), 7; Français, 24 (infanterie de marine, 6; artillerie de marine, 1; légion étrangère, 15; corps de santé, 1; commissariat de la marine, 1). La fréquence est en rapport avec les conditions d'existence faites aux troupes et aux individus. Les dégoûts ou les désespérances qui conduisent au suicides souvent précédés de fâcheux abandons aux habitudes d'intempérance ou de morphinisme, s'observent parmi les troupes détachées dans les postes isolés, où les ressources sont le plus précaires. Chez les militaires tonkinois, une cause spéciale intervient, en étroite corrélation avec celle que j'ai précédemment signalée, comme intercurrente, dans le crime de piraterie : « Ces hommes, qui s'étaient engagés à notre solde avec promesse de ne servir que dans leurs foyers, ont été pris de découragement quand on les a arrachés à leurs familles pour les expédier dans les hautes régions. C'est à la même origine qu'il convient de rattacher les défections nombreuses et les tentatives de trahison qui ont eu lieu, l'an dernier, dans les rangs des tirailleurs tonkinois. » Le docteur Gouzien a noté que les mois les plus chauds (mai et juin) ont donné, à eux seuls, 9 suicides. Je trouve, d'autre part, les renseignements suivants dans la note de M. Assaud. Les suicides seraient assez fréquents dans la population indigène. « Les causes qui les déterminent ne sont pas, comme en Europe, dues à des chagrins d'amour, à la misère ou à l'état qu'engendrent ces maladies cérébrales et nerveuses dont la fin de notre siècle fournit tant d'exemples. Le plus souvent, l'indigène se suicide pour échapper à des poursuites criminelles ou pour éviter l'exécution d'une peine qui comporte l'exil ou l'expose à mourir hors de son pays. Chez les mandarins, le suicide a pour cause une disgrâce politique. La pendaison ou, d'une manière générale, la strangulation, et l'empoisonnement sont les moyens habituellement employés par les Annamites. »

Dans la prévention du suicide et du crime, l'autorité française s'est montrée jusqu'ici très médiocrement vigilante et sage. Elle a négligé ou dédaigné les moyens économiques qui les pouvaient le mieux enrayer, même elle a créé des facteurs nouveaux qui ont contribué à les multiplier ou à les entretenir sous certaines formes. Pour le suicide surtout, qu'on ne saurait combattre qu'en éloignant des causes nettement déterminées, les résultats sont attristants. Pour le crime, on semble avoir obtenu un amoindrissement relatif, mais très oscillant. S'il y a réellement quelque légère tendance à la régression du crime-délit, sous le rapport de la fréquence et de l'intensivité qualitative, il ne faudrait point, d'ailleurs, s'empresser de l'attribuer à une meilleure action moralisatrice; elle serait plutôt due à une condition par elle-même incapable de modifier les habitudes, mais apte seulement à les rendre plus cachées, je veux dire à un système de répression plus large et plus sévère. La loi frappe plus souvent le manquement objectivé, parce que nos magistrats déploient plus de zèle pour la découverte des attentats; elle frappe aussi avec plus de vigueur. Mais ce n'est, au fond, que de l'intimidation par le châtiment; celle-ci retient certaines impulsivités, oblige beaucoup d'autres à se dissimuler; elle n'en corrige aucune, et, aux moindres défaillances du principe appliqué, le crime-délit renaît et s'épanouit tout comme auparavant. Nous ne pouvions, après tout, importer en Orient ce que nous n'avons pas encore chez nous : un code et des manières dégagés de tout atavisme. Au moins souhaiterait-on de voir nos fonctionnaires répudier toute solidarité avec des coutumes et des procédés qui, au Tonkin, nous reportent en deçà de la pire barbarie. En Cochinchine, nous avons supprimé les peines corporelles : nous avons introduit la guillotine[1]. Pourquoi, au Tonkin, au lieu de chercher à détruire des habitudes atroces, paraissons-nous les approuver tacitement, en laissant les mandarins torturer les accusés et les condamner à leur guise, ou même en assistant à des séances ignobles,

1. Elle a fait ses débuts à Travinh, sur un jeune Annamite qui avait assassiné la maîtresse d'un Européen pour la voler, en 1892 (*Figaro* du 5 juillet et *Libre Parole* du 3 juillet 1892).

comme à une distraction [1], ostensiblement, en imitant nous-mêmes les façons annamites ? A Hanoï, ville française, on décapite en un ou plusieurs temps. « A une triple exécution à laquelle j'assistai en juin 1892, m'a écrit le docteur Gouzien, un des trois condamnés gourmandait plaisamment ses deux compagnons, qui restaient silencieux et graves au milieu des apprêts du supplice. Puis il se mit à narguer la foule, qui, ce jour-là, était fort nombreuse, la scène se passant en pleine capitale, sur la place du marché. Ces plaisanteries, qui sonnaient mal en un pareil moment, ne furent pas goûtées du tong-doï (gouverneur de la province), qui, juché sur son éléphant, décréta sur-le-champ, par l'organe du porte-voix, que cet homme serait décapité en trois fois. Instantanément, le visage du condamné s'assombrit... La sentence fut appliquée dans sa rigueur. » Il est déjà bien odieux de laisser s'accomplir de telles choses, là même où nous avons établi la résidence de notre gouverneur général. Il est plus odieux encore que des administrateurs français jouent un rôle, à côté des mandarins, en de semblables tragédies. Au mois de novembre 1889, le chef pirate Doï-Van est condamné à mort par le tribunal mixte de Bac-Ninh; il est envoyé à Hanoï, où il doit être exécuté, renfermé dans une cage en bois [2], et la cangue au cou. Le jour du supplice, toute la ville est sur pied. « Le commissaire de police, ceint de son écharpe, assure le service d'ordre... Presque toute la colonie européenne est là ; on remarque un assez grand nombre de dames, M. le résident supérieur, S. E. le kinh-luoc et quelques hauts fonctionnaires ont pris place sur la terrasse de la résidence supérieure... Doï-Van, toujours en cage, les menottes aux mains, sort de la prison militaire, escorté de miliciens et de gendarmes ; il traverse une partie de la ville, suivi d'une foule qui augmente sur tout le parcours », et, arrivé sur le lieu du supplice, pendant qu'on

1. Que d'exemples, dans les correspondances qui nous arrivent de là-bas !

2. En Italie, les accusés, dans les grands procès politiques... et autres, sont amenés à l'audience renfermés dans une cage de fer.

l'attache au poteau, il cause tranquillement avec le chef du bureau des affaires indigènes ; il écoute, sans émotion, la lecture de la sentence : « Le nommé Vuon-Van-Vang avait, autrefois, fait sa soumission. Il a repris les armes pour se battre contre sa patrie(!) Le nommé Vuon-Van-Vang est traître et parjure. Le tribunal mixte de Bac-Ninh l'a condamné à la décapitation. Après sa décapitation, son corps sera jeté au fleuve, et sa tête sera exposée devant la citadelle de Bac-Ninh. Ainsi sont punis les traîtres. Que justice soit faite ! » Et elle le fut. Mais un détail ignoble devait marquer la fin de cette exécution trop asiatique. Le bourreau, selon la coutume, venait de ramasser la tête et de la jeter devant le public, quand un chien de chasse français se précipita dessus pour essayer de l'emporter[1] !

Priver le mort de sépulture, c'est ajouter à la peine un surcroît considérable, qui rejaillit sur la famille. L'autorité française a poussé plus loin la tolérance des formes de la vindicte annamite, exercée pour son compte. Nous frémissons au récit des violations de sépulture ; la magistrature n'a pas eu, à Montbrison, assez de véhémence pour reprocher à Ravachol l'ouverture d'une tombe, où le misérable avait espéré trouver quelques valeurs, afin d'avoir du pain et de venir en aide à des compagnons. Eh bien, comme l'a très judicieusement rappelé Hamon[2] sur les affirmations de Mat-Gioi, depuis 1890, nous avons fait la chasse aux ossements des ancêtres des rebelles importants ; nous avons ordonné leur exhumation et leur recel en des lieux lointains et ignorés, où ils ne pourraient recevoir de culte. « Je ne sais, dit Mat-Gioi, si des officiers se sont faits les exécuteurs de cette manière d'opérer. Je sais seulement qu'elle a dû être imposée à plusieurs. » Naturellement, nous espérons amener des soumissions en frappant les indigènes dans leurs affections les plus chères. C'est lâche et maladroit, aussi indigne de vrais civilisés que de vrais politi-

1. *Avenir du Tonkin* du 9 novembre 1889.

2. *Les Hommes et les Choses de l'anarchie, réponse à M. le substitut Berard*, *l'Art social*, 1893.

ques. Nous nous imprimons une souillure morale toute gratuite, ou plutôt suivie d'un redoublement d'animosités contre nos fonctionnaires.

Les exécutions capitales, en quelque pays qu'on les observe et sous quelque forme qu'elles se pratiquent, n'ont jamais suffi à empêcher le crime. Les peines raffinées n'ont point triomphé du banditisme en Annam et en Chine; elles ont émoussé la sensibilité des foules, qui se donnent rendez-vous aux séances sanglantes afin de se distraire, s'en reviennent joyeuses et sans penser à découvrir une leçon dans le spectacle offert à leur curiosité[1]. Même les chancelants font là comme l'essai de leurs forces; ils admirent le stoïcisme des criminels et bientôt se laissent aller à les vouloir imiter. La guillotine ne changera rien aux habitudes. Les Annamites ont assisté à ses débuts avec étonnement; ils ont admiré la rapidité foudroyante de son action, ont trouvé que c'était moins amusant que le sabre, mais préférable pour le patient; les « futurs assassins et pirates ont pu se montrer généralement satisfaits », selon une réflexion sans doute humoristique de *l'Indépendance tonkinoise*[2]. La nouveauté du supplice n'amènera pas plus de changement dans les mœurs des tarés et des révoltés que le vieux jeu. Il faudrait chercher autre chose, mais en dehors des voies jusqu'ici préconisées par tous les codes. L'Annamite serait certainement plus sensible à la peine de la déportation, de l'exil, qu'à tous les châtiments corporels les plus atroces. Pourquoi ne pas réformer dans ce sens le code pénal indigène et, du même coup, le nôtre? Car tout ce qu'une société a le droit de faire pour se défendre, c'est d'écarter les opposants qui l'attaquent. Prétendre au delà, c'est aller contre la justice et se maintenir sur le terrain de la loi barbare, sans profit pour personne.

1. Voir Mat-Gioï, *le Tonkin actuel*, p. 49.
2. *Libre Parole* du 3 juillet 1893.

CHAPITRE VII.

TAHITI ET LA NOUVELLE-CALÉDONIE.

Races indigènes, colons et transportés. — Statistiques judiciaires et pénitentiaires.

La France possède, dans l'océan Pacifique, deux centres coloniaux qu'il serait intéressant d'étudier au point de vue de la criminalité comparée des races indigènes et immigrées. Mais (il faut encore le répéter) les statistiques officielles se prêtent mal à une étude de ce genre; elles permettent de relever quelques traits généraux sans doute d'une certaine importance, non de pénétrer en des détails analytiques précis, qu'eût désiré fouiller le criminologue-ethnographe.

Le climat de ces îles jouit d'une réputation de salubrité méritée. La température est bien toujours élevée, mais elle est tempérée par des brises marines régulières, et elle est généralement exempte de brusques oscillations; elle offre son maximum au cours de la saison des pluies (janvier-avril, chiffre extrême, 36°,5), et son minimum pendant la saison sèche (mai-décembre, chiffre extrême, 14 degrés la nuit). Cependant les populations indigènes payent un large tribut aux maladies : soit qu'elles demeurent trop dédaigneuses des lois de l'hygiène, soit qu'elles continuent à s'étioler sous des habitudes de débauche profondément enracinées, et que d'autres habitudes dégénératives viennent encore aggraver pour elles des influences déjà pernicieuses, elles sont décimées par la scrofule et la phtisie. En outre, elles ont beaucoup à souffrir des maladies importées, vis-à-vis desquelles elles montrent une aptitude de réceptivité singulière : la lèpre, prise au contact d'émigrants océaniens ou chinois, la variole, la dysenterie et la fièvre typhoïde épidémiques, à diverses époques rudement subies après l'arrivée d'éléments américains ou européens. La population d'origine métropolitaine, avec une meilleure entente des conditions préservatrices des agents morbigènes, la facilité d'existence qu'elle rencontre, semble appelée à se substituer lentement aux indigènes; mais, jusqu'à présent, elle s'est peu accrue et ses produits de croisement avec ces derniers n'ont acquis aucune prépondérance ; elle est insuffisante à l'exploitation du sol, pour laquelle il a fallu — même avec l'appoint de la transportation à la Nouvelle-Calédonie — faire appel à des émigrants de valeur discutable, ici les Néo-Hébridais, là les Chinois et les Annamites.

Sous le nom de l'île principale, chef-lieu du gouvernement, la *colonie de Tahiti* comprend les îles de la Société (îles du Vent, Tahiti, Moorea, etc., et les îles Sous le Vent , les archipels des Marquises, des Tuamotu, des Gambier, etc. L'ensemble de la population s'élève à peine à 25 000 habitants, dont les fonctionnaires et les troupes forment près d'un centième, les immigrants de races diverses un autre centième, les éléments blancs sédentaires ou fixés, c'est-à-dire de souche européenne, environ le vingtième. Ceux-ci sont particulièrement répandus dans l'île de Tahiti et agglomérés dans la ville de Papeete[1].

D'une manière générale, on peut constater l'influence heureuse d'un milieu où l'effort n'a pas besoin de se déployer avec intensité pour satisfaire aux nécessités banales de la vie. Le climat est chaud, c'est-à-dire énervant; mais il ne provoque pas ces éclats violents d'impulsivités, qui sont comme la marque d'une neurasthénie ethnique, là où se surajoutent certains fac-

1. Le dénombrement de 1885 ne donne, pour toutes les îles, qu'une population de 22 646 habitants, sans compter les fonctionnaires et leurs familles, les troupes, la population flottante et les immigrants. Aux îles Tahiti et Tubuai, il y a 11 361 habitants :

	Hommes.	Femmes.
Population blanche..................	981	625
— asiatique	447	»
— oceanienne.............	4876	4432
	6304	5057

teurs d'entraînement vers le crime-délit. On se laisse aller mollement à jouir des choses qui sont à la portée de tout le monde ; on limite des désirs dans un demi-farniente plus agréable qu'un au delà qui réclamerait une activité trop soutenue. Le sol et la mer fournissent l'aliment sans exiger un grand labeur ; les relations sexuelles sont très libres ; il n'y a place ni pour la convoitisité ni pour la passion érotique, ailleurs si fertiles en attentats. Les mœurs sont douces, parce qu'elles n'ont l'occasion de se heurter à aucune entrave, et, sous le rapport de la sexualité, elles n'aboutissent guère aux déchaînements qu'on observe en d'autres colonies, parce qu'elles restent naturelles. Néanmoins, Tahiti n'échappe pas aux lois communes. Les agglomérations humaines n'y sont point exemptes de conflits. Seulement, ceux-ci virent au crime-délit avec moins de fréquence et d'intensivité qu'en beaucoup d'autres milieux. Ainsi d'ailleurs qu'il fallait s'y attendre, l'attentat se manifeste surtout là où les collectivités, plus denses, accusent un plus haut degré de fusion entre les éléments indigènes et européens, où, selon l'expression convenue, la civilisation apparaît le mieux développée, dans l'île centre du gouvernement. Quant aux formes de l'attentat, elles varient selon les catégories ethniques, qui peuvent être en même temps professionnelles.

Les Européens, les maîtres, aussi ceux qui s'occupent du commerce et de l'industrie, possèdent les situations du fonctionnarisme officiel, auront le monopole d'une certaine délictuosité occulte, sous la forme d'abus d'autorité soigneusement dissimulés (mais non si habilement qu'ils ne transpirent à la longue[1]), et, dans la criminalité objectivée, apparaîtront sous

1. Sous l'Empire, on a vu un gouverneur, M. de la R..., que de tristes antécédents auraient dû rendre particulièrement circonspect, prononcer lui-même, après une instruction dérisoire confiée à un médecin de la marine, sa créature, une condamnation à l'emprisonnement contre deux administrateurs, sous le faux prétexte de pièces détournées. Sous la République, un très haut fonctionnaire a été accusé, par la voix publique, de spéculations scandaleuses sur les nacres et les perles, etc. Dans un autre ordre d'idées, bien joli à enregistrer comme exemple de l'autoritarisme outrecuidant,

des accusations d'actes brutaux ou rusants, soit contre les indigènes, soit contre des congénères (voies de fait, faux en écritures, escroqueries, etc.). A cette catégorie reviennent d'ordinaire les crimes d'exception, comme la piraterie, dont une récente affaire vient de nous offrir un épouvantable exemple. Vaste est l'océan Pacifique, nombreux sont les petits archipels où l'on peut se cacher et guetter les proies faciles, plus nombreux les récifs qui laissent croire à un naufrage après la disparition d'un navire. Pour des écumeurs décidés, les chances fâcheuses à courir sont médiocres et les bonnes considérables. C'était bien ce que pensaient deux aventuriers d'origine européenne douteuse, fils d'un missionnaire du Zoulouland, les frères Rorique. Mais ils n'avaient pas de navire. Accueillis à Tahiti dans le meilleur monde commercial, grâce à leurs façons d'hommes fort convenablement élevés, ils trouvent le moyen de se faire embarquer sur la goélette *Niuroahiti*, appartenant au neveu du feu roi Pomaré et destinée aux îles Tuamotu avec une riche cargaison de nacre et du coprah. En mer, les deux bandits s'assurent de la complicité du cuisinier, métis de Tahiti; ils s'emparent du navire, après avoir tué le capitaine (tahitien), et le subrécargue (anglais) à coups de revolver, et empoisonné les quatre matelots de l'équipage. Ils embarquent par force des indigènes de l'île Peru pour la manœuvre et s'en vont trafiquant d'archipel en archipel, comme d'honnêtes marchands, avec l'intention de prendre par violence tout ce que le hasard leur offrira de saisissable (1891). Mais leur odyssée s'arrêta aux Carolines, où le gouverneur espagnol, sur une déclaration du cuisinier, les fit appréhender, puis livrer aux autorités françaises [1].

la récente dissolution du conseil général de Tahiti par un simple sous-commissaire d la marine, gouverneur intérimaire. Cela fut fait brusquement, sans raison, d'un trait de plume : « Arrête, le conseil général est dissous. » (*Dépêche*, de Brest, du 31 octobre 1893, d'après le *Journal des Débats* et le *Messager de Tahiti*.)

1. L'affaire vient de se dénouer devant le tribunal maritime de Brest. Les frères Rorique (en réalité des Belges du nom de Des-

Les Asiatiques s'abandonnent aussi parfois à l'attentat violent. Ils ont entre eux, sur les habitations, des rixes meurtrières, dans lesquelles la surexcitation de l'ivresse morphinique joue son rôle. Une de ces rixes est demeurée mémorable, moins par les faits en eux-mênes que par l'atroce conclusion du débat judiciaire[1]. C'était en 1869. « Dans les premiers jours d'avril, à Atimahoro, sur la plantation de la compagnie Soarez, à la rentrée des travaux, un mouvement eut lieu chez les travailleurs chinois; la façon dont la compagnie tenait ses engagements envers ceux-ci en était la cause. Il y eut une rixe entre Chinois; un des surveillants fut blessé grièvement, un autre tué. » Un exemple fut déclaré nécessaire; sur 8 Chinois traduits devant le tribunal criminel de Papeete, 2 furent acquittés, 2 autres condamnés à cinq ans de réclusion, 4 à la peine capitale. Pour trois de ces derniers, le gouverneur daigna transmettre un recours en grâce; mais il refusa tout sursis au malheureux choisi pour servir de leçon intimidatrice, et qui pourtant n'était pas plus coupable que ses camarades. « La guillotine, confectionnée à Atimahoro, sur la plantation même, fut dressée le mercredi 19 mai. Les détails de sa confection sont horribles. Personne dans le pays n'avait pu en fournir le plan, des essais durent être faits d'abord sur des troncs de bananiers, puis sur des chiens, enfin sur des moutons et des porcs. Des détachements de troupe partis du chef-lieu furent expédiés à Atimahoro. Mais, par une erreur inconcevable, un des trois Chinois auquel le recours en grâce était permis, seul converti à la religion catholique, fut expédié pour être exécuté. Arrivé sur la plantation, l'erreur fut reconnue. On dut envoyer un exprès à Papeete demander le vrai coupable. Les angoisses qu'a dû éprouver le malheureux, d'abord condamné, puis se croyant gracié, puis enfin envoyé au supplice, sont inimaginables. Enfin le condamné arrive; il est converti à la hâte (en deux heures!) par l'excellent mission-

graeve), ont été condamnés à la peine de mort, commuée en celle des travaux forcés à perpétuité.

1. Encore à l'acquit de M. de la R...

naire de Papeuriri, et conduit au pied de l'échafaud, solidement garrotté ; sa dernière heure approche. On veut soulever le couperet, on ne peut y parvenir; plusieurs hommes s'y emploient en vain. La machine avait été peinte la veille avec du coaltar ou goudron minéral ; cet enduit avait fait corps avec le bois et empêchait le couperet de glisser dans les rainures. On va chercher, au milieu de l'émotion générale, un charpentier et des outils pour soulever le couperet. Les efforts qu'on avait faits l'empêchent de retomber. Même à coups de masse, on ne peut le faire glisser. Plusieurs ouvriers arrivent; on écarte les montants de la fatale machine. Au bout de quarante-cinq minutes d'efforts, le couperet paraît devoir fonctionner régulièrement; on le lève et on le laisse retomber plusieurs fois. Le malheureux condamné a assisté, énergique et l'œil impassible, à tous ces préparatifs; il s'est livré bravement, en vrai martyr... » Et voilà « comment nous civilisons », ajoute *le Siècle*[1] à la suite du récit, qui a été emprunté au *Messager franco-américain*.

La race indigène, la plus importante par le nombre, fournit le principal appoint dans la délinquance, mais en général avec des attentats de médiocre gravité. Cette race appartient, comme on sait, au rameau polynésien oriental. Sous le rapport physique, elle est belle et vigoureuse. Les hommes sont bien découplés et fortement musclés, les femmes remarquables par une plastique que rehausse une grâce naturelle. La taille est grande (moyenne, $1^{m},77$ à $1^{m},78$). Malgré que les mesures crâniométriques aient établi dans le groupe une prédominance notable de la sous-dolichocéphalie ou de la mésaticéphalie, les mensurations sur le vivant, recueillies à Paris pendant l'exhibition coloniale de 1889, ont permis à Deniker et Laloy[2] de reconnaître chez les Tahitiens une brachycéphalie très prononcée (indice céphalique, 88,4 chez les hommes, 92 chez les femmes). « L'occiput excessivement aplati de cer-

1. 26 août 1869.
2. *L'Anthropologie*, 1890, n° 5, p. 532 et suivantes.

tains individus fait même penser à une déformation artificielle du crâne... La face est allongée, ovale, bien conformée. L'aspect de la physionomie a quelque chose de particulier qui frappe et séduit l'observateur; à l'expression d'un calme mélancolique qui règne sur toute la figure, se joint une certaine douceur du regard et la volupté des lèvres chez les femmes. Il est difficile de définir cette expression sympathique, mais on la distingue tout de suite... » A ces caractères s'allient, plus accentués chez les femmes, quelques traits mongoloïdes : « Face légèrement aplatie, un peu large, pommettes un peu saillantes (parfois), fente palpébrale étroite, triangulaire, légèrement oblique. » Les cheveux sont droits et raides, très noirs; les hommes ont peu de barbe; la couleur de la peau est d'un jaune brunâtre. Sous le rapport moral, le Tahitien se montre plein de contrastes. Il est calme, pacifique, quelque peu apathique, très pitoyable. Cependant, il s'est livré autrefois à des guerres sanglantes et cruelles, et, même de nos jours, on l'a vu susceptible d'effervescence (en 1892, émeute contre le prince Téruhinoiatua, notre protégé : une foule hostile saccage ses appartements et y met le feu, poursuit le prince et ses partisans à coups de revolver). Il est brave, chevaleresque, sait affronter le danger avec sang-froid, sous l'apparence d'une grande timidité dans les relations ordinaires. La superstition (car il est très crédule, ajoute toujours foi aux sorciers) a pu jadis l'entraîner à l'abominable pratique des sacrifices humains, mais jamais à celle du cannibalisme; il s'est élevé à l'occasion contre cette coutume, qu'excusait, dans plusieurs archipels, le manque à peu près absolu de nourriture réconfortante[1]. Il a le respect de la parole donnée, comme

1. « L'anthropophagie n'a jamais existé à Tahiti, écrit Cuzent (*Souvenir de l'Océanie*, p. 111), et les naturels y témoignent, pour ceux qui la pratiquent, une horreur des plus vives. Aussi, lorsque le sort d'une goélette américaine, qui s'était perdue sur l'une des îles basses de l'archipel de Paumotu (île Blight), fut connu à Tahiti, et que les indigènes surent que son équipage avait été dévoré, ils se montrèrent profondément indignés. A l'arrivée des coupables à Papeete, les Tahitiens accoururent en foule sur la plage pour voir

de tout ce qu'il a déclaré *tabou*, c'est-à-dire sacré, hommes et choses. Il a ses éclats d'impulsivité agressive, ses entraînements rancuniers; mais s'il est capable de meurtre, il est extraordinairement rare qu'il aille jusqu'à l'assassinat; frapper un adversaire par surprise est à ses yeux le crime le plus lâche et le plus odieux. Il n'est point convoiteur du bien d'autrui ni enclin au vol. Il est même telles îles ou ce genre de délit est inconnu, par exemple à Rapa, où la compagnie des paquebots anglais n'a pas même eu besoin de faire mettre des portes aux magasins contenant son matériel[1]. Le Tahitien, par contre, est de complexion très amoureuse (instinct assez mal explicable, d'après la théorie du développement cérébelleux, dans une race où le crâne présente un aplatissement occipital aussi exagéré). Hommes et femmes sont portés à la débauche et s'y livrent de bonne heure. Les missionnaires protestants n'ont pas mieux réussi que leurs collègues catholiques à modifier dans la population cette manière d'être du tempérament ; ils l'ont seulement recouverte d'un voile d'hypocrisie, et le contact des Européens laïques l'a plutôt renforcée, en lui enlevant son caractère naïf pour lui substituer le caractère vénal de la basse prostitution. Au moins dans leurs entraînements génésiques les Tahitiens ne connaissent-ils aucune des déviations antiphysiques qu'on observe en d'autres milieux coloniaux. Ils n'ont pas besoin de recourir à la violence brutale

débarquer ces malheureux, et ce fut, au premier moment, à qui souhaiterait la mort la plus violente et la plus en rapport avec l'énormité du crime dont ils s'étaient souillés... » Puis la pitié survint, à l'aspect misérable des prisonniers. Une jeune fille s'empressa d'aller chercher chez elle des jupes pour couvrir trois femmes à peine vêtues ; d'autres apportèrent des vivres, et l'on s'extasia sur la gaucherie et la voracité de « ces sauvages ». Les pauvres diables étaient-ils bien dignes de la corde ? On affecta de le déclarer tout d'abord, mais on s'abstint pourtant de leur infliger aucun châtiment. La disette et la faim avaient été leurs conseillères, et malgré leur franche repue, ils gardaient la marque des privations habituelles qu'ils avaient eu à supporter dans leur île; leur constitution était dans le plus grand état de délabrement.

1. *Notices*, t. IV, p. 100.

pour satisfaire à leur appétit sexuel ; chez eux, le viol et l'attentat à la pudeur sont rares. Mais leur libidinosité, perfectionnée sous l'influence... civilisatrice, se révèle sur les statistiques judiciaires officielles ; j'y découvre en effet un délit spécial : la vente et le colportage des photographies obscènes. Le commerce n'avait garde de négliger l'exploitation du vice, et il a inondé la colonie d'ignobles représentations, fort goûtées des indigènes (la denrée provient de maisons allemandes ou des États-Unis). La débauche a des conséquences plus graves. De tout temps, l'avortement et l'infanticide ont été signalés comme des pratiques courantes ; elles n'étaient jadis réprimées par aucune punition; même elles étaient encouragées dans certains cas, « comme dans la fameuse société des *Arioï*, où l'on n'était reçu qu'à condition de détruire tous les enfants qu'on pourrait avoir; si l'on en laissait vivre un seul, on était honteusement expulsé... » (De Bovis[1].) La persistance de ces coutumes semble démontrée par la diminution continue de la population; mais l'attentat reste caché, parce qu'il est devenu crime susceptible de châtiment, et il le demeure, grâce à la complicité de tout le monde, au sein d'une population qui ne l'envisage point à mal. L'adultère, chez les Polynésiens, était autrefois considéré comme un vol, un attentat à la propriété conjugale; le mari, propriétaire de la femme, pouvait punir de mort les coupables. Mais ce n'était guère la jalousie qui l'inspirait, dans une société où la femme était un objet d'amusement, susceptible d'être loué contre de bons cadeaux ou prêté entre amis intimes (Letourneau[2]). Aussi les enfants illégitimes étaient-ils entourés, dans la famille où ils tombaient, des mêmes soins et des mêmes affections que les autres. Les choses, si elles se sont modifiées à certains égards, sont demeurées au même point quant à l'indifférence qu'on garde au sujet des enfants naturels ; ils ne sont pas l'objet

1. *Annuaire des établissements français de l'Océanie* pour 1863, p. 257.
2. *Évolution juridique*, p. 56.

d'une réprobation, sont traités à l'égal des autres, et cela prévient bien des maux que le préjugé des peuples civilisés n'a point encore su écarter dans leurs milieux par un peu plus de justice et de pitié envers des êtres en somme non coupables des écarts de leurs parents. Le Tahitien ne doit à ses prétendus civilisateurs que la dissimulation de ses anciens vices, en réalité plutôt amplifiés qu'atténués, dans l'ombre. Mais il leur doit des habitudes nouvelles. Il n'est guère de peuple qui n'ait cherché le moyen d'oublier momentanément les tristesses ou les rigueurs de l'existence banale, de vivre par instants dans le rêve imagé. Les ébriants sont à la vie psychique ce que l'aliment est à celle du corps. Les Polynésiens avaient le leur propre, le *kava*, produit de la mastication de la racine fraîche du *piper methysticum*, abandonné à la fermentation. Le breuvage déterminait une sorte d'extase agréable. Celui qui l'avait absorbé était tout entier sous la jouissance de l'idée caressée; mais il conservait une grande excitabilité vis-à-vis du milieu extérieur. C'était là le danger de l'ivresse. Au moindre bruit qui le rappelait à la réalité, le rêveur s'emportait ; le brusque effacement de ses conceptions bizarres le rendait furieux, le faisait passer du calme à la colère, et le poussait parfois à des actes violents[1]. Mais l'ivresse du kava était loin de provoquer d'ordinaire des effets d'excitation aussi redoutables que l'alcool et l'opium, et, répétée, elle n'amenait point cet état de décrépitude et de dégénérescence que détermine à la longue l'usage de ces dernières substances. Aujourd'hui, les Tahitiens n'ont plus rien à envier aux civilisés ; les Chinois leur ont appris à savourer les fumées de l'opium, les Européens toutes sortes de liqueurs alcooliques, et le kava a cédé la place à des stimulants plus énergiques, en même temps que plus abrutissants, qui sont en train de devenir un important facteur de délictuosité et d'amoindrissement pour

1. Jadis, assure Cuzent, lorsqu'un chef buvait le kava, il s'entourait de gardes, qui avaient mission d'écarter tous les importuns ; un chien venait-il à aboyer, un coq à chanter, on le tuait à l'instant.

la race. Depuis plusieurs années, la consommation de l'opium et des boissons alcooliques a fait des progrès inquiétants à Tahiti et dans les archipels voisins[1] : la vente de l'opium vient d'être interdite, mais trop tard, car une habitude qui a pris racine saura certainement trouver une alimentation dans le commerce clandestin ; quant à la vente des eaux-de-vie, vermouths, absinthes et autres poisons que l'Europe tolère chez elle et répand à flots chez les autres peuples, il ne faut pas s'attendre à ce qu'elle soit limitée ; comme chez nous, la loi est impuissante à réprimer l'ivresse. Les suicides seraient encore assez rares.

La population, indigène et européenne, est justiciable des tribunaux français. Il y a quatre degrés de juridiction : 1° des tribunaux de paix, jugeant en matière de simple police et à compétence étendue jusqu'aux matières correctionnelles, avec l'administrateur ou le sous-administrateur de la localité comme magistrat (à la presqu'île de Taravao, à Papéotaï dans l'île Moorea, à Rotoava dans les Tuamotu, à Taiohac dans les Marquises, à Rikitea dans les îles Gambier) ; 2° un tribunal de première instance à Papeete (Tahiti), jugeant en matières de simple police et correctionnelles, avec un juge président et un lieutenant de juge qui remplit en même temps les fonctions de juge et de greffier ; 3° un tribunal criminel, constitué pour tenir lieu de cour d'assises, et juger en matières criminelles ; 4° un tribunal supérieur ou cour d'appel, composé d'un président, de deux juges et du procureur de la République, chef du service judiciaire.

En 1891, les tribunaux de simple police, correctionnels et criminels ont eu à prononcer 1 335 condamnations, sur lesquelles 346 pour contraventions et délits divers, sans relation avec la délictuosité proprement dite, 721 pour ivresse et 268 pour délits ou crimes caractérisés ; les crimes n'ont entraîné que 4 condamnations : 1 pour tentative d'homicide, 3 pour vols qualifiés ; parmi les condamnations correctionnelles, 76 ont été

1. *Semaine médicale* du 11 juin 1890, p. 212.

prononcées pour violences légères, blessures par imprudence, coups et blessures volontaires, 9 pour diffamation ou injures graves, 12 pour outrages publics à la pudeur et ventes de photographies obscènes, 55 pour vols simples. Le nombre des sujets incriminés est de 1 456, ainsi répartis :

	Hommes.	Femmes.	Totaux.
Inculpés (contrevenants de simple police)..	898	119	1 017
Prévenus (délinquants correctionnels).....	354	79	433
Accusés (criminels).....................	6	"	6
	1 258	198	1 456

La *Nouvelle-Calédonie*, par sa situation entre les possessions malaises de l'Espagne et de la Hollande et le continent australien, sa proximité relative de la Chine et de notre empire annamite, l'étendue de son territoire, les richesses minières et la fertilité de son sol, le choix qu'on a fait d'elle pour colonie de transportation et de relégation, offre des conditions de développement toutes spéciales. Son climat et ses ressources assurent à l'Européen des moyens d'existence et de perpétuation de sa race qui, peu à peu, refoulera l'indigène et s'y substituera. Jusqu'ici, cependant, le développement de la population blanche a été médiocre, et il s'est surtout entretenu par les apports de la transportation. Il ne s'est point créé, comme en Australie, autour des libérés, des agglomérations d'immigrants volontaires, susceptibles d'absorber ceux-ci, de les confondre dans une masse de travailleurs de bon aloi, désireux de tirer le meilleur profit d'une nouvelle patrie, vrais colons de peuplement. La race indigène reste encore nombreuse, tout en diminuant chaque année, s'effaçant à des contacts pernicieux pour elle, inapte, d'ailleurs, à tout assouplissement sérieux dans la voie civilisée, répugnant à l'œuvre agricole. Il faut emprunter des bras aux Nouvelles-Hébrides et jusqu'en Annam.

Le fonds indigène, qu'on estime à 43 000 âmes, garde l'empreinte indélébile de la sauvagerie ancestrale. Il est constitué par des éléments très inférieurs aux Tahitiens, et l'on s'en étonnera peu, lorsqu'on saura quelle forte proportion de sang mélanésien il renferme. Chez le Polynésien oriental, on relève bien quelques indices de mélanges négroïdes, mais exceptionnels et légers. Au contraire, les caractères du noir deviennent très prononcés, tout à fait dominants, chez le Néo-Calédonien, le Canaque, comme on le désigne vulgairement. On distingue, il est vrai, deux types : l'un à la peau jaune foncé, d'une taille de 1^{m},674, à la musculature assez vigoureuse, aux cheveux ondulés et longs, qu'on appelle *polynésien;* l'autre à peau chocolat foncé, d'une taille de 1^{m},66, aux membres grêles, aux cheveux courts et crépus, au nez déprimé. Mais le dernier type est très prépondérant, et l'autre accuse avec lui des mélanges intimes et profonds, de telle sorte qu'on se trouve en face d'une population surtout mélanésienne [1]. Les observateurs ont, d'ailleurs, confondu les deux types dans la même description et les mensurations crâniométriques n'établissent pas de distinctions. D'après les recherches de Bourgarel et de Bertillon, l'indice céphalique moyen serait de 71,78 (dolicho-

1. On admet deux groupes dans la race nègre océanienne : les Papous et les Négritos :

Négritos : Taille petite, peau d'un noir de jais, crâne brachycéphale, chevelure noire, crépue, implantée par touffes roulées en spirale, peu de barbe ; face large des pommettes, nez non épaté, mâchoire modérément saillante, avec le menton rond non fuyant ; yeux noirs, grands, ronds, avec fente palpébrale horizontale.

Papous : Taille médiocre, mais plus élevée, peau d'un noir chocolat, crâne dolichocéphale, cheveux noirs, implantés par touffes, acquérant un développement considérable (tête de vadrouille), barbe assez développée, noire, frisée, visage très prognathe, menton fuyant, lèvres épaisses, nez fort à la base, mais saillant et recourbé.

La branche papoue, à laquelle se rattachent les noirs néo-calédoniens, se serait plus élevée que la négrito. « Dans la Nouvelle-Calédonie, les Papous, livrés à eux-mêmes avant l'arrivée des Européens, avaient franchi la première barrière qui sépare l'état purement sauvage de la civilisation. Ils étaient devenus agriculteurs et construisaient de véritables ouvrages d'art pour arroser leurs plantations. » (De Quatrefages, *Hommes fossiles et Hommes sauvages*, p. 18.)

céphalie[1]) ; le crâne est remarquable par son étroitesse comparée à la largeur de la face, très considérable en raison du développement de l'appareil masticateur ; le prognathisme est marqué (angle facial moyen, 74 degrés). L'uniformité apparaît plus manifeste dans les instincts et les mœurs. Avec quelques traits physiques et en quelque localité qu'on le rencontre, le Canaque est le même sous le rapport des habitudes, des croyances, des goûts et des impulsivités. C'est un sauvage plus qu'un barbare. Il lui a fallu, depuis l'occupation française, tempérer ses entraînements guerriers et cruels, mettre un frein à certaines passions dont on ne tolérerait plus les éclats, renoncer même à des pratiques chèrement caressées au fond du cœur. Mais il trahit ses survivances en reportant ses ardeurs vers l'occupation presque exclusive de la chasse, par l'empressement qu'il met à s'adjoindre à nos troupes au moindre espoir de guerroyer contre une tribu de ses congénères, l'âpreté qu'il déploie dans les fonctions de bas policier et la recherche des évadés de nos pénitenciers. Pourtant, les opinions sont fort divergentes sur son compte. C'est une créature méchante et mauvaise, disent les uns, vindicative, ignorant la pitié, ne s'inclinant que devant la force, maître de celle-ci, en disposant sans mesure. « Ces naturels ne sont pas méchants, écrit Lecomte[2], et bien plus, ce qui est assez extraordinaire, ils ne sont ni haineux ni vindicatifs, mais ils sont fort impressionnables et se laissent aller à leur premier mouvement, bon ou mauvais. Leurs actions du lendemain ne ressemblent jamais à celles de la veille ; ils oublient aussi facilement l'injure qu'ils ont reçue que celle qu'ils ont commise... ». Est-ce bien là ce qu'apprend l'analyse

1. Les *Notices* attribuent très gratuitement la brachycéphalie au Néo-Calédonien de type mélanésien. Voir Bourgarel, *Mémoires de la Société d'anthropologie*, t. II, p. 383, et Mondière, *Dictionnaire des sciences anthropologiques*. « Chez les Papous, le crâne est toujours dolichocéphale et presque toujours hypsisténocéphale, c'est-à-dire qu'il est très allongé d'avant en arrière et plus haut que large. Chez les Néo-Calédoniens, l'indice crânien varie de 67,01 à 74,43... » (De Quatrefages, *loc. cit.*, p. 155-157.)

2. *Mémoires d'un officier de marine*, t. II, p. 524.

des faits observés ? Le Canaque n'apparaît pas sous des couleurs aussi mitigées, lorsqu'il oublie la retenue ou dépouille la contrainte, comme au cours de ses tentatives de révoltes. Il les complote avec une dissimulation inouïe, les conduit avec une ruse et une patience étonnantes, procède à l'exécution avec le mépris de la mort pour lui-même, sans négliger cependant contre l'adversaire les moyens de surprise et de guet-apens, et, dans ses succès partiels et éphémères, se montre féroce avec volupté. « Le 6 novembre 1867, à Pouebo, où était un poste de trois gendarmes, le brigadier Bailly et le gendarme Venturini, revenant, vers neuf heures du soir, d'une case située à 8 kilomètres environ dans le sud, furent attaqués par les habitants de Gabarick, qui les assassinèrent et laissèrent leurs corps sur la place. Les mêmes meurtriers, au nombre de douze cents, tuèrent ensuite le colon Déménée, de la case duquel étaient partis les deux gendarmes ; ils coupèrent la gorge à son dernier né, encore à la mamelle, blessèrent grièvement Mme Déménée et ses deux autres enfants, qui ne durent leur salut qu'à une prompte fuite. Descendant ensuite à 8 kilomètres plus bas, ils opérèrent leur jonction avec les naturels de Iambé, vinrent assiéger la maison de M. Henry, riche colon anglais, qui, avec quatre-vingts Sandwichs, se livrait à l'exploitation du bois de santal. Ils blessèrent son fils, qui ne parvint à se sauver que grâce à la bravoure de sa mère, tuèrent quatre Sandwichs, en blessèrent cinq ou six autres et ne se retirèrent qu'après avoir entièrement pillé un magasin qui contenait pour 60 000 francs de marchandises. » L'arrivée de quelques troupes acheva de disperser les bandes, on procéda à des arrestations et, pour la première fois, la guillotine fut dressée pour des Canaques ; elle fit rouler neuf têtes sur la plage de Pouebo. (Patouillet [1].) Toutes les insurrections se dé-

1. *Trois Ans en Nouvelle-Calédonie.* Il est triste d'avoir à rappeler, à propos de la révolte de Pouebo, que l'instruction fut très compromettante pour les missionnaires maristes. Un de leurs convertis était à la tête des révoltés, et l'un des pères fut véhémentement soupçonné d'avoir été l'instigateur occulte du mouvement. Partout

roulent ainsi, avec les caractères de véritables assassinats, comme jadis les guerres de tribu à tribu, de famille à famille, Ce ne sont pas des motifs nobles qui les inspirent, mais toujours quelque idée de rancune individuelle, l'espérance d'un pillage facile, avec celle de voir couler du sang, beaucoup de sang, quelquefois aussi d'avoir à manger des cadavres frais, car le cannibalisme est dans les mœurs (je reviendrai sur ce point . Une entente dictée par des intérêts communs tout égoïstes semble tenir lieu de patriotisme en quelques occasions. Mais le Canaque n'a point la notion de la patrie ; la solidarité, chez lui, ne franchit pas les limites de la tribu, et lorsque des tribus se groupent, afin d'exécuter un grand coup contre les blancs, c'est uniquement pour se ménager de meilleures chances de réussite dans le massacre et le saccagement. Les indigènes ourdissent leurs trames avec machiavélisme, et peu s'en fallut, en 1878, qu'un vaste complot, organisé par eux de longue main, n'aboutît à une répétition des Vêpres siciliennes à Nouméa. Les Canaques de l'extérieur et ceux de la ville avaient observé que, le jour de la fête anniversaire de l'occupation (septembre), toute la population européenne était en liesse, les soldats libres et sans armes hors de leurs casernes, les civils occupés de réjouissances hors de leurs demeures ; ce jour-là, les Canaques des environs viendraient en ville, dissimulant des armes sous leurs vêtements ; à un moment donné, ils se jetteraient sur tous les blancs rencontrés et surpris sans défense, pendant que leurs compatriotes, occupés comme domestiques, tueraient les blancs restés au logis et mettraient le feu aux diverses maisons. Un hasard déjoua le complot. Au mois de mai, un horrible assassinat était commis à quelques kilomètres de Nouméa : un forçat libéré était massacré avec la femme indigène qui lui servait de concubine et ses enfants ; les Canaques, à la suite de l'instruction, eurent des craintes que le crime ne fît soupçonner quelque chose de leurs desseins

où préexiste une mission catholique, on voit de mauvais œil s'introduire l'autorité civile... à moins que celle-ci n'accepte l'inféodation aux bons pères.

et songèrent à en précipiter l'exécution. Il y eut alors des hésitations ; des tribus vinrent même donner l'éveil aux autorités françaises, en demandant à s'adjoindre à nos troupes, dans l'espérance de razzier les femmes de leurs voisins, et, l'avant-veille du jour où la conspiration devait éclater, elle était définitivement prévenue, grâce à un événement singulier. Une famille Lewis était aux champs ; leur domestique indigène venait de disparaître, on ne s'en inquiéta guère. Mais, le soir, la petite fille l'aperçut caché dans les broussailles, qui lui faisait signe d'approcher en gardant le silence ; le noir dit tout bas à l'enfant d'avertir ses parents qu'ils eussent à se sauver ou qu'ils allaient être tués, qu'il les en informait au péril de sa vie, *parce qu'il l'aimait bien, elle,...* puis il s'éloigna. C'est un des rares exemples de pitié qu'on ait relevés dans la race au cours de ses insurrections. Le lendemain, les massacres isolés commençaient ; mais des forces militaires étaient déjà en mesure d'accomplir une répression énergique, et tout finit, après quelques tueries d'Européens perdus à l'intérieur, par la réduction des insurgés. Ceux-ci n'avaient en vue que la satisfaction de leurs vindictes particulières et les profits d'un facile pillage ; ils se heurtèrent à des bandes d'indigènes empressées à se mettre à la suite de nos soldats, sous l'influence de mobiles analogues vis-à-vis des leurs vaincus [1].

Jadis, les guerres intestines avaient un stimulant spécial dans les habitudes anthropophagiques. Le cannibalisme existait chez les Néo-Calédoniens, au moment de l'arrivée des premiers missionnaires, et ils le pratiquaient, sans doute, comme la chose la plus naturelle [2]. C'était une conséquence de la pauvreté du pays en aliments d'origine animale (en dehors de la pêche, d'un maigre gibier à plumes et des grandes chauves-souris appelées *roussettes* [3]), celle aussi d'un certain symbolisme

1. D'après une communication orale de M. le docteur Guyot.
2. Lecomte, *loc. cit.*, t. II, p. 550.
3. « C'est une grande joie pour les indigènes quand ils peuvent saisir une roussette... Ce gibier n'est jamais porté à la case, par crainte d'être obligé de le partager ; celui qui est assez heureux

superstitieux, le sauvage aimant à raffiner ses vengeances, estimant que manger son ennemi est la plus haute expression de la vindicte, et croyant qu'il s'assimile ainsi les qualités de la victime. Puis le mets fut apprécié, et l'habitude perpétuée par goût. Mais alors, quand il n'y avait point de guerre, le régal n'était pas à la portée de tout le monde : voler et tuer des femmes et des enfants, cela ne pouvait se faire en toute impunité qu'à la condition d'être chef, et le cannibalisme s'enracina surtout dans les mœurs des puissants et des riches, en même temps qu'il devint, sinon odieux, du moins onéreux aux humbles, sentiment très habilement exploité par les missionnaires, pour inspirer le dégoût d'une telle coutume aux masses, et forcer peu à peu les chefs à se contraindre, puis à s'abstenir, devant la réprobation. Les pères Rougeron et Montrousier eurent beaucoup à faire avec le fameux Bouarate, chef d'Hienguène, qui mettait ses sujets en coupe réglée, « mangeant au moins un de ses serviteurs par semaine, avec ses plus intimes, y compris sa femme » (Lecomte), sans compter les enfants et les femmes qu'il faisait enlever selon ses besoins. Tout autour de sa case étaient des monceaux d'ossements humains, exposés à la vue de tous les naturels, qui n'en éprouvaient « aucun soulèvement pénible,... riaient même presque au nez des visiteurs européens lorsqu'ils manifestaient leur indignation ». (Lecomte.) Évidemment, avec de pareils sauvages, il fallait moins espérer d'une action morale que d'une action répressive, pour venir à bout de l'abominable pratique. L'autorité française le comprit; mais ses premières tentatives, à cet égard, furent quelque peu incohérentes. Les Pouanloatches, avec l'appui et le concours du chef Gondou, surnommé « l'Ogre de la colonie », se livraient à des incursions chez les Ounouas, nos alliés; en 1864, ils avaient massacré et mangé l'équipage d'une goélette; en 1867, en plein jour, à 500 mètres d'un poste, coupé la tête à un colon. On cerna le village signalé comme le repaire des

pour en avoir un le cache » et s'en va le cuire et le manger, tout saignant, en quelque coin retiré des bois. (Lecomte, *loc. cit.*, p. 546.)

anthropophages; on surprit vingt-sept de ces misérables dans leurs cases, « qui furent incendiées, et le même feu les dévora eux-mêmes; car, à chaque tentative qu'ils faisaient pour s'échapper, ils étaient repoussés dans les flammes par les baïonnettes impitoyables de nos tirailleurs indigènes ». On permettait bien d'autres plaisirs à nos auxiliaires indigènes, et le docteur Patouillet, un témoin oculaire, affirme « qu'ils n'épargnaient ni les femmes ni les enfants à la mamelle[1],... qu'ils se livraient, même après le combat, à des festins dont les cadavres ennemis faisaient les frais... On fermait les yeux sur des actes qu'on désespérait de pouvoir empêcher... » Singulière façon, tout de même, d'initier des cannibales à la civilisation, en leur amenant, comme punisseurs, des gens auxquels on accordait le droit de les manger eux-mêmes! Depuis, on a réussi à mieux discipliner le Canaque; mais il n'est pas bien sûr qu'on ait étouffé chez lui ses plus féroces instincts, ni même supprimé, d'une manière absolue, son goût pour la chair humaine. Le cannibalisme doit encore posséder des adeptes, mais qui, très clairsemés, réfugiés dans les localités les moins abordables, ne procédant d'ailleurs qu'occasionnellement à leurs régals, échappent à la surveillance[2].

Le meurtre et l'assassinat, sans être aussi fréquents qu'autrefois, ne sont pourtant point rares, et, lorsqu'ils ont lieu dans les tribus isolées, leur connaissance n'arrive pas toujours jusqu'aux magistrats. Ces crimes ont pour mobiles ordinaires le

1. *Loc. cit.*, p. 49-50. Dans une autre affaire, on avait défendu aux Canaques auxiliaires de massacrer les femmes. Un chef, voulant témoigner de sa déférence aux ordres donnés, enlève d'une case à laquelle il venait de mettre le feu une femme d'une vingtaine d'années; mais s'étant aperçu qu'elle portait un petit enfant de sexe mâle, il le lui arracha et le rejeta sans pitié dans les flammes. *Ibid.*, p. 164.

2. Il persiste dans l'archipel voisin des Nouvelles-Hébrides. On lisait dans une dépêche du 23 décembre 1892 (de San-Francisco), que le capitaine et le second du navire français *Constantine*, au cours d'opérations commerciales, avaient été tués par leur équipage canaque, cuits et mangés, à l'occasion d'une fête, sur une des îles de l'archipel.

ressentiment d'une injure et la jalousie sexuelle. Dans un pays où les femmes sont peu nombreuses, où la polygamie, chez les chefs, en confisque plusieurs au profit d'un seul, l'ardeur génésique exalte les colères contre tel rival heureux. J'ai entendu dire qu'il fallait rechercher la cause de plus d'un assassinat de libéré dans l'union concubinaire que l'homme avait contractée avec une femme indigène, au grand dépit des mâles de la région. Entre eux, les Canaques exercent la vendetta avec rage, d'individu à individu, de famille à famille, de tribu à tribu, souvent à propos d'un motif très futile, d'autres fois à la suite d'un rapt de fille ou de femme. Ils préméditent avec soin leurs attentats, et organisent avec habileté le guet-apens, ainsi que je l'ai précédemment exposé. Ils ont aussi recours au poison (*Datura stramonium*) et aux procédés de la sorcellerie, ces derniers, plus intentionnels qu'effectifs, mais susceptibles de résultat homicide, quand les prétendus maléfices prennent la forme de breuvages où se dissimule le poison. La superstition est elle-même une sollicitatrice à l'attentat contre ceux qui ont la réputation de sorciers. C'est que, si l'on s'adresse à eux pour maintes affaires plus ou moins avouables, on les redoute, et on leur attribue toutes sortes de scélératesses. Les sorciers, croit-on, peuvent donner la mort à volonté (il ne leur faut, pour cela, qu'entrer dans une case et y déposer des pelures d'ignames, de tarots, etc.[1]); il ne meurt guère de personnages importants, sans qu'on attribue leur décès à des sortilèges[2]. Malheur à ceux que la voix publique, ou celle d'un ennemi occulte, désigne comme les coupables ! Ils sont mis à mort sans pitié, et tout le monde approuve. Lecomte rapporte, à cet égard, des faits bien caractéristiques. Peu de temps avant

1. Lecomte, *loc. cit.*, p. 542.

2. Les sorciers néo-calédoniens pratiquent l'envoûtement. Mais le docteur Patouillet ne décrit pas l'opération. « Un sacrifice dans le cimetière, quelques mômeries dont on se presse d'avertir la victime désignée pour l'effrayer, et elle tombe malade. On dit alors qu'elle est *mangée*. J'ai pu constater trois fois des morts arrivées dans ces circonstances, et que les noirs ne manquaient pas d'imputer aux pratiques mystérieuses du sorcier. » (*Loc. cit.*, p. 201.)

son arrivée dans l'île, une vingtaine de personnes, qui ne se doutaient point de leur ténébreuse puissance, avaient été tuées sous l'accusation d'avoir provoqué la mort du chef de Bombé. Dans une tribu voisine, un noir, à la figure débonnaire, avouait naïvement qu'il avait tué trois hommes « parce qu'ils étaient sorciers, et, pour cela faire, qu'il était allé la nuit dans leurs cases, et leur avait coupé le cou pendant leur sommeil[1]... » Ces exécutions sommaires ont lieu surtout aux époques d'épidémies, les indigènes attribuant la maladie et le surcroît de léthalité à des influences surnaturelles, mais qui dépendent du pouvoir des sorciers (en plus d'un pays d'Europe, il en est encore de même, quant à la croyance aux actions maléficieuses, comme causes des explosions cholériques[2]).

Une autre forme de vindicte est l'incendie.

Paresseux et imprévoyant, au point d'être maintes fois exposé à périr de faim, parce qu'il ne cultive pas une terre, cependant très fertile, selon la limite de ses besoins, ne songe pas à mettre de côté des provisions pour remédier aux pénuries accidentelles, le Néo-Calédonien est, en même temps, très convoiteux. Le corollaire, c'est qu'il est un voleur par nature (opinion nettement formulée par Lecomte, et plus vraisemblable à admettre que celle de Patouillet, d'après lequel le Canaque ne serait voleur « que par exception[3] »); il trouve fort simple de prendre à autrui ce qu'il n'a pas lui-même, et, s'il s'estime trop faible pour exécuter un coup, il ne manque pas de complices pour l'y aider. Les déprédations entraînent souvent des représailles qui dégénèrent en hostilités de tribu à tribu.

Le tempérament est très sexuel, la précocité génésique fatale, dans un milieu où « les parents ne se cachent d'aucune

1. *Loc. cit.*, p. 543.

2. On lit dans *la Bretagne* du 7 octobre 1893, à propos de l'épidémie cholérique sévissant sur plusieurs communes du Finistère, que des faits déplorables se sont produits en diverses localités. Des promeneurs inoffensifs, des excursionnistes, ont été assaillis et maltraités, accusés d'avoir empoisonné l'air et les eaux, d'avoir *semé le choléra dans les champs*.

3. *Loc. cit.*, p. 138.

action devant les enfants » (Lecomte[1]); le libertinage excessif, dans une population où la virginité n'est point prisée, où « les jeunes filles peuvent disposer de leur corps, sont parfois offertes, par leurs parents, aux étrangers » (Lecomte[2]). La proportion insuffisante des femmes expose malheureusement les ardeurs du mâle, surexcitées, à demeurer sans satisfaction ; le besoin sexuel entraîne alors l'homme à des perversions (la pédérastie serait commune), ou le pousse à des actes violents pour la possession éphémère ou durable d'une femme. Le rapt des femmes, une autre cause fréquente de vendetta entre familles ou entre tribus. On conçoit qu'en ces conditions la femme soit un objet d'une certaine valeur; aussi, le mari tient à la conserver, il exige d'elle une fidélité qu'il ne daigne pas observer pour lui-même, et l'adultère est châtié comme un vol grave. C'est, du reste, un manquement assez rare, d'après Patouillet. « Il était puni très sévèrement jusqu'à notre arrivée. Le mari, généralement averti par les indiscrétions des compagnes de sa femme, la châtiait en la tuant, le plus souvent à coups de casse-tête. Le complice, s'il n'était assommé sur place, pouvait racheter sa vie moyennant une certaine somme; mais, quelquefois, le mari, n'écoutant que sa fureur, préférait brûler sa case et lui enlever sa moitié[3]... » L'avortement serait fréquent. Il faut, sans doute, en rechercher la cause moins dans le désir, chez la femme, d'éviter la réprobation d'une grossesse illicite, au sein d'un milieu si relâché, que dans une intention de maintenir la population à un degré de réduction proportionnel à celui des ressources (malthusisme de civilisés chez des sauvages). Le docteur Patouillet lui attribue la stérilité des unions, et le considère comme le fléau le plus fatal à la population; il n'a pu arriver à découvrir le procédé dont les femmes font usage; mais il a acquis la certitude qu'elles employaient parfois, en pareil cas, « une décoction du

1. *Loc. cit.*, p. 529.
2. *Loc. cit.*, p. 531.
3. *Loc. cit.*, p. 89.

bourgeon rouge de la grappe du bananier[1] ». Il est probable que l'infanticide est non moins commun. Mais l'enfant, lorsqu'il a été conservé, est entouré de grands soins dans la famille, et jamais il n'est l'objet d'aucuns sévices, comme on l'observe trop fréquemment dans les collectivités civilisées.

Les notions du droit et de la justice sont très rudimentaires chez ce peuple. Le droit est celui du plus fort. Les chefs peuvent se permettre tout ce qu'ils sont en mesure de faire exécuter, sans que la masse trouve à redire. Ils avaient jadis des *tueurs* à leur solde, qui agissaient à leur commandement contre toute personne désignée, homme, femme ou enfant. « On s'inquiétait peu de savoir si la victime était coupable, si son crime était simplement de porter ombrage au chef, ou si ses formes dodues avaient seulement fait naître en lui le désir d'un joyeux festin. » (Patouillet[2]). A défaut de tueur officiel, le chef désignait l'un de ses sujets pour le remplacer ; mais, pour ce genre de commission, comme pour d'autres presque aussi désagréables, il éprouvait des résistances, sinon des refus qui eussent été punis de la peine capitale, du moins une façon de passivité, étayée sur des prétextes divers, qui l'obligeait à faire lui-même ce qu'il avait prescrit. La justice rendue par de tels chefs ne pouvait être que capricieuse et dérisoire. Mais les Canaques n'avaient et n'ont encore de la justice qu'une idée fort sommaire. Pour eux, elle se résume principalement dans leur intérêt ; ce qui les touche directement et leur occasionne un tort est injuste, s'ils espèrent en tirer le redressement ; mais le même acte accompli par eux contre autrui ou contre eux-mêmes par un puissant devient très légitime. Si le chef a le droit de tuer et de voler, de par la force, au milieu de sa tribu, un Canaque quelconque a celui de répéter les mêmes attentats contre plus faible que lui-même. Pourtant, comme l'expérience a démontré qu'il était mauvais

1. *Ibid.*, p. 90. « Il y a entre les feuilles (bractées) de ce bourgeon une substance âcre, blanche, assez semblable à la poudre de talc qu'emploient les gantiers, et qui renfermerait le principe actif. »
2. *Ibid.*, 135.

d'admettre, dans le peuple, un droit aussi large, comme on a reconnu qu'il était bon de se soutenir entre gens de même famille, et qu'en somme la tribu n'était que l'extension de la famille, on a édifié une sorte de droit traditionnel d'après lequel tout acte préjudiciable à l'un des membres de la tribu était punissable, c'est-à-dire crime répressible, mais d'après lequel le même acte commis hors de la tribu restait indifférent ou très digne de louange, s'il tournait au détriment d'un étranger ou d'un ennemi. Je ne suis pas bien sûr qu'au fond de ces consciences obtuses, une notion vague, mais assez fixe, d'une justice supérieure n'existe, car ils savent très bien faire la différence des procédés arbitraires et des procédés réguliers, trahissant le sentiment de leur propre conviction d'une méchante chose accomplie par leurs efforts pour la dissimuler, même par une sorte de remords. Patouillet raconte qu'un vieux chef de Tillet, célèbre par ses pillages, mourut se croyant « dévoré par l'esprit des blancs massacrés par lui, esprit demeuré dans les objets volés ou dans les richesses indigènes qu'il avait acquises avec le prix de ces objets; pour éviter pareil sort à son successeur, il ordonna, d'après le conseil du sorcier consulté, d'enfermer son corps et toutes ses richesses dans la malle d'un caboteur qu'il avait jadis assassiné ». Le sorcier, peu touché par un si bel exemple de repentir, s'empressa de dérober tout ce qui valait la peine d'être enlevé de la malle[1]! Dans leurs rapports entre eux, de par l'intérêt général (la somme des intérêts individuels), les mêmes crimes qu'atteint la loi chez les peuples civilisés sont donc déclarés punissables, le vol, l'adultère, l'homicide. Depuis l'occupation française, les Canaques ont appris à connaître que ces attentats n'étaient pas moins répressibles quand ils étaient commis contre les gens d'une tribu quelconque, contre l'étranger et l'Européen; ils ont accepté cette nouvelle manière de loi sans en apprécier la valeur intrinsèque, seulement parce que la force la leur imposait. Malgré l'influence des missions, malgré celle

1. *Loc. cit.*, p. 169.

des frottements multipliés avec l'élément français (il est vrai, en grande partie, de rayonnement éducatif peu susceptible de disséminer le progrès), ils n'ont guère dépassé le niveau moral qu'ils avaient avant l'occupation ; seulement, leurs instincts survivants sont revêtus d'un vernis qui leur confère une apparence d'atténuation. La justice était autrefois rendue, dans tous les cas, par les chefs. Le flagrant délit, les témoignages, l'aveu du coupable servaient à établir la conviction du juge. L'aveu de l'accusé venait rarement et les témoignages étaient assez fréquemment faux ou suspects, car le Canaque est un menteur émérite. Le chef se formait une opinion comme il pouvait ou voulait, prononçant sans appel, d'autres fois s'entourant de notables et laissant à la tribu le soin de ratifier la sentence. Le vol était puni avec sévérité. « Quand le délit avait de l'importance, comme par exemple le vol de monnaies (coquillages) ou de haches en pierre (jade), à Canala on crevait les yeux au coupable ; à Houagape, on l'étranglait ; dans les cas plus légers, quand on n'avait volé qu'une pirogue ou une femme, la punition se réduisait à une double amende, payée tant au chef qu'à la partie lésée... » (Patouillet[1].) Le meurtre appelait le talion. Le chef exécutait parfois lui-même ses sentences. Un chef de Baïao, ému par la mortalité qu'une épidémie exerçait sur sa tribu et l'attribuant à des maléfices, réunit toute la population afin de découvrir le sorcier; il prit une longue corde à nœuds coulants qu'il passa successivement au cou de chaque individu, et, d'après l'examen des physionomies, ayant cru découvrir qu'un homme devait être le coupable, il se disposait à l'étrangler, quand on lui persuada... avec promesse de gros cadeaux, qu'il fallait chercher plus loin le véritable sorcier. Plus loin, ce fut à une vieille femme qu'il s'arrêta définitivement, et comme la malheureuse était pauvre, sans appui, on la lui laissa pendre (Lecomte[2]). Plus souvent, c'était un indigène en charge qui

1. *Loc. cit.*, p. 136-138.
2. *Loc. cit.*, p. 543.

exécutait les sentences. Mais il n'était pas rare que l'affaire n'allât point jusqu'à un juge, celui auquel on avait voulu nuire se vengeant lui-même et immédiatement du tort et de l'offense par un coup de casse-tête au voleur ou à l'insulteur. Aujourd'hui, les chefs de tribus n'ont plus sur leurs sujets qu'une autorité restreinte; les cas délictueux et criminels aboutissent aux juridictions françaises, aux tribunaux ordinaires ou aux conseils de guerre, selon les circonstances.

Par un contraste frappant avec ce qu'on observe à Tahiti, le suicide ne serait point rare chez les Canaques; mais il ne semble pas ordinairement prémédité. Il est la conséquence d'une extrême impressionnabilité, d'une explosion soudaine de dépit ou de désespérance, que n'entrave aucune réflexion. Pas plus qu'il n'existe de proportion entre le mobile souvent si futile du crime et l'atrocité de celui-ci, il n'y a de pondération entre la détermination au suicide et sa cause. « Ainsi, pour une injure reçue, quelque revers essuyé, le Canaque ira se pendre dans les bois, et maintes fois le corps n'est retrouvé que lorsqu'il tombe en putréfaction. » (Lecomte[1].) Il y a des cas où le suicide relève d'un sentiment plus respectable, du chagrin profond éprouvé à la mort d'un être cher, et il est singulier de voir des femmes, dans une race où le sexe faible est aussi brutalement traité par le sexe fort, se tuer dans l'excès de leur désespoir au décès de leur mari. A la mort du chef Matamvé, deux de ses femmes s'étranglèrent (Patouillet[2]). Ou bien, ce sont des mères qui ne veulent pas survivre à l'enfant qu'elles ont perdu. « Une femme, voisine de l'établissement des (premiers) missionnaires, avait perdu une fille qu'elle chérissait; elle pleurait nuit et jour, appelant son enfant, et la vie lui devenait importune; elle tressa une corde et se pendit. Une personne... entendant les cris qu'elle poussait lui porta des secours; la mère regrettait vivement d'avoir été rappelée à la vie, parce que, disait-elle, elle n'avait plus de

1. *Loc. cit.*, p. 538.
2. *Loc. cit.*, p. 88.

bonheur à espérer et qu'elle désirait rejoindre sa fille dans le pays des génies. » (Lecomte[1].) En 1867, à Houagape, à la mort d'un chef, sa mère resta sept jours sans manger, malgré toutes les prières de ses proches et de ses amies. « Ne voyant pas, malgré un si long jeûne, arriver la mort, elle se poignarda avec un pieu durci au feu. » (Patouillet[2].)

Qu'il y ait dans le caractère des Néo-Calédoniens beaucoup de l'irritabilité infantile, je l'accorde. Mais qu'on trouve cette irritabilité suffisante à expliquer comme à excuser leurs actes, c'est à mon avis une erreur. Je n'admets pas, après tout ce que je viens de rapporter, que, d'une manière générale, la race soit très bonne et éducable. Grands enfants, soit, mais il y a des enfants bien doués et des enfants mauvais et irredressables, de même des catégories de sauvages de l'une et de l'autre aptitude. Les Canaques appartiennent, selon moi, à la seconde. Tous leurs attentats, cependant, ne se rattachent point à un défaut naturel de pondération (il y en a de fort bien calculés). Plus d'un, sans aucun doute, se relie chez eux, comme en d'autres races, à des transformations de la personnalité, sous l'influence de délires particuliers. Précisément, M. de Rochas a décrit dans la race un délire aigu spécial[3]. Est-ce un délire maniaque? La folie existe chez les indigènes, qui la respectent comme une sorte de maladie sacrée; mais elle n'est pas très répandue. Est-ce un délire d'intoxication provoqué par l'usage de drogues enivrantes? Mais M. Bavay, pharmacien en chef de la marine, m'affirme[4] que les Canaques ne connaissent ni l'opium ni le hachisch, ne touchent pas au datura (il y a néanmoins des empoisonnements qui ne peuvent être occasionnés que par cette plante), ne cultivent guère le tabac et ne fument que les préparations achetées aux Européens (ont-ils jamais fumé d'autres feuilles?

1. *Loc. cit.*, p. 538.
2. *Loc. cit.*, p. 88.
3. Société de biologie, *Bulletin* de 1860.
4. Lettre du 7 mai 1893. M. Bavay a séjourné trois ans en Nouvelle-Calédonie.

M. Bavay ne croit pas qu'il pousse en Calédonie des *duboisia*, espèces fumées en Australie). Il faut évidemment soupçonner l'intervention d'un facteur occulte. Ce ne pouvait être encore l'alcoolisme; car M. Bavay, qui a servi là-bas après M. de Rochas, ajoute dans sa note cette observation curieuse et intéressante : J'ai constaté que les gens ivres étonnaient beaucoup les Canaques; ceux-ci les appelaient des fous, et, les dimanches, ils allaient dans les rues pour en voir. Plus tard, j'ai vu des Canaques parfaitement ivres. Depuis, l'indigène a appris des Européens un genre de crapuleuse habitude trop fertile en impulsivités détestables. Rapides ont été les progrès. Par arrêté du 22 février 1888, le gouvernement local a dû interdire de vendre, donner ou procurer des boissons alcooliques aux indigènes ou aux immigrants océaniens, considérant que la vente de ces boissons occasionne à Nouméa et dans l'intérieur de la colonie des rixes et des troubles qui constituent un véritable danger pour la sécurité publique . L'arrêté est demeuré lettre morte. Le 1er février 1890, le *Yarra* partait de Marseille avec 3000 caisses de liquides, vermouth, amer Picon, absinthe, dont 800 caisses d'absinthe à destination de la Nouvelle-Calédonie ! L'horrible denrée n'était pas uniquement réservée à la population européenne. Quelle diffusion de dégénérescence parmi tous les éléments de la population, et aussi de sollicitations criminelles, de pareilles expéditions commerciales, très répétées, laissent supposer ou décèlent !

A la suite de la population indigène, il convient de citer des émigrants de plusieurs provenances.

Les uns sont de même race que les Canaques, mais restés plus brutaux, parce qu'ils ont subi moins de contacts avec l'Européen. On les recrute aux Nouvelles-Hébrides; l'enrôlement se fait, ose-t-on dire, par libre contrat, comme si de pauvres sauvages indégrossis étaient aptes à comprendre la signification et la valeur d'un contrat. En réalité, il s'agit d'une traite, très profitable à certaines maisons de commerce, mais honteuse pour notre pavillon. Sans doute, à part un petit nombre d'exceptions[1], elle ne s'exerce pas avec le même caractère d'odieuse violence que les Anglais déploient pour s'assurer des travailleurs en diverses îles de l'Océanie[2], mais elle dissimule avec peine des procédés hypocrites et inavouables[3]. Dans son nouveau milieu, le Néo-Hébridais, s'il est meilleur travailleur que le Néo-Calédonien, montre les mêmes instincts et les mêmes vices.

D'autres sont d'origine asiatique : les Chinois, clairsemés, restant d'anciens convois ; les Annamites, peu nombreux, transportés par force et mis à la disposition des directeurs des mines de nickel, avec un cynisme justement relevé par *l'Intransigeant*[4] : le travailleur libre était rare et coûtait cher ; les propriétaires des mines, pauvres gens comme on sait (M. de Rothschild en est un) se plaignaient ; M. Etienne, sous-secrétaire d'État aux colonies, eut l'ingénieuse idée de faire expédier en Calédonie les insurgés annamites. C'était, du même coup, punir avec efficacité des rebelles dangereux, « rien ne

1. Malato, *Entre blancs et noirs*, *Société nouvelle*, juillet 1890.

2. Les infamies anglaises ne sont plus à compter dans les affaires coloniales. Cette nation, qui affiche si haut sa volonté de détruire partout l'esclavage, est celle qui continue à se livrer à la traite avec le plus d'acharnement. Le Rév. J.-B. Gribbles a dénoncé les *noirs exploits* accomplis par ses compatriotes dans l'Australie et les archipels avoisinants. Jamais « plus affreuses scéleratesses n'ont sali les annales publiques des colonies australiennes », que celles dont le récit a été donné par le *Daily Telegraph* de Melbourne (20 juillet 1886). « Les mers du sud, déclare cette feuille, sont rouges du sang qui a coulé dans d'abominables assassinats commis par des Anglais, et une barre noire est dès maintenant tracée sur le jeune écu de l'Australie. » Voir *la République Française* du 16 septembre 1886 : *Les Anglais et la traite des esclaves.*

3. On les devine sous les réticences d'un récent arrêté du gouvernement, fixation du tonnage des navires qui se livrent au recrutement, obligation de les pourvoir d'un médecin, de ne prendre que des engagés en conditions d'âge, de vigueur et de santé bien en rapport avec le travail auquel ils seront destinés, détermination précise du prix de l'engagement, etc., etc. *République Française* du 31 janvier 1890.

4. 21 avril 1891.

répugnant plus à la race jaune que l'expatriation forcée », mais au détriment des libérés, qu'on privait ainsi d'un travail à peu près rémunérateur et qu'on rejetait vers le crime[1] ! Chinois et Annamites ne modifient pas leurs mœurs hors de leur pays ; ils sont partout ce qu'ils sont chez eux.

L'Européen représente le civilisateur ! La catégorie est constituée par quelques Anglais ou Anglo-Australiens, et quelques milliers de Français, la plus grande partie provenant de la transportation. Civilisateur, lorsqu'on parle du groupe, cela veut dire plus que jamais éducateur à la façon coloniale ! Nécessairement l'éducation vaut ce que vaut le maître qui la dispense. La population venue directement de France ou issue de parents français, sans avoir passé par aucune terre proche ou immédiate, aucune tare de croisement suspect, est le centre du rayonnement initiateur ; elle a d'incontestables qualités, la volonté de se créer un pays à elle à force d'activité et d'industrie, la ténacité et l'esprit de conduite, mais aussi, avec la direction, les entraînements qui la poussent à la délinquance occulte, surtout commerciale et administrative[2] ; elle est

1. *Le Matin* (20 avril 1891) a été mal inspiré dans le panégyrique qu'il a fait de cette mesure.

Les souvenirs de notre propre histoire devraient nous rendre indulgents vis-à-vis de ceux que nous qualifions de barbares. Les vaincus du coup d'État de décembre 1851 ont-ils assez flétri la déportation des leurs, républicains défenseurs de la loi contre un Bonaparte ! Et voici que les républicains, devenus les maîtres, par un coup d'Etat, répètent chez les Annamites, coupables de patriotisme, ce qu'ils avaient déclaré criminel en leur propre milieu !

Quant à la concurrence que les Asiatiques devaient faire aux libérés, elle semble avoir été minime ; mais une autre, plus redoutable et plus digne encore de critiques, résulterait de la *location* à la Compagnie des mines de nickel de transportés en cours de peine, « payés 24 sous par jour, nourriture et tabac compris », misérables rendus bientôt au bagne « usés jusqu'à la corde » et immédiatement remplacés par de nouveaux travailleurs de même origine.

2. En Nouvelle-Calédonie, comme ailleurs, il se déroule bien des choses louches, et nos fonctionnaires ne sont pas indemnes

encore très réduite. L'autre fraction, celle qui est formée des éléments de rebut de la métropole et sur laquelle on étaye des espérances d'heureuse adaptation, jusqu'ici n'a guère répondu à ce qu'on attendait d'elle et elle n'enseigne pas aux indigènes l'exemple moralisateur.

Je n'ai rien à dire des métis. Il est impossible de spécifier leur nombre. Sous le rapport physique, les produits de croisement entre l'Européen et l'indigène seraient beaux ; mais, sous le rapport psycho-moral, on ne recueille aucune appréciation ou seulement des appréciations pessimistes. C'est que ces produits, pour la plupart sortis d'unions libres de transportés avec les femmes indigènes, sont tôt ou tard abandonnés par le père et, avec la mère, reviennent dans la tribu canaque, où ils sont méprisés, admis plutôt comme des esclaves que comme les égaux des autres citoyens. En ces conditions, les métis sont perdus pour la civilisation et le développement de la colonie. Ce sont des sauvages au teint plus clair et de meilleures formes que les autres, rien de plus [1].

Je ne crois pas devoir entrer, à propos des éléments de la relégation et de la transportation — qui relèvent surtout de l'étude de la criminalité métropolitaine — en de longs développements. Je ne saurais toutefois me dispenser de leur consacrer quelques lignes [2]. On a compté sur eux pour fournir à la colonie des bras utiles et, après une réformation des carac-

de graves reproches. Des accusations sérieuses ont été formulées contre le gouverneur Noël Pardon (Hamon, *France politique et sociale*, 1891, p. 545). Est-ce bien sous son administration qu'on a créé, entre autres emplois fantaisistes, la jolie sinécure d'inspecteur des monuments historiques à Nouméa, aux appointements de 10 000 à 12 000 francs? (*Bretagne*, 21 juillet 1893.)

1. Voir le *Bulletin de la Société d'anthropologie de Paris* du 7 janvier 1886.

2. Je renvoie, pour des observations plus complètes, aux deux volumes de documents publiés par le sous-secrétariat d'État des colonies, en 1889 : *Notice sur la transportation à la Guyane française et à la Nouvelle-Calédonie pour l'année* 1885 ; *Notice sur la relégation, Rapport sur l'application aux colonies de la loi du* 27 *mai* 1885, *pendant l'année* 1887. (Imprimerie nationale.)

tères et des habitudes, des colons laborieux, dévoués aux intérêts de leur nouvelle patrie. On n'a pas réalisé ce qu'on prétendait. La loi sur la relégation des récidivistes répondait aux aspirations de l'opinion, visait à décharger la France d'un trop plein d'incorrigibles, qui entretenaient dans les villes le crime-délit, le multipliant par eux-mêmes et servant, auprès des indécis ou des prédisposés, d'incitateurs professionnels à l'attentat, foyers d'ébranlement imitatif dangereux. Elle n'était qu'un retour à une tradition monarchique du dix-huitième siècle, époque à laquelle on se préoccupait déjà de déverser l'écume des principaux centres, les tarés des familles, sur des établissements coloniaux où ils seraient l'objet d'une surveillance spéciale (la Désirade). La tentative d'antan échoua et celle d'aujourd'hui reste négative. La loi est, d'ailleurs, très mollement appliquée par la magistrature ; le fût-elle avec plus de rigueur, qu'elle ne modifierait point la situation dans les colonies dites *de relégation*. C'est que les émigrants forcés appartiennent à la catégorie la moins réformable, à celle de la délinquance d'intensité minime, mais à répétition, qui se relie, de par l'hérédité et l'habitude acquise, à une cérébration bien définitivement modelée pour l'existence antisociale. Les premiers convois, bien que formés de sujets de l'un et de l'autre sexe choisis parmi les moins mauvais, n'ont jeté sur la terre calédonienne que des épaves embarrassantes. Avec les criminels de haute envergure, chez lesquels la passion a souvent joué le rôle essentiel ou qui, doués d'intelligence encore assez vierge de décrépitude dégénérative, pouvaient comprendre les avantages d'un amendement, on était mieux fondé à espérer une accoutumance à des mœurs transformées. Les déceptions n'ont pas manqué de ce côté, moins peut-être à cause du principe que de ses applications erronées. Il est incontestable que la réforme des criminels est une question éducative, et que le système éducatif qui convient le mieux à des natures abruptes et indomptées est une vie active, avec des occupations réglées selon des aptitudes déterminées, mais aussi avec une discipline à la fois ferme et indulgente, pour prévenir les écarts. A des tempéraments brutaux, irréglés, trop vibrants, il ne faut pas chercher à imposer complètement les obligations ordinaires de la vie banale, mais bien plutôt trouver des dérivatifs aux instincts dans une voie profitable à toute la collectivité. Aux uns, une existence militarisée, d'aventures et de guerroyages, sous des chefs intelligents et énergiques, sur les confins de nos colonies non pacifiées (puisque la fatalité des choses nous oblige à la triste besogne des bataillements) ; aux autres, une existence plus calme et plus libre, en des centres agricoles, transition vers les contacts sociaux ordinaires. Les premiers colonisateurs, aux Antilles, à la Réunion, etc., ne furent guère autres que des forbans ; d'eux-mêmes ils passèrent à l'état de colons, les ardeurs de la conquête une fois mitigées ; ils sont devenus la souche de populations douées de qualités éminentes. On leur avait laissé tout d'abord la bride sur le cou ; on ne serra le frein que petit à petit, au fur et à mesure de leur assuétude à la vie normale, et l'on a gagné, à ce système, d'avoir pourvu des pays, quelques-uns cependant très insalubres, d'excellents éléments et des plus résistants. Voilà de quels exemples il fallait s'inspirer dans les tentatives de colonisation avec les provenances du monde criminel. Il y avait à diriger les sujets reconnus les plus violents sur des points-frontières, en Algérie, au Soudan, au Tonkin et en Annam ; à former avec eux des corps de discipline, attendre que l'âge ait émoussé chez les jeunes les énergies trop fortes, et les transformer alors en gardiens vétérans, groupés par camps-villages, récompensés de leur conduite par des concessions, amenés enfin, grâce à la femme et à la famille, à la vie tranquille, sans la suppression entière d'instincts utilisables sur un objectif déterminé, l'ennemi toujours imminent. Il y avait, d'autre part, à diriger les sujets plus calmes, chez lesquels on reconnaissait des aptitudes professionnelles, soit sur des centres de cultures, soit sur des ateliers, où ils auraient trouvé l'assurance d'une vie facile, une liberté graduée, jamais la contention excessive, impuissante à maîtriser des natures rebelles au fond, les seules où l'on découvre encore des indices de capacité pour l'effort), sinon en détruisant chez elles toute énergie. C'est avec les éléments de cette dernière catégorie qu'on eût pu faire de la Nouvelle-Calédonie une colonie de peuplement et d'exploitation sérieuse. Le stock embarrassant, c'est le contingent des criminalités basses, de la délinquance courante, des dégénérés du vice, celui des petits voleurs ; pour ceux-là, l'expérience à tenter serait peut-être le dépôt dans une île aisée à surveiller, et l'abandon complet avec les moyens de travailler le sol et ses matières ; la colonie deviendrait ce que voudraient ses habitants, et, s'ils s'arrêtaient au parti de ne rien faire, ils apprendraient à leurs dépens qu'une société ne doit rien à ses stériles et à ses parasites.

Au lieu de tout cela, on a brassé des masses, composées d'individualités de valeurs très distinctes, dans une sorte de machine pénitentiaire montée de façon à pétrir uniformément les caractères. On n'a point éduqué, et, si l'on a transformé, c'est en abrutissant.

Où en sont les choses, il y a à constater que la transportation n'a point donné, en Calédonie, des résultats proportionnés aux sacrifices qu'elle a exigés ; qu'elle n'est un profit réel ni pour la colonie ni pour les libérés ; qu'elle n'a rempli ni son but d'exploitation vis-à-vis de l'une, ni son but de moralisation vis-à-vis des autres. Elle reste une charge pour la métropole, tout en demeurant de maigre utilité pour la colonie, même plutôt un obstacle à son développement régulier. D'après le rapport de 1889, il y avait, à la Nouvelle-Calédonie, en 1885, un total de 9 997 transportés, ainsi décomposables : 7 146 transportés en cours de peine, 2 671 libérés astreints à la résidence, 25 réclusionnaires et 155 femmes provenant des maisons centrales. De 1869 à 1885, on ne compte que 1 374 mises en concession : 1 159 en faveur de condamnés d'origine pénale, 215 en faveur de libérés de la transportation ; sur ce nombre, il y a 350 dépossessions motivées par la mauvaise conduite des titulaires.

Sous le rapport de la résistance physique, l'état des transportés serait assez favorable. Le docteur Brassac estime que leur mortalité est à peine supérieure à celle des troupes[1]. C'est exceptionnellement qu'elle s'est élevée à 5 pour 100 des effectifs moyens ; elle se maintient dans la moyenne de 3 pour 100 et même au-dessous. Mais le climat et l'hygiène ne peuvent remédier aux germes des maladies de misère physiologique, « maladies quelquefois héréditaires, le plus souvent provoquées par des conditions fâcheuses antérieures aux condamnations ou inhérentes aux peines encourues, vagabondage, veilles prolongées, habitudes vicieuses, prison préventive, réclusion, séjour en cellule, longue traversée, alimentation insuffisante en qualité, influences morales, sénilité précoce, etc. » Aussi, dans l'ensemble de la mortalité, certaines maladies se détachent comme des causes particulièrement intensives : la phtisie pulmonaire et les affections du tube digestif. Quant à la résistance morale — l'équivalence des progrès de la réformation — on peut en juger par le nombre des punitions plus de 11 500 dans une seule année et celui des tentatives d'évasion plus de 400, surtout d'après la fréquence et la nature des crimes et délits, relevés dans l'ensemble du groupe. En 1885, les conseils de guerre de la colonie ont eu à prononcer *554* condamnations à diverses peines : *389* contre des condamnés aux travaux forcés en cours de peine crimes contre la chose publique, 195 ; contre les personnes, 29 ; contre les propriétés, 163, relevés chez des Européens ; 2 attentats contre la chose publique et les personnes, relevés chez des Arabes ; *163* contre des libérés astreints à résidence (61 attentats contre la chose publique, 50 contre les personnes et 50 contre les propriétés, relevés chez des Européens ; 1 attentat contre les personnes, relevé chez un Arabe ; 1 attentat contre la propriété, relevé chez un Asiatique) ; 2 contre des libérés non astreints à résidence, mais en condition momentanée de surveillance qui les replaçait sous l'autorité militaire (Européens, attentats contre la chose publique et contre les personnes. La même année, les tribunaux ordinaires prononçaient, sur des libérés, 580 con-

1. *Congrès d'Amsterdam*, 1883.

damnations : libérés astreints à la résidence, 382 Européens (10 attentats-propriétés, 2 attentats-personnes, 4 attentats contre la chose publique, 366 contraventions), et 7 Arabes et Asiatiques (contraventions) ; libérés non astreints à la résidence, 189 Européens et 2 Arabes (contraventions et délits divers)[1]. Depuis, la situation se serait améliorée. Dans la transportation, comme par un coup de baguette, sans rien changer au système, les résultats obtenus seraient devenus presque excellents. Mais c'est un gouverneur très suspect à ses administrés qui l'affirme, et l'on a quelque droit de se méfier de son optimisme évidemment intéressé ; on prône, dans le dernier rapport[2], la vigilance de l'administration et l'exactitude de la discipline qu'elle maintient parmi son personnel ; je constate cependant, pour la période, un chiffre très élevé d'évasions.

Quant aux concessionnaires, fondus jusqu'à un point dans la population générale, leurs manquements se perdent sous la rubrique commune de la nationalité métropolitaine de la statistique officielle des tribunaux civils.

Ceux-ci comprennent 6 justices de paix à compétence étendue (à Nouméa, Bourail, Canala, Oégou, Kuto dans l'île des Pins, Chépénéhé dans l'île Lifou), une barre de première instance (à Nouméa, avec un juge président, un lieutenant de juge remplissant les fonctions de juge d'instruction, un juge suppléant et un greffier), un tribunal supérieur et criminel (avec 1 président et 3 juges, auxquels il est adjoint, pour les assises, 4 assesseurs à voix délibérative sur les questions de fait, assesseurs tirés au sort sur une liste de 30 notables au choix du gouverneur). Un procureur de la République, chef du service judiciaire, exerce l'action publique, avec deux substituts. Je

1. Les éléments de la transportation, sur les pénitenciers et les territoires des postes militaires, ressortissent à la juridiction militaire; hors des pénitenciers et de ces territoires, à la justice ordinaire.

2. Rapport sur la situation de l'administration pénitentiaire, pour 1890. (*Bulletin de la Société des prisons*, 1890-91.)

regrette de ne pouvoir fournir un relevé des opérations des justices de paix, qui eût mis en évidence, comme pour Tahiti, les déplorables progrès de l'ivresse. Mais je résume, pour l'année 1891, le mouvement des affaires criminelles, dans l'ensemble de la colonie, et celui des affaires correctionnelles jugées par le tribunal du centre principal, Nouméa.

Au criminel, il a été jugé 21 affaires, avec 24 accusés (hommes) : 11 relatives à des crimes contre les personnes, avec 11 accusés (meurtres, assassinats ou tentatives, 8 ; viols ou attentats à la pudeur, 2 ; autre, 1), 10 relatives à des crimes contre les propriétés, avec 13 accusés (faux, 3 ; vols qualifiés, 2 ; incendie, 1 ; autres, 4). Le plus grand nombre des accusés appartient à la catégorie d'âge de 31 à 50 ans, aux catégories professionnelles de l'agriculture et de la domesticité ; sous le rapport du domicile, 13 sont de la ville (Nouméa) et 11 de la campagne ; sous le rapport de l'état civil, 17 sont célibataires, 5 mariés et 1 veuf. La décomposition par nationalités donne : 2 accusés nés dans la colonie ou une autre colonie française, 19 d'origine métropolitaine, 1 d'origine étrangère européenne, 2 d'origines asiatique et africaine. Le fait capital, qu'il faudrait élucider avec d'autres éléments que ceux de la statistique judiciaire officielle, c'est que les libérés figurent parmi les accusés pour plus de la moitié (14) ; en supposant que la population de la catégorie se soit maintenue ou à peu près au chiffre de 1887 (2515)[1], ce serait une proportion de 56 pour 100. Mais comme la statistique judiciaire ne dit pas ce qu'elle entend par individus nés dans la colonie ou dans une autre colonie française, si elle comprend sous cette rubrique la population indigène (43 699 hab.) et la population blanche d'origine locale, comme elle n'établit pas davantage si, sous la rubrique individus d'origines métropolitaine et européenne, elle associe les libérés au reste de la population libre (cette dernière estimée

1. *Annuaire statistique du ministère du commerce, de l'industrie et des colonies*, pour 1890. On me communique, pour 1891, un dénombrement qui serait sans doute à contrôler : Population totale, 51 539 ; libérés, 3 139.

à 9 061 habitants, 4 869 hommes, 1889 femmes et 2 303 enfants), il est absolument impossible de dresser la proportion des accusés aux populations spéciales, blanche et indigène, civile de provenance normale ou de la transportation.

Le tribunal de première instance de Nouméa a prononcé sur 618 affaires, en matière correctionnelle : 448 délits contre les personnes, avec 469 prévenus, 447 hommes et 22 femmes (rébellions, violences aux agents de l'autorité, 25 ; coups et blessures, homicide par imprudence, 52 ; attentats aux mœurs et à la morale publique, 13 ; diffamation, injures, menaces à des particuliers, 23 ; autres, 335), 170 délits contre les propriétés, avec 198 prévenus, 191 hommes et 7 femmes (escroqueries et abus de confiance, 11 ; vols simples, 122 ; incendies, 2 ; autres, 35). Les 667 prévenus sont ainsi répartis : — selon les professions : cultivateurs, 175 ; domestiques et engagés, 71 ; ouvriers en bâtiment et d'état, 178 ; commerçants, banquiers, etc., 19 ; professions dites libérales et propriétaires, 7 ; professions diverses ou inconnues, 217 ; — selon la nationalité : nés dans la colonie ou dans une autre colonie française, 51 ; d'origine métropolitaine, 537 ; d'origine étrangère européenne, 54 ; Asiatiques, 9 ; Africains, 3 ; Océaniens (Néo-Hébridais), 13 ; — selon le domicile : ville, 433 ; campagne, 234 ; — selon l'état civil : célibataires, 536 ; mariés, 103 ; veufs, 26. Il s'agit du centre le plus considérable de la colonie. Mais non seulement je ne trouve pas indiquée sa population particulière dans les publications officielles, mais je n'ai pas le chiffre des libérés habitant cette partie du territoire. Je ne saurais donc risquer aucune appréciation sur la proportion de la délictuosité dans l'arrondissement de Nouméa, moins encore sur celle des diverses catégories ethniques. On m'a bien fourni, en regard de la statistique correctionnelle du tribunal de première instance, un chiffre de prévenus *libérés*, chiffre qui s'élève à 546, mais j'ignore s'il se rapporte à l'ensemble des prévenus de la catégorie pour toute la colonie ou seulement pour l'arrondissement du chef-lieu.

Je remarquerai que le crime-délit indigène ressort peu de

ces statistiques (comme des précédentes de même nature). Il ne faut pas seulement attribuer ce fait à la défectuosité des relevés, mais encore à cette circonstance que les Canaques, abandonnés à eux-mêmes, vivant en tribus sous la direction de leurs chefs, le plus grand nombre dans les parties de l'île les moins fréquentées par les colons, doivent perpétrer entre eux plus d'un attentat qui demeure ignoré des autorités françaises et se juge sur place d'après les traditions anciennes. Les indigènes qui se fixent à notre contact, dans les campagnes auprès des colons, et dans les villes comme domestiques, sont le plus petit nombre ; ils sont vicieux, mais ne se livrent pas généralement à des attentats bien saillants.

CHAPITRE VIII.

LES COLONIES A POPULATIONS ASSIMILÉES.

La Martinique, la Guadeloupe, la Guyane et la Réunion. — Les races. — Évolution générale du crime-délit dans les divers milieux. — Influence des divers facteurs étiologiques, d'après les observations et l'analyse des statistiques judiciaires : le sexe et l'âge, la famille et les mœurs, l'état civil, l'éducation et l'instruction : ignorance et superstition ; les professions et le domicile ; l'ivrognerie, le jeu, la misère ; le régime politico-économique. — Les principales formes du crime-délit et leurs mobiles. — Le suicide. — Relégués et transportés à la Guyane. — Quelques mots sur le crime-délit à Saint-Pierre-Miquelon.

La Martinique, la Guadeloupe et la Guyane, seuls restes de nos possessions dans la mer des Antilles (nous avons perdu successivement Saint-Christophe, la Dominique, Sainte-Lucie, la portion occidentale de Saint-Domingue), la Réunion (autrefois l'île Bourbon), dans l'océan Indien (sa sœur, l'île Maurice, nous a été enlevée par l'Angleterre), sont, avec les débris de nos établissements dans l'Inde et les centres principaux du Sénégal, nos colonies les plus anciennes[1], celles qui ont le mieux réussi à se maintenir dans le rayonnement de la mère patrie. Elles ont d'assez bonne heure, avec des provenances ethniques très dissemblables, formé des populations homogènes, malgré leurs catégories, populations qui ont pris racine sur leur sol (créoles) et ont acquis, dans une mesure relative, une certaine communauté de mœurs et d'habitudes avec la métropole, grâce à l'adaptation de la même formule sociale. Ce

1. Voici les dates de leur création : 1626, Compagnie normande du Sénégal; 1634 et 1635, premiers établissements à la Guadeloupe et à la Martinique ; 1638, prise de possession de la Réunion ; 1664, fondation de la Compagnie des Indes, Compagnie des Indes occidentales et du Sénégal ; 1665, premier gouverneur à la Réunion (Compagnie des Indes).

sont des *assimilées*, sous un mode d'administration quelque peu différent de celui de nos départements.

Ces pays, de constitution volcanique ou madréporique et alluvionnaire, couverts de savanes et de grands bois, ou bien défrichés pour la culture de la canne à sucre sur des étendues plus ou moins considérables, sont (à l'exception de la Réunion assez insalubres. Leur climat est humide et chaud. Une température moyenne assez fixe de 25 degrés environ, avec des oscillations peu tranchées, sauf la nuit, au cours des deux saisons (pluvieuse et chaude, d'une durée de huit mois; sèche et fraîche d'une durée de quatre mois , une imprégnation constante de l'atmosphère par la vapeur d'eau marine, des émanations fébrigènes, sont des causes d'énervement et de maladies qui ne s'effacent ou s'atténuent que dans les parties centrales des îles, où l'altitude atteint au delà de 1000 à 1200 mètres. Mais comme la vie sociale a toujours été concentrée sur les zones littorales, les races indigènes et immigrées ont dû s'y établir. Si les races indigènes ont à peu près disparu aux Antilles[1]; si elles ont été refoulées loin dans l'intérieur des terres à la Guyane, elles n'ont cédé qu'aux iniques persécutions des envahisseurs, et ceux-ci, comme les races qu'ils ont introduites auprès d'eux, ont pu se perpétuer, au prix de sacrifices nombreux, malgré les conditions mauvaises du climat; preuve indéniable de l'adaptabilité des grandes races à tous les milieux et du cosmopolitisme de l'homme.

Je n'entreprendrai point ici l'étude détaillée des races dites *créoles*, de leur formation et de leurs caractères acquis; je l'ai faite ailleurs, dans un livre auquel je renvoie[2]. Je vais seulement donner un aperçu des populations en présence, selon les lignes essentielles que comporte l'ethnographie criminelle. J'avertis aussi que je limiterai le présent chapitre à l'examen de la criminalité *actuelle*, d'après l'examen des statistiques les

1. Les Caraïbes y sont réduits à d'insignifiants noyaux plus ou moins métissés avec les nègres.
2. *Nos Créoles*, Paris (Savine), 1891.

plus récentes; on trouvera dans un autre livre [1] l'histoire évolutive du crime-délit dans les milieux créoles, ainsi qu'un choix d'observations intéressantes recueillies au greffe de la Pointe-à-Pitre; je ne ferai à cet ouvrage que de très rares et très brefs emprunts, toujours accompagnés des indications nécessaires pour qu'on puisse s'y reporter.

Les races *indigènes* — à part les tribus peu nombreuses et clairsemées qui vivent dans l'intérieur de la Guyane, sans relations bien actives avec les centres de civilisation — sont d'anciennes provenances extérieures. Elles comprennent, sous le nom général de créoles :

1° Des blancs, à l'origine de nationalités très mélangées; plus tard exclusivement de nationalité française, aventuriers, colons ou fonctionnaires venus de Normandie, de Bretagne, de Saintonge, de la Guyenne et de la Provence. C'est l'élément supérieur, très grossier aux débuts de l'organisation, peu à peu affiné par les contacts métropolitains, les alliances, la transformation des habitudes, à mesure du développement de la prospérité dans les établissements. Le blanc créole a gardé, de ses ancêtres, une certaine rudesse d'allures, mal dissimulée sous un vernis d'affabilité, un grand esprit d'indépendance, l'orgueil de la race au temps où elle était omnipotente, des goûts d'ostentation qu'il n'est plus à même de soutenir; il est généreux, ami fidèle, brave, intelligent et souple, mais irritable et violent dans ses emportements; il y a, chez lui, de cette neurasthénie que le climat engendre, sous l'association du déchaînement des passions vives, des abus de la sexualité, de la recherche des stimulations factices, chez les races les plus élevées en civilisation. Il est aujourd'hui très annihilé d'influence, en même temps qu'assez réduit sous le rapport numérique.

2° Des noirs, provenant des esclaves jadis recrutés par force en Afrique, pour les besoins de la culture. Depuis l'émancipation définitive de 1848, et surtout depuis la troisième Répu-

1. *Le Crime en pays créoles*, Bibliothèque scientifique judiciaire, Lyon (Storck), 1890.

blique, avec l'égalité absolue des droits politiques, ils sont devenus l'élément prépondérant, l'influence du nombre tenant lieu de l'influence qualitative des minorités dans les époques précédentes. J'ai déjà dit ce que je pensais du nègre[1] : je ne le crois pas doué d'une aptitude évolutrice vers les hauts niveaux civilisés qui sont accessibles à l'Aryen, au Sémite, au Mongol. Le noir qu'on appelle civilisé, reste un dégrossi, un débarbarisé incomplet, en instabilité perpétuelle; il se maintient à un certain degré de flottement, offre l'illusion du progrès réalisé à côté d'éléments plus fixes, grâce à sa facilité à subir la suggestion d'autrui et à ses facultés imitatives; il digère mal des aliments d'instruction et d'éducation élaborés pour des races très différentes de la sienne. Créole, il conserve bien son essence africaine. Il n'est pas méchant; mais il le devient très aisément, s'il est entraîné, surtout sous les vapeurs de l'ivresse. Il se grise de paroles et d'actes comme de tafia, et, une fois lancé, va de l'avant à la façon d'une bête brute, capable des pires forfaits, sans conscience raisonnée de leur atrocité. Sa violence de caractère se manifeste par bouffées; elle détone dans un tempérament d'ordinaire assez placide. Il a peu de réflexion, même sous l'apparence du calme et de la délibération, beaucoup de vanité et de pose en tout, une énorme dose de naïveté, même dans l'attentat. C'est un sexuel ardent, mais dont l'érotisme reste dans la normale, un joueur effréné, un ivrogne renforcé, un ami de la paresse; mais, cependant, il est laborieux à ses heures, rangé, avec des prétentions à la tenue. Il a gardé, de son long asservissement, quelque bassesse de caractère, qui se traduit par des habitudes de dénonciations, de calomnies anonymes, de quémandages éhontés, un esprit rancunier; mais il ne se ressouvient des anciennes misères qu'au souffle empesté et intéressé des intrigants politiques ; il ne hait pas le blanc, qui, de son côté, ne déteste pas le noir.

3° Entre les deux, la classe véritablement dirigeante est celle des métis. Elle n'a rien oublié. Douée d'une faculté de haine

1. Chap. II

égale à son intelligence, à son défaut de scrupules, à son énorme vanité, elle entend se mettre à la place du blanc, qu'elle exècre, avec l'appoint du noir, qu'elle méprise, mais qu'elle flatte, afin de posséder par lui la force du nombre. Le mulâtre est l'hybride social, en même temps que l'hybride physique. C'est l'élément troublé et troublant. Il semble que, chez lui, les molécules des activités physiques de deux races aussi opposées de caractère, de tendances et d'habitudes, éprouvent des affinités instables, que l'éducation elle-même a peine à retenir hors d'état de conflit.

Le mulâtre a beaucoup des qualités supérieures du blanc; mais, dans les dessous, il a aussi la plupart des défauts du nègre. Il est actif, mais intrigant; très vindicatif et violent, souvent vicieux, mais respectueux de l'extériorité par le souci de l'opinion. Il est, dans l'attentat, de rôle très largement occulte; il conseille plus qu'il n'agit par lui-même, ou cherche à n'intervenir que par des moyens détournés.

Les races *immigrées* sont représentées :

1° Par des blancs d'Europe, la plupart français et fonctionnaires. Depuis longtemps, ces apports, s'ils exercent encore une influence générale sur le milieu, mais de plus en plus restreinte, ne communiquent aux éléments créoles de leur race que des infusions de sang nouveau tout à fait insuffisantes à les retremper.

2° Par des noirs africains ou engagés libres, dont le recrutement a cessé depuis plus de vingt-cinq ans pour les Antilles et la Guyane, mais se continue pour la Réunion. Un petit nombre retournent chez eux à l'expiration de l'engagement. La presque totalité sont restés dans leurs colonies respectives, où ils se fondent dans les basses couches de la population noire créole. Celle-ci s'entretient donc, et par les propres ressources de sa fécondité, et par des apports extrinsèques : c'est le renforcement progressif de l'élément le plus grossier et le moins évolutif, opposé à l'épuisement graduel de l'élément le plus civilisé. Circonstance tout au profit de l'intermédiaire, je veux dire du métis, mais pour un temps; car le métis lui-même, non revivifié par l'union avec le blanc, finira par retourner au nègre, comme à Haïti.

3° Par des engagés, ou travailleurs libres, de provenance asiatique : les Chinois, dont il n'existe que de rares épaves aux Antilles, un noyau de population de médiocre importance à la Réunion; les coolies hindous, encore au nombre de plusieurs milliers aux Antilles et à la Réunion. Ces éléments conservent, dans nos colonies, leurs mœurs traditionnelles. Les Chinois, gens habiles, laborieux, très souples à s'accommoder des situations les plus diverses, pourvu qu'on ne les tracasse pas, tendent cependant à participer au mouvement général de la population; ils demeurent comme petits cultivateurs, domestiques ou commerçants, jusqu'à ce qu'ils aient amassé des économies suffisantes pour rentrer chez eux, avec les moyens de jouer bonne figure. Les Hindous se confondent moins, non peut-être qu'ils soient plus réfractaires que les précédents à se plier à certaines exigences du milieu commun, mais plutôt parce que, peu doués de combativité, très passifs, ils supportent tout, ou réagissent misérablement contre l'oppression des engagistes, les mépris de la population, et s'isolent. Ils vivent entre eux, et leur criminalité elle-même est presque tout entière intrinsèque[1].

Le coolie est une sorte de paria hors la loi, ou, au plus, toléré au sein des autres éléments. Il est la disparité dans les milieux créoles. Mais la population indigène, sous la variété de ses types, est, jusqu'à un point, très uniformisée dans un mode social dérivé du nôtre, depuis l'émancipation de 1848. Celle-ci fut trop brusque. Faute d'initiation, les noirs affranchis ne surent pas distinguer la liberté de la licence : à l'instigation de meneurs détestables, il y eut ici et là des rixes sanglantes, des assassinats et des incendies, que les conseils de guerre, juridiction exceptionnelle instituée pour la circonstance, réprimèrent avec sévérité. Le calme apparent revint bientôt. Mais le nombre, grossier, inéduqué, ignorant de ses droits vé-

1. Chap. IV.

ritables et plus encore de ses devoirs, désormais se substituait à l'aristocratie blanche, annihilée. Sans haine profonde contre le blanc (l'esclave a été moins durement traité, en général, aux petites Antilles et à la Réunion, qu'à Saint-Domingue), non toutefois sans défiance vis-à-vis de lui, le nègre est oscillant,... et il subit malheureusement, à partir de cette époque, la pression du mulâtre, qui l'exploite, à son profit, sur le terrain politique. L'Empire retarde un peu le moment de l'effacement des blancs. Par une organisation coloniale plus en rapport avec les conditions psychiques et les aptitudes sociales des éléments devenus numériquement les plus forts, il se fait éducateur. La représentation dans les assemblées métropolitaines, qui ne peut échoir qu'aux plus incapables ou aux plus effrontés, la représentation locale, dangereuse ou ridicule, confiée aux favoris des masses irraisonnantes, dirigées par les viles coteries, sont suspendues. L'autorité, entre les mains d'un gouverneur militaire ou civil, est affermie. La vérité oblige à dire que ce régime, sous sa forme rétrograde, par rapport au précédent, trop prématurément libéral, a été utile et avantageux pour nos colonies. Il a marqué l'ère de leur principale prospérité et de leur plus grand calme. Le noir reçoit alors plus d'instruction dans les écoles, est encouragé au travail libre; le mulâtre, obligé à taire ses aspirations, fatalement étayées sur l'entretien des dissentiments entre les couleurs extrêmes et sur la perpétuation du trouble, est contenu, sans être écarté des meilleurs emplois, lorsqu'il s'en montre digne; le blanc reprend une influence heureuse, limitée qu'elle demeure à l'action générale d'éléments ethniques plus affinés qu'autrefois; il montre une activité de bon aloi, et ne songe plus à refaire son omnipotence sur le privilège de sa caste. Le crime-délit, dans l'ensemble de la population, atteint un développement très intensif, alors que, dans la métropole, il présente une tendance à la diminution[1]. La cause de ce phénomène n'est pas à rechercher tout entière dans les conditions de la transfor-

1. A. Corre, *Crime et Suicide*, p. 377.

mation du monde créole. Sans doute, après l'ébranlement de 1848, les caractères ont conservé plus de velléités d'indépendance, acquis plus d'individualisme; ils sont mieux disposés pour les combativités; mais un frein les contient, en même temps qu'une assuétude sociale amoindrit la violence des heurtements. Si le crime-délit a subi une montée très accentuée (par comparaison avec les tableaux des statistiques antérieures, que je m'abstiens de reproduire[1]), c'est qu'il a trouvé des facteurs de regain... d'à côté, par l'introduction d'éléments nouveaux; du moins, il a éprouvé, dans une large proportion, l'influence d'importations étrangères. Le noir affranchi, au souvenir des souffrances que lui a values le travail du sol, se refuse à prêter ses bras à la grande culture. Il faut trouver des cultivateurs en dehors du milieu. La traite a été interdite : on imagine de lui substituer le recrutement libre, par contrat d'engagement, à la côte d'Afrique, dans l'Inde et à la Chine. Des milliers de sujets, complètement étrangers aux mœurs des milieux où ils sont appelés à vivre, sont jetés dans nos colonies sucrières, y sont l'objet de mauvais traitements, qui amènent les résistances des moins timorés, en même temps que les entraînements commis autrefois sous l'esclavage, mais avec cette différence que les engagés ne peuvent plus être terrorisés à l'ancienne manière, et se sentent moins forcés à la retenue. C'est bien certainement à l'invasion de ces masses inadaptées qu'il faut attribuer l'accroissement du crime-délit pour une part considérable, et l'on en acquiert la preuve par le dépouillement des dossiers des greffes, mieux encore que par les statistiques[2]. On a, pour la période 1851-1861, une année moyenne ainsi décomposée :

A la Martinique, 102 affaires criminelles, avec 132 accusés (1 sur 1 015 hab.);

A la Guadeloupe, 122 affaires criminelles, avec 161 accusés (1 sur 826 hab.);

1. Voir *Crime en pays créoles*, 1re partie.
2. *Ibid.*, p. 85.

A la Guyane, 13 affaires criminelles, avec 16 accusés (1 sur 1018 hab.);

A la Réunion, 140 affaires criminelles, avec 242 accusés (1 sur 645 hab.).

Soit, pour les quatre colonies réunies, un total (année moyenne) de 377 affaires criminelles, avec 551 accusés (1 sur 796 hab.). Sous le rapport de la répartition des deux genres principaux de l'attentat, le résultat est sensiblement rapproché de ce qu'on observe en France, où l'on relève 36 pour 100 de crimes-personnes et 64 pour 100 de crimes-propriétés ; aux colonies, les premiers offrent la proportion de 31 pour 100 et les seconds celle de 69 pour 100. Dans l'ensemble, la criminalité coloniale est sensiblement plus forte que dans la métropole, où il n'y a qu'un accusé sur 6 500 habitants. Ne perdons pas de vue, que si, en France, la population vient de traverser une crise politique, elle en a ressenti, par son assuétude relative aux secousses de cet ordre, et avec son homogénéité depuis longtemps acquise, des effets infiniment plus atténués que les populations d'outre-mer, hétérogènes, maintenues en des oscillations troublantes par la divergence de situations des catégories depuis une époque encore peu éloignée. Pour ces dernières, toute révolution est un feu qui rallume des foyers d'antagonismes mal éteints, et nul doute, à mon avis, que l'explosion de 1848 n'eût déterminé une fermentation très persistante, avec un redoublement de criminalité plus prononcé, sans l'intervention du régime impérial. Après celui-ci, les mêmes milieux pourront traverser des commotions nouvelles sans en manifester aussi intensivement le contre-coup dans leur criminalité générale, parce qu'ils auront eu le temps d'assouplir leurs mœurs et de contracter, jusqu'à un point, une éducation sociale préventive du retour des graves excès d'auparavant.

Avec la troisième République s'achève, pour les colonies dont nous nous occupons, l'ère d'assimilation. Le régime administratif reste bien spécial, mais les dangers de l'autoritarisme, sous des gouverneurs investis de hauts pouvoirs, sont plus que compensés par les attributions largement autonomes des conseils généraux. Le suffrage universel est appliqué sans restriction ; les pays ont leurs municipalités et leurs conseils, leurs députés et leurs sénateurs, élus comme dans la métropole. Les dernières réserves, jusqu'alors maintenues dans l'exécution de nos codes disparaissent, et la justice, déjà organisée sur le modèle de la mère patrie, mais avec des restrictions nombreuses, dès avant l'émancipation, remaniée sous l'Empire, est rendue désormais comme en France. Toutefois, les magistrats sont amovibles et leur situation dépend dans une trop grande mesure des influences locales et extralocales. La politique joue un rôle considérable dans les nouvelles mœurs. Ce sont toujours les mêmes éléments qui demeurent en présence. Les noirs indigènes et naturalisés n'ont subi qu'une transformation superficielle, et leur masse dirige ; généralement peu instruits, ils continuent à subir avec facilité les entraînements des habiles ; mais ils commencent à réfléchir et à voir un peu plus clair dans leurs affaires. Le mulâtre domine par l'intrigue, mais il a désormais à compter avec le nègre. Quant au blanc, il est, cette fois, tout à fait écarté. Il y a peut-être moins de violence (encore aurai-je à en signaler des retours inouïs), à coup sûr, il y a plus de manœuvres latentes avec l'appoint de la politique. Les coteries sont maîtresses et la loi fléchit à leur gré. Les vanités sont exaltées au plus haut degré, dans le monde de la couleur, aussi les jalousies et les haines, de par l'âpreté à partager ou à accaparer le gâteau politique, et cet état crée au profit de la catégorie une criminalité spéciale très caractéristique. En revanche, le blanc s'efface dans l'attentat, en même temps que dans la vie politico-économique.

Dans une première phase — si l'on écarte les années qui ont immédiatement suivi la révolution de 1870-1871, au cours desquelles des perturbations ont dû fatalement se produire, au choc d'habitudes encore mal pondérées — on constate un amoindrissement notable de la criminalité intensive. Ce résultat témoigne d'une amélioration éducative, en réalité l'œuvre de l'Empire. Il est très nettement exprimé par les statistiques.

Par exemple, en résumant celles des assises de la Guadeloupe [1] pour les années 1881-1883, je trouve que l'année moyenne comprend seulement 49 affaires (17 crimes-personnes et 32 crimes-propriétés), avec 67 accusés, 1 pour 2 662 habitants (population estimée à 180 000). En France, dans la période 1881-1885, on a, comme chiffres moyens d'une année, 3 343 affaires criminelles, avec 4 381 accusés, 1 pour 8 660 habitants (population de 37 940 000). Il y a donc, malgré une atténuation relative, bien loin de la complète identification du milieu colonial avec le métropolitain. Mais il y a progrès incontestable. En France, comme à la Guadeloupe, d'ailleurs, le délit augmente : l'attentat supérieur est de plus en plus remplacé par l'attentat inférieur; la qualité diminue au profit de la quantité. Je ne crois pas qu'il y ait lieu de s'en féliciter. Le crime est plus en rapport avec les caractères non éduqués, peu affinés, mais aussi avec les tempéraments énergiques ; il suppose chez nombre d'individus, non tarés de la dégénération, simples passionnels, un fonds d'énergie apte à la direction utile après un endiguement; le délit trahit, en se multipliant, un affaiblissement des caractères, sous l'adoucissement des tempéraments, moins de capacité pour l'effort et aussi pour la réforme (il s'alimente en grande partie par la récidive). En France, l'année moyenne compte 180 000 délits avec 212 830 prévenus, 1 pour 130 habitants; à la Guadeloupe, 753 affaires avec 1 000 prévenus, 1 pour 180 habitants ; la colonie, moins affinée que la métropole, conserve plus de criminalité que celle-ci, mais tombe moins dans la délictuosité banale.

Dans une deuxième phase, en cours de continuation, l'application du système de correctionnalisation va modifier les statistiques du crime et du délit. L'un diminue suivant une proportion dont l'autre se renforce. Il faudra donc considérer l'attentat dans son ensemble pour prendre une idée juste du manquement général. Comme l'année 1884 a dû se ressentir des hésitations inséparables de toute nouvelle manière d'ap-

1. D'après *Crime en pays créoles*, p. 97 et suivantes.

précier les circonstances aggravantes ou atténuatrices, je l'élimine, en raison de l'oscillance probable de ses répartitions. J'établirai mes comparaisons entre les colonies créoles et la métropole sur les relevés officiels à partir de 1885 [1].

En France, dans les années qui ont immédiatement précédé celle du dernier relevé judiciaire, la moyenne est à peu près, par 100 000 habitants, de 11 accusés et de 500 prévenus. Depuis 1887, le crime diminue; le délit, tout en restant très fort, marque un léger amoindrissement en 1888 et 1889, par rapport à l'année 1887. Parallèlement, il y aurait tendance à la diminution des affaires de simple police; mais la récidive ne

1. J'ai fait usage des documents suivants : pour la Martinique et la Guadeloupe, de plusieurs séries de statistiques judiciaires, publiées dans les journaux officiels de l'une et de l'autre colonie; celles de la Martinique laissent à désirer; on y remarque une fâcheuse tendance de substitution de rédaction personnelle (abandonnée sans doute à un greffier) à l'exposé méthodique, uniforme, purement chiffré, des relevés réguliers; aussi n'ai-je pu conserver que deux années susceptibles de complète analyse; pour la Réunion, d'une série décennale très complète, que M. le docteur Chédan a bien voulu faire établir pour moi au parquet général, et d'une année entière, correctionnelle et criminelle, relevée par lui-même, avec mention de chaque cas particulier, indication de la date exacte de l'attentat, etc. Toutes ces statistiques ont le défaut (déjà signalé) de ne pas décomposer certaines catégories avec précision, ni d'après le même plan que d'autres tableaux, avec lesquels il serait intéressant de les pouvoir comparer. Je n'ai pu faire usage de quelques fragments de statistiques judiciaires relatives à la Guyane, mais j'ai eu sous les yeux les rapports concernant la transportation. A côté des documents chiffrés, j'ai fait intervenir des observations personnelles, des observations extraites des feuilles locales et des observations obligeamment fournies par le docteur Carreau (de la Pointe-à-Pitre) et par mon vieil ami le docteur Cornilliac (de Saint-Pierre, Martinique). Je rappellerai qu'il existe à la Réunion, 2 cours d'assises et 2 tribunaux correctionnels (Saint-Denis et Saint-Pierre), avec 9 justices de paix; à la Guadeloupe, 1 cour d'assises (Pointe-à-Pitre), 3 tribunaux correctionnels (Pointe-à-Pitre, Basse-Terre, Marie-Galante) et 11 justices de paix; à la Martinique, 1 cour d'assises (Saint-Pierre), 2 tribunaux correctionnels (Saint-Pierre et Fort-de-France) et 9 justices de paix.

semble pas en voie d'amendement. On a, pour l'année 1889 (population, 38 millions d'habitants, chiffre rond) :

Nombre des affaires. — Criminelles, 2 950 (crimes-personnes, 1 374; crimes-propriétés, 1 576) ; correctionnelles, 190 802 ; de simple police, 369 734 ; soit, pour les crimes et délits réunis, 193 752 affaires, et pour l'ensemble des trois catégories, 563 486.

Nombre des inculpés. — Accusés, 4 113 (1 pour 9 240 habitants ou près de 11 pour 100 000) ; prévenus, 228 322 (1 pour 166 habitants d'après mes calculs et 600 pour 100 000 ; mais, sur la statistique officielle, 1 sur 184 habitants et 545 pour 100 000) ; inculpés de simple police, 438 618 ; les accusés et les prévenus réunis donneraient 1 inculpé pour 163 habitants ou 611 pour 100 000.

Récidivistes. — Accusés, 1710 (41 pour 100 des accusés), prévenus, 96 449 (42 pour 100).

Il conviendrait de traduire ces résultats dans le sens d'un progrès de nos mœurs générales, si des faits éclatants ne démontraient chaque jour que, sous l'apparence trompeuse des statistiques, une énorme part de criminalité et de délictuosité se dérobe, dévoilée par les chiffres appréciables d'un grand nombre d'affaires abandonnées, faute de pouvoir atteindre des coupables, et surtout par les indices de l'attentat latent, seulement aperçus des observateurs réfléchis.

Aux colonies, on saisit moins aisément qu'en France la formule de l'évolution du crime-délit. Ses chiffres présentent de telles oscillations, qu'on ne peut dire avec quelque certitude s'ils démontrent ou non une tendance caractérisée à la diminution. Je pense qu'il faut cependant les interpréter dans le sens d'un amoindrissement très réel, et, comme dans les milieux de médiocre culture, aussi de surveillance facile en raison de leur petite étendue, la plus grande partie des manquements s'objective et est accessible à l'investigation légale, j'incline à croire que, malgré des proportions plus fortes que chez nous, malgré l'intensité de certains éclats, il y a progrès et détente :

	1833 et moyenne 1830-35.	Année moyenne période 1853-61.	Année moyenne période 1881-83.	1881	1882	1883	1884
Guadeloupe :							
Nombre des affaires criminelles........	46	122	49	»	»	»	»
Nombre des accusés..	65	161	67	»	»	»	»
Réunion :							
Nombre des affaires criminelles.........	»	140	»	65	51	45	59
Crimes-personnes....	»	»	»	23	26	20	27
Crimes-propriétés....	»	»	»	42	25	25	32
Nombre des accusés..	144	242	»	91	79	78	88

	1885	1886	1887	1888	1889	1890	1891	Moyenne annuelle de la dernière série.
Guadeloupe :								
Nombre des affaires criminelles........	33	42	34	40	30	28	35	33
Nombre des accusés.	43	64	50	54	73	37	45	»
Réunion :								
Nombre des affaires criminelles........	54	52	47	39	52	40	»	51
Crimes-personnes....	30	21	24	24	36	23	»	25,4
Crimes-propriétés....	24	31	23	15	16	23	»	25,6
Nombre des accusés.	91	71	81	47	55	68	»	»

La proportion des récidivistes est, aux colonies, notablement au-dessous de ce qu'elle est en France ; si la proportion des accusés et prévenus reste supérieure dans les premières :

A la Martinique (170 000 hab.), 1 accusé pour 4 250 habitants et 1 prévenu pour 103 ; pour les accusés et prévenus réunis, 1 pour 100 : récidivistes, 21 pour 100 des accusés et 37 pour 100 des prévenus (moyenne 1887-1891) ;

A la Guadeloupe (180 000 hab.), 1 accusé pour 3 461 habitants et 1 prévenu pour 98 ; pour les accusés et prévenus réunis, 1 pour 95 habitants : récidivistes, 34 pour 100 des accusés et 25 pour 100 des prévenus (moyenne 1886-1891) ;

A la Réunion (180 000 hab.), 1 accusé pour 2 400 habitants et 1 prévenu pour 129 ; pour les accusés et prévenus réunis, 1 pour 122 habitants : récidivistes ? (moyenne 1881-1890).

Décomposer le crime-délit d'après les éléments ethniques

qui fournissent ses auteurs à l'attentat n'est pas œuvre facile, avec des statistiques où les catégories sont aussi mal délimitées. Les individus compris sous le titre « nés dans la colonie ou dans une autre colonie française » s'entendent à peu près exclusivement de créoles autochtones, mais non répartis selon leur couleur. Ce n'est que par le dépouillement des affaires, dans les greffes, qu'on peut se convaincre de la part de criminalité minime revenant aux blancs, et de la part très prédominante revenant aux noirs et aux mulâtres. La criminalité générale des hommes de couleur l'emporte de beaucoup sur les manquements jadis relevés au compte de l'aristocratie blanche. Ce phénomène s'observerait ailleurs que dans nos colonies. Dans les États de l'Union américaine où l'esclavage a jeté ses racines les plus profondes, il en serait ainsi. Là, peut-être, la raison que l'on donne de cette constatation est sans doute rattachable, dans une mesure, à la persistance très vivace d'un ostracisme de fait dont le noir a à souffrir; devant les avanies que lui attire le préjugé de la couleur, celui-ci se rebiffe ou s'abandonne à des conditions de basses mœurs, trop susceptibles de l'amener aux plus regrettables défaillances; il est antisocial dans un milieu qui le repousse. Chez nous, la situation est autre : le nègre est devenu puissance; si donc il fournit une grosse proportion de prévenus et d'accusés, c'est qu'il est exposé, dans une vie plus active et plus indépendante, à des occasions plus fréquentes de trébuchements et de conflits; il a moins de retenue qu'autrefois et n'a pas assez d'assuétude aux exigences d'un milieu transformé ; en prenant la place du blanc, il a eu, comme autrefois ce dernier, plus d'entraînements aux excès, mais il s'y est livré avec son tempérament d'Africain, c'est-à-dire avec plus d'abandon inconscient. Les catégories mentionnées sous les titres « d'origine métropolitaine » et « d'origine européenne » correspondent à des populations réduites, la première principalement à des fonctionnaires civils, la seconde surtout à des commerçants, pour la plupart anglais. La dénomination « d'Asiatiques » s'applique à des éléments très différents, aux coolies hindous, chinois, annamites ; les premiers sont en nombre tellement prépondérant, qu'on leur peut attribuer, sans risque d'erreur appréciable, les résultats des statistiques. La désignation « d'Africains » est plus uniforme ; elle appartient aux engagés provenant de la côte occidentale d'Afrique ou du Mozambique ; mais il y a lieu de faire observer qu'on a compris sous cette épithète un très petit nombre d'engagés madériens jadis introduits aux Antilles. Ces explications données, voici comment, d'après les relevés judiciaires, se répartissent les accusés et les prévenus, selon les nationalités (les races) :

A la Martinique, sur une population de 170 000 habitants, on compte un peu plus de 1 200 ou 1 500 métropolitains, fonctionnaires pour la plupart, un nombre assez faible d'Européens non français, quelques coolies chinois, environ 9 000 Hindous et 6 000 Africains[1]. Le rapport de 1890 indique, sur 1 590 prévenus, 215 immigrants (182 Asiatiques et 33 Africains), et, sur 44 accusés, 5 Asiatiques ; celui de 1891, sur 1 779 prévenus, 188 immigrants (162 Asiatiques et 26 Africains), et sur 35 accusés, 4 Asiatiques. C'est, pour la moyenne des deux années, 10,2 pour 100 d'Asiatiques et 1,7 pour 100 d'Africains dans la catégorie des prévenus, 11,5 pour 100 d'Asiatiques dans celle des accusés.

A la Guadeloupe, sur une population d'environ 180 000 âmes, les éléments métropolitains et européens sont à peu près en mêmes proportions qu'à la Martinique ; mais il existe un plus grand nombre d'immigrants hindous, entre 12 000 et 15 000[2].

1. De 1853 à 1884, l'immigration hindoue a fourni 25 509 travailleurs, dont 4 541 seulement ont été rapatriés. Le conseil général a décidé la suppression de l'immigration au mois de décembre 1885. Il restait en 1888, c'est-à-dire à une époque un peu antérieure à celle de nos statistiques judiciaires, 9 966 coolies hindous et 6 087 africains, plus 454 chinois.

2. De 1854 à 1887, il a été introduit dans la colonie 413 Madériens, 272 Annamites, 500 Chinois, 6 600 nègres d'Afrique et 42 000 Hindous. Au 31 décembre 1887, il restait un peu moins de 17 000 Hindous. C'est à cette époque que l'immigration fut suspendue par le gouvernement anglais.

La moyenne des années judiciaires 1886-1891 offre la répartition suivante, pour les prévenus et les accusés réunis :

Nés dans la colonie ou une autre colonie française..	1105	62,2 °/。
D'origine métropolitaine........................	4	0,2
— européenne..........................	4	0,2
— asiatique...........................	558	30,5
— africaine...........................	12	0,6
De provenances diverses (presque toutes des colonies anglaises voisines).....................	59	3,3

A la Réunion, la population s'élève à 180 000 habitants; la proportion des éléments métropolitains et européens ne diffère pas sensiblement de ce qu'elle est aux Antilles; il y a, par contre, des chiffres beaucoup plus considérables d'immigrants; la colonie, en 1887, comptait 25 801 coolies asiatiques (sur lesquels près de 500 Chinois) et 15 480 engagés africains[1]. La moyenne des années judiciaires 1881-1890 donne :

	Prévenus.		Accusés.	
Nés dans la colonie ou dans une autre colonie française....................	910	64,9 °/。	37,3	50 °/。
D'origine métropolitaine..............	6,4		1,4	
européenne................	2,8		0,1	
— asiatique....................	316,8	22,6	21,9	28
— africaine (Cafres, Malgaches, quelques Arabes)..................	159,6	11,3	13,8	17
Divers............................	2,2		0,4	

Les chiffres bruts, ainsi qu'il fallait s'y attendre, et les rapports qui en découlent immédiatement montrent que l'attentat prédomine dans les catégories où la population est la plus nombreuse. Mais pour avoir le coefficient réel du crime-délit selon les nationalités, il importerait de ramener les chiffres d'inculpés, dans chaque groupe ethnique, à un chiffre de population spéciale uniforme, de calculer la proportion des défaillants pour 100 habitants de chaque nationalité. Il manque, pour cela, des relevés démographiques suffisamment rigou-

1. Le gouvernement anglais a brusquement interdit le recrutement des coolies dans l'Inde pour la Réunion, vers la fin de 1882; il se montrerait actuellement assez disposé à l'autoriser de nouveau pour cette colonie (juin 1893).

reux. Mais on est à même de remarquer combien forte est la montée du crime-délit dans les catégories relativement réduites des engagés africains et asiatiques. C'était à prévoir, d'après ce que j'ai déjà eu l'occasion de dire. L'engagé est une sorte de paria tenu à l'écart dans le milieu commun. L'Africain se comporte avec sa brutalité native, inconscient des devoirs nouveaux, auxquels il n'est initié que par les peines qu'on lui inflige après le manquement; mais il se fond assez vite dans les basses couches de la population créole de sa couleur. L'Hindou reste un isolé et un réfractaire; il garde ses habitudes et ses mœurs, sans la retenue de ses croyances originelles, qu'il fait taire en s'expatriant (du moins dans nos colonies), et, vis-à-vis de ses congénères, se livre à de fréquents attentats; il est, en outre, poussé à la rébellion ou à la désespérance par le mépris ou la mauvaise foi qu'il rencontre auprès des créoles, et pour cette raison, il est entraîné vis-à-vis de ceux-ci à d'autres attentats; il contribue à renforcer le crime-délit dans l'ensemble de la population, et c'est par lui sans doute que l'attentat se maintient élevé dans les milieux d'outre-mer.

La répartition de l'attentat d'après ses formes principales ne rapprocherait pas toujours nos colonies de nos départements méridionaux. C'est là une preuve que l'action climatérique n'est pas suffisante à diriger les impulsivités, que le tempérament criminel se détermine par des facteurs très complexes, et qu'il est la somme d'influences très diverses accumulées chez les individus grâce à l'hérédité. Le crime-personne est loin d'atteindre, d'une manière générale, parmi les créoles, la proportion qu'il offre chez les Corses. Je n'oserais dire qu'il y a peut-être aux colonies une dérivation par le duel contre certains entraînements à l'attentat de note plus franchement criminelle, car le duel est devenu de médiocre fréquence, et, malgré l'ardeur inouïe des rivalités politiques, les vendettas et les meurtres assimilables ne sont pas très nombreux. C'est qu'il y a, dans le caractère créole, avec beaucoup d'impétuosité, moins de place pour les sournoises et interminables rancunes, pour les rancunes à longue échéance sanglante, que dans le caractère italien ou corse. Dans l'ensemble des colonies assimilées, le crime-personne reste au-dessous du crime-propriété, suivant des proportions à peine différentes de la moyenne métropolitaine, sauf à la Martinique, où la population est le plus exaltée. En France, pour la période 1885-1889, la proportion pour 100 des crimes-personnes est de 46,7, celle des crimes-propriétés de 53,3. Si, à la Martinique, je vois les premiers s'élever jusqu'à 72,4, les seconds n'atteignant que le chiffre de 27,6, à la Guadeloupe et à la Réunion, les rapports sont de 47 et 49,8 pour 100 (crimes-personnes) à 53 et 50,2 (crimes-propriétés). Mais, pour les délits, les proportions peuvent être modifiées. A la Réunion, l'attentat délictueux est encore moins fréquent contre les personnes que contre les propriétés; mais à la Guadeloupe et à la Martinique, le délit-personne dépasse de beaucoup le délit-propriété. Indice d'un tempérament moins assoupli dans la région antillienne que dans l'île de la Réunion, où, de tout temps, la population s'est montrée soucieuse de calme et exempte de compétitions outrées. Quant aux subdivisions des deux grands genres de l'attentat d'après leurs modalités ordinaires, on en prendra une idée par le tableau ci-contre, où les chiffres expriment les résultats d'une année moyenne.

En France, les proportions pour 100 des sexes dans l'attentat sont — chez l'homme, de 84 (accusés) et 86 (prévenus), — chez la femme, de 16 (accusées) et 14 (prévenues). Elles varient peu d'une année à l'autre au cours de la dernière période quinquennale. Mais il y a augmentation graduelle du nombre absolu des accusés et des prévenus des deux sexes au-dessous de 21 ans (16 à 17 pour 100 en 1889). La plus forte proportion des coupables se rencontre d'ailleurs entre 30 et 45 ans (25 à 23 pour 100), cette période répondant aux conditions les plus intensives de la lutte pour l'existence, à l'évolution active des caractères comme de la force physique ; l'homme est à son maximum de combativité, il aspire et ne désespère point encore ; il se heurte contre les obstacles et malgré eux cherche à atteindre ses objectifs par les moyens que l'éducation, son tempérament, son organisation tout entière, ont mis à sa dis-

	Martinique[1].		Guadeloupe[2].		Réunion[3].	
	Délits.	Crimes.	Délits.	Crimes.	Délits.	Crimes.
Contre les personnes :						
Vagabondage et mendicité...	93	»	140	»	112	»
Rebellion, violences contre agents de l'autorité.........	105	»	100	0,16	95	0,4
Coups et blessures, violence à particuliers................	412	8	403	4	185	4,6
Meurtres, assassinats et tentatives......................	»	8	»	5,5	»	6,6
Empoisonnements...........	»	»	»	0,16	»	0,1
Attentats aux mœurs et à la morale publique............	16,5	»	14,6	»	12,5	»
Attentats à la pudeur et viols..	»	6,5	»	3,5	»	11,3
Infanticides.................	»	»	»	0,8	»	0,7
Diffamation, dénonciations calomnieuses, injures graves...	29	»	21	»	17	»
Autres (parmi lesquels l'ivresse).	68,5	»	52,5	1,6	43	1,7
	724	21	741	16,6	464,5	25,4
Contre les propriétés :						
Vols simples.................	508	»	414	»	420	»
Abus de confiance, escroqueries, tromperie sur la marchandise, etc................	68,5	»	53	0,33	99	1
Faux en écritures publiques et privées, banqueroutes frauduleuses....................	»	3	»	1,5	»	3,7
Vols en lieux publics, avec escalade ou effraction...........	»	1,5	»	10,1	»	15
Vols domestiques, sans violence.	»	2	»	0,66	»	1
Incendies....................	4	2	16	5,6	5,5	4,4
Autres	73,5	»	107	1,33	168	0,4
	653,0	8,5	590	18,50	692,5	25,6

position ; le crime est un travail comme un autre, il y en a qui le préfèrent au régulier, tantôt occultement et comme honteusement, ce sont les ambitieux de la fortune et des honneurs,

1. Moyenne de deux années (1890-1891).
2. Moyenne de six années (1886-1891).
3. Moyenne de neuf années (délits), et de dix années (1881-1890, crimes).

tantôt ouvertement et comme l'analogue d'une profession, ce sont les stigmatisés de la loi. Après 40 ou 45 ans, ni les ambitions, ni les goûts criminels ne sont enrayés ; mais l'expérience les transforme; puis, après 50 ans, les résultats sont acquis ou à jamais éloignés, car le corps et l'esprit fléchissent et l'usure commence, qui diminue l'aptitude à tous les genres de travaux; le crime diminue ou est remplacé par le suicide. La femme commence et finit plus tôt que l'homme; elle a aussi, de par son organisation propre, ses entraînements particuliers. Elle figure seulement pour 12 sur 100 accusés dans les crimes-propriétés ; elle atteint la proportion de 23 sur 100 dans les crimes-personnes, en raison des crimes d'avortement et d'infanticide qui lui sont spéciaux. Comme ces crimes ont leur cause le plus habituellement à l'âge où la passion sexuelle parle chez elle sans le contrôle de la réflexion, la femme compte plus d'accusées que l'autre sexe au-dessous de 21 ans.

Dans les colonies assimilées, les choses sont un peu modifiées. La femme fournit une très faible proportion d'accusées; mais, sauf à la Réunion, une forte proportion de prévenues. Dans l'ensemble des manquements, elle compte de 24 à 20 sujets contre 76 à 80 de l'autre sexe, aux Antilles; à la Réunion, sur 100 accusés et prévenus, il y a 7,5 femmes et 92,5 hommes. Comme en France, la femme intervient par des chiffres plus élevés que l'homme dans l'attentat-personne, mais pour d'autres raisons que chez nous. Aux colonies, on ne saurait attribuer la prédominance féminine à la criminalité spéciale qui l'explique dans la métropole. La prostitution n'est point là-bas l'objet d'une réprobation très vive; les ménages illégitimes sont tolérés ; les conséquences d'une faute, même récidivée, ne sont pas si déshonorantes par-devant l'opinion, ni si onéreuses pour la femme, même abandonnée, qu'elles aient à être prévenues au moyen d'un crime, afin d'assurer à celle-ci une condition d'existence normale. L'enfant survenu n'ajoute rien à la réputation d'une fille, qui, très librement, a disposé de son capital, et, en des pays où la vie matérielle est facile, il n'est point une charge. L'infanticide est une exception. Il s'accomplit quelquefois dans l'ombre, si une grossesse compromettante n'a pu être interrompue par un avortement, au sein de familles riches ou de vieille souche blanche, où l'on veut à tout prix écarter la mésalliance qu'un aveu de séduction rendrait obligatoire, surtout si la différence des couleurs ajoute au dépit des intérêts troublés la blessure d'un orgueil de caste humilié. Quelquefois aussi la suppression du fruit... avant ou après sa maturité, est l'œuvre d'une misérable drôlesse, spéculant sur la naïve confiance d'un amant qu'elle désire amener au mariage et auquel elle s'efforce de réserver un semblant de virginité. Mais, je le répète, ce genre d'attentat est rare. C'est en dehors de lui qu'il faut chercher la cause de la plus forte intervention de la femme dans le crime-délit contre les personnes que dans le crime-délit contre les propriétés. La prostitution est, pour le sexe, un dérivatif des entraînements qui le pourraient pousser au vol; elle lui procure des moyens d'existence aisée. Mais elle n'exerce aucun contrepoids susceptible de prévenir les sollicitations vers l'autre forme d'impulsivité; tout au contraire, elle multiplie et rend plus irritantes certaines occasions de conflits, où le tempérament de la race, exagéré chez la femme, se révèle avec violence. C'est par l'injure, les voies de fait, que la négresse et la mulâtresse de basse souche règlent leurs différends et leurs rivalités, et les scènes houleuses sont fréquentes entre ces dames. Le vagabondage, placé on ne sait trop pourquoi dans le délit-personne, fausse peut-être la véritable note, relativement au rôle de la femme dans cet ordre de manquement; il reste concentré dans la catégorie des immigrants. D'autre part, la femme contribue au développement, chez l'homme, des deux formes générales de l'attentat. En des pays où les passions sont vives, sa possession est très disputée. Chez les créoles, où les sexes sont en répartition proportionnelle assez bien pondérée, si la jalousie précipite parfois des dénouements tragiques, plus habituellement les compétitions se dénouent par une question d'argent; la maîtresse entraîne l'amant à de grosses dépenses, qu'il essaye de couvrir, le crédit épuisé, par des escroqueries, des vols ou des faux. Dans la population immigrée, principalement parmi les coolies hindous, l'énorme disproportion entre les sexes rend la femme un objet d'ardente convoitise ; la femme, non seulement est la conseillère directe ou indirecte de l'attentat-propriété auprès des mâles qui l'approchent, car elle est très cupide, aime les bijoux, et ses admirateurs doivent toujours être prêts à satisfaire ses moindres caprices ; elle attise encore jusqu'au paroxysme les haines que sa coquetterie suscite entre rivaux, on a vu[1] combien fréquents et atroces étaient les assassinats de cause sexuelle chez les Hindous. Les effets de l'insuffisance numérique des femmes ne se font point aussi malheureusement sentir chez les immigrants africains. L'Hindou, dans le milieu colonial, est privé de relations en dehors de sa catégorie (j'entends l'homme, car la femme, quelles que soient sa race et sa condition, lorsqu'elle est jeune et jolie, trouve à contenter ses appétits de toutes sortes auprès des créoles, blancs ou de couleur) ; il a donc quelque raison d'être âpre à acquérir et à conserver ce qu'il a tant de peine à rencontrer, et ses emportements jaloux sont jusqu'à un point excusables par le besoin génésique. Mais l'Africain n'éprouve aucune peine à se fondre dans l'ancienne population de sa provenance, que la loi a émancipée ; il n'est point repoussé par la négresse creole au cours de l'engagement, et celui-ci terminé, il contracte aisément mariage ou liaison durable[2], il ne souffre point, comme l'Hindou, d'une privation que son tempérament plus placide, malgré une certaine salacité, rendrait d'ailleurs moins fertile en graves attentats.

Pour les âges, on ne peut établir une comparaison rigoureuse entre les statistiques métropolitaines et coloniales, parce

1. Chapitre IV.

2. L'Africain s'adapte vite. « Les anciens immigrants abandonnent leur nom indigène pour prendre un nom français. Tres rapidement, ils pénètrent, en s'assimilant les habitudes et les mœurs, dans la population fixe, après cinq ans de séjour (durée de l'engagement ... Le Cafre, venu de sa province nu, revêt la redingote le dimanche ; il est vrai qu'il a le mérite de travailler assidûment toute la semaine. » (*Notices*, t. I, p. 82.)

que les unes et les autres sont décomposées par périodes d'une manière différente. Voici pourtant quelques rapprochements intéressants. En France, sur 100 accusés, 16 à 17 ont moins de 21 ans, un nombre à peu près égal de 21 à 25, 18 de 25 à 30 ans (soit 33 accusés entre 21 et 30 ans), 38 ont de 31 à 50 ans, 12 plus de 51 ans, le maximum est entre 30 et 40 ans). A la Réunion, sur 100 accusés, j'en compte environ 5 âgés de moins de 16 ans, 52 âgés de 16 à 30 ans, 35 âgés de 31 à 50 ans, 7 âgés de plus de 50 ans. En France, sur 100 prévenus, il y en a 4 âgés de moins de 16 ans, 12 âgés de 16 à 21 ans, 84 âgés de plus de 21 ans; à la Réunion, les proportions sont de 6 prévenus au-dessous de 16 ans, de 48 entre 16 et 30, de 39 entre 31 et 50, de 7 au-dessus de 50 ans. A la Guadeloupe, dans l'ensemble des accusés et prévenus, sur 100 sujets, 3 ont moins de 16 ans, 56 de 16 à 30,36 de 31 à 50, 5 plus de 50 ans. Il se dégage de ces chiffres quelques faits très caractéristiques. Le crime-délit, sans manifester au début une précocité plus accentuée qu'en France, semble, dans les colonies, reporter son maximum en deça de la période de 30 à 40 ans, chez nous la plus fertile en combativités dangereuses; et, dans cette période pré-avancée, il est permis de croire que l'adolescence joue un rôle assez considérable, au moins à propos du délit, qui exige moins de force et d'expérience que le crime. A 18 ans, un créole a les aptitudes d'un Européen à 20 ou 21. La maturité hâtive est le fruit du climat et de l'éducation; celle-ci l'initiatrice des jeunes à des mœurs relâchées qui les exposent à plus d'une impulsivité mauvaise. Mais il y a moins de ces attentats d'enfants, chaque année plus multipliés chez nous, et traduisant si tristement la tare dégénérative grandissante au sein des familles[1]. Aux colonies, le crime-délit

1. Un exemple relevé tout récemment à la Martinique :

Une petite fille, âgée de six ans, fut trouvée au fond d'un ravin, sanglante, le crâne fendu, une cordelette autour du cou. L'enquête ne tarda pas à mettre sur la piste de l'assassin : c'était un garçon de onze ans, Arthur Delon, qui, après quelques hésitations, avoua le crime. « Thérèse m'avait pris un biscuit et refusait de me le s'arrête aussi plutôt, il y a moins d'inculpés après 50 ans. Chez nous, au delà de cet âge, une forte proportion de l'attentat se rattache aux perversions de la sexualité ; aux colonies, l'attentat génésique compte ses auteurs en pleine période virile.

Il y aurait à établir la proportion réelle des sexes et des âges, en rapportant les chiffres des accusés et des prévenus aux chiffres des populations spéciales de chaque catégorie. Je n'ai rencontré les éléments (très approximatifs) d'un tel calcul, que sur les statistiques de la Réunion. La lacune habituelle des statistiques à cet égard est beaucoup plus fâcheuse qu'on ne l'imagine. Quand les relevés officiels daignent mettre en regard des nombres des inculpés un chiffre de population, ils mentionnent celle-ci en bloc, opposant ainsi à des termes qui correspondent à des périodes d'âges déterminées, un terme qui englobe une période exclue des précédentes. Les rapports des accusés et prévenus à la population sont nécessairement erronés, puisque la délinquance est fournie exclusivement (ou à peu près) par des éléments hors de la période infantile, et qu'on déduit son coefficient d'un ensemble où les enfants de l'un et de l'autre sexe ne sont pas distingués des adultes. Le calcul aboutit à une solution fictive et toujours atténuatrice de la véritable *capacité* criminelle de la population. A la Réunion, j'élimine 58500 sujets au-dessous de seize ans (la première adolescence fournit son contingent dans l'attentat, mais négligeable dans la masse des individus jugés au-dessus de cet âge). Je conserve ainsi les éléments à peu près exclusifs du crime-délit; il y a, au-dessus de seize ans — 78000 hommes, avec une moyenne de 70 accusés et 1314 prévenus, qui réunis,

rendre, » déclara-t-il. Alors, il l'avait menée au fond du ravin, lui avait attaché au cou une ficelle « pour l'empêcher de crier » et l'avait frappée avec une pierre très dure, à arêtes vives, qu'il avait ramassée sur les lieux. Soumis à un examen médical, Delon fut déclaré « en pleine possession de ses facultés ». J'aurais voulu avoir quelques renseignements sur la famille. De telles actions trahissent des anomalies psychiques qui, pour être larvées, n'en sont pas moins trop réelles, et dont il importe de rechercher l'explication et l'origine chez les ascendants.

au nombre de 1 384, donnent 1 inculpé sur 57 habitants dans la catégorie ; — 46 000 femmes, avec 5 accusées et 84 prévenues, qui réunies, au nombre de 89, donnent 1 inculpée sur 516 habitants dans la catégorie ; — soit, les deux sexes réunis, 124 000 habitants, avec 75 accusés et 1 398 prévenus, ensemble 1 473 inculpés, 1 sur 85 habitants ! On voit quelles différences ce calcul entraîne dans les résultats précédemment énoncés ; combien, grâce à lui, la femme regagne au delà de ce qu'elle perd d'après le simple rapport centésimal intrinsèque établi pour les catégories d'accusés et de prévenus. L'homme, au contraire, laisse apparaître une délinquance plus formidable. L'exemple démontre péremptoirement le vice des statistiques officielles et l'intérêt qu'il y aurait à les modifier.

La recherche de l'influence du sexe et de l'âge appelle l'examen des conditions de la vie familiale, qui lui-même conduit à étudier la répartition du crime-délit selon les catégories de l'état civil et oblige à insister sur le facteur éducation-instruction.

Les mœurs sont très lâches aux colonies. La famille offre une apparence de solidité, en ce sens qu'entre les époux réguliers, il intervient assez rarement des causes de rupture flagrantes. La femme mariée (dans les couches moyenne et supérieure) se contente d'une existence calme, terne, presque apathique, ou, si elle a un tempérament trop débordant, s'abandonne parfois à le satisfaire à la manière lesbienne (elle garde une sorte de chasteté dans son vice, Roux [1]) ; elle est tolérante pour les infidélités de son époux, qui, très fréquemment, a double ménage ; on constate peu de plaintes en adultère, peu d'affaires de séparation de corps ou de divorce. A la Martinique, pour les années 1890 et 1891, il y a 6 procès en séparation de corps ou divorce, 3 à l'instance du mari et 3 à l'instance de la femme, 3 motivés par la jalousie ou les mauvais traitements et 3 pour cause d'adultère. A la Guadeloupe, en six an-

1. *Archives de l'anthropologie criminelle*, 1890, p. 103. Voir *Nos Créoles*, p. 166 et 180, et *Crime en pays créoles*, p. 237.

nées 1886-1891, il y a eu 28 procès en séparation de corps ou divorce, 13 à l'instance du mari et 15 à l'instance de la femme, 15 motivés par la jalousie ou les mauvais traitements et 13 par l'adultère. Mais des ferments tres dissolvants n'en existent pas moins dans la famille, qu'on a pu déjà pressentir. Les mœurs latentes laissent à désirer entre époux, bien davantage en ce qui regarde les enfants. La prostitution enserre la famille. La négresse et la mulâtresse, par exception la blanche déclassée, se livrent ouvertement au commerce galant, avec ou sans l'appoint de petits métiers plutôt choisis pour agrandir les débouchés et les profits de celui-ci que pour le dissimuler. L'opinion ne se montre rigide ni pour les femmes d'une telle profession, ni pour ceux qui les achalandent. La prostitution s'étale partout naïvement, elle est une cause de corruption dans la famille, non seulement par les exemples qu'elle affiche, mais encore et plus directement par l'introduction d'éléments domestiques viciés et viciants au cœur des ménages. Nombre de jeunes servantes ne sont que des aspirantes au brevet d'hétaire; elles s'appliquent à le gagner en étouffant les sentiments de l'époux sous les appétits du libertinage qu'elles provoquent, en entraînant les enfants dans la voie d'une débauche précoce et de la dissipation. La sexualité est tres intensive, dans les populations créoles. Elle serait plutôt atténuée sous l'action énervante du climat, après une période de stimulation éphémère, si les habitudes ne tendaient à accroître ses exigences, l'abus dans les abandons génésiques ne contribue pas peu a produire cette sorte de neurasthénie coloniale a laquelle j'ai déjà fait plusieurs fois allusion, et, où l'organisme ne retrouve d'énergie momentanée que par des efforts qui achèvent de l'épuiser sous un éréthisme factice, les impulsivités mal contenues se déchaînent en attentats regrettables. Toutefois, la liberté excessive des mœurs engendre moins de crimes que, chez nous, la retenue hypocrite; en dépit des apparences, elle n'aboutit pas à cet érotisme morbide qui, en France, donne lieu à des manifestations si troublantes, et l'indifférence qu'on témoigne vis-à vis des amours irrégulières en écarte d'ordinaire certaines conséquences abominables. Mais on est surpris de constater, malgré la facilité des relations intimes entre les sexes, une forte proportion d'attentats contre les mœurs. C'est que, là-bas, on applique une lettre de notre Code en concordance douteuse avec son esprit. On qualifie trop sévèrement, peut-être, des actes dont une population indégrossie ignore la portée. Les attentats aux mœurs et à la morale publique ne sortent pas de la basse couche, où le nègre n'a rien dépouillé de l'Africain à demi sauvage, où une lascivité naturelle se détache, sans intention d'enfreindre une décence incomprise, par la parole et le geste, à la provocation si courante de la semi-nudité des corps et des mêlées de la danse. Le viol semble fréquent; il n'a guère pour auteurs, dans la population créole, que des nègres grossiers, pour victimes que des négresses adultes ou des négrillonnes de dépravation précoce; l'homme croit prendre une satisfaction qu'on lui refuse pour la forme, après avoir vu maintes fois les faveurs qu'il réclame accordées à d'autres ; il est bien étonné quand on le condamne!

Malgré tout, si l'on s'en tient aux chiffres de la statistique, la condition de mariage protégerait mieux que chez nous contre le crime-délit. En France, sur 100 accusés, on compte d'ordinaire 53 célibataires, 27 mariés, 20 veufs moyenne des deux sexes réunis). A la Guadeloupe, l'ensemble des accusés et des prévenus offre le pourcentage de 84 célibataires, 12 mariés, 4 veufs. A la Réunion, il y a, sur 100 accusés, 82 célibataires, 15 mariés et 3 veufs, et, sur 100 prévenus, 72 célibataires, 21 mariés, 3 veufs. Mais je ne saurais tirer de ces chiffres une conclusion ferme, après cette double remarque, qu'aux colonies la disproportion numérique est plus grande entre les catégories des populations célibataire et mariée (l'écart étant tout en faveur de la première), et que les mariés (les hommes du moins) se comportent trop fréquemment comme s'ils ne l'étaient pas. Le faible contingent des veufs n'aurait cependant guère lieu de surprendre, si l'on réfléchit que la catégorie se livre d'ordinaire à l'attentat sous les désespérances de la misère, amenée par la surcharge des enfants ; or, ni aux Antilles, ni à la Réunion, la misère n'est une cause intensive de crime et les enfants ne sont d'élevage onéreux.

Un facteur important prépare, dans la famille, l'éclosion des aptitudes délictueuses chez les individus : je veux parler de l'inéducation. Je ne m'appesantirai point sur des faits d exception. Je n'insisterai ni sur ceux qui témoignent d'une persistance de la sauvagerie ancestrale aux dernières couches de la population noire, faute d'une initiation sociale persévérante[1], ni sur ceux qui trahissent la dégénération chez les vieux blancs, par leur isolement du milieu transformé [2]. Je rappellerai seulement une observation que, déjà au siècle dernier, Wimpfen formulait à Saint-Domingue, et que l'Européen est à même de répéter encore dans tous les milieux creoles. L'enfant n'est pas soumis à une bonne règle éducative. Il grandit au milieu des spectacles du vice, abandonné sans contrainte à ses défauts originels, et l'adulte, sous un vernis superficiel, reste fréquemment un abrupt, un inassoupli, que l'occasion fera trop aisément virer aux plus mauvaises impulsivités. Les populations créoles sont pétries de préjugés ; elles s'y enracinent, faute de pouvoir sortir du milieu d habitudes qui les crée. La vanité outrée dans toutes les catégories, la profonde conviction de leur supériorité, qu'ont, dès l'adolescence, les sujets les plus ordinaires, maintient dans les couches une susceptibilité qui prédispose aux idées vindicatives ; elle a causé autrefois plus d'un duel, et elle cause aujourd'hui plus d'un attentat meurtrier. Dans cet état d âme, l homme de couleur

1. Aux Antilles françaises, nombre de noirs vivent en état de polygamie véritable.

2. Les petits blancs, a la Réunion, sont de tristes exemples de rétrogradation.

Dans cette colonie, un confrère m'a signalé le cas d'un individu de cette catégorie, vivant avec une veuve et partageant sa couche entre elle et leur fille âgée de douze ans ; celui d'un habitant de Silaôs, jugé pour inceste avec sa fille mineure, et ne trouvant d'autre raison à opposer aux reproches des magistrats que cette phrase typique : « C'était mon droit, elle était ma propriété ! »

s'exalte d'autant plus qu'il s'imagine, en redoublant de hauteur orgueilleuse, donner le change sur son origine et presque sur son teint, mieux appuyer la suprématie acquise par la politique; le blanc essaie d'oublier qu'il a perdu l'influence d'antan, en accentuant à l'occasion ses prétentions à l'aristocratie de pure race. Entre les deux, le préjugé de la couleur persiste vivace, fertile générateur de haines. Cependant, à la surface les relations sont polies et même affables. Au fond, très peu de choses ont changé dans les caractères, et l'éducation, négligée ou insuffisante, a laissé le plus grand nombre des individus dans un état d'esprit très arriéré. Les bons modèles manquent ou sont tournés en ridicule. Quels progrès dans les conditions générales du milieu auraient dû amener des modifications radicales!

Aujourd'hui, l'enfant ne vit plus au contact d'esclaves, n'est plus confié à des mercenaires grossiers; il reçoit une instruction primaire et secondaire largement distribuée. Mais l'éducation est médiocre dans les établissements scolaires, tout comme dans la famille, et l'instruction ne remédie pas à ses lacunes. Je ne suis pas de ceux qui attachent à la seconde, indépendamment de la première, une action préventive sur l'évolution du crime-délit. L'instruction fait seulement varier les formes de l'attentat, peut-être le rend-elle moins brutal: mais alors pour le rendre plus astucieux, et, sans diminuer sa fréquence objective elle aide à sa multiplication occulte[1]. Je n'attache donc pas une grande valeur à la statistique des délinquants d'après les degrés de leur instruction. Je ne ferai que mentionner le relevé que j'ai dressé pour la Guadeloupe sur ce point particulier : 100 accusés et prévenus comprennent 80 sujets ne sachant ni lire ni écrire (du moins en français), 7 savent lire et écrire imparfaitement, 12 très bien, 7 ont reçu une instruction plus grande.

En somme, l'ignorance prédomine à côté d'amples prétentions.

1. *Crime et Suicide*, p. 449.

Chez les plus illettrés, comme chez les plus instruits, il est curieux de découvrir une crédivité singulière, la survivance de très anciennes superstitions. J'aurais mauvaise grâce à reprocher trop vivement ce travers à nos compatriotes coloniaux, devant l'explosion inattendue de mysticisme et d'occultisme à laquelle nous assistons chez nous, devant le retour aux pires dérèglements qu'engendrent les imaginations affolées[1]. Je n'ai même pas le courage de revenir sur le Vaudou, après la réapparition du meurtre rituel en pleine Europe, sous l'incitation du fanatisme kabbalique[2]. Pourtant, je ne passerai point trop légèrement sur un facteur souvent méconnu et très réel de criminalité, aux Antilles et à la Réunion. Je compléterai ici quelques-uns des renseignements que j'ai réunis dans mon livre *le Crime en pays créoles*[3]. Dans nos vieilles colonies, la superstition s'est entretenue de la tradition africaine et de la tradition française, cette dernière issue des perversions psychiques du seizième siècle. Elle n'a jamais cessé d'être une méchante conseillère, tantôt n'aboutissant qu'au crime intentionnel, tantôt allant jusqu'au crime effectif, selon l'emploi des moyens mis en usage par les prétendus sorciers et leurs fidèles. Je possède la copie d'un livre de *recettes magiques*[4] saisi par les magistrats chez un nègre de Saint-Pierre (Martinique), à la suite d'une affaire ténébreuse. La lecture est édifiante ! Sur une centaine de recettes que renferme le cahier plus de vingt ont trait à la satisfaction de désirs érotiques (*pour se faire aimer*, *pour forcer une femme à se donner*, *pour amarrer une femme*, c'est-à-dire pour la retenir malgré elle dans les liens du concubinage, etc.; la plupart des formules sont inoffensives, plusieurs très dégoûtantes, toutes très bizarres; pour les gens pressés, il y en a une, ignoble, qui

1. Lire *Là-Bas*, de Huysmans.
2. Meurtre et cannibalisme rituels, in *Société nouvelle*, octobre 1893.
3. Pages 139-208.
4. Je l'ai prise moi-même sur le cahier original, que m'a communiqué M. le docteur Clarac.

leur doit conférer le pouvoir *de jouir d'une femme sur-le-champ* ; — une dizaine ont pour but la satisfaction de sentiments vindicatifs ou malveillants (il y en a *pour envoyer quelqu'un se noyer ou se pendre, pour déterminer la mort* chez une personne au moyen d'une sorte d'envoûtement, *pour rendre une personne poitrinaire, pour la faire devenir ivrogne;* il s'associe à l'intention antialtruiste, dans quelques recettes, une certaine note érotique : *pour faire danser tout nu, pour coller un homme et une femme en flagrant délit, sic* . — Un nombre assez considérable de formules doivent assurer à leurs possesseurs, s'ils les mettent exactement en application, les moyens de se venger d'un ennemi sans risques, tout en se donnant à eux-mêmes les allures de vaillants champions : *pour un duel à coups de poing*, il y a telle façon d'opérer avec la certitude de rendre l'adversaire *poitrinaire;* dans un duel au pistolet ou au fusil, telle autre qui fera dévier la balle de l'adversaire et dirigera sur lui celle du protégé du sorcier [1], etc. — Mais ce sont les *piaïs* (c'est le terme en usage pour désigner les procédés de l'art du sorcier, comme les talismans où s'incorpore la puissance surnaturelle , ce sont les piais de note ambitieuse ou cupide qui dominent, après les recettes à objectif érotique; en voici *pour terminer à son gré les procès, pour gagner une place*, petite ou grande, ou conserver celle qu'on a obtenue contre les mauvaises chances ou les compétitions ; en voilà *pour être heureux au jeu, dans les combats de coqs* (où l'on parie des sommes assez importantes), *pour escamoter de l'argent* (*sic*), *découvrir un trésor caché*, etc. Mêlées à ces formules si naïvement criminelles d'intention, il y en a plusieurs où il entre des ingrédients toxiques

1. Il n'y a guère plus de trois ans qu'un duel eut lieu à la Martinique entre deux personnages politiques (!), l'un, à ce qu'on m'a affirmé, médecin, et non moins prétentieux en savoir-faire pour guérir les maux du corps social que ceux des individus. L'un et l'autre n'allèrent sur le terrain qu'après s'être remis entre les mains d'un sorcier ou *quimboiseur* et s'être soumis à ses opérations. Mais quelle crânerie devant la galerie... chacun avec sa conviction d'être invulnérable et de blesser son adversaire ! Le duel n'eut pas de résultat : les sorciers étaient d'égale force !

et qui doivent être administrés, à l'insu de la personne à *maléficier*, dans sa boisson ou ses aliments. Il n'est pas difficile de remonter aux origines. Parmi les recettes, les unes sont la répétition des formules qu'on rencontre en divers ouvrages d'occultisme du seizième siècle et dans les détestables petits livres de colportage qui ont toujours grand débit dans nos campagnes comme aux colonies, *le Grand Albert*, *le Petit Albert*, *la Poule noire*, etc.; les autres sont des ressouvenances africaines (il y a un *fétiche-couresse*, un *fétiche-rigoise*, c'est-à-dire des piais dans lesquels jouent leur rôle une couleuvre, une rigoise, etc.). Imagine-t-on ce que de pareilles croyances doivent éveiller de suggestions mauvaises ou dangereuses, parmi des gens si enclins à tout accepter des cyniques? Alors même que l'idée ne revêt pas un caractère antialtruiste, elle corrompt, en soufflant des convoitises d'en dessous à satisfaire par des moyens, sinon toujours absolument immoraux, du moins en dehors des conditions normales, le gain sans travail, l'occupation d'une place sans capacité pour la remplir, etc. Mais c'est bien pire quand l'idée se matérialise et se fixe, s'arrête sur une personne, avec le caractère d'une passion ou d'une vengeance à satisfaire au détriment de celle-ci. Le crime est sa conclusion possible, soit que la crédivité pousse un taré à l'emploi des moyens les plus scélérats, sous la certitude de leur dissimulation, ou un passionnel à des tentatives aussi immaîtrisées que celles du fanatisme, soit qu'elle engendre l'obsession, d'où naissent les querelles et les rixes, les explosions subites de colère contre les jeteurs de sort, etc. A Saint-Pierre (Martinique), deux négresses ont entre elles des conflits incessants ; elles « s'en veulent à mort » à propos d'une affaire de piais. L'une accuse l'autre « d'avoir déposé dans sa chambre un petit cercueil... contenant de tout petits os et un morceau de robe » ; c'est l'équivalence d'un envoûtement ! Le commissaire, fort heureusement, a le temps d'intervenir avant qu'on ait joué des couteaux[1]. A la Guadeloupe, une négresse

1. *Les Colonies*, 28 juin 1893.

d'origine africaine vit en concubinage avec un nègre cultivateur, dont elle a eu trois enfants. Elle éprouve de vives douleurs à l'estomac depuis une fausse couche qu'elle a faite, et, après avoir consulté un médecin, s'est remise aux mains d'un couple d'empiriques, qui lui persuadent qu'elle a *sa briquette* ou *soupape de l'estomac tombée*, lui conseillent un traitement à base de tisanes fort inoffensives. La malade reste convaincue qu' « en la poussant la nuit à la tête et aux épaules », son mari lui a jeté un sort, et, pour s'en venger, elle prend la résolution « de lui faire éprouver à son tour tout ce qu'elle souffre ». Une nuit, pendant que le malheureux dormait sans défiance, elle s'arme d'une hache et lui en assène un coup sur la face. Elle fut acquittée (assises de la Pointe-à-Pitre), car, sans doute, on fit la part de l'ignorance, et, d'ailleurs, le blessé avait guéri. Que sont de pareilles aventures, à côté de celle du mulâtre Picot, racontée par le docteur Pellereau[1] !

Aux colonies comme en France, il y a, dans le pourcentage des accusés et prévenus selon le domicile, prédominance des éléments ruraux, mais assez faible parfois :

	Proportion pour 100	
	des ruraux.	des urbains.
A la Réunion :		
Accusés	54	46
Prévenus	55	45
A la Guadeloupe :		
Accusés et prevenus réunis	70	30

Si l'on réfléchit que les centres urbains sont rares, de médiocre peuplement en dehors des chefs-lieux ; qu'au contraire, en raison même de la nature des exploitations, la grande masse des habitants vit disséminée dans la campagne, on arrive à se convaincre que le crime-délit, par rapport aux chiffres des populations spéciales, est de beaucoup plus intensif parmi les urbains que parmi les ruraux. Ajoutons que, dans les campagnes, une notable proportion des accusés et des pré-

1. *Crime en pays créoles*, p. 206.

venus est fournie par la catégorie des immigrants (Hindous).

La précédente répartition concorde avec celle des accusés et prévenus d'après les professions. La plus forte proportion centésimale appartient aux cultivateurs et aux journaliers, catégories exclusivement rattachables à la population rurale. Mais, pour avoir le coefficient professionnel, il faudrait posséder les chiffres précis de chaque population professionnelle, et ces chiffres font défaut. A la Guadeloupe, sur 100 accusés et prévenus (réunis), les cultivateurs et les journaliers comptent pour 56,8 ; les domestiques, pour 9,5 ; les ouvriers en bâtiment et d'état, pour 10 ; les professions commerciales et annexes, pour 2,5 ; les professions libérales, pour 0,2 ; les propriétaires et rentiers, avec les fonctionnaires et agents salariés de l'État ou de la commune, pour 4 ; diverses, pour 17. A la Réunion, sur 100 accusés, il y a 38 cultivateurs et journaliers, 10 ouvriers en bâtiment et d'état, 4 commerçants, 0,4 individus de professions libérales, propriétaires ou rentiers, 2,6 fonctionnaires et salariés de l'État ou de la commune, 21 sujets de diverses professions. Il conviendrait de faire figurer, dans le crime-délit commercial, une bonne partie des faillites, souvent amenées par de secrets mobiles, qu'une justice plus éclairée et mieux distribuée devrait savoir atteindre. Toutefois, aux colonies, certains aléas, d'action très réelle sur les opérations du commerce, les crises agricoles et industrielles, les incendies, etc., obligent à reconnaître que les faillites sont peut-être plus ordinairement exemptes de suspicions légitimées qu'en France. A la Martinique, on en compte 32 en 1890 et 26 en 1891. A la Guadeloupe, la moyenne annuelle est de 14 (85 en six années, de 1886 à 1891). La délinquance est négligeable dans les professions dites *libérales*. Mais, dans le groupe des fonctionnaires et agents salariés de l'État ou de la commune, si elle n'est objectivée que par un assez faible chiffre ordinairement, il faut s'en étonner. Quiconque est initié aux mœurs créoles sait comment se recrutent les menus et les gros employés de maintes administrations très officielles. Là-bas, comme en France, on assiste aux plus singuliers caprices du favoritisme, qui jettent indifféremment dans les places les nuls ou les tarés. Les coteries politiques et de couleur opèrent la distribution des emplois selon leurs intérêts du moment. Les députés donnent l'exemple : au cours de leur mandat, ils s'occupent à obtenir pour leurs créatures les situations qu'elles ont sollicitées contre la promesse de leur fidélité à la cause de l'élu, et quand le mandat menace de n'être point renouvelé, ils trouvent eux-mêmes cyniquement à se caser dans les trésoreries, les banques, etc., parfois après des débuts commerciaux plus ou moins malheureux. Les conseillers généraux et municipaux se comportent d'une façon analogue, et les électeurs se vendent à qui leur assure la meilleure part du gâteau. Aussi que de vilenies se passent..., qu'on s'arrange pour cacher, ou qu'on ne daigne pas relever, dans l'omnipotence de l'autorité accaparée et devant l'apathie ou la faiblesse de la magistrature ! J'ai vu des secrétaires de mairie sachant à peine écrire ; je sais des économes d'hospice, des employés de caisse d'épargne, qui ont commis des faux avérés, volé, essayé de cacher leurs actes par une tentative d'incendie de leurs bureaux, et qui n'ont pas été inquiétés, n'ont pas même perdu leur place ! Pour l'heure, le principal titre à la recommandation des puissants, c'est un teint coloré ou l'affiliation maçonnique. On confie la police à des nègres remplis de leur importance, mais sans la moindre notion de leurs devoirs. Et que dire de nombre de conseillers municipaux et de maires ! Je puise au hasard des faits, dans une feuille très républicaine de la Martinique. Au Vauclin, le jour d'un vote pour l'élection d'un conseiller général, le fils du maire, secrétaire de la mairie, est surpris changeant le bulletin d'un électeur ; celui-ci réclame, le maire et le secrétaire lui répondent par des coups de poing et de bâton[1]. A Saint Pierre, un conseiller municipal est condamné à une amende pour tapage nocturne ; il trouve tout naturel de demander au maire à ne point verser la somme (le maire la paya pour lui)[2].

1. *Les Colonies*, 11 novembre 1891.
2. *Ibid.*, 31 octobre 1891.

Dans une autre commune, un maire accuse un de ses administrés de l'avoir frappé; puis il écrit au procureur de la République « qu'il ne s'était plaint que par fantaisie, que l'homme accusé, loin de l'avoir battu, avait été, au contraire, rossé par lui ; mais il ajoute : comme c'est un ennemi politique, la justice ne saurait faire autrement que de le condamner[1]. » Sur une habitation du Macouba, un gérant fait tuer un porc pour fêter la Noël avec quelques amis ; par ordre de M. le maire, un garde de police vient saisir et emporter le porc, que le sévère magistrat partage entre sa table et celle des citoyens à sa convenance[2]. A l'Ajoupa-Bouillon, le maire accorde à un boucher la permission de tuer un porc, de débiter la viande au bourg et dans les environs, puis il lui intime l'ordre de saler sa viande; le boucher porte une plainte par-devant le juge de paix, le maire tranche la discussion en faisant appréhender le plaignant et en le retenant trois jours dans la geôle[3]. Je passe beaucoup d'autres choses et non des moins fortes. Pourtant, je ne puis taire ce dernier trait. En janvier 1893, à Fort-de-France, il disparaît, une nuit, de la mairie des papiers très importants et surtout des pièces de comptabilité ; on met le coup, sans plus de recherches, sur le dos d'effrontés voleurs... bien désintéressés, car ils n'avaient touché ni à l'argent d'une caisse ni aux pendules[4] ! La magistrature elle-même, trop largement issue de la coterie, n'a guère de force pour la répression d'un grand nombre de manquements, commis par les fonctionnaires locaux. Quelquefois elle intervient ; mal lui en prend ! Elle n'a pu éviter de déplaire à un parti politique, en sévissant sur le membre d'un autre. Au cours de 1893, à Saint-Pierre (Martinique), le maire d'une petite commune est condamné pour délit de fraude électorale ; *les Colonies*[5] partent aussitôt en guerre, accusent « la justice de n'être plus la jus-

1. *Les Colonies*, 23 janvier 1892.
2. *Ibid.*, 31 décembre 1892.
3. *Ibid.*, 6 août 1892.
4. *La Défense coloniale.*
5. 11 mars.

tice... Affaire de coterie, affaire de politique ! » De l'autre côté, on eût dit même chose, si les magistrats se fussent gardés d'instruire et de punir. Quelle moralité, quelle ignorance de toute règle sociale dans ce monde ! Combien suspectes, après de pareils exemples, doivent nous apparaître les statistiques judiciaires, dans l'expression des défaillances réelles du fonctionnarisme !

Partout où les races d'Europe ont pénétré, elles ont apporté leurs vices, et ceux-ci ont souvent contribué à l'anéantissement des races indigènes, qu'elles n'avaient pas cherché à extirper par la force. Sur le vieux continent, l'alcoolisme est devenu le fléau des nations civilisées ; il prépare, pour quelques-unes, la dégénérescence et l'abâtardissement dans un avenir plus ou moins prochain. Il étend son œuvre délétère aux colonies. Dans les pays créoles, comme en France, la funeste habitude se développe, je ne cesserai de le répéter, sous l'influence occulte d'un régime politique tout de sectarisme hypocrite. Les coteries de dirigeants dominent par l'alcool. A la Martinique, à la Guadeloupe, etc., le tafia, est le « grand électeur ». A l'occasion, il peut aider le nègre, le favori du moment, parce qu'il est la masse ignorante, mais forte par le nombre, à entreprendre, sous la conduite de mulâtres intrigants, une extermination des blancs, la race abhorrée, parce qu'elle joint à des survivances de croyances une certaine vigueur intellectuelle, qui la porte à bien voir, un courage qui la porte à bien dire. Cela gêne ceux d'où part le mot d'ordre des loges. Je n'ai point pour habitude de dissimuler ce que je pense; j'écris donc comme je pense, et l'avenir montrera si j'ai eu tort ou raison dans mes appréciations.

L'ivrognerie, dans le sens restreint du terme, n'est peut-être pas aussi objectivée que chez nous. L'assuétude aux alcooliques, contractée de bonne heure, met obstacle aux manifestations d'un début non ménagé, qui, parmi les populations métropolitaines, entraînent tant de scènes immondes et affligeantes. Cette assuétude prendrait parfois son origine dès le berceau. « Certaines nourrices mercenaires, après quelques mois d'allaitement, cherchent dans l'usage des libations répétées une réparation aux fatigues que leur cause leur nourrisson, indépendamment de l'eau sucrée aiguisée de rhum ou de genièvre qu'elles lui font boire pour l'endormir... [1] » Mais, dès l'adolescence, le créole se met aux grogs, aux mélanges d'eau et de rhum ou de tafia ; la boisson s'absorbe à intervalles plus ou moins rapprochés ; d'abord on la prend pour combattre l'excès de la chaleur ; puis on redouble par goût, et peu à peu, sans s'en apercevoir, on arrive à l'alcoolisme, plus tard au delirium tremens. Le docteur J. Cornilliac, médecin de l'hospice civil de Saint-Pierre, à la Martinique, déclare que « les deux tiers des malades des deux sexes admis dans les salles sont atteints d'alcoolisme chronique ». Les hôpitaux sont bien le champ où l'on peut embrasser d'un coup d'œil les ravages de l'habitude. La passion pour l'alcool, si elle n'a pas encore eu le temps de tuer le corps, a appauvri l'être en appelant les dissipations autour de lui, en l'écartant du travail, en l'enfonçant dans la misère, et quand la maladie est survenue, elle a réduit les buveurs invétérés à solliciter leur admission dans l'asile des suprêmes dénuements, où les suites du vice se révèlent avec toute leur hideur. Selon les docteurs Rufz et de Luppé, directeurs de la maison de santé de Saint-Pierre, « le tafia cause les trois quarts de la mortalité des noirs ». Le delirium tremens est fréquent aux colonies. Il serait plus commun, d'après J.-J. Cornilliac, chez les Européens que chez les créoles ; ce n'est pas l'opinion de beaucoup d'autres observateurs, et, pour ma part, j'estime qu'aujourd'hui, avec l'extrême réduction des garnisons, un fort appoint d'alcooliques de provenance européenne a disparu. La gendarmerie reste à ses anciens effectifs ; elle fournit un nombre considérable de délirants par rapport aux chiffres de ceux-ci Néanmoins, je suis convaincu que si l'on établissait des statistiques proportionnelles entre le nombre des alcooliques constatés et le chiffre

1. J.-J. Cornilliac, *les Colonies*, mars-avril 1890.

des diverses catégories de la population, la prédominance de l'habitude dégénérative appartiendrait à l'élément créole, traduite par ses éclats les plus intensifs. Aux Antilles, à la Guyane, à la Réunion, on boit avec excès, au delà de toutes les raisons qu'on pourrait tirer des ardeurs du climat; et toutes les catégories ethniques sont passibles de ce reproche, bien qu'à des degrés différents. Il y a nécessairement plus de retenue dans les hautes couches que dans les basses, et le nègre est, de tous les créoles, celui qui s'abandonne le plus au vice crapuleux. On ne se contente pas des produits du pays, du tafia et du rhum; on fait une énorme consommation d'absinthe, de vermouth, d'eau-de-vie venant de France, de bière anglaise, etc. Or, cette effroyable habitude semble avoir des conséquences immédiates et prochaines infiniment plus graves aux colonies que chez nous. Là-bas, en effet, les caractères sont naturellement très excitables, et l'ingestion des liqueurs fortes transforme aisément l'impressionnabilité en irritabilité dangereuse, qui pousse aux impulsivités mauvaises, aux querelles et aux rixes, aux duels entre individus de relations généralement convenables, aux attentats plus violents, ignobles, tels que le viol, ou féroces, tels que l'assassinat, chez les noirs aux instincts grossiers. Ceux-ci, d'ailleurs, consomment de préférence le tafia, qui engendre une « ivresse lourde, triste, querelleuse, insolente, méchante... » (Rufz). Aussi, entre nègres, observe-t-on souvent dans les rixes des actes de véritable sauvagerie, « des morsures, des arrachements à coups de dents de l'oreille, du nez, des lèvres». (Cornilliac). A la Guadeloupe, j'ai vu deux négresses âgées de dix-huit à vingt ans se colleter avec une fureur silencieuse, se mettre nues, s'arracher les cheveux à poignées, et finalement se déchirer des mâchoires, avant que l'on ait réussi à les séparer. Dans les climats froids ou tempérés, l'alcool agit avec moins d'énergie sur la cellule cérébrale que dans les pays chauds, parce que, dans les premiers, une grande dépense de force musculaire aide mieux à l'élimination que l'effort sudoral de l'organisme, limité par l'existence apathique, dans les seconds. Aussi le delirium tremens se produit-il assez vite chez les buveurs d'outre-mer; il est une cause fréquente de suicide. Ses caractères sont ordinairement en rapport avec la profession de l'individu. L'alcoolique « est calomnié, poursuivi, condamné au bagne, à la mort, à la dégradation, s'il est au service; parfois, un de ses chefs ou un de ses camarades, selon lui la cause de son malheur, court de sérieux dangers s'il se trouve à portée de l'inconscient. Lorsque c'est un ouvrier, on l'empêche de travailler, on le décrit, on le raille, on le poursuit de persécutions. L'état s'aggrave surtout dans la soirée. Souvent le malade est sous l'influence de visions, d'obsessions qui le dominent et l'exaltent. J'ai vu un garde de police se dévorer l'avant-bras droit pendant toute une nuit; les muscles et les tendons étaient détachés des os, sur lesquels il avait, dans sa fureur, arraché de leurs alvéoles ses quatre incisives et les deux canines supérieures. Il mourut deux jours après; il disait avoir reçu l'ordre de Dieu de manger son bras en sacrifice. Ce n'est que lorsque l'homme est devenu un danger pour ses voisins et une charge pour lui-même que la société se décide à le priver de sa liberté et à le faire enfermer dans une maison d'aliénés; car l'alcoolique, dans cet état, poursuivi par quelque idée fixe, peut commettre un crime longtemps prémédité et dont il assure l'exécution avec toutes les précautions les plus ingénieuses, lorsqu'il l'a résolu dans son esprit. » (Cornilliac[1].) L'aliénation mentale s'accroît sous l'influence de l'alcoolisme, revêtant les formes dépressives comme les formes de l'excitation maniaque. Les conceptions dominantes, aux Antilles, sont « les idées de persécution, de culpabilité, d'in-

1. L'autorité, maintes fois, se montre trop insouciante. Depuis un an, le docteur Cornilliac et les membres de sa famille ont été l'objet de plusieurs attentats dirigés contre eux par un misérable, habitué du tafia, de bonne souche, mais dégradé, qui accusait notre ami de « lui avoir enlevé son pain », en lui faisant céder sa place d'hôpital (où on le gardait par pitié assez imméritée) à plus digne de l'occuper que lui-même. On vient de renfermer ce furieux dans un asile; ce n'était point là qu'il devait être envoyé, car il avait une suffisante responsabilité de ses actes pour être justiciable des tribunaux et mis en prison.

fluence magnétique, de sortilèges, jointes à des hallucinations (auditives) d'injures et de provocations »... (Cornilliac.) Puis, à côté de l'aliénation, il y a l'épilepsie et l'hystérie, fréquemment provoquées par les excès alcooliques, elles aussi facteurs d'attentats. Si les parents échappent d'une façon relative aux tristes conséquences de leur vice, leur descendance paye pour eux, et avec usure, le complet tribut auquel ils ont échappé ; cette descendance compte des dégénérés de toutes formes, qu'on rencontre dans les asiles ou sur les bancs des tribunaux correctionnels et criminels, épaves stériles ou pernicieuses, au cœur du milieu social.

La morphiomanie est, jusqu'à présent, une exception parmi les créoles. Mais je n'affirmerais pas qu'elle n'existât latente, en quelques familles.

Une passion communément répandue est celle du jeu. Il y a, comme chez nous, le pari mutuel ; mais au lieu de se rapporter à des courses, il se produit à l'occasion de combats de coqs. Le noir est particulièrement amateur de ce genre de distractions ; on voit aussi des mulâtres et des blancs, parfois du meilleur monde, fréquenter les réunions où, le dimanche, les parieurs s'assemblent autour de la petite arène, destinée aux lutteurs emplumés. On m'a cité des personnes qui se sont ruinées à l'élevage des coqs de bataille et dans les paris répétés d'après l'appréciation très aléatoire des chances de tels ou tels champions. Dans l'intervalle de pareilles séances, les cartes sont agitées, ici sur les tables des débits borgnes ou sur l'herbe des savanes, là sur les tapis des cercles. Entre gens de basse couche, le jeu, en même temps qu'il est une cause d'entraînement à la paresse, est une occasion de disputes et de rixes, où le *coup de tête* vaut le coup de couteau. Dans les couches plus sélectées, les résultats sont pires ; le commerçant délaisse ses affaires et, fatigué par des nuits fébriles passées à manier les cartes, devient indifférent à ses occupations régulières ; acculé à la faillite ou à la banqueroute, il ne tarde pas à tomber ; le jeune homme, employé du négoce ou de la commune, assouvit sa passion en commettant des faux ou des vols de caisse; libre d'emploi, vole chez ses parents, et dans une société où la vanité tient toujours sa place, le moins mauvais qu'il arrive c'est le duel à la suite de discussions. Naturellement, lorsque la ruine est survenue, le déclassement expose à toutes les sollicitations détestables, et la misère est d'autant plus redoutable conseillère, pour quelques-uns, qu'ils essayent davantage de la dissimuler.

Quand on parle de misère aux colonies, il faut toutefois s'entendre. Sous un climat chaud, où la vestiture peut être fort simple, l'abri facile à trouver, la nourriture non dispendieuse, où d'ailleurs un esprit de charité, de générosité même, est toujours prêt à la solidarité et à l'assistance, il n'y a point, comme chez nous, de ces dénuements empreints de hideurs si atroces, que d'éclatants suicides révèlent alors qu'il est trop tard pour soulager les souffrances. L'ouvrier a le travail assuré, là où manque la concurrence, avec des salaires rémunérateurs, grâce auxquels, sans beaucoup de fatigue, il a le nécessaire et le superflu. Le nègre privé de métier, aux instincts indépendants et un peu sauvages, trouve à édifier une case de branchages, à cultiver des ignames et des bananes sur quelque coin de terre inexploité d'où personne ne songera à le chasser. Le blanc et le mulâtre, trop orgueilleux pour s'astreindre à la vie du nègre, souvent pour s'adonner à une profession manuelle, et non toujours d'instruction suffisante pour se livrer à une autre, pauvres de par la naissance ou brusquement ruinés, sont au contraire rivés à une existence pénible. Il faut paraître et l'on n'a rien à consacrer à l'extériorité. Les femmes s'ingénient à mille petits métiers qu'elles exercent à la dérobée et dont elles font vendre les produits par des négrillonnes; elles ont bon courage, mais quelquefois sombrent dans la prostitution. Les hommes, en plus d'un cas, n'ont pas honte de se laisser entretenir par une fille achalandée, ou quémandent à l'un et à l'autre, non pas sur l'humble ton, mais avec l'air dégagé des personnes à qui tout serait dû. Et pourtant, ce n'est point dans cette catégorie que la mendicité se montre le plus effrontée. Il y a, dans les milieux créoles, une mendicité spéciale, exercée par des gens bien vêtus, même en place, uniquement pour satisfaire au caprice d'un moment ou à des besoins de luxe. Ces habitudes dénotent un fâcheux amoindrissement du caractère, une tendance à des fléchissements de connexion très intime avec le délit. La vraie misère et la vraie mendicité s'observent surtout parmi les pauvres diables d'émigrants que chacun repousse et méprise. Ceux-là peuvent manquer même de nourriture, sans rencontrer une main secourable. L'Hindou, que la maladie ou l'infirmité a fait renvoyer de l'habitation par un engagiste violateur de son contrat, que les mauvais traitements ont obligé à fuir, isolé ou par petites bandes, souvent en famille, erre vagabond sur les routes. On rencontre de ces misérables au voisinage des bourgs et des villes, hâves, amaigris et chétifs, souvent couchés par terre et sans force pour se relever; ils meurent sur place, s'ils n'ont la chance d'être transportés jusqu'à l'hôpital voisin, de faim, d'exténuation, de dysenterie ou de phtisie. Aussi, dans cette catégorie, l'excès de la souffrance suscite-t-il d'immenses découragements, qui se terminent par le suicide, quand ils ne sont pas momentanément enrayés par l'attentat de nécessité, le vol d'aliments, ou, chez les moins réduits d'énergie, des colères vindicatives, qui poussent les abandonnés à des coups de représailles, presque toujours à l'incendie. C'est presque exclusivement aux immigrants que se rapportent les délits de mendicité et de vagabondage.

Au-dessus de tous ces facteurs plane la grande instigatrice des haines, la politique, aux colonies et surtout aux Antilles doublée d'une perpétuelle rivalité des couleurs, entravant jusqu'au développement économique. J'ai déjà eu plus d'une fois à faire allusion à son influence néfaste; on la verra en action dans ce qui suivra.

Des principales formes du crime-délit et de leurs mobiles, j'ai donné un tableau très détaillé, dans mon livre *le Crime en pays créoles*. Je ne saurais, dans un simple chapitre, reprendre aussi longuement cette étude. Je ne veux point d'ailleurs commettre de répétitions. Je vais donc me borner à tracer, avec des exemples très récents, un aperçu suffisamment caractéristique et imagé des modalités que revêt l'attentat. Je ferai particulièrement ressortir, d'après les statistiques, la fréquence relative de ses diverses formes en chacune de leurs catégories.

a. *Vols, faux, abus de confiance, escroqueries*, etc. — De toutes les formes de l'attentat contre les propriétés, le vol est la plus commune. Il entre, dans le groupe, pour une proportion centésimale de 77 à la Martinique, de 69 à la Guadeloupe, de 61 à la Réunion. La presque totalité des vols sont simples; les vols qualifiés n'apparaissent en proportion appréciable qu'à la Guadeloupe et à la Réunion, où, sur 100 vols, il y en a environ de 2 à 4 qui sont renvoyés aux assises. Dans le vol aggravé, il semble que l'audace effrontée, cynique, sûre d'elle-même, intervienne davantage que la ruse, car les vols domestiques sont l'exception, et les vols en lieux publics, avec escalade ou effraction, plus habituels (rapport de 1 à 12 environ). C'est que les vols domestiques reviennent surtout à des coolies ou à de jeunes négresses, personnes chez lesquelles la timidité comporte l'emploi des moyens le moins compromettants, tandis que les autres sont l'œuvre de professionnels, noirs créoles, chez lesquels la hardiesse naturelle est souvent renforcée par une ferme croyance à la protection de certains piaïs (les sorciers vendent des recettes pour se rendre invisible, pour endormir les gênants, etc.). Il est possible que l'auteur du vol de 50000 francs, commis le 31 octobre 1890 au préjudice de la *Colonial Bank*, à Saint-Pierre (Martinique), ait emprunté à une suggestion de cette espèce une grande partie de son extraordinaire audace. (L'agent de la banque, après une vérification, transportait, de son bureau au caveau servant au dépôt des fonds, une boîte chargée de liasses de billets; il traversait un corridor, quand un homme venu de la rue se jeta sur la boîte, y prit deux énormes paquets et s'enfuit... avant qu'on eût eu le temps de se rendre compte de la réalité; le voleur ne fut point retrouvé.) Les faux, exécutés de façon très naïve, sont ordinairement commis par des jeunes gens aux abois, à la suite des exigences d'une maîtresse ou d'entraînements au jeu, par des employés d'administration ou de commerce, par des négociants. Chez ces derniers, le crime s'augmente d'un certain nombre de banqueroutes suspectes. Quant aux escroqueries, celles de haute envolée appartiennent rarement à des créoles; elles reviennent à des aventuriers cosmopolites. (En 1892, les habitants de Saint-Denis, à la Réunion, étaient les dupes d'un personnage qui se présentait partout, faisant grosses dépenses, sous le titre d'un amiral hollandais chargé de négocier un emprunt pour une ligne de chemin de fer dans le Transvaal ; le prétendu amiral avait pris le nom de Welson et il avait été reçu avec les honneurs officiels dus au rang dont il exhibait les preuves. C'était un escroc du nom de Jansen, déjà condamné à deux ans de prison par le tribunal de Hong-Kong sous le nom de comte de Paulo [1].)

b. *Incendies.* — L'incendie, sans être aussi fréquent qu'on pourrait *a priori* le supposer, en des pays où les maisons sont pour la plupart construites avec le bois et recouvertes avec des essentes (plaquettes de sapin), où les cases à charpentes de branchages et à revêtements de feuilles de palmier sont communes, est néanmoins trop répété. Il est bien difficile, maintes fois, de reconnaître s'il est dû à l'imprudence ou à une intervention criminelle. Dans ce dernier cas, il se produit en deux conditions qu'il est intéressant de distinguer.

Les coolies hindous se livrent à ce mode d'attentat à la campagne, au préjudice de leur engagiste, par ressentiment de ses mauvais traitements; ils mettent le feu aux cannes déjà mûres pour la récolte ou récoltées et emmagasinées, à l'usine, aux cases de leurs congénères, avec l'intention de nuire au maître; mais rarement ils osent s'attaquer à l'habitation de celui-ci, par la crainte de s'exposer à un châtiment trop immédiat. Quelques-uns agissent avec une préméditation singulière : ils ont entendu parler de la Guyane, où des transportés travaillent pour le compte de l'État et sont moins malheureux qu'eux-

1. *La Bretagne*, 24 décembre 1892.

mêmes; ils brûlent pour se faire envoyer là, et viennent se constituer prisonniers aux magistrats.

Le noir et la négresse (car les deux sexes se confondent dans cette sorte de crime) sont surtout des incendiaires de ville. Comme l'Hindou, ils obéissent à des mobiles vindicatifs; mais, chez eux, ces mobiles se résument d'ordinaire dans les haines que leur soufflent des intrigants politiques, dans le réveil des anciennes terreurs de l'esclavage, transformées en justes représailles contre le blanc à l'instigation occulte de mulâtres scélérats. Les incendies furent très multipliés après la révolution de 1848; aux périodes électorales ou de perturbations politiques, ils se reproduisent régulièrement, chaque parti ne manquant jamais à en renvoyer les responsabilités à ses adversaires. Mais sous la raison de la lutte sociale, avouée cyniquement ou tacite, et sans l'appoint de cette raison, une cause plus vulgaire joue un rôle : l'espoir de profiter du tumulte et de l'affolement pour piller les maisons, voler meubles, linge, argenterie et bijoux chez les sinistrés.

L'incendie rentre autant dans la catégorie du crime contre les personnes que dans celle du crime contre les propriétés. S'il détruit celles-ci, il atteint les premières, souvent dans leur vie comme dans leurs biens. Comme l'empoisonnement, il est le crime lâche par excellence, qui s'accomplit dans l'ombre. Aussi est-il l'œuvre des femmes et des asservis. L'incendie et l'empoisonnement sont les attentats les plus habituels, au temps de l'esclavage; l'un est devenu plus rare, mais l'autre reste, survivance de la criminalité d'autrefois dans ses mobiles cachés; c'est l'attentat des tarés affranchis, aux haines et aux appétits insatiables, l'attentat qui démontre le mieux l'inadaptation des couches auxquelles on a accordé l'égalité politique, sans les soumettre à une éducation préalable.

On sait quelle catastrophe a détruit, dans la nuit du 22 juin 1890, une grande partie de la ville de Fort-de-France, le chef-lieu de la Martinique : plus de seize cents maisons étaient détruites par le feu, d'immenses magasins remplis de marchandises anéantis, cinq à six mille personnes, parmi les plus à l'aise, tout à coup ruinées, sans asile et sans pain, plusieurs autres mortes dans les flammes ou des suites de brûlures. On voulut mettre le sinistre sur le compte d'une imprudence toute fortuite. Mais un feu qui éclate brusquement à l'heure où la population sommeille, où soufflent les brises fraîches les plus propices à aviver la flamme, qui a son point de départ dans une case misérable, au vent des quartiers les plus riches, et où l'on aurait oublié (!) un réchaud à pétrole, un feu en de telles conditions reste bien suspect[1]. La cause, quelle était-elle au vrai ? C'est une question intéressante à soulever au point de vue de la criminalité créole. A l'époque dont nous parlons, le chef-lieu était profondément remué par les agissements du maire, mulâtre ambitieux et haineux, sectaire attiseur de mauvais levains. Cet homme était en lutte avec le gouverneur, lui aussi de la couleur (M. Germain Casse), mais par expérience et par tempérament très modéré. La population noire était surexcitée, et il ne fallait qu'une étincelle pour l'amener à croire à la nécessité et surtout au grand avantage pour elle d'un retour aux excès contre les blancs. L'étincelle a-t-elle jailli ; quel a pu être son point d'émission ? Est-ce une pensée fanatique éclose chez un ardent ou occultement suggérée à un misérable ou à un groupe de misérables par quelque parvenu irréconcilié, qui a provoqué l'embrasement, avec l'appât d'une double satisfaction : celle de détruire les propriétés des plus riches ou des plus signalés pour leurs prétendues velléités de politique rétrograde, celle de profiter largement de leurs dépouilles, au milieu du désarroi général ? Ou bien tout simplement l'espoir prémédité d'un fructueux pillage ? Les deux versions trouvent dans les feuilles locales des arguments pour se soutenir. Si l'incendie n'a été allumé

1. Le 20 août 1890, le tribunal correctionnel de Fort-de-France condamnait à un an de prison et à 50 francs d'amende, « comme coupable d'incendie et d'homicide involontaire », la femme Adeline Hercule, chez laquelle avait commencé l'incendie du 22 juin. Ce jugement, peut-être inspiré par la nécessité de calmer l'opinion, ne prouve rien contre la version d'un attentat criminel.

que sous un mobile criminel banal, son énorme développement a été une surprise pour son auteur; évidemment, celui-ci ne désirait qu'un foyer suffisant pour ramasser un butin de moyenne importance ; il ne comptait pas sur un désastre qui allait, en se prolongeant, jeter sur la ville des bandes de compétiteurs acharnés ! Mais voici où l'état des esprits se révèle, où se trahit la conviction presque générale que, si l'incendie n'était pas dû à une infâme manœuvre politique, il apparaissait à l'heure psychologique où les uns avaient à espérer, les autres à redouter l'explosion de perturbations terribles. Loin de moi l'idée de déverser sur le maire de Fort-de-France une responsabilité immédiate à propos d'une catastrophe qui l'a atterré; mais j'estime, avec beaucoup de personnes, qu'il a encouru une responsabilité morale indirecte, par l'imprudente agitation qu'il a contribué à répandre dans les esprits, au cours d'une période d'élection pour le renouvellement du conseil général. Ce magistrat n'a pas échappé à des suspicions très graves, et les événements qui ont précédé, accompagné et suivi l'incendie prouvent qu'il existait, dans une certaine fraction de la population, des ferments pernicieux très disséminés. Les preuves surabondent :

A la réunion du conseil privé, le 24 juin, on redoute que l'incendie ait des suites, et le gouverneur aurait déclaré au maire « que si le moindre malheur, incendie ou autre, se produisait, il le ferait conduire au fort Desaix »[1].

Comme il arrive ordinairement après les attentats ou les événements retentissants, en plusieurs endroits, à Fort-de-France, dans des quartiers restés indemnes, aussi à Saint-Pierre et ailleurs, il y eut des tentatives d'incendie ; ce rayonnement imitatif pouvait-il se faire dans la plus basse couche de la population, sans qu'elle eût la conviction intime que l'exemple émanait d'un parti prêt pour la dernière lutte contre le blanc (tant calomnié) ?

Il y aurait aussi à signaler la conduite singulière d'un grand

1. *Les Colonies*, 28 juin.

nombre de citoyens du chef-lieu, qui auraient refusé de contribuer aux secours.

Et la responsabilité du maire semble encore aggravée par quelques circonstances fâcheuses, le mauvais état constaté du matériel des pompes, son inertie (ou son incapacité) pendant et après le désastre[1], etc.

On lisait dans *les Colonies*, aux dates des 25 et 28 juin, et à celle du 28 juillet :

« Hier, pendant la nuit, à la rue d'Enfer (Saint-Pierre), une de ces prostituées de Fort-de-France qui ont fui le chef-lieu depuis le désastre, voulait absolument incendier la maison dans laquelle elle gîtait. Les voisins ont pu arrêter les efforts sacrilèges de cette mégère... — Il faut avouer qu'une partie de notre malheureuse population de Fort-de-France était, depuis quelque temps, tombée bien bas au point de vue moral. Pendant l'incendie, des hommes valides refusaient tout secours non payé ; d'autres, dit-on, buvaient de l'alcool, jouaient aux cartes et chantaient ; aujourd'hui, ceux d'entre eux à qui nous offrons l'hospitalité essaient de nous incendier... — Hier, la police de Fort-de-France a arrêté toute une bande de voleurs qui a été conduite au chef-lieu. Une heure plus tard, elle se mettait à la poursuite d'une nouvelle bande, qui emportait dans une charrette à bras, au Lamentin, tout le butin fait. Ces bandits ont été arrêtés également...— Le jour même du sinistre, nous avions vu des gens, disons mieux, un ramassis de vagabonds, en train de se saoûler au carénage, en jouant aux cartes, pendant que les flammes brûlaient la ville entière. Nous en avions vu d'autres rançonner sans pitié les malheureux sinistrés, pendant que quelques-uns, bandits plus dégradés encore, pillaient et volaient partout où ils trouvaient un meuble ou une pièce d'argent à emporter. La conduite de cette canaille,

1. *Les Colonies* (du 2 juillet) vont même jusqu'à accuser le maire de s'être montré sur le lieu du sinistre en état d'ébriété Il n'est pas inutile de remarquer que cette feuille est de la couleur et, malgré ses allures mitigées, assez hostile aux blancs.

venue à Fort-de-France à la suite de M. le maire[1]..., ce roi des ribauds, comme celle du personnage, assistant impassible ou en ricanant, nous avait indigné et écœuré. — Qu'on ne vienne pas parler de passion politique, de parti-pris. Chacun le sait et chacun l'a répété au chef-lieu. Aux premiers cris d'alarme jetés à travers la cité, plusieurs de ces malandrins répondirent: *Laissez donc brûler ! C'est Mme G... et M. E... qui flambent !* Et plus tard, une de ces horreurs de filles qui passent leur temps aux pires orgies et forment le meilleur de la troupe d'admirateurs de Bel-air (surnom donné au maire, en raison de sa faconde poseuse), disait à Mme E... qui, à la Savane (promenade de Fort-de-France où nombre de malheureux s'étaient réfugiés, hors de l'atteinte des flammes), pleurait sa ruine près de sa fille : *Tiens ! madame, vous pleurez ! La belle affaire vraiment ! Vous portiez des robes de soie ; vous porterez comme nous des cotonnades, puisque le feu nous a rendus tous égaux aujourd'hui.* — Nous savions tout cela, nous l'avions entendu répéter par des gens autorisés ; mais, en face du désastre immense, en face de cette population sans asile et sans pain, nous n'avions voulu rien dire, afin de ne pas entraver les secours... » Et l'article continue par une avalanche d'invectives et d'accusations contre le maire.

Celui-ci, dans sa feuille, *la Petite France*, répond aux *Colonies* et à *la Défense coloniale*[2], qui le traite non moins violemment, par des injures plutôt que par des raisons. Par des arrêtés des 28 et 30 juin, il lui faut bien reconnaître que la ville est remplie de vagabonds étrangers « accourus pour se livrer au vol et au pillage » ; mais il ne se lave point du reproche d'incapacité, et, sous sa polémique, il ne donne que trop de prises aux accusations accumulées contre lui de perfide sectarisme, de violences perturbatrices et d'excitations semées contre ses adversaires politiques et la population blanche[3].

1. Inutile de reproduire le nom.
2. Feuille des blancs.
3. Déjà le trop fameux maire avait été renié par le grand maître du parti de la couleur et des loges, le *vénérable* Schœlcher, qui

Il reste au moins d'acquis :

Que l'incendie s'est déclaré soudain, au moment d'une très vive surexcitation politique. (Ce n'est point là un fait isolé ; j'étais présent, à la Pointe-à-Pitre, à l'époque des élections législatives de 1885 ; les têtes étaient fort montées pour ou contre divers candidats, tous appartenant à la catégorie des hommes de couleur; les polémiques de presse excessivement... ardentes ; presque chaque semaine, on avait à combattre quelque incendie, et l'un d'eux détruisit tout un quartier).

Que, devant le foyer qui dévorait la ville, une partie de la population se refusait à porter secours, et qu'un nombre considérable de nègres pillaient et volaient dans les maisons abandonnées ou sur les décombres fumants. (Ce n'est point là encore un fait isolé ; dans les sinistres auxquels j'ai assisté, j'ai constaté, dans une partie de la population, une conduite similaire, et la même chose se reproduit à l'occasion des catastrophes les plus lamentables ! Lors du tremblement de terre de 1843, à la Pointe-à-Pitre, des bandes de noirs se précipitaient sur les décombres, enlevant les meubles, les bijoux, tout ce qu'ils

l'avait déclaré « indigne » d'occuper le fauteuil de vice-président du conseil général de la Martinique. Si l'on veut se faire une idée de l'état de surexcitation où les agissements de ce fonctionnaire avaient jeté la population du chef-lieu, à la veille de l'incendie, il importe de lire les feuilles locales du 15 au 21 juin et même de remonter à leurs numéros de mai. On y lira cette circulaire du maire aux électeurs (renouvellement du conseil général) :

« Aux électeurs,

« Une manœuvre est faite à la dernière heure par nos adversaires.

« Les blancs réactionnaires de Saint-Pierre ont envoyé à tous leurs amis de la campagne l'ordre de voter pour les listes que nous combattons et que présente M. César Lainé.

« On veut nous ramener quarante ans en arrière, avant la révolution de 1848.

« A vous de déjouer cette combinaison sacrilège. »

Cette corde est toujours fort sensible à vibrer chez le noir. Qu'on s'imagine, étant donnée son excessive crédivité, l'effet produit par une telle circulaire !

trouvaient et estimaient de quelque valeur, sourds aux cris suppliants des malheureux blessés, des femmes et des enfants à demi écrasés, incapables de se mouvoir et voyant avec effroi la flamme prête à les brûler!!)

Voilà des côtés du caractère qui prouvent peu en faveur de l'adaptation sociale de gens cependant électeurs et éligibles, et portés d'instinct, électeurs, à choisir des hommes à leur ressemblance; élus, à fermer les yeux sur les scélératesses de leurs frères et amis.

Mais tout ne s'arrêta pas au sinistre du 22 juin et à des tentatives d'incendies immédiatement surprises dans les premiers temps qui suivirent. Soit qu'il y ait eu continuation prolongée d'une fatalité inexorable, soit que le souvenir du désastre, et, pour plusieurs, des attentats qu'il avait servi à perpétrer, ait déterminé par suggestion des impulsivités latentes à reproduire des actes antérieurs, comme sous une influence de contagiosité morale maladive, la série n'est pas encore épuisée ! Des incendies se sont répétés avec une fréquence anormale depuis l'année du désastre jusqu'à l'époque où je revois cette page, et dans la colonie déjà si éprouvée et dans les colonies voisines. Le 6 avril 1891, à Fort-de-France, incendie dans la cité Clarac, 22 maisons brûlées, 2 femmes mortes des suites de leurs brûlures ! On attribue officiellement le sinistre à l'imprudence d'une servante; mais l'opinion publique, terrorisée par le souvenir du 22 juin, y voit le nouvel effort de mains criminelles ! Dans la même quinzaine, d'autres incendies éclatent simultanément en plusieurs localités peu éloignées du chef-lieu, aux Anses-d'Arlet, à Case-Pilote, au Saint-Esprit. « Peut-on voir là, disent *les Colonies*[1], de simples coïncidences, croire le hasard le seul auteur de ces incendies qui se renouvellent périodiquement et dont on ne peut jamais connaître les véribles auteurs. » Aux assises de septembre de la même année, à Saint-Pierre, deux affaires d'incendie volontaire (auteurs : deux nègres créoles). Le 29 septembre, violent incendie dans

1. 18 avril 1891.

un magasin, où il est constaté qu'on a accumulé des matières combustibles ; le propriétaire est très véhémentement soupçonné de l'avoir allumé lui-même (Saint-Pierre). Puis, ce sont, au mois de janvier 1892, à la Guyane, deux tentatives d'incendie où il est impossible d'écarter la préméditation criminelle, car on trouve les portes des immeubles enduites de pétrole ; les attentats, l'un dirigé contre la banque, l'autre contre la maison d'un fonctionnaire, devaient avoir le vol pour objectif. Dans le même temps, on signale des vols avec effraction dans plusieurs maisons de la ville de Cayenne, notamment à la préfecture apostolique [1]. Quelques incendies aussi à la Guadeloupe. A la Martinique, la série n'est pas terminée ; je relève en effet de nouveaux incendies à Saint-Pierre (rue Landais), le 10 juillet 1893 ; à la Rivière-Blanche, tout près de la ville, du 28 juin au 12 juillet ; au Robert, du 16 juillet au 4 août, etc.

Le vol à l'incendie est si bien dans les habitudes d'une certaine catégorie de malfaiteurs, dissimulés dans les principaux centres et toujours sur le qui-vive, qu'on voit ces misérables surgir aux moindres occasions, même les plus accidentelles. Un soir, à Saint-Pierre, on entend tout à coup résonner le tocsin, et la population se précipite affolée dans les rues ; c'est un pauvre fou qui a eu cette fantaisie macabre ; l'émoi est vite

1. Déjà, dans cette colonie, au mois de mars 1890, il y avait eu une très sérieuse tentative d'incendie. L'auteur, un nègre de la transportation, avait été condamné à mort par le conseil de guerre permanent et son exécution avait donné lieu à un incident très dramatique. La guillotine avait été dressée sur le pénitencier des îles du Salut. Le bourreau, un forçat, avait-il mal pris ses dispositions, était-il inexpérimenté ? Toujours est-il que le couperet, en s'abattant, ne fit qu'entamer le cou du patient, d'où le sang jaillit à flots. « Le malheureux pousse des cris épouvantables, plusieurs assistants se trouvent mal ; le bourreau cherche à faire remonter son couteau, la machine ne fonctionne pas. On en est réduit à aller prendre un sabre à l'aide duquel les transportés font des abatis, pour trancher la tête du condamné, dont les cris sont navrants. » (*Les Colonies*, 1er mars 1890, d'après *la Liberté coloniale*.)

dissipé; il a suffi pour permettre à un homme de desceller et d'emporter l'un des troncs de l'église [1].

On aurait une idée très fausse de cette forme du crime, d'après les statistiques judiciaires, car, dans un très grand nombre de cas, les coupables demeurent inconnus (ainsi, après la série d'incendies que j'ai mentionnées à la Martinique, on ne lit que deux affaires dans le rapport de 1891), et dans beaucoup d'autres on laisse sur le compte de l'imprudence des sinistres qui relèvent probablement d'autres causes. D'après les statistiques les plus récemment établies, la Martinique apparaît (contradictoirement avec les aveux des feuilles locales) avec le minimum des incendies (moyenne des années 1890 et 1891 : 6; soit, 0,8 pour 100 de l'ensemble des crimes et délits contre la propriété); la Guadeloupe a le maximum (moyenne des années 1886-1891 : 21,5, ou 3,5 pour 100 des crimes-délits-propriétés); la Réunion, pour la période 1881-1890, offre une moyenne de 10,2 (1,4 pour 100 des crimes-délits-propriétés). C'est, dans la seule catégorie jugée au criminel, par rapport à la période 1853-1861, une augmentation sensible pour deux colonies, la Guadeloupe (moyenne : de 21,5 au lieu de 4), et la Réunion (moyenne : de 10,2 au lieu de 4,3); l'augment est moins accentué (sans doute fictivement) pour la Martinique (6 au lieu de 5).

c. *Injures graves, diffamations, dénonciations calomnieuses.* — Sous la forme la moins violente — non toujours la moins dangereuse — l'attentat contre les personnes consiste en propos ou en écrits, tantôt anonymes, tantôt cyniquement développés dans les feuilles locales, avec l'intention d'injurier gravement, de diffamer, de dénoncer calomnieusement un citoyen ou un groupe de citoyens. Ce délit, qui sent encore l'émancipé mal assoupli et trahit la bassesse du caractère, est commun dans les îles et bien au delà de ce que les statistiques officielles peuvent nous révéler, car c'est par exception qu'il aboutit devant les tribunaux, avec la moyenne de 29 pour la Martinique

1. *Les Colonies*, avril 1893.

(4 pour 100 des délits-personnes), de 21 pour la Guadeloupe (3 pour 100) et de près de 17 pour la Réunion (3,6 pour 100). Mais, je le répète, une infime partie des actes qui mériteraient l'application de la loi, arrive jusqu'aux magistrats. Il suffit, pour s'en convaincre, de jeter le plus rapide coup d'œil sur les journaux quotidiens ou hebdomadaires; pas une page où ne s'étalent, sans la moindre réticence, sans le recours même à l'initiale, les injures les plus grossières, les insinuations les plus lâches, les accusations les plus perfides contre telle ou telle personne, le plus souvent à propos de rivalités politiques, d'autres fois à l'occasion de rivalités très vulgaires. Cela ne choque guère, dans le milieu, tant les sentiments des meilleurs se sont émoussés à la répétition de telles habitudes, et tant les autres se sont accoutumés à laisser plein essor à leurs vils instincts, sous la tolérance d'une opinion veule. Il n'est point de caractère, aussi honorable qu'il soit, qui échappe à ce genre d'attaque, point d'autorité qu'il respecte. Même à propos d'affaires très banales, on ne manque pas de chercher à compromettre les adversaires ou les gênants qui n'ont rien à y voir. A Saint-Pierre, au mois d'avril 1891, la cour d'assises avait à juger une affaire de faux en écriture; l'accusé était un homme de couleur employé au bassin de radoub, l'accusateur un de ses subordonnés. Celui-ci déclara à haute voix, devant le jury : « Je reconnais publiquement avoir accusé injustement C... de fautes qu'il n'a pas commises; je crois devoir en faire l'aveu devant MM. les jurés. Je dis la vérité aujourd'hui, j'ai joué un rôle infâme, mais je n'ai pas été le seul à dénoncer C...: j'ai été poussé par le capitaine de port et d'autres personnes. » Le capitaine de port avait-il suggéré des accusations sérieuses contre C..., avait-il simplement manifesté quelque animosité contre celui-ci devant un inférieur empressé à déployer son zèle, en arrangeant à sa manière de vagues propos incompris? Je l'ignore. Mais certaines feuilles s'empressèrent de profiter d'une aussi belle occasion pour prodiguer les épithètes de « misérable » et de « scélérat » à un fonctionnaire déplaisant et pour donner à entendre qu'il y avait à rechercher un cou-

pable dans un autre fonctionnaire beaucoup plus haut placé (sans doute le directeur de l'intérieur, aussi très déplaisant). Le délit émane à peu près exclusivement de gens de couleur. Il a son excuse relative dans l'absolu manquement de sens moral chez un grand nombre d'individus de cette catégorie et chez un grand nombre aussi dans l'ignorance non moins absolue de la valeur des termes qu'ils emploient. L'instruction et l'éducation font défaut à la plupart de ceux que le suffrage des masses choisit comme leurs dispensateurs (j'entends parler de maints conseillers municipaux ayant la haute main sur les écoles).

d. *Rebellions, outrages aux fonctionnaires et agents de l'autorité.* — Dans toute société, sauf l'anarchique, on admet que les citoyens doivent obéir à des lois communes, et l'obligation de cette obéissance, gage de l'accord mutuel et de la tranquillité publique, suppose le frein nécessaire d'une autorité. Celle-ci, dans les colonies comme dans la métropole, pêche trop souvent par l'arbitraire, et appelle contre ses représentants des réactions que le droit naturel excuse, là où le droit convenu se dérobe. Mais trop souvent aussi, par ignorance, abandon aux suggestions d'intrigants ou de haineux, les individus et les foules se soulèvent, alors qu'ils ont en face la légalité. Je sais bien que la légalité n'est pas exactement synonyme de justice. Au fond, les insoumis n'ont pas toujours tort ; la loi, même équitable en principe, cesse de l'être par les variations impondérées de ses applications, et le progrès des mœurs a peine à continuer une adaptation à maintes prescriptions faites pour d'autres âges et sottement maintenues dans les codes. Mais, enfin, une certaine moyenne d'assouplissement est la marque d'un milieu civilisé ; elle est d'acquisition trop récente aux colonies pour être stable.

Chez les créoles, gens à tempérament ardent, prompts à l'action, d'une indépendance de caractère transmise aux blancs par des ancêtres habitués à n'avoir qu'eux-mêmes pour maîtres, dans les autres groupes, le contre-coup fatal d'une longue oppression, la subordination sociale apparaît fréquemment un joug insupportable. Que le sectarisme politique jette sa note, et il déchaînera les résistances isolées ou en masses à l'occasion des événements les plus divers. Les émeutes naissent avec une singulière facilité, aux îles. Une étincelle insignifiante embrase en un instant des foyers qu'il n'est point aisé d'éteindre. Quelle que soit l'origine de ces émeutes, elles menacent toujours de dégénérer en petite guerre civile, parce qu'elles se compliquent d'une immixtion des rivalités de couleur. Naturellement, celles-ci s'étalent d'emblée, lorsque l'explosion jaillit d'un conflit politique. Le blanc donne quelquefois prise ; mais il y aurait injustice à lui attribuer la véritable cause des plus féroces émeutes, qu'une apparence superficielle des faits et l'habileté d'adversaires sans scrupules ont mises à son acquit. Les articles de ses feuilles n'atteignent que très exceptionnellement au degré de violence, et jamais à la grossièreté et à la bassesse des attaques des feuilles de la couleur. Cependant ce fut à propos de polémiques de presse reprochées à des blancs qu'on assista à deux séditions inouïes, il n'y a guère longtemps. — A la Réunion, en 1868 [1], des discussions très acerbes avaient surexcité l'opinion, dans la ville de Saint-Denis ; le rédacteur d'une feuille cléricale, à la discrétion des jésuites, tout récemment arrivé d'Europe, eut l'imprudence de se laisser aller à un redoublement de vivacités dans ses attaques contre les autres organes de la presse locale, plus ou moins empreints de libéralisme. Tout à coup, le bruit se répand que ce personnage « se serait rendu coupable d'un attentat à la pudeur sur un jeune créole, dont la famille lui avait offert l'hospitalité ». Aussitôt, une bande de jeunes gens se forme, court, grossie par une foule de curieux bientôt convertie en auxiliaires indignés, au logis du rédacteur (heureusement absent), s'arrête en vociférant devant le collège des jésuites, l'évêché, la direction de l'intérieur. Le gouverneur réussit à calmer l'effervescence et tout se fût arrêté là, si des

1. *Événements de la Réunion*, brochure par Desjardins, Jalabert et Le Roy. Paris, 1869.

ferments occultes n'eussent agi sourdement. Je tiens d'un fonctionnaire créole, homme très honnête et très modéré, qu'un mulâtre (il fut tué dans la bagarre) se distingua par ses excitations, et que celles-ci visaient à imprimer à une simple émotion de cause surtout morale les caractères d'une lutte de couleurs. L'affaire devint une sédition, et dans une colonie, où les mœurs sont pourtant plus affinées qu'aux Antilles, on vit surgir des déchaînements sauvages. L'autorité, à tous ses degrés, fut au-dessous de sa tâche ; le sang coula. Mais, au moins, les habitants prirent-ils occasion de ces tristes scènes, pour tâcher d'obtenir du gouvernement impérial un meilleur régime politique. — A la Martinique, en 1881, à la suite d'articles écrits dans le journal des blancs, avec toute l'honnêteté indignée, aussi avec toute la verve méridionale, d'un homme à bout de patience et d'esprit très mordant, contre certains mulâtres dignes de mépris et cependant au pinacle, une foule composée de nègres et appartenant à une couche trop ignorante pour avoir pu se rendre compte des lignes incriminées, mais dont les instincts pervers avaient été attisés au souffle de misérables dissimulés, se rua sur la maison du docteur Lota. Le maire (depuis député... et commerçant en déconfiture), que le médecin-journaliste avait publiquement souffleté, au lieu de demander réparation de l'outrage, trouva sans doute plus avantageux « de laisser la multitude égarée se substituer à son individualité[1] », et, loin d'user de la popularité dont il jouissait, il abandonna la foule à ses instincts ; celle-ci de saccager la maison du blanc désigné à ses fureurs, d'outrager sa famille, de multiplier les efforts pour se saisir de sa personne afin de la mettre en pièces. Des voisins eurent grand'peine à sauver le malheureux docteur, sa femme et ses filles, en les faisant sortir par des issues rapidement percées dans les murailles. Mais M. Lota n'en avait pas fini avec le monde de la couleur : un procureur de la république de la teinte le faisait appréhender sous l'accusation d'avoir tiré sur la foule,

1. *Figaro*, août 1881.

et condamner à un mois de prison. La victime d'un guet-apens seule fut punie pour avoir osé se défendre. Néanmoins, ce fut une échauffourée manquée ; le cas du docteur Lota était le prétexte, mais le but, les cris de la population l'avaient assez indiqué : *Mort aux blancs ! Coupé cou béqués !* (Il faut couper le cou aux blancs.)

Cette animosité, si traîtreusement exploitée par quelques-uns — de la catégorie des métis immanquablement et des plus mal venus à se plaindre, car, immanquablement aussi, ils appartiennent à la couche la mieux repue d'argent et de places — se traduit aux moindres occasions, et toujours sous la même forme, tant le terrain est admirablement préparé pour le développement du germe que le hasard ou le calcul y jette. En 1886, à la Pointe-à-Pitre, un jeune médecin de la marine, M. M..., brave et doux garçon s'il en fût, souffrant d'atroces névralgies depuis plusieurs jours, entre un soir dans une pharmacie, s'y fait délivrer une forte dose de laudanum et de chloral, qu'il absorbe partie en potion, partie en liniment, dès sa rentrée au logis. En se mettant au lit, il a oublié d'éteindre sa bougie ; il s'endort, et, un courant de brise fraîche amenant la moustiquaire de gaze (rideaux fermés) au contact de la flamme, celle-ci allume un commencement d'incendie. Aux premières lueurs, une foule de noirs sont devant la maison. Un commissaire de police et le maire, tous deux mulâtres, montent auprès de notre collègue ahuri, le secouent avec brutalité, le font traîner demi-nu au travers des escaliers et conduire au violon, se prétendant insultés parce que le malade, sous l'influence du narcotisme, ne répond point à leurs questions, et c'est à qui clamera haro contre *ce blanc*, *cet officier !* Les jours suivants, une méchante petite feuille rédigée par un médecin mulâtre[1], un ami du maire (lui-même médecin), prodigue les plus grossières et les plus perfides injures au malheureux, insistant pour qu'il fût poursuivi devant le tri-

1. On remarquera qu'aux Antilles le corps médical se distingue parmi les politiciens de haute école.

bunal correctionnel comme incendiaire par imprudence (les dégâts se bornaient à la destruction de la moustiquaire), et il se trouvait un magistrat, frais débarqué d'Algérie, pour donner son approbation à des exigences dictées par la haine la plus vile. L'affaire fut déférée à un conseil de guerre et n'eut point de suite, à mon très grand regret, je l'avoue, car je me proposais de livrer les débats à la publicité, pour l'édification des naïfs de la métropole et pour éclairer les esprits sincères sur l'œuvre du régime opportuniste aux colonies [1].

Au mois de janvier 1892, encore à la Pointe-à-Pitre et sous la même direction municipale, deux hommes accusés d'assassinat sont acquittés par le jury. Une foule, surtout composée de femmes, injurie les jurés au sortir de l'audience et poursuit les acquittés à coups de pierres jusque dans l'église où ils se sont réfugiés. La gendarmerie arrive assez à temps pour sauver ces derniers. Mais les nègres accourent des faubourgs; une masse compacte ne tarde pas à donner des signes alarmants de véritable sédition. Le maire perd la tête, ordonne des sommations qui restent sans effet, et des décharges aussitôt commandées blessent plusieurs personnes et tuent une femme. L'indignation à propos d'un acquittement jugé scandaleux était un élan louable, surtout dans un de ces milieux où l'on s'est habitué à trouver très équitable, quand il s'agit de noirs et de mulâtres, « le coût moyen de dix-huit mois

1. Je possède tout le dossier. L'histoire a eu une petite suite ignorée et bien caractéristique. J'étais revenu à la Pointe-à-Pitre à quelque temps de l'aventure. Un jour, M. M... m'apporte une réquisition signée du commissaire de police qui l'avait si fort malmené. La pièce, avec une intention évidente, offrait une rature sur le mot de *monsieur*, remplacé par la formule outrecuidante de *sieur*, que la loi permet aux magistrats d'employer vis-à-vis de tout citoyen étranger à leur corporation, mais que la politesse supprime dans les relations courantes entre gens bien élevés. J'ordonnai à M. M..., médecin de la marine, de ne pas obéir à cette réquisition et je soumis la pièce au parquet. Le commissaire ne put dissimuler sa sotte velléité de blesser mon collègue et je profitai de l'occasion pour dire très carrément à ce pleutre ma façon de penser sur sa très vilaine conduite.

d'emprisonnement pour un assassinat »[1]. Mais ce n'était que la « première scène d'une lutte de classes », et celle-ci, d'après un correspondant impartial et sûr du journal *la Politique coloniale*[2], menaça de se produire, « non plus entre blancs et noirs, mais entre les noirs qui ne possèdent pas et les créoles blancs de la classe riche »... Mais les créoles blancs ne forment plus exclusivement « la classe riche » ; de nombreux mulâtres sont entrés dans la voie de la fortune, et M. le maire est un des plus opulents. Serait-ce la raison de sa fermeté féroce ?...

On devine, d'après ce qui précède, le danger de l'importation des théories anarchistes en de pareils pays. Si l'anarchie, en France, à côté d'hommes convaincus et de savants très distingués, compte dans ses rangs nombre de faux frères dignes seulement du titre de gredins, quelles recrues fera-t-elle aux colonies, parmi des éléments si peu raisonnants, si bien prédisposés à toutes les impulsivités violentes des haines jalouses, sans guides, sans instruction ni éducation sociale suffisantes pour distinguer l'excès criminel de la revendication légitime ? Pourtant, il y a eu, à la Martinique, une tentative dynamitarde, qui n'a point eu d'imitations. La chose a lieu de surprendre (six bombes explosibles ont été découvertes au marché neuf de Fort-de-France, au mois de juillet 1889)[3].

Quant aux rébellions isolées, à la résistance ou à l'injure aux agents de l'autorité, dans l'exercice de leurs fonctions, elles sont si ordinaires qu'on ne les relève que si elles dépassent les bornes d'une moyenne tolérée. Il faut ici faire la part de deux facteurs — l'un provocateur, la façon d'agir de commissaires de police et d'agents très mal choisis, souvent fort ignorants de leurs droits et de leurs devoirs, gonflés outre mesure de l'importance qu'ils s'accordent, vis-à-vis de tout le monde — l'autre de réceptivité peu endurante ; on ne saurait toujours trouver à reprocher aux créoles de s'emporter contre l'auto-

1. Lettre particulière.
2. Lettre du 27 janvier 1892.
3. *Les Colonies*, 20 juillet 1889.

rité,... maintes fois si niaisement arbitraire et oppressive ; mais il est fâcheux qu'un tempérament naturellement bouillant soit, en trop de circonstances, exalté à la griserie du rhum ou du tafia.

e. *Coups et blessures, violences à particuliers, homicide par imprudence, duel. Meurtres et assassinats.* — Après ce que je viens de dire, on ne s'étonnera pas de l'énorme chiffre des violences contre les particuliers, des coups et blessures parfois suivis de mort (homicide par imprudence). Cette catégorie, dans l'ensemble des attentats-personnes, offre les rapports centésimaux suivants :

	Crimes.	Délits.
A la Martinique...	40 °/₀	57 °/₀
A la Guadeloupe...............	25	54
A la Réunion..................	18	40

Les chiffres sont l'expression très nette du tempérament propre de chaque colonie, à la Martinique très excitable, à la Réunion plus calme, à la Guadeloupe plus indécis.

Les rixes, quand elles donnent lieu à échange de provocations, tournent au tragique avec une facilité déplorable. Entre noirs, les coups de tête sont redoutables, presque autant que les armes, et celles-ci sont d'ailleurs souvent à la portée des adversaires (coutelas pour couper la canne, couteaux, etc.). « Nous ne saurions trop réagir, lit-on dans un journal de la Martinique[1], contre les tendances qui, depuis quelque temps, se manifestent dans le peuple et qui poussent nos ouvriers, nos cultivateurs, même les femmes et les enfants, à se servir de coutelas, de couteaux ou de jambettes à la moindre discussion. » Le revolver joue aussi son rôle. A Saint-Pierre, une rixe éclate entre plusieurs individus : l'un d'eux tire contre ses adversaires cinq coups de revolver[2] ; un autre jour, un homme se dispute avec deux de ses concitoyens : il rentre précipitamment chez lui, revient avec un revolver et tire sur ses contradicteurs[3]. Voici qui est mieux : au Gros-Morne, un monsieur,

1. *Les Colonies*, 15 juillet 1893.
2. *Ibid.*, 19 avril 1893.
3. *Ibid.*, 15 juillet 1893.

passant devant la mairie est interpellé par un employé, qui le prie de vouloir bien descendre de cheval pour donner une signature ; il se fâche et menace l'employé, et, à son retour, celui-ci lui ayant demandé l'explication de ses menaces, il lui répond par un coup de revolver[1] ! La même arme sert à trancher les rancunes accumulées comme les discussions, dans les ménages interlopes. L'insignifiance des mobiles imprime à beaucoup de ces emportements un cachet particulier, qui trahit l'influence de l'alcoolisme, parfois aussi l'ignorance, toujours prête à s'irriter des termes qu'elle ignore ou comprend de travers. Le soir d'un jour d'avril, deux jeunes gens jouaient aux cartes, dans une maison, à Saint-Pierre. L'un d'eux, au cours de la partie, s'irrite de l'épithète de muscadin, que lui donne son partenaire et lui envoie « un violent coup de couteau qui lui arrache un œil »[2].

Il est impossible d'écrire un chapitre de criminalité créole, sans découvrir, à l'époque actuelle, au premier rang des causes de l'attentat, les rivalités de races, entre blancs et mulâtres, les rivalités d'ambitions, entre gens de couleur ; les unes et les autres s'inspirent ordinairement de la politique, gros facteur du crime-délit occulte ou objectivé, dans tous les temps et chez tous les peuples (l'art de diriger les masses étant principalement l'art de les exploiter), mais d'action plus intensive là où le suffrage des inéduqués multiplie les autoritaires de pire aloi, insatiables d'honneurs et de lucres, pour eux et leurs coteries. Le préjugé de la couleur, par l'éclat de ses survivances, est d'ailleurs suffisant à provoquer de graves attentats, sans l'appoint des haines politiques. Le blanc l'a-t-il à un aussi haut degré qu'on l'affirme ? Je ne le pense pas. Le blanc n'a pas d'hostilité systématique contre le noir, ni celui-ci contre le blanc ; mais le métis déteste l'un et méprise l'autre ; c'est de lui que partent le plus ordinairement les excitations malveillantes et les stimulations à l'attentat, voire même les tentatives

1. *Les Colonies*, 3 décembre 1891.
2. *Ibid.*, 26 avril 1893.

directes contre le blanc. Un jeune mulâtre, étudiant en médecine, se conduit grossièrement dans une salle de malades, et le médecin chef du service, Européen créolisé, est obligé de demander son renvoi. Le coupable, au lieu de s'excuser, laisse parler ses plus mauvais sentiments de race. Il ne peut tirer une vengeance directe du médecin qui l'a fait expulser, homme d'âge, très justement considéré, dont l'offense coûterait cher à son auteur; il songe alors à le frapper dans son fils, adolescent timide et chétif. Lâchement, assisté de deux camarades, il guette celui-ci dans une rue déserte, tombe inopinément sur sa victime à coups de casse-tête américain et la laisse inanimée sur la place ! (Saint-Pierre, mai 1892.)

Entre eux, les gens de couleur, après avoir épuisé tout le vocabulaire des injures, tous les procédés de la diffamation par la presse, en arrivent vite aux voies de fait, sur le terrain de la compétition aux places et de la politique. Les périodes d'élections sont fertiles en attentats violents ; mais, dans leur intervalle, les coups et blessures sont encore très fréquents. Les choses se passent en lieux publics, dans la rue, dans les cercles, ou bien, après une violation de domicile, au logis d'un adversaire. En janvier 1885, un certain agent d'affaires, conseiller municipal à la Pointe-à-Pitre, l'ami et le protégé de Schœlcher et du député Gerville-Réache, homme de couleur, force l'entrée de la maison d'un avocat, M. G..., lui aussi mulâtre, mais des plus honorables, et le frappe avec une canne à épée, parce qu'il se prétendait blessé de sa mésestime. Il fut condamné à deux années de prison, qu'il n'accomplit pas, grâce à ses relations métropolitaines[1].

Ce qui va suivre est plus grave. Coup sur coup, à propos d'élections municipales, à Saint-Pierre, les événements que je résume se sont déroulés à la Martinique. Le dimanche du premier tour de vote, au quartier de Sainte-Philomène, les partisans du vétérinaire Nicole font échange d'injures et de coups avec ceux de César Laisné. Un sieur D..., du premier camp,

1. *Progrès de la Guadeloupe*, 28 janvier 1885.

frappe un sieur Saint-H..., « infirme, boiteux d'une jambe (*sic*) et incapable de se défendre », d'après *les Colonies*[1]. Le dimanche du second tour, le frère du sieur D..., boucher au quartier du Fort, « se prend de querelle avec un de ses voisins et, dans sa fureur, s'élance vers son échoppe pour en ressortir bientôt armé d'un long couteau. Son adversaire, effrayé, ne l'attend pas ; alors le meurtrier, se jetant dans le groupe où se trouvait d'abord son interlocuteur, se précipite sur le malheureux M...: « Tous les césaristes sont les mêmes, » s'écrie cette bête enragée, et il enfonce son couteau dans la poitrine de M...[2] » Tel est le récit de la feuille de César. Mais il faut croire que les nicolistes avaient quelques raisons susceptibles d'excuser leurs colères, la seconde affaire étant une conséquence de la première, et, à la suite de celle-ci, un jugement ayant admis que l'agression était venue du côté des... agneaux ! Les chefs donnent, entraînés par l'exemple de leurs soldats. Nicole lui-même, armé d'un trocart, instrument de sa profession, frappe un certain R..., pendant que deux amis complaisants le maintiennent, et lui fait une blessure assez sérieuse à l'œil[3]. Le directeur de l'intérieur, M. F..., fonctionnaire venu d'Algérie, administrateur peut-être critiquable, en tout cas, depuis des mois l'objet des attaques les plus outrées de la part d'une certaine presse, attire sur sa tête un redoublement d'animosité de la gent colorée : il estime que les élections doivent être annulées, et, comme les césaristes ont triomphé, ils s'acharnent à cribler le malencontreux fonctionnaire de toutes les vilenies qu'ils peuvent imaginer[4]. M. F... est un vieillard ; deux de ses fils avisent le directeur des *Colonies* d'avoir à cesser des outrages systématiques qui n'ont que trop duré, s'il ne veut attirer sur lui une verte correction ; la correction vient presque aussitôt, sous la forme d'une volée de bâton, mais sur le dos du sieur G..., conseiller général, supposé l'instigateur des articles ; les deux

1. *Les Colonies*, 14 mai 1892.
2. *Ibid.*, 14 mai 1892.
3. *Ibid.*, 2 juillet 1892.
4. Lire *les Colonies* du mois de mai 1892.

fils payent leur dévouement à leur père d'une condamnation à dix jours de prison, réduite à six jours en appel. (*Les Colonies* trouvent cette indulgence scandaleuse !) — La fermentation ne se calme pas à Saint-Pierre. Les rixes continuent entre citoyens dans la ville ; un ex-lieutenant de pompiers, qui tient pour Nicole, attaque un soir, dans la rue, un sieur G..., qui est du parti de César Laisné ; l'autre riposte à coups de revolver. Enfin, le 21 juin, un drame inouï clôture cette série de violences par un véritable assassinat. L'après-midi de ce jour, R. Saint-Y... (un césariste), irrité d'un entrefilet du journal *l'Union*, qui flétrissait la mémoire de son père, s'était rendu à un hôtel-café où il savait rencontrer le sieur Nicole, rédacteur de cette feuille... fort peu digne de son titre ; l'ayant aperçu, il s'était élancé vers lui et, après quelques paroles, l'avait frappé de son parapluie ; une lutte s'engage, on se bat à coups de queue de billard. Saint-Y... sort très calme et prend le chemin de sa maison ; trois amis de Nicole l'avaient devancé ; ils débouchent tout à coup dans la rue Caylus, se jettent sur cet homme désarmé, l'assomment à coups de bâton et lui font jusqu'à quatorze blessures avec un trocart de vétérinaire, dont l'un des agresseurs s'était pourvu chez son patron politique. Celui-ci arrive sur les lieux, juste au moment où l'on emportait le blessé dans un état désespéré, et où la police arrêtait ses assassins ; il injurie le commissaire et ses agents, et, sur mandat du procureur de la république, est lui-même arrêté. Saint-Y... mourait dans la soirée. Aux assises, il y eut deux condamnations à cinq et à huit ans de réclusion prononcées. *Les Colonies* s'étonnaient de « l'indulgence extraordinaire montrée par le jury[1] » ; *l'Union* stigmatisait ce qu'elle appelait « un abus de justice », s'indignait qu'on eût conduit aux prisons « deux adolescents (les condamnés étaient frères, l'un avait vingt ans et l'autre dix-huit) appartenant à une honorable famille, enchaînés avec deux malfaiteurs, un Indien incendiaire et le nommé Petithomme, treize fois condamné pour coups et

1. Numéro du 25 février 1893.

blessures, et puni de six ans de réclusion pour avoir donné volontairement la mort[1]. »

Nous avons eu chez nous, à l'occasion de luttes électorales — depuis quelques années plus particulièrement — des actes regrettables à enregistrer; même, en Corse, mais en Corse seulement, des attentats criminels ont été commis; nulle part, cependant, il n'est possible de relever une continuité de violences pareilles à celles dont la Martinique a été le théâtre à propos d'une simple réélection de maire.

A ces violences, aux Antilles, le duel sert quelquefois de dérivatif. Ainsi que je l'ai écrit ailleurs, il est souvent le crime, couvre de son nom plus d'un acte qu'on ne saurait différencier du meurtre ou de l'assassinat[2]; mais, à notre époque, moyen d'étaler sans grands risques des vanités devant une galerie de naïfs, il laisse à des adversaires un temps de réflexion suffisant pour calmer l'éréthisme de la passion, et à des témoins initiés aux nouveaux usages, celui de tout ordonner pour la satisfaction commune d'hommes aisés à satisfaire. Il est néanmoins curieux de constater (preuve inattendue des relations du duel avec le crime et de l'un et l'autre avec le suicide), qu'en face de l'attentat contre les personnes, fréquent et très intensif aux colonies, le suicide marque une tendance plus atténuée qu'en France et le duel devient relativement rare. Le duel est bien, malgré tout, dans les mœurs créoles, et il se manifeste, par la persistance de ses modes, comme une survivance des habitudes des ancêtres blancs aux dix-septième et dix-huitième siècles. Ceux-ci l'ont importé aux îles; les mulâtres libres leur ont emprunté la coutume par imitativité, et les nègres, parvenus aux couches supérieures, quelquefois même restés dans les plus basses, ont copié dans leurs travers les uns et les autres. On se battait jadis à propos des causes les plus futiles. Aujourd'hui, on est moins empressé à aller sur le terrain vider ses affaires de sang-froid. Les duels sont à

1. Numéro du 8 octobre 1892.

2. *Crime et Suicide*, p. 96; *Crime en pays créoles*, p. 169.

l'arme à feu, presque toujours au pistolet; mais on revoit encore de loin en loin l'antique duel des boucaniers, au fusil. En décembre 1890, à la Guadeloupe, une rencontre de ce genre dénouait une discussion très vive au conseil général, entre un habitant mulâtre, membre de ce conseil, et le directeur de l'intérieur, un Européen ; ce dernier eut les deux cuisses traversées par une balle. A tout prendre, dans le conventionnel, mieux vaut l'attentat que recouvre un semblant d'honneur, que l'attentat qui s'étale, lâche et cynique, sous la forme de la provocation par l'outrage et la diffamation dans la presse, force à la réaction violente et qualifiée une victime à laquelle justice sérieuse est refusée. Mais comment fixer la démarcation, non seulement entre le duel et le meurtre ou l'assassinat, dans nombre de cas, d'autre part entre l'acte spontanément dérivé d'une impulsivité passionnelle à la suite d'une injure grave et impunie, et l'acte sourdement prémédité pour donner le change à l'opinion, exécuté avec les allures d'une vengeance justicière, en réalité calculé pour se débarrasser d'un ennemi sans courir de risques soi-même ?

Une malheureuse aventure, qui s'est passée récemment à la Pointe-à-Pitre, m'inspire cette réflexion. Un jeune professeur du lycée, arrivé de France depuis quelques mois, rencontre une jeune fille blanche, de famille pauvre, qui l'accepte sans grande difficulté pour amant. Je connais assez à fond les mœurs du milieu, pour être en mesure d'affirmer qu'en pareille occurrence les choses n'ont aucune suite ordinairement; il y a un ménage irrégulier de plus ; ceux qui le forment ou gravitent autour y trouvent leur avantage et n'ont garde de le dissoudre; le monde reste indifférent. Mais, dans la circonstance, il se trouva qu'un frère de la demoiselle estima la conduite du professeur blessante pour la famille et voulut exiger un mariage du fonctionnaire avec sa sœur ou une réparation par les armes. Le professeur étonné refusa le duel et le mariage; sa maîtresse ne consentit pas à le quitter. Alors le frère revint chez le professeur; les deux hommes étaient seuls, le créole renouvelle ses demandes, et sur le double refus de l'Européen, le cravache et le tue à coups de revolver. L'opinion, d'abord très partagée, aurait fini par prendre le parti du vengeur ; le contraire m'eût étonné. Mais en admettant que le mobile d'un acte aussi violent ait été bien réellement l'honneur, comment concilier le désir ferme d'un duel (d'un combat réglé, réfléchi) chez un individu qui passe sans transition de la cravache au revolver, dès le début d'une conversation ? Toutefois, je reconnais dans ce triste fait la caractéristique de mobile, qui, par exception, pousse le blanc au crime. Sa caste ou plutôt sa couleur n'apparaît guère dans la criminalité intensive ; si on l'y relève, c'est à propos d'événements où le sentiment de l'honneur, bien ou mal compris, joue le rôle principal. Chez le mulâtre, le mobile est plutôt la vanité blessée.

Les rixes et les querelles sanglantes ne sont que trop communes sous l'influence de la sexualité. S'ils se produisent dans les mariages illégitimes et même quelquefois dans les plus réguliers, le meurtre et l'assassinat y sont cependant rares, sous le mobile passionnel, grâce à une tolérance réciproque en bas, et, plus haut, grâce à la tolérance patiente et résignée de la femme vis-à-vis de l'homme. On rencontre peu d'exemples saillants d'un attentat féroce, déterminé par la jalousie, au sein du milieu créole. Un des plus typiques que je connaisse semble une imitation de la criminalité hindoue ; il s'agit d'un habitant de la Rivière-Salée (Martinique), qui, dans un accès de fureur inspirée par ce sentiment, tua à coups de hache, avec un acharnement inouï, sa femme ou sa maîtresse [1]. D'un autre côté, la cupidité ne divise pas la famille comme chez nous et n'est guère l'occasion de tragédies sinistres entre parents [2].

1. *Les Colonies*, 24 août 1892.

2. Mais, en changeant de milieu social, le créole n'est pas plus exempt que ses nouveaux concitoyens des entraînements déterminés par les conditions communes. Il apprend la cupidité au contact des cupides. A Troyes, le 1er mai 1893, une créole tire quatre coups de revolver sur un de ses cousins, parce qu'il a hérité d'une fortune qu'elle avait espéré acquérir. (*Petit Journal*, 3 mai.)

Lorsque des drames exceptionnels se déroulent dans les familles, ils produisent une consternation générale ; et, de fait, ils resteraient souvent une énigme dans leur étiologie, sans l'intervention d'une tare héréditaire, comme dans le cas de Merlo, à la Réunion, rapporté par Lucas[1] et résumé d'après cet auteur par Aubry[2]. Ce créole, marié depuis six jours, n'ayant rien à reprocher ni à sa femme ni aux siens, tua sa jeune épouse, son beau-frère et sa belle-mère. Sa conduite parut inexplicable ; mais, au cours des débats, il fut établi que le père de Merlo avait tiré un coup de fusil sur sa femme (alors en couches), dans un accès de colère ; que le frère de l'accusé s'était brûlé la cervelle par jalousie ; qu'un oncle de l'accusé avait été frappé d'interdiction. Précisément, par l'atténuation des sentiments cupides, en des pays où la vie est facile et où les charges familiales sont légères, les sévices graves, calculés pour amener lentement la mort de pauvres petits êtres, et le libéricide, sont à peu près inconnus. On observe pourtant des cas de mauvais traitements et même de traitements cruels infligés à des enfants, mais seulement dans la couche la plus grossière, par détestable entente des droits de correction et du système éducatif chez les parents. M. Roux, à Marie-Galante (1878), a eu à instruire contre une négresse, dans les circonstances suivantes : la voix publique avait dénoncé cette brute, qui, pour punir sa petite fille âgée de cinq à six ans d'avoir brisé une soucoupe contenant des piments (pour la valeur d'un sou !), avait bourré les parties sexuelles de l'enfant avec les fruits tombés par terre et écrasés ; la victime mourut au bout de quelques heures en des souffrances atroces[3]. A la Réunion, M. de Chalus a noté le cas d'un noir créole qui, pour une peccadille, avait serré dans un étau les poignets de son fils, âgé de dix à douze ans ; traduit devant le tribunal correctionnel de Saint-Denis, cet homme, menuisier de son état, se bornait

1. *L'Hérédité*, t. I, p. 595.
2. *La Contagion du meurtre*, deuxième édition, p. 27.
3. *Archives de l'anthropologie criminelle*, 1890, p. 101.

à dire pour toute défense « que c'était pour lui apprendre de l'esprit[1] ».

Voici maintenant le meurtre et l'assassinat de cause vulgaire, de mobile convoiteux, avec le vol comme objectif ou provocateur. Ils ne sortent pas de la catégorie des plus dégradés par les habitudes de paresse et d'ivrognerie. Tantôt, c'est un voleur qui, sur le point d'être appréhendé, essaie d'échapper par un meurtre. Au mois de novembre 1889, une nuit, sur le chemin de la Fontaine-Moutte (près de Fort-de-France), un individu à la mine suspecte est surpris volant un porc; le propriétaire, réveillé par les cris de l'animal, se lance à la poursuite du malfaiteur; celui-ci se retourne et porte à son adversaire, à la région du cœur, avec une tige de fleuret fraîchement aiguisée, un coup qui l'étend raide mort[2]. Tantôt, c'est un gredin, qui, de parti délibéré, a adopté le métier de coupeur de bourses et d'assassin sur les routes : tel, ce Bréhal, jugé aux assises de janvier 1893, à la Pointe-à-Pitre. Pendant plusieurs années, il figure parmi les ouvriers d'une usine, mais il vit déjà d'occupations louches, car, un témoin le déclare, « il venait travailler un jour, deux jours; quelquefois, il travaillait une heure et disparaissait; on le trouvait endormi sur sa besogne ». Évidemment, Bréhal se livrait à l'apprentissage d'une profession répondant mieux à ses goûts. Le jour où il se trouve assez sûr de lui-même, il guette les passants sur les routes désertes et les dépouille. Il trouve enfin beaucoup plus simple de se mettre à l'affût des personnes qu'il sait voyager avec de l'argent et de tirer sur elles tout d'abord, afin de voler plus à l'aise. Le 3 septembre 1892, dans la soirée, il tuait d'un coup de fusil (à balles déchiquetées), sur une route, l'administrateur de l'usine de Sainte-Marie, pour lui enlever 500 francs. Le misérable, arrêté, essaya de mettre le crime sur le compte d'un ancien camarade, qui l'accusait d'avoir commis cet assassinat après bien d'autres[3].

1. Communication manuscrite.
2. *Les Antilles*, 16 novembre 1889.
3. Extrait du réquisitoire du procureur de la République : « Cet

Dans la criminalité sanguinaire, la superstition intervient assez fréquemment [1]. Je n'affirmerais pas qu'il ne demeurât point quelques traces du *Vaudou* dans nos Antilles françaises, et, dans mon livre, *le Crime en pays créoles* [2], j'ai rapporté des exemples d'attentats similaires à ce crime rituel, encore observé parmi les nègres d'Haïti.

Les coolies hindous grossissent pour une part assez large l'attentat contre la vie. Comme les catégories ethniques ne sont pas décomposées, dans les formes de la criminalité il est impossible de spécifier la proportion revenant aux immigrants et aux créoles. Mais, pris en bloc, sans distinction des éléments qui les commettent le plus habituellement, le meurtre et l'assassinat apparaissent en développement très notable, aux îles, dans l'ensemble du crime-personne. Les répartitions sont bien en rapport avec les conditions psycho-sociales des milieux. Sur 100 crimes-personnes, la moyenne du meurtre et de l'assassinat est de 38 à la Martinique, de 34 à la Guadeloupe, de 26 à la Réunion. On remarquera que la Martinique est la colonie qui possède le moins d'immigrants, et que la Réunion est celle qui en possède le plus.

f. *Empoisonnements.* — L'empoisonnement passait autrefois pour très fréquent aux colonies. Tout en répétant que l'esclave était un être passif, incapable de penser, à peine supérieur à l'animal, le maître avait conscience des révoltes soulevées intérieurement par son iniquité chez cette brute prétendue, et il en exagérait l'intensité, en ramenant les sentiments du noir au diapason de ses propres actes ; il prêtait à l'Africain, par une inconcevable contradiction, une vindication diabo-

homme est jeune, il a vingt-cinq ans, il est robuste, il devrait travailler, il ne travaille pas. Cet homme venait de toucher quelque argent qui le mettait à l'abri du besoin immédiat. Dans un pays où tous ceux qui veulent travailler trouvent du travail..., dans un pays où l'on ne meurt pas de faim, cet homme conçoit et exécute ce crime abominable, ce crime horrible, pour voler. » (*Courrier de la Guadeloupe*, 7 février 1893.)

1. Voir plus haut.
2. Page 192.

lique, avec des aptitudes savantes à la satisfaire sans se trahir. Il est certain que le poison, arme des faibles, plus d'une fois a dû servir à l'attentat contre des personnes abhorrées, mais très craintes. Néanmoins, il n'a pu être employé ni aussi exclusivement, ni selon des méthodes aussi raffinées par les nègres, qu'on l'a prétendu[1]. Il était impossible que des individus sans culture, transportés de l'ancien continent en Amérique, connussent presque d'emblée, et à fond, la flore toxique de leur nouveau pays, et, par les faits récents, il est permis d'apprécier plus sainement ceux de jadis. Or, aux îles, malgré qu'on demeure persuadé que nombre de *vieux nègres* sont toujours en possession de poisons végétaux *inconnus* des médecins, les empoisonnements, même ceux qu'on attribue *a priori* à quelqu'un de ces poisons secrets, sont déterminés par des substances d'usage habituel : l'arsenic, vendu très largement pour la destruction des rats dans les champs et les magasins de canne à sucre; le phosphore, servant à la fabrication (libre) des allumettes, divers médicaments obtenus à trop fortes doses, sans billet de prescription, en des pharmacies mal surveillées. Il y a eu, et il y a sans doute encore, beaucoup de tentatives, mais fatalement limitées à l'intention, sous la forme de maléfices destinés à opérer à distance, par émanations de matières laborieusement manipulées dans le laboratoire d'un sorcier, ou à opérer plus directement, après mélange et ingestion avec des aliments, dans l'un et l'autre cas, incapables d'exercer une action nocive, en raison de la parfaite inertie des ingrédients. On a mis sur le compte de l'œuvre scélérate la destruction rapide des bestiaux et des esclaves sur les habitations, préméditée, accomplie avec l'aide du poison pour amener la ruine des propriétaires, l'anéantissement des familles blanches ou la perte de certaines individualités, vengeances plus immédiates contre une tyrannie longtemps supportée, alors que la science ignorante ou timide des *hommes de l'art* (!) ne savait

1. Rufz, *Enquête*, Saint-Pierre, 1845; A. Corre, *Crime en pays créoles*, p. 210 et suivantes.

point apprécier les conditions de l'épidémicité morbide sur les animaux et sur les personnes, ou se laissait diriger par les préjugés de l'opinion banale, ne parvenait pas à découvrir les causes d'une maladie subite, apoplexies, accès pernicieux paludéens, etc., encore moins à raisonner la différenciation entre une maladie d'allure anormale et une intoxication. Le noir, à force de s'entendre attribuer un pouvoir occulte, finit par s'en croire investi [1]. On vit, aux colonies, les mêmes scènes dérivées de la suggestion du milieu sous l'influence d'états analogues à ceux de l'hypnose et de l'hystérie (de nos jours si bien étudiés) qu'en France au seizième siècle et dans la première moitié du dix-septième siècle. Empoisonneurs ou sorciers imaginaires, non seulement avouent les méfaits dont on les accuse et qu'ils n'ont pas commis, mais ils se dénoncent eux-mêmes. Le bûcher, loin d'intimider, multiplie les prétendus coupables ; la mort la plus affreuse est supportée avec la stoïcité et aussi avec l'insensibilité que donne le fanatisme ou l'extase. Les magistrats créoles prennent pour guide l'abominable Code de procédure du juif converti Bodin ! Le plus triste, c'est quand, sur une habitation située entre plusieurs autres où la mortalité sévit sur les familles, les esclaves et les bestiaux, l'immunité incomprise appelle la suspicion. Presque partout, les bêtes sont mal tenues, les esclaves à peine nourris

1. Le hasard fait tomber sous mes yeux, au moment où j'écris ces lignes, un passage de la relation de campagne du colonel Frey au Niger (1885-1886, p. 261), qui montre bien cette action de la conviction ambiante sur la conviction intrinsèque du nègre, à propos des choses les plus abracadabrantes. C'est une croyance répandue, parmi les noirs, que certains hommes peuvent se métamorphoser en tel ou tel animal. A Sedhiou, un certain Dugé passait pour se changer toutes les nuits en caïman. Un soir, un ami de Dugé, se baignant dans le fleuve, est mordu à la jambe par un de ces terribles amphibies : « Laisse-moi, Dugé ; cesse cette mauvaise plaisanterie, » crie-t-il ; non sans peine, il parvient à se dégager, et le lendemain, rencontrant Dugé sous sa forme naturelle, il lui adressa les plus vifs reproches. L'autre de répondre sentencieusement, avec l'accent de la conviction de ses métamorphoses : « Ce sont des affaires de nuit. »

et abrités, soumis à un travail excessif, les maîtres eux-mêmes exposés aux émanations délétères des marais, dans leurs maisons de construction et d'orientation défectueuses, aux affections du foie et de l'intestin, au cours d'un régime intempérant ou irréglé, et les germes morbides s'abattent sur des masses en état de réceptivité si propice. Mais quelques habitants, quelques directeurs d'exploitation ont l'intuition de l'hygiène, et par l'application de ses lois devinées, se préservent contre les atteintes qui frappent leurs voisins; malheur à eux s'ils éveillent à leur insu des sentiments de jalousie; ils ne tarderont pas à être accusés d'association coupable avec des nègres empoisonneurs, et s'ils évitent les sévérités d'un code impitoyable, ils auront peine à se soustraire à la tyrannie de l'opinion, à l'hostilité de tous. De justes réserves, une fois faites, il faut convenir que l'empoisonnement n'était pas absolument un mythe aux colonies. Il importe de se prémunir contre les opinions extrêmes. Si l'on doit récuser la fréquence inouïe et les modes ultra scientifiques de ce crime dans les milieux esclavagistes, il y a aussi à reconnaître son existence par cas isolés et parfois une certaine habileté chez ses auteurs. Mais ceux-ci ne sont pas exclusivement des nègres, et les mobiles ne se rattachent pas seulement à des impulsivités de réaction contre une oppression. Dans le monde libre, le poison, entre les mains des femmes, est le moyen de dénouer des situations galantes, de trancher des questions de rivalités ou de vindictes sexuelles..., et alors l'opinion et les magistrats s'émeuvent assez peu des conséquences ! A Saint-Domingue, une mulâtresse, qui avait pour amant un mulâtre marié, furieuse de le voir retourner à sa femme, dissimule sa rage, « continue à entretenir avec les deux époux des relations d'amitié assez intimes, pour les attirer chez elle et les empoisonner l'un et l'autre dans un dîner... » Vers le même temps et dans la même colonie, une jeune blanche est véhémentement soupçonnée d'avoir mis son mari en terre au moyen du poison, avec la complicité d' « un gros et vigoureux nègre, qui, depuis lors, paraît avoir acquis sur sa maîtresse un ascendant très décidé. » On ne s'occupa point d'instruire sur ces faits, et le mari de la seconde mégère fut tenu pour suicidé [1]. De nos jours, c'est en circonstances analogues que se produisent d'ordinaire les empoisonnements... Mais les parquets ne restent plus indifférents. En mai 1876, à Saint-Pierre (Martinique), un habitant mourait d'une manière inopinée, en présentant des symptômes assez étranges, pour que la rumeur publique fît naître une accusation sérieuse d'empoisonnement. La justice s'en préoccupa et une instruction fort bien conduite dévoila ce qui suit : une mulâtresse sur le retour avait successivement perdu trois amants; tous trois étaient tombés malades après avoir bu, chez elle, des grogs au rhum, et n'avaient pas tardé à succomber. Le dernier, un nègre, fut, quelque temps après sa mort, et sur les suspicions déjà très dessinées d'un crime, l'objet d'une expertise, qui, tout d'abord, ne donna que des résultats assez vagues. Mais le fils de la mulâtresse, sur le point de mourir, à l'hôpital, fit des révélations d'après lesquelles une nouvelle expertise mit enfin sur la voie de l'empoisonnement. L'agent, c'était le perchlorure de fer à doses massives, mais cependant assez fractionnées pour pouvoir être dissimulées dans les grogs au rhum. Le jeune homme, atteint d'un ulcère chronique à la jambe, se faisait délivrer sans peine de grandes quantités de solution en diverses pharmacies; sa mère accumulait les provisions afin de s'en servir au moment opportun. Mais le mobile ? On le supposa de nature assez complexe. La misérable était logeuse et ses amants demeuraient chez elle; peut-être les empoisonnait-elle afin de dérober leurs effets, et comme elle n'avait de place que pour un, elle remédiait au nombre immédiat par la succession répétée ; mais elle avait deux filles fort jolies et à leur début sur la scène galante; peut-être agissait-elle aussi par vengeance ou jalousie, après avoir surpris quelque tentative de liaison de ses amants avec l'une ou l'autre des demoiselles [2].

1. De Wimpfen, *Voyage à Saint-Domingue*, I, 15-16.

2. D'après une communication verbale de M. Portes et le rapport médico-légal publié par MM. Portes et Bérenger-Féraud (*Annales d'hygiène et de médecine légale*, 3e s., I, 1879).

Le crime est devenu rare, sur les statistiques officielles. Ses proportions centésimales, dans l'ensemble du crime-personne, ne s'expriment que par des fractions assez insignifiantes.

g. *Outrages à la morale publique et attentats aux mœurs, attentats à la pudeur et viols, avortement et infanticide.* — Voici d'abord les proportions pour 100 de ces formes de l'attentat dans le délit et le crime contre les personnes :

	Outrages à la morale publique et attentats aux mœurs.	Attentats à la pudeur et viols.	Avortements et infanticides.
A la Martinique.....	2,2	30,8	0
A la Guadeloupe.....	1,9	21,8	5,0
A la Réunion........	2,0	45,2	2,8

L'extrême relâchement des mœurs explique la forte proportion des délits et des crimes issus de l'impulsivité génésique. Mais il est utile de faire remarquer que, si la fréquence de ce genre d'attentats relève assez ordinairement de l'alcoolisme, elle apparaît aussi la conséquence d'une grossièreté native, d'une naïveté dans l'expression des habitudes, susceptibles de lui mériter une atténuation relative. Chez nous, au contraire, que les entraînements se rattachent ou non à quelque trouble mental, ils reconnaissent plutôt pour cause initiale et réelle des excès dans la débauche affinée ; ils se relient, directement ou indirectement, à des besoins factices de satisfaire à une sexualité pervertie par l'abus ou par la recherche de jouissances toujours nouvelles dans l'abus. Au sein du milieu créole, l'attentat génésique demeure à peu près concentré dans la plus basse couche de la couleur, c'est-à-dire chez des inéduqués ou des rétrogrades sans avoir eu l'initiation civilisée ; dans les grandes villes métropolitaines, où l'attentat se répartit entre les couches les plus extrêmes, il est, à différents degrés, marqué dans toutes au coin de l'assuétude à des conditions très avancées, presque de l'épuisement dégénératif; ici il revêt trop souvent des formes antiphysiques, là il ne s'écarte guère de la note naturelle. Aux îles, on ignore la débauche savante ou on la pratique peu ; la pédérastie est très rare (il est vrai que la fréquence des liaisons lesbiennes entre femmes établit une compensation singulière). Les attentats sur les petits garçons ne sont pas toutefois inconnus (j'en ai rencontré plusieurs cas dans la belle série de rapports judiciaires du docteur Carreau, de la Pointe-à-Pitre) ; mais ils sont une exception remarquable, à côté de la multiplicité de ceux commis ou tentés sur les petites filles. Le noir, qui est l'auteur ordinaire de ces actes, ne s'embarrasse pas en de longs préambules. Il essaie d'aller droit au but par les moyens à sa portée, brutaux ou grossièrement rusants. S'il se livre à des gestes obscènes avec des filles adultes, c'est qu'il croit répondre à des goûts corrélatifs chez l'objet de son appétit (aux bamboulas, ou réunions de danse, la négresse le dispute au nègre en lascivité de propos et de maintien) ; s'il essaie de prendre ce qu'on lui refuse, c'est qu'il s'imagine que la résistance est feinte pour le mieux exciter (les plaintes en tentatives de viol émanent de filles qui n'en sont plus depuis longtemps à défendre un capital, crédité à tout le monde) ; s'il n'emploie pas la force, comme en batifolant, il a recours à la surprise, se glissant auprès de la femme somnolente, le jour, à l'heure de la sieste, ou durant le sommeil de la nuit, avec l'idée qu'on consentira tacitement à tout ce qui adviendra, une fois le premier pas accompli. Ce dernier mode de viol est très caractéristique, et il est exécuté avec une effronterie qui justifie davantage l'hypothèse de la bonne foi la plus entière chez l'homme en sa façon d'obtenir une faveur irrefusable[1]. Où le noir accuse quelque instinct moins naïf et déjà quelque perversion de civilisé, c'est dans ses attentats sur l'enfant ; mais il faut dire à sa décharge que, dans l'immense majorité des affaires de viol, ou plutôt d'attentats à la pudeur sur des petites filles que j'ai dépouillées, les victimes apparaissaient comme des débauchées très précoces, adonnées à la masturbation, ayant même eu des relations avec des hommes, et maintes fois comme des instruments de chan-

1. *Crime en pays créoles*, p. 248.

tage entre les mains de leurs parents. A côté du noir, le coolie hindou se distingue par un genre d'attentat qui rentre bien dans ses tendances sexuelles de vieux civilisé; lui prend la femme où la petite fille, sachant fort bien qu'il agit contre leur gré ; il assouvit un besoin, qu'excuse jusqu'à un point une privation trop absolue, en raison du petit nombre d'éléments féminins dans sa catégorie ; mais s'il est encore un brutal, il n'est plus un naïf.

Je n'ai rien à ajouter à ce que j'ai déjà dit, à propos de l'avortement et de l'infanticide, lorsque je traitai des mœurs générales et des facteurs du crime-délit.

Le *suicide*, cette forme de l'impulsivité qui, par sa nature et son point de départ, présente des analogies si étroites avec le crime, comme lui relève si fréquemment de l'aliénation mentale, est en progression très notablement inférieure à celle qu'il accuse parmi nous, aux colonies. En France, dans ces dernières années, il a atteint la proportion de 1 pour 5000 habitants. A la Martinique, pour les années 1888, 1890 et 1891, il y a 15,17 et 11 suicides, soit une moyenne annuelle de 14 ou 1 sur 12140 habitants. A la Guadeloupe, l'année moyenne, de 16,8 dans la période 1879-1883, est de 18,5 dans la période 1886-1891 ; la moyenne de 18,5 donne 1 suicide sur 9730 habitants. A la Réunion, dans la première moitié de la période décennale 1881-1890, il y a 144 cas, soit une moyenne de 28,8, et, dans la seconde moitié, 78, soit une moyenne de 15,6, en tout 222 cas, moyenne 22,2, 1 sur 8108 habitants. Ces chiffres sont loin d'être en rapports directs avec ceux de la population immigrante. C'est que, si le suicide est commun dans cette dernière, il se manifeste également dans tous les autres groupes de la population. D'une manière générale, le suicide est en rapport renversé avec l'évolution du crime-délit.

Le suicide était jadis très fréquent parmi les noirs esclaves [1]. C'était, pour ceux qui n'osaient réagir par le crime contre

1. Malenfant, *les Colonies*, p. 214.

le maître et ses satellites, le moyen de s'affranchir d'une existence insupportable. Souvent, il revêtait le double caractère d'un attentat contre soi-même et contre autrui : l'esclave, résolu à disparaître, prenait sa détermination suprême avec l'idée dominante de priver le propriétaire d'une tête de travailleur et par conséquent d'une valeur appréciée, tantôt avec l'intention de compromettre un congénère, rival d'amour, espion du commandeur ou dénonciateur, quelquefois l'auxiliaire cruel du maître ; dans ce dernier cas, le moribond accusait son ennemi de lui avoir administré le poison, ou l'homme s'arrangeait de façon à ce que des soupçons tombassent d'eux-mêmes sur l'objet de sa haine. Ce mode de vengeance a, dans la race affranchie, des survivances curieuses équivalentes. Les dénonciations calomnieuses, entre nègres, sont assez communes à l'occasion de causes plus ou moins futiles ; elles s'appuyent quelquefois sur des auto-mutilations, assimilables à un suicide incomplet. Je dois un exemple de cette forme étrange de l'attentat à une communication de M. de Chalus, ancien chef du parquet de la Réunion ; mais la note n'établit pas très catégoriquement si l'auteur est un noir ou un Indien. C'était, en tout cas, un travailleur, employé sur une habitation sucrière ; il s'abattit une main, qu'on trouva dans la gueule d'un porc, et, lorsqu'on l'interrogea sur sa blessure, il affirma qu'elle lui avait été faite par son maître ; convaincu de mensonge, il finit par avouer qu'il s'était mutilé lui-même, afin d'avoir un prétexte pour accuser son maître. Les mêmes désespérances provocatrices du suicide chez l'esclave d'autrefois se retrouvent chez les coolies hindous. Sous l'empire de la nostalgie, sous la navrance des misères accumulées, devant l'indifférence d'une administration prétendue protectrice, ils se laissent mourir en quelque coin de bois, ou se pendent, s'ils ne commettent un crime pour se faire emprisonner et envoyer à la Guyane. Mais, dans les catégories de parias, tous les suicides ne reconnaissent pas pour mobiles des influences où se dessine le défaut de combativité. A côté des suicides de causes communes, il y a des suicides de causes exceptionnelles et qu'on pourrait appeler nobles. Lors du tragique assassinat du colonel Mauduit, à Saint-Domingue, son domestique, noir esclave, impuissant à le défendre, se tua sur son corps, ne voulant pas survivre à son maître qu'il affectionnait. Je rattacherai aux suicides de cet ordre ceux que les statistiques relèvent avec la mention « pour éviter des poursuites criminelles ». L'homme qui s'est laissé aller jusqu'au crime et cherche dans la mort le moyen d'éviter le déshonneur du châtiment, s'il est un criminel, n'est point un taré ni un lâche, et il montre par sa détermination qu'il restait en possession de hauts sentiments. Ce suicide s'observe à peu près exclusivement parmi les créoles qui ont reçu quelque éducation. Le rôle incontestable de l'alcoolisme se dissimule, dans les tableaux officiels, sous la rubrique des « causes diverses ou inconnues ». La même note de passion génésique qu'on peut retrouver dans l'étiologie du crime se manifeste dans les suicides par jalousie ou chagrins amoureux. Les suicides sont rares chez les femmes, et, dans l'un et l'autre sexe, au-dessous de vingt ans comme au-dessus de soixante. Ils ont leur maximum entre vingt et quarante ans. Voici comment ils sont décomposés, d'après les statistiques de la Guadeloupe et de la Réunion :

		Suicides : année moyenne.			
		Guadeloupe (1886-1891).		Réunion (1881-1890).	
Selon les sexes...	Hommes	16,8	18,4	21	22,2
	Femmes	1,6		1,2	
Selon les âges....	Moins de vingt ans			1,0	22,2
	De vingt et un à quarante ans			11,3	
	De quarante et un à soixante ans..			7,6	
	De plus de soixante ans			1,1	
	Age inconnu			1,2	
Selon les causes...	Pour éviter des poursuites criminelles..	2,2	18,4	2,2	22,2
	Par jalousie, chagrins d'amour	3,5		1,8	
	Par nostalgie	0,6		3,6	
	Par maladies, aliénation mentale....	2,3		6,9	
	Par causes diverses ou inconnues...	9,8		7,7	

Observation.— Le mode de beaucoup le plus fréquent est la pendaison; l'arme à feu n'est employée que par les créoles.

A la Réunion, les modes sont ainsi répartis :

Strangulation (pendaison)	17,3	22,2
Asphyxie (submersion)	0,6	
Armes à feu	1,8	
Autres modes	2,5	

Je ne me suis pas occupé de la Guyane. Les fragments de statistiques que j'ai réunis sur cette colonie sont de valeur médiocre, et le milieu, aujourd'hui d'importance et d'intérêt très restreints, n'offrirait en réalité, comme susceptibles d'observations utiles, que les éléments de la relégation et de la transportation. Les noirs Bonis, tribu d'anciens marrons, vivent indépendants, tout au moins sous l'autorité très fictive de notre gouvernement[1], et l'on peut en dire autant des Indiens autochtones. Les créoles sont peu nombreux, et ceux du pays se sont confondus avec les immigrants de la Guadeloupe et de la Martinique ; les blancs sont noyés parmi les hommes de couleur. Dans ce petit monde, qui ne forme d'agglomération sérieuse qu'à Cayenne, et partout ailleurs se rencontre par minuscules fractions ou se condense très loin vers la région intérieure des mines d'or, le crime-délit ne paraît pas très intensif ; un calme quelque peu apathique règne entre des catégories, que l'intimité ou l'extrême raréfaction des contacts, selon les lieux, une certaine égalité dans les fortunes, amenée par l'industrie de l'or, préservent des conflits de couleur ; les luttes politiques jettent bien par éclats de la discorde, mais celle-ci est éphémère et n'arrive jamais à exalter les esprits au point de les entraîner jusqu'à l'attentat, comme aux Antilles. Mais, à côté de ces populations normales, il en existe une autre, composée d'anormaux et de tarés. On a compté sur ces rebuts de la métropole et des colonies pour aider au repeuplement d'une région jadis florissante avec l'appoint du nègre esclave, y faire naître les grandes industries agricoles, y créer un milieu social comparable à celui des meilleures collectivités.

1. Ou plutôt du gouvernement hollandais, qui a réclamé leurs territoires.

On n'a pas assez réfléchi aux conditions de l'insalubrité du climat ni à la qualité des éléments nouveaux importés. Si les résultats obtenus à la Nouvelle-Calédonie avec les relégués et les transportés sont loin de répondre aux sacrifices de la France, ceux que l'organisation pénitentiaire a produits à la Guyane sont encore plus douteux. Un très petit nombre de ménages de concessionnaires ont réussi à se maintenir; ils trouvent par le travail une existence relativement facile et réhabilitante; mais ils ne font point souches de générations assez vigoureuses pour contribuer efficacement au développement de la population. Les autres provenances de la transportation disparaissent par la maladie, les évasions, ou demeurent réfractaires à tout amendement.

Saint-Pierre et Miquelon. — Ces deux îlots, seuls vestiges de notre domination au Canada et dépendances, ont à peine 6000 habitants, un peu plus de la moitié nés dans le pays, issus de familles locales d'origine basque, normande ou bretonne, quelques-unes flamandes; un cinquième environ de provenance métropolitaine, le reste, composé de créoles antilliens et d'étrangers. La population est presque entièrement concentrée à Saint-Pierre. Elle vit de l'industrie de la pêche (celle de la morue) qui, chaque année, à la belle saison, augmente ses éléments fixes d'éléments passagers, tous marins. Dans ce milieu, tout à fait analogue aux centres maritimes d'Europe, chaque catégorie ethnique apparaît bien, par le détail, avec son tempérament propre; mais une dominante commune naît d'habitudes professionnelles communes. Les mœurs sont grossières, crapuleuses même, chez les matelots, et l'intempérance (jusqu'à un point excusable dans un pays froid et humide, parmi des gens voués au plus rude des métiers, sans autre distraction que la taverne) leur communique malheureusement un cachet de violence brutale. Ces défauts sont rachetés par une grande honnêteté dans les rapports d'affaires, beaucoup d'activité, de laboriosité et de courage. Mais hélas! ils ont trop fréquemment des conséquences fâcheuses, au cours de rixes où le couteau joue son rôle. Les meurtres et les assassinats sont rares, très rares, et, quand ils se produisent, ils sont dus à l'alcoolisme.

CONCLUSIONS.

Toutes les races humaines ont un même fonds de sentiments égoïstes et antialtruistes, susceptibles de les entraîner dans une même voie de réactions intrinsèques et extrinsèques. Celles-ci croissent avec les besoins, réels ou factices. Il est donc naturel et logique qu'elles soient plus limitées chez les peuples enfants. D'une manière générale, il y a moins de crimes proprement dits dans les milieux incivilisés que dans les milieux civilisés.

La civilisation vaut-elle donc moins que l'état sauvage? Je ne prétends pas répondre par une affirmative, non plus que par une négative absolue.

La civilisation contribue à détruire certaines habitudes ancestrales certainement très détestables, mais elle les remplace par des vices très dégénératifs. Elle est le moyen d'usure pour les races appelées à se succéder les unes aux autres sur la grande scène de l'histoire. Elle précipite la disparition des races les moins résistantes, déblaie le terrain des compétitions de second ordre, concentre ses effets sur les races les plus intelligentes, qu'elle rend plus scélérates. Elle reste toujours le masque d'une sauvagerie sans doute indélébile, sous le vernis de bon ou de mauvais aloi qu'elle répand.

Elle est particulièrement dangereuse, quand elle s'impose à des races, qui, tout en gardant leurs caractères originels, l'acceptent ou la subissent sans transition ménagée ou malgré leur incapacité cérébrale et sociale à s'assimiler ses modes.

La colonisation est un de ses procédés d'adaptation hypocrite et trompeuse.

Coloniser et civiliser, cela veut dire : user et abuser de la force pour exploiter les faibles et se substituer à eux, contraindre des peuples, en possession d'habitudes à leur convenance et souvent très morales, à échanger celles-ci contre de nouvelles, pour eux très incompatibles avec leurs tendances et très corruptrices.

Qu'on cesse de répéter ou de vouloir donner à entendre que cela est l'équivalent d'une amélioration morale ou sociale pour les races soumises.

TABLE ANALYTIQUE ET ALPHABÉTIQUE

PARIS. — TYPOGRAPHIE A. HENNUYER, RUE DARCET, 7.

Printed in Dunstable, United Kingdom

91230689R00301